D1724758

Buch-Updates
Registrieren Sie dieses Buch auf unserer Verlagswebsite. Sie erhalten damit Buch-Updates und weitere, exklusive Informationen zum Thema.

Galileo BUCH UPDATE

Und so geht's
> Einfach **www.galileocomputing.de** aufrufen
<<< Auf das Logo **Buch-Updates** klicken
> Unten genannten **Zugangscode** eingeben

Ihr persönlicher Zugang zu den Buch-Updates cqus-phwe-fnmk-95gv

Michael Scholz, Stephan Niedermeier

Java und XML

Grundlagen, Einsatz, Referenz

Galileo Press

Liebe Leserin, lieber Leser,

Sie sind Java-Entwickler und möchten XML professionell in Ihren Anwendungen einsetzen? Dann halten Sie das richtige Buch in Händen. Egal, ob Sie sich von Grund auf einarbeiten möchten oder ein zuverlässiges Nachschlagewerk benötigen: Unsere Autoren Michael Scholz und Stephan Niedermeier kennen die Welt von Java und XML mit ihren kleinen und großen Widrigkeiten aus ihrer täglichen beruflichen Praxis und geben ihre Erfahrung gerne an Sie weiter.

Falls Sie bislang noch keine Vorkenntnisse haben oder eine Auffrischung benötigen, erhalten Sie zunächst einmal einen Überblick über XML sowie alle wichtigen Begriffe und Technologien rund um das Zusammenspiel von Java und XML, so dass Sie schnell über eine grundlegende Orientierung verfügen. Anschließend lernen Sie die verschiedenen APIs, wie z. B. SAX, JAXP oder JAXB, sowie deren praktischen Einsatz näher kennen. Um Ihnen auch hier die Einarbeitung zu erleichtern, starten alle Kapitel mit Einführungsbeispielen, an denen die wichtigsten Aspekte praktisch demonstriert werden. Im weiteren Verlauf werden Sie natürlich auch mit allen relevanten Details vertraut gemacht.

Sie erhalten in diesem Buch jedoch nicht nur Informationen zu den APIs – auch die wichtigen Themen Web Services und XML-Publishing werden behandelt.

Dieses Buch wurde mit großer Sorgfalt geschrieben, geprüft und produziert. Sollte dennoch einmal etwas nicht so sein, wie Sie es erwarten, freue ich mich, wenn Sie sich mit mir in Verbindung setzen. Ihre Kritik und konstruktiven Anregungen, aber natürlich auch Ihr Lob sind uns jederzeit herzlich willkommen!

Viel Erfolg mit Java und XML wünscht Ihnen nun

Ihre Christine Siedle
Lektorat Galileo Computing

christine.siedle@galileo-press.de
www.galileocomputing.de
Galileo Press · Rheinwerkallee 4 · 53227 Bonn

Auf einen Blick

Der Name Galileo Press geht auf den italienischen Mathematiker und Philosophen Galileo Galilei (1564–1642) zurück. Er gilt als Gründungsfigur der neuzeitlichen Wissenschaft und wurde berühmt als Verfechter des modernen, heliozentrischen Weltbilds. Legendär ist sein Ausspruch *Eppur se muove* (Und sie bewegt sich doch). Das Emblem von Galileo Press ist der Jupiter, umkreist von den vier Galileischen Monden. Galilei entdeckte die nach ihm benannten Monde 1610.

Gerne stehen wir Ihnen mit Rat und Tat zur Seite:
christine.siedle@galileo-press.de bei Fragen und Anmerkungen zum Inhalt des Buches
service@galileo-press.de für versandkostenfreie Bestellungen und Reklamationen
britta.behrens@galileo-press.de für Rezensions- und Schulungsexemplare

Lektorat Stephan Mattescheck, Christine Siedle
Korrektorat Petra Biedermann
Einbandgestaltung Barbara Thoben, Köln
Typografie und Layout Vera Brauner
Herstellung Norbert Englert
Satz SatzPro, Krefeld
Druck und Bindung Bercker Graphischer Betrieb, Kevelaer

Dieses Buch wurde gesetzt aus der Linotype Syntax Serif (9,25/13,25 pt) in FrameMaker. Gedruckt wurde es auf chlorfrei gebleichtem Offsetpapier.

Bibliografische Information der Deutschen Bibliothek
Die Deutsche Bibliothek verzeichnet diese Publikation in der Deutschen Nationalbibliografie; detaillierte bibliografische Daten sind im Internet über http://dnb.ddb.de abrufbar.

ISBN 978-3-8362-1308-0

2., aktualisierte und vollständig überarbeitete Auflage 2009

Inhalt

Vorwort

Seit nun schon mehr als 10 Jahren ist ein strukturiertes Datenformat in der Software-Entwicklung nicht mehr zu stoppen: die *Extensible Markup Language* – kurz *XML*. Aus vielen Anwendungen der heutigen Zeit ist XML kaum mehr wegzudenken. Seien es kleine Applikationen, große komplexe Enterprise-Systeme oder einfach nur XHTML-basierte Internetseiten – überall spielt XML eine wichtige Rolle.

Durch seine allgemeine Syntax schlüpft XML dabei in verschiedenste Rollen. Das beginnt bei einfachen Konfigurationsdateien und nimmt bei der Beschreibung beliebig komplexer Daten noch lange kein Ende – was XML auch zu einem sehr beliebten Format für den Datenaustausch macht. Der Vorteil von XML: Es ist allgemein akzeptiert und kann deshalb von jeder modernen Programmiersprache interpretiert werden.

Dieses Buch richtet sich an all diejenigen Entwickler, die innerhalb ihrer Java-Applikationen intensiv mit XML arbeiten möchten (oder müssen) und somit Informationen benötigen, die deutlich über das einfache Einlesen und Abspeichern von XML-Dokumenten mit Java hinausgehen.

Zu Beginn geben wir Ihnen einen einführenden Überblick über XML und die damit verbundenen Mechanismen, um Ihnen das Grundlagenwissen XML-basierter Verarbeitung zu vermitteln oder es zumindest aufzufrischen. Danach folgt ein umfassender Überblick über gängige XML-Technologien aus der Programmierwelt (vordergründig natürlich Java), damit Sie schnell die für Sie geeignete finden können.

Diese Technologien stellen wir Ihnen in den darauffolgenden Kapiteln dann Schritt für Schritt näher vor. Jedes entsprechende Kapitel verfügt dabei über ein repräsentatives Einführungsbeispiel, das Ihnen typische Anwendungsfälle und deren programmiertechnische Umsetzung aufzeigt.

Nachdem mit der Vorstellung der wichtigsten Verarbeitungsmethoden und Standards das grundlegende Verständnis für die Verwendung von XML innerhalb eines Java-Programms gegeben ist, werden Sie abschließend zwei weiterführende Anwendungsgebiete von XML kennenlernen

– Webservices und XML-Publishing. Diese besitzen bereits heute einen hohen Stellenwert in komplexen IT-Systemen.

Die Anhänge des Buches bieten Ihnen wichtige zusätzliche Informationen und weiterführende Links.

Auf der beiliegenden Buch-CD finden Sie zahlreiche Tools und Anwendungen, die Sie bei der Entwicklung unterstützen. Die Listings und Beispiele sind hier ebenfalls in digitaler Form vertreten.

Dieses Buch ist so strukturiert, dass die einzelnen Kapitel aufeinander aufbauen. Wenn Sie sie also der Reihe nach lesen, werden Sie alles Wichtige lernen. Natürlich kann Ihnen dieses Buch aber auch als generelles Nachschlagewerk zu allen relevanten Themen rund um Java und XML dienen.

Um Ihnen in beiden Fällen die Orientierung zu erleichtern, sind bestimmte Absätze im Buch durch entsprechende Symbole markiert:

[»] Wenn ein Abschnitt mit diesem Symbol gekennzeichnet ist, finden Sie an dieser Stelle einen besonderen Hinweis zum Thema.

[zB] Mit diesem Symbol wird darauf hingewiesen, dass an dieser Stelle ein Beispiel zu finden ist.

[⊙] Dieses Symbol kennzeichnet, dass zum aktuellen Thema entweder Code oder Software auf der Buch-CD vorhanden sind.

[×] Wenn Sie dieses Icon sehen, müssen Sie besonders aufpassen. Hier weisen wir auf Stolperfallen hin.

Wir hoffen, dass Ihnen dieses Buch einen leichten Einstieg in die Welt von Java und XML ermöglicht und als informatives Nachschlagewerk ein ständiger und treuer Begleiter bei Ihren Projekten sein wird.

Ein großes Dankeschön geht an unsere Ehefrauen Karin und Petra, die uns stets den Rücken frei hielten und trotzdem beide Augen zudrückten, obwohl wir selbst in den vergangenen Monaten nur Augen für dieses Buch hatten.

In diesem Sinne, viel Spaß bei der Lektüre und viel Erfolg beim Erstellen von umfangreichen XML-Applikationen!

Michael Scholz und **Stephan Niedermeier**

In diesem Kapitel erhalten Sie eine kurze Einführung in die wichtigsten XML-Begriffe und Techniken.

1 XML

Wahrscheinlich besitzen die meisten Leser von Ihnen bereits grundlegende Kenntnisse zu XML. Aus diesem Grund könnte man auf dieses Kapitel auch vielleicht verzichten. Wir haben uns aber – nach längerer Diskussion – dazu entschlossen, trotzdem eine kurze Einführung in XML an dieser Stelle zu geben, und dies aus zwei einfachen Gründen: zum einen, um eine einheitliche Wissensbasis zu schaffen, und zum anderen, um explizit auf die wichtigsten Punkte in XML hinweisen zu können, die es in jedem Fall zu beachten gilt. »XML-Profis« hingegen können dieses Kapitel als eine Auffrischung ihrer Kenntnisse oder einfach als Nachschlagewerk für die wichtigsten Punkte betrachten.

Falls Sie über dieses Kapitel hinausgehende Informationen zu XML benötigen, so bitten wir Sie, zusätzliche Literatur heranzuziehen oder einen Blick in Anhang E zu werfen. Dort finden sie eine Anzahl an weiterführenden Links zu Websites, die teilweise eine tiefer gehende Einführung in XML enthalten.

1.1 Was ist XML?

XML steht für *Extensible Markup Language*[1]. Dabei handelt es sich um einen Standard, der vom W3C[2] bereits im Jahre 1998 beschlossen wurde und als Metasprache für die Auszeichnung von Textdokumenten dient. XML definiert also, welche Bestandteile in einem solchen Textdokument erlaubt sind und wie diese einzelnen Bestandteile eines solchen Textdokuments zusammengesetzt und grundsätzlich strukturiert sein müssen.

1 Spezifikation siehe *http://www.w3.org/XML*

2 *http://www.w3.org*

[»]

Hinweis

Wir werden in diesem und allen folgenden Kapiteln des Buches stets die Bezeichnung XML-Dokument für ein solches Textdokument verwenden, das den Regeln von XML entspricht.

Wie viele und welche solcher Bestandteile in einem XML-Dokument verwendet werden, ist dabei vom jeweiligen Einsatzzweck dieses Dokuments abhängig und wird von der XML-Spezifikation nicht festgelegt.

Eigenständige Standards

Allerdings gibt es wiederum eigenständige Standards, die auf XML aufbauen und eigene Sprachen definieren, indem Sie ein bestimmtes XML-Vokabular vorschreiben. So gibt es beispielsweise die Sprache *MathML*[3], mit der unter anderem mathematische Ausdrücke in XML formuliert werden können, oder die Sprache *DocBook*[4], die ein XML-Vokabular zur Erstellung technischer Dokumentationen definiert.

1.2 Das XML-Dokument

Der wichtigste Bestandteil beim Einsatz von XML ist natürlich das XML-Dokument selbst. Dabei ist mit dem Begriff »XML-Dokument« nicht zwangsläufig eine physikalisch vorhandene Datei gemeint, sondern ein beliebiges Textfragment, das den Regeln von XML folgt und dementsprechend eine Sammlung an bestimmten XML-Bestandteilen enthält. Sehen Sie sich hierzu zunächst das folgende XML-Dokument an:

```
<?xml version="1.0" encoding="UTF-8"?>
<dvd-collection>
   <!-- Eine bestimmte DVD -->
   <dvd title="X-Men">
      <regie>Bryan Singer</regie>
      <length>100</length>
   </dvd>
</dvd-collection>
```

Listing 1.1 Ein einfaches XML-Dokument

Hier sind bereits die wichtigsten Bestandteile eines XML-Dokuments zu sehen, auf die Sie im praktischen Einsatz permanent stoßen werden.

3 *http://www.w3.org/Math*

4 *http://docbook.org*, *http://www.oasis-open.org/docbook*

Diese lauten:

- Elemente
- Attribute
- Texte
- Kommentare
- XML-Deklaration

In den folgenden Abschnitten wird auf diese und weitere Bestandteile näher eingegangen und deren Verwendungszweck beschrieben.

1.2.1 XML-Namen

Bevor wir uns mit den verschiedenen Bestandteilen von XML-Dokumenten beschäftigen, müssen wir zunächst noch ein allgemeines Thema behandeln: die Namensgebung von XML-Konstrukten – primär von Elementen und Attributen. Hierfür gibt es ein paar einfache Grundregeln:

- Ein XML-Name darf beliebige – auch nicht-englische – alphanumerische Zeichen enthalten.
- Ein XML-Name darf ausschließlich die Interpunktionszeichen Unterstrich `_`, Bindestrich `-`, Punkt `.` und Doppelpunkt `:` enthalten. Der Doppelpunkt nimmt in diesem Zusammenhang allerdings eine Sonderstellung ein, da er für Namensräume reserviert ist (siehe Abschnitt 1.3, »Die Namensräume«).
- Ein XML-Name darf keine Leerzeichen enthalten.
- Ein XML-Name sollte an keiner Stelle die Zeichenfolge `xml` enthalten, egal ob groß, klein oder als Kombination beider Eigenschaften geschrieben.
- Ein XML-Name darf nicht mit einer Ziffer, einem Bindestrich, Punkt oder Doppelpunkt beginnen.

1.2.2 Elemente

Start-Tag und End-Tag

Ein *Element* stellt den wichtigsten Teil eines XML-Dokuments dar. Es besteht aus einem Start-Tag und einem End-Tag. Nachfolgend sehen Sie ein solches Element:

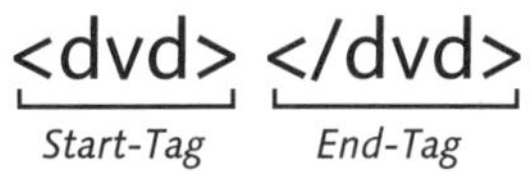

Abbildung 1.1 Ein vollständiges Element

Jedes Tag besitzt zu Beginn eine öffnende < und am Ende eine schließende spitze Klammer >. Das End-Tag wird zusätzlich durch einen Schrägstrich / unmittelbar nach der öffnenden spitzen Klammer markiert.

Elementname Innerhalb eines Tags wird der *Elementname* definiert. In unserem Beispiel lautet dieser Name `dvd`. Er muss ein gültiger XML-Name sein. Die zu einem Element gehörenden Start- und End-Tags müssen exakt denselben Elementnamen besitzen.

Kurzform Zwischen den beiden Tags können Inhalte wie beispielsweise Text oder weitere Elemente stehen, wie bereits in Listing 1.1 zu sehen war. Besitzt ein Element keinen Inhalt, so können Sie auch die Kurzform für ein solches leeres Element verwenden:

```
<dvd/>
```

Abbildung 1.2 Kurzform für ein Element ohne Inhalt

Wichtig ist hierbei, dass unmittelbar vor der schließenden spitzen Klammer > ein Schrägstrich / gesetzt wird.

1.2.3 Attribute

Innerhalb eines Start-Tags können optional beliebig viele *Attribute* in Form von Name-Wert-Paaren für das Element definiert werden. Innerhalb von End-Tags hingegen ist die Angabe von Attributen nicht erlaubt.

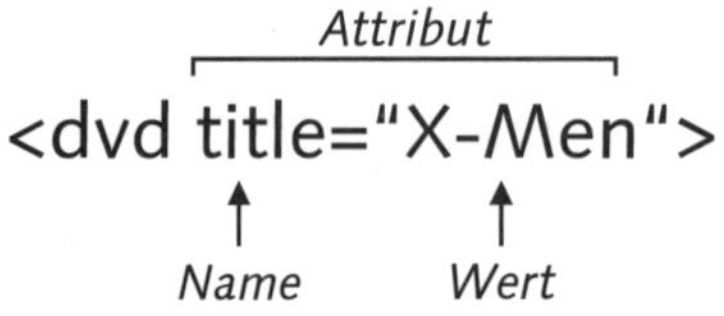

Abbildung 1.3 Ein Elementattribut

Attributname Mehrere Attribute werden durch Leerzeichen voneinander getrennt. Der Name eines Attributs muss – genauso wie der Elementname – den Regeln für XML-Namen folgen und darf nur einmal pro Element vorkommen.

Attributwert Der Wert des Attributs muss immer in einfache (`'text'`) oder doppelte (`"text"`) Anführungszeichen eingefasst sein. Er kann einen beliebig langen Text enthalten – mit Ausnahme der öffnenden spitzen Klammer <, dem kaufmännischen Und & und dem entsprechenden einfassenden Zeichen. In folgenden Abschnitt erfahren Sie aber, wie Sie trotzdem diese Zeichen innerhalb von Attributwerten verwenden können.

[«]

Hinweis

Obwohl es durchaus erlaubt ist, einen Attributwert in einfache Anführungszeichen einzufassen, empfehlen wir Ihnen, aus Gründen der Einheitlichkeit ausschließlich mit doppelten Anführungszeichen zu arbeiten und nur in Ausnahmefällen einfache Anführungszeichen für Attributwerte zu verwenden.

1.2.4 Text

Mit *Text* ist in diesem Zusammenhang ein beliebig langer Freitext innerhalb eines Elements gemeint.

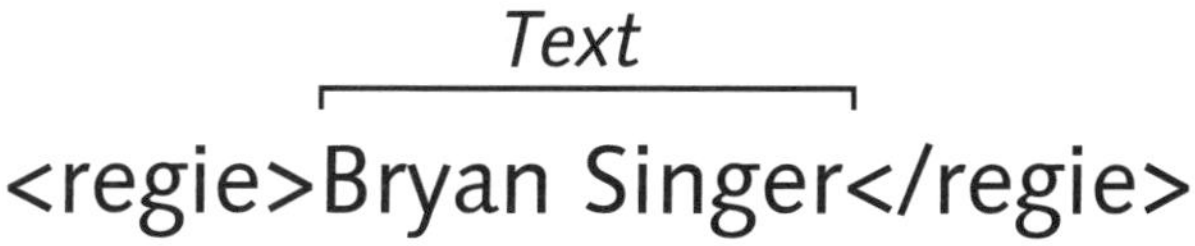

Abbildung 1.4 Text innerhalb eines Elements

Entity-Referenzen

Allerdings darf dieser Text natürlich keine öffnende spitzige Klammer < enthalten, da dieses Zeichen als der Beginn eines Tags fehlinterpretiert werden kann. Falls Sie diese Klammer allerdings trotzdem verwenden müssen, können Sie eine umschreibende Darstellung für reservierte Zeichen verwenden, die sogenannte *Entity-Referenz*. Für die öffnende spitzige Klammer < ist dies `<`. Allerdings wird hiermit ein weiteres Problem geboren: die Darstellung des Kaufmannsund &. Da dieses Zeichen wiederum als der Beginn einer Entität interpretiert wird, müssen Sie auch für dieses Zeichen eine eigene Entity-Referenz verwenden: `&`. In Tabelle 1.1 finden Sie eine Übersicht über alle fünf Entity-Referenzen, die sowohl in Attributwerten als auch im Element-Text verwendet werden können:

Entity-Referenz	Entsprechung
`<`	<
`>`	>
`&`	&
`"`	"
`'`	'

Tabelle 1.1 Die Entity-Referenzen

Eigene Entities

Neben diesen vordefinierten Entity-Referenzen ist es auch möglich, eigene zu definieren, um beispielsweise auf Zeichenketten oder ganze

XML-Dokumente zu verweisen. Wie Sie dies erreichen, wird in Abschnitt 1.4, »XML beschränken mit DTD«, erläutert.

CDATA

Falls Sie in einem Element-Text viele reservierte Zeichen und somit Entity-Referenzen platzieren müssen, wird dieser Text allerdings schnell unleserlich. XML bietet in diesem Fall das Konstrukt

`<![CDATA[`*textpassage*`]]>`

an. Mit diesem – etwas seltsam aussehenden – Konstrukt können Sie ganze Textpassagen markieren. Die innerhalb dieser Textpassagen definierten XML-Markups werden dann als einfacher Text interpretiert. Somit wird es möglich, hier beliebige – also auch reservierte – Zeichen direkt zu verwenden.

```
<?xml version="1.0"?>
<doc>
   <listing>
   <![CDATA[
   <html><body></body></html>
   ]]>
   </listing>
</doc>
```

Listing 1.2 Beispiel zur Verwendung des CDATA-Konstrukts

1.2.5 Kommentare

Natürlich können in einem XML-Dokument auch Kommentare platziert werden. Diese werden in der Form

```
<!-- Ein Kommentartext -->
```

gebildet. `<!--` kennzeichnet den Beginn und `-->` das Ende eines Kommentars. Dazwischen sind alle Zeichen und Zeichenkonstrukte mit Ausnahme von doppelten Bindestrichen `--` erlaubt. Somit können Sie auch ganze Teile eines XML-Dokuments einfach »auskommentieren«. Ein Kommentar kann an beliebiger Stelle in einem XML-Dokument stehen. Die einzigen beiden Ausnahmen bilden hierbei die Platzierung innerhalb eines Tags oder eines weiteren Kommentars.

1.2.6 XML-Deklaration

Vielleicht haben Sie sich bei den vorangegangenen XML-Beispielen gefragt, was es mit der ersten Zeile

```
<?xml version="1.0"?>
```

auf sich hat. Diese erste Zeile eines XML-Dokuments nennt man *XML-Deklaration*.

[«]

Hinweis

Falls Sie eine XML-Deklaration angeben, achten Sie darauf, dass sie an erster Stelle in einem XML-Dokument stehen muss. Vor dieser Deklaration dürfen sich keinerlei weitere Zeichen befinden, auch keine Leerzeichen.

Bei einer XML-Deklaration handelt es sich bis zur XML-Version 1.0 um eine optionale Angabe, mit der sich bestimmte Informationen über das XML-Dokument festlegen lassen. In Version 1.1 hingegen ist sie zwingend erforderlich. Diese Informationen sind allesamt ebenfalls optional, werden mit derselben Syntax wie Attribute definiert (werden aber technisch nicht wie solche verarbeitet) und lauten:

- **`version`**
  Hiermit lässt sich die Versionsnummer der verwendeten XML-Spezifikation bestimmen. Gültige Werte hierfür sind zur Zeit `1.0` und `1.1`. Falls Sie eine XML-Deklaration in Ihrem XML-Dokument verwenden, sollten Sie diese Information immer mit angeben.
- **`encoding`**
  Mit dieser Information können Sie die Kodierung des XML-Dokuments bestimmen. Die im englisch- und deutschsprachigen Raum am häufigsten verwendeten Kodierungen lauten: `ISO-8859-1`, `UTF-16` und `UTF-8`. Letztere wird standardmäßig verwendet, wenn dieser Parameter nicht angegeben wurde. Manche Parser versuchen in diesem Fall aber mit Hilfe der ersten Bytes einer Datei zu erraten, welche Unicode-Kodierung verwendet wird.
- **`standalone`**
  Diese Information wird nur sehr selten angegeben und legt fest, ob auf eine externe DTD[5] zugegriffen werden muss oder nicht. Mögliche Werte sind `yes` und `no`. Wird dieser Parameter nicht angegeben, so wird standardmäßig der Wert `no` verwendet.

5 Document Type Definition, siehe Abschnitt 1.4.

In Listing 1.1 ist ein Beispiel für eine sehr häufig verwendete XML-Deklaration zu sehen:

```
<?xml version="1.0" encoding="UTF-8"?>
```

1.2.7 Processing Instructions

Ein weiteres, zwar relativ selten verwendetes, aber nicht weniger wichtiges Konstrukt, das innerhalb eines XML-Dokuments platziert werden kann, ist die *Verarbeitungsanweisung* oder auch *Processing Instruction*, kurz *PI* genannt.

Leider enthält Listing 1.1 keine Processing Instruction, ein Beispiel sehen Sie jedoch unten in diesem Abschnitt.

[»]

Hinweis

Eine Processing Instruction sieht ähnlich wie eine XML-Deklaration aus, ist aber technisch gesehen keine XML-Deklaration.

Mit Hilfe einer Processing Instruction ist es möglich, derjenigen Anwendung, die das Dokument gerade verarbeitet, bestimmte Informationen und Anweisungen zu übergeben. Eine Processing Instruction beginnt immer mit <? und endet mit ?>.

Ziel

Unmittelbar nach <? muss das *Ziel* definiert werden. Dabei handelt es sich um einen symbolischen Namen, anhand dessen die verarbeitende Anwendung eine bestimmte Aktion ausführt. Dieser Name muss allen Regeln für XML-Namen folgen.

Daten

Zwischen <?Ziel und ?> kann beliebiger Text – die *Daten* – platziert werden. Wie dieser Text formatiert sein muss, hängt von der verarbeitenden Anwendung ab. Häufig werden aber Pseudoattribute (name="wert") verwendet, um die Anweisung zu parametrisieren.

Nachfolgend sehen Sie ein Beispiel für eine häufig verwendete Processing Instruction, wie sie für die Zuweisung eines CSS-Stylesheets an ein XML-Dokument eingesetzt wird:

```
<?xml-stylesheet type="text/css" href="style.css"?>
```

Das folgende Beispiel soll zeigen, dass eine Processing Instruction nicht zwangsläufig Pseudoattribute enthalten muss. In diesem Beispiel ist eine fiktive Processing Instruction mit einem Funktionsaufruf definiert:

```
<?executeIt showOKDialog("Hello World!"); ?>
```

[«]

Hinweis

Anders als beispielsweise Text oder Elemente gehören Processing Instructions nicht zum eigentlichen Inhalt eines XML-Dokuments. Stattdessen sind sie als Metadaten für die verarbeitenden Anwendungen zu sehen.

1.2.8 Knoten und ihre Beziehungen zueinander

Bis hierher haben Sie nun schon die wichtigsten Bestandteile eines XML-Dokuments kennengelernt, wie beispielsweise das Element, das Attribut oder den Text. Alle diese Bestandteile werden häufig auch als *Knoten* (engl.: *Nodes*) bezeichnet, da es sich hierbei um signifikante Punkte in einem XML-Dokument handelt und diese Punkte wiederum in einer bestimmten Beziehung zueinander stehen.

Manche Beziehungen dieser Knoten zueinander sind durch die XML-Spezifikation klar vorgegeben, wie z. B. die Beziehung zwischen Element- und Attribut-Knoten: Attribute können ausschließlich innerhalb von Elementen existieren. Element-Knoten hingegen dürfen beliebig ineinander verschachtelt werden. Somit kann ein komplexer Baum geschaffen werden, der von Anwendung zu Anwendung vollkommen unterschiedlich aussehen kann. Die Beziehungen zwischen den Element-Knoten besitzen allerdings stets die gleiche Bezeichnung. Diese Bezeichnungen sind zwar nicht primär durch die XML-Spezifikation festgelegt, haben sich aber im Laufe der Zeit als feste Konstanten etabliert.

Die Begriffe, die in einem solchen XML-Dokument für die Bezeichnung von bestimmten, signifikanten Punkten und Beziehungen von Knoten zueinander verwendet werden, lauten:

- **Root** = Wurzelelement
  stets das einzige oberste Element
- **Parent** = Elternknoten
  ein Knoten, der weitere Knoten enthält
- **Child** = Kindknoten
  ein Knoten, der innerhalb eines anderen Knotens definiert wurde
- **Sibling** = Geschwisterknoten
  ein Knoten, der in derselben Ebene wie ein anderer steht

1.2.9 Wohlgeformtheit

Als Nächstes möchten wir auf eine äußerst wichtige Eigenschaft hinweisen, die ausnahmslos für alle XML-Dokumente gelten muss: Die *Wohlgeformtheit*. Hiermit sind bestimmte Regeln gemeint, die befolgt werden müssen, damit das XML-Dokument von einer Anwendung allgemeingültig verarbeitet werden kann. Die wichtigsten dieser Regeln lauten:

- Es darf nur genau ein Element in der obersten Ebene existieren. Dieses Element wird als *Wurzelelement* (oder *Root Element*) bezeichnet.
- Jedes Start-Tag muss durch ein zugehöriges End-Tag wieder geschlossen werden. Bei Schachtelung von Elementen müssen diese in genau der umgekehrten Reihenfolge wieder geschlossen werden, wie sie geöffnet wurden. Überschneidungen sind also nicht erlaubt.
- Alle Bestandteile des XML-Dokuments, wie beispielsweise Elemente und Attribute, müssen einem vorgegebenen Aufbau entsprechen, der in den vorhergehenden Abschnitten bereits erklärt wurde.

Nachfolgend werden einige Beispiele für XML-Dokumente angegeben und anschließend kurz beschrieben, ob diese wohlgeformt sind oder nicht.

Beispiel 1

```
<?xml version="1.0"?>
<name>Simpson</name>
<age>55</age>
```

Dieses XML-Dokument ist nicht wohlgeformt, da es mehr als ein Wurzelelement definiert.

Beispiel 2

```
<?xml version="1.0"?>
<person>
   <name>Simpson
   <age>55</name>
   </age>
</person>
```

Dieses XML-Dokument ist ebenfalls nicht wohlgeformt, da sich die Elemente `<name/>` und `<age/>` überlappen. Dies ist nicht erlaubt.

Beispiel 3

```
<?xml version="1.0"?>
<person name=Simpson>
   <age>55</age>
</person>
```

In diesem XML-Dokument wurde der Attributwert von `name` nicht in Anführungszeichen eingefasst. Aus diesem Grund ist auch dieses XML-Dokument nicht wohlgeformt.

1.2.10 XML-Parser

Überprüfen der Wohlgeformtheit

Die Wohlgeformtheit eines XML-Dokuments wird von der interpretierenden Anwendung überwacht. Diese Anwendung nennt man *XML-Parser*. Ein XML-Parser kann ein XML-Dokument einlesen und überprüfen. Er wird häufig von einer übergeordneten Anwendung verwendet, um Informationen aus einem XML-Dokument zu extrahieren oder in anderer Weise zu verarbeiten. Entdeckt der XML-Parser einen oder mehrere Verstöße gegen die Wohlgeformtheit, so meldet er diese an die übergeordnete Anwendung.

Überprüfen der Gültigkeit

Daneben kann ein Parser auch die Gültigkeit (nicht zu verwechseln mit der Wohlgeformtheit) eines XML-Dokuments überprüfen, indem er dessen Aufbau gegen eine vorgegebene, selbst definierte Grammatik überprüft. Diese Grammatik legt zum Beispiel fest, welche Elemente in einem XML-Dokument verwendet werden dürfen, wie diese angeordnet sein müssen und welche Attribute und Inhalte sie enthalten können. Die Definition einer solchen Grammatik erfolgt mit Hilfe von *DTD* oder *XML Schema*, wie Sie in den Abschnitten 1.4 und 1.5 nachlesen können. Entdeckt der XML-Parser einen Verstoß gegen eine vordefinierte Grammatik, so meldet er diesen Fehler ebenfalls an die übergeordnete Anwendung. Häufig wird daraufhin der gesamte Parse-Vorgang abgebrochen.

1.3 Die Namensräume

Namensräume sind ein äußerst wichtiges Konzept bei der Verarbeitung von XML-Dokumenten. Zwar sind sie nicht Teil der XML-1.0–Spezifikation, aber eine explizit dafür spezifizierte Erweiterung, die auch von den meisten XML-Parsern unterstützt wird. Aus diesem Grunde sind sie ein optionales Feature, das Sie in Ihren Dokumenten nutzen können, aber nicht müssen.

In modernen XML-Anwendungen kann es vorkommen, dass in ein und demselben XML-Dokument Informationen für verschiedene Module einer Anwendung oder sogar verschiedene Anwendungen enthalten sind. Jedes Modul oder jede Anwendung ist dabei nur an bestimmten Informationen im Dokument interessiert. Beispielsweise könnten in einer XHTML-Seite Scripting-Anweisungen mit eingebettet werden. Die Rendering-Engine des Browsers wäre dann nur am XHTML-Code interessiert, die Scripting-Engine nur am Script-Code. Um solche Unterscheidungen der XML-Inhalte zu vereinfachen, wurden Namensräume eingeführt.

Ein Namensraum ist ein Unterscheidungsmerkmal, das Elementen oder Attributen zusätzlich zu ihrem Namen gegeben werden kann. So können die verschiedenen Anwendungsbestandteile konkret danach filtern, und sogar Namensüberschneidungen werden möglich, ohne dass Konflikte entstehen. Dieses zusätzliche Merkmal ist visuell im Dokument sichtbar, aber auch für den Parser.

Namensraum-URIs

Ein Namensraum wird eindeutig durch einen *URI* identifiziert. Hierfür wird häufig die URL der betreffenden Autorengruppe gefolgt vom Namen der Anwendung verwendet. Hinter dieser URL muss allerdings nicht zwangsläufig eine reale Internetadresse stehen. Der Hintergedanke bei diesem Vorgehen besteht darin, dass die Domainnamen weltweit eindeutig sind. Werden die Domainnamen als URI für die Definition eines Namensraums verwendet, so stellt man sicher, dass auch der Namensraum und somit die daran gebundenen Elemente und Attribute mit ziemlicher Wahrscheinlichkeit weltweit eindeutig sind. Ein Beispiel:

http://www.w3.org/1999/XSL/Transform

Dieser Namensraum wird beispielsweise verwendet, um Elemente der XSLT-Sprache zuzuordnen.

Präfix

Um nun einem Element oder Attribut einen Namensraum-URI zuzuordnen, müsste man ihn bei jedem dieser Knoten dazuschreiben. Das Dokument würde dadurch aber viel zu unübersichtlich (und lang). Deshalb kann ein Namensraum nur über ein sogenanntes *Präfix* einem Element oder Attribut zugeordnet werden:

```
<p:element p:attribut="Wert" />
```

Lokaler und qualifizierter Name

Hier sehen Sie ein Element mit dem Namen `element`, dem aber über ein Präfix `p` ein Namensraum zugeordnet ist. Gleiches gilt für das Attribut `attribut`. Der Doppelpunkt dient dabei als Trennzeichen. Der rechte Teil nach dem Doppelpunkt wird als *lokaler Name* bezeichnet. Der vollständige Name einschließlich des Doppelpunkts wird als *qualifizierter Name* (oder *QName*) bezeichnet. Das Präfix kann ein beliebiger XML-Name sein – lediglich den Doppelpunkt darf es natürlich nicht enthalten.

Binden

Was nun noch fehlt, ist die Zuordnung eines Präfixes zu einem Namensraum-URI. Dies geschieht über spezielle Attribute, die in beliebigen Elementen untergebracht werden können:

```
<root xmlns:p="URI">
```

Hier wird in einem Element `<root>` ein neues Präfix `p` definiert und an den Namensraum `"URI"` gebunden. Diese Bindung gilt innerhalb des `<root>`-Elements sowie all dessen Kindelemente. Wird ein Präfix also im Wurzelelement definiert, gilt es im ganzen Dokument.

Nachfolgend ein kleines Beispiel, in dem alle Elemente und Attribute in einem XML-Dokument an den Namensraum `http://somewhat/foo` mit Hilfe des Präfixes `foo` gebunden werden:

```
<?xml version="1.0" ?>
<foo:root xmlns:foo="http://somewhat/foo">
  <foo:element foo:attrName="value"/>
</foo:root>
```

Listing 1.3 Definition und Bindung eines Namensraums

Wie Sie sehen, kann bereits das Element, in dem ein Präfix gebunden wird, dieses schon verwenden (hier `<foo:root>`).

Default-Namensräume

Stellen Sie sich vor, Sie müssen ein großes XML-Dokument – beispielsweise ein XHTML-Dokument – erzeugen, dessen Elemente alle an denselben Namensraum gebunden sind. Schnell stellt sich hier die Definition und die Bindung aller Elemente und Attribute an denselben Namensraum als relativ aufwendig heraus. Aus diesem Grund gibt es die Möglichkeit, einen sogenannten *Default-Namensraum* zu definieren.

Ein Default-Namensraum wird im Gegensatz zu einem »normalen« Namensraum an kein Präfix gebunden, sondern lediglich durch das Attribut `xmlns` definiert:

```
xmlns="URI"
```

Das Element, in dem dieser Default-Namensraum definiert wurde, sowie dessen Attribute und Kindelemente und deren Attribute wiederum sind somit automatisch an diesen Namensraum gebunden, ohne für diese extra ein Präfix voranstellen zu müssen.

Weitere Namensräume

Natürlich ist es möglich, neben dem Default-Namensraum auch andere Namensräume zu definieren und Elemente als auch Attribute mit und ohne Präfix zu kombinieren. Auch mehrere Default-Namensräume sind in einem Dokument erlaubt. Allerdings überschreibt ein nachfolgender Default-Namensraum die vorhergehenden Definitionen ab dem Element, in dem er definiert wurde, und in seinen Kindelementen. In Listing 1.4 sehen Sie ein Beispiel, in dem mehrere Default-Namensräume gemeinsam verwendet werden:

```
<?xml version="1.0" encoding="ISO-8859-1" ?>
<!-- ... -->
<html xmlns="http://www.w3.org/1999/xhtml" >
<head>
  <title>Text</title>
</head>
<body>
<h1>A simple svg shape</h1>
  <!-- Neuer Default-Namensraum -->
  <svg xmlns="http://www.w3.org/2000/svg"
    width="5cm" height="5cm">
    <rect x="2cm" y="2cm" width=1cm" height="1cm"/>
  </svg>
</body>
</html>
```

Listing 1.4 Verwendung von zwei Default-Namensräumen

1.4 XML beschränken mit DTD

Definitionsdokument

Wie in den vorhergehenden Abschnitten bereits angesprochen, kann die Grammatik eines XML-Dokuments – bis zu einem bestimmten Grad – vorgegeben werden. Das heißt, es kann explizit vorgeschrieben werden, wie ein XML-Dokument strukturiert sein muss und welche Inhalte es besitzen darf. Dies ist beispielsweise dann äußerst wichtig, wenn eine Anwendung ein XML-Dokument mit einer bestimmten Struktur erwartet. Um zum einen nun außerhalb dieser Anwendung zu dokumentieren, wie das XML-Dokument strukturiert sein muss, und andererseits der Anwendung selbst eine einfache Möglichkeit zur Überprüfung des eingelesenen XML-Dokuments zu geben, wird die erwartete Struktur fest mit Hilfe eines *Definitionsdokuments* vorgegeben.

Im XML-Umfeld gibt es nun mehrere »Sprachen«, mit denen solch eine Grammatik bzw. solch ein Definitionsdokument geschrieben werden kann. Die älteste, aber noch weit verbreitete ist *DTD* oder *Document Type Definition*. Im Gegensatz zur Sprache XML Schema (die wir Ihnen in Abschnitt 1.5, »XML beschränken mit XML Schema« näher vorstellen werden) nutzt die DTD-Sprache aber eine eigene Syntax, die zwar an XML angelehnt, aber eben doch nicht identisch ist. Aus diesem Grund mag eine Document Type Definition auf den ersten Blick etwas befremdlich auf Sie wirken, da sie eigentlich nur wenig mit einem XML-Dokument gemeinsam hat, außer dass es die darin vorkommenden Bestandteile definiert.

Hinweis [«]

Damit ein XML-Dokument gegen eine Grammatik überprüft werden kann, ist es erforderlich, dass der verwendete XML-Parser die Validierung anhand einer DTD bzw. eines XML Schemas unterstützt. Achten Sie deshalb bei der Auswahl eines geeigneten XML-Parsers darauf, ob er dieses Feature anbietet und es sich somit um einen sogenannten *validierenden Parser* handelt.

1.4.1 Ein einfaches Beispiel

Der Aufbau eines DTD-Dokuments lässt sich am einfachsten anhand eines Beispiels erklären:

```
<!ELEMENT dvd-collection (dvd)>
<!ELEMENT dvd (regie, length)>
<!ATTLIST dvd
   title CDATA #REQUIRED>
<!ELEMENT regie (#PCDATA)>
<!ELEMENt length (#PCDATA)>
```

Listing 1.5 Beispiel für eine einfache DTD

Diese DTD beschreibt ein XML-Dokument, das bereits in Listing 1.1 vorgestellt wurde. Der Übersicht halber ist dieses XML-Dokument nachfolgend noch einmal dargestellt.

```
<?xml version="1.0" encoding="UTF-8"?>
<dvd-collection>
   <!-- Eine bestimmte DVD -->
   <dvd title="X-Men">
      <regie>Bryan Singer</regie>
      <length>100</length>
```

```
  </dvd>
</dvd-collection>
```

Listing 1.6 Dieses XML-Dokument wird durch die vorhergehende DTD definiert.

Wie Sie in Listing 1.5 sehen, ist ein DTD-Dokument relativ einfach strukturiert. Die beiden wichtigsten Konstrukte zum Definieren von Elementen und Attributen sind `<!ELEMENT...>` und `<!ATTLIST...>`. Nachfolgend wollen wir uns diese Konstrukte etwas näher ansehen.

1.4.2 Elemente

Um ein Element in DTD zu definieren, müssen Sie folgendes Konstrukt verwenden:

```
<!ElEMENT Name Eigenschaften>
```

Name und Eigenschaften

Durch *Name* wird der XML-Name des Elements angegeben, das definiert werden soll. *Eigenschaften* steht für bestimmte Eigenschaften, die für dieses Element festgelegt werden können. Hierzu zählt beispielsweise das Schlüsselwort `EMPTY`, um zu bestimmen, dass das Element keinerlei Inhalt besitzen darf, oder `ANY` um keinerlei Einschränkung bezüglich des Inhalts zu definieren. Das durch die nachfolgend gezeigte DTD definierte Element darf beispielsweise keinerlei weiteren Inhalt besitzen, weder Kindelemente noch Text:

```
<!ELEMENT br EMPTY>
```

Nur bestimmte Kindelemente erlauben

Anstelle von *Eigenschaften* können Sie auch die erlaubten Kindelemente explizit definieren. Dies erfolgt mit einer Liste von durch Kommata getrennten Elementnamen der erlaubten Kindelemente, die durch runde Klammern begrenzt ist. Sehen Sie sich als Beispiel hierzu die Definition für das Element `<dvd/>` an, das als Kindelemente nur `<regie/>` und `<length/>` erlaubt:

```
<!ELEMENT dvd (regie, length)>
```

Häufigkeit

Dabei haben Sie zusätzlich die Möglichkeit, die Häufigkeit der Wiederholung der jeweiligen Kindelemente zu bestimmen, indem Sie einen der in Tabelle 1.2 gezeigten Suffixe anhängen. Wird kein Suffix angehängt, ist genau ein Element erlaubt.

Suffix	Bedeutung
?	Keines oder genau ein Element ist erlaubt (0...1).

Tabelle 1.2 Die Wiederholungssuffixe

Suffix	Bedeutung
*	Keines oder beliebig viele Elemente sind erlaubt (0...n).
+	Eines oder beliebig viele Elemente sind erlaubt (1...n).

Tabelle 1.2 Die Wiederholungssuffixe (Forts.)

Um also beispielsweise innerhalb des Elements <dvd/> die Angabe einer beliebigen Anzahl von Regisseuren durch jeweils ein Element <regie/> – mindestens jedoch eines – zu erlauben, könnten Sie folgende Elementdeklaration verwenden:

```
<!ELEMENT dvd (regie+, length)>
```

Nur Text als Inhalt erlauben

Neben keinem Inhalt oder explizit angegebenen Kindelementen kann ein Element auch einfachen Text enthalten. Dies wird durch das Schlüsselwort #PCDATA angegeben. #PCDATA steht für »Parsed Character Data«. Die Definition erfolgt ebenfalls innerhalb runder Klammern, wie das folgende Beispiel für das Element <regie/> zeigt:

```
<!ELEMENT regie (#PCDATA)>
```

Gemischten Inhalt erlauben

Eine weitere Variante ist die Kombination von Text und Elementen als Inhalt für ein Element. Eine solche Kombination können Sie folgendermaßen ausdrücken:

```
<!ELEMENT dvd (#PCDATA | regie | length)*>
```

1.4.3 Attribute

Das zweite wichtige DTD-Konstrukt kann dazu verwendet werden, anzugeben, welche Attribute ein Element enthalten muss. Es wird folgendermaßen gebildet:

```
<!ATTLIST Element Name Typ Modifikator>
```

Die beiden wichtigsten Angaben stellen hier *Element* und *Name* dar. Durch *Element* wird der Name des Elements angegeben, das dieses Attribut enthalten kann. Der Name des Attributs wird an der Stelle von *Name* definiert.

Typ

Mit *Typ* wird angegeben, von welchem Typ der angegebene Attributwert sein muss. Hierfür gibt es wieder eine Reihe verschiedener Schlüsselwörter. So steht beispielsweise CDATA an dieser Stelle für reinen, beliebigen Text.

Optional oder notwendig

Der *Modifikator* steht für Default-Attribute, d.h., hiermit kann beispielsweise festgelegt werden, ob ein Attribut optional (`#IMPLIED`) oder unbedingt notwendig ist (`#REQUIRED`).

In Listing 1.5 ist eine Attributdefinition für das Element `<dvd/>` angegeben. Diese Definition besagt, dass dieses Element ein Attribut mit dem Namen `title` besitzen muss. Der Attributwert selbst kann ein beliebiger Text sein:

```
<!ATTLIST dvd
   title CDATA #REQUIRED>
```

Mehrere Attribute

Nun lässt das Konstrukt `<!ATTLIST...>` bereits an der Namensgebung erkennen, dass Sie hiermit durchaus mehrere Attribute, also eine Attributliste, definieren können. Dies geschieht, indem *Name*, *Typ* und *Modifikator* für jedes einzelne Attribut wiederholt werden. Soll beispielsweise das zuvor bereits behandelte Element `<dvd/>` neben dem Attribut `title` ein weiteres Attribut `year` erhalten, das beispielsweise optional angegeben werden kann, so würde sich die DTD folgendermaßen ändern:

```
<!ATTLIST dvd
   title CDATA #REQUIRED
   year  CDATA #IMPLIED>
```

1.4.4 Entities

Neben der Definition der Struktur eines XML-Dokuments hat eine DTD zusätzlich eine weitere wichtige Funktion, nämlich benutzerdefinierte Entities zu definieren. Wie Sie bereits in Abschnitt 1.2.4 erfahren haben, ist es notwendig, für einige reservierte Zeichen Umschreibungen in Form von fest vorgegebenen Entity-Referenzen zu verwenden. Beispielsweise steht die Entity-Referenz `<` für die geöffnete spitze Klammer <. Neben diesen fest vorgegebenen Entity-Referenzen können Sie beliebig viele eigene Entities definieren. Dies ist beispielsweise immer dann sinnvoll, wenn eine Ersetzung an einer bestimmten Stelle im XML-Dokument erfolgen soll. Eine solche Entity-Referenz wird folgendermaßen innerhalb eines DTD-Dokuments gebildet:

```
<!ENTITY Name "Wert">
```

Dabei steht *Name* für den Entity-Namen und *Wert* für den Wert, der an die Stelle der Entity-Referenz platziert werden soll. Sehen Sie sich hierzu folgendes Beispiel an:

```
<!ENTITY date "05/05/2005">
```

Innerhalb eines XML-Dokuments, das diese DTD einbindet, könnten Sie anschließend die Entity-Referenz `&date;` verwenden, um das angegebene Datum an beliebiger Stelle zu platzieren.

Interne Entities

Die gezeigte Variante der direkten Angabe eines Wertes nennt man übrigens auch *interne Entity-Deklaration*. Daneben kann eine Entity-Deklaration auch als eine Art »Include-Anweisung« verwendet werden, um ein Fragment eines XML-Dokuments in ein anderes an einer bestimmten Stelle zu inkludieren. Dies geschieht in der Form:

```
<!ENTITY Name SYSTEM "URI">
```

Hier steht *Name* wieder für den Namen der Entity und *URI* für den Pfad zur Datei bzw. Ressource, die eingebunden werden soll. Beispielsweise könnte diese Funktionalität dazu verwendet werden, gleiche Dokumententeile zusammenzufassen und zu referenzieren, statt diese mehrfach zu duplizieren.

```
<!ENTITY footer SYSTEM "templates/footer.xml">
```

Externe Entities

Die hier gezeigte Variante der Angabe eines URI nennt man auch *externe Entity-Deklaration*.

1.4.5 DTD einbinden

Nachdem Sie nun die wichtigsten Punkte zum Aufbau einer DTD erfahren haben, stellt sich natürlich an dieser Stelle die berechtigte Frage, wie denn nun ein XML-Dokument mit einer solchen DTD verknüpft werden kann.

DTD referenzieren

Eine Möglichkeit hierfür besteht darin, die Deklarationen der DTD in einer separaten Datei abzuspeichern und diese Datei aus dem XML-Dokument heraus zu referenzieren. Dies erfolgt unter Verwendung der *Dokumenttyp-Deklaration* `<!DOCTYPE...>`, die zwischen der XML-Deklaration und dem Wurzelelement platziert wird (diese Position wird in einem XML-Dokument *Prolog* genannt). Die Dokumenttyp-Deklaration besitzt in diesem Fall folgende Struktur:

```
<!DOCTYPE Wurzelelement SYSTEM "URI">
```

Innerhalb dieser Deklaration steht *Wurzelelement* für den Namen des Wurzelelements des definierten XML-Dokuments. Anstelle von *URI* können Sie den Pfad zur DTD-Datei angeben. Neben dem Schlüsselwort `SYSTEM` für eigene können Sie auch `PUBLIC` für öffentliche DTDs verwenden. Allerdings muss in diesem Fall anstelle von *URI* eine öffentliche ID einer DTD angegeben werden, die dem Parser bekannt ist. Falls Sie mehr Informationen hierzu benötigen, bitten wir Sie, in Ihrem XML-Handbuch nachzuschlagen.

Angenommen, das in Listing 1.5 gezeigte DTD-Dokument wird in einer Datei mit dem Namen *dvd-collection.dtd* im selben Verzeichnis wie das XML-Dokument abgelegt, so könnte diese DTD im XML-Dokument aus Listing 1.6 folgendermaßen referenziert werden:

```
<?xml version="1.0" encoding="UTF-8"?>
<!DOCTYPE dvd-collection SYSTEM "dvd-collection.dtd">
<dvd-collection>
   <!-- One certain DVD -->
   <dvd title="X-Men">
      <regie>Bryan Singer</regie>
      <length>100</length>
   </dvd>
</dvd-collection>
```

Listing 1.7 XML-Dokument mit referenzierter DTD

DTD direkt einbetten

Neben der Referenzierung einer externen DTD-Datei kann die DTD auch direkt in das XML-Dokument eingebettet werden. Dies ist vor allem in der Entwicklungsphase in vielen Fällen von Vorteil. Auch hierfür wird die Dokumenttyp-Deklaration verwendet. Anstelle der URI wird allerdings die vollständige DTD in eckige Klammern `[` und `]` gesetzt. Dies erfolgt in der Form:

```
<!DOCTYPE Wurzelelement [ DTD-Deklarationen ]>
```

Der Platzhalter *`Wurzelelement`* steht auch in diesem Fall wieder für das Wurzelelement des definierten XML-Dokuments. Anstelle von *`DTD-Deklarationen`* kann hier aber nun der vollständige Inhalt der DTD gesetzt werden. Nachfolgend sehen Sie, wie die aus Listings 1.5 und 1.6 bekannten Dokumente miteinander in einem einzigen XML-Dokument verknüpft werden:

```
<?xml version="1.0" encoding="UTF-8"?>
<!DOCTYPE dvd-collection [
   <!ELEMENT dvd-collection (dvd)>
   <!ELEMENT dvd (regie, length)>
   <!ATTLIST dvd
      title CDATA #REQUIRED>
   <!ELEMENT regie (#PCDATA)>
   <!ELEMENt length (#PCDATA)>
]>
```

```
<dvd-collection>
   <!-- One certain DVD -->
   <dvd title="X-Men">
      <regie>Bryan Singer</regie>
      <length>100</length>
   </dvd>
</dvd-collection>
```

Listing 1.8 XML-Dokument mit eingebetteter DTD

1.5 XML beschränken mit XML Schema

Wie Sie im vorangegangenen Abschnitt erfahren konnten, ist die DTD eine relativ unkomplizierte Möglichkeit, ein XML-Dokument bis zu einem bestimmten Grad zu beschränken, und somit für viele Anwendungen bestimmt eine gute Wahl. Allerdings hat DTD auch einige gravierende Nachteile. So liegt eine DTD beispielsweise nicht in einem XML-Format vor, weswegen bereits für die Bearbeitung häufig verschiedene Werkzeuge verwendet werden müssen. Der weitaus größere Nachteil besteht aber in der wenig granularen Definitionsmöglichkeit von DTDs. Für viele moderne Anwendungen reicht die Definition von Element-Verschachtelung und Attribut-Angaben häufig nicht mehr aus. XML Schema geht hier einen deutlichen Schritt weiter, indem beispielsweise eigene Elementtypen definiert und vererbt werden können und sich wesentlich mehr Einschränkungen für die Werte von Attribut und Elementinhalten festlegen lassen. So ist es beispielsweise möglich, nicht nur den Datentyp an sich festzulegen, sondern darüber hinaus seine erlaubte Länge sowie zusätzliche Eigenschaften.

XML Schema als moderne Alternative zu DTD

XML Schema ist eine Empfehlung des W3C und kann als moderne Alternative zu DTD angesehen werden. Mit Hilfe von XML Schema kann – genau wie mit einer DTD – ein XML-Dokument beschränkt werden, allerdings in der Form von einem weiteren XML-Dokument. Die Beschränkung selbst kann auf einem wesentlich feineren Level erfolgen, als dies mit DTD möglich ist. Allerdings steigt mit der Verwendung von XML Schema der Komplexitätsgrad an.

DTD trotzdem notwendig

Ein XML Schema ist im Bezug auf die Beschränkung eines XML-Dokuments zwar wesentlich mächtiger als eine DTD, allerdings ist für manche Einsatzzwecke trotz alledem parallel zu einem XML Schema auch eine DTD notwendig. Das liegt daran, dass DTDs nicht nur Grammatiken, sondern auch Entity-Referenzen definieren können, was XML Schema nicht kann.

In diesem Abschnitt werden wir uns die Sprache XML Schema nun etwas detaillierter ansehen, da wir Sie in Kapitel 7, »JAXB«, und 8, »JAX-WS«, intensiver gebrauchen werden.

1.5.1 Ein XML Schema referenzieren

Um eine Schemadatei in Ihrem Dokument zu referenzieren, müssen Sie in das Wurzelelement das Attribut `noNamespaceSchemaLocation` einbinden und dort den URI angeben, wo das Schema zu finden ist. Das Attribut muss allerdings im Namensraum `http://www.w3.org/2001/XMLSchema-instance` liegen, weswegen Sie ein entsprechendes Präfix im Wurzelelement definieren müssen. Hierfür wird in der Praxis `xsi` (für *Schema Instance*) verwendet:

```
<document
  xmlns:xsi=http://www.w3.org/2001/XMLSchema-instance
  xsi:noNamespaceSchemaLocation=URI zur Schemadatei>
```

[»]

Hinweis

Wenn Sie mit einem oder mehreren Namensräumen in Ihrem Dokument arbeiten, sieht die Referenzierung etwas anders aus. Mehr dazu erfahren Sie in Abschnitt 1.5.8.

1.5.2 Die XML-Schema-Datei

Ein Schemadokument verfügt über ein Wurzelelement `<schema>`, das wie alle anderen Elemente der Sprache im Namensraum `http://www.w3.org/2001/XMLSchema` liegen muss. Dafür wird in der Praxis das Präfix `xs` (manchmal auch `xsd`) verwendet:

```
<xs:schema xmlns:xs=http://www.w3.org/2001/XMLSchema>
```

Kindelemente von <xs:schema>

Innerhalb des `<xs:schema>`-Elements wird nun die eigentliche Grammatik eingebettet. Dabei werden im Wesentlichen die folgenden Konstrukte verwendet, für die jeweils eigene Elemente existieren, die als Kindelemente von `<xs:schema>` zugelassen sind:

- Definition von Typen (mit `<xs:simpleType>` und `<xs:complexType>`)
- Definition von Attributen (mit `<xs:attribute>`)
- Definition von Elementen (mit `<xs:element>`)

1.5.3 Definition von einfachen Typen

Ausgangspunkt einer XML-Schema-Grammatik sind immer *Typen*. Dabei wird grundsätzlich zwischen einfachen und komplexen Typen unterschieden.

Im Prinzip sind *einfache Typen* alles, was sich in XML durch reinen Text und ohne Tags ausdrücken lässt und damit in Attributen oder als Textknoten in Elementen untergebracht werden kann. Im Gegensatz zu DTDs sind hier jedoch wesentlich feinere Unterscheidungen möglich. So gibt es Typen wie `int`, `boolean`, `decimal` oder `time` und Konstrukte wie Wertelisten oder Unions.

Vordefinierte Typen

Insgesamt sind in XML Schema über 40 Typen vordefiniert; eine Auswahl der wichtigsten finden Sie in Tabelle 1.3.

Name	Beschreibung
`xs:string`	Beliebiger Text. Entities müssen wie gewohnt deklariert werden.
`xs:int`	Eine ganze, vorzeichenbehaftete Zahl im Bereich –2147483648 bis +2147483647. Geben Sie kein Vorzeichen an, wird die Zahl als positiv interpretiert.
`xs:decimal`	Eine durch einen Dezimalpunkt getrennte Zahl. Die Zahl darf beliebig groß sein. Achtung: Kommas sind nicht erlaubt!
`xs:boolean`	Ein logischer, boolescher Ausdruck. Es sind nur exakt die vier Werte `true`, `false`, `0` und `1` erlaubt.
`xs:date`	Ein Datum ohne Uhrzeitangabe.

Tabelle 1.3 Die wichtigsten einfachen Typen

Zusätzlich zu den genannten Typen sind natürlich alle diejenigen vorhanden, die es auch in DTD gibt, wie `ENTITY`, `ID` usw.

Benutzerdefinierte Typen

Um einen eigenen einfachen Typ zu definieren, müssen Sie ein Element `<xs:simpleType>` in das `<xs:schema>`-Element Ihrer Schemadatei einfügen. Über dessen Attribut `name` geben Sie dem neuen Typ einen eindeutigen Namen, über den er später referenziert werden kann. Innerhalb des Elements legen Sie dann fest, wie der neue einfache Typ aus bestehenden anderen einfachen Typen hergeleitet werden soll. Hierzu haben Sie drei Möglichkeiten:

- Generierung einer Liste mit <xs:list>
- Generierung einer Union mit <xs:union>
- Ableitung durch Einschränkung mit <xs:restriction>

Listen

Am einfachsten ist die Generierung einer Liste mit <xs:list>. Eine Liste ist eine durch Leerzeichen getrennte Aneinanderreihung von Werten ein und desselben Typs. Diesen Typ legen Sie entweder durch seinen Namen im Attribut itemType von <xs:list> fest, oder Sie fügen dem Element direkt ein Kindelement <xs:simpleType> hinzu:

[zB]

```
<xs:simpleType name="intArray">
   <xs:list itemType="xs:int"/>
</xs:simpleType>
```

Listing 1.9 Listenerzeugung mit <xs:list>

Unions

Ähnlich wie die Erzeugung von Listen-Typen funktioniert die Erzeugung von Union-Konstrukten mit <xs:union>. Diese dienen dazu, einen neuen einfachen Typ zu generieren, für den Werte von verschiedenen anderen Typen eingesetzt werden können. Hierfür besitzt das Element ein Attribut memberTypes, in dem Sie die Namen eines oder mehrerer einfacher Typen angeben, die als mögliche Werte zulässig sind. Ähnlich wie beim <xs:list>-Element können Sie aber auch ein oder mehrere <xs:simpleType>-Kindelemente direkt mit hinzufügen sowie Mischungen aus Attribut und Kindelement:

```
<xs:simpleType name="someCrazyMix">
   <xs:union memberTypes="xs:int xs:date"/>
</xs:simpleType>
```

Listing 1.10 Erzeugung von Unions mit <xs:union>

Einschränkung

Die vielseitigste Variante der Erzeugung neuer Typen ist die Einschränkung eines bestehenden Typs, die über das Element <xs:restriction> möglich ist. Dort wird der Ausgangstyp per Name über ein Attribut base oder direkt über ein Kindelement <xs:simpleType> angegeben. Innerhalb des Elements können dann über verschiedene Kindelemente verschiedenste Einschränkungen definiert werden. Eine Übersicht über die einzelnen Möglichkeiten gibt Ihnen Tabelle 1.4.

Kindelement	Funktion
`<xs:minInclusive>`	eingeschlossener Mindestwert
`<xs:minExclusive>`	ausgeschlossener Mindestwert
`<xs:maxInclusive>`	eingeschlossener Höchstwert
`<xs:maxExclusive>`	ausgeschlossener Höchstwert
`<xs:totalDigits>`	Anzahl der Ziffern
`<xs:fractionDigits>`	Anzahl der Nachkommastellen
`<xs:length>`	Gesamtlänge
`<xs:minLength>`	Minimallänge
`<xs:maxLength>`	Maximallänge
`<xs:enumeration>`	Werteliste
`<xs:whiteSpace>`	Behandlung von Leerräumen
`<xs:pattern>`	regulärer Ausdruck

Tabelle 1.4 Beschränkungsmöglichkeiten von <xs:restriction>

Bei detaillierteren Fragen zum `<xs:restriction>`-Element möchten wir Sie bitten, auf zusätzliche Literatur zurückzugreifen.

1.5.4 Definition von komplexen Typen

Komplexe Typen dienen dazu, Inhalte zu definieren, die auch etwas anderes als reinen Text enthalten können, beispielsweise Kindelemente oder Attribute. Nur Elementen kann ein komplexer Typ zugewiesen werden, während einfache Typen bekanntlich sowohl Elementen als auch Attributen zugewiesen werden können.

Einfacher und komplexer Inhalt

XML Schema unterscheidet bei komplexen Typen prinzipiell zwischen zwei Arten von Inhalt: *einfachem* und *komplexem Inhalt*. Ersterer bedeutet dabei, dass das Element nur reinen Text und keine Kindelemente enthalten darf, jedoch Attribute. Komplexer Inhalt hingegen umfasst den Fall, dass Kindelemente (und gegebenenfalls natürlich auch Attribute) erlaubt werden. Textinhalt ist in diesem Fall zwar auch möglich, doch kann dieser dann keinen Regeln mehr unterworfen werden (man nennt diesen Fall auch *gemischten Inhalt*).

Eine kleine Übersicht der verschiedenen möglichen Inhaltstypen finden Sie nochmals zusammengefasst in Tabelle 1.5.

Art des Typs	Art des Inhalts	Mögliche Inhalte
einfacher Typ	(keine Unterart)	Text
komplexer Typ	einfacher Inhalt	Text, Attribute
komplexer Typ	komplexer Inhalt	Text, Attribute, Elemente

Tabelle 1.5 Inhaltstypen von XML Schema

Definition von Inhaltsmodellen

<xs:complexType>

In XML Schema gibt es keine vordefinierten komplexen Typen, Sie müssen diese also immer selbst erstellen. Dazu gibt es das Element `<xs:complexType>`, das über ein Attribut `name` verfügt, mit dem Sie den Typ benennen müssen.

Innerhalb von `<xs:complexType>` können Sie nun verschiedene Inhalte definieren. Eine Form davon ist die Definition eines *Inhaltsmodells*. Dieses beschreibt Kindelemente bzw. in welcher Reihenfolge und Anzahl diese auftreten können. Es wird hierbei also immer komplexer Inhalt erzeugt. Für diese Zwecke gibt es drei Kindelemente `<xs:sequence>`, `<xs:choice>` und `<xs:all>`.

Folgen

Von diesen dreien ist `<xs:sequence>` am einfachsten zu verstehen. Es erlaubt die Definition einer Folge von Kindelementen und verfügt außerdem über zwei Attribute `minOccurs` und `maxOccurs`, mit denen Sie festlegen können, wie oft die Folge mindestens bzw. maximal vorkommen soll. Der Wert `unbounded` für `maxOccurs` besagt dabei, dass die Folge beliebig oft vorkommen darf.

[zB]

```
<xs:complexType name="simpleSequence">
   <xs:sequence maxOccurs="unbounded">
      <xs:element name="childA" type="xs:string"/>
   </xs:sequence>
</xs:complexType>
```

Listing 1.11 Einfaches Beispiel für <xs:sequence>

Das Beispiel aus Listing 1.11 zeigt den Gebrauch von `<xs:sequence>`. Dort wird eine Folge definiert, die nur ein Element `<childA>` als Inhalt vorgibt. Da die Folge selbst aber beliebig oft vorkommen darf, definiert das Fragment einfach eine Folge von beliebig vielen `<childA>`-Elementen. Wäre innerhalb von `<xs:sequence>` jedoch noch eine Deklarationen für ein Element `<childB>` vorhanden, so stünde der komplexe Typ für eine Folge von Elementen, in der die Elemente `<childA>` und `<childB>` beliebig oft als Paar (in genau dieser Reihenfolge) vorkommen dürfen:

```
<childA/><childB/><childA/><childB/>
```

Auch die `<xs:element>`-Elemente (die zur Definition von Elementen dienen) können über die Attribute `minOccurs` und `maxOccurs` verfügen, mit denen Sie festlegen, wie oft die Elemente innerhalb einer einzelnen Sequenz vorkommen dürfen. Werden sie jedoch weggelassen, gilt für beide der Wert `1`.

Auswahl

Das nächste Element zur Definition von Inhaltsmodellen ist nun `<xs:choice>`. Es definiert eine Auswahl von Elementen. Von der Syntax her wird es genauso wie `<xs:sequence>` gehandhabt, verfügt also auch über die Attribute `minOccurs` und `maxOccurs` bzw. lässt diese auch in seinen `<xs:element>`-Kindelementen zu.

[zB]

```
<xs:complexType name="notSoSimpleChoice">
   <xs:choice>
      <xs:element name="childA" type="xs:string"
         maxOccurs="2"/>
      <xs:element name="childB" type="xs:string"
         minOccurs="0"/>
   </xs:choice>
</xs:complextType>
```

Listing 1.12 Auswahl von Elementen

Der komplexe Typ aus Listing 1.12 definiert beispielsweise ein Inhaltsmodell, in dem das Element `<childA>` ein bis zweimal oder das Element `<childB>` kein oder einmal vorkommen darf.

Ungeordnete Liste

Das letzte Element zur Generierung von Inhaltsmodellen – `<xs:all>` – ist etwas anders zu handhaben. Es verfügt zwar auch über die Attribute `minOccurs` und `maxOccurs`, lässt hier aber nur Werte von `0` und `1` zu, genau wie in seinen `<xs:element>`-Kindelementen. Von der Bedeutung her definiert es eine ungeordnete Menge von Kindelementen.

[zB]

```
<xs:complexType name="unorderedSequence">
   <xs:all>
      <xs:element name="childA" type="xs:string"/>
      <xs:element name="childB" type="xs:string"/>
   </xs:all>
</xs:complexType>
```

Listing 1.13 Ungeordnete Liste

Der komplexe Typ aus Listing 1.13 definiert ein Inhaltsmodell, das die beiden Elemente `<childA>` und `<childB>` in beliebiger Reihenfolge genau einmal enthalten muss. Wäre allerdings für eines der Elemente minOccurs="0" angegeben, könnte es auch weggelassen werden.

Gemischte Inhaltsmodelle

Das Gute an den vorgestellten Elementen ist, dass sie auch nach bestimmten Regeln ineinander verschachtelt werden können. Genauer gesagt, können <xs:sequence> und <xs:choice> zusätzlich zu <xs:element>- beliebig viele <xs:sequence>- und <xs:choice>-Elemente enthalten. <xs:all> dagegen kann nur allein in einem <xs:complexType> vorhanden sein und selbst nur <xs:element>-Elemente enthalten.

Definition von Attributen

Zusätzlich zu einem der drei Elemente zur Definition eines Inhaltsmodells kann ein <xs:complexType>-Element über beliebig viele <xs:attribute>-Kindelemente verfügen, mit denen Elementattribute definiert werden können. Die Syntax dieses Elements ist in Abschnitt 1.5.5 näher erklärt.

Gemischter Inhalt

Wie Sie schon wissen, können Sie bei einem komplexen Typ mit komplexem Inhalt zusätzlich Text erlauben. Man spricht dann von *gemischtem Inhalt* eines Elements. Diesen können Sie zulassen oder verbieten über das boolesche Attribut mixed. Standardmäßig hat es den Wert false, weswegen Sie es nur dann angeben müssen, wenn Sie gemischten Inhalt zulassen wollen.

[»]

Hinweis

Bei gemischtem Inhalt können Sie keine Regeln für den Textanteil festlegen.

Ableitung

Nun möchten wir Ihnen noch zeigen, wie Sie komplexe Typen durch Ableitung von anderen Typen anlegen. Prinzipiell ist dabei zu unterscheiden, ob hierdurch ein komplexer Typ mit einfachem oder mit komplexem Inhalt erzeugt wird. Dementsprechend müssen Sie als Kindelemente von <xs:complexType> entweder <xs:simpleContent> oder <xs:complexContent> angeben. In beiden Fällen sind übrigens sonst keine anderen Kindelemente mehr erlaubt.

Einfacher Inhalt

Wenn Sie mit `<xs:simpleContent>` einen komplexen Typ mit einfachem Inhalt durch Ableitung erzeugen wollen, dürfen Sie nur von folgenden Typen ableiten:

- einfache Typen
- komplexe Typen mit einfachem Inhalt

Die Ableitung kann zunächst, wie bei den einfachen Typen, durch Einschränkung mit `<xs:restriction>` erfolgen. Dabei haben Sie die üblichen Möglichkeiten zur Einschränkung des Textinhalts, die wir Ihnen auch schon in Abschnitt 1.5.3 vorgestellt haben, können aber außerdem die Typen von Attributsdefinitionen aus dem Basistyp mit Ableitungen davon überladen. Mit dem Element `<xs:extension>` erweitern Sie hingegen einen bestehenden Typ, und zwar um zusätzliche Attribute.

Komplexer Inhalt

Die zweite Möglichkeit der Ableitung ist die Erzeugung von komplexem Inhalt über das Element `<xs:complexContent>`. In diesem Fall dürfen Sie von den folgenden Typen ableiten:

- einfache Typen
- komplexe Typen mit einfachem Inhalt
- komplexe Typen mit komplexem Inhalt

Auch hier ist wieder eine Ableitung durch Einschränkung oder Erweiterung über `<xs:restriction>` oder `<xs:extension>` möglich. Dabei ist die Ableitung durch Erweiterung einfacher zu verstehen. Und zwar können Sie innerhalb von `<xs:extension>` weitere `<xs:sequence>`-, `<xs:choice>`-, `<xs:all>`- und `<xs:attribute>`-Elemente angeben, die einfach dem Inhaltsmodell des bestehenden Basistyps angehängt werden.

Die Ableitung durch Einschränkung ist komplizierter. Hier können Sie einem bestehenden komplexen Typ mit komplexem Inhalt Teile davon wieder wegnehmen, Typeinschränkungen auf dessen Elementen und Attributen vornehmen oder erlaubten gemischten Inhalt wieder verbieten. Dazu müssen Sie im `<xs:restriction>`-Element genau den neuen Inhalt des Elements angeben, wie Sie das normalerweise direkt im `<xs:complexType>`-Element tun.

1.5.5 Definition von Attributen

Nachdem Sie nun alles über einfache und komplexe Typen wissen, ist es ein Einfaches, Ihnen die Definition von Attributen und Elementen vorzustellen, wobei wir in diesem Abschnitt mit Ersteren beginnen.

Attribute werden in XML Schema definiert über ein Element `<xs:attribute>`, das selbst über mehrere Attribute verfügt, mit denen Sie die Eigenschaften des zu definierenden Attributs angeben können. Wir haben sie in Tabelle 1.6 aufgelistet.

Attribut	Bedeutung
`name`	Name des zu definierenden Attributs
`type`	Name des einfachen Typs, den das Attribut haben soll
`use`	Angabe, ob das Attribut optional (`optional`), erforderlich (`required`) oder verboten (`prohibited`) ist; kann nicht angegeben werden, wenn das `<xs:attribute>`-Element ein direktes Kind von `<xs:schema>` ist.
`default`	Standardwert für das Attribut (falls es nicht angegeben wird); kann nicht zusammen mit `fixed` angegeben werden.
`fixed`	Pflichtwert für das Attribut (kein anderer Wert darf angegeben werden); kann nicht zusammen mit `default` angegeben werden.

Tabelle 1.6 Attribute von <xs:attribute>

Wie in der Tabelle angedeutet, kann der Typ eines zu definierenden Attributs über das `type`-Attribut angegeben werden. Dort dürfen jedoch nur einfache Typen, wie `xs:string`, `xs:int` oder davon abgeleitete, verwendet werden. Alternativ fügen Sie dem `<xs:attribute>`-Element ein Kindelement `<xs:simpleType>` hinzu und definieren dort den Typ direkt.

[zB]

```
<xs:complexType name="simpleSequenceWithAttr">
   <xs:sequence maxOccurs="unbounded">
      <xs:element name="childA" type="xs:string"/>
   </xs:sequence>
   <xs:attribute name="attr" type="xs:string"
      use="optional" default="default"/>
</xs:complexType>
```

Listing 1.14 Der Gebrauch von <xs:attribute>

Der Code aus Listing 1.14 zeigt einen komplexen Typ, der mit einem `<xs:sequence>`-Element ein einfaches Inhaltsmodell und zusätzlich mit einem `<xs:attribute>`-Element ein Attribut `attr` vom einfachen Typ xs:string definiert, dessen Angabe optional ist und das beim Weglassen den Standardwert default erhält.

1.5.6 Definition von Elementen

<xs:element>
name
type

Auch die Definition von Elementen ist für Sie nun keine Herausforderung mehr. Aus Abschnitt 1.5.4 wissen Sie ja schon, dass dies über ein Element <xs:element> geschieht, das über die Attribute name und type verfügt, die die gleiche Bedeutung haben wie die von <xs:attribute> – Sie geben damit den Namen und den Typ des Elements an. Bei der Typangabe besteht nun allerdings keine Einschränkung mehr, weshalb hier sowohl einfache als auch komplexe Typen (beider Inhaltstypen) erlaubt sind.

minOccurs und maxOccurs

Außerdem kennen Sie schon die beiden Attribute maxOccurs und minOccurs, mit denen Sie festlegen, wie viele Exemplare des Elements an der jeweiligen Stelle im Inhaltsmodell auftauchen dürfen bzw. müssen. Diese Attribute dürfen Sie allerdings nicht angeben, wenn das <xs:element>-Element ein direktes Kind von <xs:schema> ist.

Wie auch bei <xs:attribute> besteht aber ebenfalls die Möglichkeit, den Typ eines Elements direkt als Kindelement anzugeben und ihn nicht über das type-Attribut zu referenzieren. Dabei sind beliebige <xs:simpleType>- und <xs:complexType>-Elemente als Kindelement möglich, bei denen Sie jedoch jeweils das name-Attribut weglassen müssen:

```
<xs:element name="someElement" type="xs:string"/>
```

1.5.7 Globale Definitionen und Referenzen

Wie Sie in den vorausgegangenen Abschnitten schon festgestellt haben, können Elementdefinitionen, Attributdefinitionen und auch Typdefinitionen sowohl als direktes Unterelement von <xs:schema> auftreten als auch in andere Elemente eingebettet sein.

Typdefinitionen

Insbesondere bei Typdefinitionen gibt es dabei die Besonderheit, dass sie als direkte Kinder vom <xs:schema> über ein name-Attribut verfügen müssen, über dessen Inhalt sie dann innerhalb von <xs:element>- und <xs:attribute>-Elementen über deren type-Attribut referenziert werden können. Man spricht in diesem Fall von einer *globalen Definition*. Werden Typdefinitionen jedoch direkt innerhalb von Element- oder Attributdefinitionen oder in innerhalb anderer Typdefinitionen untergebracht, ist das name-Attribut sinnvollerweise verboten. Man spricht dann von einer *lokalen* oder *anonymen Definition*.

Element- und Attributdefinitionen

Anders ist dies bei Element- und Attributdefinitionen. Diese müssen immer über ein `name`-Attribut verfügen, mit dem festgelegt wird, wie sie im XML-Dokument benannt werden müssen, egal ob auf globaler oder lokaler Ebene. Allerdings ist Ihnen vielleicht auch schon der Gedanke gekommen, welchen Sinn es denn überhaupt ergibt, so etwas wie ein Attribut oder Element auf globaler Ebene, also nicht innerhalb einer Typdefinition, zu spezifizieren. Diese Frage wollen wir Ihnen in diesem Abschnitt nun beantworten.

Globale Elemente und das Wurzelelement

Das Wurzelelement

Zumindest im Bereich der Elementdefinitionen gibt es einen eindeutigen Fall, für den ein globales `<xs:element>`-Element nicht nur sinnvoll, sondern auch notwendig ist: das Wurzelelement. Es steht bekanntlich an oberster Stelle des XML-Dokuments und kann deshalb in keinen Typ und kein anderes Element eingebettet sein. Demnach könnten Sie komplett auf globale Typdefinitionen verzichten und Ihre Schemadatei aus einer einzigen globalen Elementdefinition bestehen lassen, die intern mit lauter anonymen Typen arbeitet.

Mehr als ein globales Element

Trotzdem ist es aber in XML Schema möglich, mehr als ein Element global zu definieren. Der Nutzen ist hierbei ähnlich wie bei den global definierten Typen: Sie können darauf referenzieren. Das ist vor allem dann sinnvoll, wenn Sie bestimmte Elemente an verschiedenen Stellen in ihrem Dokument mit absolut derselben Syntax einsetzen wollen. Außerdem dient es auch der Wiederverwendung in anderen Dokumenten, denn in XML Schema können Sie auch von anderen Dateien importieren.

Elementreferenzen

Um nun auf ein Element zu referenzieren, gibt es eine Alternativschreibweise von `<xs:element>`: Statt des `name`-Attributs benutzen Sie das `ref`-Attribut und geben dort den Namen des zu referenzierenden globalen Elements an. Weitere Inhalte, wie das `type`-Attribut oder Kindelemente, sind in diesem Fall natürlich nicht mehr erlaubt, wohl aber die `minOccurs`- oder `maxOccurs`-Attribute:

```
<xs:element name="global" type="xs:string"/>

<xs:complexType name="manyGlobals">
   <xs:sequence>
      <xs:element ref="global" maxOccurs="unbounded"/>
   </xs:sequence>
</xs:complexType>
```

Listing 1.15 Referenzierung von Elementen

[«]

Hinweis

Beachten Sie, dass, wenn Sie mehr als ein globales Element definieren, der Parser nicht mehr wissen kann, welches davon das Wurzelelement ist. Deshalb lässt er alle globalen Elemente als solche zu. Dies kann durchaus erwünscht sein, jedoch auch unangenehme Nebenwirkungen haben, wenn man sich dieses Umstands nicht bewusst ist.

Globale Attribute

Eigentlich gibt es zum Thema globale Attribute nicht mehr viel zu sagen, denn es gilt hier nahezu alles, was Sie im vorherigen Abschnitt über Elemente erfahren haben. Die einzigen Ausnahmen sind natürlich, dass es kein »Wurzelattribut« gibt und die Attribute `minOccurs` und `maxOccurs` natürlich nicht in `<xs:attribute>` vorkommen können. Ansonsten können Sie aber beliebig viele Attributdefinitionen auf globaler Ebene vornehmen und sie in lokalen `<xs:attribute>`-Elementen über das `ref`-Attribut referenzieren. Dabei können Sie aber natürlich das `use`-Attribut mit spezifizieren.

1.5.8 XML Schema und Namensräume

Nicht ohne Grund heißt das Attribut zur Referenzierung auf eine Schemadatei im Wurzelelement einer XML-Datei `noNamespaceSchemaLocation`. Es ist nämlich nur in Dokumenten brauchbar, in dem die Elemente über keinen Namensraum verfügen. In XML Schema ist es aber auch möglich, Dokumente mit einem oder sogar mehreren Namensräumen zu verwalten. Dies bringt jedoch einige Besonderheiten mit sich, und zwar im Gebrauch der Elemente, die wir Ihnen bisher vorgestellt haben. Auf die entsprechenden Änderungen gehen wir nun in diesem Abschnitt ein.

Der Zielnamensraum

Eine Grundregel können Sie sich als Erstes und Wichtigstes im Zusammenhang mit der Namensraumbehandlung in XML Schema merken: Eine Schemadatei bezieht sich immer auf exakt einen Namensraum (ob leer oder nicht). Man nennt ihn auch *Zielnamensraum* des Schemas. Er kann innerhalb der Schemadatei mit dem Attribut `targetNamespace` im `<xs:schema>`-Element angegeben werden. Um bei der Nutzung von mehreren Schemadateien für verschiedene Namensräume nun jedoch keine Konflikte bei der Benennung von Typen, Elementen und Attributen zu erhalten, müssen, wenn ein `targetNamespace` angegeben ist, alle Referenzen auf diese Konstrukte ebenfalls mit der Namensrauminformation versehen werden, was wiederum nur durch ein Präfix möglich ist. Aus diesem Grunde müssen Sie, sobald Sie Typ-, Element- oder Attributreferenzen in Ihrer Schemadatei verwenden, zusätzlich ein Präfix definieren:

```
<xs:schema xmlns:xs="http://www.w3.org/2001/XMLSchema"
   targetNamespace="my:URI"
   xmlns:my="my:URI">
```

Listing 1.16 Wurzelelement einer Schemadatei mit Zielnamensraum

Element-, Attribut- und Typreferenzen

Wenn nun die eben gezeigten Vorkehrungen getroffen sind, können Sie auf globale Typen, Elemente und Attribute über das entsprechende Präfix verweisen:

```
<xs:element ref="my:child" maxOccurs="5"/>
<xs:attribute ref="my:attr" use="required"/>
<xs:element name="root" type="my:rootType"/>
```

Listing 1.17 Referenzen in einem Schema mit Zielnamensraum

[»]

Hinweis

Beachten Sie in Listing 1.17, dass tatsächlich nur die Referenzen mit einem Präfix versehen werden müssen, nicht die Definitionen selbst.

Mehrere Namensräume

Dank der Präfixtechnik ist es nun auch möglich, Schemadateien zu erstellen, die mit mehr als einem Namensraum arbeiten. Das gilt zwar nicht für Definition von Typen, Elemente oder Attributen, jedoch für Referenzen. Das heißt konkret, dass Sie in einer Schemadatei durchaus auf Konstrukte verweisen können, die in einer anderen Schemadatei definiert wurden. Damit dies jedoch möglich ist, sind zwei Schritte notwendig:

- Die andere Schemadatei muss über ein <xs:import>-Element importiert werden.
- Für ihren Zielnamensraum muss ein weiteres Präfix definiert werden.

Wenn also im Beispiel aus Listing 1.17 auf Konstrukte einer Schemadatei *other.xsd* mit dem Zielnamensraum other:URI verwiesen werden soll, wäre folgender Kopf in der Datei notwendig:

```
<xs:schema xmlns:xs="http://www.w3.org/2001/XMLSchema"
   targetNamespace="my:URI"
```

```
   xmlns:my="my:URI" xmlns:other="other:URI">

   <xs:import namespace="other:URI"
      schemaLocation="Pfad zur anderen Schemadatei"/>
```

Listing 1.18 Einbinden von anderen Schemadateien

Wenn Sie schließlich eine Einbindung nach Listing 1.18 vorgenommen haben, können Sie, wie gewohnt, auf andere Konstrukte referenzieren:

```
<xs:complexType name="namespaceMix">
   <xs:sequence>
      <xs:element ref="my:element"/>
      <xs:element ref="other:element"/>
   </xs:sequence>
</xs:complexType>
```

Listing 1.19 Gemischte Referenzierung

Referenzierung durch die XML-Datei

Das Letzte, was Sie nun noch wissen müssen, ist, wie Sie auf die Schemadatei(en) mit Ziel-Namensräumen aus Ihrer XML-Datei heraus referenzieren. Das ist allerdings nicht weiter schwer: Sie müssen dazu statt des `noNamespaceSchemaLocation` das Attribut `schemaLocation` verwenden. Darin können Sie dann ein oder mehrere jeweils durch Leerzeichen getrennte Paare *Namensraum-URI – Schemadatei-URI* angeben, um für alle relevanten Namensräume die Schemadateien zu referenzieren:

```
<?xml version="1.0" encoding="ISO-8859-1"?>
<my:document
  xmlns:xsi=http://www.w3.org/2001/XMLSchema-instance
  xmlns:my="my:URI" xmlns:other="other:URI"
  xsi:schemaLocation=
     my:URI my.xsd other:URI other.xsd>
```

Listing 1.20 Einbindung von Schemadateien mit Zielnamensraum

1.6 Navigieren mit XPath

Nachdem Sie nun grundlegende Kenntnisse über den Aufbau und die Beschränkungsmöglichkeiten von XML-Dokumenten besitzen, möchten wir Ihnen in diesem Abschnitt einen Einblick in einen weiteren wichtigen XML-Bereich geben: das Navigieren in einem XML-Dokument.

Um an die Informationen in einem XML-Dokument zu gelangen, gibt es mehrere Wege. Eine wenig empfehlenswerte Möglichkeit besteht darin, das Dokument durch eigene Algorithmen auszulesen und die entsprechenden Informationen zu extrahieren. Doch – wie sollte es in der Welt der Standards anders sein – auch hierfür gibt es bereits eine fertige Lösung, die für alle XML-Dokumente auf dieselbe Art und Weise funktioniert. Diese Lösung lautet *XPath*. Es handelt sich hierbei um eine Sprache, die vom W3C als Empfehlung definiert wurde und die vorgibt, wie bestimmte Knoten in einem XML-Dokument identifiziert und andere Informationen, z. B. aggregierte Werte, ermittelt werden können.

XPath: SQL für XML

Im Grunde ist es zwar nicht ganz korrekt[6], aber stellen Sie sich XPath als eine Art »SQL für XML-Dokumente« vor. In gewisser Weise sind sich diese beiden Sprachen sehr ähnlich, wobei der größte Unterschied sicherlich darin besteht, dass XPath auf Knoten von komplexen (XML-) Bäumen arbeitet, wogegen SQL in seiner Reinform lediglich mit relationalen Strukturen (Tabellen, Spalten usw.) umgehen kann.

Mit Hilfe von XPath können Sie also durch Ihr XML-Dokument navigieren und bestimmte Informationen daraus extrahieren. Beispielsweise können Sie mit XPath auf einfache Weise alle Elemente zählen, die direkt unter dem Wurzelelement liegen. Ein anderes Beispiel wäre, jeweils das zweite Element innerhalb aller Elemente, die das Attribut `name="max"` besitzen, zurückzuliefern.

Sie sehen, mit XPath können Sie äußerst komplexe Abfragen erzeugen, die allerdings in vielen Fällen durch eine einzige kurze Zeile definiert werden können. Würden Sie solch eine Abfrage durch einen eigenen Algorithmus in Ihrer Anwendung erstellen, würde das für Sie in vielen Fällen einen beträchtlichen Mehraufwand bedeuten.

1.6.1 Knotentypen

Wie Sie bereits wissen, enthält ein XML-Dokument die verschiedensten Knotenarten. XPath ist in der Lage, auf den folgenden Knotenarten eines XML-Dokuments zu navigieren und Informationen darüber zu extrahieren:

- Wurzelknoten
- Elementknoten

6 Diese Rolle nimmt nämlich eher die W3C-Spezifikation *XML Query* (XQuery) ein, die aber selbst wiederum auf XPath aufbaut: *http://www.w3.org/XML/Query*

- Textknoten
- Attributknoten
- Namensraumknoten
- Processing Instruction
- Kommentar

1.6.2 Lokalisierungspfad

Alle diese Knoten kann XPath mit entsprechender Syntax entweder mit relativer oder mit expliziter Pfadangabe zum Wurzelelement selektieren, Informationen darüber ermitteln oder Funktionen darauf anwenden (siehe Abschnitt 1.6.4). Diese Syntax wird *Lokalisierungspfad* genannt und zeigt immer auf eine Menge von Knoten in einem XML-Dokument, die entweder leer sein, einen oder aber mehrere Knoten besitzen kann.

Elementknoten lokalisieren

Nachfolgend sehen Sie ein Beispiel für einen XPath-Ausdruck, der das Element `<dvd/>` im XML-Dokument aus Listing 1.6 lokalisiert:

```
/dvd-collection/dvd
```

Wurzelknoten
Elementknoten

Wie Sie an diesem Beispiel sehen, wird ein Lokalisierungspfad durch eine – wie aus Unix/Linux bekannte – Pfadangabe definiert, die den Pfad angefangen vom Wurzelelement / bis zum Element `<dvd/>` angibt, das selektiert werden soll. Besäße das Element `<dvd-collection/>` mehrere `<dvd/>` Elemente, so würde der eben gezeigte Lokalisierungspfad alle diese Elemente selektieren.

Attributknoten lokalisieren

Neben Elementknoten können mit Hilfe von XPath auch explizit Attribute selektiert werden. Dies geschieht, indem zunächst über die bereits bekannte Art das Element lokalisiert wird, das das gewünschte Attribut enthält. Anschließend wird mit Hilfe des Zeichens `@` gefolgt von dem Attributnamen das entsprechende Attribut selektiert. Um beispielsweise das Attribut `title` des Elements `<dvd/>` aus Listing 1.6 zu selektieren, könnten Sie folgenden XPath-Ausdruck verwenden:

```
/dvd-collection/dvd@title
```

Andere Knoten lokalisieren

Neben Element- und Attributknoten gibt es – wie in Abschnitt 1.6.1 bereits aufgezählt – einige weitere Knoten, die Sie ebenfalls mit XPath direkt selektieren können. Diese können mit speziellen Konstrukten lokalisiert werden:

- `text()`
  Lokalisiert einen Textknoten innerhalb eines Elements.
- `comment()`
  Lokalisiert einen Kommentarknoten innerhalb eines Elements.
- `processing-instruction()`
  Lokalisiert eine Processing Instruction.

Um beispielsweise den in Listing 1.6 gezeigten Kommentar `<!-- Eine bestimmte DVD -->` zu lokalisieren, könnten Sie folgenden XPath-Ausdruck anwenden:

```
/dvd-collection/comment()
```

Wildcards

Oftmals ist es erforderlich, eine Menge an Knoten zu selektieren, deren Name nicht bekannt ist. In diesem Fall können sogenannte *Wildcards* verwendet werden. XPath kennt drei verschiedene Arten von Wildcards:

- `*`
  Selektiert alle Elementknoten im Lokalisierungspfad.
- `@*`
  Selektiert alle Attributknoten im Lokalisierungspfad.
- `node()`
  Selektiert neben Element- und Attributknoten auch Text-, Verarbeitungs-, Namensraum-, und Kommentar-Knoten im Lokalisierungspfad.

Um beispielsweise alle Kindelemente von `<dvd-collection/>` zu selektieren, könnten Sie folgenden XPath-Ausdruck verwenden:

```
/dvd-collection/*
```

1.6.3 Prädikate

Wie Sie bereits wissen, wird durch einen Lokalisierungspfad immer eine Menge von Knoten selektiert. Um diese Menge nun anhand von bestimmten Kriterien weiter einzuschränken, können Sie in jedem Schritt im Lokalisierungspfad sogenannte *Prädikate* definieren, die aus einem booleschen Ausdruck bestehen, der in eckige Klammern `[` und `]` eingefasst ist und entweder `true` oder `false` zurückliefert. Ein definiertes Prädikat wird auf jeden einzelnen Knoten in der selektierten Menge angewandt. Liefert das Prädikat an einem Knoten `false` zurück, wird dieser Knoten aus der Menge entfernt. Sehen Sie sich hierzu die folgenden Beispiele an.

Beispiel 1

```
/dvd-collection/dvd[1]
```

Dieses Beispiel selektiert genau das erste Kindelement mit dem Namen `<dvd/>` von `<dvd-collection/>`.

Beispiel 2

```
/dvd-collection/dvd[@title="X-Men"]
```

Hier werden alle `<dvd/>`-Elemente selektiert, die ein Attribut `title` mit dem Wert `X-Men` besitzen.

Beispiel 3

```
/dvd-collection/dvd[length>100]
```

Natürlich sind – neben dem Gleichheitszeichen – auch nahezu alle anderen Vergleichszeichen möglich, um auf bestimmte Bedingungen hin zu prüfen. Dazu zählen die Zeichen `<`, `>`, `<=`, `>=` und `!=`.

In diesem Beispiel werden alle `<dvd/>`-Elemente zurückgeliefert, die direkte Kindelemente von `<dvd-collection/>` sind und ein Kindelement `<length/>` mit einem numerischen Wert größer `100` als Inhalt besitzen.

Beispiel 4

```
/dvd-collection/dvd[length>100][1]
```

Prädikate können auch beliebig kombiniert werden, indem sie einfach hintereinander geschrieben werden. Die Prädikate werden dabei von links nach rechts auf die Knotenmenge angewendet. In diesem Beispiel wird genau das erste `<dvd/>` Element selektiert, das ein Kindelement `<length/>` mit einem numerischen Inhalt größer `100` besitzt.

1.6.4 XPath-Funktionen

XPath stellt eine große Anzahl an bestimmten Funktionen bereit, die im Lokalisierungspfad und/oder innerhalb von Prädikaten verwendet werden können. Jede XPath-Funktion kennzeichnet sich dadurch, dass sie mit runden Klammern `(` und `)` nach dem Funktionsnamen abgeschlossen wird. Innerhalb dieser Klammern können – je nach Funktion – Argumente übergeben werden. XPath versucht, falls möglich, den Typ eines übergebenen Arguments entsprechend zu konvertieren. Jede XPath-Funktion kann mit folgenden Werten umgehen, das heißt, diese als Argument entgegennehmen bzw. zurückliefern:

- String
- Knotenmenge
- Zahl
- boolescher Wert

count Eine wichtige XPath-Funktion ist beispielsweise die Funktion `count(node)`, die anstelle von `node` einen Lokalisierungspfad für eine Knotenmenge erwartet und die Anzahl der gefundenen Knoten zurückliefert. Ein Beispiel:

```
count(/dvd-collection/dvd)
```

position Eine weitere wichtige Funktion stellt `position()` dar, mit der die Position des Knotens innerhalb des XML-Dokuments ermittelt werden kann:

```
/dvd-collection/dvd[position()<=2]
```

Neben den beiden bereits genannten Funktionen bietet XPath eine Fülle weiterer Funktionen an. Nachfolgend werden einige wichtige Funktionen aufgelistet. Für eine vollständige Liste aller XPath-Funktionen bitten wir Sie, in Ihrer XML-/XPath-Referenz nachzuschlagen. Eine gute Übersicht über XPath-Funktionen und XPath selbst bietet beispielsweise auch die Website *http://www.w3schools.com/xpath*.

- `round(num)`
  Rundet die angegebene Zahl `num`.
- `compare(string1, string2)`
  Überprüft die beiden Strings auf Gleichheit.
- `concat(string1, string2, ...)`
  Konkateniert die angegebenen Strings. Es können beliebig viele Strings durch Kommata getrennt angegeben werden.

- `string-length(string)`
  Liefert die Anzahl der Zeichen im String zurück.
- `upper-case(string)`
  Wandelt alle Zeichen des Strings in Großbuchstaben.
- `lower-case(string)`
  Wandelt alle Zeichen des Strings in Kleinbuchstaben.
- `contains(string1, string2)`
  Liefert `true` zurück, wenn `string2` in `string1` enthalten ist.
- `starts-with(string1, string2)`
  Liefert `true` zurück, wenn `string1` mit `string2` beginnt.
- `not(bool)`
  Liefert die Negierung von `bool` zurück.
- `name()`
  Liefert den Namen des aktuell selektierten Knotens zurück.

1.6.5 Einsatzgebiete von XPath

XPath in anderen XML-Technologien

An dieser Stelle möchten wir darauf hinweisen, das XPath häufig nur im Zusammenhang mit dem W3C-Standard *XSLT* genannt wird, auf den wir in Abschnitt 1.7, »XML transformieren mit XSLT«, etwas näher eingehen werden. Dies wird der Mächtigkeit dieser Abfragesprache aber eigentlich nicht gerecht. So wird XPath auch in anderen W3C-Empfehlungen verwendet, wie beispielsweise *XPointer*[7], *XForms*[8] oder *XML Schema*[9].

XPath mit Java

Im Bezug zu Java existieren darüber hinaus verschiedene Bibliotheken, die Ihnen eine direkte Verwendung von XPath innerhalb Ihrer Anwendungen erlauben. Den bei aktuellen Java-Versionen mitgelieferten Vertreter stellen wir Ihnen übrigens in Abschnitt 5.7, »Navigieren in Dokumenten«, vor

1.7 XML transformieren mit XSLT

Im vorhergehenden Abschnitt haben Sie den W3C-Standard XPath kennen gelernt, durch den es möglich wird, auf relativ einfache Weise durch ein XML-Dokument zu navigieren und bestimmte Informationen daraus zu extrahieren.

---

7 *http://www.w3.org/XML/Linking*

8 *http://www.w3.org/MarkUp/Forms*

9 *http://www.w3.org/XML/Schema*

Wie Sie gesehen haben, können Sie mit XPath zwar durch das gesamte XML-Dokument wandern und beliebige Informationen darüber ermitteln, aber keinerlei Veränderung an dem zugrundeliegenden XML-Dokument vornehmen. Diese Aufgabe übernimmt *XSLT*, die *Extensible Stylesheet Language for Transformations*. Dabei handelt es sich ebenfalls um einen Standard des W3C, der teilweise auf XPath aufbaut.

Transformieren

Im Standard XSLT ist definiert, wie ein XML-Dokument in ein anderes Textdokument (in der Regel wieder ein XML-Dokument) überführt werden kann. Dies nennt man *transformieren*. XSLT stützt sich dabei sowohl auf XPath als auch auf eigene Sprachkonstrukte. Konkret heißt dies, dass Sie innerhalb eines XSLT-Dokuments in den meisten Fällen intensiv XPath verwenden werden.

1.7.1 Das XSLT-Stylesheet

Quelldokument XSLT-Stylesheet

Um eine XSLT-Transformation durchführen zu können, benötigen Sie immer zwei Dokumente. Zum einen das *Quelldokument* – also das XML-Dokument, dessen Inhalte transformiert werden sollen – und zum anderen das *(XSLT-)Stylesheet*, das auf das Quelldokument angewendet wird. Das Stylesheet beschreibt, welche »Regeln« für das Quelldokument verwendet werden sollen.

Zieldokument

Als Ergebnis der Anwendung dieser Regeln erhalten Sie anschließend als Ausgabe das *Zieldokument*, das in der Regel wieder ein XML-Dokument ist. Jedoch sind auch andere Formate erlaubt, wie einfache Textformate oder auch HTML (wie Sie gleich sehen werden).

XSLT-Prozessor

Die Anwendung des XSLT-Stylesheets auf das Quelldokument sowie die Transformation selbst erfolgt durch einen sogenannten *XSLT-Prozessor*. Dabei handelt es sich um eine Anwendung, die das XSLT-Stylesheet sowie das Quelldokument einliest. Anschließend werden die »Regeln« des XSLT-Stylesheets auf das Quelldokument angewendet, und als Ausgabe wird das Zieldokument zurückliefert.

Konkrete XSLT-Prozessoren für Java

Es gibt eine Vielzahl verschiedener XSLT-Prozessoren für die verschiedensten Sprachen und Plattformen. Im Open-Source-Umfeld von Java gehören die Prozessoren *Saxon*[10] von Michel Kays und *Xalan-J*[11] von der

10 Saxon wird in zwei Versionen angeboten: eine kostenlose Basic-Version und eine kostenpflichtige Schema-Aware-Version. Mehr Informationen hierzu finden Sie auf der Saxon-Website: *http://saxon.sourceforge.net*.

11 *http://xml.apache.org/xalan-j*

Apache Software Foundation zu den umfangreichsten und am häufigsten verwendeten.

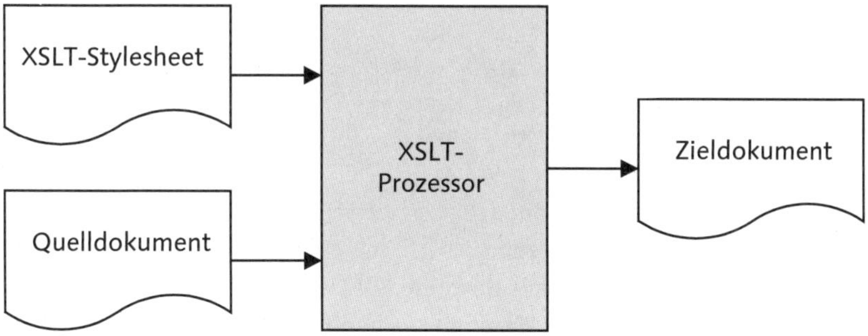

Abbildung 1.5 Der XSLT-Prozessor

Ein kleines Beispiel

Um Ihnen einen Überblick über die Vorgehensweise zu geben, wie eine XML-Transformation durchgeführt wird, wollen wir an dieser Stelle wieder mit einem obligatorischen kleinen Beispiel beginnen. In diesem Beispiel wird das aus Listing 1.6 bekannte XML-Dokument in ein einfaches HTML-Dokument transformiert. Das hierfür zuständige XSLT-Dokument sieht folgendermaßen aus: [zB]

```
<?xml version="1.0" ?>
<xsl:stylesheet version="2.0"
   xmlns:xsl="http://www.w3.org/1999/XSL/Transform">

<xsl:template match="/dvd-collection">
   <html>
   <body>
      <h1>DVD collection</h1>
      <xsl:for-each select="dvd">
         <xsl:value-of select="@title"/>
      </xsl:for-each>
   </body>
   </html>
</xsl:template>

</xsl:stylesheet>
```

Listing 1.21 Ein einfaches XSLT-Dokument

Nachdem dieses Stylesheet mit Hilfe eines XSLT-Prozessors auf das XML-Dokument aus Listing 1.6 angewendet wurde, wird ein neues XML-Dokument mit folgendem Inhalt erzeugt:

```
<html>
<body>
   <h1>DVD collection</h1>
   X-Men
</body>
</html>
```

Listing 1.22 Resultat der Transformation

Dieses Stylesheet hat also zunächst einen HTML-Rahmen mit der Überschrift »DVD Collection« erzeugt. Darin hat es die Werte der `title`-Attribute aller `<dvd>`-Elemente aus unserem XML-Dokument eingefügt – auch wenn dort nur ein solches Element vorhanden ist. Wäre aber mehr als ein `<dvd>`-Element dort vorhanden, würden alle deren `title`-Attribute in das HTML-Dokument nacheinander als Text eingefügt. Als Ergebnis erhalten wir also eine einfache HTML-Seite mit allen unseren DVD-Filmen.

Grundsätzlicher Aufbau des Stylesheets

Jedes XSLT-Stylesheet muss eine bestimmte Struktur aufweisen, um von einem XSLT-Prozessor einwandfrei verarbeitet werden zu können. Wie Sie teilweise Listing 1.21 bereits entnehmen konnten, müssen alle XSLT-Elemente an den Namensraum

Namensraum

http://www.w3.org/1999/XSL/Transform

gebunden werden.

Präfix

Das verwendete Präfix für diesen Namensraum steht Ihnen natürlich frei, in der Regel wird hierfür allerdings `xsl` verwendet. Das Wurzelelement des XSLT-Stylesheets muss folgendermaßen aussehen:

Wurzelelement

```
<xsl:stylesheet version="2.0"
   xmlns:xsl="http://www.w3.org/1999/XSL/Transform"/>
```

Version

Durch das Pflichtattribut `version` wird die Version der verwendeten XSLT-Spezifikation angegeben. Aktuell ist dies `2.0`. Wenn Sie hier `1.0` angeben, wird der Sprachschatz des XSLT-Prozessors auf diese vorhergehende Version eingeschränkt. Der Namensraum-URI ist hingegen für beide Versionen gleich.

Es ist übrigens auch erlaubt, `<xsl:transform .../>` anstelle von `<xsl:stylesheet .../>` zu verwenden. Es besteht bis auf den Namen keinerlei Unterschied zwischen diesen beiden Möglichkeiten, allerdings wird erstere Möglichkeit nur sehr selten verwendet.

xsl:template

Template-Regel

Direkt unterhalb des Wurzelelements `<xsl:stylesheet/>` können Sie beliebig viele sogenannter *Template-Regeln* definieren. Jedes XSLT-Stylesheet muss mindestens eine Template-Regel besitzen. Jede Template-Regel wird durch ein Element

```
<xsl:template match="XPath-Ausdruck"/>
```

gebildet. Innerhalb des Template-Rumpfes können Sie beliebige eigene *Literale*, wie Elemente, Text usw., sowie weitere XSLT-Instruktionen definieren. Der Rumpf der Template-Regel wird genau dann ausgeführt, wenn der angegebene *XPath-Ausdruck* auf den aktuell zu verarbeitenden Teil des XML-Dokuments zutrifft. In diesem Fall werden die definierten Literale in das Zieldokument übernommen bzw. wird die definierten XSLT-Instruktionen entsprechend ausgeführt, siehe Listing 1.21.

Der Kontextknoten

Bereits in Abschnitt 1.6, »Navigieren mit XPath«, war häufig die Rede von einem *Kontext* oder genauer *Kontextknoten*, der aber erst im Zusammenhang mit der Verarbeitung eines XML-Dokuments beispielsweise per XSLT-Stylesheet äußerst wichtig wird.

Aktueller Kontextknoten

Als aktueller Kontextknoten wird in einem XSLT-Stylesheet immer diejenige Position an einem bestimmten Knoten im zu verarbeitenden XML-Dokument bezeichnet, die durch eine vorhergehende XSLT-Instruktion gesetzt wurde. Die im XSLT-Stylesheet verwendeten XPath-Ausdrücke können dann entweder relativ vom aktuellen Kontextknoten aus oder explizit vom Wurzelknoten des XML-Dokuments aus gebildet werden. Der XSLT-Prozessor merkt sich den aktuell gesetzten Kontext so lange, bis eine andere XSLT-Instruktion einen anderen Kontext setzt.

1.7.2 Wichtige XSLT-Instruktionen

Wie bereits angesprochen, können Sie im Rumpf eines XSLT-Templates neben beliebigen eigenen XML-Bestandteilen auch weitere XSLT-Instruktionen platzieren, die durch den XSLT-Prozessor ausgeführt werden sollen. Nachfolgend wollen wir uns die wichtigsten dieser Instruktionen etwas näher ansehen. Für eine vollständige Übersicht über alle verfügbaren XSLT-Elemente möchten wir Sie an dieser Stelle wieder auf Ihre XML-Referenz verweisen.

Textausgabe mit xsl:value-of

Jedes Mal, wenn Sie Text – direkt oder entsprechend behandelt – explizit aus dem Quelldokument in das Zieldokument schreiben möchten, müssen Sie das Element

```
<xsl:value-of select="XPath-Ausdruck"/>
```

verwenden. Durch *XPath-Ausdruck* können Sie einen XPath-Ausdruck bilden, dessen String-Resultat in das Zieldokument genau an die Stelle übernommen wird, an der die `value-of`-Anweisung steht. Um beispielsweise den Attributwert von `title` in das Zieldokument zu schreiben, könnten Sie folgende Anweisung verwenden:

```
<xsl:value-of select="@title"/>
```

Genauso gut können Sie allerdings auch berechnete Werte oder den Textinhalt eines Elements in das Zieldokument übernehmen:

```
<xsl:value-of select="concat('Title:', @title)"/>
<xsl:value-of select="/dvd-collection/dvd[1]/regie"/>
```

xsl:apply-templates

Eine weitere wichtige XSLT-Instruktion stellt das Element

```
<xsl:apply-templates/>
```

dar. Durch diese Instruktion wird der XSLT-Prozessor angewiesen, eine Liste aller unmittelbaren Kindknoten des aktuellen Kontexts zusammenzustellen. Anschließend wird der Inhalt dieser Liste nacheinander mit den definierten Template-Regeln verglichen und der zugehörige Template-Rumpf – falls eine Übereinstimmung gefunden wurde – ausgeführt. Es besteht auch die Möglichkeit, die erhaltene Liste durch das Kindelement

```
<xsl:sort select="XPath-Ausdruck"/>
```

zu sortieren. Der angegebene XPath-Ausdruck wird dabei verwendet, um auf denjenigen Knoten zu zeigen, der als Sortierkriterium dienen soll.

Teilbäume kopieren mit xsl:copy-of

Oftmals besteht der Bedarf, nicht nur die im Template-Rumpf explizit angegebenen Literale oder einzelnen Text aus dem Quelldokument, sondern auch ganze Teilbäume in das Zieldokument an einer bestimmten Position »einzuhängen«. Für diesen Fall können Sie die XSLT-Instruktion

```
<xsl:copy-of select="XPath-Ausdruck"/>
```

verwenden. Diese Instruktion kopiert die durch den XPath-Ausdruck angegebene Knotenmenge inklusive aller Kindknoten und Attribute an die definierte Position im Zieldokument.

Weitere Konstrukte

Neben den hier vorgestellten gibt es zahlreiche weitere XSLT-Konstrukte, wie beispielsweise `xsl:for-each`, um über eine Liste von Knoten zu iterieren, oder `xsl:if`, um auf bestimmte Bedingungen hin zu prüfen. Werfen Sie einfach einen Blick in Ihre XML-Referenz. Sie werden erstaunt sein, welche Möglichkeiten XSLT durch diese Konstrukte bietet. Eine recht gelungene Onlineübersicht über XSLT und seine Konstrukte erhalten Sie beispielsweise auch auf der folgenden Website:

http://www.w3schools.com/xsl

1.8 XSL-FO

Neben XPath und XSLT existiert innerhalb der XSL-Spezifikation eine weitere große Säule: *XSL-FO* (*Formatting Objects*). Hiermit wird Ihnen ein Werkzeug an die Hand gegeben, mit dem Sie Objekte, wie zum Beispiel Texte oder Bilder, auf einer Seite platzieren und formatieren können. Diese Festlegungen werden in einem *XSL-FO-Dokument* getroffen, das anschließend von einem sogenannten *FO-Prozessor* in ein entsprechendes Format – wie z. B. PDF oder RTF – konvertiert wird.

Hinweis [«]

In den folgenden Abschnitten werden wir die Bezeichnung *präsentierendes Format* als Synonym für das Ergebnis der Umwandlung eines XSL-FO-Dokuments in ein Zieldokument, wie beispielsweise PDF, verwenden.

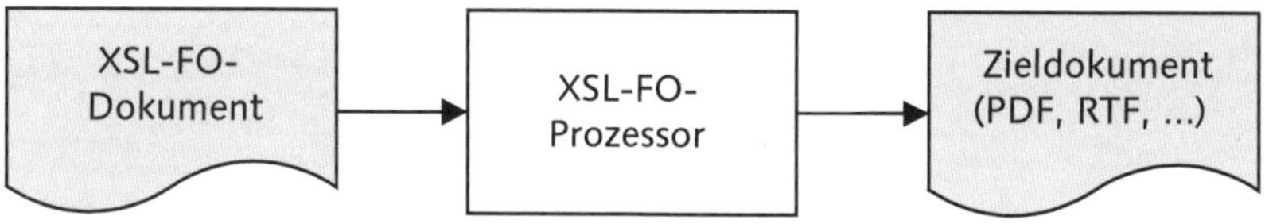

Abbildung 1.6 Der Ablauf einer Formatierung mit XSL-FO

1.8.1 Der Aufbau eines XSL-FO Dokuments

Auch ein XSL-FO-Dokument ist ein XML-Dokument und muss somit ebenfalls den entsprechenden Festlegungen folgen. Es definiert als Wurzelement immer das Element <fo:root/> und ist folgendem Namensraum zugeordnet:

http://www.w3.org/1999/XSL/Format

Als Präfix wird in der Regel fo verwendet. Ein XSL-FO-Dokument besitzt also stets folgende Grundstruktur:

```
<?xml version="1.0" encoding="UTF-8">
<fo:root xmlns:fo="http://w3.org/1999/XSL/Format">
   <!-- Hier werden die Objekte formatiert -->
</fo:root>
```

Listing 1.23 Grundgerüst eines XSL-FO-Dokuments

Um nun wirklich brauchbare Formatierungen mit XSL-FO erzeugen zu können, müssen Sie noch ein paar Dinge über den Aufbau und die Strukturierung eines XSL-FO-Dokuments erfahren. In den nachfolgenden Abschnitten möchten wir daher kurz auf die wichtigsten Elemente und deren Anordnung eingehen. Eine sehr gute Referenz der XSL-FO-Elemente und Attribute erhalten Sie zum Beispiel auf der folgenden Website: *http://www.zvon.org/xxl/xslfoReference/Output/index.html*

Ein XSL-FO Dokument beschreibt im Wesentlichen immer die Anordnung einer Reihe von rechteckigen Zellen auf der Seite, die die Objekte, wie zum Beispiel Text oder Bilder, beinhalten. Die Zellen dürfen sich sowohl überschneiden als auch ineinander verschachtelt sein. Zusätzlich haben Sie die Möglichkeit, eine Zelle entweder relativ zu anderen Elementen oder absolut auszurichten. Sollen Eigenschaften für Objekte innerhalb einer Zelle gesetzt werden, so werden diese in der Regel auf die Zelle angewandt. Sehen Sie sich das folgende vollständige XSL-FO-Dokument an.

```
<?xml version="1.0" encoding="UTF-8"?>
<fo:root xmlns:fo="http://www.w3.org/1999/XSL/Format">
   <fo:layout-master-set>
      <fo:simple-page-master master-name="DINA4 normal"
                             margin-top="1cm"
                             margin-bottom="2cm"
                             margin-left="2.5cm"
                             margin-right="2.5cm"
                             page-width="21cm"
                             page-height="29.7cm">
         <fo:region-before extent="3cm"/>
         <fo:region-after extent="1.5cm"/>
         <fo:region-end extent="0.5cm"/>
```

```
      <fo:region-body margin-top="3cm"
                      margin-bottom="1.5cm"/>
    </fo:simple-page-master>
  </fo:layout-master-set>
  <fo:page-sequence master-reference="DINA4 normal">
    <fo:flow flow-name="xsl-region-body">
      <fo:block font-size="12pt">
        Hier kann ein beliebig langer
        Text platziert werden.
        Falls dieser zu lang ist, erfolgt der
        Zeilen- und Seitenumbruch völlig
        automatisch.
      </fo:block>
    </fo:flow>
  </fo:page-sequence>
</fo:root>
```

Listing 1.24 Ein vollständiges XSL-FO-Dokument

Sie können dieses Dokument übrigens auch auf der Buch-CD finden und als Vorlage für Ihre eigenen FO-Dokumente verwenden. **[o]**

Innerhalb des Wurzelements `<fo:root/>` müssen zunächst die zwei Kindelemente `<fo:layout-master-set/>` und `<fo:page-sequence/>` definiert werden.

<fo:layout-master-set/>

Dieses Element beschreibt mithilfe seiner Kindelemente die allgemeinen Eigenschaften der Seite, wie etwa deren Höhe, Breite, Ränder, Hoch- oder Querformat usw. Innerhalb von `<fo:layout-master-set/>` können Sie wiederum beliebig viele `<fo:simple-page-master/>`-Elemente platzieren, z.B. eins für das Deckblatt und eins für alle anderen Seiten. Dieses Element definiert eine einfache rechteckige Seite, deren Format durch seine verschiedenen Attribute bestimmt werden kann.

Seitenrand

So kann beispielsweise mit den Margin-Attributen (`margin-left`, `margin-right` usw.) der Seitenrand, also der Abstand von der Seitenkante zum Seiteninhalt, festgelegt werden (in Abbildung 1.7 grau dargestellt).

master-name

Mit dem Attribut `master-name` ordnen Sie dem definierten Page-Master einen eindeutigen Namen zu, über den später das zu verwendende Layout angesprochen werden kann. Innerhalb des `<fo:simple-page-master/>` können wiederum bestimmte Kindelemente definiert werden, von denen lediglich `<fo:region-body/>` angegeben werden muss:

- `<fo:region-before/>`
  Dieses Element definiert den »Bereich davor«, also den Bereich vor dem eigentlichen Inhalt. Oft wird dieser Bereich in Dokumenten auch als »Kopfzeile« bezeichnet. Hier ist es zum Beispiel sinnvoll, den Kapitelnamen zu platzieren.
- `<fo:region-after/>`
  Hier wird der »Bereich danach« bestimmt, der oft auch als »Fußzeile« bezeichnet wird. Hier könnte zum Beispiel die Seitenzahl platziert werden.
- `<fo:region-start/>`
  Mit `<fo:region-start/>` wird der Bereich der Seite markiert, der als Abstand zum Seitenrand dient, und zwar von dort an, wo in einer Zeile zu schreiben begonnen wird. In vielen westlichen Ländern ist dies also die linke Seite. Für die hebräische Schrift beispielsweise wäre es analog die rechte Seite.
- `<fo:region-end/>`
  Dieser Bereich liegt gegenüber von `<fo:region-start/>` und bezeichnet im Deutschen den Abstand vom rechten Seitenrand zur Schrift.
- `<fo:region-body/>`
  Dieser Bereich ist für den eigentlichen Inhalt einer Seite vorgesehen. Hier werden in der Regel die Zellen für die Objekte wie Texte und Bilder platziert.

In Abbildung 1.7 sind die einzelnen FO-Regionen und ihre Positionierung für Schriften, die von links nach rechts und von oben nach unten laufen, dargestellt.

<fo:page-sequence/>

Innerhalb dieses Elements werden die Objekte definiert, die auf der Seite platziert werden sollen. Um anzugeben, in welche der angegebenen Regionen ein Objekt geschrieben werden soll, wird das Element `<fo:flow/>` mit dem Attribut `flow-name` verwendet. Dieses Attribut kann entsprechend der Regionen die Werte `xsl-region-body`, `xsl-region-start`, `xsl-region-before` oder `xsl-region-after` verwenden.

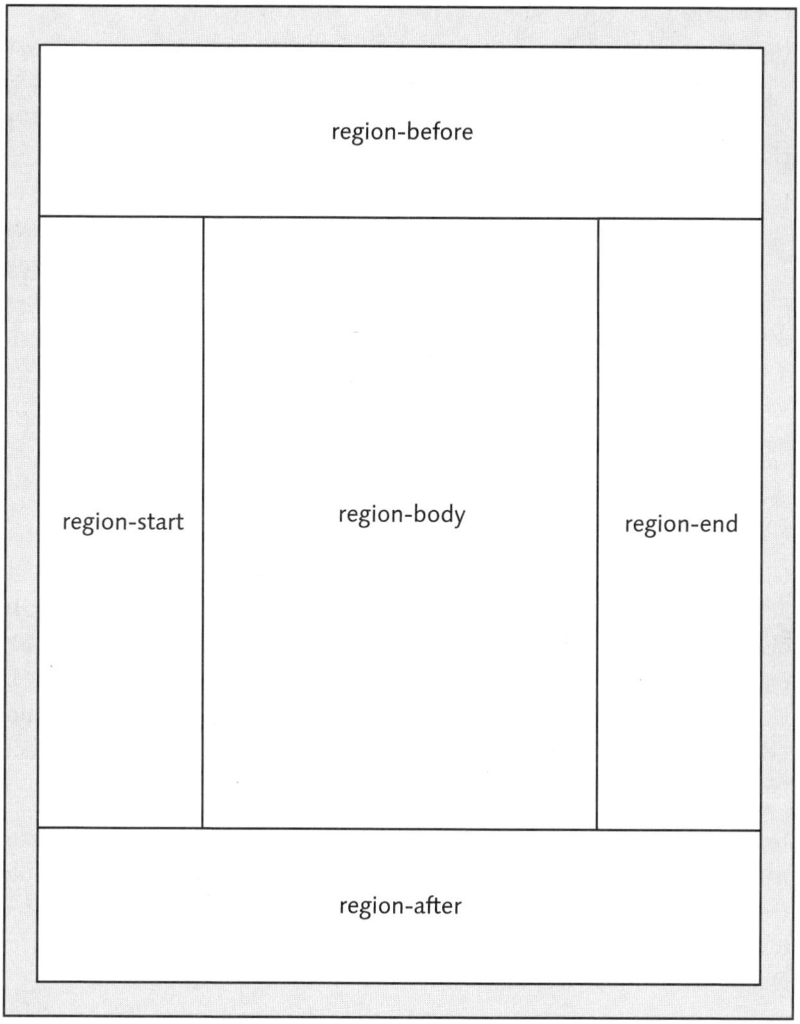

Abbildung 1.7 Die verschiedenen FO-Regionen im Überblick

Der FO Prozessor erstellt zuerst eine Seite, die durch `<fo:simple-page/>` definiert und mit dem Attribut `page-reference` von `<fo:page-sequence/>` referenziert wurde. Anschließend füllt er die Seite solange mit den durch `<fo:flow/>` angegebenen Werten, bis sie voll ist. Dann erstellt der Prozessor eine neue Seite mit den angegebenen Eigenschaften und fährt mit dem Einsetzen der Objekte fort, bis keine Werte für die Objekte mehr vorhanden sind. Das Element `<fo:flow/>` kann beliebig viele `<fo:block/>` Elemente enthalten.

<fo:block/>

Wie zu Beginn dieses Abschnitts bereits erläutert, muss sich jedes Objekt, das auf der Seite platziert werden soll, innerhalb einer bestimmten Zelle befinden. Eine solche Zelle wird mit dem Element `<fo:block/>` definiert. Daneben existieren noch weitere spezielle Block-Elemente, wie `<fo:block-container/>`, `<fo:list-block/>`, `<fo:table/>` und `<fo:table-and-caption/>`. Innerhalb eines Block-Elements können sowohl Text als auch andere Objekte, wie Bilder oder spezielle XSL-FO-Elemente, platziert werden. Es ist auch erlaubt, mehrere dieser Objekte oder einen weiteren Block innerhalb eines Blocks zu definieren. Über die Attribute des Block-Elements werden auch dessen Inhalte – wie zum Beispiel Text – formatiert. Die Attributwerte zum Formatieren der Inhalte ähneln häufig den entsprechenden CSS[12]-Namen zur Formatierung.

1.8.2 XSL-FO und XSLT-Stylesheet

Dieses XSL-FO-Dokument könnte nun ein Layout z. B. für eine DIN-A4-Seite definieren und die entsprechenden Objekte statisch platzieren. In der Regel möchte man jedoch dynamische Inhalte aus einer Datenbank, einer Textdatei, irgendeiner anderen Datenquelle oder aber einem XML-Dokument auf dieser Seite an entsprechend dafür vorgesehenen Positionen setzen. Letzteres liegt in diesem Fall natürlich am Nahesten, weshalb hierauf auch weiter eingegangen wird.

Denken Sie kurz an das Beispiel aus Abschnitt 1.7.1 wo ein XML-Dokument in eine einfache HTML-Seite transformiert wurde. Hier wurde das Grundgerüst des HTML-Dokuments im XSLT-Stylesheet beschrieben und mit Hilfe von XSLT-Templates festgelegt, wo und wie welche Teile des Quelldokuments in das Zieldokument geschrieben werden sollen.

Mit XSL-FO wird im Grunde nichts anderes gemacht. Der komfortable Mechanismus von XSLT wird verwendet, um Elemente aus dem Quelldokument in das XSL-FO-Dokument zu überführen. Das daraus resultierende XSL-FO-Dokument wird anschließend einem FO-Prozessor übergeben, der daraus ein präsentierendes Zieldokument – wie beispielsweise PDF – erzeugt.

Das Grundgerüst des XSL-FO-Dokuments wird in einem Element `<xsl:template/>` innerhalb des XSLT-Stylesheets platziert, wie nachfolgend zu sehen ist:

12 Cascading Style Sheets

```
<?xml version="1.0" encoding="ISO-8859-1"?>
<xsl:stylesheet version="1.0"
   xmlns:xsl="http://www.w3.org/1999/XSL/Transform">
   <xsl:template match="/">
      <!-- Das XSL-FO Grundgerüst hier -->
      <fo:root
         xmlns:fo="http://w3.org/1999/XSL/Format">
         <!-- Hier werden die Objekte formatiert -->
      </fo:root>
   </xsl:template>
</xsl:stylesheet>
```

Listing 1.25 Das Grundgerüst eines FO-Dokuments in einem XSLT-Stylesheet

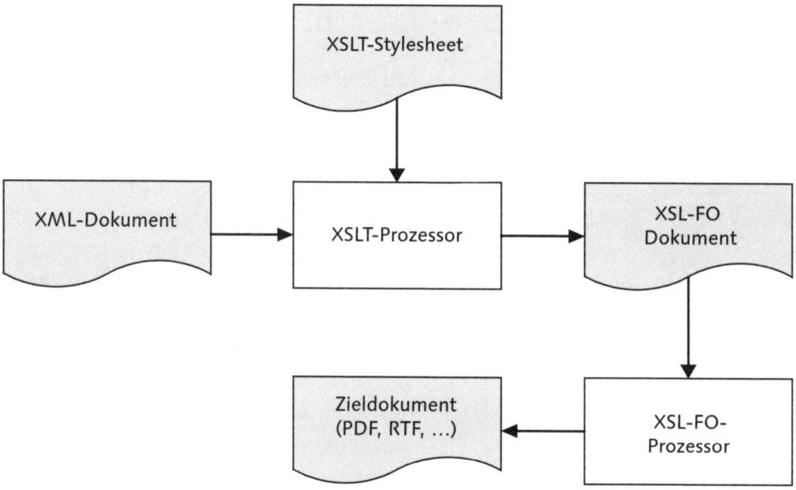

Abbildung 1.8 Ein dynamisch erstelltes Zieldokument

1.8.3 Der FO-Prozessor

Für den Schritt der Umwandlung des XSL-FO-Dokuments in das präsentierende Format wird – ähnlich wie für XSLT – ein FO-Prozessor benötigt. Zu den am weitesten verbreiteten gehört *FOP (Formatting Objects Processor)* von der XML Apache Group. Dieser Prozessor ist vollständig in Java implementiert und bietet neben einem Command-Line-Tool auch eine API an, die es ermöglicht, dass Sie diesen Prozessor auch innerhalb Ihrer Java-Anwendungen verwenden. Sie können sich diesen Prozessor beispielsweise von Apache Websites herunterladen: FOP

http://xml.apache.org/fop

[●] Entpacken Sie das Archiv anschließend in ein Verzeichnis Ihrer Wahl. Auch dieses Archiv finden Sie alternativ auf der Buch-CD vor. Wechseln Sie nun in das Verzeichnis von FOP, und geben Sie den Befehl `fop` oder `./fop.sh` unter Linux in Ihrer Kommandozeile ein, um eine Auflistung aller möglichen Optionen zu erhalten, die FOP zur Verfügung stellt.

FOP starten FOP wird mit dem XSLT-Prozessor *Xalan* ausgeliefert. Beim Aufruf von FOP über die Kommandozeile können Sie wählen, ob Sie den »direkten« Weg vom XSLT-Stylesheet zum präsentierenden Format gehen, ein XSL-FO-Dokument aus dem XSLT-Stylesheet erzeugen oder ein bestehendes XSL-FO-Dokument in ein präsentierendes Format überführen möchten. Sie müssen also nicht erst umständlich »per Hand« zuvor das XSL-FO-Dokument generieren und anschließend dem FO-Prozessor übergeben. Das Ganze geht in einem Zug mit folgendem Befehl:

```
fop -xml <XML-Quelle> -xsl <Stylesheet> -pdf <Ziel>.pdf
```

Neben dem Schalter `-pdf` existieren in FOP weitere Formate, wie z. B. `-txt` oder `-ps`. Vor allem `-ps` für PostScript kann im Zusammenhang mit weiteren Transformationen wichtig werden. An dieser Stelle soll aber nur das Format PDF interessieren.

Besitzen Sie bereits ein erzeugtes XSL-FO-Dokument, das Sie direkt in das präsentierende Format PDF umwandeln möchten, so verwenden Sie einfach folgendes Kommando:

```
fop -fo <XSL-FO> -pdf <Ziel>.pdf
```

1.8.4 Ein kleines Beispiel

DIN-A4-Vorlage Speichern Sie das XSL-FO-Dokument aus Listing 1.24 auf Ihrem System unter dem Namen *test.fo* ab, und rufen Sie anschließend den FO-Prozessor mit folgendem Kommando auf, um aus dem XSL-FO-Dokument ein PDF-Dokument zu generieren:

```
fop -fo test.fo -pdf test.pdf
```

Nach diesem Aufruf generiert der FO-Prozessor im selben Verzeichnis, in dem sich auch Ihre XSL-FO-Datei befindet, ein PDF-Dokument, wie etwa das nachfolgend dargestellte:

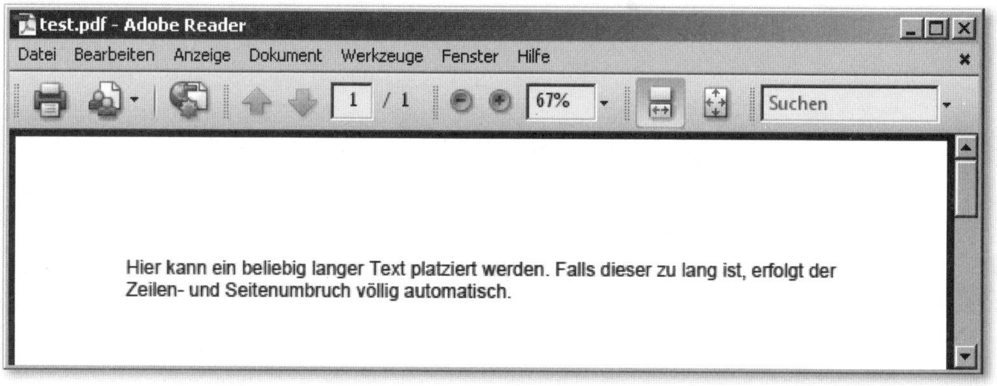

Abbildung 1.9 Das erzeugte PDF-Dokument

1.9 Zusammenfassung

Wie Sie sicherlich bemerkt haben, konnten wir in diesem Kapitel nur diejenigen Grundlagen rund um das Thema XML einführen, die wir als äußerst relevant erachtet haben und/oder in einem der folgenden Kapitel benötigen werden. Daher auch an dieser Stelle noch einmal der Hinweis, dass bei einem professionellen Arbeiten mit XML eine XML-Referenz unumgänglich ist, in der Sie tiefergehende Fragen stets nachschlagen können. Allerdings gehören die meisten der in diesem Kapitel erklärten Grundlagen zum Basiswissen rund um XML und sollten an diesem Punkt zum Großteil verstanden sein und selbständig umgesetzt werden können.

In den folgenden Kapiteln werden Sie nun nach und nach die verschiedensten Möglichkeiten und Werkzeuge kennenlernen, mit denen XML auf professionelle und effektive Weise mit Java verarbeitet werden kann oder zumindest eine entscheidende Rolle spielt.

In diesem Kapitel erhalten Sie einen grundlegenden Überblick über gängige Technologien der XML-Verarbeitung in Java sowie einige Grundkonzepte.

2 XML mit Java – Grundbegriffe

Überblick und Schnelleinstieg

Nachdem Sie nun einen groben Überblick über das XML-Datenformat erhalten haben, wollen wir Sie nun in die grundlegenden Konzepte der XML-Verarbeitung mit Java einführen. Das Kapitel soll Ihnen als Übersicht dienen, um gezielt in die für Sie interessanten Bereiche einsteigen zu können. Gleichzeitig bekommen Sie als absoluter Neuling im Bereich »Java und XML« schon ein erstes Gefühl dafür, welche Begriffe und Technologien es gibt, was diese leisten und wie sie zusammenhängen.

Programmiersprachenunabhängige Konzepte

Viele der vorgestellten Technologien sind übrigens nicht einmal spezifisch für Java, sondern sind in ähnlicher Form auch in anderen Programmierumgebungen – wie Microsoft .NET – wiederzufinden. Wir halten uns deshalb meistens allgemein und gehen nur dort auf Java-spezifische Informationen ein, wo dies bereits sinnvoll ist.

Parsen, Serialisieren und Validieren

Im Laufe des Kapitels klären wir zunächst ein paar essentielle Begriffe – wie *Parsen*, *Serialisieren* oder *Validieren* –, die uns immer wieder im Laufe des Buches begegnen werden.

Stream- und modellbasierte Verarbeitung

Danach stellen wir Ihnen die beiden großen Verarbeitungsvarianten für XML-Dokumente vor: *Streambasiert* und *modellbasiert*, wobei beide Wege nochmals zwei typische Vertreter enthalten.

Transformation

Anschließend widmen wir uns zwei weiteren großen Themenbereichen: der *Navigation* in Dokumenten mit der Sprache XPath und der *Transformation*, also der Anwendung von XSLT-Stylesheets.

APIs und Factories

Dann erläutern wir Ihnen Grundlagen zu *APIs und Factories*, zwei eher allgemeinen Programmier-Themen, die uns aber im ganzen Buch begleiten werden.

Die Rolle von JAXP

Abschließend gehen wir noch kurz auf die *JAXP-API* und ihre Rolle bei den bis dahin vorgestellten Themen ein. Wie Sie später noch sehen werden, ist JAXP in der Praxis Ihr Haupteinstiegspunkt in die Arbeit mit Java und XML, da sie einen Zusammenschluss aus den meisten anderen APIs bildet.

Nach diesem Kapitel sind Sie dann bereit, in die Details der einzelnen Technologien einzusteigen, die wir in den folgenden fünf Kapiteln behandeln werden. In diesem Sinne: Viel Erfolg!

2.1 Parsen und Serialisieren

Zum absoluten Grundwortschatz eines XML-Software-Entwicklers zählen die beiden Begriffe *Parsen* und *Serialisieren*. Diese beiden Vorgänge stellen die Schnittstellen zur Außenwelt der Anwendung dar und sind praktisch immer Teil einer typischen XML-Applikation.

2.1.1 Begriffsklärung

Zum konkreten Verständnis der beiden Begriffe werfen Sie bitte zunächst einen Blick auf Abbildung 2.1.

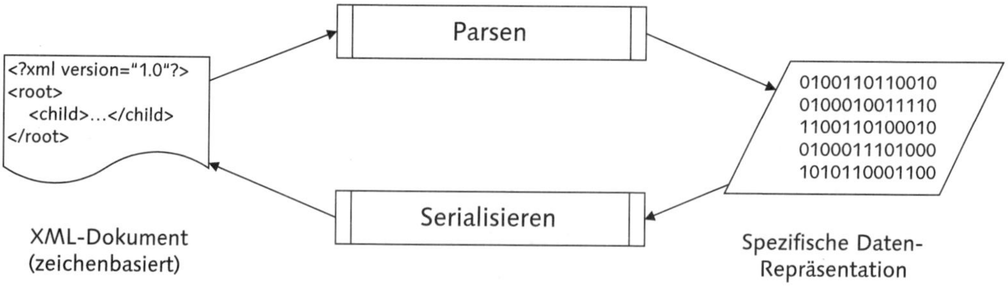

Abbildung 2.1 Parsen und Serialisieren von XML-Dokumenten

Parsen

Als *Parsen* bezeichnet man das Einlesen eines XML-Dokuments in den Speicher der Anwendung. Das einzulesende Dokument liegt dabei zeichenbasiert vor – ist also rein physikalisch gesehen nur eine Menge von Bytes (beispielsweise in einer Datei) oder Zeichen. Beim Parsen werden diese aber gemäß der XML-Syntax interpretiert, so dass sie im Speicher in einem XML-spezifischen Format vorliegen.

Serialisieren

Serialisieren nennt man den genau umgekehrten Prozess: Hier werden XML-Daten aus dem Programm wieder in eine zeichenbasierte Ressource konvertiert und ausgegeben.

Allgemeingebrauch der Begriffe

Beide Begriffe sind aber nicht spezifisch für XML. So könnte man beispielsweise das Einlesen einer Datei in einen `String` mit Hilfe der `java.io`-Klassen auch als Parsen bezeichnen und das Schreiben eines `Strings` in eine Datei als Serialisieren.

Semantische Informationen

Bei solchen einfachen Dingen wie dem Einlesen und Ausgeben einer Datei unterstützt uns Java relativ gut mit seinen I/O-Klassen (im Package `java.io`). Wir könnten damit auch schon eine XML-Datei in einen `String` einlesen und wieder ausgeben. Allerdings könnten wir damit nicht sehr viel anfangen, denn wir als Entwickler sind ja eigentlich an ganz anderen Informationen interessiert: den *semantischen Informationen* des XML-Dokuments. Für uns sind unter anderem folgende Dinge von Belang:

- Welchen XML-Knoten habe ich gerade vor mir (z. B. ein Element, ein Attribut, einen Textbaustein, einen Kommentar)?
- Wie heißt das Element oder Attribut?
- Welchen Textinhalt hat der Textknoten oder der Kommentar?

Solche Fragen interessieren uns beim Parsen oder Verarbeiten von XML-Dokumenten. Die eingelesenen Zeichen müssen also interpretiert und in einem XML-spezifischen Datenformat bereitgestellt werden. Unsere Parse-Logik muss also wissen, welche Zeichen in einem XML-Dokument eine besondere Bedeutung haben und was diese Bedeutung ist.

Auch beim Serialisieren wollen wir uns um diese Details nicht kümmern. Jeder Programmierer kann ein Programm erstellen, das den `String` `<element name="value">Content</element>` in eine Datei schreibt. Wir wollen aber vielmehr nur Befehle absetzen wie:

- Schreibe ein öffnendes Element mit dem Namen `element`.
- Füge ein Attribut `name` mit dem Wert `value` hinzu.
- Schreibe den Textinhalt `Content`.
- Schreibe ein schließendes Element mit dem Namen `element`.

Auch hier muss eine Konvertierung stattfinden. Aus den von uns übermittelten Informationen muss wieder ein gültiges XML-Dokument geschaffen werden, mit allen dazu nötigen Auszeichnungs-Inhalten, wie Größer- und Kleiner-Zeichen.

Parsen und Serialisieren in der XML-Welt ist also wesentlich anspruchsvoller als reine Zeichenketten-Verarbeitung.

2.1.2 Aufgaben von XML-Bibliotheken

Zentrale Aufgaben von XML-Bibliotheken

Damit kennen Sie nun schon die Kernaufgaben einer jeden XML-Bibliothek (egal ob Java oder andere Sprachen), die uns das Parsen und Serialisieren von XML-Dokumenten erlaubt:

- Sie kennt die XML-Syntax, also die Sonderzeichen (<, >, /, & usw.) und weiß, wie daraus die verschiedenen Knotentypen abgeleitet werden (Element, Attribute, Text usw.).
- Die Regeln der Wohlgeformtheit sind ebenso hinterlegt.
- Ein spezifisches Datenformat für die Repräsentation dieser Informationen im Programm wird bereitgestellt. Dies kann je nach Implementierung unterschiedlich ausfallen.

Parsen und Serialisieren heißen die beiden Prozesse, die zwischen diesen Welten konvertieren. Die zugehörigen Software-Module einer XML-Bibliothek nennt man dementsprechend *Parser* und *Serializer*.

2.2 Validieren

Wie gerade in Abschnitt 2.1.2 beschrieben, kümmert sich ein XML-Parser beim Einlesen im Normalfall um die Überprüfung der Wohlgeformtheit des Dokuments (also die Einhaltung der XML-Syntax). Ist diese verletzt, schlägt auch der Parse-Vorgang fehl.

Grammatiken für XML-Dokumente

Darüber hinaus wissen Sie aber auch schon, dass zu XML-Dokumenten Grammatiken existieren können – wie DTDs oder XML Schemas. In solchen Grammatiken sind keine syntaktischen, aber dafür inhaltliche Regeln definiert, die sich nicht darum kümmern, mit welcher Schreibweise Elemente, Attribute, Kommentare usw. auszuzeichnen sind. Stattdessen wird der logische Inhalt spezifiziert, also beispielsweise, welche Elemente und Attribute in einem Dokument vorkommen dürfen, welche Namensräume diese haben müssen und wie sie geschachtelt werden können.

Validierung

Entspricht ein konkretes XML-Dokument den Regeln aus der Grammatik, so nennt man es *valide*. Der Prozess der Überprüfung heißt *Validierung*.

[«]

Wohlgeformtheit und Validität

Beachten Sie den Unterschied zwischen Wohlgeformtheit und Validität eines Dokuments. Wohlgeformt ist es bereits, wenn die XML-Syntax eingehalten ist. Valide ist es erst dann, wenn *über die Wohlgeformtheit hinaus* der Inhalt noch einer Grammatik entspricht.

Implizite vs. explizite Validierung

Validierung ist eine weitere typische Aufgabe, die Anwendungen bei der Verarbeitung von XML-Dokumenten durchführen. Sie ist allerdings ein optionales Feature und nicht zwangsweise in jedem Kontext sinnvoll. Oftmals findet sie nämlich auch *implizit* statt. Das heißt: Der Verarbeitungscode der XML-Daten stellt irgendwo fest, dass Informationen fehlen (oder zu viele vorhanden sind), und reagiert mit Abbruch oder dem Werfen einer Exception. Dem gegenüber steht die *explizite Validierung*, wo die Regeln eben nicht in der Anwendungslogik, sondern in einem Grammatikdokument festgelegt sind.

Unterstützung durch XML-Bibliothek

Während die implizierte Validierung praktisch in jeder Anwendung manuell untergebracht werden kann, muss die explizite Validierung von der benutzten XML-Bibliothek unterstützt werden. Dies kann von Implementierung zu Implementierung unterschiedlich ausfallen. Manche unterstützen das Feature, manche nicht, manche nur für bestimmte Grammatiken.

In diesem Buch werden wir zwei Formen der Validierung kennenlernen: als Teil des Parse-Vorgangs oder zu einem späteren Zeitpunkt nach dem Parsen. Die entsprechenden Details finden Sie in den Abschnitten 5.3.2, 5.4.2 und 5.6.

2.3 Streambasierte Verarbeitung

Nachdem wir Ihnen ein paar grundlegende Aktionen der Dokumentverarbeitung vorgestellt haben, kommen wir nun zu den zwei gängigen Mechanismen, mit denen wir diese ausführen können. Konkret geht es zunächst darum, welche Möglichkeiten wir haben, um Dokumente zu parsen und zu serialisieren.

Wie Sie an der Gliederung dieses Kapitels erkennen, existieren hier zwei Richtungen: streambasierte und modellbasierte Verarbeitung. Letztere behandeln wir aber separat in Abschnitt 2.4, »Modellbasierte Verarbeitung«.

Sequentielle Verarbeitung

Die streambasierte Verarbeitung beschäftigt sich primär mit dem Parsen von Dokumenten. Sie hat eine fast schon banale Kernidee: Das XML-Dokument wird beim Parsen sequentiell von vorn nach hinten durchlaufen. Die auf diesem Weg gefundenen Zeichen werden gemäß den XML-Syntaxregeln interpretiert und dann an die darüberliegende Anwendung gemeldet. Wir Entwickler »sehen« also nur noch Elemente (öffnende und schließende), Attribute, Text usw. und müssen uns nicht um die dahinterliegenden XML-Steuerungszeichen kümmern.

Konsequenzen aus der sequentiellen Verarbeitung

Da die Verarbeitung sequentiell stattfindet, also wie bei einem Datenstrom, sehen wir aber auch immer nur einen Teil aus dem Dokument, nämlich den zuletzt vom Parser gefundenen. Wir können dann nicht mehr zurück und uns einen Baustein von weiter vorn im Dokument ansehen. Genauso wenig können wir in die Zukunft schauen, also über den aktuellen Baustein hinaus. Diese Tatsache müssen wir also in unserem Code entsprechend beachten.

Vorteil von streambasierter Verarbeitung

Die streambasierte Verarbeitung mit ihrem einfachen Prinzip hat einen großen Vorteil: Sie ist mit wenig Overhead verbunden und damit sehr performant und effizient.

Für die streambasierte Verarbeitung gibt es in Java zwei APIs, deren Vorgehensweisen sich jedoch grundlegend unterscheiden: *SAX*, das sich ausschließlich mit dem Parsen beschäftigt, und das wesentlich neuere *StAX*, das zusätzlich Serialisierung abdeckt. Beide sind zwar in sich abgeschlossen und unabhängig voneinander, jedoch Teil von JAXP (siehe Abschnitt 2.7, »Die Rolle von JAXP«). Wir werden nun nacheinander auf sie eingehen.

2.3.1 SAX

Der Begriff *SAX* ist die Abkürzung für *Simple API for XML* und stellt einen De-facto-Standard dar. Die API entstand aus einer Diskussion mehrerer Java-Entwickler, wie ein effizienter Weg zum Parsen von XML-Dokumenten realisiert werden könnte. Obwohl von keinem offiziellen Gremium verabschiedet, hat sich das Ergebnis dennoch zunächst im Java-Umfeld und später auch in anderen Programmiersprachen durchgesetzt. Die Website des SAX-Projekts finden Sie unter *http://www.saxproject.org*.

SAX-Events

Ereignisse oder SAX-Events

Als klassischer Vertreter der streambasierten Verarbeitung durchläuft SAX die XML-Dokumente von vorn nach hinten und interpretiert dabei die XML-Syntax. Für jeden so gefundenen XML-Baustein erzeugt es dann ein Ereignis, auch *SAX-Event* genannt.

[zB]

Stellen Sie sich vor, Sie besitzen ein XML-Dokument wie in Listing 2.1 gezeigt.

```
<document>
   <title>Ein Beispiel</title>
   <text>Hello World!</text>
</document>
```

Listing 2.1 Ein einfaches XML-Dokument

SAX-Event SAX-Ereignis

Wenn dieses Dokument durch SAX verarbeitet wird, treten beim Einlesen an bestimmten definierten Punkten SAX-Events auf – beispielsweise, wenn damit begonnen wird, das Dokument einzulesen, oder wenn ein öffnendes oder schließendes Element vorkommt. Unten sehen Sie in textuell beschriebener Form die wichtigsten SAX-Events, die bei der Verarbeitung des XML-Dokuments aus Listing 2.1 auftreten würden.

1. Dokument gestartet
2. Start-Tag `<document>` gefunden
3. Start-Tag `<title>` gefunden
4. Text `Ein Beispiel` gefunden
5. End-Tag `</title>` gefunden
6. Start-Tag `<text>` gefunden
7. Text `Hello World!` gefunden
8. End-Tag `</text>` gefunden
9. End-Tag `</document>` gefunden
10. Dokument beendet

Wie Sie sehen, hat jedes SAX-Event einen Typ – wie beispielsweise »Start-Tag gefunden«, »Text gefunden« oder »Dokument beendet«. Auch kann ein SAX-Event zusätzliche Informationen tragen, wie den Elementnamen bei einem Start- oder End-Tag oder den Inhalt eines Textknotens.

Handler- oder Callback-Klassen

Empfangen von Events über Handler-Klassen

SAX-Events werden beim Parsen vom Parser erzeugt. Jetzt müssen wir nur dafür sorgen, dass wir sie in unserem Programm auch empfangen und verarbeiten können. Dazu müssen wir eine spezielle Klasse schreiben – die *Handler-Klasse* oder *Callback-Klasse*. SAX stellt hierfür in Java das Interface `org.xml.sax.ContentHandler` (und ein paar weitere) bereit. Es enthält für (fast) jeden SAX-Event-Typ eine eigene Methode. In diesen Methoden legen wir fest, was beim Auftreten des zugehörigen Ereignisses passieren soll, wie also die Anwendung darauf reagieren soll. Beim Anstoßen des Parse-Vorgangs übergeben wir dem Parser unsere Klasse, der dann für die verschiedenen Ereignisse deren Methoden aufruft. Dabei übermittelt er alle zusätzlichen Informationen (Elementnamen, Textinhalte usw.) als Methodenparameter.

[zB] Werfen Sie zur Veranschaulichung einen Blick auf Listing 2.2. Dort sehen Sie eine Methode `startElement()` aus einer typischen `ContentHandler`-Implementierungsklasse. Sie wird vom Parser aufgerufen, wenn er auf ein Start-Tag stößt. Als Argumente erhalten wir alle relevanten Informationen darüber: Namensraum-URI, lokaler Name, qualifizierter Name und die Attribute (mehr dazu später).

```
public void startElement(String uri, String localName,
   String qName, Attributes atts)
{
   System.out.println
      ("Start-Tag <" + localName + "> gefunden");
}
```

Listing 2.2 Beispiel einer SAX-Callback-Methode

Wie Sie auch sehen, geben wir im Rumpf der Methode per `System.out.println()`-Kommando etwas auf die Konsole aus. Wenn wir einem SAX-Parser unser Dokument aus Listing 2.1 zusammen mit einem Callback-Handler mit der `startElement()`-Methode aus Listing 2.2 übergeben, würde unser Programm also folgende Ausgabe auf der Konsole erzeugen:

```
Start-Tag <document> gefunden
Start-Tag <title> gefunden
Start-Tag <text> gefunden
```

Diese Ausgabe enthält ausschließlich Informationen über öffnende Elemente. Das ist logisch, da wir nur die `startElement()`-Methode implementiert haben. Callback-Klassen haben aber auch andere Methoden, um auf andere SAX-Events zu reagieren. Es bleibt aber uns überlassen, ob und wie wir das machen. Indem wir die entsprechenden Methoden leer lassen, können wir also Ereignisse komplett ignorieren (und damit unsere Anwendung effizienter gestalten). Alternativ hinterlegen wir ohne Einschränkung beliebigen Java-Code, um entsprechend auf ein Ereignis zu reagieren.

Push-Parsing

Wie sie sehen konnten, ist das Parsen mit SAX auf sehr einfachen Prinzipien aufgebaut: Sie müssen nur eine `ContentHandler`-Klasse schreiben und dann auf die Inhalte des Dokuments »warten«. Der Parser wird sie Ihnen Schritt für Schritt liefern.

Push-Parsing und Inversion of Control

Da der Parser uns aufruft statt wir ihn, nennt man das Verfahren übrigens auch *Push-Parsing* (unser Code wird quasi »angestoßen«). Das Grundprinzip der Handler- oder Callback-Klassen findet man außerdem auch in anderen Bereichen der Softwareentwicklung wieder. Man nennt diese Vorgehensweise *Inversion of Control* (zu Deutsch: »Steuerungsumkehr«), was bedeutet, dass der Entwickler sich nicht um den Kontrollfluss oder die Steuerung der Anwendung kümmern muss, sondern dies dem Framework oder der Bibliothek überlässt und seine Logik davon aufrufen lässt. Dies mag am Anfang etwas ungewohnt sein, bringt aber auch ein paar Vorteile mit sich. So müssen wir beispielsweise nicht ermitteln, welcher Knotentyp im Dokument gefunden wurde, da dieser über die verschiedenen Callback-Methoden schon festgelegt ist. Eine detaillierte Beschreibung von SAX finden Sie in Kapitel 4, »SAX«.

2.3.2 StAX

Als Nächstes möchten wir Ihnen nun die Grundlagen von StAX vorstellen, der *Streaming API for XML*. Dabei handelt es sich, genau wie bei SAX, um eine nicht auf Java beschränkte Technologie, die Sie auch in anderen Sprachen (unter anderem Namen) wiederfinden werden. StAX basiert auf dem Prinzip des *Pull-Parsing*, was einen gegenteiligen Ansatz zum Push-Parsing darstellt, wie SAX ihn nutzt.

Nachteile von Push-Parsing in Baumstrukturen

Wenn Push-Parsing und »Inversion of Control« auch viele Vorteile mit sich bringen mag (primär: die Komplexität bestimmter Abläufe vom Entwickler fernzuhalten), hat es gerade bei XML einen großen Nachteil: Die Dokumente sind logisch gesehen baumartig angeordnet (also Knoten mit Unterknoten über beliebig viele Ebenen), physikalisch gesehen sind sie aber natürlich sequentiell aufgebaut, also ein Tag nach dem anderen. Die Baumstruktur wird dabei durch die öffnenden und schließenden Tags simuliert, die den Callback-Handlern entsprechend gemeldet werden.

Nachteile von Callback-Klassen

Ein Resultat davon ist logischerweise, dass auch Ihre Callback-Klassen sequentiell aufgerufen werden. Bei jedem dieser Aufrufe sehen Sie aber immer nur die aktuellen Knoteninformationen, nicht jedoch den »Baum-Kontext«, also die Information darüber, wo Sie sich gerade im Baum befinden. Da jedes Event einen eigenen abgeschlossenen Methodenaufruf erzeugt, können Sie auch nicht mit lokalen Variablen arbeiten wie bei normaler iterativer Programmierung. So ist beispielsweise der Aufruf für das Melden eines Start-Tags völlig entkoppelt vom Melden des zugehörigen End-Tags, und zwischendrin können beliebig viele andere Elemente geöffnet und wieder geschlossen werden.

Eigene Zustandsverwaltung nötig

Sie müssen also im Normalfall eigene Instanzvariablen für die Zustandsverwaltung in der Handler-Klasse unterbringen, eventuell sogar eine Stack-Implementierung, um die aktuelle Elementhierarchie zwischenzuspeichern.

Der andere Weg: Pull-Parsing

Mit dem Wissen, was Push-Parsing ist und wie es zu seinem Namen kommt, können Sie schon erraten, was nun das Prinzip des *Pull-Parsing* und damit das Prinzip von StAX ausmacht: Hier wird das »Inversion of Control«-Prinzip aufgegeben und Ihre Anwendung nicht mehr vom XML-Parser *angestoßen*. Stattdessen *zieht* sie aus dem XML-Parser die Daten ab, wie in Abbildung 2.2 zu sehen.

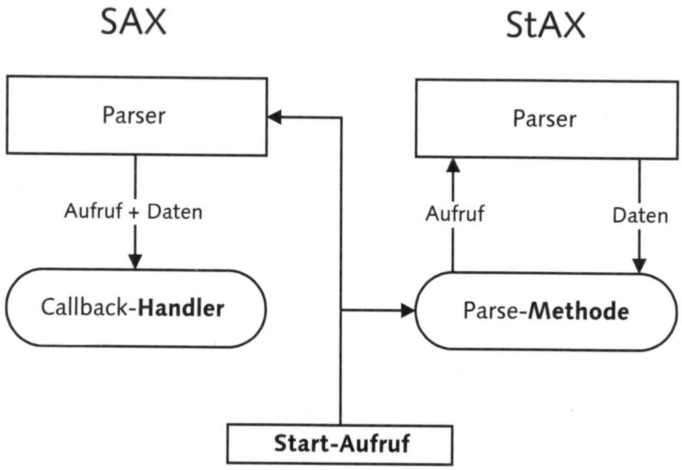

Abbildung 2.2 Unterschiede zwischen SAX und StAX

Die oberen beiden rechteckigen Kästchen sind die Parser-Implementierungen und somit im Normalfall als externe Bibliothek eingebunden. Die abgerundeten Kästchen enthalten die vom Entwickler bereitgestellte Logik, um das Dokument zu verarbeiten. Wie Sie sehen, stößt bei SAX der Entwickler nur den Parser an, und dieser ruft dann seinerseits wieder die Verarbeitungslogik des Entwicklers auf (und liefert dabei die relevanten Daten mit), was dem klassischen »Inversion of Control«-Muster folgt. Bei StAX hingegen bleibt die Kontrolle beim Entwickler: Er ruft in seiner Verarbeitungslogik den Parser auf und erhält als Antwort die gewünschten Daten zurück.

Vergleich zu Streams

Prinzipiell ist diese Vorgehensweise noch viel mehr als bei SAX mit dem Lesen aus einem `InputStream` oder `Reader` vergleichbar: Dort gibt es mehrere `read()`-Methoden, die Ihnen beim Aufruf die nächsten Informationshappen liefern (einzelne `bytes`, `chars` oder auch Blöcke davon). Auf diese Weise ist StAX auch zu seinem Namen gekommen: *Streaming* API for XML.

Typunterscheidung der Bausteine

Allerdings brächte es Ihnen natürlich herzlich wenig, ein XML-Dokument `byte`- oder `char`-weise abzufragen – Sie sind natürlich nur an typischen XML-Bausteinen wie Elementen, Attributen und Text interessiert. Aufgrund dieser Typunterscheidung der Bausteine kann ein XML-Dokument natürlich nicht wie ein herkömmlicher Stream ausgelesen werden, sondern Sie benötigen zwei Dinge: einerseits einen Prüfmechanismus, mit dem Sie den aktuell gelieferten Bausteintyp abfragen können (also ob es sich um ein Tag, ein Attribut oder Text usw.. handelt), und andererseits geeignete Methoden, um die typspezifischen Daten abzurufen (also z. B. bei einem Attribut dessen Name und Wert, bei einem Element dessen Name, bei Text dessen Inhalt). Solche Mechanismen stellt StAX natürlich bereit.

Nachteil gegenüber SAX

Allerdings sehen Sie hier auch den Nachteil gegenüber SAX. Dort ist allein schon durch die aufgerufene Callback-Methode klar, welcher Bausteintyp gefunden wurde. Und die Zusatzinformationen müssen wir uns dort nicht selbst vom Parser besorgen, sondern bekommen sie als Argumente überreicht.

Und noch ein Schritt weiter: Push-Serializing

Wie bereits angekündigt, ist StAX – im Gegensatz zu SAX – aber nicht nur in der Lage, Dokumente zu parsen, sondern kann sie auch serialisieren. Dabei wird natürlich ebenfalls wieder das Streaming-Konzept verfolgt.

In Java gibt es ja nicht nur `InputStreams` und `Reader`, sondern auch `OutputStreams` und `Writer`. Bei diesen holt sich der Entwickler natürlich keine Informationshappen ab, sondern füttert stattdessen den Stream mit Informationen (wiederum `bytes` und `chars`).

StAX nutzt dieses Prinzip für die Serialisierung von Dokumenten. Der Entwickler teilt dabei dem Serializer Schritt für Schritt die Inhalte der XML-Datei mit, und zwar im selben Stil, wie er sie beim Parsen ausliest. Das heißt: Statt `bytes` oder `chars` muss er dem Stream Start-Tags, End-Tags, Text, Kommentare, Attribute usw. hinzufügen. Um die korrekte Umwandlung in XML-Text kümmert sich dabei die Implementierung. Sie müssen also nicht manuell `<`- und `>`-Zeichen und Ähnliches erstellen oder die Syntax für Attribute nachbauen, sondern konzentrieren sich auf die inhaltsrelevanten Daten, wie Element- oder Attributsnamen.

Fazit

Wie Sie in Kapitel 6, »StAX«, sehen werden, ist StAX in vielen Situationen eine hervorragende Alternative zur Arbeit mit SAX. Die Performance ist vergleichbar, nur das Handling ist eben anders. Sie sollten sich aber immer bewusst sein, dass Sie beim Verzicht auf SAX gegenüber StAX auch immer auf »Inversion of Control« verzichten und sich deshalb plötzlich selbst um den Kontrollfluss in Ihrem Programm kümmern müssen. Das heißt, Sie müssen zusätzliche Prüfungen und Fallunterscheidungen einbauen, um sicherzustellen und zu testen, welche XML-Inhalte als Nächstes im XML-Stream kommen. Diese Nachteile werden aber in den meisten Fällen durch die Vorteile von Pull-Parsing mehr als aufgewogen.

In jedem Fall ist StAX bei der Serialisierung von Dokumenten eine sehr gute Wahl (solange Sie nicht mit einem Objektmodell arbeiten; siehe dazu Abschnitt 2.4, »Modellbasierte Verarbeitung«). Zum einen bietet SAX hierfür keinerlei Mechanismus an, zum anderen ist der Umgang mit StAX-Serializern einfach und intuitiv, und man kann sehr schnell brauchbare XML-Dokumente erzeugen.

2.4 Modellbasierte Verarbeitung

Ganz anders als die streambasierte Verarbeitung funktioniert die modellbasierte Verarbeitung. Wie der Name schon sagt, dreht es sich hier um Modelle – genau gesagt: Objektmodelle.

[zB]

Stellen Sie sich beispielsweise einmal vor, Sie müssten eine kleine Kundendatenbank programmieren. Dafür verwenden Sie eine Klasse `Kunde`, die elementare Informationen wie Kundennummer, Name und Geburtsdatum speichert. Für die Kontaktinformationen (Anschrift, Telefon, Mail usw.) verwenden Sie eine eigene Klasse `Kontakt`, auf die von einem `Kunde`-Objekt verwiesen werden kann – genau gesagt auf mehrere davon, da Kunden beispielsweise einen privaten und einen dienstlichen Kontakt haben können. Und zur Verwaltung aller `Kunden`-Objekte nutzen Sie noch eine Klasse `Kundenverwaltung`, die alle `Kunde`n anhand der Kundennummer speichert. Und schon haben Sie ein Objektmodell.

Objektmodelle

Allgemein gesprochen ist ein Objektmodell ein Geflecht aus mehreren Objekten bestimmter Klassen. Sein Hauptziel ist die Abbildung komplexer Daten in der Software-Welt. Deshalb sind die dazugehörenden Klassen klassischerweise datenzentrisch – das heißt, sie enthalten hauptsächlich Daten (Instanzvariablen) und wenig Logik (Methoden). Typisch ist außerdem, dass in Modellklassen Verweise auf andere Objekte des Modells untergebracht sind. Unsere `Kunde`-Klasse würde also Instanzvariablen für Name, Kundennummer usw. enthalten sowie eine Liste von `Kontakt`-Objekten. Bis auf Getter und Setter würde sie kaum Methoden enthalten.

Objektmodelle für XML-Strukturen

Auch XML-Dokumente lassen sich in Form von Objektmodellen darstellen. Da sie logisch gesehen Baumstrukturen sind, lassen sie sich optimal als hierarchische Objektmodelle abbilden. Das heißt, es gibt immer ein Wurzelobjekt, das auf beliebig viele weitere Unterobjekte verzweigen kann – und das rekursiv bis auf eine beliebig tiefe Ebene. Damit lassen sich perfekt Wurzelelement und Kindelemente eines XML-Dokuments abbilden. Wenn man nun noch Attribute und die anderen XML-Knotentypen (Text, Kommentare, Processing Instructions usw.) als Unterknoten eines Elements ansieht, kann bereits ein ganzes XML-Dokument als Objektbaum dargestellt werden.

Features einer modellbasierten XML-Bibliothek

Um nun also modellbasiert mit XML-Dokumenten arbeiten zu können, brauchen Sie immer folgende Dinge:

- Modellklassen, die alle Informationen aus dem XML-Dokument aufnehmen können
- Für das Parsen: eine Parser-Implementierung, die zu einem gegebenen XML-Dokument passende Instanzen der Modellklassen und damit den Objektmodell-Baum erzeugt und zurückgibt

- Für das Serialisieren: eine Serializer-Implementierung, der Sie einen Objektmodell-Baum übergeben können und die daraus das passende XML-Dokument erzeugt
- Für die Validierung: eine Implementierung, der Sie einen Objektmodell-Baum und eine Grammatik übergeben können und die dann prüft, ob das Modell zur Grammatik passt

Für modellbasierte Verarbeitung gibt es in Java und anderen Programmiersprachen wiederum zwei grundlegende Ansätze: DOM (siehe Abschnitt 2.4.1) und Binding (siehe Abschnitt 2.4.2).

Unterschiede zu streambasierter Verarbeitung

Die modellbasierte Verarbeitung hat im Vergleich zur streambasierten Verarbeitung ein paar entscheidende Vor- und Nachteile.

Navigierbarkeit

Ein Vorteil ist, dass Ihnen das ganze Dokument auf einmal im Speicher zur Verfügung steht. Das erlaubt Ihnen wahlfreies Navigieren über die Dokumentinhalte in allen Richtungen und zu jeder Zeit.

Erstellen und Modifizieren

Ein weiterer Vorteil ist, dass wir den im Speicher befindlichen Objektbaum nach Belieben modifizieren können. Beispielsweise ist es uns möglich, Knoten einzufügen, zu entfernen, umzuhängen oder einfach Elementnamen oder Textinhalte zu verändern. Wir können sogar ohne physikalisch existentes XML-Dokument ein Objektmodell im Speicher aufbauen, dies serialisieren und haben somit programmtechnisch ein neues Dokument erschaffen.

Logische Repräsentation des Dokuments

Außerdem verkörpert das Objektmodell die logische Struktur des XML-Dokuments, nicht die physikalische. Physikalisch gesehen enthält ein XML-Dokument nämlich Start-Tags und End-Tags, wobei ein solches Paar logisch gesehen aber genau ein Element verkörpert. Sind zwischen diesen Tags weitere Start- und End-Tags vorhanden, handelt es sich dabei logisch gesehen um Kindelemente (nicht etwa Folgeelemente). Der Objektmodell-Baum zeigt uns nur diese logische Sichtweise, also Elemente und Kindelemente, während SAX und StAX noch mit Start- und End-Tags arbeiten und wir uns selbst um die Interpretation der Baumstruktur kümmern müssen.

Nachteile bei Performance und Speicherverbrauch

Nach all den Vorteilen modellbasierter Verarbeitung kommt jetzt natürlich der große Haken an der Sache: Performance und Speicherverbrauch – speziell beim Parsen. Da immer das ganze Dokument komplett in den Speicher gelesen wird, benötigt Ihr Programm wesentlich mehr Speicher. Zusätzlich entsteht natürlich Overhead beim CPU-Verbrauch für die

Instantiierung der Modellobjekte. Hinzu kommt, dass wir erst nach dem Parse-Vorgang mit unserer Logik auf das Dokument zugreifen können – ein weiterer Performance-Nachteil. Zuletzt haben wir praktisch keine Möglichkeit, unwichtige Teile des Dokuments aus dem Vorgang auszuschließen (während wir beispielsweise bei SAX einfach keinen Code in der Handler-Klasse hinterlegt haben).

Was ist besser?

Leider ist es kaum möglich, eine generelle Empfehlung auszusprechen, welche Technologie Sie einsetzen sollten. Dies hängt immer vom konkreten Anwendungsfall ab. Sind die Dokumente beispielsweise sehr groß, inhaltlich aber wenig komplex, empfiehlt sich die streambasierte Verarbeitung. Die modellbasierte Methode sollten Sie wählen, wenn es sich um sehr komplexe Dokumente handelt, in denen viel hin und her navigiert werden muss.

Varianten der modellbasierten Verarbeitung

Auch bei der modellbasierten Verarbeitung von XML-Dokumenten gibt es wieder zwei verschiedene Technologien, die einen grundlegend verschiedenen Ansatz verfolgen. *DOM*, das ein generisches Objektmodell nutzt, das für alle XML-Dokumente geeignet ist, und *Binding*, das mit spezialisierten Objektmodellen für den jeweiligen Anwendungsfall arbeitet. Beide stellen wir Ihnen nun vor.

2.4.1 DOM

DOM steht für *Document Object Model* und ist ein Standard, der am 01. Oktober 1998 vom W3-Konsortium beschlossen wurde. Wie schon SAX ist er zunächst frei von jeder Programmiersprache definiert, jedoch ist das Java-Binding (also die Java-Ausprägung von DOM) eines von zweien, die Teil des offiziellen Standards sind. Die Website des DOM-Projekts finden Sie unter *http://www.w3.org/dom*.

Generisches Objektmodell

Wie eben schon angekündigt, ist das Hauptmerkmal von DOM, dass es ein generisches Objektmodell zur Darstellung aller möglichen XML-Dokumente nutzt. Dies wird dadurch erreicht, dass für jeden möglichen Knoten- oder Bausteintyp, der in einem Dokument auftreten kann, ein eigenes Interface (im Package `org.w3c.dom`) definiert ist. Insgesamt gibt es elf solcher Interfaces. Einen kurzen Überblick darüber sehen Sie in Tabelle 2.1.

Interface	Repräsentiert ...
`Document`	das Dokument selbst
`Element`	ein Element
`Attr`	ein Attribut eines Elements
`Text`	einen Textabschnitt
`CDATASection`	einen CDATA-Abschnitt
`Comment`	einen Kommentar
`ProcessingInstruction`	eine Processing Instruction
`DocumentType`	eine DTD
`Entity`	eine Enity-Deklaration (sie ist immer Teil einer DTD)
`Notation`	eine Notations-Deklaration (sie ist immer Teil einer DTD)
`EntityReference`	eine Entity-Referenz

Tabelle 2.1 Knoten-Interfaces in DOM

Die Interfaces sind so aufgebaut, dass alle relevanten Informationen darüber abgefragt (oder gesetzt) werden können. So sind beispielsweise im `Element`-Interface Getter- und Setter-Methoden für Name und Namensraum untergebracht sowie Methoden, um auf die Attribute und Kindelemente zuzugreifen, welche zu löschen oder hinzuzufügen. Umgekehrt kann man auch auf den Elternknoten zugreifen. So können Sie beliebig im Dokument navigieren oder es modifizieren.

Einführendes Beispiel

Vielleicht erinnern Sie sich noch an unser kleines Beispiel-XML-Dokument aus Listing 2.1. Wenn wir dieses nun mit einem DOM-Parser einlesen, erhalten wir als Ergebnis die in Abbildung 2.3 dargestellte Struktur an DOM-Objekten.

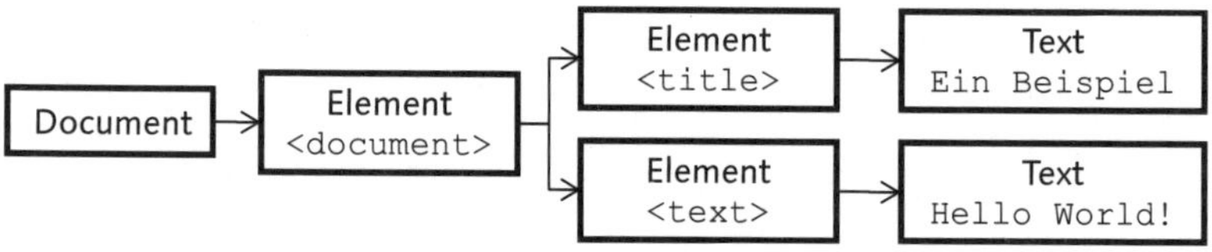

Abbildung 2.3 DOM-Modell für das Dokument aus Listing 2.1

Auch hier sehen Sie nochmals, dass die Objekte tatsächlich über Referenzen aufeinander verweisen und darüber die logische Struktur des XML-Dokuments eins zu eins abbilden. Durch die verschiedenen Interface-

Typen wird dabei festgelegt, welcher Art der jeweilige Knoten im Dokument ist (z. B. Element, Attribut, Text).

Um Ihnen eine ungefähre Vorstellung zu geben, wie die tägliche Arbeit mit DOM aussieht, wollen wir Ihnen hier noch ein stark vereinfachtes Codebeispiel zeigen. Wir nehmen einmal an, wir parsen das Dokument aus Listing 2.1 und wollen die Textinhalte des `<title>`- und `<text>`-Elements gezielt abfragen. Mit DOM sähe dieser Code ungefähr so aus:

```
// Datei in eine Objektstruktur parsen
Document doc = parse(new File("example.xml"));
// parse() ist eine Pseudo-Methode
// Document ist die oberste Modellklasse

// Objekt für das Wurzelelement besorgen
Element elDocument = doc.getDocumentElement();

// Objekt für das <title>-Element besorgen
Element elTitle = (Element)
   elDocument.getElementsByTagName("title").item(0);

// Objekt für das <text>-Element besorgen
Element elText = (Element)
   elDocument.getElementsByTagName("text").item(0);

// Textinhalte abfragen
String textTitle = elTitle.getTextContent();
String textText  = elText.getTextContent();
```

Sie sehen hier, dass wir nach dem Parsen ein Objekt vom Typ `Document` erhalten, das in sich den ganzen Inhalt der Datei *example.xml* kapselt (in Form weiterer Objekte). Dieses Objekt kann uns dann einen Repräsentanten für das Wurzelelement liefern. Elemente werden über einen eigenen Typ `Element` abgebildet. Ein `Element` erlaubt es uns nun, über spezielle Abfragemethoden (wie `getElementsByTagName()`) auf Kindelemente zuzugreifen. Dabei können wir gezielt den Namen des Elements angeben, das wir haben möchten. Natürlich werden auch die Kindelemente wieder durch den `Element`-Typ repräsentiert. Ebenso können wir auch direkt nach dem Textinhalt eines Elements fragen – über `getTextContent()`.

Das Beispiel sollte Ihnen den grundsätzlichen Unterschied zur streambasierten Verarbeitung etwas nähergebracht haben. Mit DOM können wir gezielt im Dokument nach bestimmten Inhalten suchen. Wie beim Pull-Parsing gehen wir dabei aktiv vor, bestimmen also selbst, wann wir wo auf welche Informationen zugreifen möchten. Allerdings können wir zu jeder Zeit in jede Richtung navigieren.

Level und Module

Wie Sie bereits wissen, ist DOM eine offizielle Spezifikation des W3C. Diese liegt allerdings nicht als eine große Spezifikation vor, sondern ist in sogenannte *Level* und *Module* unterteilt. Das soll bessere Vergleichbarkeit der einzelnen DOM-Versionen, Modularisierung der einzelnen Bereiche sowie die unabhängige Weiterentwicklung von DOM ermöglichen.

Level

Dabei steht jeder Level für einen bestimmten Erweiterungsschritt der Spezifikation (also der »nächste Level« sozusagen), der in der Regel auf einen vorhergehenden Level aufbaut. Zurzeit existieren offiziell die Levels 1 bis 3.

Module

Jeder Level wiederum besteht aus einer Anzahl von Modulen, die einen ganz bestimmten Funktionsumfang für diese Spezifikation definieren. So existiert beispielsweise das Modul *Load and Save* im *DOM Level 3*, das sich nur mit dem Laden und Speichern von Dokumenten befasst. Nachfolgend haben wir eine kleine Zusammenfassung aller verfügbaren – speziell für XML interessanten – Levels und der zugehörigen Modulen erstellt.

Übersicht

In Tabelle 2.2 finden Sie eine kurze Übersicht über die wichtigsten DOM-Level und -Module. Allerdings ist es nicht notwendig, sich zu merken, welches Modul welche Funktion hat. Sie sollten nur wissen, was Level und Module sind und dass Ihnen diese in diesem Buch und weiterer Literatur hin und wieder begegnen werden.

Level und Module in Java

In Java sind ohnehin nicht alle Module enthalten, sondern hauptsächlich nur das *Core*-Modul (in Level 3), das die bisher beschriebenen Funktionen der Objektmodellierung enthält. Außerdem wird für uns *DOM Level 3 Load and Save* interessant sein, da hier die Themen Parsen und Serialisieren abgedeckt sind.

DOM-Level	Modul	Aufgabenbereich
Level 1	Core	Definiert alle Basis-DOM-Objekte und legt die Art und Weise fest, wie auf diesen Objekten in einem Dokument navigiert werden kann. Des Weiteren wird bestimmt, wie bestehende DOM-Objekte bearbeitet und neue hinzugefügt werden können.

Tabelle 2.2 DOM-Level und -Module

DOM-Level	Modul	Aufgabenbereich
Level 2	Core	Erweitert *DOM Level 1 Core* um einige wichtige Definitionen, wie z. B. die Verwendung von Namensräumen.
	View	Definiert die Verknüpfung von Elementen mit Formatierungsvorschriften (die z. B. in CSS hinterlegt sind) und den Zugriff darauf.
	Style	Bestimmt, wie die Formatierungen eines Dokuments für die visuelle Aufbereitung festgelegt und bearbeitet werden können. Der Fokus liegt hier klar auf der Verwendung von CSS.
	Event	Legt Definitionen für die Behandlung von Events (z. B. `EventListener`) fest, um beispielsweise auf Benutzeraktionen geeignet reagieren zu können.
	Traversal & Range	Legt verschiedene Vorgehensweisen fest, wie bestimmte Bereiche eines Dokuments selektiert werden können und wie über bestimmte Knotenmengen des Dokuments iteriert werden kann.
Level 3	Core	Erweitert *DOM Level 2 Core* wiederum um einige Definitionen, wie z. B. Encodings.
	Load and Save	Eines der wichtigsten neuen Module in *DOM Level 3*. Es standardisiert die Vorgehensweise, wie Dokumente geparst und serialisiert werden können. Zudem können eigene Filter definiert werden, die beim Parsen und Serialisieren berücksichtigt werden.
	Validation	Definiert, wie ein im Speicher verändertes XML-Dokument zur Laufzeit validiert werden kann.
	XPath	Definiert unter anderem ein Mapping zwischen XPath und DOM.

Tabelle 2.2 DOM-Level und -Module (Forts.)

Fazit

Generisches Modell

Wie Sie sehen, gibt es nicht sehr viel über die Grundlagen von DOM zu berichten. Im Gegensatz zu den streambasierten Technologien halten Sie hier nach dem Parsen eine komplette Objekt-Repräsentation des XML-Dokuments in der Hand, durch die Sie sich wahlfrei bewegen und an beliebiger Stelle Informationen abgreifen können. Das Modell ist generisch und eignet sich damit für alle XML-Dokumente. Das macht DOM zwar sehr flexibel, aber nicht immer komfortabel.

Level und Module

Wichtig ist es auch, sich bewusst zu machen, dass DOM mit seinen vielen Levels und Modulen zwar ein sehr umfangreicher W3C-Standard ist, der neben dem eigentlichen Modell viele Zusatz-Features und Erweiterungen enthält, in Java aber nur ein überschaubarer Teil davon umgesetzt ist.

Schwächen von DOM

Wie Sie in Kapitel 3, »DOM«, – wo wir DOM ausführlich behandeln – noch sehen werden, nutzt die Java-DOM-API leider nicht die Collection-API aus `java.util`, um auf Kindelemente oder Attribute eines Elements zu verweisen. Dies liegt aber daran, dass DOM ein sprachunabhängiger Standard ist, der eigene Interfaces für Knoten-Listen und -Maps einführt.

Nicht-standardisierte Alternativen

Nicht zuletzt aus diesem Grunde gibt es in Java auch einige alternative Implementierungen zum W3C-DOM-Standard. Allerdings sind diese nicht standardisiert und somit nicht Teil der Java-(EE-)Spezifikation. Für das Schreiben stabiler Geschäftsanwendungen ist es allerdings wichtiger, mit anerkannten Standards zu arbeiten, nicht zuletzt, weil diese ständig weiter gepflegt werden, was man von den DOM-Alternativen nicht immer behaupten kann. Deshalb werden wir sie in diesem Buch nicht behandeln und uns stattdessen in Kapitel 3, »DOM«, auf das »Original-DOM« konzentrieren.

2.4.2 Binding

In den vorausgegangenen Abschnitten haben Sie nun schon von drei Wegen der programmatischen Verarbeitung von XML-Daten in Java erfahren. Bei der streambasierten Verarbeitung haben Sie die beiden unterschiedlichen Ansätze SAX und StAX kennengelernt und mit DOM den nochmals völlig unterschiedlichen modellbasierten Ansatz.

Das Konzept des XML-Bindings

Nachteil generischer Verarbeitung

All diese Technologien haben aber eines gemeinsam: Sie arbeiten auf unterster Ebene direkt mit den XML-Konstrukten, wie Elementen, Attributen oder Text. Deren Gebrauch bietet natürlich die meiste Flexibilität, allerdings kann der Verarbeitungscode dafür recht umfangreich und unübersichtlich werden. Wenn hinter dem Dokument jedoch eine Grammatik (wie DTD oder XML Schema) steckt, haben die Teile des Dokuments meist auch eine semantische Bedeutung, und Namen und Strukturen wiederholen sich. Im Code würden Sie hierfür Verarbeitungslogik in Methoden auslagern und diese wiederverwenden – klassische Modularisierung.

Ein spezifisches Objektmodell

Genau hier hilft uns XML-Binding. Es ist ein Konzept, das sich grundlegend von der dokumentnahen Verarbeitung von XML-Daten verabschiedet. Sie werden hier also nur noch am Rande mit Elementen, Attributen oder Text konfrontiert. Zwar arbeiten Sie auch mit einem Objektmodell wie in DOM, doch ist dieses Modell speziell an Ihre Grammatik angepasst. Vorteil: Sie müssen sich nicht mit technischen Details und XML-Bausteinen herumärgern, und Ihr Modell spiegelt die semantische Bedeutung der XML-Fragmente wider. Nachteil: Sie können das Modell nur für diese eine Grammatik verwenden, was aber in den meisten Fällen zu vernachlässigen ist, da eine typische XML-Anwendung klassischerweise nur mit Dokumenten eines bestimmten Typ umgehen muss.

O/R-Mapping als Vorlage

Vom grundlegenden Konzept her kann man XML-Binding sehr gut mit O/R-Mapping vergleichen, also der Abbildung von Klassen auf Tabellen in relationalen Datenbanken zum Zwecke der Persistierung[1]. Diese Technik wird heute bereits von zahlreichen Bibliotheken und APIs eingesetzt, vor allem im Bereich von Enterprise-Anwendungen (Beispiele: Java-Persistence-API, Hibernate, TopLink). Dabei existiert immer eine Art Übersetzungsbeschreibung (implizit oder explizit), die angibt, wie eine spezielle Klasse in die Datenbank abzubilden ist (z. B. Typinformationen, Tabellen- und Spaltennamen). Außerdem existiert eine Bibliothek oder Anwendung (z. B. EJB-Container oder Persistenz-Manager), die für die Datenübertragung zwischen Objekt und Datenbank zuständig ist, also für das Laden eines Objekts aus der Datenbank und das Speichern eines Objekts in der Datenbank.

XML-Binding

XML-Binding verfolgt – kurz gesagt – dasselbe Prinzip, jedoch mit dem Unterschied, dass die Klassen nicht auf eine Datenbanktabelle, sondern auf ein XML-Dokument mit einer bestimmten Grammatik abgebildet werden. Auch ist die Motivation für den Einsatz von XML-Binding nicht zwingend die Persistierung von Objekten, sondern kann ebenso gut die Darstellung von bestehenden XML-Dokumenten in Form von Java-Klassen sein, was unserer ursprünglichen Problemschilderung entspricht.

Wie Sie im weiteren Verlauf des Buches noch feststellen werden, finden sich die oben genannten Bausteine, wie die Übersetzungsanweisung und die Anwendung zur tatsächlichen Umwandlung, auch bei XML-Binding wieder.

XML-Binding und JAXB

Für XML-Binding gibt es im Java-Umfeld mehrere Umsetzungen. Die JAXB-Technologie, die wir Ihnen in diesem Buch näher vorstellen wer-

1 Persistierung: permanente Speicherung in externer Datenquelle

den, ist *nur eine* Umsetzung davon. Das Prinzip der verschiedenen Lösungen ist jedoch immer dasselbe, weshalb wir Ihnen in diesem Abschnitt zunächst einmal die allgemeinen Grundlagen von XML-Binding erklären werden. Sie finden diese in jeder konkreten Implementierung wieder. Erst in Kapitel 7, »JAXB«, gehen wir dann auf JAXB selbst ein.

Einführendes Beispiel

Gehen Sie nun einmal mit uns von folgendem Anwendungsfall aus: Sie haben eine Reihe von XML-Dokumenten, die Sie in Ihrer Anwendung verarbeiten möchten und die alle einer bestimmten Grammatik (also z. B. einem XML Schema) folgen, und möchten diese in eine genau dazu passende Objektstruktur einlesen.

[zB] Wir möchten Ihnen diesen Anwendungsfall gleich mit einem Beispiel verdeutlichen. Schauen Sie sich dazu einmal das XML-Dokument in Listing 2.3 an.

```
<?xml version='1.0' encoding='UTF-8'?>
<personen>

<person>
   <nachname>Scholz</nachname>
   <vorname>Michael</vorname>
   <hobbys>
      <hobby>Java</hobby>
      <hobby>XML</hobby>
      <hobby>Struts</hobby>
   </hobbys>
</person>

<person>
   <nachname>Niedermeier</nachname>
   <vorname>Stephan</vorname>
   <hobbys>
      <hobby>Java</hobby>
      <hobby>XML</hobby>
      <hobby>Cocoon</hobby>
   </hobbys>
</person>

<person>
   <nachname>Skulschus</nachname>
   <vorname>Marco</vorname>
```

```
</person>

</personen>
```

Listing 2.3 Eine Beispiel-XML-Datei

Das Dokument enthält in einem Wurzelelement `<personen>` mehrere Elemente `<person>`. Jedes davon enthält ein Element `<name>` und `<vorname>` sowie ein optionales Element `<hobbys>`. Die ersten beiden können dabei reinen Text, letzteres mehrere Elemente `<hobby>` mit reinem Text enthalten. Ein XML Schema zu diesem Dokument könnte also aussehen wie in Listing 2.4 gezeigt.

```
<?xml version="1.0" encoding="utf-8"?>
<xs:schema xmlns:xs="http://www.w3.org/2001/XMLSchema">

<xs:element name="personen" type="personenType" />

<xs:complexType name="personenType">
   <xs:sequence>
      <xs:element name="person" type="personType"
         maxOccurs="unbounded" />
   </xs:sequence>
</xs:complexType>

<xs:complexType name="personType">
   <xs:sequence>
      <xs:element name="nachname" type="xs:string" />
      <xs:element name="vorname" type="xs:string" />
      <xs:element name="hobbys" type="hobbysType"
         minOccurs="0" />
   </xs:sequence>
</xs:complexType>

<xs:complexType name="hobbysType">
   <xs:sequence>
      <xs:element name="hobby" type="xs:string"
         maxOccurs="unbounded" />
   </xs:sequence>
</xs:complexType>

</xs:schema>
```

Listing 2.4 Schemadatei zu Listing 2.3

Was nun noch fehlt, ist eine Objektstruktur bzw. ein Modell, in die Sie die Daten einlesen möchten. Das könnte eine Klasse sein, wie in Listing 2.5 vereinfacht dargestellt. Ein spezieller Parser, der nun entsprechende Dokumente zu dem gegebenen Schema parst, könnte dann ein Objekt vom Typ `Person[]` zurückgeben.

```
public class Person
{
   private String nachname;
   private String vorname;
   private String[] hobbys;

   public Person() {}
   public Person(String vorname, String nachname,
      String[] hobbys) { ... }

   public String getVorname() { ... }
   public void setVorname(String vorname) { ... }

   public String getNachname() { ... }
   public void setNachname(String nachname) { ... }

   public String[] getHobbys() { ... }
   public void setHobbys(String[] hobbys) { ... }
}
```

Listing 2.5 Eine Modellklasse für Listing 2.3

Unterschied zu DOM

Hier sehen Sie nochmals den Unterschied zu DOM. Wenn wir dort ein Dokument parsen, erhalten wir immer zuerst ein `Document`-Objekt zurück und müssen dann gezielt auf die verschiedenen Kindelemente navigieren. Wir müssen dazu wissen, wie die Elemente heißen und wie Sie angeordnet sind. XML-Binding liefert uns jedoch ein für uns zugeschnittenes Objekt, mit dem wir sofort und ohne Nachdenken arbeiten können.

Features von XML-Binding

Parsen in spezifische Objektstrukturen

Wie schon angedeutet, ist die eben beschriebene Funktionalität eine der Arbeiten, die Ihnen XML-Binding abnimmt. Genau betrachtet, bekommen Sie damit eine Alternative zum Parsen mit DOM in die Hände gelegt. Dort werden die Dokumente ebenfalls in ein *Objektmodell* im Speicher eingelesen, nur ist dieses Format direkt an die typischen Strukturen in einem XML-Dokument angepasst. Sie erhalten nur Abstraktionen für die verschiedenen Bausteine des XML-Dokuments (z. B. Elemente, Attribute), ohne dass diese Informationen schon gemäß Ihrer Anwendungslogik interpretiert worden sind. Darum müssten Sie hier also dem Parsen in einen DOM-Baum noch selbst einen weiteren Verarbeitungsschritt hinzufügen, in dem dieser Baum in die von Ihnen gewünschte *spezifische Objektstruktur* (also z. B. ein `Person`-Array) überführt wird. Dies ist jedoch doppelte Arbeit und nimmt Ihrer Anwendung somit die Performance. Um schneller zu werden, müssten Sie idealerweise mit SAX arbeiten, indem Sie einen `ContentHandler` schreiben, der aus den ankommenden SAX-Events die entsprechenden `Person`-Objekte generiert. Wie Sie aber vielleicht schon selbst erfahren haben, ist dies nicht gerade auf komfortable Weise möglich und kann vor allem bei komplexen Grammatiken ein längeres Unterfangen werden.

Wie aber schon gesagt, haben Sie dieses Problem bei XML-Binding nicht, denn hier können Sie auf einfachste Weise solche spezialisierten Parser generieren und Dokumente damit einlesen.

Serialisieren spezifischer Objektstrukturen

Ein weiteres Feature von XML-Binding ist natürlich auch der umgekehrte Weg: die Serialisierung von XML-Dokumenten, die in Form solch einer spezifischen Objektstruktur vorliegen. Sie könnten hier also einen spezialisierten Serializer erstellen, diesem dann beispielsweise ein `Person[]`-Objekt übergeben, und er generiert daraus das passende XML-Dokument.

Klassen- und Grammatik-Generierung

Das dritte Feature von XML-Binding ist das Generieren von Klassen zu einer bestehenden Grammatik bzw. das Generieren einer Grammatik zu einer bestehenden Klassenstruktur. Im ersten Fall heißt das, dass Sie sich in unserem Beispiel überhaupt nicht um die Erstellung der Klasse `Person` kümmern, sondern lediglich die Schemadatei dazu bereitstellen müssen. Alles andere übernimmt die eingesetzte Binding-Bibliothek. Im zweiten Fall müssen Sie nur eine spezielle Java-Klasse schreiben und lassen sich das zugehörige XML Schema automatisch generieren. Für jede dieser beiden Aufgaben liefert eine Binding-Bibliothek einen eigenen Compiler mit. Im ersten Fall (Schema nach Java) bekommt dieser als Input eine Schemadatei (je nach Implementierung sind natürlich auch DTDs oder andere Grammatiken möglich) und erzeugt als Output entsprechende Java-Dateien. Im zweiten Fall (Java nach Schema) ist der Input eine oder mehrere Java-Klassen, und der Output ist eine XML-Schema-Datei. Die beiden entsprechenden JAXB-Komponenten zeigen wir Ihnen natürlich später.

Übersetzungsanweisungen

Bei der kurzen Vorstellung von O/R-Mapping hatten wir auch erwähnt, dass für die Übersetzung zwischen Klasse(n) und Datenmodell eine Art Übersetzungsanweisung benötigt wird. Natürlich existiert so etwas auch bei XML-Binding-Tools: Es gibt einerseits ein *Standardverhalten*, das andererseits durch *Mapping-Informationen* erweitert oder abgewandelt werden kann.

Das Prinzip im Überblick

Marshalling
Unmarshalling
Binding Compiler

In der Sprache von XML-Binding haben sich bestimmte Begriffe für die drei erwähnten Features durchgesetzt: Das Serialisieren nennt man *Marshalling* (entsprechend bezeichnet man einen Serializer dort als *Marshaller*), das Parsen heißt auch *Unmarshalling* (entsprechend nennt man einen Parser dort *Unmarshaller*), und das Tool zum Erzeugen der Klassen oder der Grammatik ist als *Binding Compiler* bekannt.

Werfen Sie bitte einen Blick auf Abbildung 2.4, um die verschiedenen Elemente und deren Zusammenhänge nochmals im Überblick zu sehen.

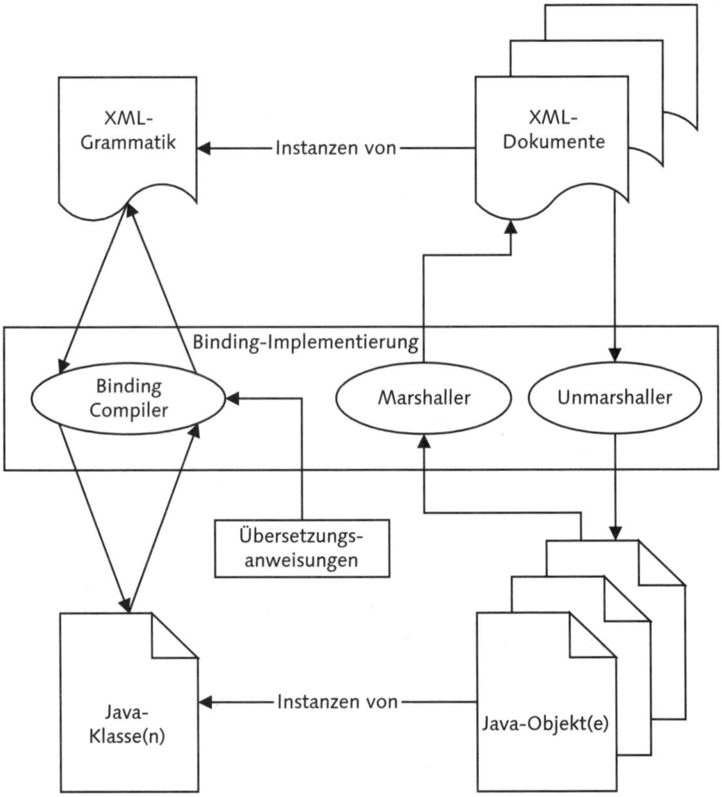

Abbildung 2.4 Prinzip des XML-Bindings

Sie erkennen hier sehr schön, dass es im Prinzip zwei Ebenen gibt, nämlich die XML-Ebene und die Java-Ebene. Auf beiden existiert links eine Vorschrift, die das Aussehen der Objekte bestimmt, bei XML also die Grammatik, bei Java die Klasse. Rechts kann eine beliebige Zahl konkreter Instanzen dieser Vorschriften existieren, bei XML also ein Dokument, bei Java ein Objekt. Die Binding-Implementierung schafft nun eine Verbindung zwischen diesen beiden Ebenen, indem sie Transformatoren bereitstellt. Insgesamt gibt es davon vier Stück, nämlich eben die beiden Binding Compiler, den Marshaller und den Unmarshaller. Hierzu lässt sich allerdings sagen, dass bei einigen XML-Binding-Implementierungen (so z. B. JAXB 1.0) noch kein Binding Compiler für die Umwandlung von Java-Klassen in ein XML Schema zur Verfügung steht.

Entwicklungszeit- und Laufzeit-Komponenten

Außerdem können Sie im oben stehenden Diagramm auch eindeutig nach der linken und rechten Seite unterscheiden. Die Komponenten auf der linken Seite, also die Grammatik, die Klassen und die Binding Compiler, setzen Sie normalerweise zur *Entwicklungszeit* Ihrer Software ein, also noch während Sie das Programm entwerfen. Zur *Laufzeit* ihrer Software arbeiten Sie hingegen mit Objekten, XML-Dokumenten und den zugehörigen Marshallern und Unmarshallern. Jedes XML-Binding-Framework ist deshalb üblicherweise in zwei große Komponenten aufgeteilt:

- eine Tool-Suite, die zur Entwicklungszeit eingesetzt wird und für Schema- oder Klassen-Generierung zuständig ist
- eine Laufzeitbibliothek, die die notwendigen Hilfsklassen enthält, um mit XML-Dokumenten und gebundenen Klassen arbeiten zu können

Fazit

Wie Sie in diesem Abschnitt gesehen haben, steht Ihnen mit XML-Binding ein elegantes Werkzeug zur Verfügung, um schnell und ohne viel Programmieraufwand Anwendungen zu erstellen, die neue Typen von XML-Dokumenten einlesen und ausgeben können.

Sie haben damit nun bereits das grundlegende Prinzip von XML-Binding kennengelernt. In Kapitel 7, »JAXB«, geben wir Ihnen dann eine grundlegende Einführung in die dafür entwickelte XML-Binding-API *JAXB 2.0*.

2.5 Navigieren mit XPath und Transformieren mit XSLT

Wie Sie in den Abschnitten 1.6 und 1.7 gesehen haben, gibt es noch zwei typische Vorgänge, die Sie mit XML-Dokumenten durchführen können, nämlich das Anwenden von XPath-Ausdrücken – was als eine besondere Form der Navigation in Dokumenten verstanden werden kann – und das Transformieren von Dokumenten mit XSLT.

XPath und die bekannten Verarbeitungs-APIs

Wie Sie vielleicht schon in Kapitel 1, »XML – Wichtige Grundlagen«, gelesen haben, ist XPath eine Sprache zur Selektion einzelner oder mehrere Knoten in einem Dokument. Wenn man dieses Prinzip nun auf unsere vier bekannten APIs – SAX, StAX, DOM und JAXB – anwenden möchte, fallen folgende Punkte auf.

Ergebnisse von XPath-Ausdrücken

Das Auswerten von XPath-Ausdrücken liefert klassischerweise einen Knoten des Dokuments oder eine Menge davon – beispielsweise eines oder mehrere Elemente oder Attribute. Es sind aber auch elementare Ergebnistypen möglich, wie Strings, Zahlen oder boolesche Werte. Das Ergebnis muss also nicht einmal ansatzweise der Syntax eines XML-Dokuments entsprechen.

XPath in DOM

Diese Tatsache stellt eine Herausforderung für alle XML-APIs dar. Am ehesten ist sie noch mit einem Objektmodell – wie DOM – zu bewältigen. DOM definiert deshalb auch ein eigenes Modul »XPath«, das sich mit dem Thema beschäftigt.

XPath in JAXB

JAXB hingegen nutzt ein spezifisches Objektmodell, das keine Elemente, Attribute usw. kennt. Deshalb können hier keine XPath-Ausdrücke in sinnvoller Weise angewandt werden.

XPath in SAX und StAX

SAX und StaX hingegen könnten zwar theoretisch knotenartige XPath-Resultate an die Anwendung in Form der dazu passenden Events melden, jedoch gibt es keine Möglichkeit, elementare Typen – wie Strings, Zahlen oder boolesche Werte – darzustellen. Deshalb gibt es auch hier keine sinnvolle XPath-Unterstützung.

Transformation und die bekannten Verarbeitungs-APIs

Wie Sie sehen, lässt sich XPath momentan also nur in Zusammenarbeit mit DOM nutzen. Anders sieht es mit der Transformation von Dokumenten aus. Diese lässt sich in Java mit allen vier Verarbeitungs-APIs nutzen.

Generische XPath- und Transformations-API

Rückblick: Regelung von Parsen und Serialisieren

Die beiden Aufgabengebiete Parsen und Serialisieren werden bei SAX, StAX, DOM und JAXB jeweils innerhalb der API festgelegt. Alle vier enthalten also ihre eigenen Mechanismen, um Dokumente zu parsen und gegebenenfalls zu serialisieren. Bei DOM ist dies beispielsweise im Modul *DOM Level 3 Load and Save* festgelegt, SAX und StAX bringen dafür eigene Klassen mit.

JAXP

In keiner der vier APIs ist jedoch festgelegt, wie Sie Dokumente transformieren können, und für XPath-Ausdrücke liefert lediglich DOM über sein gerade erwähntes Modul »XPath« die entsprechende Funktionalität. Allerdings gibt es in Java die bereits erwähnte API *JAXP*, die wir in Abschnitt 2.7, »Die Rolle von JAXP«, kurz vorstellen und in Kapitel 5, »JAXP«, ausführlich behandeln. Sie enthält Funktionen, um mit allen vier bisher gezeigten Verarbeitungs-APIs Transformationen durchführen zu können. Außerdem stellt sie eine eigene XPath-API zur Verfügung, die nicht spezifisch für DOM ist, sondern auch mit anderen XML-Objektmodellen arbeiten kann und deshalb gegenüber *DOM Level 3 XPath* zu bevorzugen ist.

Fazit

Wie Sie sehen, müssen wir uns bei den Themen (XPath-)Navigation und (XSLT-)Transformation von der allgemeingültigen Ebene herunterbegeben und über konkrete Java-Technologien sprechen. Die konkreten Details erfahren Sie also erst in Kapitel 5, »JAXP«.

Schwächen bei der XPath-Auswertung

Wie Sie vor allem auch sehen, gibt es in den Standard-XML-APIs von Java vor allem noch Schwächen bei der XPath-Unterstützung. Zwar ist diese ursprünglich im Umfeld der klassischen XML-Objektmodelle angesiedelt, doch wäre es trotzdem denkbar, Möglichkeiten zu finden, die Ergebnisse der Auswertung beispielsweise als SAX-Events oder StAX-Streams zur Verfügung zu stellen oder XPath-Ausdrücke auf JAXB-Modelle anzuwenden. Allerdings sind diese Mängel in der Praxis kaum spürbar, da es nicht viele Anwendungsfälle für die eben genannten Alternativen gibt.

2.6 APIs und Factories

Der Begriff »API«

Bereits einige Male ist Ihnen in diesem Buch die Abkürzung *API* begegnet. Wie Sie vielleicht wissen, gehört sie zum gängigen Programmierer-

Jargon und steht für *Application Programming Interface* – zu Deutsch: *Programmierschnittstelle*.

Da alle XML-bezogenen Funktionen in Java als APIs vorliegen, möchten wir Ihnen an dieser Stelle kurz ein paar Grundlagen vermitteln. Zusätzlich werden Sie sehen, was *Factories* sind und wofür wir sie brauchen.

2.6.1 APIs in der Java-Welt

Was ist eine API?

Eine Programmierschnittstelle definiert – wie der Name schon sagt – die Schnittstelle eines Programms oder einer Bibliothek nach außen. Darüber wird also festgelegt, welche Funktionen zur Verfügung stehen und aufgerufen werden können.

API zuerst?

APIs werden klassischerweise von demjenigen entworfen, der auch das Programm oder die Bibliothek entwickelt, von dem eine Funktionalität bereitgestellt werden soll. Java-Entwickler gehen aber auch gerne den umgekehrten Weg: Erst definieren sie eine API und schreiben dann erst dazu eine (oder auch mehrere) Implementierung(en). Doch was soll das bringen, mehrere Implementierungen zu haben? Stiftet das nicht nur Verwirrung für den Anwender?

Gemeinsame Standards

Tatsächlich ist das Gegenteil der Fall. Stellen Sie sich vor, in Java fehlt eine bestimmte grundlegende Technologie, wie zum Beispiel XML-Verarbeitung. Nun könnte jeder Hersteller loslegen und eine Implementierung dafür schreiben. Das Resultat wären x Implementierungen mit x verschiedenen APIs. Um das zu vermeiden, setzen sich die Hersteller vor Beginn der Implementierung zusammen und überlegen sich eine API für die neue Technologie. Diese wird zum gemeinsamen Standard erklärt, und erst dann wird mit den Implementierungen begonnen. Diese folgen nun aber alle derselben API.

Vorteil für den Entwickler

Der Vorteil für Sie: Sie müssen nur diese eine API kennen und gegen sie programmieren, die konkrete Implementierung können Sie aber praktisch frei wählen und sogar später gegen eine andere austauschen.

JCP

Diese Vorgehensweise basiert auf einem freiwilligen Zusammenschluss der namhaftesten Hersteller (wie Sun, Apache, IBM, Oracle, RedHeat) zu einer großen Java-Gemeinschaft, der *Java Community*. Den Zertifizierungsprozess (genannt *Java Community Process* – kurz *JCP*) und alle bisher verabschiedeten Standards finden sie unter *http://www.jcp.org*.

2.6.2 Probleme abstrakter APIs

Diese Vorgehensweise, in der Java Community APIs zu definieren, hat zunächst ein paar Auswirkungen auf deren Aussehen. Da nahezu alle APIs, die wir in diesem Buch vorstellen, so entstanden sind, werden Sie hier immer wieder mit den daraus folgenden Besonderheiten konfrontiert werden.

APIs sind abstrakt.

Ein Blick in eine typische Java-API offenbart, dass sie fast ausschließlich aus abstrakten Elementen – also abstrakten Klassen und Interfaces – besteht. Konkrete Elemente sind meistens nur allgemeingültige Exception- oder Hilfsklassen.

Arbeit mit abstrakten Typen

Das allein macht für den normalen Gebrauch nicht viel aus, denn Sie können natürlich gegen ein Interface genauso programmieren wie gegen eine konkrete Klasse. Das große Problem ist nur:

Woher bekommen wir Instanzen?

Wenn eine API nur abstrakte Elemente enthält, gibt es keine Konstruktoren, die wir aufrufen können. Nehmen wir einmal an, unsere API definiert zwei Interfaces `Parser` und `Serializer`. Dann können wir leider nicht folgenden Code schreiben:

```
Parser myParser = new Parser();
Serializer mySerializer = new Serializer();
```

Der Grund: `Parser` und `Serializer` sind nur Interfaces. Konkrete Implementierungsklassen bekommen wir nur von dem Hersteller, dessen API-Implementierung wir nutzen. Nehmen wir also an, unser Hersteller »A« stellt uns zwei Klassen `ParserA` und `SerializerA` im Package `de.supplierA` als konkrete Implementierungen zur Verfügung. Dann könnten wir folgenden Code schreiben:

```
Parser myParser = new de.supplierA.ParserA();
Serializer mySerializer =
   new de.supplierA.SerializerA();
```

Nun haben wir aber folgendes Problem: Wenn wir später die Implementierung von Hersteller B nutzen wollen und dieser seine Klassen in einem anderen Package (z. B. `de.supplierB`) oder mit anderen Namen zur Verfügung stellt, müssen wir unseren Quellcode ändern, die Anwendung neu erstellen und neu ausrollen.

2.6.3 Die Lösung: Factories

Das Problem, wie wir es gerade beschrieben haben, kennt in der Software-Entwicklung eine allgemein bekannte Lösung: *Factory-Klassen* oder einfach *Factories* (zu Deutsch: »Fabrik-Klassen« oder »Fabriken«).

Eine Factory ist eine Klasse, die praktisch nur einen Zweck hat: das Erzeugen von anderen Objekten. Dies macht sie über eine oder mehrere *Factory-Methods* (»Fabrik-Methoden«), die jeweils ein Objekt des zu erzeugenden Typs zurückgeben. In unserem Beispiel könnte die Factory beispielsweise so aussehen:

```
public class XMLFactory
{
   public Parser     createParser() { ... }
   public Serializer createSerializer() { ... }
}
```

Unser Code zum Erhalt der Parser- und Serializer-Instanz könnte dann also folgendermaßen lauten:

```
XMLFactory factory = new XMLFactory();
Paser myParser = factory.createParser();
Serializer mySerializer = factory.createSerializer();
```

Damit dieser Code funktioniert, müssen sich allerdings die beiden Methoden `createParser()` und `createSerializer()` darum kümmern, die von uns gewünschte Bibliothek und darin die richtigen Klassen zu finden. Leider ist es aber nicht möglich, dass die Factory alle Implementierungen der API kennt. Aus diesem Grunde sind Factories meistens selbst abstrakte Klassen, in denen die `createXXX()`-Methoden als `abstract` markiert sind:

```
public abstract class XMLFactory
{
   public abstract Parser     createParser();
   public abstract Serializer createSerializer();
}
```

Diese abstrakte Factory ist nun allgemein gültig. Sie verweist nur auf Interfaces aus der API und kann deshalb auch selbst Teil der API werden. Jeder Hersteller stellt dann eine eigene Implementierung der Factory bereit, die nur ihre eigenen Implementierungsklassen kennt. Unser Code sieht also letzten Endes so aus:

```
XMLFactory factory = new de.supplierA.XMLFactoryA();
Paser myParser = factory.createParser();
Serializer mySerializer = factory.createSerializer();
```

Hinweis [«]

»Factory Method« und »Abstract Factory« sind übrigens zwei Vertreter der berühmten »Design Patterns«, wie sie die »Gang of four« um Erich Gamma in ihrem gleichnamigen Buch beschreibt. Das Buch (erschienen bei Addison Wesley) gehört zu den Standardwerken objektorientierter Software-Entwicklung.

2.6.4 Einziges Problem: die Factory finden

Nichts gewonnen?

Als aufmerksamer Beobachter ist Ihnen aber sicher nicht entgangen, dass wir jetzt wieder am Anfang stehen: Unser Code enthält wieder ein Stück Code, das sich ändert, wenn wir den Hersteller wechseln – `new de.supplierA.XMLFactoryA()`. Das Einzige, was wir hinzugewonnen haben, ist, dass jetzt nur noch eine Zeile unterschiedlich ist, und nicht wie zuvor zwei.

Reduzierung der Komplexität

Tatsächlich können (abstrakte) Factories uns nur wirklich helfen, wenn wir viele (verschiedene) Objekte einer abstrakten API erzeugen müssen, indem sie die Anzahl der wirklich per Konstruktor zu erzeugenden Objekte auf 1 reduzieren. Im Endeffekt haben wir also »nur« die Komplexität unserer Anwendung reduziert.

Generische Factory-Erzeugung

Unser letztes Ziel ist es nun noch, auch diese letzte Zeile Code generisch zu schreiben, damit sie bei jedem Hersteller funktioniert. Wie Sie in den späteren Kapiteln sehen werden, ist das aber bei den XML-APIs in Java auf sehr elegante Weise umgesetzt. Der Trick: Die diversen abstrakten Factory-Klassen besitzen alle eine statische Methode `newInstance()`, die im Hintergrund anhand bestimmter Kriterien den Klassennamen der herstellerspezifischen Implementierung ermittelt, per Java-Reflection eine Instanz davon erzeugt und diese zurückgibt. Unser Beispielcode sähe schließlich folgendermaßen aus:

```
XMLFactory factory = XMLFactory.newInstance();
Paser myParser = factory.createParser();
Serializer mySerializer = factory.createSerializer();
```

Und damit haben wir es geschafft: Unser Code ist unabhängig vom Hersteller und die API-Implementierung komplett austauschbar.

Offen bleibt nur noch, wie jetzt der Hersteller gefunden wird. Dies beantworten wir Ihnen aber in Abschnitt 5.2.2.

2.6.5 Zusammenfassung

Sie haben nun gelernt, dass alle APIs im XML-Bereich von Java abstrakt sind und potentiell mehrere verschiedene Hersteller existieren können. Aufgrund dessen müssen wir aber fast alle benötigten Objekte letztendlich über eine Factory-Klasse erzeugen, anstatt mit Konstruktoren zu arbeiten, was am Anfang vielleicht etwas gewöhnungsbedürftig ist, aber schnell Routine wird. Auch wird unser Code dadurch nicht wesentlich komplexer.

2.7 Die Rolle von JAXP

Sie haben bisher einen groben Überblick erhalten, welche Aufgaben Ihnen im Programmieralltag bezüglich der XML-Verarbeitung begegnen können. Fast alle dabei vorgestellten Prinzipien waren dabei prinzipiell unabhängig von der Programmiersprache (nur sind wir natürlich bei näheren Betrachtungen stets auf die Java-spezifischen Details eingegangen).

JAXP – Der Alleskönner

Will man nun konkret mit XML in Java arbeiten, gibt es eine große zentrale API, über die fast alle Aufgaben abgewickelt werden, die sogenannten *Java API for XML Processing*, kurz *JAXP*. Dabei handelt es sich sozusagen um die »eierlegende Wollmilchsau« der XML-Verarbeitung in Java: Zu fast allen der in diesem Kapitel vorgestellten Aufgaben und APIs bietet JAXP den Einstieg oder die vollständige Lösung an.

APIs und Factories

JAXP ist dafür intern klar in verschiedene »Unter-APIs« aufgetrennt, von denen sich jede um ein bestimmtes Aufgabengebiet kümmert. Jede davon enthält entsprechende Interfaces, abstrakte Klassen sowie Exception- und Utility-Klassen. Zusätzlich gibt es Factories zur Erstellung von Instanzen der entsprechenden API-Einstiegsobjekte (wie Parser oder Serializer). Durch dieses Design bleibt der Code offen für mehrere mögliche Implementierungen, wobei die Referenzimplementierung, die auch Teil von Java 6 ist, aber praktisch keine Wünsche offenlässt. Konkret deckt JAXP die in Tabelle 2.3 aufgelisteten Aufgaben ab.

Aufgabengebiet	Von JAXP bereitgestellte Funktionalität
SAX	Enthält komplette SAX-API; erzeugt Parser-Instanzen über Factory-Mechanismus.
StAX	Enthält komplette StAX-API; erzeugt Parser-, Serializer- und Generator-Instanzen über Factory-Mechanismus.
DOM	Enthält die APIs *DOM Level 3 Core* und *DOM Level 3 Load and Save* (plus weitere); erzeugt Parser-, Serializer- und Generator-Instanzen über Factory-Mechanismus.
Navigieren	Stellt API zur Verarbeitung von XPath-Ausdrücken und eine Factory dafür bereit.
Validieren	Stellt API zur Validierung von XML-Dokumenten gegen Grammatiken und eine Factory dafür bereit.
Transformieren	Stellt API zur Durchführung von Dokument-Transformationen und eine Factory dafür bereit.

Tabelle 2.3 Features von JAXP

Wie Sie sehen, sind in JAXP nahezu alle wichtigen Aufgabengebiete abgedeckt, einzig das XML-Binding wird aufgrund seiner hohen Komplexität noch über eine eigene Technologie *JAXB* (*Java API for XML Binding*, siehe Kapitel 7, »JAXB«) behandelt. SAX und DOM stellen außerdem einen Sonderfall dar, denn dies sind APIs, die schon vor JAXP existierten und deshalb einfach unverändert übernommen wurden.

Entstehungsgeschichte

Nicht zuletzt deshalb ist aber die Integration der Teil-APIs in JAXP nicht immer nahtlos. Da SAX und DOM schon vor JAXP existierten, haben sie sich eine gewisse Unabhängigkeit bewahrt (beispielsweise bei der Generierung der Einstiegsobjekte). StAX hingegen existierte einige Zeit parallel zu JAXP und wurde erst mit der JAXP-Version 1.4 fest dorthin übernommen. Für Sie als Entwickler bedeutet das zwar keine Nachteile, es schadet aber auch nicht, ein bisschen über die Hintergründe Bescheid zu wissen.

Aufgrund dieser doch spürbaren Aufspaltung innerhalb von JAXP behandeln wir in diesem Buch nicht alle deren Teilaspekte in einem einzigen Kapitel. So sind beispielsweise der SAX- und DOM-API die beiden Kapitel 4, »SAX«, und 3, »DOM«, gewidmet. In einem zentralen Kapitel zu JAXP (Kapitel 5, »JAXP«) behandeln wir dann das Erzeugen und Konfigurieren der Factories zu SAX und DOM sowie das Navigieren, Validieren und Transformieren. Der umfangreichen Technologie StAX ist schließlich nochmals ein eigenes Kapitel – Kapitel 6, »StAX« – gewidmet.

2.8 Zusammenfassung

Sie haben in diesem Kapitel einen groben Überblick über typische Aufgaben bei der programmatischen Verarbeitung von XML-Daten erhalten. Dabei haben Sie erfahren, was man unter Parsen, Serialisieren, Validieren, Navigieren und Transformieren von Dokumenten versteht. Auch die beiden typischen Formen der Verarbeitung – streambasiert und modellbasiert – haben Sie kennengelernt sowie deren Untervarianten.

Sie haben erfahren, dass alle Programmierschnittstellen zur Durchführung der jeweiligen Aktionen als abstrakte APIs vorliegen, die mehrere Implementierungen ermöglichen, wobei Sun in seinen Java-Distributionen eine fertige Referenzimplementierung mitliefert. Schließlich haben Sie gelernt, dass JAXP Ihnen für fast alle Aufgabengebiete Unter-APIs mit entsprechenden Factories bereitstellt, mit Ausnahme des XML-Bindings, das von JAXB abgedeckt wird.

Nun sollten Sie ausreichend gerüstet sein, um in die Welt von »Java und XML« einzusteigen. In den nächsten Kapiteln werden wir jetzt nacheinander die einzelnen APIs näher beleuchten, Ihnen Einführungsbeispiele an die Hand geben und die wichtigsten Konzepte erklären.

In diesem Kapitel erhalten Sie eine Einführung in den W3C-Standard DOM und erfahren unter anderem, wie Sie XML-Dokumente mit dieser API verarbeiten können.

3 DOM

In Abschnitt 2.4.1 haben Sie bereits grundlegend erfahren, wobei es sich beim *Document Object Model* – kurz *DOM* – handelt, nämlich um ein generisches Objektmodell, mit dem alle Inhalte eines XML-Dokuments auf Java-Objekte abgebildet werden können. Zu diesem Zweck existiert für jeden logischen Baustein-Typ eines Dokuments (wie das Dokument selbst, Elemente, Attribute, Kommentare usw.) ein eigenes Interface, das Zugriffsmethoden für alle relevanten Informationen des Bausteins bereitstellt. Somit können Sie ganze Dokumente in den Speicher Ihres Programms einlesen und die Inhalte bequem auswerten. Ebenso können Sie neue Dokumente erstellen, bestehende beliebig abändern und das Endergebnis schließlich wieder in eine Datei schreiben.

In diesem Kapitel stellen wir Ihnen DOM nun im Detail vor. Damit Sie möglichst schnell in das Thema hineinfinden können, beginnen wir dabei zunächst mit einem Einführungsbeispiel, das Ihnen bereits die wichtigsten Grundaufgaben vorführt. Danach gehen wir etwas mehr ins Detail und stellen Ihnen die wichtigsten Methoden der Baustein-Interfaces vor.

Allerdings werden wir nur einen Teil der gesamten DOM-Spezifikation abdecken – den unserer Meinung nach wichtigsten – und möchten Sie für weitergehende Informationen auf die Websites des W3C sowie die entsprechenden Javadocs verweisen:

- *http://www.w3.org/DOM/*
- *http://java.sun.com/javase/6/docs/api/org/w3c/dom/package-summary.html*

3.1 Einführungsbeispiel

Wenn Sie mit DOM arbeiten, gibt es normalerweise vier typische Aufgaben, die Sie in Ihren Programmen bewerkstelligen müssen:

- Parsen von Dokumenten in eine DOM-Objektstruktur
- Navigieren über die Struktur und Abgreifen von Informationen
- Modifizieren von Dokumenten im Speicher und gegebenenfalls vorheriges Neuerstellen
- Serialisieren von DOM-Objektstrukturen in eine Datei

Für jede dieser vier Aktionen stellen wir Ihnen in diesem Abschnitt ein kleines Beispiel vor, wobei wir die ersten beiden zu einem »Beispiel 1« und die letzten beiden zu einem »Beispiel 2« zusammengefasst haben.

[»]

Hinweis

Alle Beispiele zu diesem Buch finden Sie als fertige Eclipse-Projekte auf der Buch-CD. *Eclipse* ist eine sehr beliebte Entwicklungsumgebung für (Java-) Software-Projekte. Installationspakete für Windows und Linux finden Sie natürlich auf der Buch-CD. Außerdem erhalten Sie in Anhang A eine grundlegende Einführung in diese IDE. Dort erfahren Sie auch, wie Sie die diversen Beispielprojekte von der Buch-CD importieren und verwenden können.

Die Beispiele sind ausführlich kommentiert und zeigen die typischen Handgriffe im Umgang mit DOM. Sie sollten also in jedem Fall – parallel zum Lesen des Buches – die Quelltexte intensiv studieren und vielleicht ein bisschen selbst damit herumprobieren, um den optimalen Lernerfolg zu haben. Wenn Sie gerade keinen Computer zur Hand haben, finden Sie aber die wichtigsten Codeausschnitte immer auch abgedruckt (allerdings teilweise leicht gekürzt oder vereinfacht).

3.1.1 Öffnen des Beispiels

Unsere beiden Beispiele sind in einem gemeinsamen Eclipse-Projekt *03 – DOM* enthalten, das Sie auf der Buch-CD finden. Um es optimal nutzen und auch ausprobieren zu können, sollten Sie sich einen lokalen Eclipse-Workspace anlegen und das Projekt von der CD dorthin importieren (siehe Anhang A).

Als Java-Version sollten Sie allerdings eine JRE5 oder JRE6 (optimalerweise von Sun) in Ihrem Workspace eingestellt haben.

Projektinhalte

Das Eclipse-Projekt umfasst insgesamt drei Unterordner: *src* enthält den Quellcode und ist dementsprechend in Eclipse als Quellordner hinterlegt, in *data* finden Sie eine Beispiel-XML-Datei, mit der wir arbeiten, und in *launch* sind fertige Eclipse-Startkonfigurationen abgelegt, so dass

Sie nur noch auf die entsprechenden Einträge im Menü der Run Configurations klicken müssen, um ein Beispiel zu starten.

Die Beispieldatei im *data*-Verzeichnis heißt übrigens *personen.xml* und wird uns in dieser und anderen Formen durch das ganze Buch begleiten. Ihren Inhalt haben wir (leicht abgewandelt) schon einmal in Listing 2.3, »Eine Beispiel-XML-Datei«, gezeigt. Sie finden ihn aber auch nochmals in Listing 3.1.

```
<?xml version="1.0" encoding="UTF-8"
   standalone="yes"?>
<personen>

<person id="1">
   <nachname>Scholz</nachname>
   <vorname>Michael</vorname>
   <hobbys>
      <hobby>Java</hobby>
      <hobby>XML</hobby>
      <hobby>Groovy</hobby>
   </hobbys>
</person>

<person id="2">
   <nachname>Niedermeier</nachname>
   <vorname>Stephan</vorname>
   <hobbys>
      <hobby>Java</hobby>
      <hobby>XML</hobby>
      <hobby>Cocoon</hobby>
   </hobbys>
</person>

<person id="3">
   <nachname>Skulschus</nachname>
   <vorname>Marco</vorname>
</person>
<!-- Geschafft -->

</personen>
```

Listing 3.1 Beispiel-XML-Datei

Wie Sie sehen, handelt es sich dabei um Personendaten. Jede Person hat eine ID, einen Nach- und Vornamen sowie optional Hobbys. Diese Datei werden wir gleich parsen und die Inhalte programmatisch verarbeiten.

Klassen und Packages

Im Quellcodeteil des Beispiels finden Sie zwei Packages mit insgesamt drei Klassen und einem Interface. Das Package `de.javaundxml.dom.quickstart.common` enthält dabei eine Utility-Klasse `DOMUtils`, in der wir allgemeine Funktionen für beide Beispiele untergebracht haben, sowie ein Interface `XMLNames`, in dem lediglich Konstanten für Element- und Attributs-Namen abgelegt sind (ebenfalls von beiden Beispielen verwendet).

Das Package `de.javaundxml.dom.quickstart` enthält schließlich zwei Main-Klassen `ParseNavigate` und `GenerateSerialize`, die unser »Beispiel 1« und »Beispiel 2« verkörpern. Wir werden nun nacheinander auf beide Beispiele eingehen.

3.1.2 Beispiel 1: Parsen und Navigieren

In unserem ersten Beispiel zeigen wir Ihnen, wie Sie mit DOM Dokumente parsen, danach über das Objektmodell navigieren und Informationen abgreifen können.

Das Beispiel starten

Bevor wir uns das Beispiel ansehen, können Sie es zunächst einmal einfach starten. Dazu verwenden Sie die vorgefertigte Run Configuration *Beispiel 1 – Parsen und Navigieren*. Das Programm gibt dann die im Dokument enthaltenen Personendaten in einfacher Textform auf der Konsole aus (je eine Zeile pro Person). Sie sollten also drei Zeilen sehen, die jeweils die Daten aus dem XML enthalten.

Sie können auch gerne überprüfen, dass diese Daten wirklich aus dem XML extrahiert wurden, indem Sie einfach die Datei *personen.xml* an der einen oder anderen Stelle editieren (beispielsweise Namen oder Hobbys abändern oder neue Hobbys dazunehmen) und das Beispiel danach nochmals starten.

Grundaufbau

Nachdem Sie nun wissen, was das Beispiel macht, werfen wir zunächst einen Blick auf die `main()`-Methode der Klasse `ParseNavigate`, die wir auch in Listing 3.2 abgedruckt haben.

```
final DOMImplementation domImpl =
   DOMUtils.getImplementationFromRegistry(
      DOMUtils.DOM_FEATURE_Core_30_LS);
```

```
final Document doc = DOMUtils.parse(domImpl,
   new FileInputStream(FILE_INPUT));

final Element elPersonen = doc.getDocumentElement();

handleElementPersonen(elPersonen);
```

Listing 3.2 main()-Methode der Klasse ParseNavigate

DOMImplementation

Wie Sie sehen, nutzt das Beispiel intensiv unsere Hilfsklasse `DOMUtils`. In der ersten Anweisung verwenden wir deren statische Methode `getImplementationFromRegistry()`, um ein Objekt vom Typ `org.w3c.dom.DOMImplementation` zu erhalten. Dieser Typ ist ein Interface aus der DOM-API und der zentrale Einstiegspunkt dorthin. Ausgehend davon können wir später parsen, serialisieren und neue Dokumente erzeugen.

Parsen und der Typ Document

Die zweite Anweisung nutzt eine Hilfsmethode `parse()` von `DOMUtils`. Ihr übergeben wir das eben erhaltene `DOMImplementation`-Objekt sowie einen `FileInputStream` zu unserer Beispieldatei (deren Name in der Konstanten `FILE_INPUT` hinterlegt ist). Als Ergebnis erhalten wir ein Objekt vom Typ `org.w3c.dom.Document`. Hierbei handelt es sich um unser erstes Modellobjekt – es repräsentiert das gesamte XML-Dokument im Speicher.

Document.getDocumentElement() und Element

In der nächsten Zeile nutzen wir die Methode `getDocumentElement()` unseres gerade erhaltenen `Document`-Objekts. Sie liefert uns das Wurzelelement `<personen>` des Dokuments. In DOM werden Elemente durch das Interface `org.w3c.dom.Element` repräsentiert.

Weitere Verarbeitung

Die `Element`-Instanz legen wir dann in einer Variablen ab und rufen damit zuletzt eine Untermethode `handleElementPersonen()` auf, die die Inhalte des Wurzelelements auswertet.

Auch wenn unsere `main()`-Methode noch recht wenig interessante Logik enthält, haben Sie doch schon drei wichtige Interfaces aus der DOM-API kennengelernt: `DOMImplementation`, `Document` und `Element`. Auch wissen Sie schon, wie Sie vom `Document`-Objekt das Wurzel-`Element` abfragen können.

DOMImplementation besorgen

Wie Sie gesehen haben, erhalten wir in `ParseNavigate` unsere `DOMImplementation`-Instanz über die Hilfsklasse `DOMUtils`. Konkret rufen wir deren Methode `getImplementationFromRegistry()` auf und übergeben dabei die String-Konstante DOMUtils.DOM_FEATURE_Core_30_LS.

Wir wollen uns nun diese Methode etwas näher ansehen, um Ihnen zu zeigen, wie Sie in der Praxis an eine Instanz von DOMImplementation gelangen. Sie finden den Methodeninhalt in Listing 3.3.

```
public static DOMImplementation
   getImplementationFromRegistry(String featureString)
   throws Exception
{
   final DOMImplementationRegistry registry =
      DOMImplementationRegistry.newInstance();

   final DOMImplementation domImpl =
      registry.getDOMImplementation(featureString);

   return domImpl;
}
```

Listing 3.3 Erzeugen einer DOMImplementation-Instanz

DOMImplementation Registry

Wie Sie sehen, ist es nicht schwer, eine DOMImplementation-Instanz zu erhalten: Sie müssen sich nur zunächst eine Instanz der Klasse DOMImplementationRegistry (aus dem DOM-Package org.w3c.dom.bootstrap) besorgen. Dies funktioniert ganz einfach über die statische Methode newInstance() dieser Klasse. Die Instanz dient nun als Factory für DOMImplementation-Instanzen über ihre Methode getDOMImplementation(). Dieser müssen Sie allerdings noch einen Feature-String übergeben. Er gibt an, welche DOM-Module (in welcher Version) das zu erzeugende DOMImplementation-Objekt beherrschen muss. Für unsere Zwecke (Kernfunktionalität, Parsen und Serialisieren) genügt hier der Wert "Core 3.0 LS", der auch in der oben genannten Konstanten von DOMUtils hinterlegt ist. Mehr über den Feature-Mechanismus von DOM erfahren Sie in Abschnitt 3.2, »Der Ausgangspunkt: die DOMImplementation«.

Die Methode getDOMImplementation() liefert übrigens null zurück, wenn keine passende Implementierung für die gewünschten Features gefunden werden kann. Bei unserem Feature-String und beim Gebrauch der Java-Version 6 wird hier aber ein Nicht-null-Objekt zurückgegeben.

Hinweis [«]

Wenn Sie eine ältere Version als Java 6 verwenden, liefert `getDOMImplementation()` ohne weitere Zuarbeit allerdings `null` zurück. Sie haben zwei Möglichkeiten, um dies zu lösen: Entweder binden Sie die JAXP-Referenzimplementierung per *Java Endorsed Standards Override Mechanism*[1] in den Klassenpfad ein, oder (nur im Fall von Java 5) Sie machen auf der `DOMImplementationRegistry` vor dem Aufruf von `getDOMImplementation()` noch folgenden Aufruf: `registry.addSource(new com.sun.org.apache.xerces.internal.dom.DOMImplementationSourceImpl())`. In unserem Beispielprojekt haben wir den ersten Weg gewählt, haben allerdings Eclipse-spezifische Mechanismen zur Einbindung der Referenzimplementierung verwendet.

Parsen

Im zweiten Schritt parst unser Hauptprogramm die Datei *personen.xml* im *data*-Verzeichnis. Auch diese Logik ist allerdings in die Klasse `DOMUtils` ausgelagert, genau gesagt in die zwei Methoden `parse()` und die private Hilfsmethode `checkConvertLS()`. Beide finden Sie in Listing 3.4 abgedruckt.

```
public static Document parse(
   DOMImplementation domImpl, InputStream inputStream)
{
   final DOMImplementationLS domImplLS =
      checkConvertLS(domImpl);

   final LSInput input = domImplLS.createLSInput();
   input.setByteStream(inputStream);

   final LSParser parser =
      domImplLS.createLSParser(
         DOMImplementationLS.MODE_SYNCHRONOUS, null);

   return parser.parse(input);
}

private static DOMImplementationLS checkConvertLS(
   DOMImplementation domImpl)
{
   if(!domImpl.hasFeature("LS", "3.0"))
   {
      throw new IllegalArgumentException("LS feature
```

1 *http://java.sun.com/javase/6/docs/technotes/guides/standards*

```
        not supported by provided DOMImplementation!");
    }

    return (DOMImplementationLS)domImpl;
}
```

Listing 3.4 Parsen mit DOM

DOMImplementationLS Wie Sie sehen, ist der erste Schritt in `parse()` das Erzeugen einer Instanz des Interface-Typs `org.w3c.dom.ls.DOMImplementationLS`. Hierbei handelt es sich um ein für Sie neues Interface aus dem DOM-Modul *DOM Level 3 Load and Save*. Wie in Abschnitt 2.4.1 schon beschrieben, handelt es sich dabei um das DOM-Modul für das Parsen und Serialisieren.

checkConvertLS() Um nun an diese Instanz zu kommen, wird die private Hilfsmethode `checkConvertLS()` aufgerufen und das `DOMImplementation`-Objekt als Argument überreicht. Ein Blick in die Methode zeigt, dass diese zunächst folgenden Aufruf auf diesem Objekt macht:

```
domImpl.hasFeature("LS", "3.0")
```

hasFeature() Dieser Aufruf prüft, ob die aktuelle `DOMImplementation` das Modul `LS` in der Version `3.0` unterstützt, gibt also einen `boolean`-Wert zurück. Sie können damit schnell herausfinden, ob Ihre gewünschte DOM-Funktionalität unterstützt wird. In unserem Beispiel ist das aber sicher der Fall, weil wir zuvor extra beim Erzeugen der `DOMImplementation` den Feature-String `"Core 3.0 LS"` überreicht haben.

Typecast War die Feature-Prüfung erfolgreich, bedeutet das bei DOM nun, dass unser `DOMImplementation`-Objekt zusätzlich das `DOMImplementationLS`-Interface implementiert. Es genügt also ein einfacher Typecast:

```
return (DOMImplementationLS)domImpl
```

Um nun erfolgreich parsen zu können, benötigen wir zwei weitere Objekte (jeweils aus dem Package `org.w3c.dom.ls`): `LSInput` – das repräsentiert das Eingangsdokument – und `LSParser`, die eigentliche Parser-Instanz. Für beide dient uns aber die `DOMImplementationLS` als Factory.

LSInput Eine `LSInput`-Instanz wird über die Factory-Methode `createLSInput()` der `DOMImplementationLS` erzeugt. Sie dient als Träger der Informationen über das Eingabedokument. In unserem Beispiel registrieren wir dort einfach den `InputStream`, den unsere `parse()`-Methode als Argument erhält, über die Methode `setByteStream()`. Mehr über den Typ `LSInput` erfahren Sie in Abschnitt 3.7.2.

LSParser erzeugen

Eine LSParser-Instanz wird über die Factory-Methode createLSParser() der DOMImplementationLS erzeugt. Die Methode erwartet allerdings zwei Parameter. Der erste ist ein short-Wert, für den Sie eine der beiden Konstanten DOMImplementationLS.MODE_SYNCHRONOUS oder DOMImplementationLS.MODE_ASYNCHRONOUS einsetzen können. Damit bestimmen Sie, ob der Parser synchron (im gleichen Thread) oder asynchron (in einem gesonderten Thread) arbeiten soll. Normalerweise ist der asynchrone Modus aber nur in wenigen Fällen (z. B. bei riesigen Dokumenten) wirklich sinnvoll. Der zweite Parameter ist ein String, mit dem Sie angeben können, welche Grammatiksprache beim Parsen verwendet werden soll. Auch dies ist nur in Spezialfällen sinnvoll – setzen Sie hier einfach den Wert null ein.

Parsen mit dem LSParser

Mit der fertigen LSParser-Instanz können wir nun endlich unser LSInput-Objekt (und das zugrundeliegende XML-Dokument) parsen. Dies geschieht über die Methode parse(), die ein LSInput als Argument erwartet und das fertig geparste Dokument als Document-Instanz zurückgibt. Mehr über den LSParser und das Parsen erfahren Sie in Abschnitt 3.7.2.

Navigieren und Inhalte abfragen

Nach allen bisher durchgeführten Schritten haben wir in unserem Beispiel nun ein Document-Objekt erhalten und davon bereits in der main()-Methode das Wurzelelement als Element-Instanz abgerufen. Nun möchten wir die Informationen darin schrittweise abfragen und in unserem Programm weiter verarbeiten. Dazu ist es aber unter anderem notwendig, durch den XML-Baum zu navigieren.

Diese Aktionen – Navigieren und Inhalte abfragen – übernehmen die drei privaten statischen Methoden handleElementPersonen(), handleElementPerson() und handleElementHobbys() unserer ParseNavigate-Klasse. Wie die Namen schon sagen, kümmert sich dabei jede um einen bestimmten Elementtyp, der im Dokument vorkommen kann – <personen>, <person> und <hobbys>.

Werfen Sie zunächst einmal einen Blick auf Listing 3.5. Dort sehen Sie den Inhalt der Methode handleElementPersonen().

```
final String tagName = elPersonen.getTagName();
if(!TAG_PERSONEN.equals(tagName))
{
   throw new IllegalArgumentException(
      "Unexpected element <" + tagName + ">");
```

```
}

final NodeList nlPerson =
   elPersonen.getElementsByTagName(TAG_PERSON);
for(int index = 0; index < nlPerson.getLength();
   ++index)
{
   final Element elPerson =
      (Element)nlPerson.item(index);
   handleElementPerson(elPerson);
}
```

Listing 3.5 Die Methode ParseNavigate.handleElementPersonen()

Inhalt der Methode

Diese Methode führt prinzipiell zwei Schritte aus: Sie überprüft zuerst, ob der Name des Wurzelelements auch wirklich `personen` ist, iteriert dann über alle `<person>`-Kindelemente und ruft dafür `handleElementPerson()` auf.

Elementnamen abfragen mit getTagName() oder getNodeName()

Der erste Schritt ist einfach: Hierfür existiert die Methode `getTagName()` auf dem `Element`-Interface. Sie liefert den Namen des Elements als `String` zurück. Diesen vergleichen wir einfach mit der Konstanten `TAG_PERSONEN` (die wir vom Interface `XMLNames` geerbt haben, das unsere Klasse `ParseNavigate` implementiert) und werfen gegebenenfalls eine Exception. Alternativ können wir übrigens auch die Methode `getNodeName()` von `Element` für die Namensabfrage verwenden (siehe dazu später).

getElementsByTagName()

Beim zweiten Schritt macht sich zum ersten Mal die Herkunft von DOM als Nicht-Java-API bemerkbar: Über die Methode `getElementsByTagName()` des `Element`-Interfaces erhalten wir Zugriff auf alle Kindelemente `<person>` unseres aktuellen Elements. Wir müssen dazu nur den Kindelementnamen als `String` übergeben (hier wiederum als Konstante in `XMLNames` hinterlegt). Der Rückgabetyp dieser Methode könnte sinnvollerweise `java.util.List<Element>` sein, stattdessen erhalten wir aber eine `org.w3c.dom.NodeList`. Dabei handelt es sich um eine DOM-eigene Listenimplementierung mit genau zwei Methoden:

- `int getLength()` gibt die Anzahl der vorhandenen Listenelemente an.
- `Node item(int index)` gibt das Listenelement an der Stelle `index` zurück.

NodeList

Wie sie sehen, ist `NodeList` ein sehr einfaches Listen-Interface, das Zugriff per Index erlaubt. Die Java-Collection-API und die damit verbundenen bequemen Vorzüge beim Codeschreiben können also nicht genutzt werden. Wie Sie in Listing 3.5 sehen, müssen wir über eine klassische for-Schleife mit einem Indexzähler über die Liste iterieren.

NodeList.item() und der Typ Node

Im Schleifenrumpf ist zu beachten, dass der Rückgabetype von item()aber nicht Element ist, sondern Node. Dies ist ein Basis-Interface, von dem alle Knoten-Interfaces in DOM abgeleitet sind. Wir werden es allerdings erst später genauer betrachten. Für uns ist im Moment nur wichtig, dass wir das Ergebnis manuell nach Element casten müssen.

Nachdem Sie nun wissen, wie Sie in DOM über Kindelemente iterieren, schauen wir uns jetzt die Methode handleElementPerson() an, die ein einzelnes <person>-Element verarbeitet. Sie finden ihren Quellcode in Listing 3.6.

```
final String id = elPerson.getAttribute(ATTR_ID);

final Element elNachname =
   DOMUtils.extractSingleElement(
      elPerson, TAG_NACHNAME);
final String nachname = elNachname.getTextContent();

final Element elVorname =
   DOMUtils.extractSingleElement(
      elPerson, TAG_VORNAME);
final String vorname = elVorname.getTextContent();

final Element elHobbys =
   DOMUtils.extractSingleElement(
      elPerson, TAG_HOBBYS);

final List<String> hobbys = new ArrayList<String>();
if(elHobbys != null)
{
   handleElementHobbys(elHobbys, hobbys);
}

System.out.printf(...,
   id, nachname, vorname, hobbys);
```

Listing 3.6 Die Methode ParseNavigate.handleElementPerson()

Der Code dieser Methode führt die folgenden Schritte aus: Zunächst wird das id-Attribut des <person>-Elements abgefragt. Danach werden die beiden Kindelemente <nachname> und <vorname> abgerufen und deren

Textinhalt in zwei `String`s geschrieben. Dann wird geprüft, ob ein `<hobbys>`-Kindelement vorhanden ist und dafür gegebenenfalls die Methode `handleElementHobbys()` aufgerufen. Zuletzt werden die so gesammelten Daten noch auf die Konsole ausgegeben. (Achtung: Der Code ist hier gekürzt abgedruckt.) Hier wird also die eigentliche Ausgabe der Anwendung erzeugt, die Sie auch im Konsolenfenster sehen konnten.

Abfragen von Attributswerten mit getAttribute()

Die erste Aufgabe – das Abfragen von Attributen – ist relativ einfach: Das `Element`-Interface sieht dafür eine Methode `getAttribute()` vor, der Sie den Attributsnamen als `String` übergeben und im Gegenzug dessen Wert als `String` zurückerhalten. Existiert das Attribut nicht, wird `null` zurückgegeben.

Die Hilfsmethode DOMUtils. extractSingle-Element()

Um an die drei Kindelemente `<nachname>`, `<vorname>` und `<hobbys>` zu kommen, nutzen wir die Hilfsmethode `extractSingleElement()` aus unseren `DOMUtils`. Sie können gerne selbst einen Blick auf den Quelltext werfen, allerdings finden Sie dort wenig Neues: Wir holen uns über `getElementsByTagName()` die `NodeList` aller Kindelemente des gewünschten Namens. Hat diese genau die Größe 1, geben wir dieses eine Element zurück, bei Größe 0 den Wert `null`. Ansonsten werfen wir eine Exception. Leider bietet DOM eine solche Funktionalität nicht von Haus aus an, obwohl sie sicher öfter gebraucht wird.

Textinhalt abfragen

Wie Sie außerdem im Listing sehen, ist es ebenfalls sehr einfach, den Textinhalt eines `Element`s zur erhalten: Dazu nutzen wir einfach eine Methode `getTextContent()`. Sie gibt den Textinhalt eines `Element`s als `String` zurück. Enthält das Element keinen Text, wird dabei der leere `String` zurückgegeben; enthält es gemischten Inhalt – also auch Kindelemente –, so werden einfach alle Textfragmente dazwischen aneinandergereiht.

Die weiteren Inhalte von `handleElementPerson()` sowie der von `handleElementHobbys()` enthalten nun keinen neuartigen Code mehr; auch dort wird nur wieder über Elemente iteriert und Textinhalt abgefragt.

Zusammenfassung

Mit den gezeigten Inhalten aus der Klasse `ParseNavigate` und der Hilfsklasse `DOMUtils` haben Sie nun bereits die wesentlichen Features von DOM für das Parsen von und Navigieren in Dokumenten kennengelernt. Wir möchten diese abschließend noch einmal für Sie zusammenfassen.

DOMImplementation

- Das `DOMImplementation`-Objekt ist der Einstiegspunkt in die DOM-API. Sie können damit Dokumente erzeugen und an die Einstiegsobjekte für die einzelnen DOM-Module gelangen.
- Eine `DOMImplementation`-Instanz wird mit Hilfe der Factory-Klasse `DOMImplementationRegistry` erzeugt. Dazu müssen die gewünschten Features als `String` übergeben werden.
- Alternativ erhalten Sie eine solche Instanz auch über JAXP. Dies wird jedoch in Abschnitt 3.2.4 näher erläutert.

Parsen mit DOM Level 3 Load and Save

- Dokumente können über das Modul *DOM Level 3 Load and Save* geparst werden.
- Dazu benötigen Sie ein Objekt vom Typ `DOMImplementationLS`. Das `DOMImplementation`-Objekt kann direkt dorthin gecastet werden, wenn es das Feature "LS" in der Version "3.0" unterstützt.
- Die Dokumentquelle wird durch ein `LSInput`-Objekt repräsentiert. Dieses kann über eine Factory-Methode `createLSInput()` von der `DOMImplementationLS` erzeugt werden. Auf diesem Objekt können verschiedene Eingabeobjekte über Setter-Methoden gesetzt werden (z. B. ein `InputStream` über `setByteStream()`).
- Für den Parse-Vorgang wird ein Objekt vom Typ `LSParser` benötigt, das über eine Factory-Methode `createLSParser()` von der `DOMImplementationLS` erzeugt werden kann. Die `parse()`-Methode des `LSParser`-Objekts akzeptiert ein `LSInput`-Objekt und gibt ein `Document`-Objekt zurück.

Document und Element

- Ein Dokument wird in DOM durch eine `Document`-Instanz repräsentiert, ein Element durch eine `Element`-Instanz.
- Das Wurzelelement des Dokuments kann über die `getDocumentElement()`-Methode von der `Document`-Instanz abgefragt werden.

Navigieren in und Informationen abfragen von Elementen

- Das `Element`-Objekt ist das zentrale Objekt, um durch das Dokument zu navigieren. Die wichtigsten Aufgaben können allein damit erledigt werden.
- Seine Kindelemente eines bestimmten Namens können über die Methode `getElementsByTagName()` abgefragt werden. Das Resultat ist ein Objekt vom Typ `NodeList` – eine DOM-eigene Listenimplementierung.
- Attributswerte eines `Elements` können unter Angabe des Attributsnamens über die Methode `getAttribute()` abgefragt werden.
- Der Textinhalt eines `Elements` kann über die Methode `getElementText()` abgefragt werden.

3.1.3 Beispiel 2: Dokumente erzeugen, ändern und serialisieren

Nachdem Sie nun das Wichtigste über das Parsen von und Navigieren in Dokumenten wissen, zeigen wir Ihnen nun anhand eines zweiten Beispiels die noch ausstehenden Aufgaben: das Erzeugen, Ändern und Serialisieren von Dokumenten.

Das Beispiel starten

Auch das zweite Beispiel sollten Sie kurz einmal starten, bevor wir uns mit dem Quellcode beschäftigen. Dazu verwenden Sie einfach die Run Configuration *Beispiel 2 – Generieren und Serialisieren*. Als Ergebnis sollte in der Konsole ein Ihnen bekanntes XML-Dokument mit Personendaten auftauchen, jedoch etwas anders als in der *personen.xml*. Das Besondere dabei ist aber nicht die Ausgabe, sondern die Art und Weise, wie sie erzeugt wurde – nämlich ausschließlich programmatisch, ohne das Einlesen irgendeiner Datei.

Die verwendeten Nutzdaten (Namen, Hobbys, IDs) sind also Teil des Quellcodes – wie Sie auch gleich sehen werden. Das Beispiel erzeugt also wirklich ein neues Dokument im Speicher und gibt es dann in XML-Form auf der Konsole aus.

Grundaufbau

Der Code unseres zweiten Beispiels ist etwas einfacher aufgebaut als der des ersten. Er ist diesmal über die beiden Klassen `GenerateSerialize` und `DOMUtils` in unserem Beispielprojekt verteilt. Als Erstes werfen wir aber wieder einen Blick in die `main()`-Methode, die Sie in Listing 3.7 finden.

```
final DOMImplementation domImpl =
   DOMUtils.getImplementationFromRegistry(
      DOMUtils.DOM_FEATURE_Core_30_LS);

final Document doc =
   domImpl.createDocument(null, TAG_PERSONEN, null);
final Element elPersonen = doc.getDocumentElement();
createPerson(elPersonen, 1, "Scholz", "Michael",
   "Java", "EJB", "JSF");
createPerson(elPersonen, 2, "Niedermeier", "Stephan",
   "Java", "Spring", "Hibernate");
createPerson(elPersonen, 3, "Skulschus", "Marco"
   "XML Schema");
```

```
DOMUtils.serialize(domImpl, doc, System.out);
```

Listing 3.7 main()-Methode von GenerateSerialize

DOMImplementation besorgen

Wie Sie sehen, kommt Ihnen ein Teil des Quellcodes bereits bekannt vor. So starten wir wieder mit dem Besorgen einer `DOMImplementation` – kein Unterschied zu `ParseNavigate`.

Neues leeres Dokument erzeugen

Danach nutzen wir aber von der `DOMImplementation` eine Ihnen noch neue Methode `createDocument()`, die uns eine neue leere `Document`-Instanz erzeugt, die lediglich ein Wurzelelement besitzt. Eben dieses holen wir dann in bekannter Weise über `getDocumentElement()` ab.

Dokument befüllen

Anschließend rufen wir dreimal die Hilfsmethode `createPerson()` auf, die unser Dokument mit `<person>`-Elementen befüllt. Hier sehen Sie sehr schön, dass wir die Nutzdaten im Quellcode untergebracht haben. Sie können die Werte also hier manipulieren, damit das Beispiel eine andere XML-Ausgabe erzeugt.

Dokument serialisieren

Zuletzt serialisieren wir das fertige Dokument über `DOMUtils.serialize()`.

Nachdem der Grundaufbau des Beispiels nun klar ist, werden wir jetzt auf die Ihnen neuen Funktionen näher eingehen.

Neues Dokument erzeugen

Wie Sie bereits gesehen haben, werden neue `Document`-Instanzen über eine Factory-Methode `createDocument()` von der `DOMImplementation` erzeugt. Die Methode erwartet drei Parameter:

- Den Namensraum-URI des Wurzelelements als `String` oder `null`, falls das Wurzelelement im leeren Namensraum liegen soll.
- Den qualifizierten Namen des Wurzelelements als `String`. Dies ist der Elementname plus ein optional vorangestelltes Namenspräfix. Sie können also Werte wie `"personen"` oder `"my:personen"` angeben.
- Eine Instanz von `org.w3c.DocumentType`. Diese repräsentiert eine DTD-Deklaration zu Beginn des Dokuments und kann eine System-ID und/oder Public-ID enthalten. Eine Instanz davon erhalten Sie über die Factory-Methode `createDocumentType()` der `DOMImplementation`. Soll das Dokument keine DTD-Deklaration besitzen, geben Sie `null` an.

In unserem Beispiel wollen wir einfach ein leeres Dokument mit einem <personen>-Wurzelelement anlegen – ohne DTD oder Namensraum. Deshalb setzen wir null für das erste und letzte Argument ein und übergeben in der Mitte die Konstante TAG_PERSONEN, die wir vom implementierten Interface XMLNames erben und die den Wert "personen" enthält.

Das Ergebnis ist nun ein Document-Objekt. Auf dessen <personen>-Wurzelelement greifen wir gleich über die bekannte Methode getDocumentElement() zu und speichern es in einer eigenen Variablen ab.

Dokument modifizieren durch Hinzufügen von neuen Inhalten

Nach dem Erzeugen des leeren Dokuments wird dieses nun mit Daten befüllt. Dies stellt zwar eine Sonderform der Modifikation dar, ist aber auch die am häufigsten verwendete.

Das Hinzufügen von Inhalten – konkret: von <person>-Elementen – haben wird in eine eigene Methode createPerson() in unserer Klasse GenerateSerialize ausgelagert. Die Methode erhält als Parameter das Wurzelelement als Element-Instanz sowie die Id des Person-Eintrags als int, den Nach- und Vornamen der Person als String und eine variable Zahl an Strings mit den Hobbys der Person. Wie wir aus diesen Daten nun XML-Strukturen erzeugen, sehen Sie in Listing 3.8, wo wir Ihnen den Inhalt der createPerson()-Methode abgedruckt haben.

```
final Document doc = elPersonen.getOwnerDocument();

final Element elPerson =
   doc.createElement(TAG_PERSON);
elPersonen.appendChild(elPerson);

elPerson.setAttribute(ATTR_ID, String.valueOf(id));
final Element elNachname =
   doc.createElement(TAG_NACHNAME);
elNachname.setTextContent(nachname);
elPerson.appendChild(elNachname);

final Element elVorname =
   doc.createElement(TAG_VORNAME);

elVorname.setTextContent(vorname);
elPerson.appendChild(elVorname);

if(hobbys != null && hobbys.length > 0)
{
```

```
    final Element elHobbys =
        doc.createElement(TAG_HOBBYS);
    elPerson.appendChild(elHobbys);

    for(String hobby : hobbys)
    {
        final Element elHobby =
            doc.createElement(TAG_HOBBY);
        elHobby.setTextContent(hobby);
        elHobbys.appendChild(elHobby);
    }
}
```

Listing 3.8 Die Methode GenerateSerialize.createPerson()

getOwner-Document()

Der erste Schritt in dieser Methode ist der Aufruf von `getOwnerDocument()` auf der `Element`-Instanz für das `<personen>`-Element. Sie liefert uns das `Document`-Objekt, dem das `Element` zugeordnet ist. Dabei handelt es sich natürlich um dieselbe Instanz, die wir gerade eben in der `main()`-Methode angelegt haben. Wir hätten sie also auch einfach als Methodenparameter übergeben können, stattdessen wollten wir Ihnen aber die `getOwnerDocument()`-Methode vorstellen.

Elemente erzeugen mit Document.create-Element()

Als Nächstes müssen wir nun eine neue `Element`-Instanz für unser neues `<person>`-Element erzeugen. Hierfür dient uns das `Document`-Objekt als Factory mit seiner Factory-Methode `createElement()`. Wir übergeben einfach den Elementnamen als Parameter (wiederum eine `XMLNames`-Konstante) und erhalten eine neue leere `Element`-Instanz mit dem Namen `person` zurück.

Kindknoten hinzufügen mit Element.append-Child()

Dieses neue `Element`-Objekt müssen wir jetzt noch im `<personen>`-Element als neues Kindelement registrieren. Für solche Zwecke stellt das `Element`-Interface die Methode `appendChild()` zur Verfügung; darüber können sie ein beliebiges `Node`-Objekt hinzufügen (also nicht nur Elemente, sondern auch andere Kindknoten; mehr dazu später).

Nachdem wir somit erfolgreich unser `<personen>`-Element um ein (noch leeres) `<person>`-Element erweitert haben, befüllen wir Letzteres jetzt mit den entsprechenden Daten.

Attribute hinzufügen mit Element. setAttribute()

Los geht es mit dem `id`-Attribut. Den Wert dafür bekommt unsere `createPerson()`-Methode ja als Parameter `id` überreicht. Die Zuordnung im `<person>`-Element geschieht nun über eine Methode `setAttribute()`, die uns das `Element`-Interface zur Verfügung stellt. Die Methode erwartet zwei `String`s: den Attributsnamen und den Attributswert. Der Name liegt dabei wieder als Konstante in `XMLNames`, den passenden Wert erhalten wir, indem wir unsere `id`-Variable per `String.valueOf()` in einen `String` verpacken.

Textinhalt setzen über Element. setTextContent()

Als Nächstes müssen wir unserem `<person>`-Element zwei Kindelemente `<nachname>` und `<vorname>` hinzufügen, die beide reinen Text enthalten sollen. Die dazu nötigen `Element`-Instanzen lassen wir uns wieder per `createElement()` von der `Document`-Instanz generieren und fügen sie per `appendChild()` der `<person>-Element`-Instanz hinzu. Das Setzen des Textinhalts funktioniert – analog zum Abfragen per `getTextContent()` – über die Methode `setTextContent()`. Ihr übergeben wir einfach den Textinhalt für das Element als `String`.

Zuletzt folgt noch die Erzeugung des `<hobbys>`-Elements und dessen `<hobby>`-Kindelemente. Hier erwartet Sie aber nichts Neues mehr, Sie haben bereits alles Notwendige erfahren.

Serialisieren

Nachdem wir nun schrittweise ein `Document`-Objekt erzeugt und mit Inhalten befüllt haben, wollen wir es schließlich noch serialisieren, also in Textform umwandeln. Der Einfachheit halber werden wir in unserem Beispiel die Inhalte auf der Konsole ausgeben.

Wie schon das Parsen haben wir auch das Serialisieren in die Klasse `DOMUtils` ausgelagert. Sie finden dort zwei nahezu identische Methoden `serialize()`, die beide eine `DOMImplementation` und ein `Document` sowie zusätzlich einen `OutputStream` bzw. `Reader` als Argument erwarten. In unserem Beispiel nutzen wir davon die erste, also die mit einem `OutputStream`, um auf `System.out` auszugeben.

Der notwendige Code zum Serialisieren ähnelt stark dem für das Parsen. Am besten werfen Sie einmal einen Blick auf Listing 3.9, wo wir Ihnen den Inhalt der `serialize()`-Methode abgedruckt haben.

```
final DOMImplementationLS domImplLS =
   checkConvertLS(domImpl);

final LSOutput output = domImplLS.createLSOutput();
output.setByteStream(outputStream);

final LSSerializer serializer =
   domImplLS.createLSSerializer();
serializer.getDomConfig()
   .setParameter("format-pretty-print", true);
```

```
serializer.write(doc, output);
```

Listing 3.9 Serialisieren mit DOM

Ähnlichkeit zum Parse-Vorgang

Wenn Sie möchten, vergleichen Sie dieses Listing einmal mit Listing 3.4. Sie werden feststellen, dass die Codeausschnitte sich tatsächlich stark ähneln.

DOMImplementationLS

Da sowohl Parsen als auch Serialisieren in DOM über das Modul *DOM Level 3 Load and Save* abgewickelt wird, benötigen wir auch diesmal zunächst ein `DOMImplementationLS`-Objekt, das uns die bereits bekannte Hilfsmethode `DOMUtils.checkConvertLS()` aus dem `DOMImplementation`-Objekt erstellt.

LSOutput

Beim Parsen haben wir dann ein `LSInput`-Objekt erzeugt und dort den `InputStream` über die Methode `setByteStream()` gesetzt. Beim Serialisieren funktioniert es fast genauso – nur benötigen wir diesmal ein Objekt vom Typ `LSOutput`, das wir über die Factory-Methode `createLSOutput()` von der `DOMImplementationLS` erhalten. Auch das `LSOutput`-Objekt enthält eine Methode `setByteStream()`, die aber natürlich keinen `InputStream`, sondern einen `OutputStream` entgegennimmt.

LSSerializer und write()

Was beim Parsen das `LSParser`-Objekt ist, ist beim Serialisieren das `LSSerializer`-Objekt. Sie erhalten eine Instanz über die Factory-Methode `createLSSerializer()` von der `DOMImplementationLS`. Der eigentliche Serialisierungsvorgang wird dann über die Methode `write()` des `LSSerializer`s angestoßen. Sie erwartet als Parameter den auszugebenden Knoten in Form eines `org.w3c.dom.Node`-Objekts und das Ausgabeziel als `LSOutput`-Objekt. Wie schon einmal kurz erwähnt, ist `Node` ein Super-Interface für alle DOM-Knoten-Interfaces (so auch `Document` und `Element`). Der `LSSerializer` kann also nicht nur ganze Dokumente, sondern auch XML-Fragmente in Textform umwandeln.

Wenn Sie Listing 3.9 aufmerksam studiert haben, wissen Sie, dass wir Ihnen einen Aufruf noch nicht erklärt haben:

```
serializer.getDomConfig()
   .setParameter("format-pretty-print", true);
```

DOM-Configuration

Dieser Aufruf teilt dem `LSSerializer` mit, dass er die Ausgabe automatisch mit Einrückungen und Zeilenumbrüchen formatieren soll – auch genannt *Pretty Print*. Dazu müssen Sie sich zuerst über `getDomConfig()` ein Objekt vom Typ `org.w3c.dom.DOMConfiguration` besorgen, das allgemein in DOM für die Konfiguration der API benutzt wird. Dort können Sie dann über eine Methode `setParameter(String, Object)` unter einem eindeutigen `String`-Namen beliebige Parameter-`Objects` hinterlegen. Welche Parameter es gibt, finden Sie in der API-Dokumentation des `DOMConfiguration`-Interfaces[2] und der `LSSerializer.getDomConfig()`-Methode[3].

Pretty Print Für Pretty Print gibt es jedenfalls den Parameter `"format-pretty-print"`, den Sie auf `true` setzen können, um eine schön formatierte Ausgabe zu erhalten. Beachten Sie hierbei allerdings, dass der Parameter nur von Java 6 bzw. der aktuellen JAXP-Referenzimplementierung unterstützt wird. In anderen Fällen wird der Aufruf von `setParameter()` eine `DOMException` werfen.

Zusammenfassung

Sie haben nun bereits die wichtigsten Aspekte über das Erzeugen, Modifizieren und Serialisieren von Dokumenten mit DOM kennengelernt. Bevor es nun mit zusätzlichen Detailinformationen weitergeht, wollen wir Ihnen das Gezeigte noch einmal kurz zusammenfassen.

Erzeugen von Dokumenten

- Neue Document-Instanzen werden in DOM über das `DOMImplementation`-Objekt bzw. dessen Factory-Methode `createDocument()` erzeugt. Die Methode erwartet als Parameter einen optionalen Namensraum-URI, den qualifizierten Elementnamen (z. B. `personen` oder `my:personen`) und ein optionales `DocumentType`-Objekt mit DTD-Informationen.
- Ein `DocumentType`-Objekt repräsentiert eine DTD-Deklaration eines XML-Dokuments und kann eine System-ID und eine Public-ID enthalten. Es wird ebenfalls von der `DOMImplementation` über die Factory-Methode `createDocumentType()` erzeugt.

Dokumente befüllen

- Um neue Dokumentinhalte – wie `Element`-Instanzen – zu erzeugen, dient das `Document`-Objekt als zentrale Factory.

2 *http://java.sun.com/javase/6/docs/api/org/w3c/dom/DOMConfiguration.html*

3 *http://java.sun.com/javase/6/docs/api/org/w3c/dom/ls/LSSerializer.html#getDomConfig()*

- Neue `Element`-Instanzen werden über die Factory-Methode `createElement()` erstellt. Dabei muss der Elementname als Parameter übergeben werden.
- Kindknoten können einer bestehenden `Element`-Instanz über deren Methode `appendChild()` hinzugefügt werden. Dabei muss es sich nicht ausschließlich um Elemente handeln, andere Knotentypen sind ebenfalls erlaubt.
- Attribute können auf einer `Element`-Instanz über die Methode `setAttribute()` gesetzt werden. Dabei müssen Name und Wert jeweils als `String` übergeben werden.
- Textinhalt von Elementen wird über die Methode `Element.setTextContent()` gesetzt. Der Text muss dabei als `String` übergeben werden.

Serialisieren mit DOM Level 3 Load and Save

- Dokumente können über das Modul *DOM Level 3 Load and Save* serialisiert werden.
- Dazu benötigen Sie ein Objekt vom Typ `DOMImplementationLS`. Das `DOMImplementation`-Objekt kann direkt dorthin gecastet werden, wenn es das Feature "LS" in der Version "3.0" unterstützt.
- Die Ausgabe für das Dokument wird über ein `LSOutput`-Objekt repräsentiert. Dieses kann über eine Factory-Methode `createLSOutput()` von der `DOMImplementationLS` erzeugt werden. Auf diesem Objekt können verschiedene Ausgabeobjekte über Setter-Methoden gesetzt werden (z. B. ein `OutputStream` über `setByteStream()`).
- Für den Serialisierungsvorgang wird ein Objekt vom Typ `LSSerializer` benötigt, das über eine Factory-Methode `createLSSerializer()` von der `DOMImplementationLS` erzeugt werden kann. Die `write()`-Methode des `LSSerializer`-Objekts akzeptiert den auszugebenden Knoten als `Node`-Objekt und das Ausgabeziel als `LSOutput`-Objekt.
- Der `LSSerializer` kann über das Hilfsobjekt `DOMConfiguration` weiter konfiguriert werden. Sie erhalten es über die Methode `getDomConfig()`. Auf dem Objekt können Sie dann über die Methode `setParameter()` spezielle Parameter setzen. `setParameter("format-pretty-print", true)` aktiviert beispielsweise die automatische Schönformatierung von Dokumenten.

3.1.4 Zusammenfassung

Damit sind wir nun am Ende unseres Einführungsbeispiels für DOM angelangt. Auch wenn wir uns hier nur oberflächlich mit der Kernfunktionalität beschäftigt haben und DOM über seine diversen Module viele Zusatz-Features bietet, haben wir Ihnen doch bereits fast alles gezeigt, was Sie in den üblichen Anwendungsfällen benötigen werden:

- parsen und serialisieren
- navigieren und Informationen abgreifen
- neue Dokumente im Speicher aufbauen

Durch die Aufteilung von DOM in Level und Module sind der Einstieg in die API und der Umgang mit ihr vielleicht etwas ungewöhnlich – beispielsweise die Abfragemethoden für »Features« auf dem `DOMImplementation`-Objekt oder die Notwendigkeit, dieses in ein `DOMImplementationLS`-Objekt zu casten, bevor Sie parsen und serialisieren können. Mit der Zeit gewöhnen Sie sich jedoch daran. Außerdem wird uns JAXP, das wir Ihnen in Kapitel 5, »JAXP«, vorstellen, das Leben auch noch ein bisschen einfacher machen.

Im Rest dieses Kapitels werden wir nun an ausgewählten Stellen noch etwas tiefer ins Detail gehen, damit Sie ein besseres Grundverständnis von DOM erhalten. Wir werden allerdings nicht auf die verschiedenen Levels und Module eingehen, sondern uns eher auf die Kernfunktionalität konzentrieren.

3.2 Der Ausgangspunkt: die DOMImplementation

Wie Sie bereits in Abschnitt 3.1, »Einführungsbeispiel«, gesehen haben, gibt es in DOM ein zentrales Objekt, von dem alle weiteren Aktionen ausgehen – die `DOMImplementation`. Der Typ existiert als Interface im Haupt-Package der DOM-API: `org.w3c.dom`.

Sie haben bereits die wichtigsten Aufgaben dieses Objekts kennengelernt:

- Überprüfung der implementierten DOM-Level bzw. -Module über die Auskunftsmethode `hasFeature()`
- Einstieg in andere DOM-Module (beispielsweise in *DOM Level 3 Load and Save* über einen Typecast nach `DOMImplementationLS`)
- Erstellen leerer `Document`- und `DocumentType`-Instanzen über die Factory-Methoden `createDocument()` und `createDocumentType()`

Und diese drei Punkte sind auch schon alles, was eine `DOMImplementation` leisten kann. Wir möchten Ihnen in diesem Abschnitt nun noch ein paar Detailinformationen dazu nachreichen.

3.2.1 Features abfragen

Wie in Abschnitt 2.4.1 schon beschrieben und auch in diesem Kapitel schon mehrfach erwähnt, ist DOM unterteilt in verschiedene Module, die jeweils ein bestimmtes Level haben können. Ein *Feature* ist nun eine bestimmte Teilfunktionalität eines Moduls. Es gibt also Module, die mehrere Features bereitstellen, und manche, die nur eines anbieten. Das `DOMImplementation`-Objekt erlaubt es uns, die verfügbaren Features abzufragen, aber auch abzurufen. Beides möchten wir Ihnen in diesem Abschnitt zeigen.

Feature abfragen

Ein Aufruf der Methode `hasFeature()` liefert Ihnen die Information darüber zurück, ob ein bestimmtes Feature von der im Klassenpfad eingebundenen DOM-Implementierung unterstützt wird oder nicht. Beispielsweise könnten Sie abfragen, ob Ihre Implementierung das Modul *DOM Level 2 Core* unterstützt. Dies könnten Sie folgendermaßen realisieren:

```
boolean hasCore20 = domImpl.hasFeature("Core", "2.0");
```

Das erste Argument steht für den Namen des zu prüfenden Features und das zweite für das Level, in dem das Feature verfügbar sein soll. Alternativ können Sie hier auch `null` angeben, wenn Sie nur generell überprüfen möchten, ob das Feature überhaupt unterstützt wird, egal in welcher Version. Potentielle Kandidaten für Feature-Namen könnten – je nach Level – beispielsweise folgende sein (die Groß- und Kleinschreibung spielt bei der Angabe des Feature-Namens übrigens keine Rolle):

- Core
- XML
- Events
- LS
- XPath
- Validation
- Traversal

Wie schon erwähnt, werden wir uns in diesem Buch aber nur auf *DOM Level 3* mit seinen wichtigsten Features Core, XML und LS konzentrieren. Eine ausführliche Liste, welche Features grundsätzlich in den verschiedenen DOM-Levels verfügbar sind – zusätzlich zu `Core`, das in jedem Level existiert –, finden Sie aber hier:

- *DOM Level 1*: Hier gibt es nur die Features `XML` und `HTML`.
- *DOM Level 2*: Siehe *http://www.w3.org/TR/DOM-Level-2-Core/introduction.html#ID-Conformance*
- *DOM Level 3*: Siehe *http://www.w3.org/TR/DOM-Level-3-Core/introduction.html#ID-Conformance*

Vergessen Sie aber dabei nicht, dass nicht jedes Feature von jeder DOM-Implementierung unterstützt wird. Benutzen Sie also immer die `hasFeature()`-Methode, um herauszufinden, ob eine gewünschte Funktionalität verfügbar ist.

[●]

Testprogramm

Auf der Buch-CD im Eclipse-Projekt *03 – DOM* finden Sie im Package `de.javaundxml.dom.features` ein kleines Testprogramm, das die aktuell verfügbare DOM-Implementierung auf alle Features prüft und Ihnen die Ergebnisse zusammengefasst auf der Konsole ausgibt. Sie starten das Programm über die Klasse `CheckFeatures` oder die Run Configuration *Beispiel 3 – Features prüfen*.

3.2.2 Features abrufen

Es ist üblich bei DOM, dass in einzelne Module oder Features – analog zum `DOMImplementation`-Objekt – über ein eigenes zentrales Objekt (meist mit Factory-Funktionalität) eingestiegen wird. Als Beispiel kennen Sie schon das `DOMImplementationLS`-Objekt aus dem Modul *DOM Level 3 Load and Save*.

In diesem Abschnitt wollen wir Ihnen nun kurz die beiden Möglichkeiten vorstellen, wie Sie diese Feature-Objekte abrufen.

Typecast

Features als Erweiterung abrufen

In unserem Einführungsbeispiel haben Sie gesehen, dass Sie über einen Typecast des `DOMImplementation`-Objekts an das Einstiegsobjekt für ein spezielles Modul (bei uns »LS«) gelangen:

```
DOMImplementationLS domImplLS =
   (DOMImplementationLS)domImpl;
```

Dies ist die gängige Vorgehensweise bei DOM. Allerdings kann es auch einen anderen Fall geben, wo man zwar an ein Einstiegsobjekt kommt, allerdings nicht per Typecast.

Abruf über getFeature()

getFeature()

Alternativ zum direkten Typecast gibt es im `DOMImplementation`-Objekt eine Methode `getFeature()`. Sie erwartet genau dieselben Parameter wie `hasFeature()` – also einen Feature-Namen und eine Versionsnummer –, gibt allerdings ein `Object` zurück. Falls die `DOMImplementation` das gewünscht Feature unterstützt, ist dieses Objekt unser Einstiegsobjekt, ansonsten `null`. Da der Rückgabetyp der Methode aber eben `Object` ist, muss auch hier noch ein Typecast erfolgen:

```
DOMImplementationLS domImplLS = (DOMImplementationLS)
   domImpl.getFeature("LS", "3.0");
```

Wenn ein Feature übrigens per direktem Typecast unterstützt wird, wird die `getFeature()`-Methode Ihnen wieder das `DOMImplementation`-Objekt selbst zurückliefern. Bei *DOM Level 3 Load and Save* gilt also beispielsweise:

```
domImpl == domImpl.getFeature("LS", "3.0")
```

Besondere Feature-Namen

Ist ein Feature nur per `getFeature()` abrufbar und nicht per direktem Typecast, liefert Ihnen allerdings `hasFeature()` `false` und `getFeature()` `null` zurück. Um in diesem Fall festzustellen, ob ein Feature per Abruf verfügbar ist, oder um diesen Abruf durchzuführen, müssen Sie dem Featurenamen das +-Symbol voranstellen:

```
domImpl.hasFeature("XPath", "3.0") // ergibt false
domImpl.getFeature("XPath", "3.0") // ergibt null

domImpl.hasFeature("+XPath", "3.0") // ergibt true
domImpl.getFeature("+XPath", "3.0") // ist nicht null
```

3.2.3 Dokument erzeugen

createDocument()

Die verbleibende »große« Aufgabe der `DOMImplementation` ist nun das Erzeugen neuer leerer `Document`-Instanzen. Dies haben wir Ihnen aber bereits in Abschnitt 3.1.3 vorgestellt. Da wir den dortigen Beschreibungen nichts Neues mehr hinzuzufügen haben, möchten wir Sie bitten, bei Bedarf in diesem Abschnitt nochmals nachzulesen.

3.2.4 Erzeugen einer DOM-Implementierung

Bisher haben wir Ihnen gezeigt, was Sie mit einer `DOMImplementation`-Instanz alles anfangen können, jedoch noch nicht, wie Sie an eine solche Instanz kommen. DOM ist ja eine typische abstrakte API, wie in

Abschnitt 2.6, »APIs und Factories«, beschrieben. Das heißt, unsere Arbeitsobjekte werden nicht durch konkrete Klassen, sondern durch abstrakte Klassen und vorwiegend Interfaces definiert. So auch `DOMImplementation`: Es ist nur ein Interface. Wir können also nicht schreiben: `new DOMImplementation()`.

Was wir also brauchen, ist eine Factory. Speziell für DOM gibt es davon gleich zwei, die wir Ihnen in diesem Abschnitt kurz vorstellen möchten.

DOMImplementationRegistry

In Abschnitt 3.1.2 haben wir Ihnen bereits die Factory-Klasse `DOMImplementationRegistry` aus dem Package `org.w3c.dom.bootstrap` vorgestellt. Sie dient uns zur Erstellung von `DOMImplementation`-Instanzen. Die Klasse selbst wird ganz einfach über eine statische Methode `newInstance()` erzeugt:

```
DOMImplementationRegistry reg =
   DOMImplementationRegistry.newInstance();
```

Wie der Name schon sagt, handelt es sich bei dem Objekt um eine Art Registry, also eine kleine Datenbank, die intern alle verfügbaren DOM-Implementierungen in unserem Klassenpfad findet und verwaltet. An diese Datenbank können wir dann Anfragen stellen und müssen dabei aber spezifizieren, welche Features wir (in welcher Version) benötigen. Die `DOMImplementationRegistry` liefert uns dann den oder die potentiellen Kandidat(en) als `DOMImplementation`-Objekt(e) zurück:

```
DOMImplementation domImpl =
   reg.getDOMImplementation("Core 3.0 LS");
```

JAXP DocumentBuilder

Die `DOMImplementationRegistry` ist eine Klasse, die innerhalb der DOM-Spezifikation selbst beschrieben ist. Allerdings gibt es sie erst seit *DOM Level 3*. In den Zeiten davor überließ man es noch der konkreten DOM-Bibliothek, wie diese eine `DOMImplementation`-Instanz zur Verfügung stellt.

Unter anderem aus diesem Grund gibt es in Java eine zweite Möglichkeit, an eine `DOMImplementation`-Instanz zu kommen: JAXP. Diese API haben wir Ihnen bereits in Abschnitt 2.7, »Die Rolle von JAXP«, grundlegend vorgestellt, und in Kapitel 5, »JAXP«, erhalten Sie außerdem detaillierte Information darüber. Der Hauptvorteil dieser Variante: Sie müssen sich keinerlei Gedanken über Feature-`String`s machen.

Allerdings möchten wir Ihnen an dieser Stelle nur den Quelltext zeigen, mit dessen Hilfe Sie über JAXP an eine `DOMImplementation`-Instanz gelangen, und nicht auf Details eingehen. Das nötige Hintergrundwissen können Sie sich dann in den beiden genannten Verweisen erarbeiten.

```
import javax.xml.parsers.*;

DocumentBuilderFactory factory =
   DocumentBuilderFactory.newInstance();
DocumentBuilder builder = factory.newDocumentBuilder();
DOMImplementation impl =
   builder.getDOMImplementation();
```

Listing 3.10 Listing 3.10:DOMImplementation über JAXP besorgen

3.2.5 Zusammenfassung

Sie haben nun das Wichtigste über den Typ `DOMImplementation` und seine Funktionalität erfahren. Wie schon erwähnt, ist der Umgang mit Levels, Modulen und Features eine relativ komplexe Thematik, die zwar eine große Flexibilität und Erweiterbarkeit von DOM garantiert, für einfache Basisfunktionalität aber relativ viel Aufwand mit sich bringt. Allerdings haben wir Ihnen am Ende des Abschnitts mit JAXP einen kleinen Lichtblick gegeben. Wenn Sie diesen Weg wählen, wird Ihnen der Zugang zu DOM doch um einiges erleichtert. Mehr dazu in Kapitel 5, »JAXP«.

3.3 Das Objektmodell

Nachdem Sie nun einen ersten Eindruck über die Arbeit mit DOM erhalten und das Wichtigste über den zentralen Typ `DOMImplementation` erfahren haben, möchten wir Ihnen nun das eigentliche Objektmodell von DOM etwas näher vorstellen.

3.3.1 Knoten- und Hilfsinterfaces

Das Objektmodell von DOM besteht aus einer Reihe von Interfaces im Package `org.w3c.dom`, die die verschiedenen Bausteintypen eines XML-Dokuments (wie Elemente, Attribute, Text usw.) repräsentieren oder Hilfsfunktionen bereitstellen. Einige Vertreter davon haben Sie bereits kennengelernt: `Document`, `DocumentType`, `Element`, `Node` und `NodeList`. Daneben definiert DOM weitere Interfaces für Knotentypen:

- Attr (für Attribute)
- Text (für Textabschnitte)
- CDATASection (für CDATA-Abschnitte; erbt von Text)
- Comment (für Kommentare)
- EntityReference (für Entity-Referenzen)
- ProcessingInstruction (für Processing Instructions)
- Entity und Notation (werden nur in speziellen Situationen bei der Arbeit mit DTDs benötigt)

Die Interfaces in DOM sind hierarchisch aufgebaut. So gibt es – wie schon zuvor erwähnt – ein zentrales Interface Node, das als Basis für alle anderen Knoten-Interfaces dient. Darin wird bereits der Großteil der zentralen Funktionen des DOM-Modells definiert. Die anderen Interfaces enthalten selbst nur ein paar zusätzliche Methodendefinitionen, die absolut spezifisch für den jeweiligen Baustein sind.

Für Knoten, die hauptsächlich Text enthalten – nämlich Text, CDATASection und Comment –, hat man außerdem als Zwischenebene noch ein gemeinsames Basis-Interface CharacterData eingeführt, das seinerseits von Node abgeleitet ist. Text und Comment erben direkt von diesem Interface, CDATASection erbt hingegen von Text. Insgesamt betrachtet ergibt sich dadurch die in Abbildung 3.1 gezeigte Interface-Hierarchie.

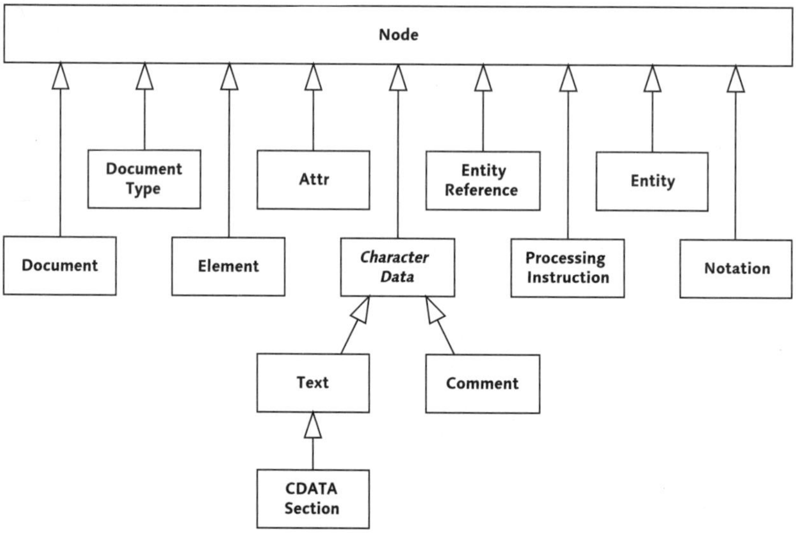

Abbildung 3.1 Interface-Hierarchie von DOM

Ein Beispiel

Bestimmt erinnern Sie sich noch an unsere Beispieldatei aus Listing 3.1, die ein paar Personendaten enthält. Wenn Sie diese Datei mit DOM parsen, erhalten Sie eine Baumstruktur aus verschiedenen Knotenobjekten, die genau den Inhalt des Dokuments widerspiegeln – mit einem `Document`-Objekt an der Spitze. In unserem konkreten Beispiel sähe diese Struktur dann in etwa aus wie in Abbildung 3.2 gezeigt.

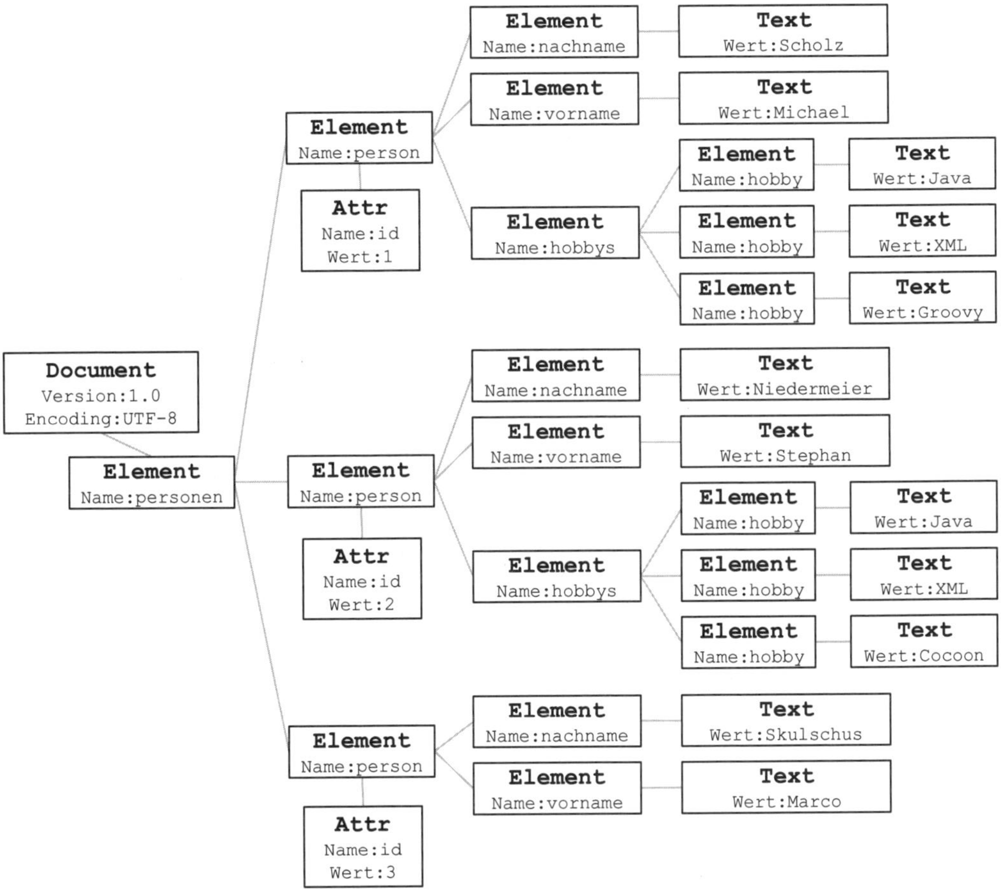

Abbildung 3.2 Objektmodell zu Listing 3.1

Diese Abbildung zeigt Ihnen sehr schön, wie Dokumente und deren Inhalte in der DOM-Welt abgelegt sind: An der Spitze ist immer ein `Document`-Objekt, das auf ein `Element`-Objekt – das Wurzelelement – verweist. Jedes `Element` kann nun weitere Kindknoten, wie `Text`, oder andere `Element`-Instanzen enthalten. Dies geschieht über ganz normale Java-Objekt-Referenzen, wobei diese bidirektional – also in beiden Richtungen – existieren. Außerdem kann ein `Element` auf `Attr`-Instanzen verweisen. Besitzt es nur Textinhalt, hat es einen einzelnen Kindknoten vom Typ `Text`. In jedem Knoten können außerdem weitere Informationen abgelegt sein, wie der Name oder der Wert, wobei nicht immer beide Informationen benutzt werden, da dies nicht immer sinnvoll ist.

In diesem Abschnitt möchten wir Ihnen nun die gezeigten Interfaces und ihre Eigenschaften kurz vorstellen. Den meisten Platz wird dabei die Behandlung des `Node`-Interfaces beanspruchen, da hier der Großteil aller Funktionalität von DOM angesiedelt ist.

3.3.2 DOM-eigene Datenstrukturen für Listen und Maps

Wie Sie in den nächsten Abschnitten noch sehen werden, arbeitet die DOM-API mit zwei Datenstrukturtypen: Listen und Maps. Mit `java.util.List` und `java.util.Map` stellt Java zwar für diese Anwendungsfälle fertige Implementierungen bereit, DOM ist aber eben sprachunabhängig und definiert deshalb eigene Typen: `org.w3c.dom.NodeList` und `org.w3c.dom.NamedNodeMap`. Beide wollen wir Ihnen nun kurz vorstellen.

NodeList

Das Interface `NodeList`, das Ihnen im Einführungsbeispiel schon begegnet ist, repräsentiert in DOM eine geordnete Liste von Knoten, also `Node`-Instanzen – vergleichbar mit einer `java.util.List<Node>`. Sie besitzt allerdings nur zwei Methoden, `getLength()` und `item(index)`, mit denen die Listenlänge abgefragt und die `Node`-Instanz an der entsprechenden Position abgegriffen werden kann. »Geordnet« heißt hierbei übrigens, dass die Knoten eine feste Reihenfolge haben (was nicht bei allen Datenstrukturen der Fall ist).

NamedNodeMap

Eine `NamedNodeMap` ist ein Assoziativspeicher, in dem `Node`-Instanzen unter einem eindeutigen `String`-Namen abgelegt sind. In klassischem Java entspräche die `NamedNoteMap` am ehesten einer `java.util.Map<String, Node>`.

Wie die `NodeList` stellt sie `getLength()` und `item(index)` zur Verfügung, um über alle Knoten, die sich in der Map befinden, iterieren zu können. Die `NamedNodeMap` ist allerdings nicht geordnet, die Reihenfolge der Knoten ist also willkürlich. Dafür können Knoten aber über ihren

Namen abgerufen werden, optional zusätzlich über den Namensraum. Zu diesem Zweck existieren die beiden Methoden `getNamedItem()` und `getNamedItemNS()`. Erstere erwartet nur den Namen, letztere Namensraum-URI und Namen – jeweils als `String`. Das Ergebnis ist das entsprechende `Node`-Objekt oder `null`, falls keine Übereinstimmung gefunden wurde.

Schließlich können über die Methoden `removeNamedItem()` und `removeNamedItemNS()` mit denselben Parametern auch Knoten entfernt werden. Über die Methoden `setNamedItem()` und `setNamedItemNS()` fügen Sie neue `Node`-Instanzen hinzu.

3.3.3 Node – die Basis aller Knoten-Interfaces

Ein Blick in die API-Doc[4] des `Node`-Interfaces wird Sie wahrscheinlich zuerst einmal erschlagen, denn es definiert eine Hülle und Fülle von Methoden und Konstanten. Nicht alle davon sind allerdings im Normalgebrauch von DOM notwendig, und auch wir werden Ihnen in diesem Abschnitt nur die wichtigsten vorstellen – gruppiert nach dem Aufgabengebiet.

Besonderheiten

Ein besonderes Merkmal von `Node` ist außerdem, dass dort bewusst einige Funktionen untergebracht sind, die nicht von allen konkreten Knotentypen unterstützt werden. So befindet sich beispielsweise in `Node` die Verwaltung für Kindknoten, was aber beispielsweise bei einem `Text`-Knoten keinen Sinn ergibt. Oder Sie können den Namen eines Knotens abfragen, was aber nur bei Elementen und Attributen wirklich zweckdienlich ist.

Einheitliche Verarbeitung

Was auf den ersten Blick sinnlos erscheinen mag, hat aber auch einen großen Vorteil: So sind Sie in der Lage, allein mit `Node`-Instanzen einheitlich über den Baum zu navigieren und Informationen abzugreifen, ohne zu wissen, von welcher Art der aktuelle Knoten tatsächlich ist. Erst wenn Sie bei einem bestimmten Knoten angekommen sind und dort spezifische Informationen abfragen möchten, müssen Sie einen Typecast anwenden und mit dem tatsächlichen Typ weiterarbeiten.

Allgemeine Funktionen

Das `Node`-Interface definiert ein paar allgemeine Funktionen, die auf viele konkrete XML-Knotentypen zutreffen. Wir möchten sie Ihnen in diesem Abschnitt vorstellen.

4 *http://java.sun.com/javase/6/docs/api/org/w3c/dom/Node.html*

Namen und Werte Die grundlegendste Funktion eines `Node`s ist die Verwaltung von Namen und Werten. Sie wird über die drei Interface-Methoden `getNodeName()`, `getNodeValue()` und `setNodeValue()` definiert (wobei die Getter jeweils einen `String` liefern und der Setter einen `String` als Argument erwartet). Dabei ist allerdings zu beachten, dass das Verhalten dieser drei Methoden für die verschiedenen konkreten Knotentypen unterschiedlich ist. So liefert beispielsweise `getName()` auf einem `Element` den Tag-Namen (wie `my:element` oder `person`), während bei einem `Text`-Knoten, der eigentlich keinen Namen haben kann, der Pseudo-`String` `#text` zurückgegeben wird. Umgekehrt gibt es für ein `Element` keinen sinnvollen Wert, also liefert hier `getNodeValue()` immer `null` zurück, und ein Aufruf von `setNodeValue()` hat keinerlei Effekt. Bei einem `Text`-Knoten hingegen entspricht der Wert sinnvollerweise dem Textinhalt und kann über `getNodeValue()` und `setNodeValue()` abgefragt und geändert werden. Die API-Doc des `Node`-Interfaces enthält im oberen Bereich eine Tabelle, in der für alle Knotentypen die Bedeutung von Name und Wert zusammengefasst ist.

Lokaler Name, Namensraum und Präfix Zusätzlich zu einem Namen können `Element`- und `Attr`-Instanzen außerdem einen *lokalen Namen* besitzen. Dieser unterscheidet sich möglicherweise vom »normalen« Namen, denn er enthält niemals das Präfix. Die zugehörige Abfragemethode `getLocalName()` würde beispielsweise nur den Wert `person` liefern, wenn `getNodeName()` den Wert `my:person` liefert. Bei anderen Knotentypen als `Element` und `Attr` wird immer `null` zurückgegeben. Außerdem können für Knoten auch Namensraum und Präfix verwaltet werden – jeweils in Form von `String`s. Ersterer kann über die Methode `getNamespaceURI()` erfragt, letzterer über `getPrefix()` und `setPrefix()` erfragt und geändert werden. Allerdings ergeben die Methoden auch nur für `Element`- und `Attr`-Instanzen Sinn – ansonsten wird einfach `null` zurückgegeben bzw. der Setter-Aufruf ignoriert.

Knotentyp abfragen Die nächste allgemeine `Node`-Funktionalität wird durch die Methode `getNodeType()` zur Verfügung gestellt. Sie liefert einen `short`-Wert zurück, der den tatsächlichen Knotentyp eindeutig identifiziert. Die möglichen Rückgabewerte existieren außerdem als Konstanten mit entsprechenden Namen im `Node`-Interface, damit direkte Vergleiche möglich sind:

```
short nodeType       = node.getNodeType();
boolean isElement    = nodeType == Node.ELEMENT_NODE;
boolean isText       = nodeType == Node.TEXT_NODE;
boolean isAttribute = nodeType == Node.ATTRIBUTE_NODE;
...
```

Natürlich könnten Sie den tatsächlichen Typ auch über den `instanceof`-Operator von Java ermitteln (beispielsweise mit `boolean isElement = (node instanceof Element)`), allerdings ist DOM ja bekanntlich sprachunabhängig und spezifiziert deshalb seinen eigenen Mechanismus. Außerdem ist er schneller.

Textinhalt

Als letzte allgemeine Funktion, die wir Ihnen zeigen möchten, kann über die beiden schon aus dem Einführungsbeispiel bekannten Methoden `getTextContent()` und `setTextContent()` der Textinhalt eines Knotens (als `String`) erfragt und gesetzt werden. Auch hier ist das Verhalten wieder abhängig vom konkreten Knotentyp. Bei `Attr`, `Text`, `CDATASection` und `Comment` ist es relativ klar, denn diese Knoten haben klassischerweise reinen Textinhalt. `Element`-Instanzen können zwar auch Text enthalten, doch wird dieser normalerweise in Form von `Text`- und `CDATASection`-Kindknoten repräsentiert und kann zudem mit anderen Kindknoten (wie `Comment`, `ProcessingInstruction` oder `Element`) gemischt sein. In diesem Fall liefert `getTextContent()` die Aneinanderreihung der `getTextContent()`-Aufrufe aller Kindknoten des Elements (außer `Comment`- und `ProcessingInstruction`-Knoten).

```
<a>a<b>b</b>a<c>c</c>a</a>
```

Das hier gezeigte Element `<a>` enthält fünf Kindknoten: einen `Text` –Knoten mit Inhalt `a`, einen `Element`-Knoten `<b>` mit Textinhalt `b`, nochmals einen `Text`-Knoten `a`, einen `Element`-Knoten `<c>` mit Textinhalt `c` und noch einmal einen `Text`-Knoten `a`. Ein Aufruf von `getTextContent()` auf dem `<a>`-Element reiht nun die `getTextContent()`-Inhalte all dieser fünf Kindknoten aneinander. Das Ergebnis ist also `abaca`.

[×]

Achtung

Beachten Sie die Funktionalität von `setTextContent()` auf einem `Element`-Knoten. Dieser ersetzt alle Kindknoten des `Elements` durch einen einzigen `Text`-Knoten mit entsprechendem Textinhalt. Alle vorherigen Inhalte werden also damit gelöscht.

Zugriff auf Attribute

Obwohl wiederum nur für `Element`-Instanzen sinnvoll, gibt es doch zwei Methoden zur Behandlung von Attributen auf dem `Node`-Interface: `hasAttributes()` und `getAttributes()`.

Erstere ist schnell erklärt – sie liefert als `boolean`, ob der aktuelle Knoten Attribute hat oder nicht. Bei allen Knotentypen außer `Element` liefert sie also stets `false`, bei `Element`-Instanzen aber nur dann, wenn tatsächlich keine Attribute gesetzt sind. Die Methode `getAttributes()` liefert schließlich im `Element`-Fall eine `NamedNodeMap`, die alle Attribute des Elements in Form von `Attr`-Instanzen enthält (siehe Abschnitt 3.3.6). Die `Node`-Resultate der Abfragemethoden der `NamedNodeMap` müssen also noch nach `Attr` gecastet werden:

```
NamedNodeMap attributes = myElement.getAttributes();
Attr testAttr = (Attr)attrbiutes.getNamedItem("test");
```

Duplizieren

Eine sehr nützliche Funktion von `Node`, die wir Ihnen vorstellen möchten, erlaubt es, eine Kopie des Knotens anzufertigen. Sie wird über die Methode `cloneNode()` bereitgestellt, die die Kopie als neues `Node`-Objekt zurückgibt. Diese Kopie ist »alleinstehend«, sie hat also keinen Elternknoten und ist auch nicht im ursprünglichen `Document` eingehängt. Sie können Sie also im selben oder in einem anderen `Document` einhängen.

`cloneNode()` erwartet allerdings einen `boolean`-Parameter. Mit dem Wert `true` legen Sie fest, dass in der Kopie auch alle eventuell vorhandenen Kindknoten mit geklont werden und enthalten sein sollen – besonders nützlich natürlich bei `Element`-Instanzen. Attribute werden allerdings immer mit geklont, auch wenn Sie als Argument `false` übergeben.

Weitere Funktionen

Methoden zum Navigieren

Zusätzlich zu den bisher vorgestellten Funktionen von `Node` enthält das Interface zahlreiche weitere. Dies sind zum einen Methoden, die das Navigieren im Dokument erlauben. Dieses Themengebiet behandeln wir jedoch gesondert in Abschnitt 3.4.1.

Methoden für strukturelle Änderungen

Ebenso existieren Methoden, die strukturelle Änderungen im Dokument erlauben, wie das Hinzufügen, Entfernen, Austauschen oder Umhängen von Kindknoten. Diese erläutern wir separat in Abschnitt 3.6.

Sonstige Methoden

Schließlich gibt es ein paar wenige weitere Funktionen von `Node`, auf die wir in diesem Buch allerdings nicht eingehen werden. Details zu ihnen finden Sie entweder in der API-Doc[5] des `Node`-Interfaces oder in der Original-DOM-Spezifikation[6].

---

5 *http://java.sun.com/javase/6/docs/api/org/w3c/dom/Node.html*

6 *http://www.w3.org/TR/2004/REC-DOM-Level-3-Core-20040407/core.html#ID-1950641247*

3.3.4 Document

Das Knoten-Interface `Document` nimmt in DOM eine Sonderstellung ein: Einerseits repräsentiert es das XML-Dokument an sich, andererseits sind dort einige allgemeine Aufgaben bei der Arbeit mit DOM-Modellen untergebracht – allen voraus das Erzeugen neuer Dokumentinhalte. Das `Document`-Objekt dient somit als Factory für Instanzen fast aller sonstigen Knotentypen. Dieser Funktionsteil wird allerdings separat in Abschnitt 3.5, »Neue Knoten generieren«, behandelt, auf die sonstigen Aufgaben gehen wir in diesem Abschnitt ein.

Basisinformationen über das Dokument

Attribute der XML-Deklaration

Am Anfang jedes XML-Dokuments steht normalerweise die XML-Deklaration. Sie sieht ungefähr so aus:

```
<?xml version="1.0" encoding="UTF-8"
   standalone="yes"?>
```

Wie Sie sehen, gibt es dort drei Attribute `version`, `encoding` und `standalone`. Die Werte dieser Attribute lassen sich über das `Document`-Interface abfragen und ändern (bis auf das `encoding`). Dazu existieren die Getter- und Setter-Methoden `getXmlVersion()`, `setXmlVersion()`, `getXmlStandalone()`, `setXmlStandalone()` und `getXmlEncoding()`. Die ersten beiden behandeln das `version`-Attribut als `String`, die nächsten beiden das `standalone`-Attribut als `boolean`, und die letzte liefert das `encoding` als `String`.

Input-Encoding

Zusätzlich zum `encoding`-Attribut der XML-Deklaration können Sie das sogenannte *Input-Encoding* über die Methode `getInputEncoding()` als `String` abfragen. Dabei handelt es sich um den Zeichensatz, mit dem das Dokument tatsächlich geparst wurde. Dieser kann von dem in der Deklaration abweichen. Außerdem kann der Wert natürlich `null` sein, beispielsweise wenn das Dokument nicht durch Parsen erzeugt wurde, sondern über `DOMImplementation.createDocument()` im Speicher.

Document-URI

Außerdem kann das `Document` einen URI-`String` verwalten, der die physikalische Ressource beschreibt, in der das tatsächliche Dokument liegt, beispielsweise im Dateisystem. Für Windows-Dateien hat er beispielsweise die Form *file:/D:/Data/MyFile.xml*. Der URI kann über die Methoden `getDocumentURI()` und `setDocumentURI()` abgefragt und gesetzt werden. Der Wert ist dann automatisch befüllt, wenn das Dokument unter der Angabe der Ressourcen-URI geparst wurde (siehe Abschnitt 3.7.2), ansonsten ist er `null`.

Zugriff auf die DOM-Implementation Jede Document-Instanz ist außerdem über die Methode getImplementation() in der Lage, das DOMImplementation-Objekt zurückzuliefern, das sie erzeugt hat.

Weitere Funktionen

Neben diesen allgemeinen Funktionen und der Factory-Funktionalität gibt es ein paar Methoden, die der Navigation im Dokument dienen, wie beispielsweise der Zugriff auf den DocumentType, das Wurzel-Element oder alle Kindelemente mit bestimmtem Namen. Diese Funktionen stellen wir Ihnen in Abschnitt 3.4.2 näher vor.

Zuletzt stellt das Document-Interface noch ein paar wenige Methoden für speziellere Zwecke zur Verfügung, auf die wir in diesem Buch aber nicht eingehen werden. Einen Überblick finden Sie aber in der zugehörigen API-Doc[7].

renameNode() Als einzige Ausnahme möchten wir aber doch die Methode renameNode() erwähnen. Wie Ihnen vielleicht aufgefallen ist, stellt Node zwar die Methoden getNodeName() und getNamespaceURI() zur Abfrage von Namensinformationen eines Knotens bereit, jedoch keine zugehörigen Setter. Stattdessen ist diese Funktionalität in das Document-Interface ausgelagert. Die Methode renameNode() erwartet als Argumente ein Node-Objekt, einen Namensraum-URI-String und einen String mit einem qualifizierten Namen. Der übergebene Node darf dabei eine Element- oder Attr-Instanz sein. Die Methode ändert dann deren Werte für getNodeName() und getNamespaceURI() auf die übergebenen Werte ab – sie benennt den Knoten also um. Sollte eine Umbenennung aus irgendwelchen Gründen nicht möglich sein, wird stattdessen eine neuer Node als exakte Kopie des Originals – aber mit abgeänderten Namensinformationen – erstellt und als Ersatz für den ursprünglichen Knoten im Dokument eingehängt. Deshalb liefert renameNode() auch wieder ein Node-Objekt zurück, das also entweder der ursprünglich übergebene oder ein neuer Knoten ist.

3.3.5 Element

getTagName() Bereits aus Abschnitt 3.1, »Einführungsbeispiel«, bekannt ist das Interface Element, das ein XML-Element repräsentiert. Da viele Funktionen eines Elements, wie die Verwaltung von Namen, Attributen oder Kindelementen, bereits in Node verankert sind, ist der Hauptfokus des

7 *http://java.sun.com/javase/6/docs/api/org/w3c/dom/Document.html*

Element-Interfaces die vereinfachte Bereitstellung bereits bestehender Features über Zusatzmethoden. Dabei handelt es sich um die schon bekannte Methode getTagName(), die aber stets genau dasselbe Ergebnis zurückgibt, wie Node.getNodeName() es bei einem Element liefert – also den Elementnamen.

Zugriff auf Attribute

Außerdem gibt es einige Methoden, die den Umgang mit Attributen vereinfachen. In Abschnitt 3.3.3 haben Sie ja bereits die Methoden hasAttributes() und getAttributes() kennengelernt. Letztere bietet Ihnen Zugriff auf alle Attribute über eine NamedNodeMap. Element verfügt aber über einige zusätzliche Methoden für einen direkteren Zugriff auf Attribute ohne diese Hilfsklasse.

getAttribute()

Die Methoden getAttribute() und getAttributeNS() liefern Ihnen direkt den Wert eines Attributs als String. Erstere erwartet den (qualifizierten) Attributsnamen, letztere einen Namensraum-URI und einen lokalen Namen als Argumente – alles jeweils Strings:

```
<element xmlns:my="uri:my" my:id="value"/>

// Liefert jeweils das Resultat "value"
element.getAttribute("my:id")
element.getAttributeNS("uri:my", "id")
```

So wird Ihnen der Umweg über die Attr-Instanz erspart, von der Sie sich den Attributswert erst abholen müssen.

getAttributeNode()

Wenn Sie dennoch gezielt auf eine Attr-Instanz zugreifen wollen, verwenden Sie alternativ die Methoden getAttributeNode() und getAttributeNodeNS(). Sie erwarten dieselben Argumente, liefern aber nicht den Attributswert als String, sondern den zugehörigen Attr-Knoten.

hasAttribute()

Über die beiden Methoden hasAttribute() und hasAttributeNS() können Sie mit denselben Argumenten auch einfach prüfen, ob ein bestimmtes Attribut vorhanden ist. Die Methoden liefern dementsprechend ein boolean-Ergebnis.

setAttribute()

Außerdem gibt es noch zwei Methoden setAttribute() und setAttributeNS(), um schnell Attribute hinzuzufügen oder den Wert bestehender zu ändern. Sie erwarten – wie die anderen Methoden – den qualifizierten Namen oder alternativ den Namensraum-URI und den lokalen

Namen als `String`, jedoch zusätzlich einen `String` mit dem (neuen) Attributswert.

setAttributeNode()

Liegt Ihnen das Attribut jedoch schon als `Attr`-Instanz vor, können Sie auch eine der beiden Methoden `setAttributeNode()` oder `setAttributeNodeNS()` verwenden, denen Sie direkt das `Attr`-Objekt als Argument übergeben.

removeAttribute()

Schließlich können natürlich auch Attribute entfernt werden. Die dafür zuständige Methode `removeAttribute()` verlangt hierfür den Attributsnamen als einzelnen `String`, `removeAttributeNS()` arbeitet alternativ wieder mit Namensraum-URI und lokalem Namen. `removeAttributeNode()` nimmt hingegen direkt die zu entfernende `Attr`-Instanz entgegen.

Weitere Funktionen

Zuletzt gibt es noch zwei Methoden `getElementsByTagName()` und `getElementsByTagNameNS()`, die Sie ebenfalls schon aus dem Einführungsbeispiel kennen. Beide dienen der vereinfachten Navigation auf Kindelemente und werden in Abschnitt 3.4.2 näher behandelt.

3.3.6 Attr

Bereits mehrfach erwähnt, aber noch nicht genau betrachtet wurde bisher der `Attr`-Knotentyp, der als Repräsentation für Attribute dient. Ein `Attr` hat zwei Besonderheiten: Einerseits kann es nur in einer `Element`-Instanz enthalten sein. Es ist aber kein echter Kindknoten davon und beispielsweise nicht in dessen `getChildNodes()`-Resultat enthalten. Auch liefert es immer `null` beim Aufruf von `getParentNode()`. Der Zugriff von einem `Element` aus funktioniert stattdessen über eine der Methoden `getAttributes()`, `getAttributeNode()` oder `getAttributeNodeNS()`. Andererseits kann ein `Attr` selbst nur `Text`-Kindknoten enthalten.

Abfragemethoden

Wie schon `Element` bietet auch `Attr` nun ein paar wenige (teilweise redundante) Zusatzmethoden zum schnellen Zugriff auf Daten.

getValue()
setValue()

Da gibt es zum einen zwei Methoden `getValue()` und `setValue()`, die den Wert des Attributs liefern bzw. setzen. Sie sind allerdings vollkommen gleichwertig mit den Methoden `getNodeValue()` und `setNodeValue()`, die vom `Node`-Interface geerbt werden.

Ähnlich ist es bei der Methode `getName()` – sie ist absolut gleichwertig mit `getNodeName()` vom `Node`-Interface. **getName()**

Wirklich neu ist allerdings die Methode `getOwnerElement()`, die sozusagen `getParentNode()` ersetzt (das ja immer `null` liefert). Wie der Name schon sagt, liefert diese Methode das enthaltende `Element` zurück, falls vorhanden, ansonsten ebenfalls `null`. **getOwnerElement()**

Interessant ist noch die Methode `getSpecified()`: Sie liefert einen `boolean`-Wert, der aussagt, ob das Attribut im Dokument gesetzt ist. Dies mag verwirrend erscheinen, doch wie Sie später noch erfahren werden, können Sie beim Parsen dem Dokument eine Grammatik hinterlegen, in der für optionale Attribute (also solche, die laut Grammatik erlaubt sind, aber weggelassen werden dürfen) Default-Werte enthalten sein können. Das Attribut kann mit diesem Wert dann im Objektmodell vorhanden sein, obwohl es gar nicht im physikalischen Dokument gesetzt ist. Diese Tatsache können Sie mit `getSpecified()` erfragen. **getSpecified()**

3.3.7 Text, CDATASection und Comment

Wie bereits in Abbildung 3.1 zu sehen war, verfügen die drei Knoten-Interfaces `Text`, `CDATASection` und `Comment` über ein gemeinsames Super-Interface `CharacterData`, das seinerseits von `Node` erbt. Der Hintergrund: Alle drei Knoten-Interfaces enthalten vorwiegend Textdaten, sie werden im Dokument nur unterschiedlich dargestellt. Dementsprechend definiert das `CharacterData`-Interface entsprechende Zusatzmethoden, um besser mit diesen Daten umgehen zu können.

Wir beginnen mit den zwei Methoden `getData()` und `setData()`, die aber genau die Funktion von `getNodeValue()` und `setNodeValue()` haben, also den Textinhalt des Knotens abfragen und setzen. **getData() setData()**

Wirklich neu sind aber die Methoden `appendData()`, `deleteData()`, `insertData()` und `replaceData()`, mit denen der Textinhalt manipuliert werden kann. Erstere fügt dem bestehenden Textinhalt hinten einen neuen `String` hinzu, während `insertData()` dies an einem zusätzlich zu übergebenden Positionsindex macht. `replaceData()` erwartet einen Positionsindex und eine Länge und ersetzt den dort vorhandenen Text mit dem zusätzlich übergebenen `String`. `deleteData()` löscht den Inhalt an gegebener Position mit gegebener Länge. **appendData() deleteData() insertData() replaceData()**

[zB]

```
text.setData("Java");           // "Java"
text.appendData("XML");         // "JavaXML"
```

```
text.insertData(4, " ohne ");     // "Java ohne XML"
text.replaceData(5, 4, "und!!"); // "Java und!! XML"
text.deleteData(8, 2);           // "Java und XML"
```

getLength()
substringData()

Schließlich gibt es noch die Methoden `getLength()`, die die Anzahl Zeichen des Textinhalts zurückgibt, und `substringData()`, die wie die `substring()`-Methode der `String`-Klasse funktioniert.

Comment

Das `Comment`-Interface begnügt sich bereits mit der Funktionalität von `CharacterData`, definiert also keine zusätzlichen Methoden, sondern ist einfach davon abgeleitet. Das `Text`-Interface hingegen führt noch ein paar kleine Erweiterungen ein.

Zusatzfunktionen von Text und CDATASection

Das `Text`-Interface fügt den Methoden aus `CharacterData` noch vier neue hinzu, die damit automatisch auch in `CDATASection` verfügbar sind.

isElementContentWhitespace()

Dabei handelt es sich zunächst um `isElementContentWhitespace()`. Um diese Methode zu erklären, müssen wir kurz etwas ausholen: Der besseren Lesbarkeit halber werden XML-Dokumente oftmals mit Zeilenumbrüchen und Einrückungen abgespeichert. Die logische Struktur des Dokuments ist dadurch für Sie als menschlicher Leser schneller erkennbar. Die Folge ist aber, dass zwischen den verschiedenen Tags Textinhalte für diese Leerräume (*Whitespaces*) vorhanden sind, die Elemente also zusätzliche `Text`-Kindknoten enthalten. Diese haben allerdings keine semantische Bedeutung, könnten also ignoriert werden. Man nennt sie deshalb auch *Ignorable Whitespaces*, DOM hingegen bezeichnet sie als *Element Content Whitespace*. Normalerweise kann ein Parser nicht wissen, wann ein Textknoten tatsächlich relevant ist, außer er verfügt über eine Grammatik (DTD oder XML Schema), in der die logische Struktur beschrieben ist. Ist dies der Fall, werden die entsprechenden Text-Knoten markiert, so dass `isElementContentWhitespace()` `true` liefert.

[zB]

Ein kleines Beispiel zu Ignorable Whitespaces finden Sie in Abschnitt 5.4.2 unter »Umgang mit ignorierbaren Leerräumen«. Und in Abschnitt 5.4, »Einstieg in die DOM-API«, erfahren Sie mehr darüber, wie Sie einem Dokument beim Parsen eine Grammatik hinterlegen können.

splitText()

Die nächste Methode ist `splitText()`. Sie nimmt einen Positionsindex als `int` entgegen und spaltet den aktuellen `Text`- oder `CDATASection`-Knoten an dieser Stelle auf. Das heißt, der Textinhalt hinter dem Positionsindex wird in einen neuen Knoten gleichen Typs verschoben und dieser Knoten als Nachfolger des aktuellen Knotens im Elternknoten hinterlegt. Dies ist beispielsweise sinnvoll, wenn inmitten eines Textabschnitts ein neuer Knoten – wie ein Kindelement – eingefügt werden soll.

getWholeText() und replaceWholeText()

Die letzten beiden Methoden, `getWholeText()` und `replaceWholeText()`, beschäftigen sich mit dem gleichen Thema – Text, der auf mehrere Knoten aufgesplittet ist –, allerdings im umgekehrten Sinne. Denn erstere liefert den zusammengesetzten Textinhalt des aktuellen und aller Geschwisterknoten mit Textinhalt (Vorgänger und Nachfolger) als einzelnen `String`. `replaceWholeText()` wiederum nimmt einen `String` als Argument entgegen, setzt diesen auf dem aktuellen `Text`- oder `CDATASection`-Knoten und entfernt aber alle anderen solcher Knoten aus dem aktuellen Elternknoten. Es wird also der gesamte Textinhalt des Elternknotens durch den neuen `String` ersetzt, der einzig und allein im aktuellen Knoten enthalten ist.

3.3.8 ProcessingInstruction

Der letzte Knotentyp, dem wir uns gesondert widmen wollen, ist `ProcessingInstruction`. Eine Processing Instruction in XML besteht immer aus zwei Teilen, dem `target`-Teil und dem `data`-Teil (siehe Abschnitt 1.2.7):

```
<?target?>
<?target data?>
<?target data="value"?>
```

Ersterer entspricht dem Text nach den `<?`-Zeichen bis zum ersten Leerzeichen (falls vorhanden). Letzterer ist optional und entspricht dem Text hinter dem Leerzeichen bis zu den abschließenden `?>`-Zeichen.

Zur Abfrage und Modifikation dieser Werte stellt `ProcessingInstruction` die drei Methoden `getTarget()`, `getData()` und `setData()` zur Verfügung. Auch sie sind allerdings nicht unbedingt notwendig, da `getNodeName()`, `getNodeValue()` und `setNodeValue()` bei einem `ProcessingInstruction`-Knoten genau dieselbe Funktion besitzen.

3.3.9 Sonstige Knoten-Interfaces

Es verbleiben nun noch vier Knoten-Interfaces aus Abbildung 3.1, die wir zwar kurz erwähnen, aber nicht näher beschreiben möchten, da sie in vielen Fällen in der Praxis nicht benötigt werden:

- `DocumentType`
- `Entity`

- `Notation`
- `EntityReference`

DTDs, Entitäten und Notationen

Bekanntlich kann in einem XML-Dokument eine DTD-Grammatik enthalten sein oder auf eine solche verwiesen werden. Eine DTD kann aber nicht nur Strukturinformationen umfassen, sondern auch Entitäten und Notationen. Eine Entität ist dabei nichts weiter als die Definition eines logischen Namens für einen Text oder eine externe Ressource, eine Notation kann eine externe Ressource mit zusätzlichen Meta-Daten anreichern. Deshalb können `Entity` und `Notation` nur Kinder eines `DocumentType` sein, und ein `DocumentType` kann nur in einem `Document` enthalten sein.

Entity-Referenzen

Innerhalb eines Elements kann dann über die `&entity;`-Syntax auf eine Entity verwiesen werden. Eine solche Referenz repräsentiert `EntityReference`. Das Interface fügt allerdings den Funktionen, die es von `Node` erbt, keine neuen hinzu. Stattdessen benutzt es `getNodeName()`, um den Namen der verwiesenen Entität (hier: `entity`) zu liefern und `getTextContent()` für den eventuell verfügbaren Ersetzungstext.

Ein paar detailliertere Informationen zu Entities, Notationen und Entity-Referenzen finden Sie auch in Kapitel 6, »StAX«, in Abschnitt 6.7, »Die Event-Iterator-API im Detail«. Hier werden diese Knotentypen im Zusammenhang mit der StAX-API besprochen.

3.3.10 Zusammenfassung

Node

Wir haben Ihnen nun die wichtigsten Knoten des DOM-Objektmodells und ihre bedeutsamsten Funktionen vorgestellt. Wie Sie sehen konnten, ist DOM stark auf das Interface `Node` fokussiert und definiert in den einzelnen knotenspezifischen Interfaces nur mehr ein paar kleine (aber feine) Erweiterungen dazu.

NodeList und NamedNodeMap

Nicht zu vergessen sind auch die beiden Datenstruktur-Interfaces `NodeList` und `NamedNodeMap`, die an diversen Stellen von den Knoten genutzt werden.Abschließend zu diesem Thema haben wir Ihnen nochmals die wesentlichen Merkmale der wichtigsten Knoten-Interfaces zusammengefasst.

Das Node-Interface

Wie Sie in Abschnitt 3.3.3 sehen konnten und in den Abschnitten 3.4.1 und 3.6 noch sehen werden, sind typische Aufgabenstellungen in einem Objektmodell, wie das Abgreifen elementarer Informationen, das Navigieren und Modifizieren, zentral im `Node`-Interface untergebracht und damit generell im gesamten Objektmodell verfügbar. Sie können so relativ generischen Code schreiben, um Dokumente zu durchlaufen und zu bearbeiten, ohne auf die konkreten Knoten-Interfaces casten zu müssen. Die Abdeckung der Funktionalität ist so hoch, dass in den meisten anderen Knoten-Interfaces nur noch wenige spezifische Methoden vorhanden sind.

Das Document-Interface

Das `Document`-Interface erlaubt Zugriff auf die Basisinformationen des Dokuments, wie die XML-Deklaration. Außerdem sind dort ein paar allgemeine DOM-Funktionen untergebracht, wie das Umbenennen von Knoten. Nicht zuletzt kann natürlich auf das Wurzelelement zugegriffen werden.

Das Element-Interface

Das `Element`-Interface fügt den Funktionen von `Node` nur wenige neue hinzu – primär ein vereinfachtes Arbeiten mit Attributen und Kindelementen.

Das Attr-Interface

Attribute werden vom `Attr`-Interface repräsentiert, das gegenüber `Node` aber kaum neue Funktionalität hinzufügt. Einzige Ausnahme ist die Prüfung, ob das Attribut wirklich im Dokument angegeben ist.

Die Interfaces Text, CDATASection und Comment

Da alle diese drei Interfaces verschiedene Textbausteine repräsentieren, erben sie von einem gemeinsamen Interface `CharacterData`, das im Wesentlichen fortgeschrittenere Textfunktionen bietet, wie Einfügen, Ersetzen, Substrings usw. `Text` und `CDATASection` erlauben außerdem das Verschmelzen und Splitten von Textknoten.

Navigieren und Modifizieren

Ein paar besondere Themen, wie das Navigieren über die verschiedenen Knoten oder das Vornehmen von strukturellen Änderungen, haben wir bewusst noch beiseitegelassen. Diesen werden wir uns nun in den folgenden Abschnitten gesondert widmen.

3.4 Navigieren

In Abschnitt 3.3, »Das Objektmodell«, haben Sie bereits die verschiedenen Knoten-Interfaces kennengelernt und erfahren, wie Sie davon Informationen abgreifen können. Eine weitere grundlegende Funktionalität eines Objektmodells ist natürlich, sich darin bewegen zu können – zu *navigieren*. Hierfür bietet DOM zahlreiche Möglichkeiten an, die zum Großteil im `Node`-Interface selbst, teilweise aber auch in anderen Knoten-Interfaces wie `Element` untergebracht sind. Diese Funktionen stellen wir Ihnen in diesem Abschnitt vor.

3.4.1 Allgemeine Navigationsfunktionen

In DOM ist es möglich – ausgehend von einem beliebigen `Node`-Objekt – in alle vier Richtungen des XML-Baums zu navigieren:

- zum Elternknoten
- zu den Kindknoten
- zum vorausgehenden Geschwisterknoten
- zum folgenden Geschwisterknoten

Zusätzlich kann von jedem `Node`-Objekt aus zum ihn enthaltenden `Document`-Objekt navigiert werden. Die für diese Aufgaben zuständigen Methoden erläutern wir Ihnen in diesem Abschnitt.

Zugriff auf den Elternknoten

getParentNode()

Für die erste Funktionalität existiert im `Node`-Interface die Methode `getParentNode()`, die wiederum ein `Node`-Objekt zurückliefert. Dabei ist zu beachten, dass laut DOM-Spezifikation die Knotentypen `Attr`, `Document`, `DocumentFragment`, `Entity` und `Notation` keinen Elternknoten haben – hier wird als Ergebnis `null` zurückgegeben. Das kann außerdem der Fall sein, wenn einer der anderen Knotentypen frisch erzeugt (siehe später) und noch keiner DOM-Objektstruktur hinzugefügt wurde.

Zugriff auf Kindknoten

Für den Zugriff auf Kindknoten gibt es vier Methoden im `Node`-Interface:

- `hasChildNodes()` gibt in Form eines `booleans` Auskunft darüber, ob ein Knoten über Kindknoten verfügt.
- `getFirstChild()` liefert den ersten Kindknoten des aktuellen Knotens oder `null`, falls keine Kindknoten vorhanden sind.
- `getLastChild()` liefert analog den letzten Kindknoten oder `null`.
- `getChildNodes()` liefert eine `NodeList` mit allen Kindknoten des aktuellen Knotens. Diese Liste kann auch leer sein (`getLength()` liefert `0`).

Hier sehen Sie einen typischen Codeausschnitt, wie man über die Kindknoten eines Knotens iteriert. Klassischerweise nutzt man dafür eine `for`-Schleife mit einer Zählervariablen: [zB]

```
NodeList childNodes = element.getChildNodes();
for(int i = 0; i < childNodes.getLength(); ++i)
{
   Node child = childNodes.item(i);

   // Logik zur Verarbeitung des Knotens
}
```

Zugriff auf Geschwisterknoten

Die Navigation zum vorhergehenden bzw. nachfolgenden Geschwisterknoten wird schließlich über die zwei Methoden `getPreviousSibling()` und `getNextSibling()` abgedeckt. Beide liefern wieder `null` zurück, wenn kein solcher Geschwisterknoten vorhanden ist.

In Kombination mit `getFirstChild()` ergibt sich damit übrigens eine zweite Möglichkeit, über die Kindknoten eines Knotens zu iterieren. Sie beginnen mit dem ersten Kindknoten und springen dann zu dessen Geschwisterknoten weiter: [zB]

```
for(Node child = element.getFirstChild();
   child != null; child = child.getNextSibling())
{
   // Logik zur Verarbeitung des Knotens
}
```

Zugriff auf das enthaltende Dokument

Zuletzt ist außerdem jeder `Node` in der Lage, das ihn enthaltende `Document` zu liefern. Hierfür existiert die Methode `getOwnerDocument()`. Diese gibt `null` zurück, wenn der Knoten noch keinem `Document` angehört oder selbst eines ist.

3.4.2 Spezifische Navigationsfunktionen

Zusätzlich zu den allgemeinen Navigationsfunktionen von `Node`, gibt es noch ein paar wenige Zusatzfunktionen im `Document`- und `Element`-Interface. Diese wollen wir Ihnen nun noch kurz vorstellen.

Zugriff auf das Wurzelelement

Wie Sie sicherlich wissen, enthält ein XML-Dokument stets nur exakt ein einziges Wurzelelement. Ein Aufruf von `getChildNodes()` auf einem `Document` liefert deshalb eine `NodeList` mit nur einem einzigen Knoten als Inhalt, nämlich die `Element`-Instanz des Wurzelelements. Damit Sie nicht immer diesen Umweg gehen müssen, besitzt das Interface `Document` eine Methode `getDocumentElement()`, über die Sie direkten Zugriff auf das Wurzelelement erhalten. Der Rückgabetype ist dabei passenderweise schon `Element`, so dass auch kein Typecast mehr notwendig ist.

Zugriff auf Kindelemente mit bestimmtem Namen

Außerdem verfügen sowohl `Document` als auch `Element` noch über zwei Methoden `getElementsByTagName()` und `getElementsByTagNameNS()`. Erstere erwartet nur einen qualifizierten Elementnamen, letztere einen Namensraum-URI und einen lokalen Namen als Argument. Alle liefern als Ergebnis eine `NodeList` zurück, mit allen `Element`-Instanzen mit dem passenden Namen, die auf beliebiger Ebene Kind des ursprünglichen `Documents` oder `Elements` sind. Betrachten Sie zur Veranschaulichung einmal das Dokument in Listing 3.11:

```
<?xml version="1.0"?>
<root>
   <a>
      <c>c1</c>
      <d>
         <c>c2</c>
      </d>
      <c>c3
         <c>c4</c>
      </c>
   </a>
   <b>
      <c>c5</c>
   </b>
</root>
```

Listing 3.11 Zugriff auf Kindelemente mit getElementsByTagName()

Wir haben hier auf mehreren Ebenen Elemente `<c>` untergebracht, einmal sogar in sich selbst geschachtelt. Ein Aufruf von `getElementsByTagName("c")` auf dem `Document` liefert Ihnen dann eine `NodeList`, die alle diese Elemente enthält, und zwar in der Reihenfolge `c1`, `c2`, `c3`, `c4` und `c5`. Die Suche funktioniert also – im Gegensatz zur `getChildNodes()`-Methode – *rekursiv*. Aus diesem Verhalten lässt sich nun leicht das der `Element`-Instanzen herleiten. Beim `<a>`-Element liefert derselbe Methodenaufruf die Elemente `c1`, `c2`, `c3` und `c4`, beim `<b>`-Element nur das `c5`-Element.

Hinweis

[«]

Die Methoden getElementsByTagName() und getElementsByTagNameNS() eignen sich wunderbar, um nur bestimmte Kindelemente eines Elements zu erhalten, ohne den mühseligen Weg über getChildNodes()zu gehen, bei dem Sie für jeden Kindknoten getNodeType() und getNodeName() prüfen müssen. Allerdings dürfen Sie keinesfalls vergessen, dass die Methoden rekursiv arbeiten, also immer bis auf die untersten Ebenen des (Teil-)Baums vordringen und auch dort nach passenden Kindelementen suchen. Unser Einführungsbeispiel – wo wir die Methoden intensiv nutzen – funktioniert also nur richtig, weil hier die Elemente auf jeder Ebene eindeutige Namen haben und keine Schachtelungen vorkommen.

3.4.3 Zusammenfassung

Sie haben nun gelernt, wie Sie sich bei DOM im Objektmodell bewegen können. Prinzipiell stehen Ihnen alle Möglichkeiten offen, eine Schwäche sind nur die mangelnden Filtermöglichkeiten beim Zugriff auf Kindknoten – speziell auf Kindelemente. Hier wäre so etwas sinnvoll wie eine getElementsByTagName()-Methode, die nicht rekursiv arbeitet, oder einfach eine Methode getChildElements().

3.5 Neue Knoten generieren

Sobald wir neue Dokumente im Speicher erstellen oder bestehende erweitern wollen, müssen wir neue Knotenobjekte erzeugen. Dabei stellt sich uns aber wieder das klassische Problem abstrakter APIs: Da alle Knotentypen nur Interfaces sind, benötigen wir eine Factory zur Erzeugung von Instanzen.

Für die DOMImplementation ist die DOMImplementationRegistry unsere Factory, Document-Instanzen werden von der DOMImplementation oder durch Parsen vom LSParser erzeugt, DocumentType-Instanzen ebenfalls von der DOMImplementation. Und alle restlichen Knotentypen (bis auf Entity und Notation, die eine Sonderstellung einnehmen) werden schließlich von einem Document-Objekt erzeugt – dies ist unsere Factory.

Aus diesem Grunde existieren im Document-Interface die folgenden Factory-Methoden:

- createElement() und createElementNS() für Element-Instanzen
- createAttribute() und createAttributeNS() für Attr-Instanzen

- `createTextNode()` für `Text`-Instanzen
- `createCDATASection()` für `CDATASection`-Instanzen
- `createProcessingInstruction()` für `ProcessingInstruction`-Instanzen
- `createEntityReference()` für `EntityReference`-Instanzen
- `createComment()` für `Comment`-Instanzen

Alle Factory-Methoden erwarten in `String`-Form die knotenspezifischen Informationen als Argumente.

Elemente erzeugen

Bei `createElement()` ist dies der Tag-Name (ohne Präfix). Die Methode `createElementNS()` erwartet zusätzlich als ersten Parameter einen Namensraum-URI, und der Tag-Name kann hier ein Präfix haben.

```
Element myElement = doc.createElement("element");
Element myElementNS =
   doc.createElementNS("http://my.uri", "my:element");
```

Attribute erzeugen

Analog verläuft das Erzeugen von `Attr`-Instanzen. Auch hier gibt es zwei Factory-Methoden – `createAttribute()` für einfache Attribute und `createAttributeNS()` für solche mit Namensraum. Der Attributswert muss dann auf der erhaltenen `Attr`-Instanz über `setValue()` oder `setNodeValue()` gesetzt werden.

```
Attr myAttribute = doc.createAttribute("id");
myAttribute.setValue("value");
```

Text und CDATA-Abschnitte erzeugen

Trivial ist das Erzeugen von `Text`- und `CDATASection`-Instanzen: Hier muss einfach der Textinhalt an die Factory-Methoden übergeben werden.

```
Text text = doc.createText("Hello World!");
CDATASection cdSect =
   doc.createCDATASection("<hello> <world>");
```

Entity-Referenzen erzeugen

Bei der Erzeugung von `EntityReference`-Instanzen muss lediglich deren Name angegeben werden. Eine Referenz `&myRef;` würde also folgendermaßen erzeugt:

```
EntityReference myRef =
   doc.createEntityReference("myRef");
```

Processing Instructions erzeugen

Bei der Erzeugung von `ProcessingInstruction`-Instanzen müssen Ziel- und Datenteil als `String` angegeben werden, wobei Letzterer mit dem Wert `null` auch leer gelassen werden kann.

```
ProcessingInstruction pi =
   doc.createProcessingInstruction(
      "target", "data='hello'");
```

Dieser Code erzeugt beispielsweise die Processing Instruction `<?target data='hello'?>`.

Kommentare erzeugen

Das Erzeugen von `Comment`-Instanzen ist wieder trivial: Es muss einfach der Kommentar-Text als `String` angegeben werden.

```
Comment comment = doc.createComment("Hello World");
```

Dieser Code erzeugt den Kommentar `<!--Hello World-->`.

Zusammenfassung

Wie Sie sehen konnten, ist das Erzeugen neuer Knoteninstanzen eine einfache Sache. Das `Document`-Objekt dient uns als zentrale Factory. Da Ihnen jeder Knoten über die `getOwnerDocument()`-Methode das enthaltende `Document`-Objekt liefern kann, können Sie also überall im Code bequem neue Knoten erzeugen. Wie Sie diese Knoten nun einem bestehenden `Document` hinzufügen, erfahren Sie im nächsten Abschnitt.

3.6 Modifizieren

In vielen Fällen genügt es nicht, nur lesend auf das Dokument zuzugreifen, sondern wir wollen oftmals auch Änderungen daran vornehmen – das heißt: es *modifizieren*.

Inhaltsänderungen und Strukturänderungen

Prinzipiell gibt es zwei Möglichkeiten, ein DOM-Modell zu modifizieren. Entweder erfolgen Änderungen an den Eigenschaften der einzelnen Knoten – beispielsweise durch eine der in Abschnitt 3.3, »Das Objektmodell«, schon vorgestellten Methoden, wie `setTextContent()`, `setPrefix()` oder `setNodeValue()`. Oder es werden Änderungen an der Struktur des Baums vorgenommen, also Knoten hinzugefügt, entfernt, ausgetauscht oder umgehängt.

Während wir Methoden für den ersten Fall bereits behandelt haben, möchten wir die Methoden für strukturelle Änderungen in diesem Abschnitt zusammengefasst betrachten.

Kindknoten hinzufügen

appendChild()

Schon aus Abschnitt 3.1, »Einführungsbeispiel«, kennen Sie die `appendChild()`-Methode, über die Sie einem `Node` einen Kindknoten hinzufügen können (hinter allen bisher schon existenten Kindknoten). Hierbei sind aber ein paar Regeln zu beachten, denn nicht jedem Knoten können Kindknoten bzw. nicht alle Arten von Kindknoten hinzugefügt werden. Einem `Document` kann beispielsweise ein `Element` hinzugefügt werden, aber nur eines – das Wurzelelement. Einem `Element` können wiederum fast alle Knoten hinzugefügt werden, aber beispielsweise keine `Document`- oder `Attr`-Instanzen. Und einer `Attr`-Instanz können ausschließlich `Text`-Kindknoten hinzugefügt werden.

Einfügen an bestimmter Stelle

insertBefore()

Es ist auch möglich, neue Kindknoten nicht an letzter Stelle, sondern vor einem schon bestehenden Knoten einzufügen. Dafür gibt es die Methode `insertBefore()`, die zusätzlich zum neuen `Node` denjenigen Kindknoten erwartet, vor dem der neue eingefügt werden soll.

[zB]

```
Node existingChild = element.getChildNodes().item(3);
element.insertBefore(newChild, existingChild);
```

Knoten umhängen

Die Methoden `appendChild()` und `insertBefore()` eignen sich übrigens auch zum »Umhängen« von Knoten: Wenn das als Argument übergebene `Node`-Objekt schon an anderer Stelle im Dokument hängt, wird es dort vor dem Einfügen an der neuen Stelle automatisch entfernt. Allerdings darf der Knoten kein direkter oder indirekter Elternknoten des aktuellen sein.

Knoten entfernen und austauschen

removeChild()
replaceChild()

Natürlich ist es auch möglich, Kindknoten zu entfernen oder durch neue zu ersetzen. Dafür gibt es die beiden Methoden `removeChild()` und `replaceChild()`. Erstere erwartet den zu entfernenden Kindknoten als Argument, letztere verlangt zusätzlich (als ersten Parameter) den neuen Knoten, der stattdessen eingehängt werden soll.

```
Node existingChild = element.getChildNodes().item(2);

// Entfernen
element.removeChild(existingChild);

// Austauschen
element.replaceChild(newChild, existingChild);
```

Zusammenfassung

Damit haben wir bereits das Thema »Modifizieren« abgeschlossen. Wie Sie sehen, können wir bereits mit ein paar wenigen Methoden des `Node`-Interfaces alles Nötige an strukturellen Änderungen vornehmen.

3.7 Dokumente parsen und serialisieren

Parsen und Serialisieren vor DOM Level 3

Auch wenn es Sie vielleicht verwundern mag, gab es in DOM bis vor dem Erscheinen des Levels *3.0* und des Moduls *Load and Save* keinen standardisierten Mechanismus, um Dokumente zu serialisieren oder zu parsen. Stattdessen wurde dies der Verantwortung der jeweiligen DOM-Implementierung überlassen.

Parsen mit JAXP

Aus diesem Grunde wurde in JAXP (der großen XML-API von Java) eine eigene Teil-API eingeführt, um DOM-Dokumente zu parsen. Diese stellen wir Ihnen jedoch in Abschnitt 5.4, »Einstieg in die DOM-API«, genauer vor.

DOM Level 3 Load and Save

Inzwischen gibt es aber nun *DOM Level 3 Load and Save* und damit einen zweiten Weg, Dokumente mit DOM zu parsen. Auch wenn wir Ihnen eher den Weg über JAXP empfehlen würden, werden wir in diesem Unterkapitel näher auf dieses Modul eingehen. Darüber hinaus bietet es uns den einzigen standardisierten Weg, um Dokumente zu serialisieren – dies wird nämlich nicht (direkt) von JAXP abgedeckt (einen Workaround mit JAXP-Mitteln stellen wir Ihnen dennoch in Abschnitt 5.8, »Dokumente serialisieren«, vor).

3.7.1 Überblick

Für das Parsen und Serialisieren gibt es in DOM ein eigenes Package `org.w3c.dom.ls`, in dem alle Typen für das Modul *DOM Level 3 Load and Save* untergebracht sind. Uns interessieren aber primär nur fünf davon, die Sie bereits alle aus Abschnitt 3.1, »Einführungsbeispiel« kennen:

- `DOMImplementationLS` – die Factory für die vier weiteren benötigten Typen
- `LSInput` – repräsentiert Eingangsquellen für Dokumente
- `LSOutput` – repräsentiert Ausgabeziele für Dokumente
- `LSParser` – der Parser
- `LSSerializer` – der Serializer

DOMImplementationLS

Das Interface `DOMImplementationLS` ist in seiner Rolle als zentrale Factory der Haupteinstiegspunkt in *DOM Level 3 Load and Save*. Es verfügt über vier Factory-Methoden `createLSInput()`, `createLSOutput()`, `createLSParser()` und `createLSSerializer()`, um Instanzen der vier anderen Typen zu generieren.

Eine Instanz davon erhalten Sie über den bereits in Abschnitt 3.2.2 vorgestellten Mechanismus zum Einstieg in DOM-Module. Als Feature-`String` müssen Sie dabei `"LS"` verwenden:

```
// Feature prüfen
if(!domImpl.hasFeature("LS", "3.0"))
   // Skip

// Per Typecast
DOMImplementationLS domImplLS =
   (DOMImplementationLS) domImpl;

// Per getFeature()
DOMImplementationLS domImplLS = (DOMImplementationLS)
   domImpl.getFeture("LS", "3.0");
```

3.7.2 Parsen

Das Parsen eines Dokuments mit *DOM Level 3 Load and Save* funktioniert meistens über die folgenden zwei Schritte:

Zuerst müssen wir eine `LSInput`-Instanz erzeugen und dort das zu parsende Dokument konfigurieren. Dies kann dabei in verschiedenen Formen vorliegen, beispielsweise als `InputStream`- oder `Reader`-Instanz, in einer Datei oder als `String`.

Danach müssen wir eine `LSParser`-Instanz erzeugen und gegebenenfalls konfigurieren. Ihr übergeben wir dann die eben erzeugte `LSInput`-Instanz und erhalten als Resultat die fertig geparste `Document`-Instanz.

LSInput

Der Typ `LSInput` dient als Abstraktion einer Ressource, von der ein XML-Dokument gelesen werden kann. Insgesamt haben Sie dort fünf Möglichkeiten, eine solche Ressource zu konfigurieren, mit jeweils zugehörigen Getter- und Setter-Methoden:

- ein Datenstrom von Zeichen – in Java durch den Typ `java.io.Reader` definiert; Methoden: `getCharacterStream()` und `setCharacterStream()`
- ein Datenstrom von Bytes – in Java durch den Typ `java.io.InputStream` definiert; Methoden: `getByteStream()` und `setByteStream()`
- eine Zeichenkette – in Java durch den Typ `java.lang.String` definiert; Methoden: `getStringData()` und `setStringData()`
- ein URI, der als `String` angegeben werden kann; Methoden: `getSystemId()` und `setSystemId()`
- eine Public-ID, die auf eine öffentlich verfügbare Ressource verweist und ebenfalls als `String` angegeben werden kann; Methoden: `getPublicId()` und `setPublicId()`

Während Ihnen noch relativ klar sein sollte, was die ersten drei Eingabeformate – `InputStream`, `Reader` und `String` – sind, geben Ihnen die letzten beiden – URI (oder System-ID) und Public-ID – vielleicht ein paar Rätsel auf.

URIs und System-IDs

Ein *URI*[8] (Unique Resource Identifier) ist eine Zeichenkette, die eine Ressource eindeutig beschreibt. Das wohl berühmteste Beispiel für URIs sind URLs (Unique Resource Locator), wie Sie sie auch in einem Webbrowser benutzen (z. B. *http://www.javaundxml.de*). URIs können aber auch anders aussehen. Wichtig ist nur, dass die verarbeitende Anwendung sie erkennen kann. Java kennt und unterstützt sehr viele URI-Formate – beispielsweise auch die Schreibweise `file://<Dateipfad>`, um Dateien zu spezifizieren. So können Sie beispielsweise direkt aus einer Datei parsen (ohne über einen `FileInputStream` zu gehen), indem Sie auf dem `LSInput` die URI zu dieser Datei registrieren:

```
input.setSystemId(file.toURI().toString());
```

Public-IDs

Eine Public-ID spezifiziert – wie eine System-ID – eindeutig eine Ressource, allerdings eine öffentlich bekannte. Dies können beispielsweise Dokumente von wichtigen Spezifikationen oder technischen Ausarbei-

8 Spezifikation und Syntax siehe *http://www.ietf.org/rfc/rfc2396.txt*

tungen sein. Statt technischer Angaben über Protokoll und Speicherort werden zu ihrer Identifizierung aber beliebige eindeutige Namen verwendet. Damit das aber funktioniert, muss die Anwendung (oder Java) die physikalische Adresse zu diesem logischen Namen kennen. Da dies jedoch nur bei einer beschränkten Zahl an Ressourcen der Fall ist, spielen Public-IDs in der Praxis eine verschwindend geringe Rolle, und auch Sie werden sie wohl kaum benötigen.

Angabe von mehreren Ressourcen

Da für alle fünf Eingabeformate Setter existieren, können Sie auch für mehr als eines davon Ressourcen hinterlegen. Beim Parsen werden dann einfach alle Möglichkeiten in der Reihenfolge, wie in der oberen Liste gezeigt, durchprobiert und das erste nicht-`null` Ergebnis verwendet.

LSParser

Nachdem die Eingangsressource über das `LSInput`-Objekt spezifiziert wurde, können wir sie nun in eine `Document`-Instanz parsen. Dazu benötigen wir ein `LSParser`-Objekt. Wir erhalten ein solches Objekt von der `DOMImplementationLS` über die Factory-Methode `createLSParser()`. Die Methode erwartet allerdings zwei Parameter.

Modus

Der erste ist ein `short`-Wert, für den Sie eine der beiden Konstanten `DOMImplementationLS.MODE_SYNCHRONOUS` oder `DOMImplementationLS.MODE_ASYNCHRONOUS` einsetzen können. Damit geben Sie an, ob der `LSParser` im synchronen oder im asynchronen Modus laufen soll. Ersterer ist der Normalfall, der genau das tut, was wir erwartet: Er parst auf Kommando die Eingangsressource in eine `Document`-Instanz. Letzterer ist ein bisschen mit SAX vergleichbar: Er parst das Dokument in einem eigenen Thread und liefert die Inhalte als Events zurück, die dann über das DOM-Modul »Events« abgefangen werden können. Dieser Modus wird aber nur unterstützt, wenn das Feature `"LS-Async"` von der `DOMImplementation` unterstützt wird, was bei Java aber momentan nicht der Fall ist.

Grammatik-String

Der zweite Parameter ist ein `String`, der eine Grammatiksprache identifiziert, die beim Parsen des Dokuments zu dessen Validierung angewandt werden soll. Für XML Schema wäre dies beispielsweise `http://www.w3.org/2001/XMLSchema`. Allerdings ist die Angabe nur sinnvoll, wenn im Eingangsdokument entsprechende Zusatzinformationen über das zu verwendende Grammatikdokument vorhanden sind. Am besten geben Sie hier einfach `null` an, dann kann der `LSParser` nämlich selbst die passende Sprache auswählen.

createLSParser() in der Praxis

Beide Parameter – Modus und Grammatik-`String` – haben in Java nahezu keine praktische Bedeutung. Erstens wird der asynchrone Modus momentan nicht unterstützt, zweitens können wir dafür einfach SAX nehmen, und drittens bietet uns JAXP (als Parsing-Alternative) eine wesentlich bessere Validierungsunterstützung. Wenn Sie also mit *DOM Level 3 Load and Save* parsen, können Sie einen `LSParser` einfach immer über den Aufruf `createLSParser(DOMImplementationLS.MODE_SYNCHRONOUS, null)` erzeugen.

Konfigurieren über das DOM-Configuration-Objekt

Nachdem wir nun eine `LSParser`-Instanz erzeugt haben, können wir sie vor dem eigentlichen Parsen noch konfigurieren, also einige Einstellungen an deren Verhalten vornehmen. In DOM funktioniert das über ein Hilfsobjekt vom Typ `DOMConfiguration`, auf dem Sie mit den Methoden `getParameter()` und `setParameter()` verschiedene Konfigurationsparameter abfragen und setzen können. Ein solcher Parameter kann ein beliebiges `Object` sein und hat einen eindeutigen `String`-Namen. Dementsprechend erwartet die `getParameter()`-Methode einen `String` als Argument und liefert ein `Object` zurück, während `setParameter()` beides als Argumente benötigt. Mit `getParameterNames()` erhalten Sie außerdem eine Liste der unterstützten Parameternamen als `DOMStringList`-Objekt (entspricht einer `NodeList` für `String`-Objekte). Das `DOMConfiguration`-Objekt für Ihren `LSParser` erhalten Sie über dessen Methode `getDomConfig()`. Hier sehen Sie ein kleines Beispiel zur Konfiguration des Parsers:

[zB]

```
// Ignorieren von Kommentaren beim Parsen
parser.getDomConfig().setParameter("comments", false);
```

[«]

Hinweis

DOM definiert eine Vielzahl an Konfigurationsparametern, auf die wir allerdings in diesem Buch nicht eingehen werden. Eine detaillierte Dokumentation dazu finden Sie aber in der API-Doc zu `DOMConfiguration`[9] und `LSParser`[10]. Allerdings sollte es in nur wenigen Fällen nötig sein, hier Änderungen vorzunehmen, da die Standardkonfiguration im Normalfall ausreicht.

Parsen mit parse()

Nach der (optionalen) Konfiguration der `LSParser`-Instanz können wir nun endlich parsen. Dafür stellt uns das Objekt die Methode `parse()` zur Verfügung. Sie nimmt die Eingabequelle als `LSInput`-Instanz entgegen

9 *http://java.sun.com/javase/6/docs/api/org/w3c/dom/DOMConfiguration.html*
10 *http://java.sun.com/javase/6/docs/api/org/w3c/dom/ls/LSParser.html*

und liefert am Ende eine `Document`-Instanz mit den geparsten Inhalten zurück.

Parsen mit parseURI()

Wenn Sie übrigens aus einem URI parsen möchten, können Sie stattdessen auch die Methode `parseURI()` verwenden. Diese nimmt nur einen URI-`String` entgegen und liefert ein `Document`. Eine `LSInput`-Instanz muss also nicht erzeugt werden.

3.7.3 Serialisieren

Nochmals zur Erinnerung: JAXP mag Ihnen zwar alternativ zu *DOM Level 3 Load and Save* die Möglichkeit bieten, Dokumente bequem zu parsen, für die Serialisierung müssen Sie dort aber mit einem Workaround arbeiten, der eine eigentlich ganz andere Technologie nutzt (siehe Abschnitt 5.8, »Dokumente serialisieren«). DOM selbst geht hier einen direkteren Weg, den wir Ihnen in diesem Abschnitt vorstellen.

Das Thema Serialisieren mit *DOM Level 3 Load and Save* ist schnell erklärt, nachdem wir uns bereits mit dem Parsen beschäftigt haben: Statt eines `LSInput`-Objekts brauchen wir ein `LSOutput`-Objekt und statt eines `LSParser` einen `LSSerializer`. Beide werden wir Ihnen nun vorstellen.

LSOutput

Das `LSOutput`-Objekt ist das Gegenstück zum `LSInput`-Objekt, es abstrahiert also das Ausgabeziel für unser Dokument. Erzeugt wird es ohne große Überraschung über die Factory-Methode `createLSOutput()` von der `DOMImplementationLS`. Danach haben wir drei Möglichkeiten, die Ausgabe zu definieren – wieder über entsprechende Objekte mit zugehörigen Getter- und Setter-Methoden.

- ein Datenstrom von Zeichen – in Java durch den Typ `java.io.Writer` definiert; Methoden: `getCharacterStream()` und `setCharacterStream()`
- ein Datenstrom von Bytes – in Java durch den Typ `java.io.OutputStream` definiert; Methoden: `getByteStream()` und `setByteStream()`
- ein URI, der als `String` angegeben werden kann; Methoden: `getSystemId()` und `setSystemId()`

Wie Sie sehen, heißen die zugehörigen Methoden genau wie beim `LSInput`-Objekt, die Typen weichen aber natürlich ab. Auch sind bei der Ausgabe nur die Varianten Character-Stream, Byte-Stream und System-ID sinnvoll.

Mehrfachangabe von Ressourcen

Bei der Angabe von verschiedenen Ressourcen-Typen wird auch beim `LSOutput`-Objekt in der eben gezeigten Reihenfolge das erste nicht-`null` Objekt verwendet. Zusätzlich gibt es die Möglichkeit, über die Methoden `getEncoding()` und `setEncoding()` die Zeichencodierung (z. B. `"UTF-8"`), in der das Dokument serialisiert werden soll, abzufragen und festzulegen. Dieser Wert ist zwar auch in der `Document`-Instanz hinterlegt, wo er bekanntlich mit `getXmlEncoding()` und `setXmlEncoding()` erfragt und eingestellt werden kann, wie Sie jedoch gleich sehen werden, können Sie mit einen `LSSerializer` nicht nur `Document`-, sondern beliebige `Node`-Instanzen serialisieren. Hier kann es nötig sein, das Encoding extra auf dem `LSOutput`-Objekt anzugeben.

LSSerializer

Instanz erzeugen

Nachdem wir das Ausgabeziel spezifiziert haben, brauchen wir noch ein `LSSerializer`-Objekt. Die `DOMImplementationLS` erzeugt es uns über ihre parameterlose Factory-Methode `createLSSerializer()`.

Konfigurieren

Die erhaltene Instanz können wir nun ebenfalls über ein `DOMConfiguration`-Objekt konfigurieren, das wir auch hier über `getDomConfig()` erhalten. Die möglichen Parameter finden Sie in den API-Docs zu `LSSerializer`[11] und `DOMConfiguration`[12].

[zB]

```
// Automatische Formatierung der Ausgabe konfig.
serializer.getDomConfig()
   .setParameter("format-pretty-print", true);
```

Zeilenumbruch konfigurieren

Eine spezielle Einstellung können Sie allerdings ohne das `DOMConfiguration`-Objekt vornehmen. Und zwar können Sie über die Methoden `setNewLine()` und `getNewLine()` konfigurieren und abfragen, welche Zeichenkette bei der Serialisierung für Zeilenumbrüche benutzt wird. Je nach Ziel-Betriebssystem bestehen hier ja bekanntlich Unterschiede (beispielsweise `\n\r` oder nur `\n`).

Serialisieren mit write()

Schließlich folgt nun das eigentliche Serialisieren. Hierfür bietet uns der `LSSerializer` die Methode `write()` an, die einen `Node` und ein `LSOutput`-Objekt entgegennimmt. Sie können damit also nicht nur Dokumente, sondern auch einzelne Knoten in die Ausgabe schreiben.

Serialisieren mit writeToURI()

Wenn Ihr Ausgabeziel in Form eines URI vorliegt, können Sie alternativ die Methode `writeToURI()` verwenden, die statt eines `LSOutput`-Objekts direkt den URI-`String` entgegennimmt.

11 *http://java.sun.com/javase/6/docs/api/org/w3c/dom/ls/LSSerializer.html*
12 *http://java.sun.com/javase/6/docs/api/org/w3c/dom/DOMConfiguration.html*

Serialisieren mit writeToString()

Zuletzt können Sie Knoten auch direkt in einen `String` serialisieren. Dazu verwenden Sie einfach die Methode `writeToString()`. Sie nimmt nur einen `Node` entgegen und gibt Ihnen das Ergebnis als `String` zurück.

3.7.4 Zusammenfassung

Wir haben Ihnen nun die wichtigsten Aspekte des Moduls *DOM Level 3 Load and Save* vorgestellt. Auch wenn wir ein paar Details bewusst weggelassen haben (wie beispielsweise das Filtern von Knoten während des Parsens), sollten Sie mit dem Erlernten dennoch in 80 % aller Anwendungsfälle problemlos zurechtkommen.Generell fällt positiv auf, dass die Themen Parsen und Serialisieren auf sehr ähnliche Weise angegangen werden und die API einfach und – über die erweiterte Konfiguration mit dem `DOMConfiguration`-Objekt – doch flexibel ist.Für detaillierte Informationen zu diesem Thema möchten wir Ihnen nochmals API-Doc[13] empfehlen.

3.8 Namensräume

Eine kleine Schwäche von DOM ist der wenig intuitive Umgang mit Namensräumen und Namensraumdeklarationen. Wir haben Ihnen zwar im bisherigen Verlauf des Kapitels jeweils schon die Methoden für die spezielle Behandlung von Namensräumen vorgestellt, jedoch aufgeteilt nach Aufgabengebiet. Zu Ihrem besseren Verständnis wollen wir deshalb die diversen Funktionen nochmals gesammelt betrachten und auf ihre Besonderheiten eingehen.

3.8.1 Namensraum-URI, Präfix, lokaler Name und qualifizierter Name

In XML gibt es genau zwei Knotentypen, die einen Namen haben können: Elemente und Attribute. Beide verfügen über die in der Überschrift genannten vier Eigenschaften, deren Unterschiede und Gemeinsamkeiten wir nochmals kurz wiederholen wollen, wie auch die zugehörigen Methoden.

---

13 *http://java.sun.com/javase/6/docs/api/org/w3c/dom/ls/package-summary.html*

Der qualifizierte Name

Jedes Attribut und jedes Element hat einen qualifizierten Namen. Dieser ist immer sehr einfach herauszufinden, denn er ist direkt aus dem XML-Dokument ablesbar:

```
<elementA attrA="A"/>
<my:elementB my:attrB="B"/>
```

In diesem Beispiel hat das obere Element den qualifizierten Namen `elementA`, das untere `my:elementB`. Bei den Attributen ist es genauso, sie haben die qualifizierten Namen `attrA` und `my:attrB`. In DOM erhalten Sie diese Namen von einem `Element` über `getNodeName()` und `getTagName()`, von einem `Attr` über `getNodeName()` und `getName()`.

Das Präfix und der lokale Name

Der qualifizierte Name zerfällt seinerseits in zwei Teile: das Präfix und den lokalen Namen. Ersteres wird mit einem Doppelpunkt dem lokalen Namen vorangestellt, kann aber auch weggelassen werden.

```
elementA    // kein Präfix
my:elementB // Präfix "my"
```

Ein Element oder Attribut hat also immer einen lokalen Namen und optional ein Präfix. In DOM kann der lokale Name über die Methode `getLocalName()` erfragt, das Präfix über `getPrefix()` erfragt und über `setPrefix()` verändert werden.

Der Namensraum-URI

Jedes Element und Attribut hat zusätzlich zum Namen einen Namensraum, in dem es sich befindet. So können lokale Namen mehrfach vergeben werden. Ein Namensraum ist normalerweise ein URI-String.

Problematisch ist, dass sich dieser Namensraum-URI im XML-Dokument nicht zwangsweise auf den ersten Blick erkennen lässt. Der Grund: Er kann an ganz anderer Stelle stehen als das Element oder Attribut, das sich darin befindet. Die Zuordnung erfolgt nämlich auf andere Weise.

In XML gibt es hierfür zwei Möglichkeiten: durch ein Präfix oder durch den Default-Namensraum. Hat ein Element oder Attribut ein Präfix, so muss dieses in einem übergeordneten Element – bei Elementen auch in diesem selbst – an einen Namensraum-URI gebunden sein.

```
<my:element my:attr="value"
   xmlns:my="http://www.javaundxml.de/my"/>
```

Namensraum über Präfix

Das Beispiel zeigt ein spezielles Attribut `xmlns:my`, dem ein URI als Wert zugewiesen ist. Das reservierte Präfix `xmlns` dieses Attributs sagt aus, dass hier ein *neues* Präfix `my` deklariert und an den URI `http://www.javaundxml.de/my` gebunden wird. Das Element `my:element` und das Attribut `my:attr` befinden sich deshalb beide in diesem Namensraum.

Default-Namensraum

Hat ein Element kein Präfix, liegt es im aktuellen Default-Namensraum. Dieser kann über ein Attribut `xmlns` pro Element gesetzt werden. Fehlt dieses Attribut, wird einfach der Default-Namensraum des übergeordneten Elements geerbt. Attribute ohne Präfix liegen immer im leeren Namensraum (also mit dem Leer-String als URI).

```
<my:a xmlns="uri:b" xmlns:my="uri:a">
  <b my:attrA="a" attrX="X"/>
</my:a>
```

In diesem Beispiel liegt das Element `<my:a>` im Namensraum `uri:a`, da es ein Präfix hat. Gleichzeitig wird aber der Default-Namensraum auf `uri:b` geändert. Das hat für `<my:a>` keine Auswirkung, wohl aber auf das Kindelement `<b>`: Da es weder Präfix noch `xmlns`-Attribut hat, erbt es den Default-Namensraum des Vaterelements, also `uri:b`. Das Attribut `my:attrA` liegt im Namensraum `uri:a`, `attrX` hingegen im leeren Namensraum. In DOM kann der Namensraum eines Knotens über `getNamespaceURI()` erfragt werden.

[»]

Präfixe – nur Mittel zum Zweck

Präfixe in XML-Dokumenten haben nur den einen Zweck, Elementen oder Attributen Namensräume zuzuweisen. Keine verarbeitende Anwendung sollte deshalb zur eindeutigen Unterscheidung von Elementen und Attributen die Kombination aus lokalem Namen und Präfix verwenden, stattdessen aus lokalem Namen und Namensraum-URI.

3.8.2 Zugriff auf Knoten über ihren Namen

In DOM gibt es die folgenden Methoden, um auf Kindknoten eines Knotens über ihren Namen zuzugreifen:

- die Methoden `getElementsByTagName()` von `Document` und `Element`
- die Methoden `getElementsByTagNameNS()` von `Document` und `Element`
- die Methoden `xxxAttribute()` von `Element` (z. B. `getAttribute()`, `removeAttribute()`)
- die Methoden `xxxAttributeNS()` von `Element`

- die Methoden `xxxNamedItem()` von `NamedNodeMap`
- die Methoden `xxxNamedItemNS()` von `NamedNodeMap`

Selektion über qualifizierten Namen

Wie Sie sehen, gibt es von allen Methoden jeweils zwei Varianten: eine normale, die einen `String` annimmt, und eine `NS`-Variante, die zwei `Strings` annimmt. Der einzelne `String` bei der normalen Variante wird dabei als qualifizierter Name interpretiert. Sie können Elemente und Attribute also über die Kombination aus Präfix und lokalem Namen selektieren:

```
String myTestAttr = myElement.getAttribute("my:test");
```

Selektion über Namensraum und lokalen Namen

Die zweite Variante ist etwas aufwendiger, aber auch sauberer. Sie erwartet den Namensraum-URI des Knotens und den lokalen Namen. Das Präfix hat hier also nichts verloren:

```
<root xmlns:my="http://www.javaundxml.de/my">
   <my:child/>
</root>

// Zwei Varianten, <my:child> in <root>
// zu selektieren:
root.getElementsByTagName("my:child");
root.getElementsByTagNameNS(
   "http://www.javaundxml.de/my", "child");
```

Wie schon erwähnt, ist die untere Variante sauberer. Das Präfix ist nämlich austauschbar. Stellen Sie sich vor, Sie müssen ein Dokument verarbeiten, dass Ihnen ein Kunde oder Lieferant zuschickt – Sie haben also keine Kontrolle über das Präfix. Der Partner könnte aber von einem Moment auf den anderen das Präfix durch ein neues ersetzen, die Namensraumbindungen aber entsprechend anpassen. Die Elemente und Attribute würden dann im selben Namensraum weiter existieren, nur die qualifizierten Namen wären unterschiedlich. In diesem Fall würde die Methode `getElementsByTagNameNS()` tadellos weiter funktionieren, während `getElementsByTagName()` plötzlich eine leere `NodeList` liefern würde.

3.8.3 Knoten in Namensräumen erzeugen

Auch beim Erzeugen von `Element`- oder `Attr`-Instanzen gibt es jeweils zwei Methoden:

- `Document.createElement()`
- `Document.createElementNS()`

- `Document.createAttribute()`
- `Document.createAttributeNS()`

Auch hier haben wir wieder als Hauptunterschied, dass die normalen Varianten den Namen in Form eines einzelnen `String`s entgegennehmen, die `NS`-Varianten zwei `String`s. Allerdings gibt es gegenüber dem Selektieren von Knoten einen wichtigen Unterschied:

Erzeugen über lokalen Namen

Die normalen Varianten eignen sich nur dazu, Knoten ohne Namensraum und Präfix zu erzeugen. Zwar können Sie als Argument einfach einen Namen mit Präfix – wie `my:element` – übergeben, doch wird DOM intern das `my` nicht als Präfix erkennen und deshalb auch keinen Namensraum zuordnen.

Erzeugen über Namensraum und qualifizierten Namen

Die `NS`-Methoden erwarten hingegen einen Namensraum-URI-`String` als erstes Argument, danach aber keinen lokalen Namen, sondern einen qualifizierten Namen. Je nachdem, ob dieser über ein Präfix verfügt oder nicht, wird DOM später automatisch die entsprechenden `xmlns:[prefix]`- oder nur `xmlns`-Attribute einfügen.

```
doc.createElement("element");
// Erzeugt: <element/>

doc.createElementNS("uri:my", "element");
// Erzeugt <element xmlns="uri:my"/>

doc.createElementNS("uri:my", "my:element");
// Erzeugt <my:element xmlns:my="uri:my"/>
```

3.8.4 Manuelles Erzeugen von Präfix- und Default-Namespace-Bindungen

Wie gerade gezeigt, kümmert sich DOM beim Serialisieren von Dokument automatisch darum, dass alle Präfixbindungen über `xmlns:[prefix]`-Attribute und Default-Namespace-Bindungen über `xmlns`-Attribute so im Dokument untergebracht werden, dass Objektmodell und Datei übereinstimmen. Es gibt allerdings Szenarien, wo dieser interne Algorithmus nicht immer die optimale Variante wählt.

Stellen Sie sich beispielsweise vor, Ihre Anwendung erzeugt ein Wurzelelement `<root>`, dem dann mehrere Elemente `<my:child>` im Namensraum `uri:my` hinzugefügt werden sollen. Dies könnte folgender Code machen:

```
for(int i = 0; i < 3; ++i)
{
   Element child = doc.createElementNS(
      "uri:my", "my:child");

   root.appendChild(child);
}
```

Wenn Sie dieses Dokument in einer Datei speichern, werden Sie folgenden Inhalt erhalten:

```
<root>
   <my:child xmlns:my="uri:my"/>
   <my:child xmlns:my="uri:my"/>
   <my:child xmlns:my="uri:my"/>
</root>
```

Das ist zwar nicht falsch, doch lagert man in der Praxis die Deklaration des `my`-Präfixes normalerweise in das gemeinsame Vaterelement aus (dieselbe Anforderung könnte auch mit dem Default-Namensraum auftreten):

```
<root xmlns:my="uri:my">
   <my:child/>
   <my:child/>
   <my:child/>
</root>
```

Um dies nachzubilden, müsste DOM uns aber einen Mechanismus zur Verfügung stellen, um manuell solche Namensraumbindungen in einem Element anzulegen – was es zwar tut, jedoch nur über Umwege. Der Trick: Das `xmlns`-Attribut und alle `xmlns:[prefix]`-Attribute liegen bei XML selbst in einem Namensraum, der jedoch nirgendwo deklariert werden muss: *http://www.w3.org/2000/xmlns/*. Wir können ihn aber in DOM verwenden, um manuell Namensraumbindungs-Attribute zu erzeugen:

```
root.setAttributeNS(
   "http://www.w3.org/2000/xmlns/",
   "xmlns:my",
   "uri:my");
```

Bei diesem Code handelt es sich eigentlich um eine ganz normale Attributsdeklaration mit einem Namensraum und einem qualifizierten Namen. Der Namensraum ist `http://www.w3.org/2000/xmlns/`, der qualifizierte Name ist `xmlns:my` und der Wert ist `uri:my`. Wenn Sie diese Anweisung dem oberen Code zur Erzeugung der `<my:child>`-Elemente voranstellen, wird aber das erzeugte XML so aussehen, wie wir es möchten.

[zB] In unserem Beispielprojekt finden Sie in der Hilfsklasse `DOMUtils` zwei statische Methoden `addPrefixBinding()` und `addDefaultNamespaceBinding()`, denen Sie ein `Element` (und ein Präfix) und einen Namensraum-URI übergeben können und die auf dem `Element` die entsprechende Attributsdeklaration vornehmen. So etwas ist sicherlich auch in Ihren Projekten hilfreich.

3.8.5 Zusammenfassung

Sie haben nun zusammengefasst erfahren, was es in DOM beim Umgang mit Namensräumen zu beachten gibt. Wichtig ist dabei der Unterschied zwischen dem Selektieren und Erzeugen von Knoten, da hier die beiden Parameter unterschiedliche Bedeutung haben. Außerdem sollten Sie sich merken, dass sich DOM beim Serialisieren von Dokumenten selbst darum kümmert, Präfix- und Default-Namespace-Deklarationen an den richtigen Stellen unterzubringen. Des Weiteren haben wir Ihnen gezeigt, wie Sie manuelle Namensraumdeklarationen vornehmen, damit das serialisierte Dokument besser lesbar ist.

3.9 Alternative DOM-Implementierungen

Wie Sie vielleicht wissen, ist die DOM-API nicht die einzige Lösung für Java, um XML-Dokumente in Form eines Objektmodells zu verarbeiten. Und dank der eher allgemeinen und programmiersprachenunabhängigen Vorgaben durch die W3C-DOM-Spezifikation, ist sie auch nicht unbedingt die performanteste oder anwenderfreundlichste.

Eigene DOM-Varianten

An diesen Schwachpunkten haben andere Entwickler angesetzt und ihre eigenen DOM-Varianten entwickelt. Abschließend für dieses Kapitel möchten wir deshalb an dieser Stelle noch kurz die drei bekanntesten davon erwähnen:

- Dom4J – *http://www.dom4j.org*
- XOM – *http://www.xom.nu*
- JDOM – *http://www.jdom.org*

Alle drei Bibliotheken sind durchaus geeignet, sich in der Praxis auch in produktiven Umgebungen einsetzen zu lassen. Vergessen Sie aber bitte nicht, dass Sie sich bei ihrer Verwendung außerhalb des Java- und Java-EE-Standards bewegen. Hinzu kommt, dass die Bibliotheken zum Teil nicht mehr aktiv weiterentwickelt werden.

In diesem Kapitel erhalten Sie eine Einführung in SAX, die Simple API for XML, die eine Alternative zu DOM darstellt.

4 SAX

Im vorhergehenden Kapitel haben Sie den W3C-Standard DOM für das Verarbeiten von XML-Dokumenten kennengelernt. Wie Sie bereits wissen, besteht ein großer Vorteil von DOM darin, dass es eine vollständige Abbildung des XML-Dokuments als Baumstruktur im Speicher erzeugt. Genau dies wird bei größeren Dokumenten aber schnell auch zu einem großen Nachteil. Stellen Sie sich beispielsweise vor, Sie möchten ein XML-Dokument einfach nur daraufhin überprüfen, ob es ein Element mit dem Namen `<match/>` besitzt. Mit DOM müssten Sie das XML-Dokument zunächst vollständig in den Speicher laden, um anschließend die gewünschte Anfrage programmatisch durchführen zu können. Eine äußerst ressourcenintensive Vorgehensweise im Verhältnis zum erwarteten Nutzen.

Wiederholung: SAX-Events und Handler-Klassen

Im Gegensatz zu diesem modellasierten Ansatz verfolgt SAX nun den streambasierten Ansatz. Wie in Abschnitt 2.3.1 schon vorgestellt, durchläuft es das physikalische Dokument (also die Eingabedatei oder den Eingabestrom) sequentiell und meldet alle dabei gefundenen XML-Bausteine (wie Start- und End-Tags, Textinhalt, Processing Instructions usw.) an eine von uns bereitgestellte *Handler-* oder *Callback-Klasse*. Das Finden eines solchen Bausteins nennen wir auch *SAX-Event*.

API und Implementierung

Wie schon DOM ist auch SAX nur eine API – besteht also hauptsächlich aus Interfaces – und benötigt deshalb eine Implementierung im Klassenpfad. Bei Java wird jedoch immer eine Referenzimplementierung mitgeliefert, weshalb Sie einfach davon ausgehen können, dass SAX »out of the Box« funktioniert.

Damit Sie schnell in SAX hineinfinden können, beginnen wir nun – wie schon in Kapitel 3, »DOM« – mit einem Einführungsbeispiel, das Ihnen die wichtigsten Handgriffe beim Umgang mit SAX in der Praxis zeigt. Danach werden wir detailliert auf die einzelnen vorgestellten Elemente eingehen.

[»]

Hinweis

Dieses Kapitel widmet sich ausschließlich der SAX-2-API. Ein paar Details zur veralteten SAX-1-API finden Sie aber in Abschnitt 4.5, »Ein Wort zu SAX 1«.

4.1 Einführungsbeispiel

In Abschnitt 2.3.1 haben wir Ihnen erläutert, dass SAX nach dem Push-Parsing-Prinzip arbeitet und welche Vor- und Nachteile das mit sich bringt. Ein erstes Gefühl für diese werden Sie im nun folgenden Einführungsbeispiel erhalten.

Da die SAX-API sich praktisch nur mit dem Parsen von Dokumenten beschäftigt, gibt es diesmal aber nur ein Beispiel. Um einen direkten Vergleich zum entsprechenden DOM-Beispiel zu haben, verwenden wir hier dasselbe Dokument (mit ein paar Personendaten) und möchten dazu eine ähnliche Konsolenausgabe erzeugen.

4.1.1 Öffnen des Beispiels

[o] Wie schon bei DOM befindet sich auch unser SAX-Beispiel in Form eines Eclipse-Projekts auf der Buch-CD. Es hat den Namen *04 – SAX*. Auch hier legen Sie sich am besten auf Ihrer lokalen Festplatte einen eigenen Eclipse-Workspace an (oder Sie verwenden einfach den von DOM bestehenden wieder) und importieren das Projekt von der CD dorthin. Als Java-Version benötigen Sie 5.0 oder höher.

Projektinhalte

Das Projekt umfasst dieselben drei Unterordner wie bei DOM: *src* enthält den Quellcode und ist dementsprechend in Eclipse als Quellordner hinterlegt, in *data* finden Sie u. a. unsere Beispiel-XML-Datei *personen.xml* mit dem schon bekannten Inhalt (siehe bei Bedarf Listing 3.1), und in `launch` sind die Eclipse-Startkonfigurationen abgelegt.

Klassen und Packages

Im Quellcodeteil des Beispiels finden Sie diverse Packages beginnend mit `de.javaundxml.sax`. Davon interessieren uns zu Beginn aber nur zwei mit den dort enthaltenen zwei Klassen und einem Interface.

Das Package `de.javaundxml.sax.quickstart.common` enthält das schon aus DOM bekannte Hilfs-Interface `XMLNames`, in dem lediglich Konstanten für die in *personen.xml* vorkommenden Element- und Attributsnamen abgelegt sind.

Das Package `de.javaundxml.sax.quickstart` enthält zwei Klassen: die Main-Klasse `Parse`, die einen SAX-Parser vorbereitet und damit dann die *personen.xml*-Datei parst. Das Hauptaugenmerk ist jedoch auf die zweite Klasse zu legen: `PersonHandler`. Dies ist die Handler-Klasse, die wir schreiben müssen, um die SAX-Events, die vom Parser kommen, richtig verarbeiten zu können. Der Großteil der Logik unseres Beispiels steckt also dort.

4.1.2 Das Beispiel starten

Bevor wir uns den Quellcode nun genauer ansehen, sollten Sie das Beispiel erst einmal starten, um zu sehen, was für eine Ausgabe es erzeugt. Verwenden Sie dafür einfach die Run Configuration *Beispiel 1 – Parsen*.

[«]

Hinweis

Wenn Sie in Ihrem Workspace schon ein anderes Beispielprojekt aus diesem Buch importiert haben, kann es sein, dass im Menü der Run Configurations alle angezeigt werden, nicht nur die aus dem aktuellen Projekt. Wenn Sie das irritiert, schließen Sie einfach die anderen Projekte, dann verschwinden auch deren Run Configurations.

Die Ausgabe des Programms sollte ähnlich aussehen wie in Abschnitt 3.1.2. Die im XML-Dokument enthaltenen Personendaten werden in kompakter Form zeilenweise ausgegeben. Der gleich folgende Blick in den Quellcode wird uns jedoch zeigen, wie anders wir mit SAX (im Vergleich zu DOM) an die entsprechenden Informationen kommen.

4.1.3 Das Hauptprogramm

Wir beginnen unsere Analyse des Quellcodes zuerst mit dem einfacheren Teil – nämlich der Klasse `Parse`, die die in Listing 4.1 gezeigte `main()`-Methode enthält.

```
final XMLReader parser =
   XMLReaderFactory.createXMLReader();
parser.setContentHandler(new PersonHandler());

final InputSource input =
   new InputSource(new FileInputStream(FILE_INPUT));
parser.parse(input);
```

Listing 4.1 Die main()-Methode der Klasse Parse

Wie Sie sehen, ist deren Inhalt relativ kurz, spiegelt aber die vier typischen Schritte beim Parsen eines Dokuments mit SAX wider:

- Parser-Instanz erzeugen
- Handler-Klasse(n) erzeugen und registrieren
- Objekt für das Eingabedokument erzeugen
- den Parse-Vorgang starten

XMLReader

Der erste Schritt ist also, eine Parser-Instanz zu erzeugen, mit der wir gleich den Parse-Vorgang durchführen werden. In DOM haben wir hierfür den Interface-Typ `org.w3c.dom.ls.LSParser` verwendet, in SAX gibt es dafür das Interface `org.xml.sax.XMLReader`.

XMLReader-Factory

Auch SAX ist wieder eine abstrakte API, deswegen erhalten wir eine Instanz von `XMLReader` über eine Factory-Klasse – genau gesagt die Klasse `org.xml.sax.helpers.XMLReaderFactory`. Sie definiert eine statische Methode `createXMLReader()`, über die wir schnell und einfach an unsere gewünschte Instanz kommen.

ContentHandler erzeugen und registrieren

Nun folgt der zweite Schritt: Es müssen die Handler-Klassen, die die SAX-Events empfangen und verarbeiten sollen, beschafft und auf dem `XMLReader` registriert werden. Wie Sie später noch sehen werden, gibt es in SAX zwar mehrere Handler-Typen, uns genügt aber zunächst der Typ `org.xml.sax.ContentHandler`. Dies ist ein SAX-Interface, das Methoden definiert, um den eigentlichen Dokumentinhalt in Form von SAX-Events empfangen zu können. Eine Instanz davon können Sie auf dem `XMLReader` mit dessen Methode `setContentHandler()` registrieren. Wie oben schon angekündigt, verwenden wir in diesem Beispiel die Klasse `PersonHandler`, die aus dem XML-Inhalt unsere Personendaten extrahiert.

InputSource

Der nächste Schritt ist wieder ähnlich wie bei DOM: Für das Eingabedokument muss ein eigenes Objekt erzeugt werden. Bei DOM gibt es dafür ein Interface `org.w3c.dom.ls.LSInput`, bei SAX die Klasse `org.xml.sax.InputSource`. Sie verfügt unter anderem über einen Konstruktor, dem Sie einen `InputStream` übergeben können, der die Inhalte des XML-Dokuments `byte`-weise liefert. In unserem Beispiel wollen wir aus unserer Datei *data/personen.xml* lesen, deshalb übergeben wir hier einen `FileInputStream` zu deren Pfad (den wir als Konstante definiert haben).

XMLReader.parse()

Nachdem wir nun den Handler, den Parser und die Eingabequelle vorbereitet haben, müssen wir zuletzt noch den Parse-Vorgang starten. Dazu rufen wir einfach die Methode `parse()` unserer `XMLReader`-Instanz auf und übergeben als Argument die vorbereitete `InputSource`. Der

XMLReader durchläuft daraufhin das übergebene Dokument, analysiert die Bestandteile und meldet entsprechende SAX-Events an die bei ihm registrierten Handler – in unserem Fall den PersonHandler.

Damit haben Sie auch schon die main()-Methode unseres Beispiels kennengelernt. Auch in Ihren eigenen Anwendungen wird diese später wenig anders aussehen. Vielleicht liegt die Eingabequelle in einem anderen Format vor, oder Sie nutzen eine andere Handler-Klasse, die vier Grundschritte bleiben aber immer dieselben.

4.1.4 Die Handler-Klasse – PersonHandler

Wie schon angekündigt, steckt die eigentliche Komplexität bei SAX-Anwendungen in den Handler-Klassen, denn dort liegt die Verarbeitungslogik für die SAX-Events. Sie wissen auch schon, dass SAX nach dem »Inversion of Control«-Muster arbeitet, Sie also nicht die Kontrolle über den Parse-Vorgang haben, sondern immer nur auf die einzelnen Ereignisse reagieren können. Anhand der Klasse PersonHandler – unserer Handler-Klasse in diesem Beispiel – wollen wir Ihnen nun exemplarisch vorführen, wie Sie bei SAX arbeiten müssen.

Verwendete Callback-Methoden

Um bei SAX den Inhalt eines Dokuments in Form von SAX-Events abgreifen zu können, müssen wir eine Klasse schreiben, die das SAX-Interface org.xml.sax.ContentHandler implementiert – wie unsere Klasse PersonHandler. Das Interface kennt zehn SAX-Events und definiert dementsprechend zehn Callback-Methoden. Eine detaillierte Auflistung derer finden Sie später in Abschnitt 4.3.1 uns interessieren im Beispiel aber nur die folgenden fünf:

- der Beginn des Dokuments – repräsentiert durch die Methode startDocument()
- das Ende des Dokuments – repräsentiert durch die Methode endDocument()
- der Beginn eines Elements – repräsentiert durch die Methode startElement()
- das Ende eines Elements – repräsentiert durch die Methode endElement()
- Textinhalt – repräsentiert durch die Methode characters()

Die eben genannten fünf Methoden sind also beim PersonHandler mit Logik gefüllt, während wir die anderen einfach leer gelassen haben. Das bedeutet, dass wir die dort gemeldeten SAX-Events einfach ignorieren – beispielsweise Processing Instructions.

Variablen zur Zustandsverwaltung

Variablen zur Zwischenspeicherung von Daten

Der PersonHandler sammelt für jedes <person>-Element im Dokument ID, Name, Vorname und alle Hobbys und gibt die Daten dann in (Nicht-XML-)Textform auf der Konsole aus, wie auch schon im DOM-Beispiel in Abschnitt 3.1.2. Da diese Daten aber nicht alle auf einmal geliefert, sondern auf mehrere SAX-Events verteilt gemeldet werden, müssen wir zu ihrer Zwischenspeicherung im PersonHandler Instanzvariablen anlegen:

```
private int _id;
private String _nachname;
private String _vorname;
private List<String> _hobbys;
```

Zwischenspeicherung der Elementhierarchie

Weiterhin müssen wir auch wissen, in welchem Element wir uns gerade befinden. Zwar wird diese Information der startElement()-Methode als Parameter übermittelt, doch wird beispielsweise der Textinhalt eines Elements als separater Aufruf von characters() gemeldet. Wenn wir also innerhalb von characters() wissen möchten, in welchem Element wir uns gerade befinden, müssen wir die entsprechende Information in einer weiteren Instanzvariablen ablegen:

```
private Stack<String> _elementStack;
```

Stack

Wie Sie sehen, benutzen wir dafür einen *Stack* – in Java über eine parametrisierte Klasse java.util.Stack[1] repräsentiert (Erklärung siehe Kasten). Dies hat den Vorteil, dass wir uns nicht nur das aktuelle Element, sondern auch alle Elternelemente bis zum Wurzelelement merken können. Dies ist zwar in unserem konkreten Fall nicht nötig, wird bei komplexeren Handler-Klassen aber schnell unabdingbar. Wir empfehlen Ihnen deshalb, immer mit einem Stack zu arbeiten.

Stacks

Ein Stack ist – wie eine Liste oder Map – eine Standarddatenstruktur der Software-Entwicklung. Wie der Name schon sagt, repräsentiert sie einen »Stapel« von Objekten.

1 Ab Java 6 besser über das Interface java.util.Deque und dessen Implementierungen

Es ist nur möglich, das obere Ende des Stapels zu verändern. Sie können dort also (einzeln) neue Objekte darauflegen (*push*-Operation) oder sie (einzeln) wieder entfernen (*pop*-Operation). Oder sie fragen einfach nur das oberste Objekt ab, ohne es zu entfernen (*peek*-Operation). Weiter unten liegende Objekte des Stapels können nicht entfernt werden, genauso wenig können Objekte dort eingeschoben werden.

Nachdem Sie nun alle Instanzvariablen kennen, die wir zur internen Zustandsverwaltung während des Parse-Vorgangs nutzen, können wir uns nacheinander die einzelnen Callback-Methoden ansehen.

Der Beginn des Dokuments

Wir beginnen mit der Callback-Methode `startDocument()`. Sie wird vom Parser einmalig zu Beginn des Parse-Vorgangs aufgerufen und hat keine Argumente. Klassischerweise sollte man sie dafür benutzen, alle nötigen Vorbereitungen für die weitere Verarbeitung oder sonstige einmalige Aktionen anzustoßen.

Im Beispiel verwenden wir `startDocument()`, um unseren Element-Stack sowie die Liste für die Hobbys zu initialisieren. Außerdem geben wir eine einfache Kopfzeile auf der Konsole aus:

```
public void startDocument() throws SAXException
{
   _elementStack = new Stack<String>();
   _hobbys = new ArrayList<String>();

   System.out.println("Personenliste:");
   System.out.println("========= ... ========");
}
```

Das Ende des Dokuments

Das Gegenstück zu `startDocument()` bildet die ebenfalls parameterlose Methode `endDocument()`. Sie wird einmalig am Ende des Dokuments aufgerufen. In dieser Methode sollten Sie eventuell notwendige Aufräumarbeiten durchführen, was vor allem dann sinnvoll ist, wenn Sie den Handler für weitere Parse-Vorgänge wiederverwenden möchten. Aber auch sonstige einmalige Aktionen können dort sinnvoll untergebracht werden.

Im Beispiel nutzen wir `endDocument()` dazu, unsere internen Zustandsvariablen zurückzusetzen. Außerdem geben wir eine einfache Fußzeile auf der Konsole aus:

```
public void endDocument() throws SAXException
{
   _elementStack = null;
   _id = 0;
   _nachname = null;
   _vorname = null;
   _hobbys = null;

   System.out.println("========== ... =========");
}
```

Der Beginn eines Elements

Wenn der Parser auf ein öffnendes Tag stößt, meldet er die entsprechenden Informationen an die Callback-Methode `startElement()`. Diese verfügt über die folgenden vier Parameter, die vom `XMLReader` entsprechend befüllt werden:

- den Namensraum-URI des Elements als `String`
- den lokalen Namen des Elements als `String`
- den qualifizierten Namen des Elements als `String`
- die Attribute des Elements als `org.xml.sax.Attributes`-Objekt (das über diverse Methoden zur Abfrage der Attributsinformationen verfügt)

In dieser Methode können Sie nun sämtliche Logik unterbringen, die zum Beginn eines bestimmten Elements ausgeführt werden muss.

Elementhierarchie pflegen

Wenn Sie – wie wir im Beispiel – eine interne Zustandsverwaltung für die Elementhierarchie haben, sollten Sie hier beispielsweise den `push()`-Aufruf auf dem `Stack` durchführen (oder vergleichbaren Code). Außerdem können Sie nur hier über das mitgelieferte `Attributes`-Objekt auf die Attribute des Elements zugreifen (mehr dazu siehe in der Beschreibung von `startElement()` in Abschnitt 4.3.1). Schließlich kann beliebige weitere Logik folgen.

Fallunterscheidungen

Da aber alle Elemente des gesamten Dokuments über `startElement()` gemeldet werden, müssen Sie hier unbedingt sinnvolle Fallunterscheidungen einbauen, da normalerweise nicht auf jedes Element gleich regiert wird.

In unserem Beispiel müssen wir bei einem öffnenden Element nur zwei Dinge erledigen: erstens natürlich den Element-`Stack` befüllen und zweitens im Falle eines `<person>`-Tags dessen `id`-Attribut auswerten:

```
public void startElement(String uri, String localName,
   String qName, Attributes atts) throws SAXException
{
   _elementStack.push(localName);

   if(TAG_PERSON.equals(localName))
   {
      final String id = atts.getValue("", ATTR_ID);
      _id = Integer.parseInt(id);
   }
}
```

Wie der Codeausschnitt zeigt, legen wir einfach den lokalen Namen des Elements auf dem `Stack` über dessen `push()`-Methode ab. Den Namen bekommen wir als Methodenparameter vom `XMLReader` überreicht.

Danach prüfen wir, ob dieser Name `"person"` lautet (abgelegt als Konstante `TAG_PERSON` im Hilfsinterface `XMLNames`, wie schon bei DOM). Falls ja, rufen wir den Wert des `id`-Attributs vom übergebenen `Attributes`-Objekt über dessen Methode `getValue()` ab, wandeln ihn in einen `int`-Wert um und speichern ihn in der dafür vorgesehenen Instanzvariablen.

Das Ende eines Elements

Das Gegenstück zu `startElement()` ist die Callback-Methode `endElement()`. Sie wird vom Parser beim Auffinden eines schließenden Tags aufgerufen. Sie erhält auch dieselben Argumente, allerdings ohne das `Attributes`-Objekt. Somit sind nur die Namensinformationen verfügbar.

Spezifische Logik

Innerhalb der Methode sollten Sie jeglichen Code unterbringen, der am Ende eines Elements ausgeführt werden sollte (Fallunterscheidungen nicht vergessen). Außerdem sollten Sie daran denken, den eventuell gepflegten Element-Stack per `pop()`-Aufruf wieder abzubauen.

In unserem Beispiel sieht das aus wie eben beschrieben. Zunächst müssen wir im Falle eines `</person>`-Tags alle über die Person gesammelten Daten auf der Konsole ausgeben und danach die Liste mit den bisher gesammelten Hobbys leeren. Außerdem wird in jedem Fall der Element-`Stack` abgebaut:

```
public void endElement(String uri, String localName,
   String qName) throws SAXException
{
   if(TAG_PERSON.equals(localName))
```

```
    {
        System.out.printf("...",
            _id, _nachname, _vorname, _hobbys);

        _hobbys.clear();
    }

    _elementStack.pop();
}
```

Im gezeigten Codeausschnitt sollten Sie der Zeile mit der Konsolenausgabe besondere Beachtung schenken. Sie sehen hier, dass wir dort alle bisher gesammelten Informationen (ID, Name, Vorname und Hobbys) gesammelt abgreifen. Da wir diesen Code am Ende eines `<person>`-Elements ausführen, können wir uns sicher sein, dass all diese Informationen zu diesem Zeitpunkt befüllt sind (die Befüllung von `_nachname`, `_vorname` und `_hobbys` zeigen wir im nächsten Abschnitt).

Textinhalt

Neben den Informationen über öffnende und schließende Elemente sind die in den Elementen enthaltenen Textdaten meistens die wichtigsten des ganzen Dokuments. Das kommt daher, dass diese im Regelfall die eigentlichen Nutzdaten enthalten, während Elemente eher zur Strukturierung und Überlieferung von Metainformationen dienen.

characters()

Zeichendaten werden bei SAX über die `characters()`-Callback-Methode des `ContentHandler`-Interfaces gemeldet. Dabei wird allerdings kein `String` übergeben, sondern ein `char`-Array sowie ein Start-Index und ein Längenwert jeweils als `int`. Daraus können Sie sich ganz einfach einen `String` generieren:

```
String s = new String(charArray, startIndex, length);
```

Arbeitsweise des Parsers bei characters()

Dieser umständliche Weg mag verwirrend erscheinen, hat aber einen Hintergrund. Und zwar wird parser-intern der Inhalt des XML-Dokuments nicht Zeichen für Zeichen verarbeitet, sondern normalerweise ein großer Puffer gebildet. Die gefundenen Textabschnitte sind dann nur Teilmengen dieses Puffers. Deshalb übergibt uns der `XMLReader` diesen Puffer als `char`-Array, sagt uns aber dazu, wo der für uns interessante Abschnitt beginnt und wie lang er ist.

Bei unserem Beispiel gibt es nun insgesamt drei Informationstypen, die als Textbausteine vorliegen:

- den Nachnamen der Person (enthalten im `<nachname>`-Element)
- den Vornamen der Person (enthalten im `<vorname>`-Element)
- die Hobbys der Person (enthalten in den `<hobby>`-Elementen)

Wenn uns der `XMLReader` also ein »Characters«-Event schickt – sprich die `characters()`-Methode unseres `PersonHandlers` aufruft –, müssen wir unbedingt wissen, in welchem Element wir uns gerade befinden, um die erhaltenen Zeichen in die richtige Variable in unserem Handler ablegen zu können. Diese Information erhalten wir aber ganz einfach über die `peek()`-Operation unseres Element-`Stacks`. Danach müssen wir nur über `if-else` eine entsprechende Fallunterscheidung vornehmen und die Zeichendaten dann in der `_nachname`-Variablen, der `_vorname`-Variablen oder der `_hobbys`-Liste ablegen. Den zugehörigen Code finden Sie im folgenden Listing:

```
public void characters(char[] ch, int start,
   int length) throws SAXException
{
   final String currentElement = _elementStack.peek();

   if(TAG_NACHNAME.equals(currentElement))
   {
      _nachname = new String(ch, start, length);
   }
   else if(TAG_VORNAME.equals(currentElement))
   {
      _vorname = new String(ch, start, length);
   }
   else if(TAG_HOBBY.equals(currentElement))
   {
      _hobbys.add(new String(ch, start, length));
   }
}
```

4.1.5 Zusammenfassung

Sie haben nun einen ersten Eindruck über die SAX-API erhalten. Wie Sie sehen konnten, sind die Vorbereitung und das Starten des Parse-Vorgangs schnell und mit wenig Aufwand erledigt.

Eigenheiten von SAX

Dafür steckt die ganze Komplexität und Logik in den `ContentHandler`-Klassen. Deren Entwicklung ist – bedingt durch das »Inversion of Control«-Prinzip – vor allem zu Beginn höchst umständlich und kompliziert, da besonders viele Informationen zwischen den verschiedenen Callback-

Aufrufen zwischengespeichert werden müssen. Sie können auch nicht aktiv in den Parse-Vorgang eingreifen und nicht im Dokument navigieren. Alles, was Sie tun können, ist, auf die Events zu reagieren, die Ihnen der Parser meldet.

Schwächen des PersonHandlers

Auch wenn unser Beispiel-Handler schon sehr komplex wirken mag, so hat er doch immer noch sehr viele Schwächen, die auf den ersten Blick gar nicht so auffallen mögen. Beispielsweise ignorieren wir vollkommen die Namensrauminformationen, die Elemente könnten also in ganz anderen und völlig verschiedenen Namensräumen liegen, wir würden sie trotzdem auswerten. Auch schauen wir in unseren Fallunterscheidungen (vor allem in `characters()`) nur auf das oberste Element, nicht auf die Elementhierarchie oder -reihenfolge. So könnten beispielsweise die `<hobby>`-Elemente auch direkte Kinder von `<person>` sein – ohne ein umfassendes `<hobbys>`-Element. Umgekehrt könnten `<nachname>`-, `<vorname>`- und `<hobby>`-Elemente auch innerhalb von ganz anderen Vaterelementen liegen, solange diese letztlich innerhalb eines `<person>`-Elements untergebracht sind. Die Reihenfolge der Elemente wird außerdem überhaupt nicht beachtet.

Um also auch noch die strukturelle Integrität zu beachten, müssten Sie entweder den Validierungsmechanismus von JAXP nutzen (mehr dazu in Abschnitt 5.3, »Einstieg in die SAX-API«) oder Ihren `ContentHandler` entsprechend intelligent machen (was aber die Komplexität nochmals stark steigert).

Vorteile von SAX

Vergessen Sie aber nicht: Trotz dieser Nachteile können Sie mit SAX im Vergleich zu DOM wesentlich ressourcenschonendere Parse-Anwendungen schreiben, also deutlich bei CPU-Kosten und Speicherverbrauch sparen. Gerade bei sehr großen oder sehr vielen Dokumenten kann sich das durchaus bezahlt machen.

4.2 Parsen

Nachdem Sie nun bereits die wichtigsten Aufgaben mit SAX lösen können, gehen wir etwas detaillierter auf die vorgestellten Interfaces und Klassen ein. In diesem Abschnitt möchten wir Ihnen als Erstes zeigen, wie Sie einen `XMLReader` erzeugen und damit ein XML-Dokument parsen.

4.2.1 Parser-Instanz erzeugen

Wie Sie auch schon in Abschnitt 4.1.3 und Listing 4.1 sehen konnten, besteht der erste Schritt beim Arbeiten mit SAX immer darin, eine `XMLReader`-Instanz zu erzeugen. Grundsätzlich haben Sie hierfür zwei verschiedene Möglichkeiten.

XMLReaderFactory

Die erste Möglichkeit kennen Sie teilweise schon aus dem Einführungsbeispiel, nämlich die Verwendung der Klasse `XMLReaderFactory` aus dem Package `org.xml.sax.helpers`.

createXMLReader()

Diese Klasse verfügt lediglich über zwei statische Methoden `createXMLReader()` – eine parameterlose und eine mit einem `String`-Parameter. Erstere arbeitet dabei ähnlich wie die `DOMImplementationRegistry` aus DOM – sie sucht selbständig im Klassenpfad nach einer `XMLReader`-Implementierung und gibt diese dann zurück. Die zweite Variante erwartet direkt den voll qualifizierten Klassennamen einer `XMLReader`-Implementierung und instantiiert diese.

[«]

Hinweis

Wenn Sie die parameterlose Variante von `createXMLReader()` verwenden, können Sie auch mit Java-üblichen Mitteln eine System Property `org.xml.sax.driver` auf einen beliebigen voll qualifizierten Klassennamen setzen. Die Methode versucht dann zunächst, diese Klasse zu instantiieren, bevor sie im Klassenpfad zu suchen beginnt.

JAXP SAXParser

Eine zweite Möglichkeit, einen `XMLReader` zu erhalten, besteht – wie auch schon bei DOM – in der Verwendung von *JAXP* (siehe Abschnitt 2.7, »Die Rolle von JAXP«, und Kapitel 5, »JAXP«). Dieser Weg mag auf den ersten Blick etwas komplizierter erscheinen, hat in bestimmten Fällen jedoch auch Vorteile – mehr dazu aber im JAXP-Kapitel. Deshalb möchten wir Ihnen an dieser Stelle nur kurz und unkommentiert den Quelltext zeigen, wie Sie mit JAXP an eine `XMLReader`-Instanz kommen können.

```
SAXParserFactory factory =
   SAXParserFactory.newInstance();
SAXParser saxParser = factory.newSAXParser();
XMLReader xmlReader = saxParser.getXMLReader();
```

Listing 4.2 XMLReader mit JAXP besorgen

Wie Sie sehen, ist auch dieser Code kurz und knapp, benötigt aber eine Anweisung mehr. Die genauen Details über diesen Weg erfahren Sie in Abschnitt 5.3, »Einstieg in die SAX-API«.

4.2.2 Konfigurieren des XMLReaders

Nachdem Sie nun eine `XMLReader`-Instanz erzeugt haben, müssen Sie noch ein paar weitere Vorbereitungen treffen, bevor Sie den Parse-Vorgang durchführen können. Genau gesagt, muss der `XMLReader` noch konfiguriert werden.

Handler registrieren

ContentHandler

Den wichtigsten Konfigurationsschritt kennen Sie schon aus Abschnitt 4.1.3 nämlich das Registrieren des `ContentHandlers`. Das `XMLReader`-Interface stellt dafür eine Methode `setContentHandler()` zur Verfügung sowie einen entsprechenden Getter `getContentHandler()`. Zusätzlich dazu können aber noch drei weitere Typen von Handler-Objekten registriert (und abgefragt) werden (alle befinden sich im Haupt-SAX-Package `org.xml.sax`):

- ein `DTDHandler` über die Methoden `setDTDHandler()` und `getDTDHandler()`
- ein `EntityResolver` über die Methoden `setEntityResolver()` und `getEntityResolver()`
- ein `ErrorHandler` über die Methoden `setErrorHandler()` und `getErrorHandler()`

Zwar behandeln wir diese drei Handler-Typen separat in Abschnitt 4.3, »Handler«, doch möchten wir an dieser Stelle auch ein paar Worte dazu sagen.

DTDHandler

Einen `DTDHandler` benötigen Sie nur in ganz seltenen Fällen, nämlich dann, wenn Ihr Dokument über eine DTD verfügt, in der Notationen und ungeparste Entities deklariert sind, und Sie die Informationen darüber in Ihrem Programm benötigen.

EntityResolver

Ein `EntityResolver` ist weniger ein Handler, der auf SAX-Events reagiert, sondern ein Hilfsobjekt, das für den Parser externe Ressourcen auflöst. Dies kann der Fall sein, wenn im XML-Dokument beispielsweise über eine DTD auf ein anderes Dokument verwiesen wird.

ErrorHandler

Ein `ErrorHandler` empfängt ebenfalls keine SAX-Events, wird aber vom `XMLReader` über sämtliche Fehler informiert, die während des Parse-Vorgangs auftreten. In den zugehörigen Callback-Methoden kann dann auf diese Fehler reagiert und in gewisser Weise beeinflusst werden, ob der Vorgang abgebrochen oder fortgesetzt werden soll.

Features und Properties

Zusätzlich zu den Handlern gibt es zwei weitere Möglichkeiten, einen `XMLReader` zu konfigurieren – Features und Properties. Das Ziel dieser beiden sehr verwandten Mechanismen ist, eine möglichst generische Schnittstelle zu bieten, mit der beliebige weitere Konfigurationseinstellungen auf herstellerunabhängige Weise vorgenommen werden können.

Name-Wert-Paare

So hat man sich für eine simple Konfiguration basierend auf Name-Wert-Paaren entschieden. Jedes Feature und jede Property hat dabei einen eindeutigen `String`-Namen, zu dem der Entwickler über Methoden des `XMLReader`s einen Wert hinterlegen kann. Verschiedene Hersteller unterstützen dann einfach verschiedene Namen und Werte, zu deren Einstellung genügen aber immer die generischen Methoden von `XMLReader`. Genau gesagt, sind es vier Stück, abgedruckt in Listing 4.3:

```
public boolean getFeature(String name)
   throws SAXNotRecognizedException,
      SAXNotSupportedException;

public void setFeature(String name, boolean value)
   throws SAXNotRecognizedException,
      SAXNotSupportedException;

public Object getProperty(String name)
   throws SAXNotRecognizedException,
      SAXNotSupportedException;

public void setProperty(String name, Object value)
   throws SAXNotRecognizedException,
      SAXNotSupportedException;
```

Listing 4.3 Methoden zur Verwaltung von Features und Properties

Unterschied zwischen Features und Properties

Wie sie dort sehen, gibt es für Features und Properties jeweils einen Getter und Setter, alle basierend auf dem eindeutigen Namen. Außerdem fällt der wesentliche Unterschied zwischen beiden Mechanismen auf: Features erlauben als Werte nur `boolean`s, während Properties beliebige `Object`s sein können. Erstere sind also (ähnlich wie bei DOM) nur dazu gedacht, an- oder abgeschaltet zu werden, während Properties das Überreichen von beliebigen Objekten und somit maximale Flexibilität erlauben.

Exceptions

Unterstützt der zugrundeliegende `XMLReader` das angegebene Feature oder die angegebene Property nicht, so wird beim Aufruf der Setter- oder Getter-Methoden eine `SAXNotRecognizedException` geworfen. Wird hingegen versucht, bei einem Feature oder einer Property, welche der `XMLReader` kennt, einen Wert zu ändern, ist aber die entsprechende Änderung nicht erlaubt, so wird eine `SAXNotSupportedException` geworfen.

Herstellerspezifische Features und Properties

Welche Features und Properties es nun gibt, wie sie heißen und welche Werte sie unterstützen, kann sich von Hersteller zu Hersteller unterscheiden. Im Normalfall bietet jeder Hersteller in seiner Dokumentation eine entsprechende Auflistung an. Für den Parser Xerces (der auch die Java-Referenzimplementierung ist) ist dies beispielsweise auf folgenden Websites einsehbar:

http://xml.apache.org/xerces2-j/features.html

http://xml.apache.org/xerces2-j/properties.html

Standard-Features und -Properties

Neben diesen spezifischen Features und Properties definiert SAX einige standardmäßige, die von jedem `XMLReader` unterstützt werden sollten. Eine Übersicht über die wichtigsten davon haben wir Ihnen in Anhang C zusammengestellt. Eine vollständige Liste können Sie außerdem auf folgender Webseite einsehen:

http://www.saxproject.org/apidoc/org/xml/sax/package-summary.html #package_description

4.2.3 Eingabedokument vorbereiten

Nachdem wir den Parser nun erzeugt und vollständig konfiguriert haben, kann bekannterweise schon fast mit dem Parsen begonnen werden. Als letzten Schritt davor müssen wir aber noch ein Objekt vom Typ `org.xml.sax.InputSource` erzeugen, in dem konfiguriert wird, wo das zu parsende Dokument physikalisch liegt.

Enge Verwandtschaft zu LSInput aus der DOM-API

Wie schon erwähnt, stellt eine `InputSource` eine abstrahierte Beschreibung der Ressource dar, von der das XML-Dokument gelesen werden soll – genau wie das `LSInput`-Objekt bei *DOM Level 3 Load and Save* (siehe dazu Abschnitt 3.7.2). Tatsächlich gleichen sich die beiden Typen in den wesentlichen Punkten. So verfügt die `InputSource` über vier Getter-Setter-Paare, mit denen das Quelldokument in verschiedenen Formaten gesetzt und abgefragt werden kann:

- `setCharacterStream()` und `getCharacterStream()` zum Setzen und Abfragen eines `java.io.Readers`
- `setByteStream()` und `getByteStream()` zum Setzen und Abfragen eines `java.io.InputStreams`
- `setSystemId()` und `getSystemId()` zum Setzen und Abfragen eines URI-`Strings`
- `setPublicId()` und `getPublicId()` zum Setzen und Abfragen eines Public-ID-`Strings`

Auch hier gilt übrigens: Ist mehr als einer dieser Werte gesetzt, so wird in der Reihenfolge von oben nach unten der erste Treffer verwendet.

Encoding

Neben den Ressourceninformationen selbst können Sie in einer `InputSource` auch die beim Parsen zu verwendende Zeichencodierung durch die Methoden `setEncoding()` und `getEncoding()` als `String` angeben und abfragen. Allerdings wird diese Angabe nur berücksichtigt, wenn es sich bei der zu lesenden Ressource nicht um einen Character-Stream handelt.

Konstruktoren

Die Klasse `InputSource` definiert übrigens vier Konstruktoren: den Default-Konstruktor, der alle Werte leer lässt, und jeweils einen für Character-Stream, Byte-Stream und System-ID. Dadurch müssen Sie also nicht immer zwangsweise einen der Setter aufrufen.

4.2.4 Starten des Parse-Vorgangs

parse()

Wie Sie schon in Abschnitt 4.1.3 im Einführungsbeispiel sehen konnten, ist das Starten des Parse-Vorgangs nach getaner Konfigurationsarbeit nur eine Kleinigkeit, nämlich der Aufruf der Methode `parse()` des `XMLReaders` mit Übergabe des `InputSource`-Objekts. Im Gegensatz zu DOM bekommen wir hier aber kein Objekt zurück, stattdessen werden die Inhalte des Dokuments oder auch Fehlerinformationen über Callback-Aufrufe an die registrierten Handler-Objekte gemeldet.

parse() für System-IDs

Als Alternative gibt es übrigens eine zweite `parse()`-Methode, die keine `InputSource`, sondern einen String mit einer System-ID erwartet. Wenn Sie also zu Ihrem Eingabedokument eine URL angeben können, müssen Sie nicht zwangsweise ein `InputSource`-Objekt erzeugen, sondern können den Parser direkt aufrufen.

4.2.5 Zusammenfassung

Sie haben nun etwas detaillierter gesehen, wie Sie mit SAX Dokumente parsen können, sobald Sie die entsprechenden Handler-Klassen vorbereitet haben. Prinzipiell sind die Mechanismen wenig komplex, so dass Sie mit ein paar wenigen Objekten und Methoden auskommen. Gewöhnungsbedürftig ist aber sicher der Feature- und Property-Mechanismus zur Konfiguration des `XMLReaders`, der zwar von der API her einen gleichartigen Umgang mit Implementierungen verschiedener Hersteller ermöglicht, aber nicht unbedingt intuitiv oder anwenderfreundlich ist.

4.3 Handler

Wie wir nun schon mehrfach erwähnt haben, besteht die eigentliche Komplexität beim Schreiben von Anwendungen, die XML-Dokumente mit SAX verarbeiten, nicht im Vorbereiten und Konfigurieren des Parsers oder der Durchführung des Parse-Vorgangs, sondern im Schreiben der diversen Handler-Klassen.

Callback

Wie Sie in Abschnitt 4.2.2 schon sehen konnten, lassen sich die Handler nach ihren Aufgabengebieten und der Art der zu verarbeitenden Informationen unterscheiden. Und alle werden durch ein eigenes Interface beschrieben. Innerhalb dieser Interfaces sind sogenannte *Callback-Methoden* definiert, die von Ihnen implementiert werden müssen. Jedes Ereignis (oder SAX-Event), das beim Parsen eines XML-Dokuments auftreten kann, wird einer bestimmten Callback-Methode zugeordnet. Beim Auftreten eines solchen Ereignisses – wie z. B. dem Auffinden eines bestimmten XML-Knotens oder Auftreten eines Parse-Fehlers – ruft daraufhin der `XMLReader` die zugeordnete Callback-Methode auf.

In den folgenden Abschnitten wollen wir Ihnen die verschiedenen von SAX definierten Handler nun nacheinander vorstellen und Ihnen zeigen, wie diese eingesetzt werden können.

4.3.1 Den Dokumentinhalt abgreifen mit dem ContentHandler

Der mit Abstand wichtigste Handler ist der `ContentHandler`, den Sie teilweise schon aus dem Einführungsbeispiel kennen. Wie der Name schon sagt, ist er zuständig für den eigentlichen Dokumentinhalt, und seine verschiedenen Callback-Methoden werden aufgerufen, wenn bestimmte Inhaltsbausteine im Dokument gefunden werden – beispielsweise Start- oder End-Tags, Text, Kommentare usw. Um einen eigenen

ContentHandler zu erstellen, schreiben Sie einfach eine eigene Klasse, die dieses Interface implementiert. Eine Instanz dieser Klassen müssen Sie dann vor dem Parsen beim XMLReader registrieren.

In diesem Abschnitt nehmen wir das Interface mit seinen Callback-Methoden nun Schritt für Schritt genau unter die Lupe und erklären Ihnen die Bedeutung der einzelnen Methoden. Zunächst sollten Sie aber einen Blick auf Listing 4.4 werfen, das Ihnen alle Methoden des ContentHandler-Interfaces im Überblick zeigt.

```
public void setDocumentLocator (Locator locator);

public void startDocument () throws SAXException;
public void endDocument() throws SAXException;

public void startElement (String uri, String localName,
   String qName, Attributes atts) throws SAXException;
public void endElement (String uri, String localName,
   String qName) throws SAXException;

public void characters (char ch[], int start,
   int length) throws SAXException;

public void ignorableWhitespace (char ch[], int start,
   int length) throws SAXException;

public void processingInstruction (String target,
   String data) throws SAXException;

public void skippedEntity (String name)
   throws SAXException;

public void startPrefixMapping
   (String prefix, String uri) throws SAXException;
public void endPrefixMapping (String prefix)
   throws SAXException;
```

Listing 4.4 Das Interface ContentHandler

Sie werden in diesem Listing einige Bekannte aus dem Einführungsbeispiel wiederfinden. Zusätzlich sehen Sie aber, dass es ein paar weitere Callback-Methoden gibt. Im Folgenden werden wir nun auf alle davon näher eingehen.

startDocument() und endDocument()

Die beiden Callback-Methoden `startDocument()` und `endDocument()` kennen Sie schon von unserem `PersonHandler` aus Abschnitt 4.1.4. Sie werden nur jeweils genau einmal pro Parse-Vorgang aufgerufen, und zwar dann, wenn mit dem Parsen des XML-Dokuments begonnen (und der XML Header gelesen) wird bzw. wenn der Vorgang abgeschlossen ist. Beide verfügen über keine Methodenparameter.

startDocument()

Erst nachdem die Methode `startDocument()` durch den SAX-Parser aufgerufen wurde, wird damit begonnen, den eigentlichen Inhalt des XML-Dokuments auszulesen. Somit haben Sie die Möglichkeit, zuvor noch bestimmte Aktionen durchzuführen, wie beispielsweise das Initialisieren von (Hilfs-)Objekten.

endDocument()

Nachdem der Inhalt des XML-Dokuments ausgelesen wurde, wird als Letztes die Methode `endDocument()` aufgerufen, in der etwa bestimmte »Aufräumarbeiten« durchgeführt werden können. Hierzu zählt beispielsweise das saubere Schließen offener Verbindungen oder das Zurückgeben belegter Komponenten an einen Container.

startElement() und endElement()

Auch die Methoden `startElement()` und `endElement()` kennen Sie schon sehr gut aus dem Einführungsbeispiel. Bei ihnen ist es wichtig zu verstehen, dass Sie wirklich nur über das Auffinden eines Tags informiert werden – nicht über einen vollständigen Elementknoten, wie es bei DOM der Fall ist.

startElement()

Die Informationen zu dem jeweiligen Tag werden den beiden Callback-Methoden vom `XMLReader` als Argumente übergeben, so dass wir diese auswerten können. Hierzu zählen:

- Namensraum-URI, dem dieses Element zugeordnet ist
- lokaler Name des Elements ohne Namensraum-Präfix
- qualifizierter Name des Elements mit Namensraum-Präfix
- nur bei `startElement()`: Liste aller Attribute, die das zugehörige Element besitzt

Mit diesen Informationen können Sie nun geeignet auf das SAX-Event reagieren. Innerhalb der Methode werden Sie normalerweise erst die Namensinformationen überprüfen und anhand deren bestimmte Aktionen durchführen und/oder die Attribute auswerten.

Attribute

Letzteres ist übrigens nur innerhalb von `startElement()` möglich – was sinnvoll ist, da Attribute nur in Start-Tags enthalten sein können. In diesem Fall wird der `startElement()`-Methode ein Argument vom Interface-Typ `org.xml.sax.Attributes` überreicht, über das Sie die verschiedensten Informationen über die Attribute des Tags abfragen können.

Wie die `NamedNodeMap` aus DOM (siehe Abschnitt 3.3.2) erlaubt auch das `Attributes`-Objekt zwei Zugriffsarten auf Attribute: indexbasiert und namensbasiert. So können Sie zunächst über `getLength()` die Anzahl der im Element vorhandenen Attribute erfragen. Dann können Sie mit den folgenden Methoden die folgenden Informationen unter Angabe des Index abrufen:

- `getLocalName()` liefert den lokalen Namen des Attributs.
- `getURI()` liefert den Namensraum-URI des Attributs.
- `getPrefix()` liefert das Präfix des Attributs.
- `getQName()` liefert den qualifizierten Namen des Attributs (also Präfix plus lokaler Namen).
- `getType()` liefert Typinformationen über das Attribut als `String` (dazu muss beim Parsen eine Grammatik – wie eine DTD – vorhanden gewesen sein).
- `getValue()` liefert den Wert des Attributs als `String`.

Für die Abfragemethoden `getValue()` und `getType()` existieren außerdem jeweils zwei gleichnamige zusätzliche Abfragemethoden, die entweder den qualifizierten Attributsnamen als Argument benötigen oder den Namensraum-URI und den lokalen Namen. Den Wert eines Attributs `myAttr` können Sie also schnell und einfach über den Aufruf `atts.getValue("myAttr")` ermitteln.

Zuletzt gibt es noch zwei Methoden `getIndex()`. Diesen übergeben Sie entweder den qualifizierten Namen eines Attributs oder dessen Namensraum-URI und lokalen Namen und erhalten als Antwort den Index dieses Attributs innerhalb des `Attributes`-Objekts.

characters()

Auch diese Callback-Methode kennen Sie schon. Sie wird aufgerufen, wenn ein Textknoten innerhalb eines Dokuments auftritt. Eine Beschreibung dafür haben wir Ihnen schon in Abschnitt 4.1.4 gegeben, der wir an dieser Stelle kaum etwas hinzuzufügen haben.

Mehrfachaufrufe von characters() für einen Textblock

Auf eine Besonderheit möchten wir Sie allerdings noch hinweisen: SAX definiert nämlich nicht, wie oft diese Methode für die Verarbeitung eines einzelnen Textblocks aufgerufen werden darf. Es kommt also bei manchen Implementierungen vor, dass ein (beispielsweise großer) Textblock über mehrere Aufrufe dieser Methode gemeldet wird. Diese Besonderheit gilt es also eventuell bei der Implementierung des `ContentHandler`s zu beachten.

In unserem `PersonHandler` aus Abschnitt 4.1.4 dürften wir beispielsweise, um dieses Problem abzufangen, in der `characters()`-Methode nicht direkt in die Ziel-Instanzvariablen für Name, Vorname und Hobbys schreiben. Stattdessen müssten wir zusätzlich einen `StringBuilder` anlegen, dem wir bei jedem Aufruf von `characters()` die übermittelten Zeichen hinten anhängen. Unsere Fallunterscheidung müssten wir dann in die `endElement()`-Methode verlagern und dort die Variablen aus dem im `StringBuilder` angesammelten Gesamt-`String` füllen.

[o]

Hinweis

Im Package `de.javaundxml.sax.characters` des SAX-Beispielprojekts auf der CD finden Sie einen alternativen `PersonHandler`, der genau nach diesem Prinzip vorgeht. Sie können Ihn über die Eclipse-Startkonfiguration *Beispiel 2 – Characters* starten.

ignorableWhitespace()

Neben `characters()` ist im Interface `ContentHandler` eine weitere Methode definiert, die beim Auftreten von Textknoten aufgerufen werden kann. Die Betonung liegt hier klar auf *kann*, da diese Callback-Methode nur dann überhaupt aufgerufen wird, wenn das aktuelle XML-Dokument mit einer Grammatik – wie beispielsweise einer DTD oder einem XML Schema – verknüpft ist. In allen anderen Fällen wird diese Methode niemals aufgerufen.

Falls nun aber das XML-Dokument mit einem entsprechenden Definitionsdokument verknüpft ist, so wird die Methode `ignorableWhitespace()` nur genau dann aufgerufen, wenn der SAX-Parser in Verbindung mit der darin definierten Grammatik erkennt, dass es sich bei dem aktuellen Textknoten nur um Whitespace handelt, der mit dem eigentlichen Inhalt des XML-Dokuments nichts zu tun hat. Eine genauere Erklärung, was Whitespaces sind, haben wir Ihnen bereits in Abschnitt 3.3.7 gegeben.

[«]

Hinweis

Auch bei `ignorableWhitespace()` kann der `XMLReader` den Textabschnitt über mehrere Aufrufe verteilt melden.

processingInstruction()

Stößt der SAX-Parser beim Auslesen eines Dokuments auf eine Processing Instruction, so ruft er die Methode `processingInstruction()` auf. Ihr übergibt er den Ziel- und den optionalen Daten-Teil jeweils der Processing Instruction als `String`.

Processing Instructions sind normalerweise anwendungsspezifisch und können beliebige Aktionen nach sich führen. Sie werden diese Methode also nur implementieren, wenn Ihre Anwendung an einer oder mehreren davon interessiert ist. Die darin auszuführenden Schritte sind beliebig – wie der Aufruf einer externen Anwendung, die Änderung bestimmter Programmparameter oder die Ausgabe bestimmter Informationen in eine Log-Datei.

[«]

Hinweis

Da es sich bei einer XML-Deklaration – wie beispielsweise `<?xml version="1.0"?>` – um keine Processing Instruction handelt, wird auch die hier behandelte Callback-Methode niemals für eine XML-Deklaration aufgerufen.

startPrefixMapping() und endPrefixMapping()

Wie Sie spätestens in Abschnitt 1.3, »Die Namensräume«, erfahren haben, kann in XML mit Namensräumen gearbeitet werden, um Elemente oder Attribute gleichen Namens, jedoch mit unterschiedlicher Bedeutung trotzdem unterscheiden zu können. Um aber einem Element oder Attribut einen Namensraum zuordnen zu können, muss dieser bekanntlich zunächst an ein Präfix gebunden werden[2]. Solch ein *Prefix-Mapping* ist eine spezielle Attributsdeklaration in einem öffnenden Element, die bis zum Schließen des Elements gültig ist:

```
<element xmlns:my="my:prefix:uri">
   ...
</element>
```

2 Eine Ausnahme stellt der Default-Namensraum dar, der kein Präfix definiert.

In diesem XML-Fragment wird im Element `<element>` das Präfix `my` an den Namensraum `my:prefix:uri` gebunden. Diese Bindung gilt innerhalb des Elements selbst und aller Kindelemente davon.

startPrefixMapping() und endPrefixMapping()

SAX informiert Sie über den Beginn und das Ende solcher Mappings über die beiden Methoden `startPrefixMapping()` und `endPrefixMapping()` eines `ContentHandlers`. Dabei ist zu beachten, dass erstere immer vor dem zugehörigen `startElement()` aufgerufen wird und dabei Präfix und Namensraum als Argumente übergeben werden, letztere wird immer nach dem zugehörigen `endElement()` aufgerufen und lediglich das Präfix übergeben. Für unseren kleinen oberen Codeabschnitt würde der `XMLReader` also folgende Aufrufe im registrierten `ContentHandler` tätigen:

- `startPrefixMapping("my", "my:prefix:uri");`
- `startElement("", "element", "element", <Attributes>);`
- (Aufrufe für den Inhalt des Elements)
- `endElement("", "element", "element");`
- `endPrefixMapping("my");`

skippedEntity()

Wie Sie wissen, können Sie innerhalb eines XML-Dokuments sogenannte Entity-Referenzen platzieren, Verweise auf beliebigen Text entweder als Konstante aus der DTD oder aus externen Ressourcen. Normalerweise löst der `XMLReader` solche Verweise automatisch auf und liefert die SAX-Events für den Ersetzungstextinhalt. Ist die Auflösung aber nicht möglich, wird nicht unterstützt oder ist per Konfiguration abgeschaltet, ruft er stattdessen die Callback-Methode `skippedEntity()` auf und übergibt den Namen der Entity als Argument. Dies erlaubt es Ihrer Anwendung, geeignet darauf zu reagieren.

setDocumentLocator() und der Typ Locator

Eine Methode des `ContentHandlers`, die wir bis zu diesem Punkt noch nicht betrachtet haben, die aber eigentlich als Erstes – einmalig noch vor `startDocument()` – aufgerufen wird, ist `setDocumentLocator()`. Sie ist zwar auch eine Callback-Methode, dient aber nicht dem Empfang eines SAX-Events – wird also nicht über irgendwelche Dokumentinhalte informiert.

Locator

Der Methode wird ein Objekt vom Typ `org.xml.sax.Locator` übergeben, das dem Entwickler als Informationsquelle dient, wo im Dokument der XMLReader sich gerade beim Parsen befindet. Die Auskunftsmethoden des Locator liefern nämlich während des gesamten Parse-Vorgangs immer aktuelle Daten über die Position des XMLReaders im Dokument, die Ergebnisse variieren also mit fortlaufender Parse-Zeit. Wenn Sie an diesen Informationen interessiert sind, empfiehlt es sich also, das übergebene Locator-Objekt in einer Instanzvariablen zu speichern, damit es bei den späteren Callback-Aufrufen immer noch verfügbar ist.

getLineNumber() getColumnNumber()

Die Angabe der Position erfolgt über die Zeilen- und Spaltennummer, die Sie über die Methoden getLineNumber() und getColumnNumber() des Locator-Interfaces erfragen können.

getSystemId() und getPublicId()

Außerdem definiert das Interface zwei Methoden getSystemId() und getPublicId(), die die System-ID bzw. Public-ID des Dokuments liefern, falls diese Informationen in der gerade geparsten InputSource vorhanden sind.

Fehlerbehandlung

SAXException

Vielleicht haben Sie bemerkt, dass sämtliche Callback-Methoden des ContentHandlers (bis auf setDocumentLocator()) eine SAXException werfen können. Diese Klasse ist Teil der SAX-API und repräsentiert Fehler, die bei der Arbeit mit SAX auftreten können.

Die Tatsache, dass unsere Callback-Methoden ein solches Objekt werfen können, ermöglicht es uns, dem XMLReader beliebige Fehler zu melden, die während der Verarbeitung der einzelnen XML-Bausteine innerhalb unserer eigenen Logik auftreten. Um welche Fehler es sich dabei handelt, ist prinzipiell egal. So können wir beispielsweise eine SAXException werfen, wenn der Parser auf ein unerwartetes Element trifft, oder auch, wenn in unserer Logik eine andere Exception auftritt. In letzterem Fall müssen wir aber dafür sorgen, dass dieses andere Fehlerobjekt auch in SAXException verpackt wird.

[«]

Hinweis

Wenn Sie im ContentHandler eine SAXException werfen, wird der Parse-Vorgang dadurch abgebrochen.

Während wir soeben vom Auslösen von Fehlern gesprochen haben, wird die Behandlung von Fehler in SAX an einer anderen Stelle vorgenommen. Siehe dazu Abschnitt 4.3.4.

4.3.2 Erweiterte Inhaltsinformation abgreifen mit dem LexicalHandler

Vielleicht ist Ihnen im vorherigen Abschnitt aufgefallen, dass über den `ContentHandler` zwar die wichtigsten, aber nicht alle Informationen über den Dokumentinhalt verarbeitet werden können – beispielsweise Kommentare und CDATA-Sections. Diese und weitere Lücken füllt nun der `LexicalHandler` – ein weiteres SAX-Interface aus dem Package `org.xml.sax.ext`. Insgesamt deckt er über diverse neue Callback-Methoden die folgenden vier Aufgabenbereiche ab:

- Beginn und Ende eines CDATA-Abschnitts über die Methoden `startCDATA()` und `endCDATA()`
- Auftreten von XML-Kommentaren über die Methode `comment()`
- Beginn und Ende der DTD-Deklaration über die Methoden `startDTD()` und `endDTD()`
- Beginn und Ende einer Entity(-Referenz) über die Methoden `startEntity()` und `endEntity()`

startCDATA() und endCDATA()

Vielleicht erinnern Sie sich: CDATA-Abschnitte sind besondere Textbausteine, die mit dem Präfix `<![CDATA[` beginnen und mit `]]>` enden. Der Text dazwischen wird vom Parser nicht interpretiert, sondern 1:1 übernommen. Hier können Sie also XML-Sonderzeichen, wie `<`, `>` oder `&`, verwenden, ohne auf deren gesonderte Auszeichnung achten zu müssen. In SAX werden CDATA-Abschnitte ganz normal über das `characters()`-Event des `ContentHandler`s gemeldet. Ist jedoch ein `LexicalHandler` registriert, wird in diesem davor die `startCDATA()`-Methode und danach die `endCDATA()`-Methode aufgerufen. Der ganze Abschnitt wird also in drei Events aufgeteilt, die an zwei verschiedene Handler gemeldet werden. Das müssen Sie bei der Implementierung beachten, denn Ihre Handler müssen praktisch zusammenarbeiten.

comment()

XML-Kommentare werden an die `comment()`-Methode des `LexicalHandler`s gemeldet. Der Kommentarinhalt (also nur der Text zwischen `<!--` und `-->`) wird dabei – wie bei einem `characters()`-Event – als `char`-Array mit einem zugehörigen Start-Index und einer Länge übermittelt:

```
public void comment(char[] ch, int start, int length)
   throws SAXException
{
```

```
    String kommentar = new String(ch, start, length);

    ...
}
```

startDTD() und endDTD()

Wenn das XML-Dokument eine DTD-Deklaration enthält, wird vor deren Beginn die `startDTD()`-Methode und nach deren Ende die `endDTD()`-Methode des `LexicalHandlers` aufgerufen. Erstere erhält dabei Name, Public-ID und System-ID der DTD als `String`-Argumente. Die Inhalte der DTD werden hier allerdings nicht gemeldet, dafür gibt es zwei weitere Handler, den `DTDHandler` und den `DeclHandler` (siehe Abschnitt 4.3.3).

startEntity() und endEntity()

Zuletzt werden dem `LexicalHandler` noch Entity-Verweise (jeglicher Art) gemeldet. Auch hier wird allerdings wieder nur Beginn und Ende des Verweises über die Methoden `startEntity()` und `endEntity()` gemeldet, die Inhalte werden wieder an die entsprechenden anderen Callback-Methoden in den jeweils zuständigen Handlern geschickt. Beide Methoden erhalten aber den Namen der Entity als `String` überreicht.

Registrieren eines LexicalHandlers

Da der `LexicalHandler` relativ selten benötigt wird, ist er auch kein Teil des SAX-Kerns, sondern befindet sich im »Erweiterungs-Package« `org.xml.sax.ext`. Außerdem kann er nicht direkt über eine Setter-Methode auf dem `XMLReader` registriert werden, wie dies beispielsweise beim `ContentHandler` über `setContentHandler()` möglich ist. Stattdessen muss er als Property über `XMLReader.setProperty()` registriert und dabei der Property-Name `http://xml.org/sax/properties/lexical-handler` verwendet werden:

```
xmlReader.setProperty(
    "http://xml.org/sax/properties/lexical-handler",
    myLexicalHandler);
```

4.3.3 Zugriff auf DTD-Inhalte mit dem DTDHandler und dem DeclHandler

Gerade haben wir Ihnen gezeigt, dass der `LexicalHandler` uns zwar informiert, wann eine DTD beginnt und endet, nicht jedoch, was die Inhalte dieser DTD sind. Diese Aufgaben übernehmen zwei weitere Interfaces, der `DTDHandler` aus dem Package `org.xml.sax` und der `DeclHandler` aus dem Package `org.xml.sax.ext`, die wir Ihnen in diesem Abschnitt vorstellen möchten.

Nicht zuletzt wegen der immer geringeren Bedeutung von DTDs in der Praxis werden Sie aber beide Handler höchstwahrscheinlich kaum verwenden, deswegen werden wir sie nicht sehr ausführlich behandeln.

DTDHandler

Ein `DTDHandler` kann dazu verwendet werden, über zwei Ereignisse benachrichtigt zu werden, die beim Parsen einer DTD auftreten können – nämlich die Deklaration einer Notation und die Deklaration einer externen ungeparsten Entity. Ein paar Informationen zu Entities, Notationen und Entity-Referenzen haben wir Ihnen schon in Abschnitt 3.3.9 gegeben. Detailliertere Informationen können Sie außerdem in Abschnitt 6.7, »Die Event-Iterator-API im Detail«, nachlesen.

Zur Benachrichtigung über solche Deklarationen gibt es zwei Callback-Methoden im `DTDHandler`-Interface:

- `unparsedEntityDecl()` – ungeparste Entities
  Diese Callback-Methode wird genau dann aufgerufen, wenn sich in der DTD eine Deklaration einer Entity befindet, für die über das Schlüsselwort `NDATA` angegeben ist, dass sie vom SAX-Parser nicht eingelesen werden soll. Dies ist für Referenzen auf Binärdateien der Fall, wie beispielsweise Bilddateien.
- `notationDecl()` – Notationen
  Wird aufgerufen, wenn der SAX-Parser auf eine `NOTATION`-Deklaration in einer DTD stößt, mit der Zusatzinformationen für ungeparste Entities bereitgestellt werden können.

Registrieren Wie schon in Abschnitt 4.2.2, gezeigt, wird der `DTDHandler` über die Methode `setDTDHandler()` auf dem `XMLReader` registriert.

DeclHandler

Der `DeclHandler` ist eine Ergänzung zum `DTDHandler` und definiert Callback-Methoden für weitere Deklarationen, die in einem DTD platziert sein können:

- Elemente über die Methode `elementDecl()`
- Attribute über die Methode `attributeDecl()`
- interne Entities über die Methode `internalEntityDecl()`
- externe geparste Entities über die Methode `externalEntityDecl()`

<!ELEMENT>
<!ATTLIST>
<!ENTITY>

Die Methode `elementDecl()` bzw. `attributeDecl()` wird vom SAX-Parser genau dann aufgerufen, wenn er an einer Elementdeklaration `<!ELEMENT>` bzw. einer Attributsdeklaration `<!ATTLIST>` in einer DTD angekommen ist. Die weiteren zwei Methoden `internalEntityDecl()` und `externalEntityDecl()` werden hingegen genau dann vom `XMLReader` aufgerufen, wenn er an einer internen Entity-Deklaration `<!ENTITY>` bzw. einer Entity-Deklaration, die auf eine geparste externe Ressource verweist, angekommen ist.

Registrieren

Wie der `LexicalHandler` ist auch der `DeclHandler` eine SAX-Erweiterung aus dem Package `org.xml.sax.ext`. Deshalb wird er auch nach dem gleichen Prinzip im `XMLReader` registriert – nämlich über eine Property. Im diesem Fall lautet der Property-Name allerdings `http://xml.org/sax/properties/declaration-handler`:

```
xmlReader.setProperty(
   "http://xml.org/sax/properties/declaration-handler",
   myDeclHandler);
```

4.3.4 Fehlerbehandlung mit dem ErrorHandler

ErrorHandler

Wie Sie in Abschnitt 4.2.2 schon gesehen haben, gibt es in SAX ein Interface `ErrorHandler`, von dem Sie eine Instanz einer Implementierungsklasse beim `XMLReader` über die Methode `setErrorHandler()` registrieren können. Diese meldet daraufhin Fehler, die während des Parse-Vorgangs auftreten, per Callback-Methoden an diesen Handler.

Hierbei ist allerdings zu beachten, dass tatsächlich nur Fehler, die beim Verarbeiten des Dokuments entstehen (wie z. B. Validierungsfehler oder Verletzungen der Wohlgeformtheit), an den `ErrorHandler` gemeldet werden, nicht jedoch solche, die wir selbst in einer der Callback-Methoden des `ContentHandler`s werfen.

warning(), error() und fatal()

Ein Blick in das Interface `ErrorHandler` zeigt uns, dass es dort drei Callback-Methoden `warning()`, `error()` und `fatalError()` gibt. Alle erhalten als Argument eine `SAXParseException` (eine spezielle Unterklasse von `SAXException`) und können selbst eine `SAXException` werfen. Das übergebene Fehlerobjekt kapselt dabei Informationen, welcher Fehler beim Parsen aufgetreten ist und wo. Welche dieser drei Methoden beim Auftreten eines Fehlers aufgerufen wird, entscheidet dessen Art:

- `warning()` – wird dann aufgerufen, wenn eine Warnung im Sinne der XML-Spezifikation aufgetreten ist, also kein wirklicher Fehler,

- `error()` – ein Fehler, der beispielsweise durch unerlaubte oder unerwartete Dokumentinhalte verursacht wurde, aber nicht zwangsläufig den Parse-Vorgang unterbrechen muss; beispielsweise werden dieser Methode Validierungsfehler gemeldet.
- `fatalError()` – ein schwerwiegender Fehler, der zwangsläufig dazu führt, dass der Parse-Vorgang abgebrochen werden muss – beispielsweise bei einer Verletzung der Wohlgeformtheit.

Sie als Entwickler des `ErrorHandler`s haben beim Auftreten eines Fehlers nun die Wahl: Sie ignorieren diesen, indem Sie die entsprechen Methode normal verlassen, oder Sie melden ihn, indem Sie einfach die übergebene `SAXParseException` weiterwerfen bzw. selbst eine `SAXException`-Instanz erzeugen und werfen. Die führt allerdings zwangsläufig zum Scheitern und Abbrechen des Parse-Vorgangs.

[»]

Hinweis

Im Falle von `fatal()` wird der Parse-Vorgang aber immer abgebrochen, auch wenn Sie den Fehler ignorieren.

4.3.5 Verweise auflösen mit dem EntityResolver

Probleme beim Auflösen von Referenzen

In der Regel ist der `XMLReader` dafür zuständig, Verweise auf externe Ressourcen (also andere Dokumente als das gerade geparste) – sogenannte *externe Entity-Referenzen* – selbst aufzulösen, diese Dokumente also nachzuladen. In manchen Situationen ist dies aber nicht möglich, da ihm dazu Informationen fehlen oder er das angegebene Übertragungsprotokoll nicht unterstützt. Ein Beispiel wäre, wenn Sie aus einem `InputStream` ohne Angabe einer System-ID parsen und im Dokument ein relativer Verweis vorkommt. Der `XMLReader` kann dann keinen absoluten Dateipfad zu diesem Verweis ermitteln. Ebenso könnte die Referenz aber auch eine Public-ID angeben, die dem Parser nicht bekannt ist.

EntityResolver

In solchen Fällen müssen Sie sich selbst darum kümmern, dem `XMLReader` Zugriff auf das Dokument zu beschaffen. Zu diesem Zwecke existiert in der SAX-API ein Interface `EntityResolver`. Eine Instanz davon können Sie über die Methode `setEntityResolver()` beim `XMLReader` registrieren.

resolveEntity

Der Parser wird dann für jede Referenz im Dokument, auf die er stößt, die Callback-Methode `resolveEntity()` unseres `EntityResolver`-Interfaces aufrufen. Die Methode erhält die Public-ID und System-ID der Ressource als Argumente und muss eine `InputSource` dazu zurückliefern.

Ein Rückgabewert von `null` teilt dem `XMLReader` mit, dass er selbst versuchen muss, die Ressource aufzulösen. Bei der Implementierung der Methode müssen Sie also die System-ID und/oder Public-ID der Entity-Referenz analysieren und daraus die tatsächlich gemeinte Ressource ermitteln. Diese muss dabei nicht zwangsweise im lokalen Dateisystem vorliegen, sondern kann beispielsweise auch direkt online oder aus dem Klassenpfad geladen werden. Das einzig Wichtige ist, die Ressource letztendlich in Form einer `InputSource` zurückzumelden.

Ein kleines Beispiel

Damit Sie besser verstehen können, wie ein `EntityResolver` zu entwickeln und zu nutzen ist, haben wir auf der Buch-CD ein gesondertes Beispiel in unserem SAX-Eclipse-Projekt angelegt. Sie finden es im Package `de.javaundxml.sax.entity`. Es besteht aus einer weiteren Klasse `Parse`, die die `main()`-Methode enthält, und einer Klasse `DataDirEntityResolver`, die das `EntityResolver`-Interface implementiert.

Diesmal wird allerdings nicht die *personen.xml* im *data*-Verzeichnis des Projekts geparst, sondern die Datei *personen_entity.xml*. Ein Blick in diese Datei zeigt, dass wir dort eine DTD mit einer Entity-Deklaration untergebracht haben:

```
<!DOCTYPE personen [
   <!ENTITY person3 SYSTEM "data://person3.xml">
]>
```

Hier definieren wir eine externe Entity `person3` und weisen ihr die System-ID `"data://person3.xml"` zu. Weiter unten im Dokument (nach den ersten beiden `<person>`-Elementen) verweisen wir dann auf die Entity mit `&person3;`. Wie Sie ahnen können, ist `data://` aber kein gültiges Protokoll, mit dem der `XMLReader` umgehen könnte. Dies stellen Sie einfach fest, indem Sie das Beispiel einmal mit der Eclipse-Startkonfiguration *Beispiel 3 – EntityResolver* starten. Das Programm wird die Ausgaben für die ersten beiden Personen noch machen, dann aber mit folgender Exception abbrechen:

```
java.net.MalformedURLException: unknown protocol: data
```

Was wir aber möchten, ist, dass der `XMLReader` das Protokoll `data://` so interpretiert, dass er im `data`-Verzeichnis unserer Anwendung nach dem angegebenen Pfad Ausschau hält, in unserem Fall also die dort liegende Datei *person3.xml* mit unserem letzten `<person>`-Element einbindet. Dazu haben wir den `DataDirEntityResolver` geschrieben. Diesen binden Sie sehr einfach ein, indem Sie lediglich die auskommentierte Zeile in der Parse-Klasse einkommentieren:

```
parser.setEntityResolver(new DataDirEntityResolver());
```

Wenn Sie das Beispiel jetzt starten, wird es mit allen drei Personen durchlaufen.

Werfen Sie zuletzt einen Blick auf Listing 4.5, wo Sie den Quelltext unseres `DataDirEntityResolver`s finden.

```
public static final String PROTOCOL_PREFIX = "data://";

public InputSource resolveEntity(String publicId,
   String systemId) throws SAXException, IOException
{
   if(systemId != null &&
      systemId.startsWith(PROTOCOL_PREFIX))
   {
      final String subPath =
         systemId.substring(PROTOCOL_PREFIX.length());

      final String newSystemId =
         new File("data", subPath).toURI().toString();

      return new InputSource(newSystemId);
   }
   return null;
}
```

Listing 4.5 Ein Beispiel-EntityResolver

Wie Sie dort sehen, haben wir zunächst für unser Pseudo-Protokoll `data://` eine Konstante `PROTOCOL_PREFIX` eingeführt. In der `resolveEntity()`-Methode prüfen wir dann, ob die System-ID mit diesem Präfix beginnt. Falls ja, ermitteln wir den Restpfad hinter dem Protokoll (hier: `person3.xml`). Danach erzeugen wir über ein `File`-Objekt eine neue System-ID, die genau in das `data`-Verzeichnis unserer Anwendung zeigt und um den Restpfad erweitert ist. Zuletzt verpacken wir diese neue System-ID noch in ein `InputSource`-Objekt und geben dieses dann zurück.

4.3.6 Hilfsklassen zur Erstellung von Handler-Klassen

Wie Sie bisher sehen konnten, kann der Umgang mit den vielen verschiedenen Interfaces in SAX relativ kompliziert werden. Primär sind zwei Dinge besonders lästig:

- Beim Implementieren der Interfaces müssen immer alle dessen Methoden überschrieben werden, auch wenn sie gar nicht benötigt werden.
- Oftmals werden zusammenhängende Ereignisse, wie beispielsweise CDATA-Abschnitte, über mehrere Aufrufe an verschiedene Handler gemeldet.

Diesen beiden Problemen steuern zwei Hilfsklassen aus SAX entgegen, der `DefaultHandler` aus dem Package `org.xml.sax.helpers` und dessen Erweiterung `DefaultHandler2` aus dem Package `org.xml.sax.ext`.

DefaultHandler

Der `DefaultHandler` ist eigentlich nichts weiter als eine Hilfsklasse, die die folgenden vier SAX-Interfaces mit einfachen oder leeren Methodenrümpfen implementiert:

- `ContentHandler`
- `ErrorHandler`
- `EntityResolver`
- `DTDHandler`

Dadurch genügt es im Normalfall, einfach eine einzige Handler-Klasse für alle Events zu schreiben und diese von `DefaultHandler` abzuleiten. Dort müssen Sie dann nur diejenigen Methoden implementieren, die für Sie interessant sind. Außerdem sind alle Callbacks in derselben Klasse enthalten und nicht über mehrere verteilt. Einziger Nachteil: Sie müssen Ihren Handler trotzdem mehrfach im `XMLReader` registrieren:

```
DefaultHandler myHandler = new MyHandler();
xmlReader.setContentHandler(myHandler);
xmlReader.setDTDHandler(myHandler);
xmlReader.setErrorHandler(myHandler);
xmlReader.setEntityResovler(myHandler);
```

DefaultHandler2

Die Klasse `DefaultHandler2` ist eine Ableitung von `DefaultHandler`, die zusätzlich die beiden Interfaces `LexicalHandler` und `DeclHandler` (sowie ein hier nicht weiter erwähntes Interface `EntityResolver2`) implementiert. Wenn Sie also an Callbacks von einem dieser beiden Interfaces interessiert sind, sollten Sie stattdessen von `DefaultHandler2` ableiten. Auch hier gilt aber, dass Sie Ihren Handler noch über die entsprechenden SAX-Properties auf dem XMLReader registrieren müssen:

```
xmlReader.setProperty(
   "http://xml.org/sax/properties/lexical-handler",
   myHandler);
xmlReader.setProperty(
   "http://xml.org/sax/properties/declaration-handler",
   myHandler);
```

4.3.7 Zusammenfassung

Sie haben nun die verschiedenen Handler-Interfaces von SAX und zwei dazugehörige Hilfsklassen kennengelernt. Wie aber schon mehrfach angedeutet, sollten Sie sich von deren Vielzahl und teilweiser Komplexität nicht allzu sehr abschrecken lassen, denn in der Praxis genügt es doch fast immer, wenn Sie nur einen `ContentHandler` und höchstens noch einen `LexicalHandler` und/oder `ErrorHandler` dazu implementieren. Die Existenz der Klassen `DefaultHandler` und `DefaultHandler2` macht hier das Leben außerdem um einiges einfacher.

4.4 Filter und Pipelines

Filter

Ein typisches Feature von streambasierten APIs (wie SAX, aber auch der Java I/O API) ist Arbeiten mit Filtern und Pipelines. Ein *Filter* ist dabei ein »Pseudostream«, der intern einen anderen Stream kapselt und nach außen selbst ein Stream ist. Ein solcher Streamfilter kann die folgende Funktionalität haben:

- Er lässt nur manche Inhalte vom/zum unterliegenden Stream durch (filtert also die Daten).
- Er lässt alle Inhalte eins zu eins durch, verarbeitet aber die Daten selbst in irgendeiner Form.
- Er verändert die ursprünglichen Daten und gibt stattdessen andere weiter (Transformation).

Pipelines

Da ein Filterstream selbst wie ein normaler Stream erscheint, kann man ihn auch in einen weiteren (anderen) Filterstream verpacken. Diese Aneinanderreihung von Filtern nennt man *Pipeline*.

[»]

Hinweis

Ein ähnliches Konzept werden Sie übrigens auch im XML-Publishing-Framework *Apache Cocoon* vorfinden, das wir Ihnen in Kapitel 9 vorstellen.

Vorteile

Der Vorteil von Filtern und Pipelines ist, dass die Logik zur Verarbeitung der XML-Daten in mehrere Schritte aufgeteilt werden kann. Die einzelnen Schritte sind dabei meist weniger komplex, so dass der Code insgesamt gesehen einfacher wird, als wenn die gesamte Logik in einem einzigen Handler kombiniert wird. Ebenso kann mit Filtern sehr bequem orthogonale Funktionalität – wie Validierung oder Tracing – bereitgestellt werden, ohne dass die ursprünglichen Handler geändert werden müssen. Zuletzt können durch das sehr modulare Design ein und dieselben Filter in verschiedenen Szenarien wiederverwendet werden.

Ein Anwendungsfall

[zB]

Nehmen Sie einmal an, dass Sie eine SAX-Anwendung erstellen möchten, die beim Auftreten des Elements `<print text="..."/>` den Attributwert von `text` auf die Konsole ausgeben soll. Der zugehörige Handler könnte demnach beispielsweise folgendermaßen implementiert werden:

```
public void startElement(String uri, String localName,
   String name, Attributes atts) throws SAXException
{
   if("print".equals(localName))
   {
      System.out.println("Output: " +
         atts.getValue("text"));
   }
}
```

Wie Sie sehen, ist dieser Handler zwar äußerst einfach aufgebaut, aber eventuell durchaus in einigen verschiedenen Fällen nützlich, könnte also in verschiedenen Szenarien zum Einsatz kommen. Außerdem sei es zusätzlich notwendig, weitere Aktionen im Parse-Vorgang für dieses Event auszuführen, wie beispielsweise alle Elementnamen in Kleinbuchstaben zu ändern. Nun stehen Ihnen drei verschiedene Möglichkeiten zur Verfügung, diese weitere Aktion zu implementieren:

Möglichkeit 1

Sie erweitern den zuvor erstellten Handler um die »Lowercase-Funktionalität«. Der Nachteil dieser Vorgehensweise ist allerdings, dass dieser eventuell bereits an vielen verschiedenen Stellen verwendet wird und dort die »Lowercase-Funktionalität« womöglich überhaupt nicht benötigt wird. Des Weiteren führt in der Praxis eine solche Erweiterung bei umfangreicheren Handlern häufig zu einer großen Komplexität, woraus wiederum eine schlechte Wartbarkeit folgt.

Möglichkeit 2

Eine andere Möglichkeit besteht darin, für die »Lowercase-Funktionalität« einen eigenen Handler zu erstellen und anschließend das XML-Dokument zweimal zu parsen. Auch diese Vorgehensweise ist aber keinesfalls zu empfehlen, da sie äußerst negative Auswirkungen auf die Performance der Gesamtanwendung haben kann und ohnehin nur möglich ist, weil der erste Handler die Daten nicht manipuliert.

Möglichkeit 3

Die dritte und beste Möglichkeit besteht in der Verwendung von zwei unterschiedlichen Filtern, die zu einer Pipeline zusammengefügt werden. Der erste Filter in dieser Pipeline wird vom SAX-Parser über das Auftreten eines bestimmten SAX-Events informiert. Nachdem die entsprechende Callback-Methode dieses Filters ausgeführt wurde, wird das Event an die zugehörige Callback-Methode des nächsten Filters in der Pipeline weitergereicht, bis das Event schließlich beim eigentlichen Handler ankommt.

Filter in SAX

In SAX gibt es für Filter ein eigenes Interface `XMLFilter` im Package `org.xml.sax`. Sie sehen es in Listing 4.6 abgebildet.

```
public interface XMLFilter extends XMLReader
{
   public abstract void setParent (XMLReader parent);
   public abstract XMLReader getParent ();
}
```

Listing 4.6 Das Interface XMLFilter

Wie Sie erkennen, ist `XMLFilter` nichts weiter als eine Erweiterung unseres wohlbekannten `XMLReader`-Interfaces, kann jedoch über `setParent()` der vorhergehende `XMLReader` in der Pipeline mitgeteilt bzw. mit `getParent()` abgefragt werden. Ansonsten können Sie dort aber ganz normal Ihre Handler registrieren, Features und Properties setzen oder den Parse-Vorgang starten. Der Filter erhält die SAX-Events also vom darunterliegenden `XMLReader`, filtert, transformiert oder verarbeitet sie und reicht sie dann an die bei ihm registrierten Handler weiter.

Die Frage ist nun aber, wie Sie selbst einen solchen `XMLFilter` schreiben können, denn im Gegensatz zum `XMLReader` gibt es hierfür keine Factory. Auch müssen natürlich, damit die Pipeline funktionieren kann, die SAX-Events durch die verschiedenen Filter durchgereicht werden.

XMLFilterImpl

Um Ihnen hier die Arbeit zu erleichtern, bringt SAX im Package `org.xml.sax.helpers` eine Default-Implementierung mit, die sich bereits von Haus aus um das Verwalten des Parent-XMLReaders und das Durchreichen der SAX-Events von diesem kümmert: XMLFilterImpl. Diese Klasse implementiert die vier gängigen SAX-Handler-Interfaces EntityResolver, DTDHandler, ContentHandler, ErrorHandler, indem es die Events einfach durchreicht. Sie sind somit in der Lage, einen eigenen XMLFilter mit relativ wenig Aufwand zu erstellen, indem Sie einfach von XMLFilterImpl ableiten und – genau wie beim DefaultHandler – lediglich diejenigen Callback-Methoden überschreiben, die Ihr Filter »abgreifen« und auswerten soll. Alle anderen Callback-Methoden rufen einfach die jeweilige Callback-Methode des folgenden Filters auf, reichen das SAX-Event also 1:1 durch.

So arbeitet XMLFilterImpl

Um richtig mit XMLFiltern und der Klasse XMLFilterImpl umgehen zu können, ist es wichtig, zu verstehen, wie diese intern arbeitet. Werfen Sie dazu einen Blick auf Abbildung 4.1. Sie sehen dort eine kleine SAX-Pipeline, bestehend aus einem XMLReader (links) und zwei XMLFiltern. Der Code, um eine solche Pipeline aufzubauen, könnte in etwa folgendermaßen aussehen:

```
XMLReader parser = XMLReaderFactory.createXMLReader();

XMLFilter filter1 = new MyFilter1();
filter1.setParent(parser);

XMLFilter filter2 = new MyFilter2();
filter2.setParent(filter1);
```

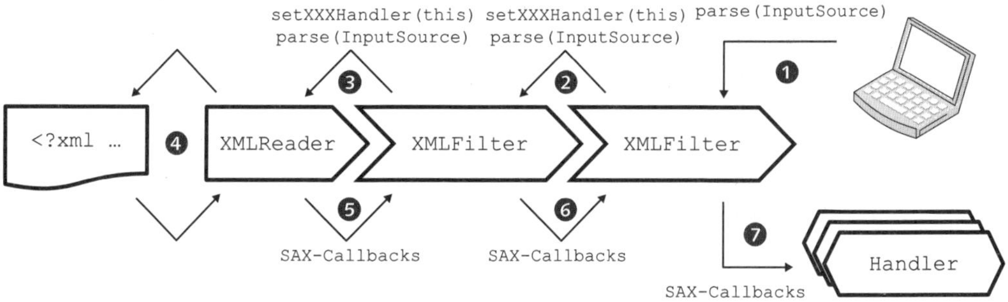

Abbildung 4.1 So arbeitet XMLFilterImpl.

Wir als Entwickler dürfen jetzt aber nicht mehr mit der XMLReader-Instanz arbeiten, sondern mit der äußersten XMLFilter-Instanz. Dort registrieren wir unsere Handler, und dort rufen wir schließlich die parse()-Methode auf:

```
filter2.setContentHandler(myContentHandler);
filter2.setErrorHandler(myErrorHandler);

filter2.parse(myInputSource);
```

Die Pipeline wird nun auf folgende Weise abgearbeitet:

- Der Entwickler startet den Parse-Vorgang über den Aufruf von `parse()` auf dem äußersten `XMLFilter`. ❶
- Der äußere `XMLFilter` (der von `XMLFilterImpl` abgeleitet ist und deshalb die vier Standard-Handler-Interfaces implementiert) registriert sich selbst bei seinem »Parent« (dem inneren `XMLFilter`) als `ContentHandler`, `DTDHandler`, `EntityResolver` und `ErrorHandler`. Dann ruft er dessen `parse()`-Methode auf und übergibt die `InputSource`, die er selbst erhalten hat. ❷
- Die gleichen Schritte führt der innere `XMLFilter` mit dem `XMLReader` durch. ❸
- Der `XMLReader` parst das XML-Dokument aus der `InputSource`. ❹
- Er meldet die geparsten Inhalte als SAX-Events an seine Handler. Dies ist aber in jedem Fall der innere `XMLFilter`. ❺
- Der innere `XMLFilter` verarbeitet die SAX-Events und gibt sie gefiltert, eins zu eins oder transformiert an seine registrierten Handler weiter. Dies ist aber in jedem Fall der äußere `XMLFilter`. ❻
- Der äußere `XMLFilter` verarbeitet die SAX-Events und gibt sie gefiltert, eins zu eins oder transformiert an seine registrierten Handler weiter. Dies sind die Handler, die wir dort anfänglich registriert haben. Sie bilden das Ende der Pipeline. ❼

Damit dieses Konzept funktioniert, müssen Sie ein paar Dinge beachten, wenn Sie einen `XMLFilter` durch Ableitung von `XMLFilterImpl` schreiben:

- Wenn Sie ein SAX-Event nur »durchlassen« wollen, ohne es zu verarbeiten, implementieren Sie einfach die entsprechende Callback-Methode nicht.
- Wenn Sie ein SAX-Event verarbeiten und dann eins zu eins »durchreichen« wollen, implementieren Sie die entsprechende Callback-Methode und rufen an deren Ende `super.<Methode>` mit den ursprünglichen Parametern auf (z. B. `super.endElement(uri, localName, name)`).

- Wenn Sie ein SAX-Event herausfiltern möchten, implementieren Sie die entsprechende Callback-Methode und lassen den super-Aufruf weg.
- Wenn Sie SAX-Events transformieren möchten, implementieren Sie die entsprechende(n) Callback-Methode(n) und rufen darin beliebige Callback-Methoden der nächsten Filterinstanz per super.<Callback-Methode> auf.

Ein Beispiel

[zB]

Auf der Buch-CD in unserem SAX-Eclipse-Projekt finden Sie auch ein kleines Beispiel zu XMLFiltern. Die zugehörigen Klassen sind im Package de.javaundxml.sax.filter enthalten, und die Run Configuration heißt *Beispiel 4 – Filter*. Das Package enthält eine XMLFilter-Implementierung LowercaseFilter, die alle Elementnamen in Kleinbuchstaben umwandelt. Zusätzlich finden Sie eine Parse-Klasse mit folgender main()-Methode:

```
final XMLReader parser =
   XMLReaderFactory.createXMLReader();

final XMLFilter filter = new LowercaseFilter();
filter.setParent(parser);
filter.setContentHandler(new PersonHandler());

final InputSource input =
   new InputSource(new FileInputStream(FILE_INPUT));
filter.parse(input);
```

Wie Sie sehen, erstellen wir – wie oben schon gezeigt – erst einmal den eigentlichen XMLReader, der später unsere Datei parsen soll. Danach legen wir eine Instanz unseres LowercaseFilters an und registrieren den XMLReader dort als »Parent«. Schließlich registrieren wir den PersonHandler aus dem Einführungsbeispiel (aus dem Package de.javaundxml.sax.quickstart) auf dem Filter als ContentHandler.

Nun starten wir den Parse-Vorgang, indem wir die parse()-Methode des XMLFilters aufrufen. Als Datei übergeben wir aber nicht *personen.xml*, sondern eine Datei *personen-uppercase.xml*, in der alle Elementnamen aus Großbuchstaben bestehen. Der PersonHandler aus dem Einführungsbeispiel sollte damit nicht umgehen können, trotzdem läuft Beispiel 4 beim Starten über die Run Configuration aber richtig durch.

Der Grund hierfür ist natürlich unser `LowercaseFilter`, der die entsprechenden SAX-Events `startElement()` und `endElement()` abfängt und die Elementnamen in Lowercase-Form an den nachfolgenden Handler weitergibt. Den entsprechenden Quellcode finden Sie in Listing 4.7.

```
public class LowercaseFilter extends XMLFilterImpl
{

public void startElement(String uri, String localName,
   String name, Attributes atts) throws SAXException
{
   super.startElement(
      uri, localName.toLowerCase(),
      toLower(name), atts);
}

public void endElement(String uri, String localName,
   String name) throws SAXException
{
   super.endElement(
      uri, localName.toLowerCase(), toLower(name));
}

private static String toLower(String name) { ... }

}
```

Listing 4.7 Ein Beispiel-XMLFilter

Wie Sie sehen, überschreiben wir die beiden Callback-Methoden `startElement()` und `endElement()`. Darin reichen wir das SAX-Event jeweils über einen `super`-Aufruf an den nächsten Handler weiter, ändern dabei aber den lokalen und den qualifizierten Namen in das Lowercase-Format (letzteren über eine Hilfsmethode `toLower()`, auf die wir nicht näher eingehen).

Fazit

Sie haben nun eine schnelle Einführung in die Möglichkeiten von SAX, mit Filtern und Pipelines zu arbeiten, erhalten. Das Konzept erlaubt sehr flexible und modulare XML-Verarbeitung, ist jedoch zu Beginn nicht ganz einfach zu verstehen. Wir hoffen dennoch, Ihnen mit unserem Beispiel das Thema etwas nähergebracht zu haben.

Mögliche Fehler

Bei der Arbeit mit Filtern können Sie prinzipiell zwei Dinge falsch machen: Sie vergessen, dem Filter seinen »Parent« mit `setParent()` zuzuteilen, oder Sie starten den Parse-Vorgang nicht auf dem äußersten `XMLFilter`. Geben Sie hier also besonders acht.

Events für DeclHandler und LexicalHandler

Ein Problem haben Sie außerdem, wenn Sie in Ihrem Filter Callbacks für den `DeclHandler` oder `LexicalHandler` verarbeiten möchten, denn `XMLFilterImpl` implementiert diese Interfaces nicht. Für diesen Fall finden Sie aber im Package `de.javaundxml.sax.filter` unseres Beispielprojekts eine Hilfsklasse `XMLFilterImpl2`, die von `XMLFilterImpl` erbt, aber zusätzlich die beiden Interfaces implementiert und intern für die richtige Weiterleitung der SAX-Events sorgt.

4.5 Ein Wort zu SAX 1

Alles, was wir Ihnen bisher von SAX gezeigt haben, bezog sich auf die SAX-2-API. Allerdings gibt es hier auch noch einen Vorgänger – SAX 1. Die SAX-1-API befindet sich in denselben Packages wie SAX 2. Dies ist kein Problem, da die beiden APIs nicht miteinander konkurrieren.

Der Unterschied zwischen beiden ist genau einer: SAX 1 unterstützt noch keine Namensräume. Da es komplett durch SAX 2 abgelöst werden kann, ist es auch als »deprecated« eingestuft und wird in diesem Buch nicht weiter behandelt. Falls Sie aber doch mit SAX 1 arbeiten (müssen), sollten Sie die folgenden Unterschiede beachten:

- Das Parser-Interface von SAX 1 heißt `Parser`, nicht `XMLReader`.
- Eine `Parser`-Instanz wird erzeugt von der `ParserFactory`, nicht von der `XMLReaderFactory`; die Factory-Methoden heißen `makeParser()`.
- Der `Parser` unterstützt keine Features und Properties und nutzt einen `DocumentHandler` statt eines `ContentHandlers`.
- Der `DocumentHandler` ähnelt stark dem `ContentHandler`, hat aber keine Callbacks `startPrefixMapping()` und `endPrefixMapping()`. Seine Callbacks `startElement()` und `endElement()` arbeiten ohne Namensraum-URI und lokalen Namen, sondern nur mit dem (qualifizierten) Namen. Statt eines `Attributes`-Objekts erhält `startElement()` ein `AttributeList`-Objekt, das den Zugriff auf Attribute ebenfalls nur über den (qualifizierten) Namen erlaubt.
- Statt der Hilfsklasse `DefaultHandler` gibt es die Hilfsklasse `HandlerBase`, die die Interfaces `DocumentHandler`, `DTDHandler`, `EntityResolver` und `ErrorHandler` implementiert.

Mehr möchten wir Ihnen gar nicht zu SAX 1 mitteilen, da Sie es möglichst nicht benutzen sollten. Für Notfälle bietet SAX aber mit den zwei Hilfsklassen `ParserAdapter` und `XMLReaderAdapter` aus dem Package `org.xml.sax.helpers` zwei Adapter an, die zwischen beiden APIs konvertieren. Zu deren Verwendung möchten wir Sie aber auf die entsprechende API-Doc verweisen.

4.6 Zusammenfassung

In diesem Kapitel haben Sie einen Einblick in die Verarbeitung von XML-Dokumenten mit SAX erhalten. Wie angekündigt, ist die Verarbeitung mit SAX durch den streambasierten Ansatz komplett unterschiedlich zum Arbeiten mit DOM. SAX mag komplexer wirken, bietet jedoch in manchen Fällen auch Vorteile und natürlich eine bessere Performance.

Somit kennen Sie nun zwei der wichtigsten Säulen, die es für die Verarbeitung von XML-Dokumenten gibt und auf denen nahezu alle anderen XML-Werkzeuge aufbauen. In den nun folgenden Kapiteln werden viele dieser Grundlagen häufig benötigt und sollten somit fester Bestandteil Ihres Java-und-XML-Wissens werden.

Die JAXP-Spezifikation stellt eine allgemeine Schnittstelle für Java-Entwickler zur Verfügung, um XML-Dokumente zu verarbeiten. Sie ermöglicht die einheitliche Nutzung von XML-Software-Produkten verschiedener Hersteller.

5 JAXP

Bevor Sie damit mit diesem Kapitel beginnen, empfehlen wir Ihnen, zunächst Abschnitt 2.7, »Die Rolle von JAXP«, zu lesen, sofern noch nicht geschehen. Dort erfahren Sie grundlegend, worum es sich bei JAXP handelt und wie es unter den diversen vorgestellten Technologien einzuordnen ist.

Nochmals zur Erinnerung: JAXP ist in Hinblick auf Java und XML sozusagen das »Mädchen für alles«, denn es stellt Ihnen den Zugang zu den wichtigsten Funktionalitäten in diesem Themenbereich zur Verfügung:

- Einstieg in die SAX-API
- Parsen und Serialisieren nach dem Streamprinzip mit StAX
- Einstieg in die DOM-API
- Transformation von Dokumenten mit TrAX
- Validierung
- Navigation in Dokumenten mit XPath

Wir werden in diesem Kapitel nach dem Vorstellen einiger Grundlagen auf die meisten dieser Kernaufgaben von JAXP näher eingehen. Konkret behandeln wir dabei das Erzeugen und Konfigurieren der Factory-Klassen für die SAX- und die DOM-API, das wir Ihnen in den beiden vorherigen Kapiteln nur kurz angedeutet haben. Danach stellen wir Ihnen mit der XPath-, Schema- und TrAX-API die drei Mechanismen zum Navigieren, Validieren und Transformieren näher vor. Abschließend geben wir Ihnen noch ein paar Tipps, wie Sie mit JAXP Dokumente serialisieren können.

Wie in Abschnitt 2.7, »Die Rolle von JAXP«, schon angekündigt, behandeln wir allerdings die StAX-API, die seit Version 1.4 fester Bestandteil von JAXP ist, getrennt in Kapitel 6, »StAX«, da sie allein zu umfangreich ist.

5.1 Aufbau und Installation von JAXP

Bevor wir mit dem Einstieg in die Teilbereiche beginnen, möchten wir Ihnen in diesem Abschnitt noch ein paar grundlegende Informationen geben. Konkret erzählen wir Ihnen kurz etwas über die JAXP-Package-Struktur, danach über die verschiedenen JAXP-Versionen und die Referenzimplementierung und schließlich über den in JAXP angewandten Factory-Mechanismus.

5.1.1 Die Package-Struktur von JAXP

Aufgrund des Umfangs von JAXP gliedert sich die API in eine Vielzahl von Packages, die den unterschiedlichen Aufgaben nachkommen. Eine Übersicht dazu finden Sie in Tabelle 5.1.

JAXP-Package	Aufgabengebiet
`org.w3c.dom(.*)`	DOM-API
`org.xml.sax(.*)`	SAX-API
`javax.xml.parsers`	Factories für DOM- und SAX-API
`javax.xml.stream(.*)`	StAX-API
`javax.xml.xpath`	XPath-API zur Navigation in DOM-Bäumen über XPath
`javax.xml.validation`	Schema-API zur Validierung von XML-Dokumenten
`javax.xml.transform(.*)`	TrAX-API zur Transformation von XML-Dokumenten
`javax.xml.datatype`	Gemeinsame Typen zur Behandlung von speziellen XML-Datentypen
`javax.xml.namespace`	Gemeinsame Typen zur Behandlung von Namensräumen

Tabelle 5.1 Package-Struktur von JAXP

Beachten Sie dabei, dass einige Packages nochmals weitere Unter-Packages enthalten, die jedoch alle demselben Aufgabengebiet zuzuordnen sind.

5.1.2 JAXP-Versionen und die JAXP-Referenzimplementierung

Früher war JAXP noch eine eigenständige API, die zusätzlich zum JDK eingebunden werden musste. Ab seiner Version 1.2 ist es jedoch fester Teil von Java, also beim JDK schon mit dabei. Seitdem war in jeder neuen JDK-Version auch eine neuere JAXP-Version enthalten.

Für Sie als Entwickler ist es nun natürlich wichtig, zu wissen, welche JAXP-Version – und damit welche Features – die von Ihnen verwendete Java-Version enthält. Eine Übersicht über die Versionszusammenhänge und unterstützte Features bis einschließlich Java 6 finden Sie deshalb in Tabelle 5.2. Die in diesem Buch beschriebenen Funktionalitäten sind dabei fast alle schon ab Version 1.3 in JAXP enthalten, lediglich StAX ist erst ab 1.4 mit dabei.

JAXP-Version	Java-Version	Unterstützte Features
1.2	1.4	SAX, DOM Level 2, TrAX
1.3	5.0	SAX, DOM Level 3, TrAX, XPath-API, Schema-API
1.4	6.0	SAX, DOM Level 3, TrAX, XPath-API, Schema-API, StAX

Tabelle 5.2 JAXP- und Java-Versionen

Neben der reinen API ist auch immer eine Default-Implementierung oder Referenzimplementierung Teil von Java. Diese baut dabei auf verschiedenen Open-Source-Produkten auf.

Zusammensetzung der Referenzimplementierung

So nutzt beispielsweise Java 1.4 die Produkte *Apache Crimson* und *Apache Xalan* als XML-Parser- und TrAX-Implementierungen, in Java 5.0 wurde Apache Crimson durch den wesentlich leistungsfähigeren *Apache Xerces* ersetzt, und in Java 6.0 kommt zusätzlich der *SJSXP* (*Sun Java Streaming XML Parser*) als StAX-Implementierung zum Einsatz.

Standalone-Version der JAXP-Referenzimplementierung

Seit Version 1.3 können Sie die JAXP-Referenzimplementierung auch separat als *Standalone-Version* auf der Seite *https://jaxp.dev.java.net* finden und herunterladen. Der Download besteht aus einer JAR-Datei, die Sie in ein beliebiges Verzeichnis ablegen und über die Konsole mit dem folgenden Befehl auspacken:

```
java -jar <Dateiname>
```

Das so erstellte neue Verzeichnis verfügt über die Ordnerstruktur aus Tabelle 5.3.

Ordner	Inhalt
bin	(leer)
docs	Dokumentation
lib	Bibliotheken

Tabelle 5.3 Ordner der JAXP-Referenzimplementierung

Ordner	Inhalt
samples	Beispiele
src	(leer)

Tabelle 5.3 Ordner der JAXP-Referenzimplementierung (Forts.)

Inhalt der Referenzimplementierung

Im Ordner *lib* finden Sie dabei die Dateien *jaxp-api.jar*, die alle Klassen und Interfaces aus der JAXP-API enthält, und *jaxp-ri.jar*, die nur die Referenzimplementierung enthält. So haben Sie eine klare Trennung zwischen API und Implementierung. Außerdem finden Sie im Stammverzeichnis noch zwei JAR-Dateien mit dem Quellcode. Das *docs*-Verzeichnis enthält die API-Doc sowie Release-Notes und Lizenzinformationen, und *samples* beinhaltet schließlich ein paar nützliche Beispiele.

Einbinden einer neueren JAXP-Version

Wenn Sie nun eine ältere Java-Version und damit eine ältere JAXP-Version haben, jedoch die neueren Features nutzen wollen, ist es möglich, die neueste Version der Referenzimplementierung herunterzuladen und in Ihre Java-Installation einzubinden. Da Java aber natürlich beim Laden von Klassen immer erst in seinen eigenen Laufzeitbibliotheken sucht, müssen Sie bei der Einbindung einer neueren JAXP-Version auf den *Java Endorsed Standards Override Mechanism*[1] zurückgreifen. Genauso gut können Sie aber auch für dieselbe JAXP-Version eine neuere Version der Referenzimplementierung einbinden, um mit den aktuellsten Updates und Bugfixes zu arbeiten.

5.2 Grundlegende Klassen und Mechanismen

Bevor wir mit dem eigentlichen Thema beginnen, müssen wir Ihnen noch schnell zwei Dinge vorstellen, die uns im Laufe dieses und der nächsten Kapitel immer wieder begegnen werden, da sie in mehreren XML-APIs von Java Verwendung finden. Konkret geht es dabei um die Klasse `QName` und den Factory-Mechanismus von JAXP.

5.2.1 Die Klasse QName

`QName` aus dem Package `javax.xml.namespace` ist eine grundlegende XML-Klasse, die nicht eindeutig einer Technologie zuzuordnen ist. Genutzt wird sie unter anderem in:

1 *http://java.sun.com/javase/6/docs/technotes/guides/standards*

- der XPath-API von JAXP (siehe Abschnitt 5.7, »Navigieren in Dokumenten«)
- StAX (siehe Kapitel 6, »StAX«)
- JAXB (siehe Kapitel 7, »JAXB«)

Qualifizierte Namen in XML-Dokumenten

»QName« steht für »qualified Name«, also einen qualifizierten Namen. In der XML-Welt ist damit die Verknüpfung von einem XML-Namen mit einem Namensraum gemeint. Elemente und Attribute können dabei qualifizierte Namen tragen:

```
<my:element xmlns:my="urn:my"/>
```

Bestandteile eines QNames

Sie sehen hier ein XML-Element, dem über ein Präfix `my` der Namensraum `urn:my` zugeordnet ist. Der qualifizierte Name besteht also zunächst aus zwei Teilen:

- dem *lokalen Namen*, hier `element`
- dem *Namensraum-URI*, hier `urn:my`

Hinzu kommt das *Präfix*, also `my`. Für die eindeutige Identifikation eines XML-Elements ist es jedoch nicht ausschlaggebend, nicht zuletzt, weil an ein und denselben Namensraum auch mehrere Präfixe gebunden sein können.

Die Klasse QName

Die Klasse `QName` ist nun eine Träger-Klasse für diese drei elementaren Informationen: lokaler Name, Namensraum-URI und Präfix. Dementsprechend verfügt sie über drei Getter-Methoden `getLocalPart()`, `getNamespaceURI()` und `getPrefix()`. Da das Präfix aber quasi optional ist, sind ihre `equals()`- und `hashCode()`-Methoden dabei allerdings so implementiert, dass nur die ersten beiden Informationen genutzt werden. Zwei `QName`-Objekte gleichen sich also, sobald lokaler Name und Namensraum-URI übereinstimmen, und haben dann auch immer denselben Hash-Wert. `QName` ist eine reine Value-Klasse, also nur ein Daten-Container ohne Funktionalität.

5.2.2 Der Factory-Mechanismus von JAXP

Wie in Abschnitt 2.7, »Die Rolle von JAXP«, schon angedeutet, arbeitet JAXP intensiv mit Factories zur Generierung der verschiedenen Einstiegsobjekte in die verschiedenen APIs. Wenn auch im Detail leicht unterschiedlich für die verschiedenen Factories, so gleicht sich der Grundmechanismus zum Auffinden der konkreten Implementierung jedoch bei allen Teil-APIs.

Alle Factory-Klassen in JAXP folgen dem in Abschnitt 2.6, »APIs und Factories«, vorgestellten Design Pattern »Abstract Factory«. Das heißt, die Factory-Klassen sind abstrakt, und jede JAXP-kompatible Bibliothek stellte ihre eigenen Implementierungen dafür bereit. Die Frage ist nun noch, wie der Entwickler an die richtige Instanz kommt, ohne explizit den Konstruktor einer spezifischen Implementierung aufrufen zu müssen. Genau dafür gibt es in jeder abstrakten Factory eine statische Methode `newInstance()`, die eine passende Implementierung für die Factory findet, instantiiert und zurückgibt. Hinter diesen Methoden kommt nun der Factory-Mechanismus von JAXP zum Zuge.

Ausgangspunkt dieses Mechanismus ist dabei die sogenannte *Factory-ID*, ein eindeutiger Bezeichner für die jeweilige Factory, der normalerweise deren voll qualifiziertem Klassennamen entspricht. Wir verwenden hier als Beispiel die Klasse `javax.xml.parsers.SAXParserFactory` (mehr dazu dann in Abschnitt 5.3.2). Die zugehörige Factory-ID entspricht hier exakt dem Klassennamen.

System Property

Als erster Schritt zur Auffindung der Implementierung wird bei unserem Mechanismus mit `System.getProperty()` und der Factory-ID als Schlüssel eine Java System Property gesucht. Wird hier ein `String` gefunden, so wird er als Klassenname interpretiert, ein Objekt davon instantiiert und zurückgegeben.

System Properties lassen sich sehr einfach setzen: entweder aus dem Java-Programm mit dem Befehl `System.setProperty(key, value)` oder beim Start der JVM über den Kommandozeilenparameter `-Dkey=value`. So setzen Sie beispielsweise mit folgendem Aufruf die Implementierungsklasse für die `SAXParserFactory` auf `myImpl.SAXParserFactoryImpl`:

```
System.setProperty(
   "javax.xml.parsers.SAXParserFactory",
   "myImpl.SAXParserFactoryImpl");
```

Wie Sie sehen, bedarf es gerade mal einer Codezeile, um die komplette Implementierung für die SAX-API umzuschalten. Ebenso könnten Sie den Wert natürlich mit der `-D`-Option der JVM beim Programmstart setzen. In diesem Fall hätte sich nicht einmal der Quellcode geändert. Der Vorteil: Sie müssen keinen Konstruktor aufrufen, und Ihr Quellcode kann unabhängig von der Implementierung sein, aber Sie müssen immer noch den Klassennamen der Factory-Implementierung kennen.

jaxp.properties

Als zweiten Schritt lädt der Factory-Mechanismus die Datei *<Java-Home>/lib/jaxp.properties* (die dem `Properties`-Format entsprechen muss) und sucht dort nach einer Property mit dem Namen der Factory-ID. Der Rest ist wie bei der ersten Variante. Sie können also die Klassennamen der diversen Factory-Implementierungen auch zentral in einer Datei ablegen. Das Vorteilhafte dabei ist sicherlich, dass Sie die eben beschriebenen Schritte nur einmal pro Java-Installation vornehmen müssen, nicht pro Anwendung. Möchten Sie aber für einzelne Anwendungen andere Implementierungen benutzen, so setzen Sie dort einfach wieder die System Properties, da diese Vorrecht vor der *jaxp.properties* haben.

Services-API

Als dritten Schritt lädt der Factory-Mechanismus im Klassenpfad die Datei *META-INF/services/<Factory-ID>* und benutzt die erste Zeile darin als Klassennamen (falls die Datei vorhanden ist). Dieses Verfahren ist in der JAR-Spezifikation unter dem Namen *Services-API* festgelegt. Es kann von Herstellern konkreter API-Implementierungen benutzt werden, um die Klassennamen ihrer Factory-Klassen implizit bekanntzugeben. Da Sie die Bibliothek im Regelfall unverändert benutzen, müssen Sie nichts weiter tun, als die entsprechenden JAR-Dateien dem Klassenpfad hinzuzufügen, und schon wird die Implementierung automatisch verwendet. Sie müssen nun also nicht einmal mehr den Klassennamen der Factory-Implementierung kennen.

Referenzimplementierung

Der vierte und letzte Schritt im Factory-Mechanismus ist nun trivial: Es wird die Referenzimplementierung verwendet. Wenn Sie also keine der oben beschriebenen Maßnahmen vornehmen und keine JAR-Datei mit einer alternativen Implementierung eingebunden haben, wird immer automatisch die jeweilige Factory aus der Referenzimplementierung verwendet, was wahrscheinlich in 90 % der Fälle ausreichen wird. Somit ist es sehr wahrscheinlich, dass Sie nie mit dem Factory-Mechanismus von JAXP in Berührung kommen, sondern alles »out of the Box« funktioniert.

5.3 Einstieg in die SAX-API

Nachdem Sie nun die grundlegenden Kenntnisse zum Umgang mit JAXP haben, beginnen wir gleich mit dessen erster Hauptaufgabe, der Bereitstellung der Einstiegsobjekte in die SAX-API.

XMLReader, Parser und der neue JAXP-Parser

Zunächst ein kurzer Rückblick auf Kapitel 4, »SAX«: Diese API stellte mit ihren zwei Versionen 2.0 und der veralteten 1.0 schon zwei Parser-Typen zur Verfügung: den `org.xml.sax.XMLReader` (für SAX 2.0) und den `org.xml.sax.Parser` (für SAX 1.0; sollte möglichst nicht mehr verwendet werden). JAXP führt außerdem eine eigene Parser-Klasse `javax.xml.parsers.SAXParser` ein (siehe unten).

Prinzipiell bleibt es Ihnen natürlich offen, welche dieser drei Alternativen Sie nutzen möchten. Wie Sie aber noch sehen werden, lässt sich der neue JAXP-Parser etwas einfacher handhaben als die SAX-Originale, weshalb wir Ihnen eher zu seiner Nutzung raten würden, falls Ihre Anwendung es erlaubt. Allen Parser-Klassen ist jedoch gemein, dass Sie damit XML-Daten einlesen können, deren Inhalte an entsprechende Callback- oder Handler-Klassen in Form von SAX-Events weitergegeben werden.

5.3.1 Einführungsbeispiel

Damit Sie sich schnell in den Umgang mit der SAX-Parser-API von JAXP hineinfinden, haben wir ein kleines Beispiel auf die Buch-CD gelegt, das einen typischen Anwendungsfall nachbildet: Es liest über SAX ein XML-Dokument ein und verarbeitet die darin enthaltenen Informationen weiter (hier: Ausgabe auf die Konsole). Wir empfehlen Ihnen, dieses Beispiel parallel zum Lesen dieses Abschnitts durchzuarbeiten, die wichtigsten Codeabschnitte sind jedoch auch nochmals mit abgedruckt.

Öffnen des Beispiels

[O] Auf der Buch-CD finden Sie bei den Beispielen das Eclipse-Projekt *05 – JAXP*. Importieren Sie es nun in Ihren Eclipse-Workspace. Das Projekt enthält mehrere Unterordner. Im Ordner *lib* befinden sich die JAXP- und ein paar Erweiterungsbibliotheken, in *data* einige Testdateien für die Ausführung der Programme und in *launch* die vorgefertigten Eclipse-Startkonfigurationen.

Sie finden die Quelldateien des Projekts im Unterordner *src*. Dort sind sie je nach Themengebiet in verschiedene Packages unterteilt. Uns interessiert zunächst nur das Package `de.javaundxml.jaxp.quickstart.sax`. In diesem Package finden Sie zwei Klassen `RunSAX`, die die `main()`-Methode enthält, und `ReportHandler`, eine SAX-Handler-Klasse, die wir im Hauptprogramm nutzen.

Das Beispiel starten

Starten Sie nun das Beispiel in Eclipse-üblicher Weise. Wie die anderen Beispielprojekte enthält auch dieses vorgefertigte Eclipse-Startkonfigurationen, so dass Sie nur noch *Beispiel 1 – SAX* aus der Liste auswählen müssen.

Sobald das Programm läuft, wird die XML-Datei *personen.xml* aus dem *data*-Verzeichnis mit SAX geparst, und die Events werden an den `ReportHandler` geschickt. Dieser reagiert auf `startElement()`, endElement(), characters() und comment() und gibt die übermittelten Informationen (wie Elementname, Textinhalt usw.) im Textformat auf der Konsole aus. Wenn Sie möchten, vergleichen Sie die Konsolenausgabe mit der XML-Datei, für dieses Beispiel ist allerdings die (eher triviale) Funktionsweise des ReportHandlers praktisch uninteressant.

Inhalt des Programms

Jetzt wird es Zeit, einen Blick auf die main()-Methode von RunSAX zu werfen. Sie sehen ihren Inhalt auch nochmals in Listing 5.1. Wie Sie erkennen, gehen wir in vier Schritten vor, um einen Parse-Vorgang mit SAX durchzuführen.

```
ReportHandler reportHandler = new ReportHandler();

SAXParserFactory factory =
   SAXParserFactory.newInstance();
factory.setNamespaceAware(NAMESPACE_AWARE);
factory.setFeature(
   "http://xml.org/sax/features/namespace-prefixes",
   NAMESPACE_PREFIXES);

SAXParser parser = factory.newSAXParser();
parser.setProperty(
   "http://xml.org/sax/properties/lexical-handler",
   reportHandler);

parser.parse(new File(FILE_NAME), reportHandler);
```

Listing 5.1 Parsen mit JAXP und SAX

ReportHandler

Zuerst muss natürlich der entsprechende SAX-Handler vorbereitet werden. Der von uns verwendete ReportHandler ist dabei von org.xml.sax.ext.DefaultHandler2 abgeleitet. Hierbei handelt es sich um eine Erweiterung von org.xml.sax.helpers.DefaultHandler (siehe Abschnitt 4.3.6), die aber zusätzlich die SAX-Interfaces LexicalHandler, DeclHandler und EntityResolver2 implementiert, also ein »Super-Handler«, der alle SAX2-Interfaces implementiert. Wir verwenden diese Klasse allerdings nur, damit wir nicht alle Methoden der Interfaces selbst implementieren müssen, sondern uns nur auf die vier oben genannten konzentrieren können.

SAXParserFactory

Nach der Instantiierung dieses Handlers beginnt nun der eigentliche SAX-Einstieg über JAXP: Wir besorgen uns zunächst eine Instanz der Factory-Klasse javax.xml.parsers.SAXParserFactory. Dies geschieht über deren statische Factory-Methode `newInstance()`, die im Hintergrund den Mechanismus aus Abschnitt 5.2.2 nutzt, um an eine konkrete Implementierung zu kommen.

Nachdem die Factory generiert wurde, werden noch ein paar Konfigurationseinstellungen vorgenommen, die sich auf die Behandlung von Namensräumen auswirken. `factory.setNamespaceAware(NAMESPACE_AWARE)` schaltet dabei je nach dem Wert der statischen booleschen Konstanten `NAMESPACE_AWARE` die Behandlung von Namensräumen an oder aus. Der Aufruf von `setFeature()` schaltet je nach dem Wert der statischen booleschen Konstanten `NAMESPACE_PREFIXES` die Auswertung von Namensraumdeklarationen an oder aus. Mehr über diese Konfigurationsmethoden erfahren Sie jedoch in Abschnitt 5.3.2.

SAXParser Nach der Konfiguration der Factory lassen wir uns über die Methode `newSAXParser()` das eigentliche Parser-Objekt generieren, eine Instanz von `javax.xml.parsers.SAXParser`. Wie Sie sehen, benutzen wir also nicht den `XMLReader` aus der SAX-API, sondern den neuen JAXP-Parser. Hauptunterschied: Die `parse()`-Methoden von `SAXParser` erwarten als Argument eine Handler-Klasse vom Typ `HandlerBase` oder `DefaultHandler`, während `XMLReader` und `Parser` (die beiden Parser-Typen aus der SAX-API) noch einzelne Setter-Methoden für die SAX-Interfaces bereitstellen, um die Handler *vor dem Parsen* zu setzen. `HandlerBase` und `DefaultHandler` (siehe Abschnitt 4.3.6) sind hingegen bekanntlich Sammeltypen, die gleich mehrere SAX-Interfaces auf einmal implementieren. Sie müssen also im Regelfall nur noch eine einzige Handler-Klasse schreiben, so wie wir mit unserem `ReportHandler`.

LexicalHandler und setProperty() `LexicalHander` müssen aber leider auch bei JAXP vor dem Parsen registriert werden. Dies geschieht über Methode `setProperty()` des `SAXParser`s, über die wir unseren `ReportHandler` als `LexicalHandler` registrieren (mehr zur Konfiguration des `SAXParser`s finden Sie in Abschnitt 5.3.3).

SAXParser.parse() Zu guter Letzt stoßen wir nun den Parse-Vorgang an. Dies geschieht über eine von vielen Methoden `parse()` des `SAXParser`s. In unserem Beispiel übergeben wir die zu parsende Datei einfach als `File`-Objekt (beim `XMLReader` müssten wir erst noch ein `org.xml.sax.InputSource`-Objekt für die Eingabe erzeugen) und natürlich unseren `ReportHandler`, um die Events zu empfangen. Et voilà – wir sind fertig.

Zugriff auf die Original-SAX-Parser-Typen

getParser() und getXMLReader()

Sollten Sie dennoch aus irgendwelchen Gründen die originalen SAX-Parser-Objekte benötigen, kann Ihnen der `SAXParser` diese auch über seine Methoden `getParser()` und `getXMLReader()` zur Verfügung stellen.

Sie haben nun gesehen, wie Sie auch mit JAXP nach dem SAX-Prinzip Dokumente parsen können. Der Zugang zu den Parser-Objekten und deren Handhabung ist dabei sehr einfach, und Sie müssen sich fast »nur« um die Implementierung der Handler-Klasse kümmern.

5.3.2 Der Ausgangspunkt: die SAXParserFactory

Die Klasse `SAXParserFactory` aus dem Package `javax.xml.parsers` hat im Grunde nur einen Zweck: die Erzeugung einer Instanz der Klasse `SAXParser`. Wie Sie jedoch im Einführungsbeispiel gesehen haben, können Sie auf der `SAXParserFactory` noch einige Einstellungen vornehmen, die sich direkt auf das Verhalten der erzeugten `SAXParser`-Instanzen auswirken.

In diesem Abschnitt werden wir nun etwas näher auf diese Einstellmöglichkeiten eingehen und Ihnen noch ein paar Details zu den schon gezeigten Methoden `newInstance()` und `newSAXParser()` vermitteln.

Beachten Sie, dass alle Konfigurationseinstellungen auf der `SAXParserFactory` vor der Erzeugung des `SAXParser`s mit `newSAXParser()` vorgenommen werden müssen. Ein nachträgliches Abändern des Verhaltens eines Parsers ist nicht möglich.

Namensraumbehandlung

setNamespaceAware() und isNamespaceAware()

Wie im Einführungsbeispiel schon angedeutet, legen Sie mit der Methode `setNamespaceAware()` fest, ob der zu generierende `SAXParser` XML-Namensräume verarbeiten soll oder nicht (und fragen entsprechend mit `isNamespaceAware()` den aktuellen Status ab). Konkret wirkt sich diese Einstellung aus auf die übergebenen Werte in den `ContentHandler.startElement()`- und `ContentHandler.endElement()`-Methoden und der Rückgabewerte der Getter-Methoden von `org.xml.sax.Attributes`. Bei allen wird unterschieden zwischen dem lokalen und dem qualifizierten Namen, und es gibt einen Parameter für den Namensraum-URI. Je nach Einstellung von `setNamespaceAware()` werden diese Werte unterschiedlich befüllt.

[zB] Wird beispielsweise ein Element `<p:person>` (oder entsprechend ein Attribut `p:person`) geparst und das Präfix `p` ist an den Namensraum-URI *http://jaxp.javaundxml.de* gebunden, werden die SAX-Werte wie in Tabelle 5.4 befüllt.

Namespace-Aware	Qualifizierter Name	Lokaler Name	Namensraum-URI
`false`	`p:person`	(leer)	(leer)
`true`	`p:person`	`person`	`http://jaxp.javaundxml.de`

Tabelle 5.4 SAX-Parameter ohne und mit Namensraumauswertung

DTD-Validierung

Nur für DTDs

Die `SAXParserFactory` bietet außerdem zwei Methoden `setValidating()` und `getValidating()`. Vom Namen her ist die Bedeutung dieser Methoden relativ klar: Sie teilen der `SAXParserFactory` mit oder prüfen, ob zu generierende `SAXParser` Dokumente validieren sollen oder nicht, also ob während des Parsens die Einhaltung einer eventuell vorhandenen Grammatik überprüft werden soll. Historisch bedingt greift dieser Mechanismus allerdings nur bei Grammatiken vom Typ *DTD*. Die Information, wo die DTD aufzufinden ist, muss dabei im Dokument enthalten sein, so dass Sie die Funktion nur ein- oder ausschalten müssen.

[»]

Hinweis

Beachten Sie hierbei bitte, dass sich die Einstellung wirklich nur auf die Überprüfungen gegen eine Grammatik auswirkt. Es ist nämlich auch möglich, dass Informationen in DTD-Dokumenten enthalten sind, die nicht zur Validierung benötigt werden (z. B. Entity-Deklarationen). Das Aus- bzw. Einschalten der Validierung wirkt sich also nicht zwangsweise darauf aus, ob der Parser referenzierte DTD-Dokumente auf diese Zusatzinformationen untersucht.

Schema-Validierung

Seit JAXP 1.3 gibt es nun die neue Schema-API, die wir Ihnen in Abschnitt 5.6, »Dokumente validieren«, näher vorstellen werden, und mit der es möglich ist, auf bequeme Weise gegen neuere Grammatiken wie XML Schema zu validieren.

setSchema() und getSchema()

Mit der Methode `setSchema()` erlaubt es Ihnen die `SAXParserFactory` nun, ein entsprechendes `Schema`-Objekt zu übergeben, das während des Parse-Vorgangs zur Validierung des Eingabedokuments benutzt werden soll. Auftretende Validierungsfehler werden dann den entsprechenden `ErrorHandler`-Methoden Ihrer Handler-Klassen gemeldet (siehe Abschnitt 4.3.4). Mit `setSchema(null)` wird übrigens ein gesetztes `Schema`-Objekt wieder entfernt, und mit `getSchema()` wird das momentan gesetzte abgefragt.

Die mit `setValidating()` vorgenommene Einstellung hat übrigens keinerlei Auswirkung auf die Schema-Validierung.

Unterstützung von XML Inclusions

XML Inclusions 1.0[2], kurz *XInclude 1.0*, ist eine XML-Erweiterung, die auf dem XPointer-Standard aufbaut. Sie führt einen einheitlichen Mechanismus ein, um externe XML-Dokumente (aber auch Textdokumente) oder Teile davon über Verknüpfungsinformationen in ein bestehendes Dokument einzubinden. Dies stellt eine Alternative zur Arbeit mit DTDs und externen Entities dar. Genauer werden wir auf diesen Standard jedoch nicht eingehen.

setXInclude-Aware() und get-XIncludeAware()

Mit der Methode `setXIncludeAware()` teilen Sie der `SAXParserFactory` mit, ob generierte Parser diesen Verknüpfungen folgen sollen oder nicht. Entsprechend erlaubt Ihnen `isXIncludeAware()` die Prüfung des momentanen Status.

Spezifische Einstellungen über den Feature-Mechanismus

Zusätzlich zu den bisher vorgestellten Einstellungsmöglichkeiten sind natürlich viele weitere denkbar. Um hier offen zu sein und damit auch Anbietern von JAXP-Implementierungen das Einbauen von eigenen Zusatzfunktionalitäten (gegebenenfalls über die Spezifikation hinausgehend) zu erlauben, existiert in der `SAXParserFactory` der sogenannte *Feature-Mechanismus*.

Wenn Sie bereits Abschnitt 4.2.2 gelesen haben, kommt Ihnen der Feature-Mechanismus vielleicht bekannt vor. Er existiert nämlich in gleicher Form auf dem `XMLReader`. Die Feature-Einstellungen auf der `SAXParserFactory` werden deshalb einfach auf den `XMLReader` im generierten `SAXParser` angewendet.

Benannte boolesche Werte

Ein Feature ist nichts weiter als ein boolescher Wert, der über einen eindeutigen `String`-Namen identifiziert werden kann. Eine Parser-Implementierung kann diese Werte auswerten und sich entsprechend anders verhalten.

---

2 *http://www.w3.org/TR/xinclude*

setFeature() und getFeature()

Features werden auf der `SAXParserFactory` mit der Methode `setFeature()` konfiguriert, die den Namen als `String` und ein `boolean` als Parameter erwartet. Der Zustand eines Features kann über `getFeature()` abgefragt werden. Beide Methoden werfen eine `SAXNotRecognizedException`, wenn der Feature-Name der Implementierung nicht bekannt ist, oder eine `SAXNotSupportedException`, falls das Feature zwar bekannt ist, aber nicht unterstützt wird.

Standard-Features

Es ist die Aufgabe der Hersteller, die von ihnen unterstützten Features zu dokumentieren. Normalerweise sollten Sie also auf deren Websites oder in der Produktdokumentation eine Auflistung finden. Die SAX-Spezifikation definiert auch einige Standard-Features, das heißt, jeder Hersteller sollte diese unterstützen. Sie können sie auf der SAX-Website[3] nachlesen oder in Anhang C.

Sichere Verarbeitung

Zusätzlich zu den SAX-Standard-Features schreibt die JAXP-Spezifikation allen Implementierungen die Unterstützung des Features `http://javax.xml.XMLConstants/feature/secure-processing` vor, dessen Name auch als statische Konstante `FEATURE_SECURE_PROCESSING` in der Klasse `javax.xml.XMLConstants` untergebracht ist. Bei Aktivierung dieses Features wird den Parser-Implementierungen erlaubt, interne Größen-Limits für die Verarbeitung der Eingangsdaten zu setzen. Dies soll der Verhinderung von »Denial of Service«-Attacken dienen. In einer sicheren Umgebung können Sie es deshalb abschalten. Muss der Parser aber beispielsweise Daten von Webseiten-Formularen parsen oder generell Daten, auf die Sie keinerlei Einfluss haben, könnten Sie das Feature vorsichtshalber aktivieren. Wird dann eines der Limits gesprengt, wird dies dem registrierten `ErrorHandler` als `fatalError()` gemeldet.

Parser-Instanz generieren

Die Methode `newSAXParser()`, das Herzstück der Klasse `SAXParserFactory`, haben wir Ihnen schon in Abschnitt 5.3.1 vorgestellt. Sie ist die eigentliche Factory-Methode und generiert `SAXParser`-Instanzen, mit denen schließlich der Parse-Vorgang durchgeführt oder ein `XMLReader` besorgt werden kann.

ParserConfigurationException

Die Methodensignatur sieht für die `newSAXParser()`-Methode übrigens eine Exception vor, die geworfen werden kann, die `ParserConfigurationException`. Dies passiert dann, wenn die JAXP-Implementierung

3 *http://www.saxproject.org/apidoc/org/xml/sax/package-summary.html#package_description*

eine der zuvor vorgenommenen Konfigurationen nicht unterstützt. Die JAXP-Spezifikation schreibt nämlich nur bedingt vor, welche Konfigurationen ein Parser unterstützen muss. Deshalb sollten Sie bei der Wahl eines Herstellers unbedingt prüfen, ob dieser die von Ihnen benötigten Konfigurationen unterstützt. Wie jedoch schon gesagt: Die Referenzimplementierung ist zunächst eine gute Wahl.

Instanz der Factory generieren

Bei genauerem Hinsehen ist auch die statische Methode `newInstance()` eine Factory-Methode, da sie keine andere Aufgabe hat, als eine Implementierung von `SAXParserFactory` ausfindig zu machen und zu instantiieren. Sie folgt dabei dem Mechanismus aus Abschnitt 5.2.2 und benutzt `javax.xml.parsers.SAXParserFactory` als Factory-ID.

FactoryConfigurationError

Bei Bedarf kann die Methode ein `Error`-Objekt vom Typ `FactoryConfigurationError` werfen. Das passiert immer dann, wenn der Factory-Mechanismus keine geeignete Implementierung für `SAXParserFactory` findet. Da JRE und JDK jedoch mit der Referenzimplementierung ausgeliefert werden, kann dies praktisch nicht passieren.

5.3.3 Die Parser-Implementierung: der SAXParser

Der `SAXParser` aus dem Package `javax.xml.parsers` ermöglicht es Ihnen, XML-Dokumente aus verschiedenen Quellen einzulesen und die resultierenden SAX-Events an entsprechende Handler-Klassen zu melden. Wie Sie in Abschnitt 5.3.1 schon nachlesen konnten, ist er im Endeffekt nicht viel mehr als eine Wrapper-Klasse um die SAX-API, genauer gesagt, die SAX-Klassen `Parser` und `XMLReader`. In diesem Abschnitt werden wir die Klasse allerdings etwas genauer unter die Lupe nehmen.

Prüfen der Konfiguration

Ein `SAXParser` bietet Ihnen einige Methoden zur Überprüfung seiner Konfiguration an. Wie Sie ja bereits wissen, werden die wichtigsten Einstellungen normalerweise auf der `SAXParserFactory` vor dem Aufruf von `newSAXParser()` vorgenommen. Deshalb finden Sie die vier Methoden `isNamespaceAware()`, `isValidating()`, `isXIncludeAware()` und `getSchema()` auch hier wieder. Sie geben jeweils diejenigen Werte zurück, die ihre Pendants auf der `SAXParserFactory` vor dem Aufruf von `newSAXParser()` zurückgegeben hätten.

Spezifische Einstellungen mit Properties

Properties sind artverwandt mit den Features aus der `SAXParserFactory`. Es handelt sich um beliebige Konfigurationsobjekte, die dem `SAXParser` zusammen mit einem eindeutigen `String`-Namen über die Methode `setProperty()` überreicht werden können. Sie sind dabei nicht auf den Typ `boolean` festgelegt, sondern können tatsächlich ein beliebiges `Object` übergeben. Mit `getProperty()` fragen Sie die gesetzten Werte ab.

Alles Weitere ist dann wieder Sache der konkreten Implementierung. Nur diese kann wissen, ob oder was sie mit dem übergebenen Objekt anfangen kann. Ebenso sollte auch hier wieder auf der Hersteller-Website oder in der Produktdokumentation eine Liste mit unterstützten Properties auffindbar sein.

Analog zum Feature-Mechanismus ist auch das Fehler-Handling. So werfen `setProperty()` und `getProperty()` eine `SAXNotRecognizedException`, wenn die Property der Implementierung nicht bekannt ist, zum anderen eine `SAXNotSupportedException`, wenn die Property der Implementierung zwar bekannt ist, sie aber nicht unterstützt wird oder mit dem übergebenen `Object` nichts angefangen werden kann.

SAX-Standard-Properties

Innerhalb der SAX-API sind wie gesagt einige Standard-Properties definiert, die jeder Hersteller unterstützen sollte. Eine Liste davon finden Sie auf der SAX-Website[4] oder in Anhang C.

Durchführung des Parse-Vorgangs

Wie schon gezeigt, bietet der `SAXParser` eine mehrfach überladene `parse()`-Methode. Dabei gibt es immer Pärchen aus zwei `parse()`-Methoden. Beide erhalten das Eingabedokument im selben Format (z. B. also als `File`-Objekt), jedoch akzeptiert die eine SAX-1-`HandlerBase`-Instanz als Handler, die andere einen SAX-2-`DefaultHandler`. Dabei werden die verschiedenen Typen, in denen das Quelldokument angegeben werden kann, intern alle in eine SAX-`InputSource` konvertiert (siehe Abschnitt 4.2.3).

Vorteile von SAX-Parser

Im Vergleich zur Arbeit mit einem SAX-`Parser` oder -`XMLReader` bieten Ihnen die `parse()`-Methoden von `SAXParser` also zwei Vereinfachungen: Sie müssen sich zum Durchführen des Parse-Vorgangs nicht unbedingt über `getParser()` oder `getXMLReader()` einen SAX-nativen Parser holen und diesen dann mit Objekten der einzelnen Callback-Interfaces füttern,

4 *http://www.saxproject.org/apidoc/org/xml/sax/package-summary.html#package_description*

sondern können direkt (und einmalig) eine Instanz der Callback-Hilfsklassen `HandlerBase` oder `DefaulHandler` übergeben. Außerdem können Sie mit verschiedenen Quellobjekten (wie `File` oder `InputStream`) arbeiten und müssen sich nicht um die Umwandlung in eine `InputSource` kümmern.

Die Brücke zur SAX-API

Bereits mehrfach haben wir die beiden Methoden `getParser()` und `getXMLReader()` erwähnt. Auch sie sind quasi wieder Factory-Methoden, die Ihnen Instanzen der beiden SAX-nativen Parser-Typen `org.xml.sax.Parser` und `org.xml.sax.XMLReader` zurückliefern. Sie haben allerdings keinen direkten Vorteil, wenn Sie mit diesen Typen arbeiten, es kann aber natürlich sein, dass Sie z. B. bei der Nutzung externer Bibliotheken nicht um ihre Verwendung herumkommen.

Wiederverwendung von SAXParser-Instanzen

Schließlich besteht die Möglichkeit, eine bestehende `SAXParser`-Instanz für mehr als einen Parse-Vorgang zu verwenden. In diesem Fall müssen Sie aber nach jedem dieser Vorgänge die speziell dafür vorgesehene Methode `reset()` auf dem `SAXParser` aufrufen.

5.3.4 Zusammenfassung

Sie haben nun alles erfahren, was Sie über JAXP in Bezug auf SAX wissen müssen. Wie Sie gesehen haben, benötigen Sie JAXP zwar nicht unbedingt, um über SAX Dokumente zu parsen, da Sie einfach über `XMLReaderFactory.createXMLReader()` in einem Schritt eine `XMLReader`-Instanz erzeugen können. Dafür kann JAXP mit einer etwas vereinfachten Konfiguration punkten, indem es Setter-Methoden für die wichtigsten Einstellungen zur Verfügung stellt. Auch können Sie XML Inclusions oder die Schema-API nur über JAXP nutzen. Und schließlich ist das Aufrufen des Parse-Vorgangs durch die verschiedenen `parse()`-Methoden noch einmal etwas vereinfacht.

5.4 Einstieg in die DOM-API

Sie haben nun gesehen, wie JAXP Ihnen als Entwickler schnell und einfach Zugang zur SAX-API verschaffen. In diesem Abschnitt beschäftigen wir uns nun mit den JAXP-Werkzeugen, die Ihnen den Einstieg zur DOM-API ermöglichen.

Gängige Aufgaben in der DOM-API

Wie Sie in Kapitel 3, »DOM«, schon erfahren haben, ist die Handhabung der DOM-API etwas anders als bei der SAX-API. Zur Erinnerung: DOM parst das ganze Dokument auf einmal in ein Objektmodell und stellt es Ihnen dann zur Verfügung. Sie können dann beliebig darin hin und her navigieren und an den gewünschten Stellen Informationen abfragen. Sie arbeiten also nicht mehr mit Events, deshalb ändert sich das Parsen ein wenig: Der Parse-Vorgang muss nun ein Ergebnis zurückgeben, nämlich das Modell in Form einer Instanz von `org.w3c.dom.Document`. Außerdem ist das Parsen nicht mehr die einzige Aufgabe, die potentiell erledigt werden muss. So muss die API beispielsweise auch imstande sein, neue `Document`-Instanzen zu generieren, und es muss natürlich Zugang zu Instanzen des zentralen Einstiegs-Interfaces der DOM-API, nämlich `org.w3c.dom.DOMImplementation`, ermöglicht werden.

Genau um diese drei Aufgaben

- Parsen
- neue Dokumente erzeugen
- Erzeugen einer `DOMImplementation`

kümmert sich JAXP. Dieser Abschnitt zeigt Ihnen, wie.

5.4.1 Einführungsbeispiel

Damit Sie sich schnell in dem Umgang mit der DOM-API von JAXP hineinfinden, haben wir dafür ein kleines Beispiel auf die Buch-CD gelegt. Wir empfehlen Ihnen, dieses Beispiel parallel zum Lesen dieses Abschnitts durchzuarbeiten, die wichtigsten Codeabschnitte sind jedoch auch nochmals mit abgedruckt.

Öffnen des Beispiels

[○] Aus Abschnitt 5.3.1 kennen Sie vielleicht schon das Eclipse-Projekt *05 – JAXP*, das Sie auf der Buch-CD bei den Beispielen finden und das alle Beispiele für JAXP enthält. Falls nicht schon geschehen, importieren Sie es am besten nun in Ihren Eclipse-Workspace (eine allgemeine Beschreibung des Projekts finden Sie im eben genannten Abschnitt).

Die Quelldateien für unser DOM-Beispiel finden Sie im Java-Package `de.javaundxml.jaxp.quickstart.dom`. In diesem Package finden Sie schließlich zwei Klassen: `RunDOM`, die die `main()`-Methode enthält, und `ReportHandler`, eine Hilfsklasse, die in Name und Funktion dem `ReportHandler` aus dem SAX-Beispiel nachempfunden ist und den Inhalt einer `Document`-Instanz in Event-Form auf die Konsole ausgibt.

Das Beispiel starten

Parsen und Ausgabe von Dokumentinformationen

Starten Sie nun das Beispiel in Eclipse – idealerweise über die vorgefertigte Run Configuration *Beispiel 2 – DOM*. Sobald das Programm läuft, wird die XML-Datei *personen.xml* aus dem *data*-Verzeichnis in eine `Document`-Instanz geparst. Als Nächstes wird diese dann dem `ReportHandler` übergeben. Der analysiert alle `Element`-, `Text`- und `Comment`-Knoten im `Document` und gibt entsprechende Informationen im Textformat auf der Konsole aus. Die Ausgabe sollte sich größtenteils mit der vom SAX-Beispiel decken, um Ihnen einen Vergleich zu ermöglichen. Auf den genauen Inhalt des `ReportHandler` gehen wird hier allerdings nicht näher ein.

Neues Dokument erzeugen

Nach dem Parsen und Verarbeiten dieses ersten Dokuments wird dann über den entsprechenden JAXP-Mechanismus ein neues DOM-Dokument erstellt und über die normale DOM-API mit dem Inhalt

```
<root>
    <A>Hello</A>
    <B>World</B>
</root>
```

Dokument serialisieren

befüllt. Zuletzt wird über JAXP eine `DOMImplementationLS` besorgt und das Testdokument damit auf die Konsole serialisiert.

Inhalt des Programms

Da Sie nun wissen, was das DOM-Beispielprogramm macht, stellen wir Ihnen jetzt den zugehörigen Quellcode vor. Die Klasse `RunDOM` verfügt über eine `main()`- und zwei weitere Hilfsmethoden `createTestDocument()` und `serialize()`. Wir beginnen jedoch zunächst mit der `main()`-Methode, die Sie in Listing 5.2 abgedruckt sehen.

```
final DocumentBuilderFactory factory =
   DocumentBuilderFactory.newInstance();
factory.setNamespaceAware(NAMESPACE_AWARE);
factory.setIgnoringComments(IGNORE_COMMENTS);

final DocumentBuilder builder =
   factory.newDocumentBuilder();

Document doc = builder.parse(new File(FILE_NAME));
ReportHandler.handleDocument(doc);
```

```
final Document testDoc = createTestDocument(builder);
serialize(builder, testDoc);
```

Listing 5.2 XML verarbeiten mit JAXP und DOM

In dem gezeigten Codeausschnitt erkennen Sie, dass sich die Arbeit mit DOM und JAXP ähnlich gestaltet wie mit SAX und JAXP.

DocumentBuilder Factory

Auch hier beginnen wir nämlich mit dem Besorgen einer Factory, hier der `DocumentBuilderFactory`. Wie schon bei der `SAXParserFactory` gibt es auch hier eine statische `newInstance()`-Methode, die über den Factory-Mechanismus aus Abschnitt 5.2.2 eine Implementierung der abstrakten Klasse auffindet und instantiiert. Die erhaltene Factory kann dann noch über diverse Methoden konfiguriert werden. Wir rufen hier exemplarisch zwei davon auf und nutzen wie schon bei `RunSAX` statische Konstanten als Argumente. Die Details zur Konfiguration der `DocumentBuilderFactory` finden Sie in Abschnitt 5.4.2.

DocumentBuilder

Wenn die `DocumentBuilderFactory` fertig konfiguriert ist, geht es ebenfalls ähnlich wie bei SAX weiter: Über die Factory-Methode `newDocumentBuilder()` lassen Sie sich eine Instanz der Klasse `DocumentBuilder` generieren, die mit der Klasse `SAXParser` vergleichbar ist. Diese übernimmt nun die drei Hauptaufgaben im DOM-Bereich, also Parsen und Generieren von Dokumenten und Bereitstellung einer `DOMImplementation`-Instanz.

DocumentBuilder .parse()

In unserem Beispiel ist zuerst das Parsen an der Reihe. Es funktioniert über eine von mehreren `parse()`-Methoden von `DocumentBuilder`. Wir nutzen diejenige Variante, die das XML-Dokument als `File`-Objekt akzeptiert. Das Ergebnis der Methode ist ein Objekt vom Typ `org.w3c.dom.Document`.

ReportHandler

Mit der so erhaltenen `Document`-Instanz rufen wir nun die statische Methode `handleDocument()` von der `ReportHandler`-Klasse auf, die den Inhalt des Dokuments im Stil des `ReportHandler`s aus dem SAX-Beispiel auf der Konsole ausgibt. Auf den Inhalt dieser Klasse gehen wir allerdings nicht näher ein, da sie ausschließlich mit der Ihnen bekannten DOM-API arbeitet.

DocumentBuilder .newDocument()

Als Nächstes folgt der Aufruf der `createTestDocument()`-Methode. Aus dieser interessiert uns allerdings nur die erste Zeile, alle weiteren nutzen wiederum nur die DOM-API:

```
final Document result = builder.newDocument();
```

Hier sehen Sie, dass eine neue (leere) `Document`-Instanz mit JAXP einfach über die Factory-Methode `newDocument()` von `DocumentBuilder` erzeugt werden kann.

DocumentBuilder .getDOM Implementation()

Zuletzt ruft `main()` mit dem erhaltenen Testdokument nun noch die Methode `serialize()` auf, von der wiederum nur die erste Zeile JAXP-spezifischen Code enthält:

```
final DOMImplementation domImpl =
    builder.getDOMImplementation();
```

Die letzte DOM-Aufgabe von JAXP – das Erzeugen einer `DOMImplementation`-Instanz – ist also über einen weiteren simplen Aufruf einer Factory-Methode realisiert, nämlich `getDOMImplementation()`.

Damit sind wir auch schon am Ende unseres Einführungsbeispiels für DOM angelangt. Mit dem gezeigten Code können Sie auch bereits die wichtigsten Aufgaben erledigen. Auf die detailliertere Konfiguration der `DocumentBuilderFactory` und des `DocumentBuilder` gehen wir in den folgenden Abschnitten ein.

5.4.2 Der Ausgangspunkt: die DocumentBuilderFactory

Die Aufgabe der Klasse `DocumentBuilderFactory` ähnelt stark der der Klasse `SAXParserFactory`, denn ihre einzige Aufgabe ist das Konfigurieren und schließlich Erzeugen einer konkreten Instanz der Klasse `DocumentBuilder`. Die Factory-Klasse liegt parallel zu den schon vorgestellten SAX-Klassen im Package `javax.xml.parsers`.

In diesem Abschnitt werden wir nun etwas näher auf die verschiedenen Einstellmöglichkeiten eingehen und noch ein paar Details zu den schon gezeigten Methoden `newInstance()` und `newDocumentBuilder()` behandeln.

Auch bei DOM gilt übrigens: erst konfigurieren, dann Instanzen erzeugen. Ein bereits erstellter `DocumentBuilder` kann also nicht mehr nachträglich über seine erzeugende `DocumentBuilderFactory` manipuliert werden.

Namensraumbehandlung

setNamespace-Aware() und isNamespace-Aware()

Die Namensraumbehandlung können Sie bei der `DocumentBuilderFactory` analog zur `SAXParserFactory` über die beiden Methoden `setNamespaceAware()` und `isNamespaceAware()` einstellen und abfragen.

Ebenfalls analog zur SAX-API ist die Auswirkung dieser Einstellung. Bei DOM gibt es zwar keine Callback-Methoden, dafür Knotenobjekte, und somit wirkt sich die Einstellung konkret auf die Rückgabewerte einiger Methoden im `Node`-Interface aus. Wird beispielsweise ein Element `<p:person>` (oder entsprechend ein Attribut `p:person`) geparst und das Präfix `p` ist an den Namensraum-URI *http://jaxp.javaundxml.de* gebunden, werden die DOM-`Node`-Instanzen wie in Tabelle 5.5 befüllt.

Namespace-Aware	getLocalName()	getPrefix()	getNamespaceURI()
`false`	`null`	`null`	`null`
`true`	`person`	`p`	`http://jaxp.javaundxml.de`

Tabelle 5.5 DOM-Node-Parameter je nach Namensraumauswertung

Auf die Methoden `Element.getTagName()` und `Attr.getName()` hat die Einstellung keine Auswirkung. Diese geben immer den qualifizierten Namen des Elements/Attributs zurück. Allerdings hat die Befüllung der `Node`-Rückgabewerte natürlich indirekt Auswirkungen auf die namensraumbezogenen Methoden des `Element`-Interfaces:

- `getAttributeNodeNS()`
- `getAttributeNS()`
- `getElementsByTagNameNS()`
- `hasAttributeNS()`
- `removeAttributeNodeNS()`
- `setAttributeNodeNS()`
- `setAttributeNS()`
- `setIdAttributeNS()`

DTD-Validierung, Schema-Validierung und XInclude-Unterstützung

Die DTD-Validierung, die Schema-Validierung und die XInclude-Unterstützung sind bei der `DocumentBuilderFactory` exakt so zu handhaben wie bei der `SAXParserFactory` – also über die gleichen Methoden mit den gleichen Auswirkungen. Lesen Sie diese bei Bedarf bitte nochmals in Abschnitt 5.3.2 nach.

Umgang mit ignorierbaren Leerräumen

Ignorable Whitespace

Um diesen Abschnitt zu verstehen, brauchen Sie zunächst ein grundlegendes Verständnis, was »ignorierbare Leerräume« bzw. »ignorable Whitespaces« eigentlich sind. Betrachten Sie dazu bitte folgenden XML-Code:

```
<parent>
   <child>Some text</child>
   <child>Some other text</child>
</parent>
```

Ein DOM-Parser erzeugt für diesen Code die unten angedeutete Baumstruktur an DOM-Objekten:

```
- Element [Name: parent]
   - Text [Zeilenumbruch, Leerzeichen]
   - Element [Name: child]
     - Text ["Some text"]
   - Text [Zeilenumbruch, Leerzeichen]
   - Element [Name: child]
     - Text ["Some other text"]
   - Text [Zeilenumbruch]
```

Wie Sie dort sehen, sind in dieser Objektstruktur einige `Text`-Knoten vorhanden (fett gedruckt), die lediglich der Formatierung (Umbrüche, Einrückung) des Dokuments dienen.

Theorie und Praxis

Dies ist die korrekte Vorgehensweise. Sie kann aber von dem abweichen, was der Code für Sie als Entwickler bedeutet. Denn Sie erwarten beispielsweise, dass ein `<parent>`-Element logisch als Kindknoten nur `Element`-Knoten `<child>` enthalten kann, keinen Text. Allein wegen der besseren Lesbarkeit haben Sie jedoch noch Umbrüche und Leerräume eingebaut, erwarten sie aber nicht als Kindknoten von `<parent>`. Der Parser ist aber natürlich nicht in der Lage, Ihre Absichten zu erkennen. Er kann dies nur, wenn Sie ihm eine Hilfestellung geben – genau gesagt eine Grammatik. In dem Moment, da der Parser Zugriff auf eine solche hat, in der beschrieben ist, dass ein `<parent>` keine Textknoten, sondern nur `<child>`-Knoten enthalten darf, kann der Parser die überflüssigen Textknoten auch also solche einstufen.

Um dieses Ignorieren nun zu aktivieren oder abzuschalten, gibt es in der `DocumentBuilderFactory` eine Setter-Methode `setIgnoringElementContentWhitespace()` mit der zugehörigen Getter-Methode `isIgnoringElementContentWhitespace()`. Mehr müssen Sie nicht tun, außer natürlich eine Grammatik bereitzustellen.

[»]

> **Hinweis**
>
> Bevor Sie jetzt euphorisch dieses Feature einschalten, müssen wir Ihnen allerdings gleich den Haken an der Sache beichten: Es funktioniert nämlich tatsächlich nur mit DTDs, die direkt im XML-Dokument referenziert oder direkt eingebunden sind. Wenn Sie über `setSchema()` ein `Schema`-Objekt zur Validierung gesetzt haben, werden die Whitespaces trotzdem nicht erkannt. Das Problem wurde Sun bereits 2003 gemeldet[5], doch bis jetzt ist die von vielen gewünschte Funktionalität noch nicht eingebaut.

Auflösung von Entity-Referenzen

Entity-Referenzen

Eine Entity-Referenz haben Sie sicher schon einmal gesehen, z. B. wenn Sie HTML-Seiten erstellen und einen deutschen Umlaut einfügen möchten. Ein kleines »ü« würden Sie beispielsweise über den Code `ü` einfügen. Wollen Sie in XML-Dokumenten die Zeichen »<« oder »>« als Text einfügen, dann machen Sie dies über den Code `<` bzw. `>`. Diese Konstrukte nennt man *Entity-Referenzen*. Es handelt sich dabei um Verweise auf beliebigen XML-Code, der an anderer Stelle unter Angabe eines Namens definiert wurde. Solche Deklarationen können innerhalb einer DTD über den Code `<!ENTITY entityname "Ersatzcode">` erfolgen. Kennt der Parser diese DTD, kann er jedes Mal den XML-Ausdruck `&entityname;` durch den XML-Code `Ersatzcode` ersetzen.

setExpandEntityReferences() und isExpandEntityReferences()

Im Falle von DOM ergeben sich nun zwei Möglichkeiten. Entweder erzeugt der Parser an solchen Stellen einen Knoten vom Typ `org.w3c.dom.EntityReference` (löst die Referenz also nicht auf), oder er löst die Referenz auf und behandelt den Ersatzcode, als hätte er ihn direkt im Dokument gelesen. Sie steuern dieses Verhalten in der `DocumentBuilderFactory` über die Setter-Methode `setExpandEntityReferences()` und fragen sie mit `isExpandEntityReferences()` ab. Ein Wert von `true` aktiviert dabei das Auflösen.

[»]

> **Hinweis**
>
> Beachten Sie, dass der Ersatzcode einer Entity-Referenz wieder ein beliebig großer XML-Baum sein kann. Dies kann durchaus relevant für die Performance ihres Parsers sein, da dieser den ganzen Baum mitparsen muss. Es kann also abhängig von den Dokumenten, mit denen Sie arbeiten, durchaus sinnvoll sein, das Auflösen von Entity-Referenzen abzuschalten, falls Sie es nicht unbedingt benötigen.

---

5 *http://bugs.sun.com/bugdatabase/view_bug.do?bug_id=4867706*

Behandlung von Kommentaren

setIgnoringComments() und isIgnoringComments()

DOM kann bekanntlich XML-Kommentare über ein `org.w3c.dom.Comment`-Objekt repräsentieren. Über die Methode `setIgnoringComments()` können Sie der `DocumentBuilderFactory` aber auch mitteilen, dass diese Instanzen beim Parsen für Kommentare nicht erzeugt werden. Mit `isIgnoringComments()` fragen Sie den aktuellen Status ab.

Verschmelzen von Text und CDATA-Abschnitten

Stellen Sie sich vor, Ihr XML-Dokument enthielte den folgenden Codeabschnitt:

```
<someElement>Java<![CDATA[ und ]]>XML</someElement>
```

Innerhalb dieses Elements ist normaler Text mit einer CDATA-Section gemischt, und ein `DocumentBuilder` wird in der zugehörigen `Element`-Instanz deshalb auch einen `Text`-, einen `CDATASection`- und wieder einen `Text`-Knoten anlegen.

setCoalescing() und isCoalescing()

Allerdings können Sie der `DocumentBuilderFactory` auch über die Methode `setCoalescing()` mitteilen, dass solche Fragmente zu einem einzigen `Text`-Knoten verschmolzen werden sollen. Alleinstehende CDATA-Sections werden dabei aber auch in `Text`-Knoten umgewandelt. Den aktuellen Status fragen Sie logischerweise mit `isCoalescing()` ab.

Spezifische Einstellungen mit Features und Attributen

Bei der `SAXParserFactory` ist Ihnen bereits der *Feature*-Mechanismus begegnet, über den Sie eindeutig benannte boolesche Parameter in der Factory setzen können, die dann Auswirkungen auf die generierten `SAXParser`-Instanzen haben. Ähnlich ist es mit den *Properties*, eindeutig benannten Parametern vom Typ `Object`, die Sie direkt auf dem `SAXParser` setzen können.

Beide Mechanismen finden Sie auch in DOM wieder. Allerdings heißen die Properties hier *Attribute* und sind parallel zu den Features auf der `DocumentBuilderFactory` untergebracht. Die zugehörigen Methoden lauten:

- `getFeature()`
- `setFeature()`
- `getAttribute()`
- `setAttribute()`

Dabei werfen die ersten beiden eine `ParserConfigurationException`, falls der Feature-Name nicht erkannt oder unterstützt wird, die letzten beiden analog eine `IllegalArgumentException`. Das Prinzip ist aber ansonsten dasselbe.

Im Gegensatz zu SAX gibt es bei DOM kaum Standard-Features oder -Attribute. Nur das von SAX schon bekannte Feature `XMLConstants.FEATURE_SECURE_PROCESSING` muss immer unterstützt werden.

DocumentBuilder-Instanz generieren

Die Methode `newDocumentBuilder()`, das Herzstück der Klasse `DocumentBuilderFactory`, haben wir Ihnen schon in Abschnitt 5.4.1, vorgestellt. Sie ist die eigentliche Factory-Methode und generiert `DocumentBuilder`-Instanzen, mit denen schließlich die verschiedenen DOM-Aufgaben erledigt werden können.

ParserConfiguration Exception

Nur als kleinen Nachtrag zum bisher Gezeigten sollten Sie noch wissen, dass auch bei `newDocumentBuilder()` die Methodensignatur das Werfen einer `ParserConfigurationException` vorsieht, falls die jeweilige JAXP-Implementierung eine der zuvor definierten Konfigurationen nicht unterstützt. Und vergessen Sie auch nicht, dass in der Factory vorgenommene Einstellungen sich nach dem Generieren der `DocumentBuilder`-Instanz nicht mehr auf diese auswirken.

Instanz der Factory generieren

Sie werden es schon vermutet oder gesehen haben: Das Generieren einer Instanz von `DocumentBuilderFactory` funktioniert ebenfalls wie bei SAX, nämlich über die statische Factory-Methode `newInstance()`. Natürlich nutzt auch sie den Mechanismus aus Abschnitt 5.2.2 und verwendet `javax.xml.parsers.DocumentBuilderFactory` als Factory-ID.

FactoryConfigurationError

Und auch hier kann bei Bedarf ein `FactoryConfigurationError` geworfen werden, allerdings nur in dem höchst ungewöhnlichen Fall, dass keine geeignete Implementierung zu finden ist.

5.4.3 Dokumente parsen und generieren mit dem DocumentBuilder

Nach dem Generieren und Konfigurieren der `DocumentBuilderFactory` werden Sie dort schließlich `newDocumentBuilder()` aufrufen, um eine Instanz der Klasse `DocumentBuilder` aus dem Package `javax.xml.parsers` zu erhalten.

Wie schon in Abschnitt 5.4.1 erklärt, ist dies nun das zentrale Objekt zur Arbeit mit der DOM-API. Sie können darüber neue `Document`-Instanzen erzeugen, und zwar entweder durch Parsen eines bestehenden XML-Dokuments oder Erstellen eines leeren Dokuments. Für fortgeschrittenere Aufgaben, wie beispielsweise das Serialisieren, können Sie sich aber auch direkt ein `DOMImplementation`-Objekt zurückgeben lassen. Dieser Abschnitt wird die verfügbaren Optionen nun etwas näher beleuchten.

Prüfen der Konfiguration

Wie schon beim `SAXParser` können Sie auch beim `DocumentBuilder` zunächst einmal die auf der Factory vorgenommenen Einstellungen über die folgenden Getter-Methoden überprüfen:

- `getAttribute()`
- `getFeature()`
- `getSchema()`
- `isCoalescing()`
- `isExpandEntityReferences()`
- `isIgnoringComments()`
- `isIgnoringElementContentWhitespace()`
- `isNamespaceAware()`
- `isValidating()`
- `isXIncludeAware()`

Zur Bedeutung dieser Methoden schlagen Sie bitte in den entsprechenden Passagen in Abschnitt 5.4.2 nach.

Hilfsobjekte registrieren

JAXP erlaubt Ihnen auch bei der Nutzung der DOM-API das Registrieren eines `org.xml.sax.EntityResolver`s zum Auflösen von Entities und das Registrieren eines `org.xml.sax.ErrorHandler`s zur Behandlung von Fehlern. Auch wenn diese eigentlich Teil der SAX-API sind, wollte man aufgrund ihrer allgemeinen Nutzbarkeit das Rad nicht neu erfinden. Die beiden Handler funktionieren bei DOM nämlich genau wie bei SAX. Die zugehörigen Setter-Methoden lauten dabei `setEntityResolver()` und `setErrorHandler()`. Ein `null`-Wert als Argument stellt dabei das Standardverhalten wieder her. Details über diese Objekte finden Sie natürlich in Abschnitt 4.3, »Handler«.

Durchführung des Parse-Vorgangs

Nachdem Sie nun eine `DocumentBuilder`-Instanz erstellt und gegebenenfalls noch mit den entsprechenden Hilfsobjekten ausgestattet haben, besteht die Möglichkeit, XML-Dokumente in verschiedenen Formaten in eine `Document`-Instanz zu parsen.

parse() Dafür bietet `DocumentBuilder` die mehrfach überladene `parse()`-Methode an, deren Verwendung Sie schon im Einführungsbeispiel für DOM (Abschnitt 5.4.1) sehen konnten. Fast alle Überladungen erwarten als Parameter ein Eingabeobjekt und geben als Ergebnis ein `Document`-Objekt zurück. Konkret sind dieselben Typen von Eingabeobjekten möglich wie auch schon beim `SAXParser`: ein beliebiger URI (als `String`), ein `File`-Objekt, eine SAX-`InputSource` oder ein `InputStream` (hier existiert eine zusätzliche Überladung, die noch eine System-ID als Parameter annimmt, wie auch bei SAX).

Exceptions Alle diese Methoden werfen entweder eine `SAXException` (falls das XML-Dokument nicht gültig ist), eine `IOException` (falls nicht richtig aus der Eingabequelle gelesen werden kann) oder eine `IllegalArgumentException` (falls der übergebene Parameter `null` ist).

Und das war es auch schon, was Sie über das Parsen mit DOM wissen müssen. JAXP bietet Ihnen also auch hier einen vereinfachten Mechanismus gegenüber der puren DOM-API an. Mit DOM-eigenen Mitteln müssten Sie nämlich erst über eine `DOMImplementationLS`-Instanz einen `LSParser` und ein `LSInput`-Objekt erzeugen, was insgesamt ein wenig aufwendiger ist. Auch gab es vor der Einführung von *DOM Level 3 Load and Save* in der DOM-API schlicht keinen Standard zum Parsen von DOM-Dokumenten, während JAXP hier bereits eine Standardlösung bereitstellte.

Die Brücke zur DOM-API

Natürlich ist es manchmal nicht damit getan, XML-Dokumente nur zu parsen, sondern es müssen vielleicht auch einmal neue Dokumente im Speicher zusammengebaut und beispielsweise in Dateien serialisiert werden.

getDOMImplementation() Wie schon erwähnt, ist das Schlüsselobjekt hierzu die `DOMImplementation` aus der DOM-API, die Sie in Abschnitt 3.2 kennengelernt haben. Damit können Sie u. a. neue Dokumente erzeugen, sie serialisieren oder auch parsen. Eine `DOMImplementation`-Instanz erhalten

Sie direkt vom `DocumentBuilder`, und zwar über dessen Methode `getDOMImplementation()`.

newDocument()

Speziell für das Erzeugen neuer `Document`-Instanzen gibt es schließlich noch eine »Abkürzung« gegenüber dem Weg über die `DOMImplementation`, nämlich die Methode `newDocument()` von `DocumentBuilder`, die einfach und schnell ein leeres `Document` ohne Wurzelelement generiert.

Wiederverwendung von DocumentBuilder-Instanzen

Schließlich besteht noch die Möglichkeit, eine bestehende `DocumentBuilder`-Instanz für mehrere Aufgaben, beispielsweise Parse-Vorgänge, zu verwenden. In diesem Fall müssen Sie aber nach jedem dieser Vorgänge die Methode `reset()` auf dem `DocumentBuilder` aufrufen.

5.4.4 Zusammenfassung

Sie haben nun alles erfahren, was Sie über JAXP in Bezug auf DOM wissen müssen. Zwar benötigen Sie JAXP nicht unbedingt, um die typischen DOM-Aufgaben zu erledigen, da Sie auch einfach über die `DOMImplementationRegistry` an eine `DOMImplementation`- und `DOMImplementationLS`-Instanz kommen, mit der Sie schließlich auch neue Dokumente generieren oder bestehende parsen können. Dafür kann JAXP mit einer etwas vereinfachteren Konfiguration punkten, indem es Setter-Methoden für die wichtigsten Einstellungen zur Verfügung stellt. Auch können Sie XML Inclusions oder die Schema-API nur über JAXP nutzen. Das Generieren von leeren Dokumenten geht etwas schneller, und schließlich ist das Aufrufen des Parse-Vorgangs durch die verschiedenen `parse()`-Methoden noch einmal etwas vereinfacht und vor allem auch ohne *DOM Level 3 Load and Save* möglich.

5.5 Dokumente transformieren

TrAX

Nachdem wir Ihnen die JAXP-Teil-APIs für den Zugang zu SAX und DOM vorgestellt haben, folgt nun mit der Transformations-API der nächste große Teilbereich von JAXP. Diese Teil-API wird oftmals auch als »Transformation API for XML« bezeichnet, kurz *TrAX*. Während sich aber die bisher gezeigten Klassen im Package `javax.xml.parsers` befinden, liegen alle Typen der TrAX-API im Package `javax.xml.transform` und einiger seiner Unter-Packages.

Prinzip einer Transformation in TrAX

Eine Transformation verläuft in TrAX nach dem in Abbildung 5.1 gezeigten Prinzip. Ausgangspunkt ist dabei immer das *Quelldokument*, das ausschließlich im XML-Format vorliegen darf. Außerdem wird die *Transformationsanweisung* (fast immer ein XSLT-Dokument oder auch *Stylesheet*) benötigt, in der beschrieben ist, wie das Quelldokument transformiert werden soll. Beides wird dann dem *Transformer* übergeben, der sozusagen den XSLT-Prozessor darstellt. Und dieser spuckt schließlich als Ergebnis ein *Zieldokument* aus, das nun nicht mehr XML sein muss (aber in den meisten Fällen sein wird).

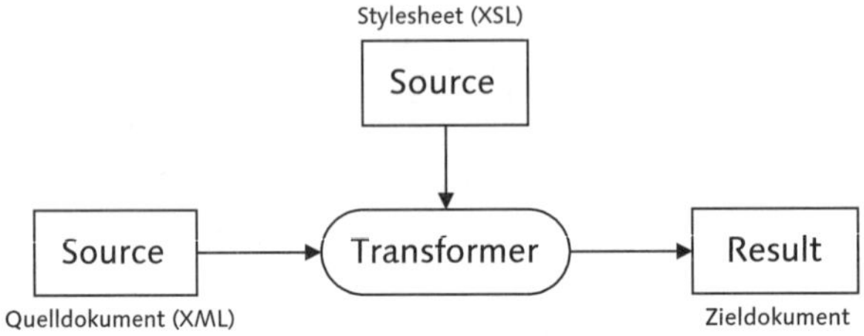

Abbildung 5.1 Ablauf einer Transformation mit TrAX

Wie Sie gleich sehen werden, führt TrAX für alle drei Konzepte – Eingabedokumente, Ausgabedokumente und Transformer – eigene Interfaces und abstrakte Klassen ein sowie erneut einen Factory-Mechanismus, um konkrete Implementierungen der Interfaces zu erhalten. Bevor es aber ins Detail geht, starten wir – wie bei den vorherigen Abschnitten – erst einmal mit einem Einführungsbeispiel.

5.5.1 Einführungsbeispiel

In diesem Abschnitt möchten wir Ihnen im Schnelldurchlauf die wichtigsten Elemente der TrAX-API vorstellen. Wir verwenden dafür ein vorgefertigtes Beispiel von der Buch-CD, das Sie optimalerweise parallel zu diesem Abschnitt durcharbeiten sollten. Die wichtigsten Ausschnitte aus dem Quellcode sind aber, wie gewohnt, mit abgedruckt.

Öffnen des Beispiels

[o] Das Beispiel für das JAXP-Kapitel ist das Eclipse-Projekt *05 – JAXP*, das Sie auf der Buch-CD bei den Beispielen finden. Wir haben es auch schon in den vorherigen Abschnitten verwendet. Falls nicht schon geschehen, müssen Sie es allerdings noch in Ihren Eclipse-Workspace importieren (siehe dazu Anhang A).

Die für uns interessanten Quellen finden Sie nun im Java-Package `de.javaundxml.jaxp.quickstart.trax`, wo sich eine kleine Klasse `RunTrAX` mit einer `main()`-Methode befindet. Diese Methode führt mit zwei Dateien aus dem *data*-Verzeichnis des Beispiels eine XSLT-Transformation durch.

Das Beispiel starten

Starten Sie nun das Beispiel in Eclipse – idealerweise über die vorgefertigte Run Configuration *Beispiel 3 – TrAX*. Nach dem Start parst das Programm über die DOM-API die Datei *personen.xml* aus dem *data*-Verzeichnis in eine `Document`-Instanz und liest außerdem die XSLT-Datei *personen-1.0.xslt* aus demselben Verzeichnis ein. Die Anweisungen in dieser XSLT-Datei werden nun verwendet, um das eben geparste DOM-`Document` zu transformieren. Das resultierende neue XML-Dokument wird schließlich direkt auf die Konsole ausgegeben.

Inhalt des Programms

Wie die Beispiele für SAX und DOM, so beginnt auch dieses mit ein paar statischen Konstanten. Konkret können Sie hier die Dateinamen für das Quell- und XSLT-Dokument angeben – Sie können die Anwendung also schnell mit anderen Dokumenten arbeiten lassen. Außerdem gibt es einen booleschen Parameter, mit dem Sie von der TrAX-Referenzimplementierung auf den alternativen XSLT-Prozessor Saxon wechseln können, der zusätzlich XSLT 2.0 beherrscht. Wenn Sie hier den Wert auf `true` setzen, können Sie auch einmal testweise das Stylesheet auf *data/personen-2.0.xslt* umstellen, das dieselbe Transformation wie *personen-1.0.xslt* mit einem neuen XSLT-2.0-Feature vornimmt (auf die Inhalte der XSLT-Dokumente gehen wir hier allerdings nicht ein). Den Inhalt der `main()`-Methode sehen Sie in Listing 5.3.

```
if(USE_SAXON)
{
   System.setProperty(
      "javax.xml.transform.TransformerFactory",
      "net.sf.saxon.TransformerFactoryImpl");
}

final TransformerFactory transformerFactory =
   TransformerFactory.newInstance();

final Source styleSheet =
   new StreamSource(new File(FILE_STYLESHEET));
```

```
final Transformer transformer =
   transformerFactory.newTransformer(styleSheet);

final Document sourceDoc = parseSourceWithDOM();
final Source source = new DOMSource(sourceDoc);
final Result result = new StreamResult(System.out);

transformer.transform(source, result);
```

Listing 5.3 XML transformieren mit TrAX

Wie Sie dort sehen, ist auch für das Transformieren von Dokumenten nicht sehr viel Code notwendig. Der meiste Aufwand besteht noch darin, die diversen Objekte für Eingabe- und Ausgabedokumente entsprechend anzulegen, während das eigentliche Starten der Transformation (wie schon das Parsen mit SAX oder DOM) nur ein paar Zeilen beansprucht.

Optionales Umschalten auf Saxon

Als Erstes sehen Sie im Code allerdings einen `if`-Block, der die statische Konstante `USE_SAXON` prüft. Steht diese auf `true`, so wird die System Property `javax.xml.transform.TransformerFactory` auf den Wert `net.sf.saxon.TransformerFactoryImpl` gesetzt. Das bewirkt konkret, dass statt der JAXP-Referenzimplementierung die Alternativ-Implementierung *Saxon*[6] für Transformationen benutzt wird. Hierbei findet übrigens wieder einmal der JAXP-Factory-Mechanismus aus Abschnitt 5.2.2 Verwendung. Standardmäßig ist `USE_SAXON` jedoch `false`, also wird die Referenzimplementierung benutzt.

Transformer-Factory

Danach geht es in JAXP-üblicher Weise weiter mit dem Generieren einer Factory. Bei TrAX ist dies die `javax.xml.transform. TransformerFactory`, und auch sie verfügt über eine statische Methode `newInstance()`, die über den eben genannten Factory-Mechanismus eine Implementierung der Klasse findet und instantiiert – wurde also der obere `if`-Block durchlaufen, erhalten Sie bereits hier eine andere Instanz als im Normalfall. Weitere Konfigurationen nehmen wir an der Factory in diesem Beispiel nicht vor, eine Übersicht über die entsprechenden Einstellungsmöglichkeiten finden Sie aber in Abschnitt 5.5.2.

Source-Objekt für das Stylesheet anlegen

Nach dem Erstellen der `TransformerFactory` generiert das Beispiel in den nächsten Zeilen nun das Objekt, das die eigentliche Transformation durchführt, den `Transformer`. Wenn Sie sich jedoch an Abbildung 5.1 erinnern, wissen Sie, dass zur Generierung dieses Objekts natürlich noch die Transformationsbeschreibung – sprich das XSLT Stylesheet – benötigt

6 *http://saxon.sourceforge.net*

wird. Dazu legen wir im Beispiel zunächst eine Variable vom Interface-Typ `Source` an und verweisen dann mit Hilfe der Implementierungsklasse `StreamSource` auf die Stylesheet-Datei (deren Name durch die statische Konstante `FILE_STYLESHEET` festgelegt ist). Näheres zu `Source` und seinen Implementierungen finden Sie in Abschnitt 5.5.4.

Transformer generieren

Nun, da wir eine Instanz von `Source` für unser Stylesheet haben, können wir uns von der `TransformerFactory` ein dazu passendes `Transformer`-Objekt generieren lassen. Dazu benutzen wir die Methode `newTransformer()` und überreichen die `Source` als Argument. Mit dem zurückerhaltenen Objekt können wir nun die Transformation durchführen.

Quelle und Ziel bestimmen

Bevor dies jedoch geschehen kann, müssen noch zwei weitere Objekte angelegt werden, die Sie ebenfalls in Abbildung 5.1 sehen: ein weiteres `Source`-Objekt für das Eingabedokument und ein Objekt vom Interface-Typ `Result`, das definiert, wohin das Transformationsergebnis geschrieben werden soll. In unserem Beispiel parsen wir dabei zuerst über die Hilfsmethode `parseSourceWithDOM()` das Quelldokument in einen DOM-Baum. Das erhaltene `Document` packen wir dann in ein `DOMSource`-Objekt – eine weitere Implementierung des `Source`-Interfaces. Das Ergebnis soll nun direkt auf die Konsole ausgegeben werden. Dazu legen wir einfach ein Objekt vom Typ `StreamResult` (eine Implementierung von `Result`) an und übergeben `System.out` als Parameter. Mehr zum Typ `Result` und seinen Implementierungen finden Sie in Abschnitt 5.5.5.

Transformation durchführen

Nun ist endgültig alles vorbereitet, und es folgt der finale Schritt: das Durchführen der Transformation. Dies gestaltet sich dafür umso einfacher: Es muss nur die Methode `transform()` auf dem `Transformer`-Objekt aufgerufen und dabei das eben generierte `Source`- und `Result`-Objekt übergeben werden.

Damit haben wir das Ende des Beispiels erreicht. Wie schon zuvor sollte es Ihnen exemplarisch und in aller Kürze den Umgang mit der API zeigen. Weitere Details finden Sie in gewohnter Wiese in den folgenden Abschnitten.

Verschiedene Quell- und Zielformate

Beachten Sie übrigens noch, dass Sie das Quelldokument nicht zwangsweise über DOM parsen müssen, damit Sie die Transformation durchführen können. Dies haben wir nur zur Veranschaulichung gemacht, um Ihnen verschiedene `Source`-Implementierungen zu zeigen. Liegt das Quelldokument als Datei vor, können Sie natürlich – wie beim Stylesheet – auch einfach ein `StreamSource`-Objekt dafür erzeugen.

5.5.2 Der Ausgangspunkt: die TransformerFactory

In gewohnter Weise für JAXP bildet den Ausgangpunkt der kompletten TrAX-API natürlich wieder eine Factory-Klasse, die über den Mechanismus aus Abschnitt 5.2.2 die komplette Logik für die Generierung von Instanzen kapselt, ein paar Einstellungsmöglichkeiten bietet und schließlich die eigentlichen »Arbeiter-Objekte« – hier `Transformer`-Instanzen – geniert. Dabei gilt wieder, dass Änderungen an der Konfiguration sich nicht auf schon generierte Instanzen auswirken. Dieser Abschnitt zeigt Ihnen nun die wichtigsten Funktionen der `TransformerFactory`.

Spezifische Einstellungen mit Features und Attributen

Genau wie die `DocumentBuilderFactory` bietet auch die `TransformerFactory` Features und Attribute als spezifische Konfigurationsmechanismen.

Attribute

Die Methoden `getAttribute()` und `setAttribute()` zur Behandlung von Attributen werfen dabei eine `IllegalArgumentException`, falls der Attributname unbekannt ist. Die JAXP-Spezifikation schreibt übrigens keine Standardattribute vor.

Features

Etwas mehr zu erzählen gibt es über Features in der `TransformerFactory`. Zunächst einmal werden sie in erwarteter Weise über die Methoden `setFeature()` und `getFeature()` gesetzt und abgefragt, wobei erstere eine `TransformerConfigurationException` wirft, wenn der Feature-Name unbekannt ist.

Standard-Features

Wie schon bei SAX und DOM muss mindestens das Feature `XMLConstants.FEATURE_SECURE_PROCESSING` unterstützt werden. Zusätzlich gibt es aber bei TrAX ein paar standardisierte Read-only-Features, also solche, die nur abgefragt, aber nicht verändert werden können. Das dient dazu, ähnlich wie bei der `DOMImplementation`, die Implementierung auf bestimmte Fähigkeiten zu überprüfen. Auf diese Fähigkeiten gehen wir dann näher in den entsprechenden folgenden Abschnitten ein.

Auflösen von Imports und Includes mit dem URIResolver

URIResolver

Das Interface `javax.xml.transform.URIResolver` ähnelt stark dem `EntityResolver`, den Sie aus SAX und DOM bereits kennen. Zur Erinnerung: `EntityResolver` ist ein Interface, dessen Implementierungen dazu dienen, bestimmte URLs aufzulösen, auf die von einem XML-Dokument aus zugriffen wird (z. B. DTDs), das heißt eine entsprechende `InputSource` dafür zur Verfügung zu stellen, falls der Parser selbst dazu nicht in der Lage ist. Ähnlich ist dies beim `URIResolver`. Er soll Zugriffe auf bestimmte URLs innerhalb des Stylesheets in ein beliebiges `Source`-Objekt auflösen. Dafür spezifiziert das `URIResolver`-Interface die Methode `resolve()` mit Rückgabetyp `Source` und zwei `String`-Parametern `href` und `base`. Dabei ist `href` die URL auf die zugegriffen werden soll, und `base` die URL, die dem Stylesheet zugeordnet ist (diese wird gegebenenfalls zur Auflösung von relativen in absolute Pfade benötigt).

Aufgabe des URIResolvers

In einem XSLT-Stylesheet ist es nun möglich, andere XSLT-Dokumente einzubinden, und zwar mit den beiden Anweisungen `<xsl:import>` und `<xsl:include>`. Die Informationen in diesen Dokumenten werden natürlich von der `TransformerFactory` benötigt, um das `Transformer`-Objekt richtig aufbauen zu können.

setURIResolver() und getURIResolver()

Um solche Referenzen nun auflösen zu können, bietet die `TransformerFactory` die beiden Methoden `setURIResolver()` und `getURIResolver()` an, mit denen ein `URIResolver` hinterlegt und abgefragt werden kann.

Fehlerbehandlung mit einem ErrorListener

ErrorListener

Schließlich gibt es auch zum `ErrorHandler` aus SAX ein Gegenstück in TrAX, nämlich das Interface `javax.xml.transform.ErrorListener`, das für die Reaktion auf Fehler verantwortlich ist, die während des Einlesens des Stylesheets oder der Durchführung der Transformation auftreten können. Das Interface enthält drei Methoden `warning()`, `error()` und `fatal()` und unterscheidet damit zwischen drei Fehlergraden. Alle Methoden erhalten ein `TransformerException`-Objekt als Argument, das die jeweiligen Informationen über den aufgetretenen Fehler kapselt (auf Details zu dieser Klasse gehen wir jedoch nicht weiter ein, lesen Sie dazu am besten in der API-Doc von JAXP nach).

Fehlerbehandlung im ErrorListener

Die drei Methoden können ihrerseits aber auch eine `TransformerException` werfen. Sie können den aufgetretenen Fehler also einfach »durchreichen«, was zum Abbruch der momentanen Aktion führt. Tun Sie das aber nicht und werfen die Exception nicht, so versucht die Implementierung, mit der aktuellen Aufgabe fortzufahren, was aber zumindest bei einem `fatalError()` erfolglos bleiben wird, da dieser im Regelfall zu schwerwiegend ist.

setErrorListener() und getErrorListener()

Um nun einen `ErrorListener` zu registrieren bzw. abzufragen, gibt es in der `TransformerFactory` die beiden Methoden `setErrorListener()` und `getErrorListener()`. Einer registrierten Instanz werden dann alle

Fehler gemeldet, die während des Einlesens des Stylesheet-Dokuments auftreten können. Wenn Sie übrigens selbst keinen `ErrorListener` registrieren, werden standardmäßig die aufgetretenen Fehler einfach auf `System.err` ausgegeben, oder die `TransformerException` wird durchgereicht.

Stylesheet über Processing Instruction finden

XML-Processing-Instruction zur Einbindung von Stylesheets

Wie Sie vielleicht wissen, existiert eine spezielle XML-Processing-Instruction, mit der Stylesheet-Dokumente in XML-Dokumenten referenziert werden können. Diese werden am Anfang des Dokuments angegeben und sehen folgendermaßen aus:

```
<?xml-stylesheet href="style.xsl"
   type="application/xml" ... ?>
```

Zusätzlich zu den beiden Pseudo-Attributen `href` und `type` dieser PI gibt es vier weitere optionale, nämlich `media`, `charset`, `alternate` und `title` (auf deren jeweilige Bedeutung wir jedoch in diesem Buch nicht weiter eingehen).

getAssociated Stylesheet()

Die `TransformerFactory` bietet nun eine spezielle Methode `getAssociatedStylesheet()` an, mit der Sie aus einem (in Form eines `Source`-Objekts) gegebenen XML-Dokument mit solchen Processing Instructions anhand von Filterkriterien ein oder mehrere Stylesheet-Dokumente ermitteln können und diese wiederum in Form eines `Source`-Objekts zurückerhalten. Damit können Sie dann wiederum `Transfomer`-Instanzen generieren. Somit bestimmt also das XML-Dokument selbst – und nicht die Anwendung –, welches Stylesheet darauf angewendet werden soll. Als Filterkriterien zum Auffinden des gewünschten Stylesheets dienen die drei erwähnten Pseudo-Attribute `media`, `charset` und `title` der XML-Processing-Instruction. Sie werden entsprechend der Methode `getAssociatedStylesheet()` als Parameter überreicht. Alle drei sind optional, Sie übergeben also `null`, wenn Sie nicht nach dem jeweiligen Attribut filtern wollen. Werden zu den gegebenen Filterkriterien mehrere Stylesheets im XML-Dokument gefunden, so entspricht das zurückgegebene `Source`-Objekt einem virtuell erzeugten Stylesheet, das alle anderen enthält.

Transformer-Instanz generieren

Nachdem die `TransformerFactory` fertig konfiguriert und eventuell mit Hilfsobjekten ausgestattet ist, können Sie damit nun zu diversen Stylesheets `Transformer`-Instanzen generieren. Dazu gibt es zwei Factory-

Methoden `newTransformer()`. Die eine ist parameterlos und erzeugt ein Pseudo-Stylesheet, das eine Eins-zu-eins-Transformation durchführt (also die Quelle ohne Änderungen in das Ziel übernimmt). Die zweite erwartet das entsprechende Stylesheet in Form eines Parameters vom Typ `Source` (mehr dazu in Abschnitt 5.5.4) und erzeugt einen passenden Transformer zu den darin enthaltenen Anweisungen.

TransformerConfigurationException

Tritt während des Parsens des Stylesheets ein Problem auf oder ist die `TransformerFactory` falsch konfiguriert, so können die beiden Methoden eine `TransformerConfigurationException` werfen (wobei natürlich intern gegebenenfalls der Fehler zuerst dem `ErrorListener` gemeldet wird).

Wiederverwendung der Transformationslogik

Anwendungsfall

Oftmals kommt es vor, dass ein und dasselbe Stylesheet während der Laufzeit einer Anwendung auf mehr als ein Eingabedokument angewandt werden muss. Denken Sie beispielsweise an eine Webanwendung, die intern nicht die eigentlichen HTML-Seiten generiert. Stattdessen erzeugt sie XML-Fragmente, die nur die jeweiligen Daten für den Seitenaufbau enthalten. Diese Daten werden dann über ein XSLT-Stylesheet in eine XHTML-Seite umwandelt, bevor diese zum Client geschickt wird. Dieses Stylesheet wird also für jeden Seitenaufbau wieder benötigt, wird sich aber während der Laufzeit der Anwendung nicht oder nur äußerst selten ändern.

Transformer-Objekt wiederverwenden

In solchen Fällen ist es natürlich der Wunsch des Entwicklers, die Transformationslogik wiederzuverwenden. Anstatt also das Stylesheet jedes Mal neu von `TransformerFactory.newTransformer()` parsen zu lassen, könnte man das `Transformer`-Objekt einmalig generieren lassen und es dann für jede Transformation verwenden.

Transformer sind nicht threadsafe.

Hier spricht prinzipiell nichts dagegen, Sie sollten nur daran denken (wie auch noch in Abschnitt 5.5.3 beschrieben), vor jeder erneuten Nutzung eines `Transformer`-Objekts dessen `reset()`-Methode aufzurufen, um es in den Ausgangszustand zurückzuversetzen. Doch gibt es hier eine massive Einschränkung: Dieses Vorgehen ist auf Single-Thread-Anwendungen begrenzt. Da `Transformer` nicht threadsafe sind und noch dazu vor der Ausführung mit weiteren Einstellungen konfiguriert werden können, ist ihre Wiederverwendung in typischen Server-Anwendungen schlicht nicht möglich.

Templates

Zum Glück bietet TrAX aber für solche Szenarien eine Lösung an: Die `TransformerFactory` erlaubt Ihnen über die Methode `newTemplates()` die Generierung eines Objekts vom Typ `javax.xml.transform.Templates` zu einem übergebenen `Source`-Objekt. Dieses `Templates`-Objekt kapselt nun die komplette Transformationslogik eines Stylesheets in sich und kann über seine Methode `newTransformer()` ohne zusätzlichen Verarbeitungsaufwand beliebig viele `Transformer`-Instanzen generieren. Da es selbst unveränderbar und damit threadsafe ist, können Sie es nach Belieben parallel verwenden. Wenn Sie nun also mehrere Transformationen gleichzeitig durchführen wollen, sorgen Sie einfach dafür, dass jeder Thread sich über `newTransformer()` seine eigene `Transformer`-Instanz von dem `Templates`-Objekt holt.

Verwandtschaft von newTransformer() und newTemplates()

Da – wie schon bei `newTransformer()` – auch bei `newTemplates()` intern das Stylesheet geparst und verarbeitet werden muss, kann auch diese Methode eine `TransformerConfigurationException` werfen, falls Fehler bei dieser Verarbeitung auftreten. Generell könnte man sogar sagen, dass `newTransformer(Source)` nur ein Spezialfall von `newTemplates(Source)` ist, da Sie Erstere immer über den Aufruf von `newTemplates(Source).newTransformer()` nachbilden können.

Templates .getOutputProperties()

Wenn Sie einen Blick auf das Interface `Templates` werfen, sehen Sie, dass es neben der Methode `newTransformer()`eine weitere `getOutputProperties()` definiert. Deren Funktion ist analog zur gleichnamigen Methode aus der Klasse `Transformer` und deshalb in Abschnitt 5.5.3 genauer nachzulesen.

Instanz der Factory generieren

Natürlich wird auch eine `TransformerFactory` über eine statische Factory-Methode `newInstance()` erstellt, die intern den Mechanismus aus Abschnitt 5.2.2 anwendet, allerdings mit der Factory-ID `javax.xml.transform.TransformerFactory`. Tritt beim Aufruf der Methode (unwahrscheinlicherweise) ein Fehler auf, so kann ein `TransformerFactoryConfigurationError` geworfen werden.

5.5.3 Transformationen durchführen mit dem Transformer

Der `Transformer` ist in TrAX nun die zentrale Instanz zur Durchführung der Transformation und damit auf einer Ebene mit dem `SAXParser` aus SAX und dem `DocumentBuilder` aus DOM zu sehen. Wie schon seine beiden Kollegen, so lässt sich auch der `Transformer` vor dem Ausführen der

Transformation mit ein paar Einstellungen nochmals konfigurieren. Die Möglichkeiten hierzu werden in diesem Abschnitt nun näher beleuchtet.

Spezifische Einstellungen mit Parametern

Der Parameter-Mechanismus

Der `Transformer` verfügt über zwei Methoden `setParameter()` und `getParameter()`, mit denen Sie dort sogenannte *Parameter* setzen und abfragen können (mit `clearParameters()` können alle gesetzten auf einmal gelöscht werden). Bei diesem Mechanismus handelt es sich um einen weiteren, mit dem Sie spezifische Einstellungen durch das Übergeben beliebiger Objekte unter einem eindeutigen `String`-Namen vornehmen können (wie schon beispielsweise bei den Attributen in der `DocumentBuilderFactory` oder der `TransformerFactory`). Der `Transformer` nutzt diesen Mechanismus jedoch auf zwei Arten.

Parameter für XSLT-Extensions

Zum einen können in gängige XSLT-Prozessoren sogenannte *Extensions* eingebunden werden, benutzerdefinierte Erweiterungen der XSLT- und XPath-Syntax. Diese Erweiterungen können nun auf Parameter zugreifen und diese für ihre Verarbeitung verwenden. Einen allgemeinen Standard gibt es hier nicht, die Parameter (Name und Typ) müssen also in der Dokumentation der jeweiligen Extension näher beschrieben werden.

Parameter für das Stylesheet

Zum anderen besteht in XSLT auch die Möglichkeit, über die Direktive `<xsl:param>` direkt im `<xsl:stylesheet>`-Element Parameter für das Stylesheet selbst zu definieren, die dann vom Aufrufer (hier also unsere Anwendung) gefüllt werden können. Werfen Sie dazu einen Blick in Listing 5.4, dessen Quellcode Sie auch in leicht abgewandelter Form in der Datei *data/param.xslt* im JAXP-Eclipse-Beispiel finden.

```
<xsl:stylesheet version="1.0"
   xmlns:xsl="http://www.w3.org/1999/XSL/Transform"
   xmlns:my="http://my">

<xsl:param name="param1">(empty)</xsl:param>
<xsl:param name="param2">(empty)</xsl:param>
<xsl:param name="my:param3">(empty)</xsl:param>

<xsl:template match="/">
   <result>
      <param1>
         <xsl:value-of select="$param1"/>
      </param1>
      <param2>
         <xsl:value-of select="$param2"/>
```

```
      </param2>
      <my:param3>
         <xsl:value-of select="$my:param3"/>
      </my:param3>
   </result>
</xsl:template>
</xsl:stylesheet>
```

Listing 5.4 Ein Stylesheet mit Parametern

Inhalt des Stylesheets

Dieses Stylesheet definiert drei Parameter `param1`, `param2` und `param3`, wobei letzterer über das Präfix `my` an den Namensraum `http://my` gebunden ist. Allen drei Parametern wird `(empty)` als Default-Wert gesetzt. Das einzige Wurzel-Template des Stylesheets gibt dann die Werte der Parameter verpackt in einem XML-Fragment in die Ausgabe aus. Wie Sie dort sehen, wird im Stylesheet über die Syntax `$<Parameter-Name>` auf Parameter verwiesen.

Überreichen von Parametern

Wenn Sie dieses Stylesheet nun mit der `RunTrAX`-Klasse aus Abschnitt 5.5.1 anwenden (durch Änderung der Konstanten `FILE_STYLESHEET` auf den Wert `data/param.xslt`), werden Sie zunächst sehen, dass für jeden Wert `(empty)`, also der Standardwert, verwendet wird. Fügen Sie nun jedoch direkt vor dem Aufruf der `transform()`-Methode folgende Codezeile ein:

```
transformer.setParameter("param1", "Hello World");
```

Wenn Sie das Beispiel nun starten, wird der Parameter `param1` im Stylesheet den Wert `Hello World` annehmen. Analog funktioniert das auch für `param2`. Eine Besonderheit ergibt sich nur bei `param3`, denn dieser liegt im Namensraum `http://my`. In diesem Fall müssen Sie beim Aufruf von `setParameter()` dem Namen des Parameters noch den Namensraum in geschweiften Klammern voranstellen:

```
transformer.setParameter("{http:my}param3",
  "Hello World");
```

[»]

Hinweis

Wenn Sie diese Variante des Parameter-Mechanismus nutzen, können Sie als Wert ein beliebiges `Object` übergeben. Beim Füllen des zugehörigen XSLT-Parameters während der Transformation wird allerdings immer nur der `toString()`-Wert dieses Objekts übernommen.

Output-Properties

XSLT-Output-Properties

Output-Properties sind Einstellungen, die bestimmen, wie das Zieldokument einer Transformation formatiert werden soll. Sie können direkt im XSLT-Stylesheet über das Element `<xsl:output>` gesetzt werden (und haben ansonsten Standardwerte).

setOutputProperty() und getOutputProperty()

Der `Transformer` bietet nun mit seinen beiden Methoden `getOutputProperty()` und `setOutputProperty()` die Möglichkeit, die Werte der Output-Properties abzufragen bzw. zu überschreiben. Jede einzelne Property hat dabei einen eindeutigen (`String`-)Namen, und jeder können bestimmte (`String`-) Werte zugeordnet werden. Beide werfen eine `IllegalArgumentException`, falls auf eine unbekannte Property zugegriffen werden soll.

Die Klasse OutputKeys

Eine genaue Liste der möglichen Output-Properties finden Sie in der XSLT-Spezifikation.[7] Zusätzlich existiert in TrAX die Klasse `javax.xml.transform.OutputKeys`, die für jede Output-Property den `String`-Schlüssel enthält, den Sie `getOutputProperty()` oder `setOutputProperty()` übergeben müssen, um die entsprechende Property zu setzen oder abzufragen. Um also beispielsweise die automatische Einrückung während der Transformation einzuschalten, können Sie folgenden Aufruf verwenden:

```
transformer.setOutputProperty(
   OutputKeys.INDENT, "yes");
```

In den Javadocs von `OutputKeys` finden Sie außerdem eine Auflistung der möglichen Werte und entsprechende Verweise auf die XSLT-Spezifikation.

Der `Transformer` bietet außerdem die zwei Methoden `setOutputProperties()` und `getOutputProperties()`. Die erste erwartet ein Argument vom Typ `java.util.Properties`, also eine Sammlung von Properties, und setzt diese nacheinander im `Transformer`, als hätte man dies einzeln mit der Methode `setOutputProperty()` gemacht. Übergeben Sie `null`, so werden alle bisher gesetzten Werte revidiert, und der Zustand, wie er im XSLT-Dokument vorgegeben ist, wird wiederhergestellt. Die Methode `getOutputProperties()` gibt eine Kopie des momentanen Zustandes aller bisher explizit gesetzten Properties in Form eines `java.util.Properties`-Objekts zurück. Konkret sind das die Properties, die entweder durch das XSLT-Dokument oder auf dem `Transformer`

7 *http://www.w3.org/TR/xslt#output*

gesetzt wurden. Da es sich bei dem Objekt um eine Kopie handelt, wirken sich Änderungen daran nicht auf die liefernde `Transformer`-Instanz aus.

Auflösen von Dokument-Verweisen mit dem URIResolver

document()

Die Sprache XSLT definiert unter anderem eine eigene XPath-Funktion `document()`. Mit ihr kann auf Knoten von externen Dokumenten zugegriffen werden, also solche, die nicht im zu transformierenden Quelldokument liegen. Dazu wird in `document()` ein URL-Argument übergeben:

```
<xsl:value-of select=
   "document('personen.xml')/person[name='scholz']">
```

setURIResolver() und getURIResolver()

Das Problem bei der obigen Anweisung ist jedoch, dass möglicherweise unklar ist, wo das Dokument *personen.xml* zu finden ist oder in welcher Form (DOM-Baum, Datei oder andere) es vorliegt. Für diese Zwecke setzt der `Transformer` auf den `URIResolver`, der schon bei der `TransformerFactory` für das Auffinden von Stylesheet-Imports verantwortlich ist. Über die Methode `setURIResolver()` können Sie eine Instanz davon registrieren und mit `getURIResolver()` die bestehende abfragen (Genaueres zum `URIResolver` finden Sie in Abschnitt 5.5.2).

[»]

Zwei Hinweise

Beachten Sie die unterschiedlichen Einsatzszenarien des `URIResolvers`. In der `TransformerFactory` wird er zum Auflösen von Stylesheet-Imports verwendet und kommt damit zum Einsatz, wenn das Stylesheet geparst wird. Im `Transformer` wird er zum Auflösen von `document()`-Verweisen genutzt und eingesetzt, wenn die Transformation selbst durchgeführt wird, also zu einem späteren Zeitpunkt.

Der Transformationsprozessor der Referenzimplementierung setzt übrigens den `URIResolver`, der in der `TransformerFactory` gesetzt wurde, automatisch auch in den davon erzeugten `Transformer`-Objekten ein.

Fehlerbehandlung mit einem ErrorListener

Auch das `ErrorListener`-Interface, von dem Sie schon in der `TransformerFactory` eine Instanz registrieren konnten, begegnet uns beim Transformer wieder. Über die Methoden `setErrorListener()` und `getErrorListener()` können Sie auch hier ein solches Objekt registrieren bzw. abfragen. Während jedoch bei der `TransformerFactory` Fehler beim Verarbeiten des Stylesheets gemeldet wurden, sind es nun natürlich Fehler bei der Durchführung der eigentlichen Transformation. Mehr zu diesem Interface finden Sie in Abschnitt 5.5.2.

Durchführung des Transformationsvorgangs

Wie schon in Abschnitt 5.5.1 gezeigt, ist das eigentliche Durchführen der Transformation eine Kleinigkeit: Sie müssen nur die Methode `transform()` des entsprechenden `Transformer`-Objekts aufrufen. Im Fehlerfall kann diese eine `TransformerException` werfen, der Fehler wird aber gegebenenfalls zuerst dem registrierten `ErrorListener` gemeldet.

Als Argumente müssen Sie der `transform()`-Methode allerdings die Transformationsquelle in Form eines `Source`-Objekts und das Transformationsziel in Form eines `Result`-Objekts überreichen (mehr dazu in den Abschnitten 5.5.4, und 5.5.5). Die meiste Arbeit beim Durchführen einer Transformation mit TrAX liegt also in der Vorbereitung dieser Objekte und gegebenenfalls der Konfiguration von `TransformerFactory` und `Transformer`.

Wiederverwendung von Transformer-Instanzen

Last but not least ist es auch beim `Transformer` möglich, Instanzen mehrmals *hintereinander* zu verwenden – im Gegensatz zur parallelen Nutzung über den `Templates`-Mechanismus –, wie auch schon bei `SAXParser`- und `DocumentBuilder`-Instanzen. Deshalb gibt es auch hier eine Methode `reset()`, die den internen Zustand des `Transformers` auf den Zustand direkt nach dessen Generierung zurücksetzt.

5.5.4 Transformationsquellen

Wie Sie inzwischen höchstwahrscheinlich schon wissen, müssen Sie zur Durchführung einer Transformation immer zwei Eingabedokumente spezifizieren: das Stylesheet und das Quelldokument. Würden Sie mit der SAX-API arbeiten, würden Sie diese Dokumente in Form von `InputSource`-Objekten referenzieren. TrAX definiert hier eine eigene Schnittstelle: das Interface `Source` und seine diversen Implementierungen.

Das Interface `Source` enthält gerade einmal zwei Methoden `setSystemId()` und `getSystemId()`. Vielleicht fragen Sie sich jetzt zu Recht, wieso hier keinerlei Abfragemethoden vorgesehen sind, um an die Daten des XML-Dokuments heranzukommen, wie das beispielsweise bei der `InputSource` der Fall wäre. Welche Möglichkeit hätte denn ein `Transformer`, die Daten zu lesen?

Marker-Interface

Der Grund hierfür ist, dass man in TrAX verschiedenste zulässige Typen von Quellen haben möchte. So könnte ein Eingabedokument z. B. in Form einer Textdatei im Anwendungspfad oder auf einem HTTP-Server irgendwo im Internet liegen oder sich aber bereits in Form eines DOM-Baums im Speicher befinden. Doch die Zugriffe auf einen `InputStream` (der die ersten beiden Fälle abdeckt) und ein `Document` (das letzteren Fall abdeckt) sind so unterschiedlich, dass es nicht möglich ist, diese in Form eines gemeinsamen Interfaces zu abstrahieren. Deshalb ist `Source` nur ein (wie Sie es vielleicht auch von `java.io.Serializable` kennen), das also eine markierende Bedeutung hat und wenig Funktionalität enthält. Ein Programmierer implementiert dieses Interface, um zu signalisieren, dass seine Klasse auf irgendeine Weise ein Quelldokument repräsentiert.

Durch diese Vorgehensweise werden keine Festlegungen getroffen, wie mit den verschiedenen Formaten umgegangen werden muss, in denen ein Quelldokument vorliegen kann. Wie Sie noch sehen werden, wird es vollständig dem `Transformer` überlassen, ob oder wie er damit umgehen kann. Gleichzeitig bedeutet es aber auch, dass Sie nicht einfach eine eigene Implementierung von `Source` schreiben können und diese dann automatisch von jeder `Transformer`-Implementierung genutzt werden kann (eher das Gegenteil wird der Fall sein). Dafür gibt es bereits einige Standardimplementierungen von `Source`, die nahezu jeden Anwendungsfall abdecken und von gängigen `Transformer`n verstanden werden.

System-ID

Die Pflichtmethoden `setSystemId()` und `getSystemId()` dienen nun dazu, der Quelle eine System-ID zuzuordnen. So etwas kennen Sie vielleicht schon von den DTDs: Eine System-ID ist eine URL, die angibt, woher das Quelldokument stammt. Diese Information kann vom `Transformer` benötigt werden, um relative Verweise aus dem Quelldokument in absolute umzuwandeln. Liegt ein zu transformierendes Quelldokument beispielsweise als `InputStream` zu einer URL *http://someserver/somepath/file.xml* vor und befindet sich darin ein Verweis auf eine DTD mit der relativen Pfadangabe `file.dtd`, so kann der `Transformer` diesen nur auflösen, wenn er die Quell-URL kennt. Da `InputStream` jedoch keine URL zurückliefert, war ein Ausweichmechanismus notwendig.

[»]

Hinweis

Obwohl die beiden Methoden durch das Interface fest vorgeschrieben sind, muss später in der Anwendung nicht zwingend eine System-ID gesetzt werden, damit die Transformation erfolgreich durchgeführt werden kann, denn in vielen Fällen muss gar kein relativer Pfad aufgelöst werden. Die Angabe ist jedoch Pflicht, wenn die Quelle lediglich durch eine URL identifiziert werden soll (also weder als Stream noch als DOM-Baum).

Source-Typen

Für `Source` existieren bereits einige Standardimplementierungen, die auch von jeder normalen `Transformer`-Implementierung akzeptiert werden sollten. Zwei mögliche Quellformate haben Sie ja bereits kennengelernt: `Documents` und `Files`. Analog dazu existieren in den Packages `javax.xml.transform.dom` und `javax.xml.transform.stream` zwei Implementierungen von `Source`, nämlich `DOMSource` und `StreamSource`, die zusätzlich zu `File`-Objekten aber auch mit `InputStreams`, `Readern` und in Form von `Strings` angegebenen URLs umgehen können. Außerdem gibt es die Klasse `javax.xml.transform.sax.SAXSource`, die für Eingaben in Form von SAX-Events zuständig ist, sowie die Klasse `javax.xml.transform.stax.StAXSource`, die Dokumente über die StAX-API (siehe dazu Kapitel 6, »StAX«) einliest. Wir werden nun kurz näher auf diese Klassen eingehen.

DOMSource

Die Klasse `DOMSource` repräsentiert Eingabedokumente, die in Form eines DOM-Baums vorliegen. Eine System-ID wird dabei standardmäßig nicht gesetzt, Sie können also selbst eine über `setSystemId()` angeben.

Zwei zusätzliche Methoden `setNode()` und `getNode()` erlauben das Setzen und Abfragen des zugrundeliegenden DOM-Baums. Hierbei wird allerdings nicht `Document` als Typ verwendet, sondern `Node`, um beispielsweise auch `Element`-Instanzen als Quelle zu unterstützen.

`DOMSource` besitzt drei Konstruktoren: einen leeren Default-Konstruktor, einen für den Quell-`Node` und einen für den Quell-`Node` und zusätzlich eine System-ID. Somit ist `DOMSource` im Grunde nur eine einfache Bean-Klasse, die zwei Elemente verwaltet. Wie schon erwähnt, ist es die Aufgabe des `Transformers`, diese Informationen entsprechend auszuwerten und zu nutzen. Wird übrigens kein `Node` spezifiziert, so interpretiert der `Transformer` die generierte `Source` als leeres Dokument.

SAXSource

Die Klasse `SAXSource` repräsentiert Eingabedokumente, die in Form von SAX-Events geliefert werden. Dazu benötigt sie zwei weitere Objekte: einen `org.xml.sax.XMLReader` und natürlich das Quelldokument in Form eines `InputSource`-Objekts. Mit `setInputSource()`, `getInputSource()`, `setXMLReader()` und `getXMLReader()` stehen dafür entsprechende Setter und Getter zur Verfügung. Die Methoden `setSystemId()` und `getSystemId()` sind hier an die System-ID der zugrundeliegenden `InputSource` geknüpft.

Im Bereich der Konstruktoren gibt es einen leeren Default-Konstruktor, einen für die zu übergebende `InputSource` sowie einen für die `InputSource` und einen zusätzlich zu übergebenden `XMLReader`. Spezifizieren Sie übrigens vor der Transformation keinen `XMLReader`, so wird generiert `Transformer` automatisch eine über die aus der SAX-API bekannte Hilfsklasse `org.xml.sax.helpers.XMLReaderFactory`. Spezifizieren Sie jedoch keine `InputSource`, so wird ein leeres Eingabedokument simuliert.

StreamSource

Die Klasse `StreamSource` repräsentiert Eingabedokumente, die in Form von Streamobjekten bereitgestellt werden, und ist nach ähnlichem Prinzip aufgebaut wie die anderen beiden `Source`-Implementierungen. Prinzipiell ist sie eine Bean-Klasse mit Gettern und Settern für die System-ID, eine optionale Public-ID (`String`) sowie einen `InputStream` oder `Reader`, die den Inhalt des Dokuments als `byte`- oder `char`-Stream liefern.

Die Bedeutung der System-ID ist hier anders als bei `DOMSource`: Da Java mit Bordmitteln zu einer gängigen URL einen `InputStream` öffnen kann, ist die Angabe einer solchen allein schon ausreichend, um ein Eingabedokument zu finden. Die optionale Public-ID ist ein eindeutiger Name für ein allgemein oftmals genutztes Dokument (z. B. die DTDs für HTML 4.x). Es ist allerdings die Aufgabe der Anwendung, dieses Dokument bei der Angabe dieser ID zu besorgen. Wenn Sie damit arbeiten, müssen Sie also testen, ob die ID von der Anwendung erkannt wird.

Die Klasse verfügt über entsprechende Konstruktoren, bei denen jeweils ein Objekt einer der beiden Streamtypen und alternativ jeweils zusätzlich eine System-ID übergeben werden können. Es ist aber auch möglich, der `StreamSource` ein Objekt vom Typ `java.io.File` zu übergeben (per Konstruktor oder über die alternative `setSystemId(File)`-Methode). In diesem Fall wird der Dateiname intern in eine gültige System-ID umgewandelt und gespeichert. Zuletzt existieren noch ein Konstruktor, der lediglich eine System-ID entgegennimmt, und ein leerer Default-Konstruktor. Auch zeigt sich nochmals, dass es drei Möglichkeiten gibt, eine Quelle zu repräsentieren: lediglich eine System-ID oder einen `InputStream` oder `Reader`. Erfolgt keine dieser Angaben, geht der `Transformer` auch hier von einem leeren Dokument aus.

[«]

Hinweis

Beachten Sie bei `StreamSource`, dass hier die Eingabedokumente natürlich als Streamobjekte vorliegen, deren typische Eigenschaft es ist, nach einmaligem Gebrauch nicht wiederverwendet werden zu können. Deshalb müssen Sie auch für jede weitere Transformation immer ein neues `StreamSource`-Objekt anlegen und können das alte nicht noch einmal benutzen.

StAXSource

Die seit Java 6 (bzw. JAXP 1.4) verfügbare Klasse `StAXSource` repräsentiert Dokumente, die über einen StAX-Parser bereitgestellt werden. StAX ist eine modernere API zum Parsen und Serialisieren von Dokument, die viele Vorteile von SAX und DOM vereint und die wir Ihnen in Kapitel 6, »StAX«, näher vorstellen werden.

Wie Sie dort nachlesen können, gibt es in StAX zwei mögliche Parser-Typen, den `XMLStreamReader` und den `XMLEventReader` (beide aus dem Package `javax.xml.stream`). Analog dazu bietet `StAXSource` für beide einen eigenen Konstruktor und eine zugehörige Getter-Methode (keine Setter-Methode). Es kann also nur auf einen der beiden Typen referenziert werden. Die Konstruktoren prüfen außerdem die übergebenen Parser-Objekte auf einen gültigen Zustand und werfen gegebenenfalls eine `IllegalArgumentException` oder `IllegalStateException`.

Die System-ID wird auch direkt aus den StAX-Parser-Objekten übernommen und kann nicht über den Setter modifiziert werden.

Unterstützte Quelltypen abfragen

Keine Logik vorhanden

Wer einen näheren Blick in die Implementierungsklassen von `Source` wirft, wird als Software-Entwickler vielleicht überrascht: Alle Klassen sind praktisch nichts weiter als pure *Value-Objects*, sie speichern also lediglich Referenzen auf die jeweiligen Properties und erlauben, diese über die Setter und Getter zu manipulieren und abzufragen. Was jedoch vollkommen fehlt, man aber vielleicht erwartet, ist jegliche Logik, um etwa aus diesen verschiedenen Eingabeformaten etwas Einheitliches zu generieren, das der `Transformer` oder die `TransformerFactory` verstehen könnte.

Aufgabe der Implementierung

Der Grund hierfür ist, dass TrAX es den konkreten Implementierungen überlässt, die verschiedenen Eingabeformate zu erkennen und sinngemäß zu interpretieren. Deshalb können Sie auch nicht nach Belieben eigene Implementierungen von Source für andere Eingabequellen erstellen, sondern sollten höchstens von einer der drei bestehenden ableiten.

Das Ganze hat aber auch zur Konsequenz, dass eine Implementierung möglicherweise nicht alle der Standard-Quelltypen unterstützt. Um das festzustellen, findet in TrAX der Feature-Mechanismus Verwendung, den Sie in Abschnitt 5.5.2 kennengelernt haben: Die TransformerFactory bietet die Methode getFeature() an, der Sie über einen eindeutigen String-Schlüssel den Namen eines Features übergeben und einen booleschen Wert zurückerhalten, der aussagt, ob das Feature unterstützt wird.

Feature für Quelltypen

DOMSource, SAXSource, StAXSource und StreamSource verfügen alle über eine statische String-Konstante FEATURE, die Sie der eben erwähnten getFeature()-Methode als Argument übergeben können. Der zurückerhaltene boolesche Wert zeigt Ihnen dann, ob die jeweilige TrAX-Implementierung den Quell-Objekttyp unterstützt oder nicht:

```
boolean domSupported =
   tFactory.getFeature(DOMSource.FEATURE);

boolean saxSupported =
   tFactory.getFeature(SAXSource.FEATURE);

boolean streamSupported =
   tFactory.getFeature(StreamSource.FEATURE);

boolean staxSupported =
   tFactory.getFeature(StAXSource.FEATURE);
```

5.5.5 Transformationsergebnisse

Beim Parsen mit SAX ist das Resultat immer das Aufrufen eines Handler-Objekts, beim Parsen mit DOM eines Document-Objekts. Beim Durchführen einer Transformation sind jedoch verschiedene Ziele denkbar. Dazu zählen neben den beiden schon genannten (SAX-Events an ein Handler-Objekt oder eine Document-Instanz) auch wieder streambasierte Ziele, wie OutputStream oder Reader, und StAX-basierte. Diese Fälle werden in TrAX mit einem weiteren Interface Result und den vier Implementierungen dafür behandelt, die wir Ihnen in diesem Abschnitt vorstellen.

Result

Auch das Interface Result ist wenig funktional und mehr ein Marker-Interface. Es umfasst wie schon Source nur die Methoden setSystemId() und getSystemId(). Da jedoch bei der Ausgabe keine

Referenzen oder Pfade mehr aufgelöst werden müssen, spielt die Angabe der System-ID höchstens eine Rolle, falls das Ziel eine Datei ist.

Processing Instructions für Output-Escaping

Zusätzlich definiert `Result` zwei `String`-Konstanten `PI_ENABLE_OUTPUT_ESCAPING` und `PI_DISABLE_OUTPUT_ESCAPING`. Diese enthalten die Namen für XML-Processing-Instructions, die der `Transformer` in das Ausgabedokument zur Signalisierung der Output-Escaping-Funktion von XSLT einbaut. Dabei handelt es sich um ein nicht triviales Feature, das allerdings nur bei der Erzeugung von Nicht-XML-Daten durch die Transformation relevant ist. Mehr dazu finden Sie in der Javadoc zu den beiden Konstanten und unter *http://www.w3.org/TR/xslt#disable-output-escaping*.

DOMResult

Die Klasse `DOMResult` ist das exakte Gegenstück zur Klasse `DOMSource`, sie bildet also die Implementierung für Zieldokumente im DOM-Format. Eine System-ID ist standardmäßig nicht hinterlegt, kann aber wahlweise vom Anwender gesetzt werden.

setNode() und getNode()

Über zwei Methoden `setNode()` und `getNode()` kann nun ein `Node`-Objekt hinterlegt bzw. abgefragt werden, das später als Wurzel für das zu erzeugende Ergebnis der Transformation dient. Das heißt, der `Transformer` wird das Transformationsergebnis darin in Form von (einem) Kindknoten erstellen. Deshalb müssen Sie hier ein `Element`, `DocumentFragment` oder `Document` hinterlegen, damit in ihnen Kindknoten angelegt werden können.

setNextSibling() und getNextSibling()

Zusätzlich zum Elternknoten, unter dem die Transformationsergebnisse eingehängt werden sollen, können Sie außerdem über die Methoden `setNextSibling()` und `getNextSibling()` einen Kindknoten in diesem Elternknoten festlegen bzw. abfragen, vor dem die Transformationsergebnisse eingehängt werden sollen. Geben Sie keinen solchen Knoten an oder setzen Sie den Wert auf `null`, werden die Inhalte als Letztes im Elternknoten eingehängt. `setNextSibling()` prüft dabei, ob das übergebene `Node`-Objekt auch wirklich ein Kindknoten des mit `setNode()` gesetzten ist, und wirft gegebenenfalls eine `IllegalArgumentException`. Falls überhaupt noch kein Elternknoten bekanntgegeben wurde oder dieser `null` ist, wird eine `IllegalStateException` geworfen. Dieselben Prüfungen finden übrigens auch innerhalb von `setNode()` statt. Wenn also mit `setNextSibling()` ein gültiger Kindknoten gesetzt wurde und dann `setNode()` mit `null` oder einem anderen Elternknoten aufgerufen wird, werden die entsprechenden Exceptions geworfen.

`DOMResult` definiert außerdem insgesamt die folgenden fünf Konstruktoren, um die drei Properties von `DOMResult` (`systemId`, `node` und `nextSibling`) mit Werten zu belegen:

- `DOMResult()`
- `DOMResult(Node node)`
- `DOMResult(Node node, Node nextSibling)`
- `DOMResult(Node node, Node nextSibling, String systemId)`
- `DOMResult(Node node, String systemId)`

SAXResult

Die Klasse `SAXResult` repräsentiert Zieldokumente, die in Form von SAX-Events übermittelt werden. Das heißt, ein anderer Teil der Anwendung wertet das Transformationsergebnis so aus, als würde es direkt von einem SAX-Parser geparst.

ContentHandler und LexicalHandler hinterlegen

Der Anwender muss dafür also in bekannter Weise einen `ContentHandler` implementieren und bereitstellen, optional zusätzlich einen `LexicalHandler`. Für diese beiden Objekte bietet `SAXResult` über die Methoden `setHandler()`, `getHandler()`, `setLexicalHandler()` und `getLexicalHandler()` die Möglichkeit an, eine Instanz zu hinterlegen bzw. abzufragen. Die System-ID kann optional über die bekannten Methoden hinterlegt und abgefragt werden.

Übergeben Sie dem `Transformer` nun ein `SAXResult`-Objekt, wird er das Ergebnisdokument in SAX-Events umwandeln und diese an den darin hinterlegten `ContentHandler` und gegebenenfalls `LexicalHandler` melden.

StreamResult

Die Klasse `StreamResult` repräsentiert Zieldokumente, die in Form eines Streams ausgegeben werden. Analog zu `StreamSource` gibt es auch hier drei Möglichkeiten, die Ausgabe zu spezifizieren: als URL (in Form eines `String`s), Byte-Stream (in Form eines `OutputStream`s) oder Character-Stream (in Form eines `Writer`s).

Dementsprechend gibt es auch hier drei entsprechende Getter- und Setter-Paare sowie Konstruktoren. Die System-ID kann dabei über `setSystemId(File)` auch direkt zu einem gegebenen `File`-Objekt hinterlegt werden.

StAXResult

Die Klasse `StAXResult` repräsentiert Zieldokumente, die an einen StAX-Serializer übermittelt werden sollen. Wie Sie in Kapitel 6, »StAX«, nachlesen können, gibt es hierfür die beiden Typen `XMLStreamWriter` und `XMLEventWriter` (beide im Package `javax.xml.stream`). Analog zu `StAXSource` bietet `StAXResult` für diese beiden Typen Konstruktoren und Getter an; eine System-ID wird nicht unterstützt. Falls Sie versuchen, `null` an einen der beiden Konstruktoren zu überreichen, wird übrigens eine `IllegalArgumentException` geworfen.

Unterstützte Ergebnistypen abfragen

In Abschnitt 5.5.4 haben Sie bereits erfahren, warum und wie Sie überprüfen können, ob die TrAX-Implementierung die verschiedenen Quellformate unterstützt.

Denselben Mechanismus gibt es natürlich auch bei den Transformationsergebnissen: `DOMResult`, `SAXResult`, `StreamResult` und `StAXResult` verfügen alle über eine Konstante `FEATURE`, die Sie der `TransformerFactory.getFeature()`-Methode überreichen können. Das zurückerhaltene boolesche Ergebnis sagt Ihnen, ob Sie den entsprechenden Ergebnistyp mit Ihrer Implementierung verwenden können.

5.5.6 SAX-Erweiterungen

Zwar gibt es in TrAX die Klasse `SAXSource`, um Quelldokumente über SAX einzulesen, doch ist die Funktionalität, die sie bereitstellt, meistens nicht die gewünschte, denn eine `SAXSource` erwartet das Quelldokument immer in Form eines `InputSource`-Objekts. Wie Sie aber in Abschnitt 4.2.3 sehen konnten, ist eine `InputSource` wieder nur eine Kapselung um einen `Reader`, `InputStream` oder eine URL und damit absolut gleichwertig mit der `StreamSource`-Klasse, die TrAX ja auch bereitstellt. Der einzige Unterschied bei der `SAXSource` ist, dass ein eigener `XMLReader` zur Umwandlung der Eingabedaten in SAX-Events spezifiziert werden kann.

Was ist aber nun, wenn das Quelldokument definitiv nicht streamartig eingelesen werden, sondern ausschließlich in Form von SAX-Events bereitgestellt werden kann – beispielsweise, weil die Daten von einem anderen Teil der Anwendung kommen, auf den Sie keinen Einfluss haben? Speziell hierfür existieren im Package `javax.xml.transform.sax` ein paar zusätzliche Klassen und Interfaces, die wir Ihnen in diesem Abschnitt nun vorstellen.

Konkret werden damit die folgenden Funktionalitäten abgedeckt:

- Erzeugung eines `Templates`-Objekts aus einem in Form von SAX-Events übermittelten Stylesheet
- Erzeugung eines `Transformers`, der als Dokumentquelle kein `Source`-Objekt, sondern SAX-Events akzeptiert
- Erzeugung eines `XMLFilters`, der die eingehenden SAX-Events wie ein `Transformer` transformiert

Einstiegspunkt: die Klasse SAXTransformerFactory

Die SAX-Erweiterungen in TrAX besitzen einen zentralen Einstiegspunkt: die Klasse `SAXTransformerFactory`. Sie ist abgeleitet von `TransformerFactory` und erweitert diese um ein paar Factory-Methoden zur Generierung der anderen Hilfsobjekte für die SAX-Erweiterungen, die wir Ihnen weiter unten näher vorstellen. Alle diese Methoden werfen jedoch im Fehlerfall eine `TransformerConfigurationException`, wie schon `newTemplates()` und `newTransformer()`.

Feature für die SAX-Erweiterungen

Die Instantiierung einer `SAXTransformerFactory` funktioniert allerdings etwas ungewohnt. Da die geerbte statische `newInstance()`-Methode natürlich nur Klassen vom Obertyp `TransformerFactory` generiert, hat man einen anderen Weg gewählt, der erneut den Feature-Mechanismus der `TransformerFactory` nutzt: Die Klasse `SAXTransformerFactory` verfügt über eine statische `String`-Konstante `FEATURE`. Wenn Sie `getFeature()` auf der `TransformerFactory` mit dieser Konstante aufrufen und `true` als Rückgabewert erhalten, können Sie diese einfach per Typecast in eine `SAXTransfomerFactory` umwandeln:

```
SAXTransformerFactory factory =
   (SAXTransformerFactory)
      TransformerFactory.newInstance();
```

Die Referenzimplementierung unterstützt dieses Feature natürlich.

Templates-Objekte aus SAX-Events generieren mit dem TemplatesHandler

Wie Sie ja wissen, werden in TrAX nicht nur die Quelldokumente, sondern auch die Stylesheets normalerweise über `Source`-Objekte eingelesen. Deshalb greift hier natürlich auch die Problematik, dass das Stylesheet nicht einfach in Form von SAX-Events vorliegen kann. Abhilfe schafft hier die Methode newTemplatesHandler() der SAXTransformerFactory. Sie erzeugt ein Objekt vom Interface-Typ TemplatesHandler, mit dem Sie aus SAX-Events ein Templates-Objekt erstellen können.

TemplatesHandler ist logischerweise vom SAX-Interface ContentHandler abgeleitet, kann also die gängigen SAX-Events empfangen. Zusätzlich werden drei neue Methoden eingeführt. Zum einen natürlich setSystemId() und getSystemId(), um der Anwendung, wie schon beim Source-Interface, die Möglichkeit zu geben, relative Pfade zum Quelldokument aufzulösen. Zum anderen die Methode getTemplates(), die dazu dient, nach der Verarbeitung der Events das fertige Templates-Objekt abzuholen.

Den typischen Umgang mit TemplatesHandler haben wir auch nochmals in Listing 5.5 dargestellt. **[zB]**

```
public Templates getTemplate() throws Exception
{
   // SAXTransformerFactory erzeugen
   SAXTransformerFactory factory = getFactory();

   // TemplatesHandler erzeugen
   TemplatesHandler handler =
      factory.newTemplatesHandler();

   // Parsen (SAX-Events generieren)
   receiveEvents(handler);

   // Templates-Objekt abholen und zurückgeben
   return handler.getTemplates();
}
```

Listing 5.5 Nutzung eines TemplatesHandlers

Sie sehen hier die typischen Schritte zur Generierung eines Templates-Objektes aus SAX-Events:

- Zunächst wird eine SAXTransformerFactory besorgt (angedeutet durch die Methode getFactory()).
- Damit wird dann ein TemplatesHandler generiert.
- Dann werden die SAX-Events an diesen geschickt (angedeutet durch die Methode receiveEvents()).
- Schließlich wird das fertige Templates-Objekt vom TemplatesHandler abgeholt.

Was wir hier bewusst offengelassen haben, ist, woher die SAX-Events kommen. Prinzipiell kann dies irgendeine Klasse sein, auf der Sie einen `ContentHandler` registrieren können. Der Ihnen bekannte Fall ist natürlich der `XMLReader` aus der SAX-API, dem Sie mit `setContentHandler()` einen `ContentHandler` übergeben und dann mit `parse()` eine `InputSource` parsen können. Natürlich gibt es aber auch andere Bibliotheken, die über SAX-Schnittstellen verfügen.

Transformationsquellen als SAX-Events empfangen mit dem TransformerHandler

Was zur Erzeugung von `Templates`-Objekten funktioniert, funktioniert ebenso gut für die Durchführung von Transformationen. Die `SAXTransformerFactory` bietet dementsprechend drei Factory-Methoden `newTransformerHandler()`, die alle ein Objekt des Interface-Typs `TransformerHandler` zurückgeben.

Wie schon der `TemplatesHandler` erweitert auch `TransformerHandler` das SAX-Interface `ContentHandler`, zusätzlich aber `LexicalHandler` und `DTDHandler`, um eine noch größere Zahl von SAX-Events behandeln zu können. Es gibt außerdem vier neue Methoden. Zwei davon dürften Sie nicht weiter überraschen, es handelt sich dabei um `setSystemId()` und `getSystemId()`. Die anderen beiden Methoden sind `setResult()` und `getTransformer()`.

`setResult()` dient dazu, das `Result`-Objekt zu übermitteln, in das das Transformationsergebnis geschrieben werden soll – analog zum Überreichen eines `Result`-Objekts beim Aufruf von `Transformer.transform()`.

`getTransformer()` gibt ein Objekt vom Typ `Transformer` zurück, das dazu benutzt werden kann, den `TransformerHandler` zu konfigurieren. Möchten Sie beispielsweise einen `URIResolver` einbinden, so ist das über das Interface `TransformerHandler` nicht möglich, da keine `setURIResolver()`-Methode dafür vorhanden ist. Stattdessen benutzen Sie einfach folgenden Aufruf:

```
handler.getTransformer().setURIResolver(resolver);
```

Bei der Erzeugung eines `TransformerHandlers` über eine der `newTransformerHandler()`-Methoden haben Sie die folgenden drei Möglichkeiten:

- Erzeugung eines Eins-zu-eins-Transformers über die parameterlose Variante von `newTransformerHandler()`

- Übergabe der Stylesheet-Informationen als `Templates`-Objekt
- Übergabe des Stylesheet-Informationen als `Source`-Objekt

Auch hier möchten wir Ihnen in Listing 5.6 ein kleines Beispiel liefern, das Ihnen die Verwendung eines `TransformerHandler`s zeigt. [zB]

```
public void transform (Templates styleSheet,
   Result result) throws Exception
{
   // SAXTransformerFactory erzeugen
   SAXTransformerFactory factory = getFactory();

   // TransformerHandler erzeugen und konfigurieren
   TransformerHandler handler =
      factory.newTransformerHandler(styleSheet);
   handler.getTransformer().
      setURIResolver(getURIResolver());

   // Result-Objekt registrieren
   handler.setResult(result);

   // Parsen (SAX-Events generieren)
   receiveEvents(handler);
}
```

Listing 5.6 Nutzung eines TransformerHandlers

Erzeugung von Transformatoren in Form von XMLFilter-Instanzen

Aufgabe von XML-Filtern

In Abschnitt 4.4, »Filter und Pipelines«, haben Sie möglicherweise den Typ `XMLFilter` kennengelernt. Zur Erinnerung: `XMLFilter` sind Klassen, die vor einen bestehenden `XMLReader` gesetzt werden, von ihm während des Parsens alle SAX-Events empfangen, diese gegebenenfalls modifizieren und schließlich an die eigentlichen SAX-Handler weiterleiten. Da `XMLFilter` von `XMLReader` abgeleitet ist, ist die Handhabung dabei genau wie bei einem normalen `XMLReader`: Sie können dort Handler registrieren und schließlich die `parse()`-Methode aufrufen, um eine gegebene `InputSource` zu parsen. Der umschlossene `XMLReader` kann über die Methoden `setParent()` und `getParent()` gesetzt bzw. abgefragt werden.

Durch die mehrfache Verkettung von `XMLFilter`n lassen sich sehr bequem sogenannte *Pipelines* bilden. Diese Technik wird intensiv in XML-Frameworks wie Cocoon (siehe Kapitel 9, »XML-Publishing«) angewandt.

Filterung durch XSLT-Transformation

Ein XMLFilter, der mit TrAX erzeugt wird, funktioniert nun wie ein Transformer: Er wendet als Modifikation der ursprünglichen SAX-Events eine XSLT-Transformation auf diese an und liefert damit an die registrierten Handler-Klassen die SAX-Events für das transformierte Dokument. Die analoge Funktionalität erreichen Sie zwar auch durch die Verwendung eines herkömmlichen Transformers in Kombination mit SAXSource und SAXResult als Quelle und Ziel, doch ist beispielsweise eine Mehrfachverkettung von Transformationen zu einer Pipeline über die XMLFilter-Variante wesentlich einfacher.

Erzeugung von transformierenden XMLFiltern

Zur Erzeugung eines transformierenden XMLFilters stehen Ihnen zwei Factory-Methoden newXMLFilter() auf der SAXTransformerFactory zur Verfügung, denen Sie die Stylesheet-Informationen entweder als Source- oder als Templates-Objekt überreichen. Sie müssen übrigens auf dem erhaltenen XMLFilter keinen eigenen Parent setzen, da standardmäßig einer über die SAXTransformerFactory generiert wird (zumindest bei der Referenzimplementierung und bei Saxon).

Feature für XMLFilter

Speziell für die Generierung von XMLFiltern gibt es ein eigenes Feature, das Sie von der TransformerFactory mit getFeature() erfragen und das Ihnen sagt, ob die SAXTransformerFactory überhaupt XMLFilter generieren kann. Der Name dieses Features ist als Konstante FEATURE_XMLFILTER in der SAXTransformerFactory hinterlegt. Die Abfrage sieht also folgendermaßen aus:

```
boolean filterSupported =
   factory.getFeature(
      SAXTransformerFactory.FEATURE_XMLFILTER);
```

[zB] Auch für den Umgang mit einem XMLFilter wollen wir Ihnen natürlich ein kurzes Beispiel aufzeigen. Sie sehen es in Listing 5.7 dargestellt.

```
public transformWithFilter(Source styleSheet,
   InputSource input, ContentHandler handler)
   throws Exception
{
   // SAXTransformerFactory erzeugen
   SAXTransformerFactory factory = getFactory();

   // XMLFilter erzeugen
   XMLFilter transformerFilter =
      factory.newXMLFilter(styleSheet);

   // Handler auf dem Filter registrieren
   transformerFilter.setContentHandler(handler);
```

```
    // Parsen (wie mit XMLReader)
    transformerFilter.parse(input);
}
```

Listing 5.7 Nutzung eines XMLFilters

Prinzipiell finden Sie hier nicht viel Neues. Zunächst muss natürlich eine `SAXTransformerFactory` besorgt werden. Danach wird gleich der transformierende `XMLFilter` für das gegebene Stylesheet generiert. Auf diesem können nun die diversen Handler (wie `ContentHandler`) registriert und Features oder auch ein `EntityResolver` gesetzt werden. Schließlich wird das als `InputSource` verfügbare Eingabedokument über die `parse()`-Methode geparst. Der registrierte `ContentHandler` erhält nun aber die SAX-Events für das transformierte Dokument.

5.5.7 Zusammenfassung

Damit ist die Behandlung der TrAX-API abgeschlossen. Wie Sie sehen konnten, werden auch hier bekannte Muster aus der SAX- und DOM-API benutzt: Es gibt eine Factory, eine zentrale Ausführungsklasse (den `Transformer`) und statt des Parse-Vorgangs eben einen Transformationsvorgang, dem zusätzlich zur Quelle ein Ziel angegeben werden muss. Außerdem müssen zur Erzeugung eines `Transformers` natürlich die Stylesheet-Informationen übermittelt werden.

Durch diese zusätzlichen Aspekte – Erzeugung eines Ergebnisses, Bereitstellung des Stylesheets, aber auch SAX-Erweiterungen – gewinnt die TrAX-API aber auch an Komplexität, beispielsweise durch den `Templates`-Typ. Dafür kann durch die richtige Verwendung der verschiedenen Funktionen aber auch stark an CPU- und Speicherverbrauch gespart werden, beispielsweise durch Einsatz der SAX-Erweiterungen.

5.6 Dokumente validieren

Validierung von Dokumenten bedeutet in XML immer eines: Für ein bestehendes XML-Dokument wird geprüft, ob dies einer bestimmten gegebnen Strukturbeschreibung oder Grammatik entspricht. Für diese Grammatiken gibt es aber wiederum verschiedene Sprachen. Noch vom XML-Vorgänger *SGML* her gibt es beispielsweise die *DTD* (Document Type Definition), die für einfache Zwecke durchaus noch ihre Daseinsberechtigung hat, in heutigen Zeiten aber von neuen Sprachen wie *XML Schema* oder *RelaxNG* weit überholt ist. Dieser Abschnitt beschäftigt sich nun damit, wie solche Validierungen mit JAXP durchgeführt werden können.

Das Thema Validierung war bis inklusive der Version 1.2 in JAXP noch etwas unglücklich gelöst. JAXP 1.3 und 1.4 unterstützen diese alten Mechanismen zwar weiterhin, bieten aber parallel dazu eine neue, komfortablere API an, der Sie nach Möglichkeit immer den Vorzug geben sollten. Der Vollständigkeit halber werden wir zwar dennoch kurz auf die alten Mechanismen eingehen, der restliche Teil beschäftigt sich allerdings ausschließlich mit dem »New Way«.

5.6.1 Validierung mit klassischen Mitteln

Dieser Abschnitt zeigt Ihnen kurz, wie die Validierung bis inklusive JAXP 1.2 aussah. Dies ist primär interessant für Sie, weil die entsprechenden Mechanismen auch heute noch unterstützt werden und Sie deshalb damit in Kontakt kommen können.

Validierung während des Parsens mit SAX oder DOM

setValidating()

Bis JAXP 1.2 war praktisch die einzige Möglichkeit, ein Dokument zu validieren, dies mit einem Parse-Vorgang zu verbinden. Das war möglich mit dem SAX- und DOM-Teil von JAXP. Das zentrale Mittel ist dabei die Methode `setValidating()` in den Klassen `SAXParserFactory` und `DocumentBuilderFactory`. Übergeben Sie diesen Methoden `true` als Parameter, und schon haben Sie Validierung beim Parse-Vorgang eingeschaltet (vorausgesetzt, Ihre Implementierung unterstützt dies auch). In der Klasse `SAXParserFactory` sind Sie außerdem vielleicht dem Feature `http://xml.org/sax/features/validation` begegnet, dessen Funktion sich jedoch mit `setValidating()` überschneidet.

Allerdings wird in diesem Fall standardmäßig nur DTD-Validierung unterstützt. Mit einigen Zusatzeinstellungen, die wir Ihnen gleich vorstellen, können Sie zwar umständlich, doch immerhin auch gegen andere Grammatiken (mindestens XML Schema) validieren. Nicht unterstützt wird aber On-Demand-Validierung, also Validierung auf Kommando ohne Parse-Vorgang.

Schema-Validierung mit SAX

Schemasprache setzen

Um in SAX Validierung mit anderen Sprachen einzuschalten, müssen Sie zusätzlich zum Aufrufen von `setValidating(true)` spezielle Properties an ihre benutzte `SAXParser`-Instanz übergeben (mit dem Befehl setProperty()). Die erste hat den Namen http://java.sun.com/xml/jaxp/properties/schemaLanguage. Als Wert dafür müssen Sie dem Parser einen URI-String übergeben, der die zu verwendende Grammatik eindeutig identifiziert. Dabei muss mindestens der Wert http://www.w3.org/2001/XMLSchema unterstützt werden, der XML Schema als Sprache auswählt. Ansonsten kann setProperty() eine SAXNotSupportedException werfen, falls der Parser die Sprache zur übergebenen URI nicht kennt.

[«]

Hinweis

Sobald Sie diese Property erfolgreich gesetzt haben, validiert der entsprechende Parser spezifikationsgemäß nur noch gegen die entsprechende Schemasprache und nicht mehr gegen DTD-Grammatiken.

Schemaquellen setzen

Nachdem Sie dem Parser nun beigebracht haben, welche Schemasprache er anwenden soll, können Sie ihm noch die Schemas übermitteln, die er bei der Überprüfung der Dokumente benutzen soll. Dazu existiert eine zweite Property, http://java.sun.com/xml/jaxp/properties/schemaSource, mit der Sie eines der folgenden Objekte zur Repräsentation eines Schemadokuments an den Parser übergeben können:

- einen String, der die URI eines Schemadokuments enthält
- ein InputStream-Objekt mit den Inhalten eines Schemadokuments
- ein InputSource-Objekt mit den Inhalten eines Schemadokuments
- ein File-Objekt zu einer Schemadokumentdatei
- ein Object-Array von Objekten der oberen Typen (wobei sich keine zwei Schemadokumente auf denselben Namensraum beziehen dürfen)

Der Parser muss dabei nach der folgenden Vorgehensweise das Schemadokument zu einem geparsten XML-Dokument auswählen: Er prüft zunächst, ob der Zielnamensraum eines der Schemadokumente, die ihm als Property übergeben wurden, mit einem derjenigen Namensräume übereinstimmt, die im zu parsenden XML-Dokument vorkommen. Im Erfolgsfall nutzt er das entsprechende Schema für die Validierung. Andernfalls muss er das XML-Dokument selbst untersuchen und dort nach der Angabe von Schemadokumenten über die Elementattribute schemaLocation oder noNamespaceSchemaLocation suchen. Falls er hier erfolgreich ist, werden die gefundenen Dokumente zur Validierung genutzt. Andernfalls hat er keine Möglichkeit, eine Grammatik zu finden, und erzeugt eine Fehlermeldung.

[»] **Drei Hinweise**

Wenn Sie möchten, dass der Parser die Attribute `noNamespaceSchemaLocation` oder `schemaLocation` im XML-Dokument auswertet, müssen Sie ihn unbedingt so konfigurieren, dass er Namensräume erkennt, da er die Attribute nur dann korrekt untersucht, wenn sie sich im Namensraum *http://www.w3.org/2001/XMLSchema-instance* befinden.

Falls Sie ein Schemadokument in Form eines URI übergeben, muss sich der Parser laut Spezifikation dazu über seinen `EntityResolver` das entsprechende `InputSource`-Objekt besorgen (mit der `publicId` auf `null` gesetzt). Beachten Sie dies, falls Sie einen eigenen `EntityResolver` eingesetzt haben.

Bedenken Sie, dass der Parser eine `SAXNotSupportedException` werfen wird, wenn Sie eine Schemaquelle setzen, bevor Sie die Schemasprache spezifiziert haben.

Schema-Validierung mit DOM

Für die Schema-Validierung mit DOM gilt fast exakt das Gleiche wie bei SAX. Es gibt nur zwei Unterschiede:

- Die Properties werden nicht im `DocumentBuilder`, sondern in der `DocumentBuilderFactory` über die Methode `setAttribute()` gesetzt.
- Wird eine Schemaquelle gesetzt, bevor die Schemasprache spezifiziert wird, so wirft `setAttribute()` keine `SAXNotSupportedException`, sondern eine `IllegalArgumentException`.

Zusammenfassung

Wie Sie sehen, ist die klassische Variante der Validierung relativ unbequem. Speziell das Einbinden von Nicht-DTD-Grammatiken sieht mehr nach einem Workaround als nach einer fundierten Lösung aus. Mehr Informationen dazu finden Sie übrigens im Abschnitt »Properties For Enabling Schema Validation« in Kapitel 4 der JAXP-Spezifikation (Stand 1.4).

5.6.2 Schnelleinstig in die neue Validation-API

Nachdem Sie nun etwas über klassische Validierung mit JAXP erfahren haben, wird es Zeit, Ihnen die »neue Welt« vorzustellen. Seit JAXP 1.3 (respektive Java 5.0) gibt es ein neues Package `java.xml.validation`, das eine eigenständige API zur Validierung von XML-Dokumenten enthält, die sich im Stil der bisher vorgestellten JAXP-Module verwenden lässt. Wie gewohnt, stellen wir Ihnen nun die wichtigsten Elemente daraus zunächst anhand eines Beispiels vor.

Öffnen des Beispiels

Auch unser Validation-Beispiel befindet sich in einem eigenen Package im Eclipse-Projekt *05 – JAXP*, das Sie auf der Buch-CD bei den Beispielen finden. Falls nicht schon geschehen, müssen Sie es noch in Ihren Eclipse-Workspace importieren (siehe dazu Anhang A). [o]

Die für uns interessanten Quellen finden Sie nun im Java-Package `de.javaundxml.jaxp.quickstart.validation`. Darin befinden sich eine Klasse `RunValidation` mit einer `main()`-Methode und eine zusätzliche Hilfsklasse `NonStrictLoggingErrorHandler`. Bei der Ausführung des Beispiels wird eine XML-Datei aus dem *data*-Verzeichnis des Beispiels gegen ein XML Schema aus demselben Verzeichnis validiert.

Falls Sie keine Möglichkeit haben, einen Blick auf die CD zu werfen, sind die wichtigsten Codeausschnitte natürlich weiter unten auch nochmals abgedruckt.

Das Beispiel starten

Starten Sie nun das Beispiel in Eclipse – idealerweise über die vorgefertigte Run Configuration *Beispiel 4 – Validierung*. Nach dem Start parst das Programm über die Validation-API die Schemadatei *personen.xsd* aus dem *data*-Verzeichnis in ein `javax.xml.validation.Schema`-Objekt. Danach wird die Datei *personen.xml* aus demselben Verzeichnis daraufhin analysiert, ob sie zu dem Schema passt. Unkritische Validierungsfehler werden dabei auf der Konsole protokolliert, bei einem schweren Fehler bricht das Programm mit einer Exception ab.

Manuelles Einbauen von Fehlern

Wir empfehlen Ihnen, das Verhalten einmal kurz zu testen. Fügen Sie zum Beispiel temporär ein neues Attribut in eines der Elemente in *personen.xml* ein (oder neue Elemente), und starten Sie das Programm erneut. Sie sollten eine Fehlermeldung erhalten, das Programm sollte aber ohne das Werfen einer Exception beenden. Letzteres können Sie aber auch forcieren, indem Sie beispielsweise ein geöffnetes Element nicht schließen, also die Wohlgeformtheit des XML-Dokuments verletzen.

Inhalt des Programms

Wie schon die anderen JAXP-Beispiele definiert auch das Validation-Beispiel zu Beginn zwei Konstanten, und zwar mit den Dateinamen des XML- und des Schemadokuments. Danach folgt gleich die `main()`-Methode, deren Inhalt Sie verkürzt in Listing 5.8 sehen.

```
final SchemaFactory schemaFactory =
   SchemaFactory.newInstance(
      XMLConstants.W3C_XML_SCHEMA_NS_URI);

final Schema schema =
   schemaFactory.newSchema(new File(FILE_SCHEMA));

final Validator validator = schema.newValidator();
validator.setErrorHandler(
   new NonStrictLoggingErrorHandler());

validator.validate(
   new StreamSource(new File(FILE_SOURCE)));
```

Listing 5.8 XML validieren mit der Schema-API

SchemaFactory

Der abgedruckte Beispielcode lässt schnell erkennen, dass auch die Validation- oder Schema-API von JAXP auf wohlbekannten Mustern aufbaut. Es wird in gewohnter Weise damit begonnen, eine Factory zu instantiieren, diesmal vom Typ `SchemaFactory`. Dabei fällt allerdings gleich auf, dass diesmal der `newInstance()`-Methode ein Parameter übergeben wird. Dieser bestimmt die Sprache, mit der validiert werden soll. Da wir gegen XML Schema validieren möchten, übergeben wir bequemerweise die dafür vorgefertigte Konstante `W3C_XML_SCHEMA_NS_URI` aus der Klasse `javax.xml.XMLConstants`.

Schema

Weiter geht es mit dem Parsen des XML Schemas. Dazu verwenden wir die Methode `newSchema()` der `SchemaFactory` und übergeben ein `File`-Objekt zur Schemadatei. Als Resultat erhalten wir ein Objekt vom Typ `Schema`. Diesen können Sie vergleichen mit dem Typ `Templates` aus der TrAX-API: Er repräsentiert eine kompilierte Version des Schemas im Speicher, die mehrfach (also für mehrere Validierungen parallel) verwendet werden kann.

Validator

Als Nächstes lassen wir uns vom `Schema`-Objekt ein `Validator`-Objekt generieren. Dies können Sie mit dem `Transformer`-Objekt aus der TrAX-API vergleichen: Es führt die eigentliche Validierung durch.

ErrorHandler

Auf diesem `Validator` kann nun ein Objekt vom schon bekannten Typ `org.xml.sax.ErrorHandler` registriert werden, an das dann alle später auftretenden Validierungsfehler gemeldet werden. Wir registrieren hier unser Hilfsobjekt vom Typ `NonStrictLoggingErrorHandler`, das alle Fehler nur als Meldung auf der Konsole ausgibt, sie aber nicht weiterwirft. Dadurch kann die Anwendung auch beim Auftreten von Validierungsfehlern weiterlaufen.

Validierung durchführen

Schließlich wird nun die eigentliche Validierung durchgeführt. Dies geschieht über die Methode `validate()` auf dem `Validator`, der das zu validierende XML-Dokument in Form eines `javax.xml.transform.Source`-Objekts (bekannt aus Abschnitt 5.5.4) übergeben werden muss.

Und das war schon alles. In gewohnt einfacher Weise kann also ein XML-Dokument gegen ein Schema validiert werden. Wie Sie sehen, werden dabei bekannte Mechanismen und Klassen wiederverwendet. So findet natürlich wieder das Factory Pattern Anwendung, aber auch die aus TrAX bekannte Vorkompilierung der Verarbeitungsanweisungen (hier in das `Schema`-Objekt). Für die Fehlerbehandlung wird wieder der gute alte SAX-`ErrorHandler` und für die Angabe der Quelldokumente das `Source`-Konzept von TrAX benutzt.

In den folgenden Abschnitten nehmen wir nun die gezeigten Objekte etwas näher unter die Lupe und gehen auf weitere Elemente der Schema-API ein.

5.6.3 Der Ausgangpunkt: die SchemaFactory

Zu den in den vorherigen Abschnitten vorgestellten Factory-Klassen `SAXParserFactory`, `DocumentBuilderFactory` und `TransformerFactory` gesellt sich nun die `SchemaFactory`. Sie stellt den zentralen Einstiegspunkt in die Validierungs-API von JAXP dar, indem Sie Objekte vom Typ `Schema` erzeugen kann.

Wie erwartet, werden Instanzen davon über den Mechanismus aus Abschnitt 5.2.2 erzeugt, danach können Sie einige Konfigurationseinstellungen vornehmen, und schließlich wird das `Schema`-Objekt erzeugt. Dieser Abschnitt stellt Ihnen die Klasse nun im Detail vor.

Spezifische Einstellungen mit Features und Properties

Wie Sie vielleicht schon erwartet haben, gibt es auch in der `SchemaFactory` die Möglichkeit, spezifische Einstellungen vorzunehmen, also solche, die nicht direkt über dedizierte Methoden gesetzt werden können.

Dabei gibt es zum einen wieder die Features, also boolesche Einstellungen, die anhand eines eindeutigen `String`-Namens mit `setFeature()` gesetzt und mit `getFeature()` abgefragt werden können. Dazu kommen die Properties, bei denen es sich wieder um beliebige `Object`s handelt, die mit einem eindeutigen `String`-Namen über `setProperty()` gesetzt und mit `getProperty()` abgefragt werden können.

In JAXP gibt es in der Validation-API keine vorgeschriebenen Features oder Properties mit Ausnahme des Features `XMLConstants.FEATURE_SECURE_PROCESSING`, das wir Ihnen schon in Abschnitt 5.3.2 vorgestellt haben.

Das Exception-Verhalten der Methoden ist analog zu den entsprechenden Methoden aus der SAX-, DOM- und TrAX-API, es kann also eine `SAXNotRecognizedException` oder eine `SAXNotSupportedException` geworfen werden, falls Feature oder Property unbekannt sind oder nicht unterstützt werden. Eine `NullPointerException` ist zu erwarten, wenn der `String`-Name `null` ist.

Auflösen von externen Referenzen mit einem LSResourceResolver

Was der `EntityResolver` für SAX ist, ist der `LSResourceResolver` (aus dem Package `org.w3c.dom.ls`) in der API *DOM Level 3 Load and Save* (siehe Abschnitt 3.7, »Dokumente parsen und serialisieren«): Er dient zum Auflösen von Verweisen auf externe Dokumente vom Quelldokument aus.

Die JAXP-Validation-API verwendet diesen Typ nun wieder, um der `SchemaFactory` die Möglichkeit zu geben, Verweise von einem Schema auf andere Dokumente aufzulösen. Bei XML Schema wären das beispielsweise die `<xs:import>`- oder `<xs:include>`-Anweisung.

Zu diesem Zweck stehen die beiden Methoden `setResourceResolver()` und `getResourceResolver()` zur Verfügung. Wie üblich kann dabei ein bereits gesetzter `LSResourceResolver` mit `setResourceResolver(null)` wieder entfernt werden.

Fehlerbehandlung mit einem ErrorHandler

Für die Fehlerbehandlung bedient sich die Validation-API nun wieder bei der SAX-API, genau gesagt beim Interface `org.xml.sax.ErrorHandler`. Eine Instanz davon kann per `setErrorHandler()` auf der `SchemaFactory` registriert und mit `getErrorHandler()` wieder abgefragt werden.

Ist ein `ErrorHandler` gesetzt, werden ihm alle Fehler gemeldet, die während des Einlesens einer Schemadatei auftreten. Bekanntermaßen wird dabei zwischen den Fehlerklassen *Warning*, *Error* und *Fatal Error* unterschieden. Die zugehörigen Methoden können die überreichte `SAXException` dabei ignorieren oder weiterwerfen. Ist kein eigener `ErrorHandler` gesetzt, werden Warnings ignoriert und alle anderen Fehler durchgereicht, was schließlich in einer `SAXException` beim Einlesen der Grammatik resultiert.

Schemainstanz generieren durch Parsen eines Schemadokuments

Kommen wir nun zur Hauptaufgabe der `SchemaFactory`, der Generierung von `Schema`-Objekten. Wie in Abschnitt 5.6.2 schon kurz beschrieben, können Sie ein solches Objekt gut mit einem `Templates`-Objekt aus der TrAX-API vergleichen: Es repräsentiert eine *kompilierte Form* einer Grammatik. Es ist damit wiederverwendbar und erlaubt das Validieren mehrerer Dokumente gegen dieselbe Grammatik, ohne diese mehrfach parsen zu müssen. Die `SchemaFactory` ist somit quasi ein Grammatik-Parser.

newSchema()

Für diese Zwecke bietet sie insgesamt vier Methoden `newSchema()` an, denen das (oder die) Eingabedokument(e) in verschiedenen Formen übergeben werden können. Dabei gibt es je eine Variante, die ein `File`- oder `java.net.URL`-Objekt akzeptiert, um die Grammatik aus einer Datei oder Netzwerk-Ressource zu parsen. Sie können außerdem ein `Source`-Objekt als Quelle verwenden, wie Sie es aus der TrAX-API kennen (siehe auch Abschnitt 5.5.4).

Bildung von Summenschemas

Eine Sonderstellung nimmt die Methode `newSchema(Source[])` ein, der Sie mehrere `Source`-Objekte auf einmal überreichen können. Das Verhalten dieser Methode variiert abhängig von der benutzten Grammatiksprache. Während die Sprache RelaxNG hier nur mit einem Array der Größe 1 (also einer einzigen Quelldatei) klarkommt, wird im Falle von XML Schema ein Pseudoschema erzeugt, das alle im Array übergebenen Schemas per `<xs:import>` oder `<xs:include>` implizit einbindet, also ein Art Summenschema. Für mehr Details empfehlen wir Ihnen, die Javadocs der Methode zu lesen.

Sonderschemas

Schließlich existiert eine fünfte Methode `newSchema()`, die gar keinen Parameter akzeptiert. Laut Javadoc erzeugt sie – abhängig von der Schemasprache – ein Sonderschema. Während RelaxNG auch hier keine Unterstützung findet, wird für XML Schema ein Pseudoschema generiert, das die Schemadatei beim Validieren anhand eines eventuell vorhandenen `schemaLocation`- oder `noNamespaceSchemaLocation`-Attributs im zu validierenden XML-Dokument auffindet. Auch hier möchten wir Sie für die genauen Details aber auf die Javadocs der Methode verweisen.

Instanz der Factory generieren

Wie in Abschnitt 5.6.2 schon erwähnt, existiert für die Generierung einer `SchemaFactory`-Instanz zwar eine `newInstance()`-Methode, die letztendlich auch den Mechanismus aus Abschnitt 5.2.2 verwendet, durch die nötige Unterstützung verschiedener Grammatiken ist jedoch alles hier etwas anders.

Angeben der Schemasprache

Das beginnt damit, dass die `newInstance()`-Methode nicht mehr parameterlos ist, sondern einen `String` als Argument erwartet. Dieser soll die eingesetzte Schemasprache eindeutig identifizieren. Für die Sprachen XML Schema und RelaxNG existieren in der Klasse `javax.xml.XMLConstants` bereits zwei vorgefertigte Konstanten `W3C_XML_SCHEMA_NS_URI` und `RELAXNG_NS_URI`. JAXP schreibt dabei für Implementierungen mindestens die Unterstützung von XML Schema vor, weitere Sprachen – auch über RelaxNG hinausgehend – dürfen optional unterstützt werden. Die Referenzimplementierung beschränkt sich jedoch auf die Mindestfunktionalität.

[»]

Hinweis

Beachten Sie bitte, dass DTD als Grammatiksprache explizit nicht unterstützt wird. Dies liegt darin begründet, dass DTDs so eng mit dem zu parsenden Dokument verbunden sind, dass eine Validierung nur während des Parsens desselben möglich ist. In Abschnitt 5.6.1 hatten wir Ihnen nochmals zusammengefasst, wie Sie gegen DTDs validieren können.

Anpassungen am JAXP-Factory-Mechanismus

Die Unterscheidung nach Schemasprachen erfordert außerdem einige Anpassungen des Mechanismus aus Abschnitt 5.2.2. So wird zwar als Factory-ID erwartungsgemäß `javax.xml.validation.SchemaFactory` benutzt, jedoch müssen die Property-Namen im Falle von `System.setProperty()` oder der *jaxp.properties*-Datei um einen Doppelpunkt und den Schemasprachen-`String` erweitert werden.

Wenn Sie beispielsweise eine eigene Factory-Implementierung für die Sprache XML Schema setzen möchten, ist das über den Aufruf aus Listing 5.9 möglich.

```
System.setProperty(
   "javax.xml.validation.SchemaFactory:" +
      XMLConstants.W3C_XML_SCHEMA_NS_URI,
   <Klassenname>);
```

Listing 5.9 Setzen einer SchemaFactory-Implementierung

Ebenso muss die Property auch in der *jaxp.properties* aufgebaut sein.

Mechanismus für die Services-API

Etwas anders gehandhabt wird das automatische Auffinden einer Implementierung über die Services-API. Hierbei wird weiterhin nach Dateien `META-INF/services/javax.xml.validation.SchemaFactory` im Klassenpfad gesucht. Zu dem darin enthaltenen Klassennamen wird dann aber intern eine Instanz generiert und auf dieser schließlich die Methode `isSchemaLanguageSupported()` (die von jeder `SchemaFactory` implementiert werden muss) mit dem Sprach-String als Argument aufgerufen. Wird dabei true zurückgegeben, wird die gerade erzeugte Instanz verwendet, ansonsten geht die Suche im Klassenpfad weiter. Das mag zwar kompliziert klingen, betrifft Sie als Entwickler jedoch nur in den wenigsten Fällen.

5.6.4 Schemainformationen wiederverwenden mit dem Schema-Objekt

Noch erfolgreicher Anwendung der SchemaFactory steht Ihnen nun ein Objekt vom Typ Schema zur Verfügung. Wie in Abschnitt 5.6.2 schon angedeutet, handelt es sich dabei um ein Objekt, das die Informationen aus der eingelesenen Grammatikdatei in einem kompilierten Format im Speicher vorhält und eine schnelle Validierung eines oder mehrerer Dokumente erlaubt, ohne die Grammatikdatei nochmals einlesen zu müssen.

Wiederverwendung von Schema-Objekten

Analog zum Templates-Objekt ist das Schema-Objekt nicht nur wiederverwendbar, sondern Sie können es auch parallel in mehreren Threads einsetzen (was beispielsweise bei der SchemaFactory nicht der Fall ist).

Erzeugung von Arbeiter-Objekten

Wie das Templates-Objekt kann es jedoch selbst nicht in Aktion treten, also keine Validierung durchführen, dafür »Arbeiter-Objekte« erzeugen. Bei der JAXP-Validation-API gibt es hier das Validator-Objekt und das ValidatorHandler-Objekt, für die das Schema-Objekt (als seine einzigen Methoden) die Factory-Methoden newValidator() und newValidatorHandler() zur Verfügung stellt. Diese beiden Objekte sind mit den Transformer- und TransformerHandler-Objekten aus TrAX vergleichbar, wie Sie später noch sehen werden. Der einzige Unterschied bei der Validation-API ist, dass Sie auch dann, wenn Sie nur eine einzige Datei validieren möchten, immer über das Schema-Objekt gehen müssen, während TrAX es Ihnen erlaubt, direkt ein Transformer-Objekt ohne Templates-Objekt zu erstellen.

Validierung während des Parsens

Alternativ zur Erzeugung von Validator- oder ValidatorHandler-Instanzen können Sie ein Schema-Objekt aber auch direkt einer SAXParserFactory oder DocumentBuilderFactory über deren setSchema()-Methoden überreichen (siehe die Abschnitte 5.3.2 bzw. 5.4.2). Wie in den entsprechenden Abschnitten schon vorgestellt, wird in diesem Fall während aller Parse-Vorgänge, die mit den von den Factories erzeugten `SAXParser`- oder `DocumentBuilder`-Instanzen durchgeführt werden, implizit gegen die gesetzte Grammatik validiert.

5.6.5 Validierungen durchführen mit dem Validator

Wie soeben beschrieben, ist der `Validator` nun das eigentliche Objekt zur Durchführung der Validierung und damit mit dem `SAXParser` aus der SAX-API, dem `DocumentBuilder` aus der DOM-API und dem `Transformer` aus TrAX vergleichbar.

Wie üblich lässt sich das Objekt vor der Durchführung noch konfigurieren, kann dann die Validierung durchführen und kann danach wiederverwendet werden. Es ist ausdrücklich nicht geeignet, um die Validierung von mehreren Dokumenten gleichzeitig (d. h. mit mehreren Threads) vorzunehmen.

Spezifische Einstellungen mit Features und Properties

Genau wie die `SchemaFactory` kann ein `Validator`-Objekt über Features und Properties mit implementierungsspezifischen Einstellungen versehen werden. Dafür stehen in bekannter Weise die Setter- und Getter-Methoden `setFeature()`, `setProperty()`, `getFeature()` und `getProperty()` zur Verfügung, die auch wieder eine `SAXNotRecognizedException` oder eine `SAXNotSupportedException` werfen können. JAXP schreibt keine verpflichtenden Features oder Properties für den `Validator` vor.

Auflösen von externen Referenzen mit einem LSResourceResolver

Auch das `Validator`-Objekt kann über `setResourceResolver()` mit einem `LSResourceResolver` ausgestattet werden (und erlaubt die Abfrage über `getResourceResolver()`). Der Unterschied zur `SchemaFactory` besteht dabei natürlich darin, dass dieser Resolver Verweise in den zu validierenden Dokumenten auflösen muss, nicht etwa im zu parsenden Grammatikdokument. Die sonstige Handhabung ist jedoch dieselbe.

Fehlerbehandlung mit einem ErrorHandler

Dasselbe gilt auch für die Fehlerbehandlung. Wie auch die `SchemaFactory` erlaubt der `Validator` das Setzen und Abfragen einer `ErrorHandler`-Instanz über zwei Methoden `setErrorHandler()` und `getErrorHandler()`. Dieser `ErrorHandler` ist nun allerdings für Validierungsfehler zuständig, also Verstöße gegen die Grammatik, nicht für Fehler, die während des Parsens der Grammatik selbst auftreten.

Konkret können Sie hier mit einer eigenen Implementierung das Validierungsverhalten stark beeinflussen. Je nachdem, in welchen der drei Methoden `warning()`, `error()` und `fatalError()` Sie eine `SAXException` werfen, wird der spätere Validierungsvorgang mit einem Fehler abbrechen oder nicht. Wenn Sie beispielsweise an allen Grammatikverstößen ein einem Dokument gesammelt interessiert sind, sollten Sie in den `warning()`- und `error()`-Methoden die `SAXException` nur aufzeichnen, aber nicht werfen, damit auch noch der Rest des Dokuments vom `Validator` untersucht wird.

Ist kein `ErrorHandler` (oder `null`) gesetzt, werden *Warnings* ignoriert, der Rest wird als Fehler gemeldet.

Validierung durchführen

Ist der `Validator` nun über die eben vorgestellten Methoden fertig konfiguriert, kann mit der eigentlichen Validierung begonnen werden.

validate()

Dafür stehen zwei Methoden `validate()` zur Verfügung, die beide eine `SAXException` werfen können, falls ein Fehler auftritt (der nicht vom `ErrorHandler` abgefangen wird).

Die erste erwartet das zu validierende Dokument in Form eines `Source`-Objekts (siehe Abschnitt 5.5.4). Sie sind hier also sehr flexibel und können verschiedenste Eingabeformate (wie einen SAX-Parser, Dateien, I/O-Streams, DOM-Dokumente oder StAX-Streams) verwenden.

Validierung mit Abänderung der Eingabe

Die zweite `validate()`-Methode erwartet ebenfalls ein `Source`-Objekt für das Quelldokument, akzeptiert aber als weiteren Parameter ein `Result`-Objekt (siehe Abschnitt 5.5.5). Zu Recht mag es Sie nun wundern, warum bei der Validierung eines Dokuments ein Ergebnisdokument entstehen kann. Der Grund dafür ist, dass es tatsächlich ein paar wenige Validierungsfunktionen geben kann, die das Eingabedokument abändern. Das berühmteste Beispiel dafür ist das Hinzufügen von Attributen, für die in der Grammatik ein Default-Wert eingestellt ist und die im Quelldokument ganz fehlen. Dies gibt es schon bei DTDs. Da DTD-Validierung jedoch immer an das Parsen gekoppelt ist, kommt hier das Dokument aber schon abgeändert in der Applikation an. Bei der Validation-API, die ja ein On-Demand-Validieren ermöglicht, wird deshalb einfach ein neues Dokument erzeugt, das Sie mit dem `Result`-Objekt abfangen können.

Wiederverwendung von Validator-Instanzen

Wie schon seine verwandten Objekte verfügt schließlich auch der `Validator` über eine `reset()`-Methode, die eine erneute Verwendung dieses Objekts nach einer abgeschlossenen Validierung erlaubt.

5.6.6 Validierung von Dokumenten, die als SAX-Events vorliegen

In der TrAX-API ist es mit Hilfe der `SAXTransformerFactory` möglich, statt eines `Transformers` auch einen `TransformerHandler` zu erzeugen, eine Implementierung des `ContentHandler`-Interfaces mit Transformationsfunktionalität. Sie können damit eine Transformation direkt auf eingehende SAX-Events anwenden.

Die Validation-API stellt eine analoge Funktionalität für Validierung zur Verfügung, also das Validieren eines Dokuments, das in Form von SAX-Events übermittelt wird.

Um das zu erreichen, lassen Sie sich vom `Schema`-Objekt mit `newValidatorHandler()` ein Objekt vom Typ `ValidatorHandler` erzeugen. Dabei handelt es sich um eine `ContentHandler`-Implementierung, die die eingehenden SAX-Events gegen die Grammatik validiert und gegebenenfalls eine `SAXException` wirft.

Dokumentmodifikationen abfangen mit einem internen ContentHandler

Im vorherigen Abschnitt haben Sie erfahren, dass Validierung auch das Eingabedokument modifizieren kann. Beim Validator konnten diese Änderungen in einem zu übergebenden `Result`-Objekt aufgefangen werden. Beim `ValidatorHandler` besteht deshalb die Möglichkeit, über `setContentHandler()` einen internen `ContentHandler` zu setzen (und über `getContentHandler()` abzufragen), der die durch die Validierung modifizierten SAX-Events empfängt.

Konfiguration

Ein `ValidatorHandler` lässt sich genauso konfigurieren wie ein `Validator`: Sie können Features, Properties, einen `LSResourceResolver` und einen `ErrorHandler` über die bekannten Methoden setzen und abfragen.

Ein Unterschied besteht nur bei den Features. Hier muss mindestens das von SAX bekannte Feature `http://xml.org/sax/features/namespace-prefixes` unterstützt werden. Ist es auf `true` gesetzt, werden im Original-SAX die Namensraumdeklarationen (`xmlns:*`-Attribute) wirklich als Attribute in `startElement()` gemeldet, ansonsten nicht. Beim `ValidatorHandler` wirkt sich das nur aus, wenn ein interner `ContentHandler` gesetzt ist und bei der Validierung neue Elemente oder Attribute hinzugefügt werden. Eventuell nötige Namensraumbindungen für diese werden dabei entsprechend dem gesetzten Feature-Wert an den internen `ContentHandler` gemeldet oder nicht.

Namensraumbehandlung für neu hinzugefügte Elemente und Attribute

Typinformationen während des Validierens abfragen

Da der `ValidatorHandler` auf SAX-Events arbeitet und Sie durch das dortige Registrieren eines eigenen `ContentHandler`s imstande sind, auf die SAX-Events einzeln zu reagieren, steht im `ValidatorHandler` ein fortgeschrittenes Feature zur Verfügung, das Sie beim `Validator` nicht finden werden. Und zwar ist es möglich, während der Validierung Typinformationen zu den zuletzt per SAX-Event gemeldeten Elementen und Attributen abzufragen.

Zusatzinformationen bei der SAX-Verarbeitung

Da manche Grammatiken – wie XML Schema – intensiv auf einem Typsystem aufbauen, werden bei der Validierung intern im `Validator`- oder `ValidatorHandler`-Objekt Typinformationen zu den im Eingabedokument gefundenen Elementen und Attributen vorgehalten. Der `ValidatorHandler` ermöglicht es nun über eine Methode `getTypeInfoProvider()`, diese Zusatzinformationen zu veröffentlichen.

Interne Typen

Konkret liefert die Methode `getTypeInfoProvider()` ein Objekt vom Typ `javax.xml.validation.TypeInfoProvider` zurück. Dieses Objekt kann `null` sein, wenn entweder die Grammatik oder die JAXP-Implementierung keine internen Typinformationen unterstützt. Ist das Objekt nicht `null`, können Sie damit Informationen über das zuletzt vom `ContentHandler` gemeldete Element abfragen. Diese Informationen werden dabei als `org.w3c.dom.TypeInfo`-Objekte zur Verfügung gestellt und umfassen hauptsächlich den Typnamen, die Typnamensraum und Informationen über einen eventuell vorhandenen Obertyp.

TypeInfoProvider und TypeInfo

Genauer wollen wir an dieser Stelle jedoch nicht auf das Feature eingehen, da es nur in wenigen Anwendungsfällen zum Einsatz kommen wird. Wie immer finden Sie mehr Details in der JAXP-Javadoc unter dem Typ `ValidatorHandler` oder `TypeInfoProvider`.

Wiederverwendung von ValidatorHandler-Instanzen

Auch ein `ValidatorHandler` lässt sich mehrfach hintereinander wiederverwenden. Allerdings braucht er im Gegensatz zum `Validator` dafür keine `reset()`-Methode. Denn das Zurücksetzen erfolgt intern automatisch, sobald ein `startDocument()`-Event empfangen wird. Sie müssen als Entwickler also keine weiteren Vorkehrungen treffen. Beachten Sie aber, dass auch ein `ValidatorHandler` nicht thread-sicher ist.

5.6.7 Zusammenfassung

Sie haben nun die wichtigsten Aspekte der Validierungs-API von JAXP sowie den Vorgängermechanismus kennengelernt. Wenn auch leicht durch die Unterstützung mehrerer Grammatiken abgewandelt, erfolgt die Erzeugung der zentralen Objekte doch wieder nach altbekannten Mustern. Auch können Sie hilfreiche Konzepte, wie die `Source`- und `Result`-Objekte aus der TrAX-API, auch hier verwenden und sind damit sehr flexibel. Eine Validierung während des Parsens wird auf einfache Weise durch die Anbindung an die `SAXParserFactory` und `DocumentBuilderFactory` ermöglicht.

5.7 Navigieren in Dokumenten

Navigieren in DOM-Dokumenten

Wenn Sie mit DOM oder einem anderen Objektmodell für XML-Dokumente arbeiten, stehen Ihnen dort ein paar grundlegende Navigationsmöglichkeiten innerhalb des Modells selbst zur Verfügung. Sie können einfach zum Vaterknoten navigieren oder sich alle (oder nur bestimmte) Kindknoten auflisten lassen und diese nach Belieben durchlaufen. Komplexere Suchen – wie beispielsweise das Auffinden aller Elemente mit einem bestimmten Attributswert – müssen Sie aber schon mühsam selbst implementieren.

XPath

Wie aber schon in Abschnitt 1.6, »Navigieren mit XPath«, beschrieben, gibt es im XML-Umfeld die Sprache *XPath*, mit der sie verschiedenste (auch komplexe) Such- und Navigationsanfragen an ein XML-Dokument stellen können.

XPath und JAXP

JAXP bietet mit seiner XPath-API im Package `javax.xml.xpath` eine solide Implementierung für diese Technologie an. Sie erlaubt es prinzipiell, XPath-Ausdrücke auf Knoten verschiedener Objektmodelltypen anzuwenden, mindestens muss eine Implementierung aber W3C-DOM unterstützen.

Die API arbeitet in gewohnter Weise über eine Factory-Klasse als zentralen Einstiegspunkt, erlaubt das Wiederverwenden von XPath-Ausdrücken für mehrere Auswertungen und ist natürlich bequem konfigurierbar. Ebenso können auf einfache Weise eigene XPath-Funktionen eingebunden, ein eigener Namensraumkontext bereitgestellt und XPath-Variablen integriert werden.

In diesem Abschnitt werden wir Ihnen nun die verschiedenen Möglichkeiten näher vorstellen. Wie immer beginnen wir aber zunächst mit einem kurzen Einführungsbeispiel.

5.7.1 Einführungsbeispiel

Auch für die Vorstellung der XPath-API finden Sie auf der Buch-CD ein Beispiel. Wie gewohnt empfehlen wir Ihnen für einen optimalen Lernerfolg, das Beispiel selbst durchzuarbeiten, für alle Unterwegs-Leser sind aber natürlich die wichtigsten Ausschnitte wieder mit abgedruckt.

Öffnen des Beispiels

Auch das XPath-Beispiel finden Sie auf der Buch-CD im Eclipse-Projekt *05 – JAXP*. Falls nicht schon geschehen, müssen Sie es jetzt noch in Ihren Eclipse-Workspace importieren (siehe dazu Anhang A). Die für uns interessanten Quellen finden Sie diesmal im Java-Package `de.javaundxml.jaxp.quickstart.xpath`, wo sich eine kleine Klasse `RunXPath` mit einer `main()`- und ein paar Hilfsmethoden befinden. Das Beispiel wertet einige XPath-Ausdrücke gegen das Dokument *data/personen.xml* aus und zeigt die Ergebnisse in der Konsole an. [O]

Das Beispiel starten

Starten Sie nun das Beispiel in Eclipse – idealerweise über die vorgefertigte Run Configuration *Beispiel 5 – XPath*. Nach dem Start parst das Programm zunächst über die `parseDocument()`-Methode die Datei *personen.xml* aus dem *data*-Verzeichnis in eine `Document`-Instanz und erzeugt parallel dazu eine `InputSource`, die auf dieselbe Datei verweist. Danach werden die Objekte der XPath-API erzeugt, die zum Auswerten von Ausdrücken benötigt werden. Schließlich werden drei XPath-Ausdrücke auf die beiden Dokument-Repräsentationen (`Document` und `InputSource`) angewandt. Die Ergebnisse (`Strings` oder eines oder mehrere Knotenobjekte) werden dann auf der Konsole ausgegeben, so dass Sie dort ein paar Ausgaben finden sollten.

Inhalt des Programms

Noch vor der main()-Methode definiert die RunXPath-Klasse vier String-Konstanten – eine für die Datei und drei XPath-Ausdrücke:

- XPATH_1: selektiert das <vorname>-Element des <person>-Elements, dessen <nachname>-Element den Inhalt Scholz hat
- XPATH_2: selektiert jeweils das <nachname>-Element aller <person>-Elemente, die in ihrem <hobbys>-Element ein <hobby>-Element mit dem Inhalt Java enthalten
- XPATH_3: derselbe Inhalt wie bei XPATH_2, nur dass diesmal nach <hobby>-Elementen mit dem Inhalt Groovy gesucht wird

Diese Ausdrücke werden dann vom Hauptprogramm auf die Datei angewandt. Den Inhalt der main()-Methode finden Sie in Listing 5.10.

```
final Document doc = parseDocument();
final InputSource docIS = createInputSource();

final XPathFactory factory =
   XPathFactory.newInstance(
      XPathConstants.DOM_OBJECT_MODEL);

final XPath xpath = factory.newXPath();

final String result1 = xpath.evaluate(XPATH_1, doc);
final NodeList result2 =
   (NodeList)xpath.evaluate(
      XPATH_2, docIS, XPathConstants.NODESET);
final NodeList result3 =
   (NodeList)xpath.evaluate(
      XPATH_3, doc, XPathConstants.NODESET);

System.out.println(result1);
System.out.println();

serialize(result2);
System.out.println();

serialize(result3);
System.out.println();
```

Listing 5.10 XPath-Ausdrücke evaluieren mit der XPath-API

Vorbereiten des Eingabedokuments

Im Listing sehen Sie, dass zuerst über die beiden nicht weiter relevanten Hilfsmethoden `parseDocument()` und `createInputSource()` das Eingabedokument einmal in ein `Document`-Objekt geparst und einmal als SAX-`InputSource` verpackt wird.

XPathFactory

Danach beginnt der interessante Teil: Als Nächstes wird eine Instanz der Klasse `XPathFactory` besorgt, und zwar über deren statische Methode `newInstance()`. Dieser muss als Parameter ein `String` übergeben werden, der den zu verwendenden Objektmodelltyp eindeutig identifiziert. Wir nutzen für unser Beispiel natürlich Standard-DOM, für das es in der Klasse `XPathConstants` schon eine fertige Konstante `DOM_OBJECT_MODEL` gibt, die wir der `newInstance()`-Methode übergeben. Wie zu erwarten, ist die `XPathFactory` der zentrale Einstiegspunkt in die JAXP-XPath-API. Mehr dazu jedoch in Abschnitt 5.7.2.

XPath

Im nächsten Schritt erzeugen wir über die `newXPath()`-Methode der `XPathFactory` ein neues `XPath`-Objekt. Dieses Objekt ist nun imstande, XPath-Ausdrücke gegen DOM-Objekte oder direkt gegen eine `InputSource` auszuwerten.

Auswerten der Ausdrücke mit evaluate()

Genau das machen wir schließlich dreimal: Über die verschiedenen `evaluate()`-Methoden des `XPath`-Objekts werten wir die drei als Konstanten definierten XPath-Ausdrücke nun gegen das `Document`-Objekt und die `InputSource` aus. Dabei erhalten wir verschiedene Ergebnisobjekte zurück: einmal einen `String` und zweimal eine `NodeList`. Ein `String` wird dabei grundsätzlich von denjenigen `evaluate()`-Methoden zurückgeliefert, die nur zwei Parameter erwarten, denn hier wird das Ergebnis immer in einen `String` konvertiert. Es gibt aber auch zwei `evaluate()`-Methoden mit einem dritten Parameter. Dieser ist vom Typ `javax.xml.namespace.QName` und bestimmt, in welches Objekt das Ergebnis der XPath-Auswertung konvertiert werden soll (mehr dazu in Abschnitt 5.7.3). In unserem Fall überreichen wir hier die Konstante `NODESET` aus `XPathConstants`, was bewirkt, dass das Ergebnis in ein `org.w3c.dom.NodeList`-Objekt konvertiert wird, also eine Liste von mehreren Knoten. Dies ist sinnvoll, da unser Ausdruck potentiell mehr als nur einen Knoten selektieren kann.

Serialisierung der Ergebnisse

Der Rest der `main()`-Methode gibt nun die verschiedenen Ergebnisse auf der Konsole aus. Beim `String` ist dies natürlich trivial, bei den `NodeList`-Objekten greifen wir hingegen auf eine nicht weiter erläuterte Hilfsmethode `serialize()` zurück, die eine schön leserliche XML-Ausgabe für die `NodeList` erzeugt.

Keine Unterstützung von TrAX-Sources

Wie Sie sehen, ist auch das Auswerten von XPath-Ausdrücken in JAXP wieder eine einfache Sache. Ein wenig schade ist nur, dass als alternatives Eingabeformat zu den DOM-Objekten nur die `InputSource` aus der SAX-API unterstützt wird und nicht etwa, wie in TrAX und der Validation-API, das `javax.xml.transform.Source`-Format.

Wie gewohnt geht es jetzt in die Tiefe. In den nächsten Abschnitten stellen wir Ihnen die verschiedenen Typen der XPath-API im Detail vor.

5.7.2 Der Ausgangspunkt: die XPathFactory

Auch die XPath-API von JAXP hat natürlich eine eigene Factory-Klasse, und zwar die `XPathFactory`. Ihre Hauptaufgabe ist das Erzeugen von `XPath`-Objekten, mit denen dann die XPath-Auswertungen durchgeführt werden können.

Für das Erzeugen von `XPathFactory`-Instanzen über die statische `newInstance()`-Methode wird wieder einmal der Factory-Mechanismus aus Abschnitt 5.2.2 genutzt. Da aber eine `XPathFactory` immer spezifisch für einen Objektmodelltyp generiert wird (und die `newInstance()`-Methode deshalb einen `String`-Parameter erwartet), sind ein paar Modifikationen nötig (mehr dazu gleich).Außerdem gibt es natürlich ein paar Konfigurationsmöglichkeiten, die wir Ihnen nun vorstellen.

Spezifische Einstellungen mit Features

Die `XPathFactory` tut es Ihren Factory-Kollegen gleich und bietet zwei Methoden `setFeature()` und `getFeature()` an, mit denen implementierungsspezifische Funktionen ein- und ausgeschaltet bzw. abgefragt werden können (siehe dazu beispielsweise Abschnitt 5.3.2). Wie gewohnt wird ein Feature durch einen eindeutigen (URI-)`String` identifiziert und kann über einen `boolean`-Wert geschaltet werden.

Standard-Feature

JAXP schreibt für die `XPathFactory` die Unterstützung des Features zur Konstanten `XMLConstants.FEATURE_SECURE_PROCESSING` vor, wie schon für die anderen Factories. Die Auswirkung in der XPath-API ist jedoch etwas anders als in den anderen Teil-APIs. Und zwar wird bei Aktivierung des Features die Unterstützung von eigenen XPath-Funktionen deaktiviert (siehe nächster Abschnitt).

Einbinden eigener XPath-Funktionen mit dem XPathFunctionResolver

XPath-Funktionen

Die Sprache XPath definiert eine Anzahl an Funktionen,[8] mit denen direkt im XPath-Ausdruck bestimmte Konvertierungen durchgeführt werden können. Diese Standardfunktionen decken typische Aufgaben ab, wie z. B. String-Behandlung, Modifikation und Überprüfung von Knoten oder Zahlenoperationen.

Parameter von XPath-Funktionen

Eine XPath-Funktion funktioniert dabei praktisch genau wie eine Java-Methode: Sie akzeptiert eine bestimmte Zahl an Parametern und hat einen Rückgabewert. Mögliche Ein- und Ausgabetypen sind dabei die gängigen von XPath – wie Strings, Zahlen, Knoten, Knotenmengen.

Namen von XPath-Funktionen

Anders als in Java ist jedoch die Namensgebung von XPath-Funktionen: Eine XPath-Funktion wird immer mit einem qualifizierten XML-Namen benannt, also der Kombination aus einer Namensraum-URI, einem lokalen Namen und optional einem Präfix. Um nun eine Funktion in einem XPath-Ausdruck aufzurufen, wird folgende Syntax verwendet:

```
prefix:name(args)
```

Für eine (frei erfundene) XPath-Funktion `smaller` mit dem Präfix `my`, die von zwei Elementen das mit dem lexikographisch kleineren Namen zurückgibt, könnte in einem XPath-Ausdruck also so untergebracht werden:

```
my:smaller(/root/abab, /root/baba)/child
```

Präfixbindung zum Auffinden der Funktion

Damit dieser XPath-Ausdruck funktionieren kann, muss der verarbeitenden Anwendung nun noch bekanntgegeben werden, an welchen Namensraum das Präfix `my` gebunden ist, denn der Namensraum ist das entscheidende Kriterium, um die Funktion intern auffinden zu können. Hierfür gibt es zwei Möglichkeiten: Entweder ist das Präfix im zu verarbeitenden Dokument deklariert (was eher selten der Fall sein wird), oder Sie müssen es in Ihrem Programmcode bekanntgeben. Letzteres geht bei JAXP über ein `NamespaceContext`-Objekt, das auf dem `XPath`-Objekt registriert werden muss (siehe dazu Abschnitt 5.7.3).

Mit diesem Vorwissen können wir Ihnen nun zeigen, wie Sie in XPath eigene XPath-Funktionen einbinden. Dabei handelt es sich um ein sehr fortgeschrittenes Thema, weshalb wir hier nur die Grundlagen vermitteln werden.

8 *http://www.w3.org/TR/xpath#corelib*

[o]

Hinweis

Falls Sie tiefer in das Thema einsteigen wollen, werden Ihnen die folgenden Beschreibungen wahrscheinlich nicht weit genug ins Detail gehen.Allerdings finden Sie auf der Buch-CD im Eclipse-Projekt *05 – JAXP* im Package `de.javaundxml.jaxp.advanced.xpath` und dessen Unterpackages ein paar nicht weiter erklärte Beispiele für fortgeschrittene XPath-Funktionalitäten. Davon beschäftigt sich die Klasse `RunXPathFunctionResolver` mit benutzerdefinierten XPath-Funktionen. Eine kleine, aber feine Einführung findet sich auch auf den Seiten des Xalan-XSLT-Prozessors.[9]

Für das Bereitstellen eigener XPath-Funktionen gibt es in JAXP zwei Interfaces: `XPathFunction` und `XPathFunctionResolver`. Ersteres definiert nur eine Methode:

```
public Object evaluate(List args)
   throws XPathFunctionException
```

XPathFunction

Die Argumente, die der XPath-Funktion im XPath-Ausdruck überreicht werden, stehen in der `evaluate()`-Methode als `java.util.List` zur Verfügung. Je nach dem von der `XPathFactory` verwendeten Objektmodell und dem XPath-Ausdruck selbst kann diese Liste nun mit Werten verschiedener Anzahl und Typen gefüllt sein. Plausibilitätsprüfungen sind deshalb beim Schreiben eigener Funktionen sehr wichtig. Tritt ein Fehler auf, können Sie eine `XPathFunctionException` werfen.

Nun folgt die Implementierung der Funktion. Dazu sollten Sie die übergebenen Parameter (falls benötigt) auswerten und schließlich ein passendes Ergebnis zurückliefern. Hierbei sollten Sie natürlich einen passenden Typ des verwendeten Objektmodells benutzen, bei DOM also beispielsweise `String`, `Integer`, `Node` oder `NodeList`, ansonsten kann das auswertende `XPath`-Objekt wahrscheinlich nicht sinnvoll weiterarbeiten.

XPathFunction-Resolver

Durch das Schreiben von `XPathFunction`-Klassen definieren Sie also die Logik Ihrer XPath-Funktionen. Um die Anbindung an JAXP und die Vergabe von Funktionsnamen kümmert sich nun der `XPathFunctionResolver`. Dessen einzige zu implementierende Methode lautet:

```
public XPathFunction resolveFunction(
   QName functionName, int arity)
```

Die beiden Parameter sind dabei der qualifizierte Name der Funktion (wie im XPath-Ausdruck benutzt) und die Anzahl der übergebenen Para-

9 *http://xml.apache.org/xalan-j/xpath_apis.html#functionresolver*

meter. Mit Hilfe dieser beider Werte sollten Sie nun eine Ihrer Funktionsklassen auswählen und eine Instanz davon zurückgeben. Ist der Funktionsname unbekannt, sollten Sie `null` zurückgeben.

setXPathFunction Resolver()

Zuletzt müssen Sie nun noch Ihren `XPathFunctionResolver` in der `XPathFactory` über die Methode `setXPathFunctionResolver()` registrieren, und schon können Sie in den XPath-Ausdrücken auf die erweiterten Funktionen zugreifen. Vergessen Sie aber nicht, dass zum Auflösen der Funktionsnamen gegebenenfalls noch ein `NamespaceContext` auf dem zugehörigen `XPath`-Objekt registriert werden muss (siehe Abschnitt 5.7.3).

Auch wenn Sie selbst vielleicht keine eigenen XPath-Funktionen schreiben möchten, kann es doch sein, dass Sie welche von Drittanbietern nutzen möchten. In diesem Fall sollte Ihnen der Anbieter in der Dokumentation den Klassennamen seiner `XPathFunctionResolver`-Implementierung bekanntgeben. Ein Beispiel dafür ist Xalan mit seinen XPath-Erweiterungen (siehe *http://xml.apache.org/xalan-j/xpath_apis.html#sampleresolver*).

Bereitstellen von XPath-Variablen mit dem XPathVariableResolver

In XPath-Ausdrücken ist es auch möglich, mit Variablen zu arbeiten. Zwar können Sie innerhalb eines XPath-Ausdrucks keine Variablen definieren, aber sehr wohl auf extern bereitgestellte zugreifen – beispielsweise, wenn Sie XPath innerhalb von XSLT einsetzen.

Der Zugriff auf eine Variable erfolgt über die Syntax `$VariablenName`. Der Ausdruck `$my/nachname` würde also auf die XPath-Variable `my` zugreifen und innerhalb derer nach einem Kindelement `<nachname>` suchen. Variablennamen sind wie schon Funktionsnamen qualifiziert, können also über ein Präfix an einen Namensraum gebunden sein. Wird kein Präfix angegeben, liegt die Variable im leeren Namensraum. Variablen können beliebige in XPath mögliche Typen besitzen, also Strings, Zahlen, Knoten, Knotenmengen usw.

XPathVariable-Resolver

Um eigene Variablen in XPath-Ausdrücken bereitzustellen, müssen Sie eine Klasse schreiben, die das Interface `XPathVariableResolver` implementiert. Dieses schreibt eine einzige Methode vor:

```
public Object resolveVariable(QName name)
```

Der einzige Parameter dieser Methode ist der qualifizierte Name der Variable. Die Aufgabe Ihrer Implementierung ist es nun, ein zu dem jeweiligen Objektmodell passendes Ergebnis zurückzugeben, also beispielsweise eine `NodeList`, einen `Node`, `String`, `Integer` oder `Boolean` für DOM oder `null`, falls die gesuchte Variable nicht existiert.

Ähnlich wie beim `XPathFunctionResolver` muss nun auch der `XPathVariableResolver` noch über eine Methode in der `XPathFactory` registriert werden, nämlich `setXPathVariableResolver()` – und schon können Sie eigene Variablen nutzen.

[o] Im Eclipse-Projekt *05 – JAXP* finden Sie im Package `de.javaundxml.jaxp.advanced.xpath` ein paar fortgeschrittene XPath-Beispiele. Die Klasse `RunXPathVariableResolver` zeigt davon exemplarisch das Bereitstellen von eigenen Variablen.

XPath-Instanz generieren

Ist die `XPathFactory` nun fertig vorbereitet, sollten Sie sich über die Methode `newXPath()` ein `XPath`-Objekt generieren lassen, mit dem dann die Auswertung der Ausdrücke erfolgt. In das erzeugte `XPath`-Objekt werden alle auf der Factory vorgenommenen Einstellungen übernommen, also gewählter Objektmodelltyp, Feature-Einstellungen sowie gegebenenfalls `XPathFunctionResolver` und `XPathVariableResolver`.

Instanz der Factory generieren

Wie bereits erwähnt existiert für die Generierung einer `XPathFactory`-Instanz zwar eine `newInstance()`-Methode, die letztendlich auch den JAXP-Factory-Mechanismus verwendet, doch wie schon bei der `SchemaFactory` aus der Validation-API (siehe Abschnitt 5.6.3) erwartet diese Methode einen weiteren Parameter, nämlich einen `String`, der das Objektmodell spezifiziert.

Für DOM (das von einer JAXP-Implementierung mindestens unterstützt werden muss) gibt es hierfür zwei fertige Konstanten, andere Objektmodelle dürfen wahlweise unterstützt werden:

```
XPathFactory.DEFAULT_OBJECT_MODEL_URI
XPathConstants.DOM_OBJECT_MODEL
```

Anders als bei der `SchemaFactory` gibt es aber zusätzlich eine parameterlose `newInstance()`-Methode, die eine `XPathFactory` fest für DOM erzeugt.

Anpassungen am JAXP-Factory-Mechanismus

Die Unterscheidung nach Objektmodellen erfordert auch bei XPath Anpassungen des Mechanismus aus Abschnitt 5.2.2. Als Factory-ID wird javax.xml.xpath.XPathFactory benutzt, jedoch müssen die Property-Namen im Falle von System.setProperty() oder der *jaxp.properties*-Datei um einen Doppelpunkt und den Objektmodell-String erweitert werden. Wenn Sie beispielsweise eine eigene Factory-Implementierung für DOM setzen möchten, ist das über den Aufruf aus Listing 5.11 möglich.

```
System.setProperty(
   "javax.xml.xpath.XPathFactory:" +
      XMLPathConstants.DOM_OBJECT_MODEL,
   <Klassenname>);
```

Listing 5.11 Setzen einer XPathFactory-Implementierung

Ebenso muss die Property auch in der *jaxp.properties* aufgebaut sein.

Mechanismus für die Services-API

Analog zur SchemaFactory geht es auch bei der Einbindung über die Services-API weiter. Hierbei wird nach Dateien META-INF/services/javax.xml.xpath.XPathFactory im Klassenpfad gesucht. Zu dem darin enthaltenen Klassennamen wird dann intern eine Instanz generiert und auf dieser schließlich die Methode isObjectModelSupported() (die von jeder XPathFactory implementiert werden muss) mit dem Objektmodell-String als Argument aufgerufen. Wird dabei true zurückgegeben, wird die gerade erzeugte Instanz verwendet, ansonsten geht die Suche im Klassenpfad weiter. Normalerweise bleiben Sie als Entwickler aber von diesen komplexen internen Mechanismen verschont.

5.7.3 XPath-Ausdrücke auswerten mit dem XPath-Objekt

Die Auswertung von XPath-Ausdrücken in der XPath-API von JAXP erfolgt nun über das XPath-Objekt. Es ist damit vergleichbar mit den »Arbeiter-Objekten« aus den anderen Teil-APIs, wie SAXParser oder Transformer. Im vorherigen Abschnitt haben Sie auch schon gesehen, wie Sie sich eine Instanz davon über eine XPathFactory generieren lassen. Wie Sie gleich sehen werden, können auf dem XPath-Objekt noch ein paar wenige Einstellungen vorgenommen werden, einige davon können Sie schon auf der XPathFactory vornehmen.

Auflösen von qualifizierten Namen mit dem NamespaceContext

Qualifizierte Namen

Wie Sie vielleicht wissen, können in XPath-Ausdrücken qualifizierte Namen für Funktionen und Knoten vorkommen, also solche, denen ein Präfix und ein Doppelpunkt vorangestellt werden, wie my:element. Präfixe sind in XML aber nur ein Verweis auf einen Namensraum, der meistens durch einen längeren URI-String angegeben wird, wie `http://www.javaundxml.de/jaxp/my`.

Namensraumbindungen in XPath

In XML-Dokumenten werden nun Präfixe an Namensräume über `xmlns`-Attribute gebunden, in XPath-Ausdrücken gibt es hierfür jedoch kein standardisiertes Mittel. Gängige XPath-Prozessoren verhalten sich zwar so, dass beim Verarbeiten eines Präfixes auf das zugrundeliegende XML-Dokument geschaut und der Namensraum dort anhand der Präfixdeklarationen bestimmt wird. In manchen Fällen, wie beispielsweise dem Aufrufen von eigenen XPath-Funktionen (die auch an einen Namensraum gebunden sind), funktioniert das jedoch nicht mehr.

NamespaceContext

Wie im vorherigen Teilkapitel schon angedeutet, bietet JAXP für solche Fälle jedoch einen Mechanismus an, mit dem Sie als Entwickler dem XPath-Prozessor (hier also dem XPath-Objekt) Namensrauminformationen mitteilen können. Dazu müssen Sie eine Implementierung des Interfaces `javax.xml.namespace.NamespaceContext` schreiben, dessen Inhalt Sie in Listing 5.12 sehen.

```
public interface NamespaceContext
{
   String getNamespaceURI(String prefix);
   String getPrefix(String namespaceURI);
   Iterator getPrefixes(String namespaceURI);
}
```

Listing 5.12 Das Interface NamespaceContext

Die Bedeutung der Methoden ist relativ klar. Die erste liefert den Namensraum, der an ein Präfix gebunden ist, die zweite macht das Gegenteil. Da an einen Namensraum aber auch mehrere Präfixe gebunden sein können, gibt es noch die dritte Methode, die einen `Iterator` (mit `String`s) zurückgeben kann, der alle diese Präfixe liefert.

Wenn Sie nun eine solche Klasse geschrieben haben, müssen Sie nur noch eine Instanz davon im `XPath`-Objekt registrieren. Das geschieht über dessen Methode `setNamespaceContext()`. Der so gesetzte `NamespaceContext()` wird dann für alle XPath-Auswertungen, die Sie mit dem `XPath`-Objekt vornehmen, durchgeführt.

[o] Im Eclipse-Projekt *05 – JAXP* finden Sie im Package `de.javaundxml.jaxp.advanced.xpath.util` eine Beispielimplementierung `MapNamespaceContext`, der Sie mit `Map`-ähnlichen Methoden Namensraumbindungen hinzufügen und daraus entfernen können. Diese Klasse sollte alle Anforderungen für den einfachen Gebrauch abdecken.

Einbinden eigener XPath-Funktionen mit dem XPathFunctionResolver

XPathFunction-Resolver und XPathFactory

In Abschnitt 5.7.2 haben wir Ihnen schon gezeigt, wie Sie durch Implementierung eines `XPathFunctionResolvers` (und beliebig vieler `XPathFunctions`) eigene XPath-Funktionen implementieren und in JAXP einbinden können. Letzteres ist möglich durch die Methode `setXPathFunctionResolver()` auf der `XPathFactory`.

getXPathFunction Resolver()

Wie schon angedeutet, werden nun alle Eigenschaften der `XPathFactory` (wie Feature, Objektmodell oder eben Hilfsobjekte) auf alle von ihr erzeugten `XPath`-Instanzen übertragen. Dementsprechend verfügt die `XPath`-Klasse über eine Getter-Methode `getXPathFunctionResolver()`, mit der der gesetzte `XPathFunctionResolver` abgefragt werden kann.

setXPath Function Resolver()

Zusätzlich gibt es aber eine Methode `setXPathFunctionResolver()`, mit der sie auf diesem einen `XPath`-Objekt einen (neuen) `XPathFunctionResolver` setzen können, wobei ein gegebenenfalls von der Factory gesetzter lokal überschrieben wird.

Das heißt konkret: Falls Sie eine `XPathFactory`-Instanz mehrfach verwenden und dabei immer dieselben eigenen XPath-Funktionen unterstützen wollen, sollten Sie den `XPathFunctionResolver` dort setzen, ansonsten können Sie ihn auch direkt auf dem `XPath`-Objekt setzen.

Bereitstellen von XPath-Variablen mit dem XPathVariableResolver

Für die Bereitstellung von eigenen XPath-Variablen, also die Verwendung von `XPathVariableResolver`-Instanzen, gilt in JAXP dasselbe wie für die eben erwähnten `XPathFunctionResolver`: Sie können eine Instanz davon global auf der `XPathFactory` setzen (über die Methode `setXPathVariableResolver()`), diese dann auf den erzeugten `XPath`-Objekten über `getXPathVariableResolver()` abrufen, jedoch auch direkt dort (auf lokaler Ebene) einen eigenen `XPathVariableResolver()` setzen (über die Methode `setXPathVariableResolver()`).

Auswertung durchführen

Ist das `XPath`-Objekt nun fertig konfiguriert, also gegebenenfalls mit einem `NamespaceContext`, `XPathFunctionResolver` und/oder `XPathVariableResolver` ausgestattet, kann die eigentliche Auswertung durchgeführt werden. Dafür bietet die `XPath`-Klasse insgesamt vier Methoden `evaluate()`, die alle natürlich den XPath-Ausdruck als `String` erwarten, sich aber in Ein- und Ausgabeformat unterscheiden. So gibt es zwei Methoden, die direkt das Eingabeknoten-Objekt als Parameter erwarten:

```
public String evaluate
   (String expression, Object item)
      throws XPathExpressionException;

public Object evaluate
   (String expression, Object item, Qname returnType)
      throws XPathExpressionException;
```

Rückgabetyp String

Die obere Methode erwartet lediglich den XPath-Ausdruck und das Knotenobjekt, auf dem der Ausdruck ausgewertet werden soll. Da nicht klar ist, welches Objektmodell verwendet wird, ist der Parametertyp `Object` und nicht etwa `org.w3c.dom.Node`. Das Ergebnis wird dann nach XPath-Regeln in einen `String` konvertiert und zurückgegeben.

Alternative Rückgabetypen

Häufig kommt es aber auch vor, dass Sie als Ergebnis einer XPath-Auswertung keinen `String`, sondern wieder einen Knoten oder ein Objekt eines anderen Typs haben möchten. Für diese Fälle existiert eine zweite Methode `evaluate()`, die als dritten Parameter noch ein `QName`-Objekt erwartet. Dieser qualifizierte Name bestimmt den Rückgabetyp der Auswertung. Hierfür gibt es in der Klasse `XPathConstants` fünf Konstanten `NODESET`, `NODE`, `STRING`, `NUMBER` und `BOOLEAN`, die sich aus den vier XPath-Datentypen `node-set`, `string`, `number` und `boolean` ableiten. Die Methode hat dementsprechend den Rückgabetype `Object`, nicht `String`. Abhängig vom verwendeten Objektmodell gestalten sich dann auch die Typen der tatsächlich zurückgegebenen Objekte. Die Typen für DOM können Sie direkt Tabelle 5.6 entnehmen.

XPathConstants-Konstante	Java-Rückgabetyp
`NODESET`	`org.w3c.dom.NodeList`
`NODE`	`org.w3c.dom.Node`
`STRING`	`java.lang.String`
`NUMBER`	`java.lang.Double`
`BOOLEAN`	`lava.lang.Boolean`

Tabelle 5.6 Rückgabetypen von evaluate()

Wenn Sie also beispielsweise bei einem DOM-gebundenen `XPath`-Objekt einen XPath-Ausdruck angeben, dessen Resultat ein Element ist, verwenden Sie `evaluate()` folgendermaßen:

```
Element result = (Element)xpath.evaluate
   ("my/element", node, XPathConstants.NODE);
```

Die evaluate()-Methode mit nur zwei Parametern ist im Übrigen nur ein Sonderfall der Drei-Parameter-Variante, denn hier wird einfach als Rückgabetype XPathConstants.STRING verwendet.

Sollte während der Auswertung des XPath-Ausdrucks ein Fehler auftreten, werfen alle evaluate()-Methoden eine XPathExpressionException.

Wiederverwendung der XPath-Instanz

XPath-Instanzen dürfen zwar nicht parallel innerhalb desselben Threads verwendet werden, es ist aber natürlich möglich, mehrere XPath-Auswertungen hintereinander durchzuführen. Hierbei kann es nötig sein, die verwendete Instanz zwischen den Aufrufen von evaluate() in ihren Ursprungszustand zurückzuversetzen, das heißt den Zustand, den sie direkt nach ihrer Erzeugung durch die XPathFactory hatte. Das wirkt sich konkret auf eventuell gesetzte XPathFunctionResolver-, XPathVariableResolver- und NamespaceContext-Instanzen aus.

Für eben diese Funktionalität bietet das XPath-Objekt die Methode reset() – analog zu den »Arbeiter-Objekten« der anderen Teil-APIs wie SAXParser, DocumentBuilder, Transformer und Validator. Nach ihrer Anwendung können Sie die Instanz so wiederverwenden, wie Sie zu Beginn konfiguriert war. **reset()**

Hinweis [«]

Beachten Sie hierbei, dass reset() damit theoretisch auch einen eventuell gesetzten NamespaceContext löschen müsste, da nach der Erzeugung durch die XPathFactory niemals einer gesetzt ist. In unseren Tests hat die JAXP-Referenzimplementierung die Instanz beim Aufruf von reset() jedoch beibehalten.

Mehrfache Anwendung von XPath-Ausdrücken

Soeben haben Sie erfahren, wie Sie XPath-Instanzen mehrfach verwenden. Das spart Ressourcen, denn es muss nicht immer eine neue Instanz durch die XPathFactory erzeugt werden. In typischen Anwendungen ist aber nicht selten der Fall, dass ein und derselbe XPath-Ausdruck mehrfach angewandt wird, und zwar auf verschiedene Knotenobjekte. Das bedeutet allerdings, dass der auszuwertende XPath-Ausdruck, also der String, der der evaluate()-Methode übergeben wird, immer und immer wieder neu geparst und analysiert werden muss – ähnlich dem Parsen eines XSLT-Stylesheets bei TrAX.

Um diesen Mehraufwand an Rechenleistung (und Speicher) einzusparen, bietet die XPath-API einen Mechanismus, XPath-Ausdrücke einmalig zu parsen und dann mehrfach wiederzuverwenden – analog zur `Templates`-Funktionalität bei TrAX (siehe Abschnitt 5.5.2).

Allerdings ist bei der XPath-API nicht die Factory der Einstiegspunkt, sondern das `XPath`-Objekt: Es verfügt über eine Methode `compile()`, der als einziger Parameter der wiederzuverwendende XPath-Ausdruck als `String` übergeben wird. Als Ergebnis erhalten Sie ein Objekt vom Typ `XPathExpression` zurück. Dabei handelt es sich um ein simples Interface, dessen Signatur Sie in Listing 5.13 sehen.

```
public interface XPathExpression
{
   public Object evaluate
   (Object item, QName returnType)
      throws XPathExpressionException;

   public String evaluate(Object item)
      throws XPathExpressionException;

   public Object evaluate
      (InputSource source, QName returnType)
         throws XPathExpressionException;

   public String evaluate(InputSource source)
      throws XPathExpressionException;
}
```

Listing 5.13 Das Interface XPathExpression

Wie zu erkennen ist, enthält das Interface genau die `evaluate()`-Methoden aus dem `XPath`-Typ, allerdings logischerweise jeweils um den Parameter für den XPath-Ausdruck gekürzt. Sie können also ohne erneute Angabe des Ausdrucks (und ohne den damit verbundenen Rechenaufwand) denselben XPath-Ausdruck auf verschiedene Knoten anwenden.

[»]

Zwei Hinweise

Im Gegensatz zum `Templates`-Objekt bei TrAX ist das `XPathExpression`-Objekt nicht thread-sicher. Sollten Sie also mehrere XPath-Ausdrücke parallel auswerten wollen, müssen Sie auch mehrere `XPathExpression`-Instanzen (über mehrere `XPath`-Instanzen) generieren.

Laut JAXP-Spezifikation werden Variablen zum Zeitpunkt der Erzeugung der `XPathExpression`-Instanz, also während des Aufrufs von `XPath.compile()`, ausgewertet.

In unseren Tests mit der JAXP-Referenzimplementierung konnten wir dies allerdings nicht nachstellen. Die Variablen wurden hier immer zum Zeitpunkt des Aufrufs von `XPathExpression.evaluate()` ausgewertet, was dem intuitiv erwarteten Verhalten entspricht. Allerdings werden Namensraumauflösungen noch während des `compile()`-Aufrufs an den registrierten `NamespaceContext` gesendet.

5.7.4 Alternative XPath-Implementierungen

Die XPath-API von JAXP, die wir Ihnen hier vorstellen, gibt es erst seit der JAXP-Version 1.3 – und damit noch nicht allzu lange. Davor gab es noch keinen offiziellen Java-Standard für diese Technologie. Kein Wunder also, dass auch hier (wie schon bei DOM) einige alternative Implementierungen existieren. Deshalb möchten wir an dieser Stelle kurz die beiden bekanntesten Vertreter erwähnen:

- Jaxen – *http://jaxen.codehaus.org/*
- Apache JXPath – *http://commons.apache.org/jxpath/*

Beide Bibliotheken haben schon einige Jahre auf dem Buckel, sind also als stabil und praxistauglich anzusehen. Sie haben außerdem den Vorteil, dass sie nicht nur das Original-DOM, sondern auch alternative Implementierungen unterstützen (siehe Abschnitt 3.9, »Alternative DOM-Implementierungen«).

Sonderfunktionen von JXPath

Apache JXPath kann außerdem noch mit einem interessanten Feature aufwarten: Hier kann nämlich nicht nur über XML-Objekt-Modelle per XPath navigiert werden, sondern auch über diverse andere Objekte, wie z. B. Java-Beans und Collection-Klassen.

Ansonsten gestalten sich beide APIs relativ ähnlich und sind in einigen Punkten mit der JAXP-Variante vergleichbar. Einen Blick sind sie damit auf jeden Fall wert. Aber auch hier gilt Vorsicht: Jaxen und JXPath sind kein offizieller Standard.

5.7.5 Zusammenfassung

Sie haben nun die XPath-API von JAXP kennengelernt. Wie Ihnen das Einführungsbeispiel gezeigt haben sollte, ist deren pure Verwendung für Basiszwecke noch relativ einfach. Schwieriger wird es dann schon, wenn Sie eigene Funktionen, Variablen oder Namensräume in die API einklinken wollen. Dies ist jedoch generell ein sehr komplexes Thema und auch bei anderen XPath-Bibliotheken nicht viel einfacher gelöst.

5.8 Dokumente serialisieren

Wir kommen nun zum letzten JAXP-Thema, das in diesem Buch behandelt wird. Als *Serialisierung* von Dokumenten bezeichnet man normalerweise die (Rück-)Umwandlung eines XML-Objektmodells (wie DOM) in Zeichenkettenform. Mit *DOM Level 3 Load and Save* (siehe Abschnitt 3.7, »Dokumente parsen und serialisieren«) steht hierfür in der DOM-API (und damit in JAXP) auch ein geeignetes Mittel zur Verfügung.

Trotzdem mag es aber auch Fälle geben, in denen beispielsweise SAX-Events als XML-Text dargestellt werden sollen. Speziell hierfür – aber auch als Alternative zur Nutzung von *DOM Level 3 Load and Save* – wollen wir Ihnen in diesem Abschnitt einen kleinen Trick vorstellen.

Serialisierung von Dokumenten mit einem Transformer

Das Zauberwort für unseren Trick lautet TrAX – also die Transformations-API von JAXP. Wie Sie wissen, können Sie dort durch Nutzung eines `StreamResult`-Objekts als Transformationsergebnis streamartigen Text generieren (als Byte- oder Character-Stream oder auch als Datei). Und über die Nutzung von `SAXSource`, `DOMSource` oder eines `TransformerHandler`s haben Sie verschiedene Möglichkeiten an Eingabeformaten. Jetzt müssen Sie also nur noch einen Eins-zu-eins-`Transformer` erstellen, und schon haben Sie schnell und einfach einen Serializer gebaut, wie in Listing 5.14 dargestellt.

```
// DOM-Beispiel
Transformer trans =
   TransformerFactory.newInstance().newTransformer();
trans.transform(
   new DOMSource(inputNode);
   new StreamResult(outputStream));

// SAX-Beispiel
SAXTransformerFactory saxFactory =
   (SAXTransformerFactory)
      TransformerFactory.newInstance();
TransformerHandler handler =
   saxFactory.newTransformerHandler();
handler.setResult(new StreamResult(outputStream));
someSAXParser.setContentHandler(handler);
someSAXParser.parse();
```

Listing 5.14 Serialisierung mit einem Identitäts-Transformer

[«]

Hinweis

Der TrAX-Trick funktioniert schnell, hat aber einen Nachteil: Sie können nur wenig Einfluss auf die Formatierung der Ausgabe nehmen (nur durch Verwendung von `Transformer.setOutputProperty()`), was beispielsweise mit *DOM Level 3 Load and Save* besser möglich ist. Eine sehr komfortable Implementierung, die DOM und SAX abdeckt und zahlreiche Konfigurationsmöglichkeiten bietet, ist außerdem in der Parser-Implementierung Apache Xerces[10] enthalten.

5.9 Zusammenfassung

Sie haben nun den Kern der XML-Verarbeitung in Java kennengelernt. Wie sie gesehen haben, handelt es sich bei JAXP um eine sehr umfassende und dennoch herstellerunabhängige API, die eine einfache Austauschbarkeit von Implementierungen bietet. Sie haben erfahren, wie Sie

- XML-Dokumente über DOM erstellen und manipulieren,
- XML-Dokumente über SAX oder DOM parsen,
- XML-Dokumente transformieren,
- XML-Dokumente validieren,
- XPath-Ausdrücke auf ein XML-Dokument anwenden,
- XML-Dokumente serialisieren und
- JAXP-Implementierungen einbinden.

Wie Sie in den nächsten Kapiteln noch sehen werden, gibt es aber auch komfortablere Möglichkeiten der XML-Verarbeitung in Java, denn es existieren zahlreiche, teilweise auf JAXP aufbauende APIs, Tools und sogar Frameworks für verschiedene Anwendungsgebiete, die Ihnen das Leben wesentlich leichter machen werden, als wenn Sie selbst auf der untersten Ebene mit `ContentHandler`n oder den DOM-Interfaces arbeiten müssen. Einige dieser Möglichkeiten werden wir Ihnen in den folgenden Kapiteln näher vorstellen.

10 *http://xerces.apache.org/xerces2-j*

In diesem Kapitel erhalten Sie einen Überblick über eine alternative API für das Parsen und Serialisieren von XML-Dokumenten, die die Ansätze von DOM und SAX elegant vereint.

6 StAX

In Abschnitt 2.4.2 haben wird Ihnen bereits die *Streaming API for XML* – kurz *StAX* – in ihren Grundzügen vorgestellt. Wie Sie also schon wissen sollten, handelt es sich dabei um eine Alternative zur SAX-API, die bewusst auf deren »Inversion of Control«-Vorgehensweise verzichtet und dem Entwickler die volle Kontrolle über den Parser überlässt – vergleichbar mit der Arbeit mit Eingabestreams.

Alternativ dazu wird auch für die Serialisierung ein einem Ausgabestream ähnlicher Mechanismus zur Verfügung gestellt. Wie Sie sehen, ist der Name für StAX also gleichzeitig Programm.

Historisch gesehen wurde StAX nach JAXP und zunächst getrennt davon entwickelt, in der aktuellen Version 1.4 von JAXP ist StAX aber fest integriert. Trotzdem haben wir das Thema bewusst nicht innerhalb des JAXP-Kapitels (siehe Kapitel 5, »JAXP«) behandelt, da StAX erstens in sich abgeschlossen und zweitens selbst relativ umfangreich ist.

In diesem Kapitel werden wir nun zunächst auf einige Grundlagen zu StAX eingehen. Danach zeigen wir Ihnen, wie Sie damit XML-Dokumente parsen und wieder serialisieren. Wie Sie sehen werden, gibt es hier zwei API-Varianten – eine Low-Level-API und eine High-Level-API. In allen Fällen verwenden wir natürlich wieder anschauliche Beispiele für einen schnellen Einstieg.

6.1 StAX besorgen und installieren

In diesem Abschnitt zeigen wir Ihnen kurz, woher Sie StAX bekommen und wie Sie es installieren.

6.1.1 StAX und Java 6

Sollten Sie über Java 6 (oder höher) verfügen, haben wir schon einmal eine gute Nachricht: Sie sind bereits fertig. Denn StAX ist zusammen mit einer Implementierung von Sun – dem *SJSXP* (Sun Java Streaming XML Parser) – ab Java 6 fester Bestandteil des JDK, da es ja Teil von JAXP 1.4 ist. Also: Viel Spaß beim Loslegen.

6.1.2 StAX und ältere Java-Versionen

Für frühere Java-Versionen haben Sie prinzipiell zwei Möglichkeiten, StAX zu nutzen.

Upgrade älterer Java-Versionen auf JAXP 1.4

Entweder binden Sie komplett JAXP 1.4 ein – lesen Sie dazu in Abschnitt 5.1.2 nach. Damit updaten Sie aber auch die anderen JAXP-Funktionalitäten (wie SAX, DOM, TrAX, XPath- und Schema-API) auf eine höhere Version, was unter Umständen zu unerwarteten Seiteneffekten führen kann, jedoch nicht muss.

Verwenden des SJSXP

[o] Alternativ binden Sie einfach nur StAX ohne den ganzen Rest von JAXP ein. Dazu benötigen Sie zwei JAR-Dateien: die API und die Implementierung. Als Implementierung empfehlen wir Ihnen den SJSXP, der auch Teil von Java 6 ist. Sie finden ihn natürlich zusammen mit der API-JAR auf der Buch-CD.

Aktuelle Version herunterladen

Alternativ können Sie sich aber auch die jeweils aktuellste Version auf der Seite *https://sjsxp.dev.java.net* zusammen mit der API-JAR herunterladen. Die Installation ist aber nicht ganz trivial: Scrollen Sie auf der Seite nach unten bis zur Überschrift DOWNLOAD, dort finden Sie ein paar Links. Einer davon sollte »JSR 173 APIs« heißen und auf die API-JAR verweisen – die erste Datei, die wir brauchen. Ein anderer Link sollte (je nach aktueller Version) »SJSXP X.Y.Z« lauten und Sie auf eine neue Seite führen. Auf dieser Seite finden Sie dann ein paar *.class*-Dateien zum Download, von denen Sie die oberste herunterladen sollten. Es mag ungewohnt sein, aber diese einzelne Java-Klassen-Datei ist ein Installationspaket. Sie müssen sie ganz normal mit Java ausführen, also in der Konsole im entsprechenden Verzeichnis folgenden Befehl eingeben:

```
java [Dateiname ohne ".class"]
```

Dann müssen Sie noch die Lizenzbestimmungen akzeptieren, und schließlich wird die SJSXP-Distribution in ein Unterverzeichnis des aktuellen Arbeitsverzeichnisses entpackt. Darin finden Sie dann endlich die zweite benötigte Datei *sjsxp.jar*, die Sie nun zusammen mit der schon heruntergeladenen API-JAR in Ihren Klassenpfad einbinden müssen.

6.1.3 Die StAX-Referenzimplementierung

Der Vollständigkeit halber möchten wir noch kurz die StAX-Referenzimplementierung erwähnen. Als StAX herauskam, war die Firma BEA hauptzuständig für die Spezifikation und stellte deshalb auch die Referenzimplementierung bereit. Die Entwicklung daran wurde jedoch aufgegeben und den Leuten von Codehaus übergeben, die die Entwicklung noch ein bisschen fortführten – unter *http://stax.codehaus.org*. Dort können Sie alternativ zum SJSXP also auch eine StAX-Implementierung herunterladen und einbinden. Unserer Erfahrung nach ist der SJSXP jedoch die bessere Wahl.

6.2 Der Factory-Mechanismus von StAX

Prinzipiell gibt es hier wenig zu sagen, denn der Factory-Mechanismus von StAX funktioniert genauso wie der der restlichen JAXP-Teil-APIs (siehe Abschnitt 5.2.2). Alle Factories von StAX werden über statische `newInstance()`-Methoden instantiiert, die intern nach den vier bekannten Schritten eine Implementierung aufzufinden versuchen. Die Factory-IDs entsprechen auch hier den voll qualifizierten Klassennamen, und als Fallback-Implementierung dient der SJSXP. Allerdings wird vor dem Lesen der Datei *lib/jaxp.properties* noch nach einer Datei *lib/stax.properties* gesucht, und die Inhalte daraus werden gegebenenfalls berücksichtigt.

6.3 Die API-Varianten von StAX

Wie bereits angedeutet, gibt es in StAX zwei konzeptionell verschiedene Möglichkeiten, Dokumente zu parsen oder zu serialisieren. Dementsprechend besteht die API auch aus einigen gemeinsamen Klassen und Interfaces und zusätzlich ein paar spezifischen Interfaces für die jeweiligen API-Varianten. Sie werden jedoch sehen, dass das grundlegende Konzept dasselbe ist, nur die Programmierschnittstellen unterschiedlich sind, also die Art der Darstellung der Daten für den Programmierer und deren Zugriffsweise.

StAX unterscheidet zwischen der *Cursor-API* und der *Event-Iterator-API*. Auf beide gehen wir in den folgenden Abschnitt nun etwas näher ein.

6.3.1 Die Cursor-API

Prinzip der Cursor-API

Die Cursor-API ist – ähnlich wie SAX – auf einem niedrigen Level angesiedelt, was heißt, sie liegt näher am XML-Dokument als die Event-Iterator-API. Dadurch ist sie ein klein wenig performanter, aber auch etwas unkomfortabler. Ihr Prinzip sehen Sie in Abbildung 6.1 verdeutlicht.

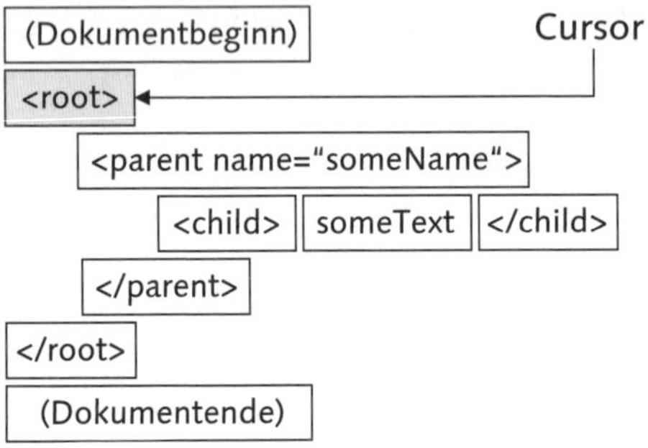

Abbildung 6.1 Prinzip der Cursor-API

Parsen mit der Cursor-API

Beim Parsen wird das XML-Dokument dabei aufgeteilt in die elementaren Bausteine, die Sie auch schon von SAX kennen (hier in Form von Blöcken dargestellt). Der Parser bewegt dann nacheinander einen Cursor (hier grau markiert) darüber, der als Sichtfenster auf einen Teil des XML-Dokuments dient. Über diesen Teil kann nun der Entwickler mit Zugriffsmethoden des Parsers Informationen abfragen. Mögliche Bausteine sind bekannterweise z. B. der Dokumentbeginn, das Dokumentende, öffnende und schließende Elemente, Textfragmente und Entity-Referenzen.

Da alle Bausteintypen unterschiedliche Charakteristika haben, ist auch die Funktionalität der Abfragemethoden davon abhängig, welcher sich gerade unter dem Cursor befindet. So liefert beispielsweise die Abfragemethode `getText()` der Parser-Klasse der Cursor-API den `String`-Wert eines Characters-Ereignisses oder den Kommentarinhalt bei einem Comment-Ereignis oder den DTD-Inhalt bei einem DTD-Ereignis. Der Parser kann natürlich auch aufgefordert werden, den Cursor einen Schritt weiter zu bewegen, oder Sie können ihn fragen, ob das Dokumentende schon erreicht ist. Hier ist auch wieder die starke Ähnlichkeit zu Streamobjekten zu erkennen, wo Sie mit `read()` das nächste Zeichen anfordern (also quasi den Cursor weiterbewegen).

Serialisieren mit der Cursor-API

Das Schreiben, also Serialisieren, von Dokumenten funktioniert nach ähnlichem Prinzip. Der Cursor befindet sich zunächst vor dem Dokumentbeginn. An seine Position können nun über unterschiedliche `write()`-Methoden (z. B. `writeStartElement()`, `writeEndDocument()` oder `writeCharacters()`) verschiedene Inhalte geschrieben werden, beispielsweise die XML-Deklaration oder eine DTD. Nach bestimmten Inhalten springt der Cursor automatisch eine Position weiter. Nehmen wir beispielsweise an, dass er sich gerade über einem öffnenden Element befindet (das heißt, er hat schon einen Inhalt wie `<element` geschrieben). Sie können nun noch Attribute hinzufügen, oder aber Sie wollen einen Textabschnitt oder ein neues Element beginnen. Das zugehörige Serializer-Objekt erkennt dies und schließt zuerst noch das aktuelle öffnende Element ab (er schreibt also das >-Zeichen). Dann wird der Cursor sozusagen eine Stelle nach hinten bewegt und kann dort nun neue Inhalte schreiben, wie z. B. ein Textfragment. Das Dokument ist natürlich dann fertig, wenn der Cursor das Dokumentende geschrieben hat.

Die Funktionalität, die zugehörigen Klassen und Interfaces der Cursor-API stellen wir Ihnen ausführlich in Abschnitt 6.6, »Die Cursor-API im Detail«, vor.

6.3.2 Die Event-Iterator-API

Prinzip der Event-Iterator-API

Die zweite API-Variante, die sogenannte *Event-Iterator-API*, ist vom Programmierkomfort her auf höherer Ebene angesiedelt, aber durch zusätzlichen Overhead auch geringfügig langsamer. Ihr Ansatz geht mehr in Richtung DOM, was heißt, dass die inhaltlichen Bausteine des XML-Dokuments nicht mehr über Abfragemethoden mit wechselnder Bedeutung vom Parser abgeholt werden müssen, sondern Sie bekommen diese in Form von Objekten geliefert. Zu jedem XML-Baustein-Typ gibt es dabei auch einen entsprechenden Java-Typ. Somit müssen Sie die Informationen darüber nicht mehr über eine gemeinsame Schnittstelle beziehen, sondern haben eine individuell pro Inhaltstyp angepasste Schnittstelle zur Verfügung. Für jedes Ereignis (im Sinne von SAX-Events), das der Parser beim Einlesen des Dokuments entdeckt, wird ein Objekt erzeugt und zurückgeliefert.

Iterator Pattern

Der Zugriff darauf erfolgt nach dem *Iterator*-Prinzip, einem Design Pattern, das Zugriffe auf die Elemente von Collection-Klassen in eine separate Klasse – den Iterator – auslagert. Dieser liefert die Elemente immer

Schritt für Schritt, es können keine übersprungen oder gezielt angesprochen werden. Java definiert hierfür das Interface `java.util.Iterator` mit zwei wichtigen Methoden: `hasNext()` prüft, ob weitere Elemente vorhanden sind, und `next()`springt auf das nächste Element und gibt es zurück.

Iterator in StAX und XMLEvent

Die Elemente, über die iteriert wird, sind bei StAX die einzelnen XML-Bausteine des Dokuments. Für jeden Bausteintyp existiert ein eigenes Java-Interface, das vom gemeinsamen Obertyp `XMLEvent` abgeleitet ist.

Parsen mit der Event-Iterator-API

Wie in Abbildung 6.2 zu sehen ist, zeigt der Parser nun wie bei der Cursor-API auf einen bestimmten Baustein im XML-Dokument. Die Anwendung kann nun über einen Methodenaufruf die Informationen über den aktuellen Knoten anfordern. Der Parser verpackt diese Informationen dann in ein passendes `XMLEvent`-Objekt und gibt dieses der Anwendung zurück. Gleichzeitig wird der interne Cursor auf den nächsten Baustein bewegt (hier durch gestrichelte Linien angedeutet). Ein Parser in der Event-Iterator-API verhält sich also wie ein Iterator über `XMLEvent`-Objekte, daher auch der Name der API.

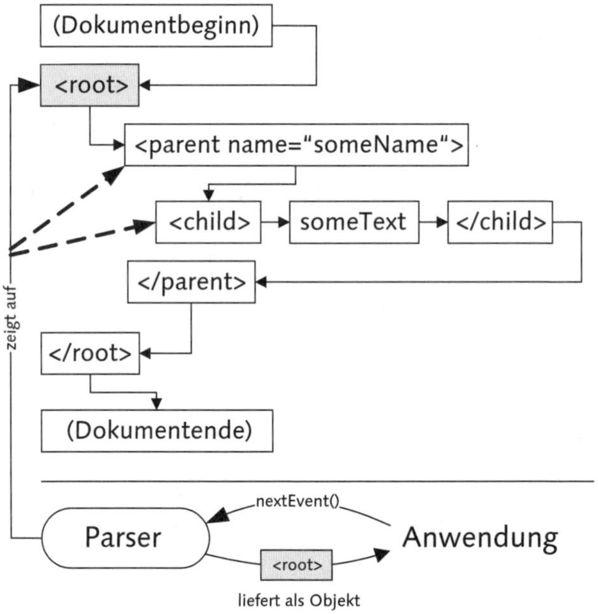

Abbildung 6.2 Prinzip der Event-Iterator-API

Serialisierung mit der Event-Iterator-API

Entsprechend anders funktioniert auch die Serialisierung. Während es bei der Cursor-API zwangsweise noch für jeden Ereignistyp eine eigene `write()`-Methode gibt, existiert in der Event-Iterator-API, ähnlich zu den

Collection-Klassen, nur noch eine einzige Methode `add()`, die ein Objekt vom Typ `XMLEvent` entgegennimmt, also beliebige XML-Bausteine. Der Entwickler kann damit nach demselben Prinzip wie bei der Cursor-API Dokumente serialisieren, nur muss er dazu eben die entsprechenden `XMLEvent`-Instanzen erzeugen.

Die Funktionalität, die zugehörigen Klassen und Interfaces der Event-Iterator-API stellen wir Ihnen ausführlich in Abschnitt 6.7, »Die Event-Iterator-API im Detail«, vor.

6.3.3 Zusammenfassung

Wie Sie nun gesehen haben, unterscheiden sich die beiden API-Varianten prinzipiell nur in dem einen Punkt, dass bei der Cursor-API für die StAX-Events keine Objekte erzeugt werden, sondern eine gemeinsame Zugriffsschnittstelle dafür existiert, während bei der Event-Iterator-API zu jedem Ereignis ein passendes `XMLEvent`-Objekt erzeugt und dem Entwickler überreicht wird. Die sonstige Handhabung ist nahezu identisch: In beiden Varianten verfügt der Parser über eine `next()`- bzw. `hasNext()`-Methode, um sich im Stream weiterzubewegen bzw. ihn auf sein Ende zu überprüfen.

Damit empfiehlt sich die Event-Iterator-API vor allem in Situationen, wo Informationen über das XML-Dokument über mehrere Objekte weitergereicht werden müssen und nicht direkt in der parsenden Methode verarbeitet oder in der serialisierenden Methode erzeugt werden. Auch sind die Namen und Typen der verfügbaren Informationen (z. B. Elementname, Textinhalt) pro Bausteintyp durch das jeweilige `XMLEvent`-Interface genau vorgegeben, während bei der Cursor-API (wie Sie noch sehen werden) eine Hülle und Fülle von Auskunftsmethoden direkt auf der Parser-Klasse zur Verfügung stehen, von denen nicht alle bei jedem Baustein sinnvolle Ergebnisse liefern. Die Wahl bleibt also Ihnen überlassen – und den Anforderungen Ihrer Anwendung.

In den nächsten Abschnitten stellen wir ihnen die entsprechenden Teil-APIs näher vor, demonstrieren Ihnen aber zuvor noch an einem umfassenden Beispiel die Handhabung von StAX.

6.4 Einführungsbeispiel

Nachdem wir nun einiges an Theorie über StAX und seine beiden API-Varianten hinter uns gebracht haben, wird es Zeit, die API endlich konkret kennenzulernen. Dazu haben wir für Sie ein umfangreicheres und doch simpel gehaltenes Beispiel vorbereitet, das einen typischen Parse- und einen typischen Serialisierungsvorgang mit beiden API-Varianten durchführt, so dass Sie einen direkten Vergleich haben und die Gemeinsamkeiten und Unterschiede besser beurteilen können. Außerdem lernen Sie so natürlich die wichtigsten Klassen und Methoden kennen, die Sie benötigen, um eigene StAX-basierte Anwendungen zu schreiben.

Konkret werden Sie im Beispiel sehen, wie wir ein gegebenes XML-Dokument mit üblichen Inhalten (also Elemente mit Kindelementen, Attributen und Textinhalt) in ein dazu passendes Objektmodell einlesen und danach umgekehrt wieder auf die Konsole ausgeben.

6.4.1 Öffnen des Beispiels

[●] Auf der Buch-CD finden Sie ein Eclipse-Projekt mit dem Namen *06 – StAX*, in dem sich sämtliche Beispiele für StAX befinden. Falls Sie bereits mit Beispielen aus anderen Kapiteln gearbeitet haben, wissen Sie schon, dass Sie dieses Projekt nun in einen Eclipse-Workspace auf Ihrer Festplatte importieren sollten (mehr dazu unter Anhang A).

Projektstruktur

Wenn Sie das Projekt nun öffnen, finden Sie einen Ordner *src* mit den Quelldateien, einen Ordner *data* mit einem Beispiel-XML-Dokument, einen Ordner *lib*, der die JAXP-Referenzimplementierung (und damit den SJSXP) enthält, sowie einen Ordner *launch*, in dem fertige Eclipse Run Configurations für das Anstarten der Beispiele abgelegt sind.

Unser Einführungsbeispiel befindet sich im Java-Package `de.javaundxml.stax.quickstart`. Dort finden Sie zwei Klassen `RunParse` und `RunSerialize`, die jeweils eine `main()`-Methode besitzen und ihrem Namen entsprechend das Parsen bzw. Serialisieren durchführen. Außerdem gibt es noch ein kleines Hilfs-Interface `Constants` mit ein paar gemeinsam genutzten Konstanten und eine gemeinsam genutzte Modellklasse `Person`.

Die Klasse Person und die Datei personen.xml

Mit »Modellklasse« ist dabei gemeint, dass diese genau dieselben (semantischen) Informationen aufnehmen kann wie das XML-Dokument *personen.xml* im *data*-Verzeichnis. Mit diesem (oder ähnlichen Dokumenten) arbeiten wir an diversen Stellen in diesem Buch, Sie finden es aber auch nochmals in Listing 6.1 abgedruckt.

```
<?xml version="1.0" encoding="UTF-8"?>
<personen>
   <person id="1">
```

```
      <nachname>Scholz</nachname>
      <vorname>Michael</vorname>
      <hobbys>
         <hobby>Java</hobby>
         <hobby>XML</hobby>
         <hobby>Groovy</hobby>
      </hobbys>
   </person>
   <person id="2">
      <nachname>Niedermeier</nachname>
      <vorname>Stephan</vorname>
      <hobbys>
         <hobby>Java</hobby>
         <hobby>XML</hobby>
         <hobby>Cocoon</hobby>
      </hobbys>
   </person>
   <person id="3">
      <nachname>Skulschus</nachname>
      <vorname>Marco</vorname>
   </person>
   <!-- Geschafft -->
</personen>
```

Listing 6.1 Eine Beispiel-XML-Datei

In Listing 6.2 sehen Sie nun die dazu passende Modellklasse `Person`. Dabei handelt es sich um eine einfache Bean-Klasse mit Gettern, Settern und einer `toString()`-Methode. Deshalb haben wir auf das Abdrucken der Methodenrümpfe verzichtet.

```
public class Person
{
   private int _id;
   private String _nachname;
   private String _vorname;
   private String[] _hobbys;

   public Person() {}
   public Person(int id, String vorname,
      String nachname, String[] hobbys) { ... }

   public int getId() { ... }
   public int setId(int id) { ... }

   public String getVorname() { ... }
```

```
    public void setVorname(String vorname) { ... }

    public String getNachname() { ... }
    public void setNachname(String nachname) { ... }

    public String[] getHobbys() { ... }
    public void setHobbys(String[] hobbys) { ... }

    public String toString() { ... }
}
```

Listing 6.2 Eine Modellklasse zu Listing 6.1

Wie Sie sehen, kann nun ein Array oder eine Liste aus `Person`-Objekten dieselben Informationen tragen wie das XML-Dokument *personen.xml*. Dieses Vorwissen benötigen Sie nun gleich in den konkreten Beispielen, da sowohl das Parser-Beispiel als auch das Serializer-Beispiel mit der Klasse `Person` und der Datei *personen.xml* arbeiten.

6.4.2 Parsen

Wie soeben schon beschrieben, finden Sie ein Beispielprogramm zum Parsen von XML-Dokumenten mit StAX in der Klasse `RunParse` im Package `de.javaundxml.stax.quickstart`.

Grundaufbau der Klasse RunParse

Ein Blick auf diese Klasse zeigt, dass sie über drei statische Methoden verfügt: die `main()`-Methode und zwei Methoden `parseCursor()` und `parseEventIterator()`.

Letztere tun exakt dasselbe, nämlich die Datei *personen.xml* parsen und in eine Liste von `Person`-Objekten umwandeln. Wie die Methodennamen jedoch schon sagen, benutzt die eine Methode dazu die Cursor-API, während die andere die Event-Iterator-API verwendet. Die `main()`-Methode ruft beide Methoden hintereinander auf und gibt das Ergebnis – also die `Person`-Liste – auf der Konsole aus.

Das Beispiel starten

Starten Sie nun einmal das Parse-Beispiel. Am besten nutzen Sie dazu die vorgefertigte Eclipse Run Configuration *Beispiel 1 – Schnelleinstieg StAX-Parsing*. Wenn alles gutgeht, sollten Sie zweimal dieselbe folgende Ausgabe in der Konsole erhalten (allerdings innerhalb einer einzelnen Zeile):

```
[1: Scholz, Michael [Java, XML, Groovy],
 2: Niedermeier, Stephan [Java, XML, Cocoon],
 3: Skulschus, Marco]
```

Wie Sie sehen, sind hier dieselben Informationen wie in der Datei aus Listing 6.1 enthalten, nur etwas anders formatiert. Die Ausgabe entsteht übrigens über die Implementierung der `toString()`-Methode der `Person`-Klasse (natürlich in Kombination mit der `toString()`-Methode der Listen-Klasse). Sie wird also nicht direkt aus dem XML erzeugt, sondern kommt tatsächlich von der Modellklasse.

Inhalt der Parse-Methode für die Cursor-API

Nun wird es aber Zeit, endlich echten StAX-Quellcode zu sehen. Wir starten mit der Methode `runCursor()`, die Ihnen einen exemplarischen Weg zeigt, Dokumente mit der Cursor-API zu parsen. Den Quellcode in gekürzter Form finden Sie in Listing 6.3.

```
final XMLInputFactory inputFactory =
   XMLInputFactory.newInstance();
final XMLStreamReader p =
   inputFactory.createXMLStreamReader(
      new StreamSource(new File(FILE_INPUT)));

final List<Person> personen = new ArrayList<Person>();

p.nextTag();
p.require(START_ELEMENT, null, NAME_PERSONEN);

while(p.nextTag() == START_ELEMENT)
{
   p.require(START_ELEMENT, null, NAME_PERSON);

   final int id =
      Integer.parseInt(
         p.getAttributeValue(null, NAME_ID));

   p.nextTag();
   p.require(START_ELEMENT, null, NAME_NACHNAME);
   final String nachname = p.getElementText();

   p.nextTag();
   p.require(START_ELEMENT, null, NAME_VORNAME);
   final String vorname = p.getElementText();
```

```
      final List<String> hobbysList =
         new ArrayList<String>();

      p.nextTag();
      if(p.getEventType() == START_ELEMENT &&
         new QName(NAME_HOBBYS).equals(p.getName()))
      {
         while(p.nextTag() == START_ELEMENT)
         {
            p.require(START_ELEMENT, null, NAME_HOBBY);
            hobbysList.add(p.getElementText());
         }

         p.require(END_ELEMENT, null, NAME_HOBBYS);
         p.nextTag();
      }

      p.require(END_ELEMENT, null, NAME_PERSON);

      final String[] hobbysArray =
         hobbysList.isEmpty() ?
            null :
            hobbysList.toArray(new String[0]);

      final Person person =
         new Person(id, vorname, nachname, hobbysArray);
      personen.add(person);
   }

   p.require(END_ELEMENT, null, NAME_PERSONEN);

   return personen;
```

Listing 6.3 Parsen mit der Cursor-API

XMLInputFactory

Los geht es hier – wie könnte es anders sein – mit dem Erzeugen einer Factory, nämlich der `XMLInputFactory` aus dem StAX-Package `javax.xml.stream`. Eine Instanz davon erhalten Sie in typischer JAXP-Manier über eine statische Methode `newInstance()`, wie auch in Abschnitt 6.2, »Der Factory-Mechanismus von StAX«, beschrieben.

XMLStream-Reader

Ohne zusätzliche Konfiguration der Factory geht es danach gleich weiter mit der Erzeugung einer `XMLStreamReader`-Instanz über eine Methode `createXMLStreamReader()`. Diese Klasse ist bereits der zentrale Parser und – wie in Abschnitt 6.3.1 schon angedeutet – Ihr »Mädchen für alles«

in der Cursor-API. Denn der Parser liefert alle benötigten Informationen über den momentanen XML-Baustein unter dem Cursor.

Sprung zum nächsten Tag mit p.nextTag()

Nach der Generierung des `XMLStreamReader` wird nun noch die Ergebnisliste für die `Person`-Objekte angelegt, und dann beginnt das eigentliche Parsen. Wir starten hier mit einem Aufruf von `p.nextTag()`. Diese Methode lässt den Cursor zum nächsten XML-Tag (öffnend oder schließend) springen, wobei Leerräume, Processing Instructions und Kommentare ignoriert werden. Da der Cursor direkt nach dem Generieren der Parser-Instanz zunächst auf den Dokumentbeginn zeigt, bewirkt unser Aufruf also, dass er nun zum öffnenden `<personen>`-Tag, also zum Root-Element, bewegt wird. Der nächste Aufruf in unserem Programm lautet nun folgendermaßen:

```
p.require(START_ELEMENT, null, NAME_PERSONEN);
```

Konstanten

Dabei sind `START_ELEMENT` und `NAME_PERSONEN` zwei Konstanten. Erstere ist ein `int`-Wert und stammt aus dem Interface `javax.xml.stream.XMLStreamConstants`. Dieses enthält keinerlei Methoden, nur eine Reihe von Konstantendefinitionen, die bei der Arbeit mit StAX häufig benötigt werden. Deshalb lassen wir unsere `RunParse`-Klasse einfach das Interface implementieren, und schon können wir die Konstanten direkt über ihren Namen verwenden (ohne Voranstellen des Interface-Namens). Dasselbe gilt für `NAME_PERSONEN`. Diese Konstante stammt aus dem Interface `Constants`, das im selben Package wie unsere `RunParse`-Klasse liegt und die Element- und Attributnamen unseres *personen.xml*-Dokuments als `String`-Konstanten definiert. Auch dieses Interface haben wir einfach implementiert, um auf die Konstanten direkt zugreifen zu können.

Validierung der Eingabe mit p.require()

Nun aber zur Bedeutung der Methode `p.require()`: Sie schluckt insgesamt drei Parameter – einen `int` und zwei `Strings` – und prüft, ob unter dem Cursor das liegt, was sich der Entwickler durch Angabe der Parameter erwartet. Dabei steht der erste Wert – die `int`-Zahl – für den sogenannten Event-Typ. Dieser Typ steht für die möglichen XML-Baustein-Typen, also Start-Tag, End-Tag, Text, Kommentar usw. Für jeden davon existiert auch eine Konstante im eben erwähnten Interface `XMLStreamConstants`. Da wir hier nun `START_ELEMENT` angegeben haben, prüft der Parser, ob der Cursor auch auf ein öffnendes Tag zeigt, und wirft andernfalls eine `XMLStreamException`. Außerdem können mit den beiden `String`-Parametern ein Namensraum und ein Name angegeben werden, auf den `require()` im Falle von Elementen und Attributen testet. Wir haben hier `null` für den Namensraum angegeben, was bedeutet, dass dieser nicht überprüft wird, sowie eine Konstante für den Wert `personen` für den Elementnamen.

Wie Sie also sehen, ist `require()` primär ein Mittel zur Validierung der Eingabe. Wenn Sie die Methode verwenden, um sich die erwarteten Knoten immer wieder bestätigen zu lassen, stellen Sie bequem sicher, dass im Dokument keine unerwarteten Inhalte vorkommen, die Ihre spätere Parser-Logik durcheinanderbringen könnten – äußerst bequem im Vergleich zu SAX.

Sequenzverarbeitung mit Schleifen

Das Programm fährt fort mit einer `while`-Schleife, die als Durchlaufbedingung `p.nextTag() == START_ELEMENT` hat. Die Methode `p.nextTag()` kennen Sie schon, nur sehen Sie jetzt, dass sie auch noch einen Rückgabewert liefert, nämlich `START_ELEMENT` oder `END_ELEMENT`, je nachdem, worauf der Cursor am Ende gestoßen ist. Wird übrigens nicht-leerer Text auf der Suche des nächsten Tags gefunden, so wird auch hier eine `XMLStreamException` geworfen, womit `nextTag()` also gleichzeitig auch als Werkzeug zur Validierung dient.

Unsere Schleife macht also Folgendes: Sie läuft so lange, wie das nächste gefundene Tag ein Elementbeginn ist. Zu Beginn werden wir also ein `<person>`-Tag finden, und im Schleifenrumpf navigieren wir uns dann (wie Sie gleich sehen werden) durch bis zum zugehörigen `</person>`-Tag. Die Schleifenbedingung findet dann wieder das nächste `<person>`-Tag und so weiter, bis schließlich das letzte `</person>`-Element geparst wurde. Der Cursor wird dann als Nächstes das `</personen>`-Tag finden, also ein Elementende, woraufhin die Schleife abgebrochen wird. Diesen Ablauf haben wir Ihnen auch nochmals in Abbildung 6.3 veranschaulicht.

Attribute parsen mit p.getAttributeValue()

Innerhalb der Schleife stellen wir nun zunächst sicher, dass wir tatsächlich ein `<person>`-Element gefunden haben. Dazu überreichen wir der `require()`-Methode die entsprechenden Konstanten `START_ELEMENT` und `NAME_PERSON`. Danach parsen wir das `id`-Attribut des Elements. Dazu verwenden wir folgenden Methodenaufruf:

```
p.getAttributeValue(null, NAME_ID)
```

Wie Sie sehen, können Sie Attributwerte über eine Methode `getAttributeValue()` erfragen. Dieser müssen Sie ähnlich wie bei `require()` Namensraum und Namen des gewünschten Attributs übergeben. Als Namensraum geben wir wieder `null` an (also keine Namensraumprüfung), als Namen die Konstante `NAME_ID`, die wieder aus dem `Constants`-Interface stammt und den Namen des Attributs bestimmt.

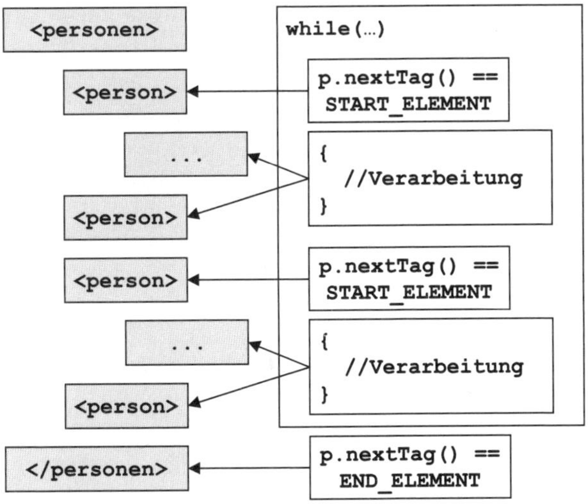

Abbildung 6.3 Elementsequenzen mit einer while-Schleife durchlaufen

Das Ergebnis ist dann ein `String`, den wir aber gleich über `Integer.parseInt()` in eine Zahl umwandeln.

Textinhalt abfragen mit getElementText()

Nach dem `id`-Attribut folgen nacheinander die Kindelemente `<nachname>` und `<vorname>`. Für beide springen wir zunächst per `p.nextTag()` mit dem Cursor zum Elementbeginn und sichern das gefundene Ergebnis mit `p.require()` ab. Danach nutzen wir die Methode `p.getElementText()`des `XMLStreamReaders`. Diese Methode dient dazu, den gesamten (gegebenenfalls verteilten) Textinhalt eines Elements zu sammeln, wobei Kommentare oder Processing Instructions ausgelassen, CDATA-Abschnitte natürlich mit übernommen werden. Wird dabei jedoch ein Kindelement gefunden, wird eine `XMLStreamException` geworfen. Die Methode eignet sich also tatsächlich nur für Elemente mit reinem Textinhalt.

Der Rückgabewert ist ein `String` mit dem entsprechenden Textinhalt. Gleichzeitig wird der Cursor dabei automatisch auf das Elementende bewegt, so dass Sie gleich mit dem nächsten Element weitermachen können, so wie wir nach dem `<nachname>`-Element gleich mit dem `<vorname>`-Element fortfahren und auch hier nur den Textinhalt parsen.

Event-Typ prüfen mit p.getEventType() und Namen prüfen mit p.getName()

Nach dem `<vorname>`-Element gibt es nun zwei Möglichkeiten: Entweder kommt noch ein `<hobbys>`-Element, oder es folgt bereits das schließende `</person>`-Tag. Wir springen also mit dem Cursor auf das nächste Tag und müssen nun herausfinden, ob es ein `<hobbys>`-Tag ist. Dazu können wir `p.require()` nicht mehr gebrauchen, denn dies würde eventuell eine XMLStreamException werfen. Stattdessen fragen wir den Parser einfach direkt über seine Methoden p.getEventType()und p.getName() nach dem momentanen Event-Typ und Tag-Namen. Ist der Event-Typ START_ELEMENT und entspricht der Name hobbys (ohne Namensraum), so können wir mit der entsprechenden Verarbeitung beginnen. Im Code haben wir deshalb einen if-Block mit den entsprechenden Prüfungen eingefügt:

```
if(p.getEventType() == START_ELEMENT &&
   new QName(NAME_HOBBYS).equals(p.getName()))
```

Wie Sie sehen, benutzen wir für die Namensprüfung den Typ javax.xml.namespace.QName, der zusätzlich zu einem lokalen Namen einen Namensraum und ein Präfix aufnehmen kann, also einen voll qualifizierten XML-Namen repräsentiert (siehe Abschnitt 5.2.1). Da p.getName() auch ein Objekt vom Typ QName liefert, müssen wir unsere Namenskonstante NAME_HOBBYS entsprechend verpacken.

Verarbeitung der <hobbys>

Innerhalb des if-Blocks arbeiten wir wieder mit einer Schleife für die <hobby>-Elemente (analog zur äußeren Schleife für die <person>-Elemente) sowie mit p.require() und p.getElementText()). Die gefundenen Hobbys fügen wir dabei einer zuvor angelegten List<String> hinzu. Nach dem if-Block – egal ob er durchlaufen wurde oder nicht – sollte der Cursor nun in jedem Fall auf ein </person>-Tag zeigen, was wir natürlich wiederum prüfen.

Modellobjekt anlegen

Mit den so gesammelten Informationen können wir schließlich ein Person-Objekt anlegen. Außerdem fügen wir es gleich der Ergebnisliste von Person-Objekten hinzu.

Schlussprüfung

Damit ist das Ende der äußeren Schleife erreicht. Wie Sie gesehen haben, haben wir darin genau bis zum </person>-Tag navigiert, so dass die while-Bedingung für eventuell nachfolgende <person>-Elemente wieder zuschlägt. Wird die Schleife aber nicht mehr durchlaufen, muss der Cursor zwangsläufig auf ein schließendes Tag zeigen, was nun nur noch das </personen>-Tag sein kann. Die überprüfen wir mit einem letzten p.require()-Aufruf und geben dann die Ergebnisliste zurück.

Inhalt der Parse-Methode für die Event-Iterator-API

Als Nächstes betrachten wir nun den entsprechenden Quellcode für die Event-Iterator-API. Auch diesen haben wir leicht gekürzt (um die Codekommentare) und hier in Listing 6.4 abgedruckt.

```
final XMLInputFactory inputFactory =
   XMLInputFactory.newInstance();

final XMLEventReader p =
   inputFactory.createXMLEventReader(
      new StreamSource(new File(FILE_INPUT)));

final List<Person> personen = new ArrayList<Person>();

XMLEvent e = p.nextEvent();

e = p.nextEvent();
checkName(e.asStartElement().getName(),
   "", NAME_PERSONEN);

for(e = p.nextTag();
   e.isStartElement(); e = p.nextTag())
{
   checkName(e.asStartElement().getName(),
      "", NAME_PERSON);

   final int id =
      Integer.parseInt(
         e.asStartElement().getAttributeByName(
            new QName(NAME_ID)).getValue());

   e = p.nextTag();
   checkName(e.asStartElement().getName(),
      "", NAME_NACHNAME);
   final String nachname = p.getElementText();

   e = p.nextTag();
   checkName(e.asStartElement().getName(),
      "", NAME_VORNAME);
   final String vorname = p.getElementText();

   final List<String> hobbys =
      new ArrayList<String>();

   e = p.nextTag();
   if(e.isStartElement() &&
      new QName(NAME_HOBBYS)
         .equals(e.asStartElement().getName()))
   {
      for(e = p.nextTag();
```

```
            e.isStartElement(); e = p.nextTag())
         {
            checkName(e.asStartElement().getName(),
               "", NAME_HOBBY);
            hobbys.add(p.getElementText());
         }

         checkName(e.asEndElement().getName(),
            "", NAME_HOBBYS);

         e = p.nextTag();
      }

      checkName(e.asEndElement().getName(),
         "", NAME_PERSON);

      final String[] hobbysArray =
         hobbys.isEmpty() ?
            null :
            hobbys.toArray(new String[0]);

      final Person person =
         new Person(id, vorname, nachname, hobbysArray);
      personen.add(person);
   }

   checkName(e.asEndElement().getName(),
      "", NAME_PERSONEN);

   return personen;
```

Listing 6.4 Parsen mit der Event-Iterator-API

Wenn Sie diesen Code mit dem aus Listing 6.3 vergleichen, werden Sie natürlich einige wesentliche Unterschiede, aber auch viele Parallelen feststellen. Wir haben absichtlich in beiden Beispielen dieselbe Funktionalität implementiert, damit Sie einen direkten 1:1-Vergleich zwischen den beiden API-Varianten haben.

XMLInputFactory XMLEventReader

Der Einstieg in das Parsen mit der Event-Iterator-API ist zunächst identisch, denn die `XMLInputFactory` wird auch hier als Ausgangspunkt verwendet. Der nächste Aufruf weicht allerdings bereits ab, denn nun brauchen wir natürlich keine Instanz von `XMLStreamReader` mehr. Der stattdessen benötigte Typ und damit der Parser-Typ der Event-Iterator-API ist nämlich `XMLEventReader`. Analog zur Methode `createXMLStreamReader()` bietet die `XMLInputFactory` dementsprechend eine Methode `createXMLEventReader()`, als Parameter wird wie zuvor ein `Source`-Objekt verwendet (aus der TrAX-API, siehe dazu Abschnitt 5.5.4).

Nächsten Baustein abholen mit p.nextEvent()

Nach dem Generieren der Parser-Instanz wird auch hier noch eine Liste für die später erzeugten `Person`-Objekte angelegt. Der nächste Aufruf zeigt dann bereits den wesentlichen Unterschied zwischen den beiden APIs auf:

```
XMLEvent e = p.nextEvent();
```

Zur Erinnerung: Bei der Event-Iterator-API ist nicht mehr der Parser das auskunftgebende Objekt, stattdessen dient er als Iterator-Objekt, das die XML-Bausteine nach und nach als Instanzen eines Untertyps von `XMLEvent` zurückgibt, die ihrerseits die entsprechenden Informationen enthalten. Wenn wir also an die nächsten Bausteininformationen kommen wollen, müssen wir den Parser über die Methode `nextEvent()` um das nächste `XMLEvent`-Objekt bitten und dieses dann auswerten.

Validierung über die Hilfsmethode checkName()

In unserem Beispiel sehen Sie den entsprechenden Aufruf gleich zweimal hintereinander. Der erste springt auf den Dokumentbeginn, der zweite dann zum Wurzelelement `<personen>`. Beim Beispiel mit der Cursor-API haben wir an dieser Stelle mit der `require()`-Methode den richtigen Knotentyp und Elementnamen geprüft. Leider gibt es aber in der Event-Iterator-API nichts Vergleichbares, weshalb wir eine Hilfsmethode `checkName()` implementieren mussten (nicht abgedruckt), die einen `QName` gegen einen erwarteten Namensraum und lokalen Namen prüft. Der Aufruf lautet dann folgendermaßen:

```
checkName(e.asStartElement().getName(),
   "", NAME_PERSONEN);
```

Schnellkonvertierung des Events mit e.asStartElement()

Wie Sie sehen, erwarten wir hier den leeren Namensraum und als Elementnamen natürlich den Wert `personen`, der ja bekanntlich als Konstante `NAME_PERSONEN` zur Verfügung steht. An den Vergleichswert aus dem XML-Dokument kommen wir, indem wir das `XMLEvent` über dessen Methode `asStartElement()` in ein Objekt von dessen Untertyp `StartElement` umwandeln und uns dann den Elementnamen als `QName` über dessen Methode `getName()` besorgen.

Informationen über Start-Tags abfragen über den Typ StartElement

`StartElement` ist ein von `XMLEvent` abgeleitetes Interface, das Methoden für das Abfragen von Informationen über Start-Tags bereitstellt. Die `nextEvent()`-Methode von `XMLEventReader` liefert es natürlich immer dann als Ergebnis, wenn gerade ein Start-Tag geparst wurde. Der

Rückgabetype von `nextEvent()` ist aber natürlich nur `XMLEvent`, da ja auch andere Knotentypen möglich sind. Um dem Entwickler dann lästige Typecasts à la `StartElement se = (StartElement)e` zu ersparen, bietet `XMLEvent` ein paar Hilfsmethoden an, die solche Typecasts intern vornehmen und das passende Ergebnis zurückgeben. Deshalb müssen wir nur `e.asStartElement()` schreiben und erhalten dann zwar wieder das Objekt `e`, allerdings gecastet nach `StartElement`.

Natürlich können diese Typecasts aber auch schiefgehen, wenn das `XMLEvent` gar nicht vom passenden Typ ist. Dann wird eine `ClassCastException` geworfen. Somit übernimmt `asStartElement()` sozusagen den Part der Typvalidierung, den `require()` beim `XMLStreamReader` mit übernommen hat: Entspricht das Dokument nicht Ihren Erwartungen, wird ein Fehler erzeugt.

Zum nächsten Tag-Baustein springen mit next-Tag()

Danach folgt wieder eine Schleife über die `<person>`-Elemente. In deren Kopf arbeiten wir mit der Methode `nextTag()` von `XMLEventReader`, die dasselbe macht wir ihre Namenskollegin im `XMLStreamReader`, nämlich Kommentare, Processing Instructions und leeren Text überspringt und direkt zum nächsten Tag navigiert. Das Ergebnis von `nextTag()` ist natürlich wieder ein `XMLEvent`-Objekt, das aber tatsächlich nur ein `StartElement`-Objekt oder ein `EndElement`-Objekt sein kann (der »Gegentyp« zu `StartElement` für End-Tags). Wird vor dem Erreichen des nächsten Tags nicht-leerer Text gefunden, wird eine `XMLStreamException` geworfen.

Typinformationen erfragen mit get-EventType() und isStartElement()

Außerdem nutzen wir im Schleifenkopf eine Methode `isStartElement()`. Sie verfolgt denselben Gedanken wie `asStartElement()`: Sie spart dem Entwickler das Tippen von Code. Möchten Sie nämlich herausfinden, welchen Knotentyp das aktuelle `XMLEvent` tatsächlich hat, müssen Sie entweder umständlich mit dem `instanceof`-Operator arbeiten oder als schnelleren Weg das Pendant der Methode `getEventType()`aus der Cursor-API nutzen. Dieselbe Methode gibt es nämlich auch in der Event-Iterator-API, nur ist sie hier natürlich nicht auf dem Parser, sondern direkt auf `XMLEvent` untergebracht. Die Funktion ist dieselbe: Sie erhalten einen `int`-Wert, der den Knotentyp eindeutig identifiziert und mit den schon bekannten Konstanten aus `XMLStreamConstants` verglichen werden kann. Um festzustellen, ob das aktuelle `XMLEvent` also ein `StartElement` ist, können Sie auch schreiben:

```
boolean isStartElement = (e.getEventType() ==
   XMLStreamConstants.START_ELEMENT)
```

Aber es geht eben auch *noch* etwas kürzer: Dasselbe Ergebnis erhalten Sie nämlich durch den Aufruf der Hilfsmethode `e.isStartElement()`. `XMLEvent` bietet übrigens vergleichbare Methoden auch für andere Knotentypen, mehr dazu aber später.

Attributinformationen abfragen über getAttributeByName() und den Typ Attribute

Innerhalb der `<person>`-Schleife geht es nun nach der obligatorischen Namensprüfung weiter mit dem Parsen des `id`-Attributs. Wie Sie sehen, verwenden wir hierfür die Methode `getAttributeByName()` des Typs `StartElement`. Dieser müssen Sie nur den `QName` des Attributs übergeben und erhalten als Ergebnis ein `Attribute`-Objekt. `Attribute` ist ein von `XMLEvent` abgeleitetes Interface, das Elementattribute repräsentiert. Mit seiner Methode `getValue()` erhalten wir schließlich den entsprechenden Wert.

Textinhalt auslesen mit getElementText()

Die nächste Auffälligkeit erwartet uns beim Parsen der `<nachname>`- und `<vorname>`-Elemente. Hier interessiert uns bekanntlich der Textinhalt, den wir beim `XMLStreamReader` über dessen Methode `getElementText()` erhielten, wobei der Cursor automatisch auf das End-Tag bewegt wurde. Dieselbe Methode bietet uns aber auch der `XMLEventReader`. Dies ist insofern eine Besonderheit, als wir bisher alle Informationen nicht vom Parser-Objekt, sondern vom `XMLEvent`-Objekt abfragen mussten. `getElementText()` ist hier die einzige Ausnahme und bewegt übrigens den Parser ebenfalls auf das End-Tag.

Ein Ihnen noch nicht bekannter Methodenaufruf bleibt noch übrig: Nach dem Parsen eines eventuell vorhandenen `<hobbys>`-Elements erwarten wir ein schließendes `</person>`-Tag. Wir müssen also Typ und Name prüfen. Für Letzteres – die Namensprüfung – können wir wieder unsere `checkName()`-Hilfsmethode verwenden, allerdings muss das `XMLEvent` diesmal nicht vom Typ `StartElement`, sondern dessen Pendant `EndElement` sein. Dieser bietet genauso eine `getName()`-Methode, die den `QName` des geschlossenen Elements zurückgibt. Um das aktuelle `XMLEvent` nun nach `EndElement` zu konvertieren, müssen wir – Sie werden überrascht sein – nur noch die Methode `asEndElement()` aufrufen.

Fazit

Nach dem Durcharbeiten der beiden Beispiele sind Sie nun bereits gut gerüstet für das Parsen mit StAX, denn Sie haben bereits die grundlegendsten Aufrufe für alle Standardaufgaben kennengelernt. Aufgefallen sein sollte Ihnen die Ähnlichkeit zwischen der Arbeit mit der Cursor-API und der Event-Iterator-API genauso wie die kleinen und feinen Unterschiede der beiden.

Vielleicht sind Sie sogar unserer Meinung, dass die Event-Iterator-API für unser Beispiel ein bisschen »overdressed« ist, also die Sache fast schon wieder zu kompliziert macht. Denn der ständige Zwang, die Informationen erst in einem `XMLEvent` zu speichern, bevor man sie abfragen kann, und die Notwendigkeit, das Objekt dann noch in andere `XMLEvent`-Untertypen zu konvertieren, tragen nicht gerade zu einfach gebautem Code bei. Unserer Meinung nach eignet sich die Event-Iterator-API deshalb eher in Fällen, wo es um den Transport der Informationen in andere Bereiche der Anwendung geht und nicht unbedingt beim Parsen eine fixe Struktur von Elementen erwartet wird. Erst dann ist die Tatsache von Vorteil, dass Sie die Informationen als Objekte verpackt erhalten, denn diese Objekte können Sie dann weitergeben, filtern oder modifizieren.

Vielleicht ist Ihnen auch aufgefallen, dass die Struktur von Dokument und Quellcode gewisse Ähnlichkeiten aufweisen. So spiegelt sich beispielsweise eine Sequenz von Elementen in einer Sequenz von Anweisungen zur Element-Verarbeitung wider, eine Mehrfachsequenz (wie bei `<person>` oder `<hobby>`) in einer Schleife, optionale oder unterschiedliche mögliche Elemente (wie `<hobbys>`) in einem `if`-Block oder `else-if`-Kaskaden. Dies ist ein großer Vorteil von StAX gegenüber SAX, macht es aber auch nötig, die XML-Strukturen des Dokuments genau zu kennen und sich selbst um den Parse-Kontrollfluss zu kümmern.

6.4.3 Serialisieren

Nachdem Sie das Wichtigste über das Parsen mit StAX erfahren haben, folgt nun ein Einführungsbeispiel in die Serialisierung. Wie Sie schon wissen, befindet sich der zugehörige Beispielquellcode in der Klasse `RunSerialize` unseres Eclipse-Beispielprojekts, auf die wir nun einen näheren Blick werfen.

Grundaufbau der Klasse RunSerialize

Hauptmethoden Prinzipiell ist `RunSerialize` ähnlich aufgebaut wie `RunParse`: Es gibt jeweils eine Methode zum Serialisieren mit der Cursor-API und der Event-Iterator-API, nämlich `serializeCursor()` und `serializeEventIterator()`, sowie eine `main()`-Methode, die beide hintereinander aufruft.

Hilfsmethoden Allerdings gibt es ein paar mehr Hilfsmethoden, die ausschließlich der Formatierung der XML-Ausgabe dienen. Wir unterscheiden hier zwischen Einrückung und Zeilenumbruch sowie Cursor-API und Event-Iterator-API, weshalb es insgesamt vier solche Methoden gibt. Deren Inhalt ist allerdings trivial, weshalb wir hier nicht weiter darauf eingehen.

Die Serialisierungsmethoden machen fast genau das Umgekehrte wie die Parse-Methoden aus dem vorherigen Abschnitt: Sie nehmen eine `List<Person>` als Eingabe und geben diese als die uns bekannte XML-Struktur aus, allerdings nicht in eine Datei, sondern direkt auf die Konsole. Deshalb ruft die `main()`-Methode von `RunSerialize` als Erstes auch die `parseCursor()`-Methode von `RunParse` auf, um ohne weitere Umstände an eine passende `List<Person>` zu kommen. Mit dieser Liste werden dann nacheinander die beiden Serialisierungsmethoden aufgerufen.

Datenbeschaffung von RunParse

Das Beispiel starten

Um das Beispiel nun zu starten, benutzen Sie am besten die vorgefertigte Eclipse Run Configuration *Beispiel 2 – Schnelleinstieg StAX-Serializing*. Dabei sollten Sie zweimal den Inhalt aus Listing 6.1 bzw. der Datei *personen.xml* erhalten. Das Einzige, was abweichen kann, sind die Einrückung und die Zeilenumbrüche, da diese Informationen nicht in der `List<Person>` enthalten sind und deshalb manuell wiederhergestellt werden müssen. Nachdem Sie das Beispiel erfolgreich ausgeführt haben, ist es Zeit, einen näheren Blick auf die beiden Implementierungsmethoden zu werfen.

Inhalt der Serialisierungsmethode für die Cursor-API

Wie schon zuvor werfen wir zunächst einen Blick auf das Beispiel für die Cursor-API, die Event-Iterator-API betrachten wir dann im nächsten Abschnitt. Falls Sie die elektronische Form nicht zur Hand haben, finden Sie den Quellcode – wie immer – auch hier wieder, allerdings um unnötigen Ballast (wie Kommentare) gekürzt. Werfen Sie dazu einen Blick auf Listing 6.5.

```
final XMLOutputFactory outputFactory =
   XMLOutputFactory.newInstance();
final XMLStreamWriter s =
   outputFactory.createXMLStreamWriter(System.out);

s.writeStartDocument();

writeNewLine(s);
s.writeStartElement(NAME_PERSONEN);

for(Person person : personen)
```

```
{
   writeNewLine(s);
   writeIndent(s, 3);
   s.writeStartElement(NAME_PERSON);
   s.writeAttribute(
      NAME_ID, String.valueOf(person.getId()));

   writeNewLine(s);
   writeIndent(s, 6);
   s.writeStartElement(NAME_NACHNAME);
   s.writeCharacters(person.getNachname());
   s.writeEndElement();

   writeNewLine(s);
   writeIndent(s, 6);
   s.writeStartElement(NAME_VORNAME);
   s.writeCharacters(person.getVorname());
   s.writeEndElement();

   final String[] hobbys = person.getHobbys();
   if(hobbys != null)
   {
      writeNewLine(s);
      writeIndent(s, 6);
      s.writeStartElement(NAME_HOBBYS);

      for(final String hobby : hobbys)
      {
         writeNewLine(s);
         writeIndent(s, 9);
         s.writeStartElement(NAME_HOBBY);
         s.writeCharacters(hobby);
         s.writeEndElement();
      }

      writeNewLine(s);
      writeIndent(s, 6);
      s.writeEndElement();
   }

   writeNewLine(s);
   writeIndent(s, 3);
   s.writeEndElement();
}
```

```
writeNewLine(s);
s.writeEndElement();
s.writeEndDocument();

s.flush();
```

Listing 6.5 Serialisieren mit der Cursor-API

XMLOutput-Factory

Wie Sie sehen, gibt es für die Serialisierung in StAX eine eigene Factory-Klasse, die `XMLOutputFactory`. Wie erwartet, enthält sie eine statische `newInstance()`-Methode, die nach dem in Abschnitt 6.2, »Der Factory-Mechanismus von StAX«, beschriebenen Mechanismus eine Implementierung ausfindig macht und instantiiert.

XMLStreamWriter

Über deren Methode `createXMLStreamWriter()` erhalten wir nun eine Instanz der Klasse `XMLStreamWriter`, die das Gegenstück zum `XMLStreamReader` innerhalb der Cursor-API bildet. Dementsprechend ist diese Instanz auch unser einziges Objekt, das wir zur Serialisierung benötigen. Wie Sie gleich sehen werden, können wir dort nun zahlreiche Methoden aufrufen, die in der anfänglich spezifizierten Ausgabe dann XML-Bausteine erzeugen.

s.writeStart-Document()

Unsere erste Aktion auf dem `XMLStreamWriter` ist der Aufruf der Methode `writeStartDocument()`. Sie schreibt die XML-Deklaration in die Ausgabe.

writeNewLine()

Danach rufen wir zunächst unsere Hilfsmethode `writeNewLine()` auf, die auf dem zu übergebenden `XMLStreamWriter` einen Zeilenumbruch erzeugt. Da wir diese Funktionalität öfter benötigen werden, bot sich hier die Auslagerung in eine eigene Methode an.

s.writeStart-Element()

Als Nächstes rufen wir die Methode `writeStartElement()`auf. Sie ist dafür verantwortlich, ein öffnendes Tag in die Ausgabe zu schreiben. Dafür benötigt sie aber selbstverständlich einen Elementnamen, der als Parameter übergeben werden muss. Da wir mit dem `<personen>`-Element beginnen wollen, überreichen wir hier natürlich die Konstante `NAME_PERSONEN` aus dem `Constants`-Interface.

Eine for-Schleife für <person>-Elemente

Nachdem wir nun also das Wurzelelement geschrieben haben, geht es darum, die einzelnen `Person`-Objekte aus der Liste nacheinander als `<person>`-Elemente zu serialisieren. Hier bietet sich eine Schleife an. Wir iterieren also über die `Person`-Objekte aus unserer Eingabeliste mit einer `for`-Schleife.

writeIndent()

Im Rumpf erzeugen wir zunächst wieder mit `writeNewLine()` einen Zeilenumbruch und danach über eine zweite Hilfsmethode `writeIndent()` eine Einrückung von drei Leerzeichen. Dieser Methode müssen wir aber neben dem `XMLStreamWriter` auch die Anzahl der zu generierenden Leerzeichen übergeben (hier 3).

s.writeAttribute()

Nach dem Einrücken schreiben wir zunächst das öffnende `<person>`-Tag. Danach müssen wir das `id`-Attribut erzeugen. Dies geschieht über die Methode `writeAttribute()`des `XMLStreamWriters`. Dieser Methode übergeben wir den Namen des Attributs und zusätzlich natürlich den Wert.

s.writeCharacters() und s.writeEndElement()

Nach einem weiteren Zeilenumbruch und einer weiteren Einrückung geht es dann weiter mit den `<nachname>`- und `<vorname>`-Elementen. Beide bestehen aus reinem Textinhalt – wir müssen also erst das öffnende Tag, dann den Text und zuletzt das schließende Tag schreiben. Ersteres geschieht wie gewohnt über `writeStartElement()`. Den Textinhalt serialisieren wir dann über die Methode `writeCharacters()`, der wir den Text als `String` übergeben. Für das schließende Tag existiert schließlich eine Methode `writeEndElement()`. Hierbei ist zu beachten, dass die Methode keinen Parameter für den Elementnamen benötigt, denn der `XMLStreamWriter` merkt sich intern die Historie der bisher geöffneten Elemente und weiß deshalb immer, wie der Name des aktuell zu schließenden Elements lautet.

Ein if-Block für das <hobbys>-Element

Nachdem das `<nachname>`- und das `<vorname>`-Element geschrieben wurden, kommt nun optional das `<hobbys>`-Element. Es muss allerdings nur erzeugt werden, wenn die `getHobbys()`-Methode des aktuellen `Person`-Objekts nicht `null` zurückliefert. Im Code finden wir also einen `if`-Block, der die entsprechende Prüfung vornimmt. In dessen Rumpf passiert nun aber nichts Neues mehr: Das öffnende `<hobbys>`-Tag wird geschrieben, dann per `for`-Schleife über die einzelnen Hobby-`String`s iteriert, für jeden ein `<hobby>`-Element mit entsprechendem Textinhalt angelegt (analog zu `<nachname>` und `<vorname>`) und schließlich das schließende `</hobbys>`-Tag geschrieben.

Aufräumarbeiten und s.writeEndDocument()

Als letzte Aktion in der `for`-Schleife für die `<person>`-Elemente wird nun das schließende Tag geschrieben. Außerhalb des Blocks folgen dann noch das schließende `<personen>`-Tag und das Dokumentende, das über die Methode `writeEndDocument()` geschrieben wird.

s.flush()

Zuletzt folgt noch ein kurzer, aber umso wichtigerer Methodenaufruf, und zwar der Methode `flush()`. Diese veranlasst den `XMLStreamWriter` nämlich erst, alle bisher gesammelten XML-Bausteine auf den internen Ausgabestrom (bei uns `System.out`) zu schreiben. Lassen Sie diesen Aufruf weg, sehen Sie nämlich keinerlei Ausgabe.

Inhalt der Serialisierungsmethode für die Event-Iterator-API

Wie zuvor beim Parsen geht es nun weiter mit dem Quellcode zur Serialisierung mit der Event-Iterator-API. Auch hier haben wir dieselbe Funktionalität wie bei der Cursor-API abgebildet, nur eben mit den entsprechend anderen Mitteln. Der Code ist (um die Kommentare gekürzt) in Listing 6.6 abgedruckt.

```
final XMLOutputFactory outputFactory =
   XMLOutputFactory.newInstance();
final XMLEventWriter s =
   outputFactory.createXMLEventWriter(System.out);

final XMLEventFactory f =
   XMLEventFactory.newInstance();

s.add(f.createStartDocument());

writeNewLine(f, s);
s.add(f.createStartElement("", "", NAME_PERSONEN));

for(Person person : personen)
{
   writeNewLine(f, s);
   writeIndent(f, s, 3);
   s.add(f.createStartElement("", "", NAME_PERSON));
   s.add(f.createAttribute("", "", NAME_ID,
      String.valueOf(person.getId())));

   writeNewLine(f, s);
   writeIndent(f, s, 6);
   s.add(f.createStartElement("", "", NAME_NACHNAME));
   s.add(f.createCharacters(person.getNachname()));
   s.add(f.createEndElement("", "", NAME_NACHNAME));

   writeNewLine(f, s);
   writeIndent(f, s, 6);
   s.add(f.createStartElement("", "", NAME_VORNAME));
   s.add(f.createCharacters(person.getVorname()));
   s.add(f.createEndElement("", "", NAME_VORNAME));
```

```
      final String[] hobbys = person.getHobbys();
      if(hobbys != null)
      {
         writeNewLine(f, s);
         writeIndent(f, s, 6);
         s.add(f.createStartElement(
            "", "", NAME_HOBBYS));

         for(final String hobby : hobbys)
         {
            writeNewLine(f, s);
            writeIndent(f, s, 9);
            s.add(f.createStartElement(
               "", "", NAME_HOBBY));
            s.add(f.createCharacters(hobby));
            s.add(f.createEndElement(
               "", "", NAME_HOBBY));
         }

         writeNewLine(f, s);
         writeIndent(f, s, 6);
         s.add(f.createEndElement("", "", NAME_HOBBYS));
      }

      writeNewLine(f, s);
      writeIndent(f, s, 3);
      s.add(f.createEndElement("", "", NAME_PERSON));
   }

   writeNewLine(f, s);
   s.add(f.createEndElement("", "", NAME_PERSONEN));
   s.add(f.createEndDocument());

   s.flush();
```

Listing 6.6 Serialisieren mit der Event-Iterator-API

XMLOutput-Factory Auch bei der Serialisierung gilt: es gibt viele Parallelen zwischen der Cursor-API und der Event-Iterator-API, aber auch ein paar kleine und feine Unterschiede, die wir Ihnen gleich näher beschreiben werden. Zunächst beginnen wir wieder mit der Generierung einer `XMLOutputFactory`-Instanz über die statische `newInstance()`-Methode – kein Unterschied zur Cursor-API.

Auf dieser rufen wir aber nun die Methode `createXMLEventWriter()` statt `createXMLStreamWriter()` auf, als Ergebnis erhalten wir ein Objekt vom Typ `XMLEventWriter`, das unser zentrales Serializer-Objekt ist. Im Gegensatz zum `XMLStreamWriter` besitzt es allerdings keinerlei Methoden, um bestimmte XML-Bausteine zu erzeugen. Stattdessen verfügt es über eine einzige Methode `add()`, der ein `XMLEvent` als Argument übergeben werden muss. Sie erinnern sich: Bei der Event-Iterator-API werden alle XML-Bausteine in Form von Objekten repräsentiert. Dazu gibt es das Interface `XMLEvent` mit seinen diversen bausteinspezifischen Sub-Interfaces (wie `StartElement`, `Characters`, `EndElement` usw.). Um also mit der Event-Iterator-API zu serialisieren, benötigen wir entsprechende `XMLEvent`-Instanzen.

XMLEventWriter

Um an diese Instanzen zu kommen, benötigen wir eine weitere Factory, und zwar die `XMLEventFactory`. Wir legen uns eine Instanz davon an, indem wir – welch Überraschung – die statische Methode `newInstance()` dieser Klasse aufrufen. Das erhaltene Objekt verfügt nun über zahlreiche Factory-Methoden, die uns Instanzen der verschiedenen `XMLEvent`-Subtypen erzeugen können. So gibt es beispielsweise eine Methode `createStartElement()`, der Namensraum, Präfix und Elementname als `Strings` übergeben werden müssen und die ein `StartElement`-Objekt zurückgibt. Analog existieren weitere Methoden `createXXX()` für die anderen Bausteintypen, wobei die Methodennamen denen der Rückgabetypen angepasst sind (z. B. `createCharacters()`, `createEndDocument()`).

XMLEventFactory

Da prinzipiell zu jeder Methode auf dem `XMLStreamWriter` eine entsprechende `createXXX()`-Methode auf der `XMLEventFactory` existiert, funktioniert das Serialisieren von Bausteinen mit der Event-Iterator-API in unserem Beispiel fast genauso wie mit der Cursor-API. Einziger Unterschied: Es wird immer die `add()`-Methode des `XMLEventWriters` benutzt und dieser immer ein von der `XMLEventFactory` generiertes `XMLEvent` übergeben:

Vergleich zwischen Cursor-API und Event-Iterator-API

```
// Cursor-API
s.writeStartElement(NAME_PERSON) // Cursor-API

// Event-Iterator-API
s.add(f.createStartElement("", "", NAME_PERSON));
```

Hier sehen Sie die Ähnlichkeit deutlich. Ein kleiner Unterschied ist nur, dass die `createStartElement()`-Methode der `XMLEventFactory` zusätzlich zum Elementnamen noch den Namensraum und das Präfix als Argumente verlangt (wofür es beim XMLStreamWriter auch eine eigene Überladungsmethode von writeStartElement() gibt).

Aus diesem Grund ist der gesamte Beispielquellcode zur Event-Iterator-API schnell erklärt: Die Grundstruktur ist absolut identisch mit der der Cursor-API. Für die Hilfsmethoden writeNewLine() und writeIndent() gibt es Überladungen, ansonsten müssen wir Ihnen nur die entsprechenden createXXX()-Methoden der XMLEventFactory vorstellen.

createStartDocument()

Als Erste begegnet uns im Quellcode eine parameterlose Methode createStartDocument(). Sie erzeugt ein Objekt vom Typ StartDocument, das den Dokumentbeginn repräsentiert. Wie später noch gezeigt, gibt es aber mehrere Überladungen der Methode.

createStartElement()

Kurz darauf folgt die Methode createStartElement(), die wir gerade schon vorgestellt haben. Sie erzeugt ein Objekt vom Typ StartElement, das ein öffnendes Element repräsentiert. Auch von dieser Methode gibt es Überladungen in der XMLEventFactory.

createAttribute()

In der äußeren for-Schleife stoßen wir dann auf eine Methode createAttribute(). Sie erzeugt ein Objekt vom Typ Attribute, das ein XML-Attribut repräsentiert. Die Methode erwartet vier String-Parameter: den Namensraum, das Präfix, den Attributnamen und den Attributwert. Auch hier gibt es Überladungsmethoden.

createCharacters()

Für das Erzeugen der <nachname>- und <vorname>-Elemente benötigen wir Textinhalt. Dieser wird repräsentiert durch Objekte vom Typ Characters, die wir über die Methode createCharacters() der XMLEventFactory erzeugen können. Einziger Parameter ist der Textinhalt als String, Überladungen gibt es nicht.

createEndElement()

Nach dem Erzeugen der Textinhalte müssen wir ein schließendes Tag erstellen. Die XMLEvent-Repräsentation dafür ist das Interface EndElement, und entsprechend gibt es eine Methode createEndElement(). Hierbei gibt es jedoch eine Besonderheit: Sie müssen auch hier Namensraum, Präfix und Elementname als Argumente übergeben, während beim XMLStreamWriter aus der Cursor-API die Methode writeEndElement() parameterlos ist, da intern die Elementhierarchie gespeichert wird. Tatsächlich ist es dem XMLEventWriter sogar egal, mit welchen Daten das EndElement-Objekt bestückt ist – er erzeugt immer das richtige schließende Tag und damit ein wohlgeformtes XML-Dokument. Trotzdem *können* Sie die unnötigen Zusatzinformationen im EndElement-Objekt ablegen, wenn es beispielsweise in einem anderen Kontext als zur

Übergabe an einen `XMLEventWriter` genutzt werden soll (was durchaus ebenso denkbar ist).

createEnd-Document()

Nachdem wir nun Dokument- und Elementbeginn, Attribute, Textinhalt und Elementende erzeugen können, fehlt nur noch das Dokumentende. Repräsentiert durch Objekte vom Typ `EndDocument` werden sie von der parameterlosen und nicht überladenen Methode `createEndDocument()` erzeugt.

flush()

Zuletzt fehlt noch die `flush()`-Methode. Analog zum `XMLStreamWriter` ist sie im `XMLEventWriter` untergebracht und hat exakt dieselbe Funktion, nämlich alle bisher hinzugefügten `XMLEvents` in die Ausgabe zu schreiben. Da es sich bei diesem Befehl um keinen XML-Baustein handelt, gibt es natürlich auch nichts Entsprechendes auf der `XMLEventFactory`.

Fazit

Nun ist auch die Serialisierung mit StAX kein Geheimnis mehr für Sie, denn Sie kennen bereits die wichtigsten Grundlagen und entsprechenden Aufrufe dafür. Sie haben auch hier einiges über die Unterscheide und Gemeinsamkeiten der beiden API-Varianten erfahren.

Wie schon beim Parsen lässt sich sagen, dass die Event-Iterator-API in unserem Beispiel etwas umständlicher und »overdressed« erscheint, die Cursor-API sich also für die »Straight-forward«-Serialisierung wesentlich besser eignet. Der Unterschied ist klar: Die Event-Iterator-API muss für jeden kleinen Baustein erst ein Objekt über die `XMLEventFactory` erzeugen, während die Cursor-API alles direkt auf dem `XMLStreamWriter` abdeckt.

Doch auch hier gilt: Nur die Event-Iterator-API erlaubt das Überreichen und Bearbeiten der XML-Bausteine an andere Module Ihrer Applikation, denn nur hier werden die Bausteine tatsächlich als referenzierbare Objekte repräsentiert, während es bei der Cursor-API nur Methodenaufrufe gibt.

6.4.4 Wie geht es weiter?

Wie schon erwähnt, hat Ihnen unser Einführungsbeispiel bereits die wesentlichen Grundlagen vermittelt, wie Sie mit StAX arbeiten können. Falls Ihnen dieser Überblick genügt und Sie den Rest selbst austüfteln wollen, wünschen wir Ihnen viel Spaß dabei. Hilfe und entsprechende Dokumentation mit detaillierten Informationen finden Sie natürlich im *doc*-Verzeichnis der JAXP-Referenzimplementierung oder in der Javadoc von Java 6[1].

Alternativ gehen wir aber auch in den folgenden Teilkapiteln näher auf die Details ein, wobei wir hier zwischen den allgemeinen Factory-Klassen, der Cursor-API und der Event-Iterator-API unterscheiden. Dort sollten Sie ebenfalls alles finden, was Sie benötigen, natürlich angereichert mit kleinen Codebeispielen.

6.5 Der Ausgangspunkt: Die Factory-Klassen

Wieder einmal dreht sich bei der Erzeugung von sämtlichen Objekten in StAX (Parser, Serializer, `XMLEvents`) natürlich wieder alles um Factory-Klassen. In den Abschnitten 6.4.2 und 6.4.3 haben Sie mit der `XMLInputFactory`, der `XMLOutputFactory` und der `XMLEventFactory` auch schon alle drei Vertreter in StAX kennengelernt. Dabei kümmert sich die `XMLInputFactory` um die Erzeugung der Parser-Instanzen, also `XMLStreamReader` und `XMLEventReader`.

Die `XMLOutputFactory` kommt dagegen ins Spiel, wenn Sie Serializer-Instanzen benötigen, also `XMLStreamWriter` oder `XMLEventWriter`. Sobald Sie mit der Event-Iterator-API arbeiten und Instanzen der `XMLEvent`-Untertypen generieren müssen, brauchen Sie außerdem die `XMLEventFactory`. Dieser Abschnitt wird Ihnen nun nacheinander alle drei Klassen etwas näher vorstellen.

Instanzen der Factories erzeugen mit newInstance()

Nicht extra erwähnen werden wir dabei die beiden statischen `newInstance()`-Methoden, mit denen alle drei Factories ausgestattet sind. Sie dienen – wie beispielsweise schon bei JAXP – dazu, die Factories selbst zu instantiieren und dabei über den in Abschnitt 6.2, »Der Factory-Mechanismus von StAX«, vorgestellten Mechanismus die richtige Implementierung auszuwählen. Als Factory-IDs werden, wie immer, die Klassennamen benutzt:

- `javax.xml.stream.XMLInputFactory`
- `javax.xml.stream.XMLOutpuFactory`
- `javax.xml.stream.XMLEventFactory`

---

1 *http://java.sun.com/javase/6/docs/api*

6.5.1 Erzeugen von Parsern mit der XMLInputFactory

Wir beginnen zunächst mit der Klasse `XMLInputFactory`. Analog zu den Factory-Klassen, die Sie aus JAXP kennen, ist es ihre Aufgabe, Instanzen der Parser-Implementierungen für die Cursor-API und die Event-Iterator-API über Factory-Methoden zu erzeugen. Vor der Generierung können Sie in gewohnter Weise diverse Konfigurationseinstellungen vornehmen, die sich auf das Verhalten der erzeugten Instanzen auswirken.

Spezifische Einstellungen über den Property-Mechanismus

Die `XMLInputFactory` erlaubt es, spezielle Einstellungen über Properties vorzunehmen. Dabei ist jede Property wieder eindeutig durch einen `String`-Schlüssel identifiziert, als Werte sind beliebige `Object`s erlaubt. Mit den Methoden `getProperty()`, `setProperty()` können unter der Angabe des Schlüssels die Konfigurationsinformationen abgefragt und gesetzt werden, über `isPropertySupported()` prüfen Sie, ob eine Property mit gegebenem Schlüssel unterstützt wird.

Sechs solche Properties werden standardmäßig von allen Implementierungen unterstützt, alle mit Werten vom Typ `java.lang.Boolean`. Sie dienen dazu, dem Parser die bekannten Grundeinstellungen, wie z. B. Validierung oder Verschmelzung von Textknoten, mitzuteilen. Für jede davon gibt es eine statische Konstante in der Klasse `XMLInputFactory`, so dass Sie nicht mühsam immer den entsprechenden `String` eingeben müssen.

In Tabelle 6.1 finden Sie eine Auflistung aller Konstanten und die Bedeutung der entsprechenden Property.

Property	Bedeutung
`IS_COALESCING`	Werden aufeinanderfolgende Textknoten zu einem verschmolzen?
`IS_NAMESPACE_AWARE`	Werden Namensräume unterstützt?
`IS_REPLACING_ENTITY_REFERENCES`	Werden Entity-Referenzen aufgelöst oder als eigener Baustein gemeldet?
`IS_SUPPORTING_EXTERNAL_ENTITIES`	Wird versucht, externe Entities mitzuparsen?
`IS_VALIDATING`	Findet Validierung statt?
`SUPPORT_DTD`	Werden DTDs unterstützt?

Tabelle 6.1 Standard-Properties von XMLInputFactory

[»]

Zwei Hinweise

Der SJSXP unterstützt die Property `IS_VALIDATING` nicht. Wird `SUPPORT_DTD` abgeschaltet, werden zwar noch `NotationDeclarations`, aber keine `EntityDeclarations` mehr geparst (siehe später).

Bestimmte Properties werden übrigens eins zu eins an die erzeugten `XMLStreamReader` und `XMLEventReader` übergeben. Sie werden auch bei diesen eine Methode `getProperty()` finden, mit der Sie die entsprechenden Informationen und Daten wieder abfragen können.

Fehlerbehandlung mit dem XMLReporter

Die `XMLInputFactory` verfügt außerdem über zwei Methoden `setXMLReporter()` und `getXMLReporter()`. Mit ihnen kann der Factory ein Objekt vom Interface-Type `XMLReporter` überreicht werden. Diese Instanz wird intern an alle von der Factory erzeugten `XMLStreamReader` und `XMLEventReader` weitergereicht und dient als Empfänger für Fehlermeldungen, die während des Parsens auftreten.

Vergleich zum ErrorHandler von JAXP

In JAXP benutzen Sie für solche Zwecke einen `ErrorHandler`, der für die drei Fehlertypen *Warning*, *Error* und *Fatal Error* eigene Methoden definiert, die alle den Fehler in Form einer `SAXParseException` erhalten. In StAX ist die Handhabung jedoch etwas anders: Statt über drei Methoden verfügt das Interface `XMLReporter` nur über eine Methode `report()`.

```
public void report(String message, String errorType,
   Object relatedInformation, Location location)
```

Diese erhält vier Argumente: einen `String` mit einem Meldungstext, einen weiteren `String` mit einer Typbezeichnung des Fehlers, ein `Object` mit beliebigen weiteren Informationen und ein `Location`-Objekt, das angibt, wo der Fehler im Dokument aufgetreten ist.

Wie schon bei JAXP können Sie nun eine Implementierung von `XMLReporter` schreiben, registrieren und darin dann entscheiden, wie Sie auf die gemeldeten Fehler reagieren möchten: den Fehler abfangen und gegebenenfalls korrigieren oder umschiffen oder eine `XMLStreamException` werfen, die der Parser dann seinerseits werfen wird.

[»]

Hinweis

Intern wird ein `XMLReporter` übrigens wie eine Property abgelegt. Aus diesem Grunde existiert in der `XMLInputFactory` auch eine Konstante `REPORTER` dafür. Diese können Sie z. B. in den `getProperty()`-Methoden der Parser-Objekte verwenden, wenn Sie von dort aus auf die entsprechende Instanz zugreifen wollen, da Sie dort keine `getXMLReporter()`-Methode zur Verfügung haben.

Externe Ressourcen auflösen mit dem XMLResolver

Was in SAX und JAXP der `EntityResolver` erledigt, um das kümmert sich in StAX der `XMLResolver`. Dieser dient zum benutzerdefinierten Auflösen von externen Ressourcen (wie z. B. externe Entities). Eine Instanz dieses Interface-Typs können Sie mit den Methoden `setXMLResolver()` und `getXMLResolver()` auf der `XMLInputFactory` registrieren bzw. abfragen. Wie schon der `XMLReporter` wird auch dieses Objekt dann intern an alle Instanzen der von der Factory erzeugten `XMLStreamReader` und `XMLEventReader` weitergereicht.

Das Interface `XMLResolver` definiert eine Methode `resolveEntity()`:

```
public Object resolveEntity(
   String pulicID, String systemID,
   String baseURI, String namespace)
   throws XMLStreamException
```

Sie sehen hier vier Parameter. Die ersten beiden, eine System-ID und eine Public-ID, gibt es auch so schon beim `EntityResolver`. Zusätzlich existieren hier aber zwei weitere `String`-Parameter, einen für den Basis-URI des Dokuments, in dem sich der Verweis auf die externe Ressource befindet, und einen optionalen Namensraum-URI der externen Ressource. Außerdem darf die Methode eine `XMLStreamException` werfen, wenn z. B. beim Zugriff auf die Ressource ein Fehler auftritt. Der Rückgabetyp der Methode ist zwar `Object`, konkret dürfen Sie aber nur Instanzen der folgenden drei Klassen zurückgeben (oder `null`):

- `InputStream`
- `XMLStreamReader`
- `XMLEventReader`

Wie Sie sehen, sind Sie also bei der Rückgabe etwas flexibler als beispielsweise beim `EntityResolver`, denn neben einem `InputStream` können Sie auch einfach einen weiteren StAX-Parser für die einzubindende Ressource verwenden.

Hinweis [«]

Intern wird ein `XMLResolver` übrigens wie eine Property abgelegt. Aus diesem Grunde existiert in `XMLInputFactory` auch eine Konstante `RESOLVER` dafür. Diese können Sie z. B. in der `getProperty()`-Methode des Parsers verwenden, wenn Sie von dort aus auf die entsprechende Instanz zugreifen wollen, da Sie dort keine `getXMLResolver()`-Methode zur Verfügung haben.

Parser für die Cursor-API erzeugen mit createXMLStreamReader()

Wie Sie wissen, ist es die Hauptaufgabe der `XMLInputFactory`, Parser-Instanzen zu erzeugen. Bei der Cursor-API ist das ja der `XMLStreamReader`. Dementsprechend verfügt die Factory über insgesamt sechs Factory-Methoden `createXMLStreamReader()`. Diese unterscheiden sich lediglich in den verschiedenen Möglichkeiten, das Quelldokument anzugeben:

- jeweils eine Methode, die das Quelldokument als `InputStream` oder als `Reader` entgegennimmt
- Varianten der oberen beiden Methoden, die zusätzlich eine System-ID für die Quelle erwarten
- eine Methode, die ein `javax.xml.transform.Source`-Objekt entgegennimmt (siehe Abschnitt 5.5.4)
- eine Methode, die einen `InputStream` und die zu verwendende Zeichencodierung entgegennimmt

Damit sind Sie also sehr flexibel, was die Wahl Ihrer Eingabequelle angeht, da neben den beiden Standard-Java-Streams auch die TrAX-Source-API unterstützt wird.

Parser für die Event-Iterator-API erzeugen mit createXMLEventReader()

Die Erzeugung eines Event-Iterator-API-Parsers – also eines `XMLEventReader`s – geschieht nun über eine von insgesamt sieben Factory-Methoden `createXMLEventReader()`. Die ersten sechs entsprechen dabei von den Eingabeparametern her exakt den `createXMLStreamReader()`-Methoden für die Cursor-API, weshalb wir sie nicht extra beschreiben.

Interessant ist jedoch die siebte: Sie erwartet als einziges Argument einen `XMLStreamReader` als Quelle. Sie empfängt also einen Cursor-API Parser als Argument und baut um diesen herum einen Event-Iterator-Parser, der intern die Bausteininformationen vom `XMLStreamReader` abfragt, dann mit einer `XMLEventFactory` dazu passende `XMLEvent`s erzeugt und diese dann zurückgibt.

Filternde Parser erzeugen mit createFilteredReader()

In manchen Fällen sind Sie in Ihrer Anwendung nur an bestimmten Teilen eines Dokuments oder nur an bestimmten Bausteinen interessiert, beispielsweise nur an Elementen in einem bestimmten Namensraum.

Solche Anwendungsfälle können Sie natürlich sehr einfach abdecken, indem Sie in Ihrem Parse-Quellcode entsprechende Überprüfungsanweisungen einbinden. Dies macht den Code allerdings etwas unübersichtlicher. Viel eleganter wäre es, den Code für die Filter-Logik von dem für die eigentliche Parse-Logik zu trennen, so dass beide nicht mehr vermischt sind. Genau diese Funktionalität bietet StAX an.

StreamFilter und EventFilter

Ausgangspunkt dieser Lösung sind die zwei Interfaces `StreamFilter` und `EventFilter`. Allein von den Namen her werden Sie schon erraten, dass ersteres bei der Cursor-API Verwendung findet, letzteres bei der Event-Iterator-API. Beide sind dafür gedacht, vom Entwickler – also Ihnen – implementiert zu werden und dort die Filter-Logik unterzubringen. Dabei gestalten sich die Interfaces denkbar einfach, wie in Listing 6.7 zu sehen.

```
public interface StreamFilter
{
   public boolean accept(XMLStreamReader reader);
}

public interface EventFilter
{
   public boolean accept(XMLEvent event)
}
```

Listing 6.7 Die Interfaces StreamFilter und EventFilter

Sie müssen also jeweils nur eine einzige Methode `accept()` implementieren. Sie wird einmal pro Baustein aufgerufen und muss über einen booleschen Wert zurückmelden, ob der Baustein für die Parse-Logik sichtbar sein soll oder nicht.

Als Argument erhalten Sie beim `StreamFilter` einen `XMLStreamReader`, der die Bausteine aussortieren soll. Von ihm können fragen Sie dann alle für die Entscheidung benötigten Informationen mit den bereits bekannten Methoden ab. Beim `EventFilter` ist es sogar noch einfacher: Hier erhalten Sie direkt das `XMLEvent`, von dem Sie entscheiden müssen, ob es herausgefiltert oder »durchgelassen« werden soll.

Nachdem Sie sich um die Filter-Logik gekümmert haben, also entweder einen entsprechende `StreamFilter` oder `EventFilter` geschrieben haben, müssen Sie diesen nun noch mit einem Parser verbinden. Der Mechanismus funktioniert dabei nach folgendem Rezept:

Parser + Filter = filternder Parser

Konkret heißt das:

1. Sie besorgen sich erst einmal eine `XMLInputFactory`.
2. Damit erstellen Sie einen `XMLStreamReader` oder einen `XMLEventReader` für Ihr Eingabedokument.
3. Dann erzeugen Sie sich (je nach API-Variante) eine Instanz Ihres `StreamFilter`s oder `EventFilter`s.
4. Dann nehmen Sie die Parser- und Filterinstanz und übergeben beide an eine der beiden `createFilteredReader()`-Methoden der `XMLInputFactory`.
5. Als Ergebnis erhalten Sie eine neue Parser-Instanz (je nach API-Variante).

Sie haben nun mit Hilfe einer der `createFilteredReader()`-Methoden aus einem Parser und einem Filter einen neuen Parser gebildet. Dieser neue Parser meldet dann nur noch diejenigen Bausteine, die von Ihrem Filter durchgelassen werden. Beachten Sie deshalb unbedingt, dass Sie für Ihre Parse-Logik nicht den ursprünglichen, sondern natürlich den filternden Parser verwenden sollten.

Die `createFilteredReader()`-Methode gibt es übrigens genau einmal pro API-Variante – natürlich mit den passenden Parameter- und Rückgabetypen.

[zB] In Listing 6.8 und Listing 6.9 finden Sie abschließend zwei einfache Beispiele für einen `StreamFilter` und einen `EventFilter`, die beide nur Textbausteine annehmen und alles andere verwerfen.

```
public class TextStreamFilter implements StreamFilter
{
   public boolean accept(XMLStreamReader reader)
   {
      final int eventType = reader.getEventType();
      return (
         eventType == XMLStreamConstants.CDATA ||
         eventType == XMLStreamConstants.CHARACTERS ||
         eventType == XMLStreamConstants.SPACE);
   }
}
```

Listing 6.8 Beispiel eines StreamFilters

```
public class TextEventFilter implements EventFilter
{
   public boolean accept(XMLEvent event)
```

```
   {
      return event.isCharacters();
   }
}
```

Listing 6.9 Beispiel eines EventFilters

[«]

Hinweis

DOM Level 3 Load and Save (siehe Abschnitt 3.7, »Dokumente parsen und serialisieren«) unterstützt ebenfalls Filter während des Parsens, jedoch sind wir auf den entsprechenden Mechanismus nicht näher eingegangen.

Arbeiten mit einem eigenen XMLEventAllocator

Ein paar Seiten zuvor haben wir Ihnen ja die `createXMLEventReader()`-Factory-Methoden vorgestellt, und Sie erinnern sich bestimmt, dass eine davon nur einen `XMLStreamReader` als Argument erwartet und darum herum dann einen `XMLEventReader` erzeugt.

Genau für die dort benötigte Kernfunktionalität – das Generieren eines `XMLEvents` zum aktuellen Baustein unter dem Cursor – gibt es bei StAX ein eigenes Interface `XMLEventAllocator`.

Sie können nun davon eine eigene Implementierung schreiben und diese über eine Methode `setEventAllocator()` auf der `XMLInputFactory` registrieren (oder mit `getEventAllocator()` abfragen), um den Standardmechanismus zu überschreiben. Dies wird aber nur in den seltensten Fällen notwendig sein, deshalb möchten wir Sie bitten, für mehr Details die API-Doc von JAXP zu konsultieren.

6.5.2 Erzeugen von Serializern mit der XMLOutputFactory

Nachdem Sie nun wissen, wie Sie Parser-Instanzen generieren, sind nun die Serializer an der Reihe, also der `XMLStreamWriter` und der `XMLEventWriter`. Für deren Erzeugung ist nun die `XMLOutputFactory` zuständig.

Auch dort gibt es zwar ein paar allgemeine Konfigurationseinstellungen, jedoch wesentlich weniger als bei der `XMLInputFactory`, wie Sie gleich sehen werden.

Spezifische Einstellungen über den Property-Mechanismus

Die `XMLOutputFactory` erlaubt den Umgang mit Properties in gleicher Weise wie die `XMLInputFactory`, also mit den drei Methoden `setPro-`

`perty()`, `getProperty()` und `isPropertySupported()`. Der einzige Unterschied besteht in den bereitgestellten Standard-Properties.

IS_REPAIRING_NAMESPACES

Hier gibt es nämlich nur eine. Ihr Name ist als Konstante `IS_REPAIRING_NAMESPACES` in der `XMLOutputFactory` enthalten. Wenn Sie sie auf `Boolean.TRUE` setzen, fügen die von der Factory generierten `XMLStreamWriter` und `XMLEventWriter` für alle nicht definierten Namensraum-URIs automatisch ein neues Präfix im Dokument ein, so dass es keine unerwünschten Verwechslungen von Elementen und Attributen geben kann. Mehr Details zu dieser Einstellung finden Sie auch in den Abschnitten 6.6.2 und 6.7.3.

Das war übrigens auch schon alles, was Sie an einer `XMLOutputFactory` konfigurieren können. Als Aufgabe verbleibt nur noch die Generierung der Serializer.

Serializer für die Cursor-API generieren mit createXMLStreamWriter()

Einen `XMLStreamWriter` erzeugen Sie nun ganz einfach mit einer von vier Factory-Methoden `createXMLStreamWriter()`. Die Überladungen unterscheiden wieder einmal nur in den Eingabeparametern:

- eine Methode, die ein `Writer`-Objekt für das Zieldokument entgegennimmt
- zwei Methoden, die ein `OutputStream`-Objekt für das Zieldokument entgegennehmen (wobei die eine Überladung noch einen `String` für die zu benutzende Zeichencodierung erwartet)
- eine Methode, die ein `javax.xml.transform.Result`-Objekt für das Zieldokument entgegennimmt (siehe Abschnitt 5.5.5)

Serializer für die Event-Iterator-API generieren mit createXMLEventWriter()

Einen `XMLEventWriter` erzeugen Sie mit einer von vier Factory-Methoden `createXMLEventWriter()`. Die Überladungen gleichen in ihren Eingabeparametern den `createXMLStreamWriter()`-Methoden, haben aber natürlich einen anderen Rückgabewert.

6.5.3 Bausteininstanzen erzeugen mit der XMLEventFactory

Instantiierung von XMLEvents

Wie Sie nun ja bestens wissen, sind sowohl `XMLEvent` als auch seine Ableitungen nur Interfaces, von denen jede StAX-Implementierung eigene Implementierungsklassen erstellen kann/muss. Das heißt aber, dass wir wieder einmal eine Factory brauchen, um Instanzen zu erzeugen, und zwar die in Abschnitt 6.4.3 schon kurz vorgestellte `XMLEventFactory`.

Vielleicht mit Ausnahme der Serialisierung – für die wir Ihnen allerdings auch eher die Cursor-API empfehlen würden – werden Sie aber in nur sehr wenigen Fällen selbst `XMLEvent`-Instanzen erzeugen müssen, weshalb Sie die `XMLEventFactory` nicht allzu oft benötigen dürften.

Der Aufbau von XMLEventFactory

Der Aufbau der Klasse ist schnell erklärt: Es gibt neben den nicht extra erwähnten `newInstance()`-Methoden für die verschiedenen Untertypen von `XMLEvent` jeweils eine oder mehrere abstrakte `createXXX()`-Factory-Methoden und eine abstrakte Methode `setLocation()`, um das als Nächstes erzeugte `XMLEvent` mit einer Herkunftsinformation auszustatten. Das war es auch schon.

Die Factory-Methoden werden wir Ihnen allerdings nicht in diesem Abschnitt vorstellen, sondern in Abschnitt 6.7.1 wo wir genauer auf die einzelnen Untertypen von `XMLEvent` und ihre Eigenschaften eingehen.

Quelldatei und Bausteinposition spezifizieren mit dem Location-Objekt

Somit bleibt für diesen Abschnitt nur die Erklärung der `setLocation()`-Methode der `XMLEventFactory`. Mit dieser Methode können Sie in der Factory ein Objekt vom Typ `Location` übergeben.

Das Interface Location

Prinzipiell ist `Location` vergleichbar mit dem Interface `SourceLocator` aus der TrAX-API. Ein solches Objekt kann von der `TransformerException` abgefragt werden und Informationen über die Stelle im Dokument bereitstellen, an der der Fehler aufgetreten ist.

`Location` ist das Pendant dazu in StAX und verfügt über die fünf Methoden `getPublicId()`, `getSystemId()`, `getColumnNumber()`, `getLineNumber()` und `getCharacterOffset()`. Sie können damit also Informationen über das Quelldokument selbst (die System-ID, Public-ID) und die Position im Dokument, an der sich der Cursor gerade befindet (die Zeilen- und Spaltennummer sowie die fortlaufende Zeichennummer), abfragen.

Diese Information wird natürlich meistens dann benötigt werden, wenn Fehler in einem Dokument auftreten und dem Anwender Informationen über deren Herkunft übermittelt werden sollen. Kann die Cursor-Position aus irgendwelchen Gründen nicht bestimmt werden, so liefert das `Location`-Objekt `-1` für Zeilen- und Spaltennummer und `null` für die Public-ID und die System-ID.

setLocation() und getLocation()

Jedes `XMLEvent` verfügt nun über eine Methode `getLocation()`, mit der Sie Informationen über die Position des Bausteins im Dokument in Form eines `Location`-Objekts abfragen können. Die `setLocation()`-Methode von `XMLEventFactory` ist das Gegenstück dazu: Damit übergeben Sie der Implementierung ein `Location`-Objekt, das im Folgenden bei der Generierung von neuen `XMLEvents` mit dorthin übernommen wird. Dabei ist zu beachten, dass nicht die Referenz darauf, sonder direkt deren Werte kopiert werden. Dies ist nützlich, wenn Sie mit einem dynamischen `Location`-Objekt in Ihrer Anwendung arbeiten möchten, das im Laufe der Genierung der `XMLEvents` fortlaufend seine Werte ändert. So müssen Sie nur einmal `setLocation()` aufrufen, und die `XMLEventFactory` holt sich beim Aufruf jeder `createXXX()`-Methode von neuem die aktuellen Daten heraus.

Zusammenfassung

Das war auch schon alles, was wir Ihnen im Moment über die `XMLEventFactory` sagen möchten. Auf ihre wichtigste Funktionalität – das Erzeugen von Bausteininstanzen – gehen wir erst in Abschnitt 6.7.1 ein.

6.6 Die Cursor-API im Detail

In Abschnitt 6.3.1 haben wir Ihnen ja bereits das Prinzip, die Arbeitsweise sowie die Stärken und Schwächen der Cursor-API vorgestellt, und in Abschnitt 6.4, »Einführungsbeispiel«, haben Sie schon umfassende Beispiele kennengelernt. Dieser Abschnitt dient nun der Vertiefung der bisher betrachteten Inhalte mit detaillierten Beschreibungen aller involvierten Java-Typen.

6.6.1 Parsen mit der Cursor-API über den XMLStreamReader

Abfragemethoden und Verwaltungsmethoden

Sie wissen nun schon, dass das Interface `XMLStreamReader` bei der Cursor-API die Parser-Objekte repräsentiert. Seine Methoden lassen sich hauptsächlich in zwei Gruppen unterteilen: *Abfragemethoden*, mit denen Ihnen Informationen über den momentan unter dem Cursor befindlichen Dokumentbaustein zur Verfügung gestellt werden, und *Methoden zur Verwaltung des Cursors*, also z. B. für das Weiterbewegen des Cursors oder die Prüfung, ob das Dokumentende schon erreicht ist.

Im Folgenden haben wir die über 40 Methoden des `XMLStreamReader`s je nach Funktionalität zu kleinen Gruppen zusammengefasst, auf die wir jetzt nacheinander eingehen werden.

Methoden zur Cursor-Verwaltung

Wie schon erwähnt, verfügt der `XMLStreamReader` über ein paar Methoden zur Verwaltung des Cursors. Davon ist die wichtigste mit Sicherheit `next()`: Sie bewegt den Cursor über den nächsten inhaltlichen Baustein bzw. das nächste Event des XML-Dokuments. Als Rückgabewert liefert sie eine `int`-Zahl, die den Typ des neuen Bausteins angibt. Wie Sie schon wissen, gibt es für jeden hier möglichen Wert im Interface `XMLStreamConstants` eine entsprechende Konstante, so dass Sie bequem Vergleiche damit machen können (z. B. `if(reader.next() == XMLStreamConstants.START_ELEMENT) // Do something`). **next()**

In Tabelle 6.2 finden Sie eine kurze Übersicht über diese Konstanten und deren Bedeutung. Hier erkennen Sie auch gleich, welche Events es in StAX überhaupt gibt.

Event-Typ	Konstantenname
Dokumentbeginn	`START_DOCUMENT`
Dokumentende	`END_DOCUMENT`
Elementbeginn	`START_ELEMENT`
Elementende	`END_ELEMENT`
Attribut	`ATTRIBUTE`
Namensraumdeklaration	`NAMESPACE`
ignorierbarer Leeraum	`SPACE`
Text/Zeichen	`CHARACTERS`
CDATA-Abschnitt	`CDATA`
Entity-Referenz	`ENTITY_REFERENCE`
Processing Instruction	`PROCESSING_INSTRUCTION`
DTD	`DTD`
Kommentar	`COMMENT`

Tabelle 6.2 Event-Typen und ihre Namen in XMLStreamConstants

Sollten Sie `next()` aus Versehen aufrufen, wenn Sie schon am Ende des Dokuments angelangt sind, wirft die Methode eine `NoSuchElementException`. Treten sonstige Fehler während des Holens des nächsten Bausteins auf, so wird eine `XMLStreamException` geworfen.

hasNext() Die zweite wichtige Methode ist `hasNext()`. Damit können Sie den Parser befragen, ob er bereits das Ende des Dokuments erreicht hat oder ob `next()` noch weitere Male aufgerufen werden kann.

[×]

Achtung

Beachten Sie unbedingt, dass der Cursor, anders als Sie das vielleicht von Iteratoren gewohnt sind, nach der Erzeugung des `XMLStreamReader`s schon über dem ersten inhaltlichen Baustein des Dokuments und somit nach dem ersten Aufruf von `next()` bereits über dem zweiten liegt.

Somit können Sie also nicht mit einer einfachen kopfgesteuerten Schleife arbeiten (z. B. `while(r.hasNext()) { type = r.next(); ... }`), da Sie in diesem Fall den Anfang weglassen würden.

nextTag() Sozusagen eine Spezialversion von `next()` ist die Methode `nextTag()`, die wir in Abschnitt 6.4.2 intensiv verwendet haben. Bekanntlich können Sie diese dann benutzen, wenn zwei Tags Ihres XML-Dokuments nur durch Leerräume, Kommentare oder Processing Instructions getrennt sind und diese Bausteine auch in Ihrer Anwendung ignoriert werden können oder sollen. In diesem Fall müssten Sie normalerweise in Ihrer Verarbeitungsmethode eine Schleife einbauen, die Ihnen den Cursor so lange über die ignorierbaren Bausteine hinwegbewegt, bis wieder ein neuer Elementbeginn oder ein neues Elementende darunterliegt. Genau diese Funktionalität wird von `nextTag()` geboten. Wenn ein nicht erwarteter anderer Baustein (also z. B. Zeichendaten oder eine Entity-Referenz) dabei gefunden wird, wird allerdings eine `XMLStreamException` geworfen.

getLocation() Eine weitere Methode ist `getLocation()`. Sie liefert ein Objekt vom Typ `Location` zurück (den wir in Abschnitt 6.5.3 vorgestellt haben), das Informationen über die aktuelle Position des Cursors im Quelldokument liefert.

close() Die nächste und letzte Methode aus dem Bereich der Cursor-Verwaltung ist `close()`. Sie gehört auch bei herkömmlichen Streams zur Standardausrüstung. Durch ihren Aufruf gibt der Parser alle seine offenen Ressourcen wieder frei. Der Sauberkeit halber sollten Sie sie also immer nach Abschluss des Parse-Vorgangs aufrufen. Treten Fehler während des Schließens der Ressourcen auf, so wird abermals eine `XMLStreamException` geworfen. Allerdings schließt diese Methode nicht zwangsweise den unter dem Parser liegenden I/O-Stream, weshalb dieser vorsichtshalber getrennt geschlossen werden sollte:

```
InputStream ioStream = ...;
XMLStreamReader parser =
   inputFactory.createXMLStreamReader(ioStream);

// Parsen

parser.close();
ioStream.close();
```

Methoden zur Abfrage des Bausteintyps

getEventType()

Zwar können Sie durch den Rückgabewert der `next()`-Methode und den Vergleich mit den entsprechenden Konstanten aus `XMLStreamConstants` erfahren, welcher Bausteintyp oder welches Event sich nun unter dem Cursor befindet, doch kann es natürlich sein, dass Sie diese Information auch nach dem `next()`-Aufruf abfragen möchten. Hierfür existiert die Prüfmethode `getEventType()`, die Ihnen den aktuellen Bausteintyp zu jeder Zeit nochmals liefert.

require()

Eine weitere Prüfmethode ist `require()`, ebenfalls häufig verwendet im Einführungsbeispiel in Abschnitt 6.4.2. Ihr werden ein den Bausteintyp identifizierender `int`-Wert sowie eine Namespace-URI und ein lokaler Name übergeben (jeweils in Form eines `String`s oder alternativ `null`). Der Parser prüft nun, ob der momentan unter dem Cursor befindliche Baustein zu den übermittelten Parametern passt, ob der Typ also der richtige ist, und ob der Namensraum-URI und der lokale Name des Bausteins übereinstimmen. Beachten Sie hierbei, dass der Name abhängig vom Baustein unterschiedliche Bedeutung hat: Bei einem Attribut ist es natürlich der Attributname, bei einem Element der Elementname, und bei einem Textfragment gibt es überhaupt keinen Namen. Wird einer der `String`-Parameter mit `null` übergeben, so prüft die Methode diesen nicht auf Gleichheit. Werden allerdings Ungleichheiten gefunden, so wirft diese Methode eine `XMLStreamException`. Wie schon erwähnt, eignet sich `require()` damit hervorragend zur Validierung.

[×]

Achtung

Anscheinend eignet sich `require()` allerdings nicht dazu, explizit auf den leeren Namensraum oder Präfix (durch Angabe von `""` als entsprechende Parameter) zu prüfen. Der Parser scheint in diesen Fällen nämlich nicht `""` als Wert vom XML-Dokument zu übermitteln, sondern `null`. Die Folge: `require()` wirft eine `XMLStreamException`, obwohl die Werte eigentlich übereinstimmen müssten.

Sie müssen also tatsächlich `null` als Argument(e) an `require()` übergeben. Die Methode nimmt dann allerdings überhaupt keine Prüfung vor, weshalb im Dokument auch ein anderer Namensraum oder Präfix vorkommen könnte. Bleibt als einziger Ausweg die manuelle Prüfung ohne `require()`.

isStartElement(), isEndElement(), isCharacters() und isWhitespace()

In Abschnitt 6.4.2, haben wir Ihnen die Methode `isStartElement()` der Klasse `XMLEvent` gezeigt, mit der Sie schnell und einfach erfragen, ob das aktuelle Event eine `StartElement`-Instanz ist. Außerdem haben wir angekündigt, dass für andere Bausteine ähnliche Methoden existieren. Da wir nun aber bei der Cursor-API sind, gibt es zwar kein `XMLEvent`-Objekt, aber dafür dieselbe Funktionalität. Konkret stellt uns der `XMLStreamReader` nämlich vier Methoden `isStartElement()`, `isEndElement()`, `isCharacters()` und `isWhitespace()` zur Verfügung. Ihre Bedeutung geht aus den Namen klar hervor: Die ersten beiden prüfen, ob ein öffnendes Element oder ein schließendes Element (also z. B. `<element>` oder `</element>`) unter dem Cursor liegt, die anderen beiden geben Auskunft, ob der Cursor sich über beliebigem oder rein aus Leerzeichen bestehendem Text befindet. So überprüfen Sie die Dokumentinhalte schnell auf ihre wichtigsten Eigenschaften.

hasName() und hasText()

Außerdem gibt es zwei Methoden, die Ihnen nicht direkt über einen bestimmten Bausteintyp Auskunft geben, sondern eher über dessen Eigenschaften. Es handelt sich dabei um `hasName()` und `hasText()`. Sie erfragen damit, ob der momentan unter dem Cursor befindliche Baustein über einen Namen verfügt oder ob er Textinhalt besitzt.

Über einen Namen verfügen bekanntlich nur (öffnende und schließende) Elemente sowie Attribute. Textinhalt besitzen die Bausteintypen `CHARACTERS`, `CDATA`, `SPACE`, `DTD`, `ENTITY_REFERENCE` und `COMMENT` (siehe Tabelle 6.2).

Inhaltsbezogene Abfragemethoden

Als Nächstes stellen wir Ihnen die Methoden vor, mit denen Sie auf den Inhalt des Dokuments bzw. die konkreten Daten darin zugreifen können. Innerhalb dieser Methoden kann man erneut anhand zweier Merkmale Gruppen unterscheiden. Zum einen gibt es Methoden, die während des gesamten Parse-Vorgangs aufgerufen werden können, und andere, die nur bei bestimmten Bausteinen unter dem Cursor sinnvoll sind. Zum anderen gibt es Methoden, die konstant denselben Wert liefern und andere, die vom Cursor abhängen. Wie in Tabelle 6.3 zu sehen ist, lassen sich in StAX dadurch drei Methodengruppen formen (da eine Kombination in der Praxis nicht vorkommt).

	Immer aufrufbar	Teilweise aufrufbar
Konstante Werte	dokumentspezifische Abfragemethoden	(keine)
Cursor-abhängige Werte	allgemeine Abfragemethoden	bausteinspezifische Abfragemethoden

Tabelle 6.3 Typen von inhaltsbezogenen Abfragemethoden

Zu allem Überfluss gibt es nun im Bereich der bausteinspezifischen Abfragemethoden noch solche, die bei mehreren, aber nicht allen Bausteintypen zulässig sind. Damit Sie den Überblick nicht ganz verlieren, haben wir Ihnen deshalb in Tabelle 6.4 einen angepassten Auszug aus der API-Dokumentation von StAX aufgelistet, in dem Sie erkennen, welche Methode generell bei welchem Bausteintyp aufgerufen werden kann. Methodenfamilien sind durch »XXX« gekennzeichnet (also steht z. B. die Angabe `getAttributeXXX()` für alle Methoden, deren Name mit `getAttribute` beginnt).

Zustand	Zugelassene Methoden
alle	`getProperty()`, `getNamespaceURI(String)`, `getNamespaceContext()`
`START_ELEMENT`	`getName()`, `getLocalName()`, `getPrefix()`, `getAttributeXXX()`, `isAttributeSpecified()`, `getNamespaceXXX()`, `getElementText()`
`END_ELEMENT`	`getName()`, `getLocalName()`, `getPrefix()`, `getNamespaceXXX()`
`ATTRIBUTE`	`getAttributeXXX()`, `isAttributeSpecified()`
`NAMESPACE`	`getNamespaceXXX()`
`CHARACTERS`	`getTextXXX()`
`CDATA`	`getTextXXX()`
`COMMENT`	`getTextXXX()`
`SPACE`	`getTextXXX()`
`START_DOCUMENT`	`getEncoding()`, `getVersion()`, `isStandalone()`, `standaloneSet()`, `getCharacterEncodingScheme()`
`END_DOCUMENT`	`(keine)`
`PROCESSING_INSTRUCTION`	`getPITarget()`, `getPIData()`
`ENTITY_REFERENCE`	`getLocalName()`, `getText()`
`DTD`	`getText()`

Tabelle 6.4 Zustandsabhängige erlaubte Abfragemethoden

Dort sehen Sie nun auch sehr schön, dass einige Methoden in mehreren Zuständen erlaubt sind und deshalb unterschiedliche Funktion haben können. Mit der Angabe `getNamespaceURI(String)` ist übrigens die Überladung von `getNamespaceURI()` gemeint, die einen `String` als Parameter akzeptiert.

Bei der nun folgenden Beschreibung der einzelnen Methoden werden wir jeweils auch nochmals erwähnen, in welchem Zustand sie aufgerufen werden können und welche Daten sie dann liefern.

[»]

Hinweis

Alle Methoden des Interfaces `XMLStreamReader` werfen spezifikationsgemäß eine `IllegalStateException`, falls sie in einem nicht vorgesehenen Zustand aufgerufen werden.

Dokumentspezifische Abfragemethoden

Hier stellen wir Ihnen nun die Methoden vor, die Ihnen Informationen über das Dokument an sich liefern. Laut Tabelle 6.4 sind sie zwar nur im Zustand `START_DOCUMENT` verfügbar, doch konnten wir sie bei unserer benutzten Implementierung während des gesamten Parse-Vorgangs aufrufen. Dies ergibt durchaus Sinn, da diese Daten allgemein für das Dokument gelten und nicht zwangsweise mit dem `START_DOCUMENT`-Ereignis zusammenhängen. Da der Cursor bereits nach dem Erstellen einer neuen `XMLStreamReader`-Instanz über dem Dokumentanfang liegt, sind diese Methoden auch schon vor dem ersten Aufruf von `next()` erlaubt.

Die ersten drei Methoden, die wir Ihnen hier vorstellen möchten, dienen zur Abfrage der Informationen über die XML-Deklaration des Dokuments:

```
<?xml version="1.0" encoding="ISO-8859-1" standalone="yes"?>
```

getVersion(), getCharacterEncodingScheme(), isStandalone() und standaloneSet()

Wie Sie sehen, gibt es dort die drei Attribute `version`, `encoding` und `standalone`, wobei nur `version` ein Pflichtattribut ist. Die entsprechenden Abfragemethoden dafür lauten `getVersion()`, `getCharacterEncodingScheme()` und `isStandalone()`.Die ersten beiden liefern einen `String` für den entsprechenden Wert zurück (wobei `null` für die Zeichencodierung geliefert wird, falls das Attribut nicht angegeben ist), die dritte einen Wert vom Typ `boolean`. Die Methode `standaloneSet()` gibt zusätzlich an, ob der `standalone`-Parameter im Dokument spezifiziert oder ihm ein Default-Wert zugewiesen wurde.

Verwirrenderweise gibt es noch eine weitere Methode `getEncoding()` in `XMLStreamReader` zur Abfrage der Zeichencodierung. Diese hat aber nichts mit der Dokumentcodierung zu tun, die durch die XML-Deklaration vorgegeben ist, sondern bezieht sich darauf, mit welcher Codierungseinstellung das Dokument vom Parser eingelesen wird (diese Werte können voneinander abweichen). Insofern gibt Ihnen die Methode keinerlei Auskunft über den Inhalt des Dokuments, sondern mehr über die I/O-Konfiguration der Parser-Implementierung. Sollte diese Codierung unbekannt sein, wird `null` zurückgegeben. Dieselbe Besonderheit gibt es übrigens auch in DOM – siehe Abschnitt 3.3.4. **getEncoding()**

Allgemeine Abfragemethoden

Wie Sie auch in Tabelle 6.4 sehen, gibt es nur drei allgemeingültige Abfragemethoden: `getProperty()`, `getNamespaceURI(String)` und `getNamespaceContext()`.

Methoden mit dem Namen `getProperty()` kommen ja mehrfach in JAXP vor. Diverse Klassen aus Kapitel 5, »JAXP«, besitzen eine. Dort werden sie dazu benutzt, implementierungsspezifische Informationen über eine allgemeine Schnittstelle abzufragen. Dies wird über benannte Eigenschaften (Properties) realisiert. Der Name der gewünschten Eigenschaft wird der Methode dabei in Form eines `String`s übergeben. **getProperty()**

Die hier vorgestellte Variante dient im Prinzip dem gleichen Zweck. Sie ist aber cursor-abhängig, weil sie im Laufe des Parse-Vorgangs unterschiedliche Werte liefern *kann*. Wie üblich sollte ein Hersteller einer StAX-Implementierung in seiner Dokumentation auf unterstützte Properties hinweisen.

Die Methode wirft spezifikationsgemäß eine `IllegalArgumentException`, wenn Sie `null` als Argument für den Eigenschaftsnamen übergeben. Unbekannte Property-Namen resultieren in einem Rückgabewert von `null`.

Und wie schon in Abschnitt 6.5.1 angedeutet, werden manche Properties direkt von der erzeugenden `XMLInputFactory` übernommen und stehen dauerhaft im `XMLStreamReader` zur Verfügung.

Die nächste allgemeine Abfragemethode ist die Überladung von `getNamespaceURI()` mit einem `String` als Parameter. Ihre Aufgabe ist es, zu einem gegebenen Präfix den daran gebundenen Namensraum-URI zurückzuliefern. Da innerhalb des Dokuments diese Bindungen wechseln können (durch `xmlns`-Attribute in den Elementen), ist diese **getNamespaceURI()**

Methode natürlich von der Cursor-Position abhängig und kann deshalb durchaus unterschiedliche Werte liefern. Ist das übergebene Präfix an keinen Namensraum gebunden, so wird `null` zurückgegeben.

getNamespaceContext()

Die Methode `getNamespaceContext()` steht in engem Zusammenhang mit `getNamespaceURI()`. Sie liefert Ihnen das momentan geltende `NamespaceContext`-Objekt zurück. Dieser Typ findet auch in anderen XML-APIs, wie z. B. der XPath-API von JAXP, Verwendung – mit ihm können Sie diverse Informationen über die aktuell gültigen Namensräume und Präfixbindungen abfragen (eine nähere Beschreibung befindet sich in Abschnitt 5.7.3).

[»]

Hinweis

Beachten Sie, dass das erhaltene `NamespaceContext`-Objekt laut StAX-Spezifikation seine Gültigkeit verliert, sobald der Cursor mit `next()` oder `nextTag()` bewegt wird. Denn durch diese Bewegung können sich die gültigen Namensräume verändert haben.

Textspezifische Abfragemethoden

getTextXXX()

Die Methodenfamilie `getTextXXX()` dient dazu, von Bausteinen, die einen Textinhalt besitzen können, diesen abzufragen. Diese Bausteine (und entsprechend die gültigen Zustände für diese Methoden) sind:

- `CHARACTERS`
- `CDATA`
- `COMMENT`
- `SPACE`

getText()

Die für Sie zunächst interessanteste Methode aus der Familie ist `getText()`. Sie liefert Ihnen für die genannten Bausteine deren Textinhalt als `String`. Außerdem ist sie im Gegensatz zu ihren Namenskollegen bei zwei weiteren Events aufrufbar, nämlich bei `ENTITY_REFERENCE` und `DTD`.

[zB]

Werfen Sie einen kurzen Blick auf das untenstehende Beispiel. Dort haben wir Ihnen ein paar XML-Bausteine aufgelistet und jeweils den Teil, den `getText()` zurückliefert, **fett** markiert.

```
<textElement>Hallo Welt!</textElement>
<!--Kommentar-->
<[CDATA[Ebenfalls Text!]]>
<!DOCTYPE typ [<!ENTITY ent "Ersatztext!">]>
&ent;
```

Beachten Sie hierbei, dass bei einem `DTD`-Event (das im Übrigen nur auftritt, wenn Sie eine DTD innerhalb des Dokuments definiert haben) der ganze Inhalt der DTD zurückgeliefert wird, also auch die Doctype-Angabe. Bei der Entity-Referenz `&ent;` hängt es nun davon ab, ob der Parser so konfiguriert ist, dass er diese auflöst (siehe dazu Abschnitt 6.5.1). Ist dies nicht der Fall, meldet der Parser ein `ENTITY_REFERENCE`-Event, bei dem Sie sich mit `getText()` den Ersetzungstext besorgen können. Andernfalls wird direkt ein `CHARACTERS`-Event mit dem Ersatztext gemeldet.

getText-Characters(), getTextStart(), getTextLength()

Die restlichen Methoden der `getTextXXX()`-Familie sind `getTextStart()`, `getTextLength()` und zwei Überladungen von `getTextCharacters()`. Normalerweise werden sie in Kombination verwendet. Hintergrund: Aus Performance-Gründen arbeiten Parser-Implementierungen normalerweise mit einem großen internen Puffer, der wesentlich mehr Textzeichen des Dokuments enthält als nur den aktuellen Knoten. Je nach Cursor-Position betrachtet er dabei aber immer nur einen entsprechenden Ausschnitt des Puffers. Wenn Sie nun an irgendeiner Stelle eine Abfragemethode wie `getText()` aufrufen, so stellt er den Beginn und das Ende des entsprechenden Bausteins innerhalb seines großen Datenpuffers fest, generiert aus diesem Abschnitt einen `String` und gibt diesen zurück.

Sie können aber auch anders auf diese Daten zugreifen. Und zwar haben Sie mit `getTextCharacters()` (die Überladung ohne Parameter) die Möglichkeit, auf den gesamten internen Puffer des Parsers zuzugreifen, der in Form eines `char`-Arrays vorliegt. Mit den Methoden `getTextStart()` und `getTextLength()`erfragen Sie dann, wo der zum aktuellen Event gehörende Abschnitt beginnt und wie lang er ist. So vermeiden Sie gegebenenfalls die unnötige Erzeugung eines `Strings` zur Weiterverarbeitung. Wenn Sie z. B. mit einem `StringBuilder` arbeiten, können Sie an diesen statt eines `Strings` auch direkt Abschnitte aus einem `char`-Array anhängen. Dafür benötigen Sie exakt die Daten, die Ihnen `getTextCharacters()`, `getTextStart()` und `getTextLength()` zurückgeben:

[zB]

```
StringBuilder b = new StringBuilder();

b.append(
   parser.getTextCharacters(),
   parser.getTextStart(),
   parser.getTextLength()
);
```

```
// Alternative mit getText(), die aber langsamer ist
b.append(parser.getText());
```

[»]

Hinweis

Dasselbe Prinzip kommt auch bei SAX zur Anwendung, nämlich innerhalb der `characters()`-Methode des `ContentHandler`-Interfaces. Siehe dazu Abschnitt 4.3.1.

Die Überladung von getText-Characters()

Einen ähnlichen Hintergedanken hat auch die andere Überladung von `getTextCharacters()`. Sie kopiert aus dem momentanen internen Textpuffer des Parsers einen Textabschnitt gegebener Länge von einer gegebenen Startposition in ein gegebenes `char`-Array ab einer gegebenen Startposition. Das ist nicht trivial zu verstehen, deshalb erklären wir das Ganze nochmals mit Hilfe einer Grafik (siehe Abbildung 6.4).

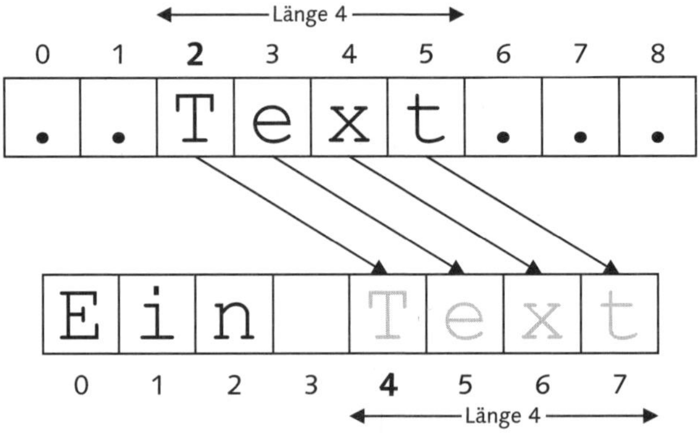

Abbildung 6.4 Arbeitsweise von getTextCharacters()

Dort sehen Sie oben das Quell-Array, repräsentativ für den internen Zeichenpuffer des Parsers, und unten das Ziel-Array. Kopiert werden soll der Ausschnitt `Text` mit einer Länge von 4 Zeichen, der in der Quelle bei Index 2 beginnt. Im Ziel soll er ab Position 4 eingesetzt werden. Dies sind genau die Parameter, die `getTextCharacters()` erwartet. Zuerst den Startindex in der Quelle (hier `2`), dann das Ziel in Form eines `char`-Arrays, dann die Position, ab der dort eingesetzt werden soll (hier `4`), und zuletzt die Länge des zu kopierenden Ausschnitts (ebenfalls `4`). Der zugehörige Methodenaufruf würde also lauten:

```
reader.getTextCharacters(2, target, 4, 4);
```

Das Ziel-Array müssen Sie dabei selbst bereitstellen, die Methode generiert selbst keines. Um feststellen zu können, ob der Textausschnitt auch in das Ziel hineingepasst hat (was im Beispiel gerade noch der Fall war), gibt die Methode einen `int`-Wert zurück, der angibt, wie viele Zeichen *tatsächlich* kopiert wurden. Wenn Sie also in unserem Beispiel den Aufruf `reader.getTextCharacters(2, target, 4, 5);` eingäben, so wäre der Rückgabewert `4`, was bedeutet, dass statt der von Ihnen gewünschten fünf Zeichen nur die ersten vier kopiert wurden.

Elementspezifische Abfragemethoden

Die Methoden, mit denen Sie Daten von Elementen abrufen, lassen sich prinzipiell in vier Gruppen unterteilen:

- Elementname
- Textinhalt
- Attribute
- Namensraumbindungen

Zugriff auf die Namensinformation eines Elements

Der erste dieser vier Bereiche wird über vier Methoden abgedeckt: `getName()`, `getLocalName()`, `getNamespaceURI()` (die parameterlose Variante) und `getPrefix()`. Die erste gibt ihnen alle Namensinformationen über das XML-Element in Form eines `QName`-Objekts zurück. Nochmals kurz gesagt, ist `QName` eine Containerklasse mit Getter-Methoden für die drei Informationen *lokaler Name*, *Namensraum-URI* und *Präfix*, die einem XML-Element zugeordnet sein können. Bei einem Element `<some:element/>` ist z. B. der lokale Name `element`, das Präfix `some`, und der Namensraum-URI wäre irgendwo zuvor im Dokument an den Präfix gebunden worden.

Somit ist auch schon die Bedeutung der drei Methoden `getLocalName()`, `getNamespaceURI()` und `getPrefix()` klar: Sie liefern Ihnen dieselben Informationen, nur einzeln und nicht in einem Objekt zusammengefasst.

Hinweis [«]

Die Methoden `getPrefix()`, `getNamespaceURI()` und `getName()` sind ausschließlich erlaubt, wenn sich der Parser im Zustand `START_ELEMENT` oder `END_ELEMENT` befindet. Eine kleine Ausnahme bildet `getLocalName()`, denn wie schon erwähnt, kann diese Methode auch den Namen einer Entity-Referenz beim `ENTITY_REFERENCE`-Event zurückgeben.

Zugriff auf den Textinhalt eines Elements

Der Zugriff auf den Elementinhalt erfolgt normalerweise über weitere Events, wie `CHARACTERS`, `CDATA` oder weitere Kindelemente. Aus Abschnitt 6.4.2 kennen Sie aber schon die Methode `getElementText()`. Ist der Text in verschiedene Bausteine aufgespalten (z. B. in `CHARACTERS`, dann `CDATA` und dann nochmals `CHARACTERS`), so wird er von getElementText() automatisch zu einem einzelnen String zusammengefügt. Die Methode ist nur im Zustand START_ELEMENT zulässig und wirft eine XMLStreamException, wenn vor dem zugehörigen END_ELEMENT unerwartete Inhalte auftauchen, wie z. B. der Beginn eines weiteren Elements. Kommentare und Processing Instructions werden jedoch ignoriert. Außerdem bewegt der Parser automatisch den Cursor über das zugehörige END_ELEMENT-Event.

Zugriff auf die Attribute eines Elements

Für den Zugriff auf die Attribute eines XML-Elements existieren in der Methodenfamilie getAttributeXXX() acht Methoden sowie zusätzlich isAttributeSpecified(). Die prinzipielle Funktionsweise dieser Methoden basiert auf einer einfachen Durchnummerierung aller Attribute, die in einem Element vorkommen. Und zwar können Sie den Parser mit getAttributeCount() befragen, über wie viele Attribute das momentane Element verfügt. Dann können Sie unter Angabe einer Indexnummer (von 0 bis »Anzahl minus 1«) Informationen über die einzelnen Attribute abfragen. Dazu gibt es die sechs Methoden getAttributeName(), getAttributeLocalName(), getAttributeNamespace(), getAttributePrefix(), getAttributeType() und getAttributeValue().

Die ersten vier davon dienen der Abfrage von Namensinformationen zu einem Attribut und funktionieren wie ihre Pendants bei den Elementnamen. getAttributeName() liefert dabei ein QName-Objekt zurück, das alle Informationen auf einmal kapselt, während getAttributeLocalName(), getAttributeNamespace() und getAttributePrefix()Zugriff auf die einzelnen Teilinformationen bieten.

Zur Abfrage des Wertes, der einem Attribut zugeordnet ist, gibt es die Methode getAttributeValue(), die Ihnen das Ergebnis als String zurückliefert. Die Methode getAttributeType() liefert Ihnen schließlich einen String mit dem XML-Typ des Attributs (also z. B. CDATA, NMTOKEN, ID usw.)

[zB] Hier einmal ein kleines Beispiel. Es wird davon ausgegangen, dass gerade das folgende öffnende Element geparst wurde:

```
<someElement prA:attrA="valA" prB:attrB="valB" attrC="valC">
```

Außerdem sei an das Präfix prA der Namensraum-URI uri:a und an das Präfix prB der Namensraum-URI uri:b gebunden. In Tabelle 6.5 sehen Sie, welche Methode nun welchen Wert zurückgäbe.

i	0	1	2
getAttributeLocalName(i)	attrA	attrB	attrC
getAttributeNamespace(i)	uri:a	uri:b	null
getAttributePrefix(i)	prA	prB	(leer)
getAttributeValue(i)	valA	valB	valC
getAttributeType(i)	CDATA	CDATA	CDATA

Tabelle 6.5 Beispiel für Attributabfragemethoden

Die beiden verbleibenden Methoden zur Abfrage von Attributsdaten sind isAttributeSpecified() und eine Überladung von getAttributeValue().

isAttributeSpecified()

Die erste liefert Ihnen zu einem Attributindex die Information, ob das entsprechende Attribut im Dokument angegeben wurde (true) oder ob ihm vom Parser einen Default-Wert zugeordnet wurde (false). Letzteres ist dann der Fall, wenn es eine Grammatik gibt, in der für das Attribut ein Standardwert definiert ist (siehe dazu auch Abschnitt 3.3.6).

getAttributeValue(String, String)

Die zweite Methode dient der Abfrage eines Attributwerts, dessen lokaler Name und Namespace-URI explizit bekannt sind. Dementsprechend empfängt die Methode zwei Parameter vom Typ String für den URI und den lokalen Namen. Übermitteln Sie dabei null für den URI, so wird nur nach einer Übereinstimmung beim lokalen Namen gesucht. Hat der Parser ein passendes Attribut gefunden, liefert er dessen Wert zurück, ansonsten null. Die Methode ist also ideal, wenn Sie nicht immer manuell über die verschiedenen Indizes iterieren wollen, sondern genau wissen, welchen Wert Sie abfragen möchten.

[«]

Hinweis

Die Methoden zur Abfrage von Attributinformationen sind nur beim Ereignis START_ELEMENT und nicht bei END_ELEMENT verfügbar.

Zugriff auf Namensraum-informationen

Die nun verbleibenden elementspezifischen Methoden dienen der Abfrage von Namensrauminformationen. Sie haben ja bereits einige aus diesem Aufgabengebiet kennengelernt – beispielsweise die parameterlose Methode getNamespaceURI(). Diese kann ihnen aber nur den Namensraum-URI liefern, der dem aktuellen Element zugeordnet ist. Mit der Überladung getNamespaceURI(String) fragen Sie zu beliebigen Zeitpunkten ab, welcher URI momentan an ein gegebenes Präfix gebunden ist. Sie haben auch die allgemeine Abfragemethode getNamespace-

`Context()` kennengelernt. Über das davon zurückgelieferte `Namespace-Context`-Objekt fragen Sie zu einem gegebenen Namensraum-URI das (die) zugeordneten Präfix(e) ab und umgekehrt.

Die Methoden, die wir Ihnen nun noch vorstellen möchten, haben eine etwas andere Bedeutung. Und zwar liefern sie Ihnen Informationen darüber, wann die Bindung eines Präfixes an einen Namensraum-URI bzw. die Gültigkeit eines Default-Namensraumes beginnt oder endet. Wie Sie wissen, beginnt eine solche Bindung immer durch entsprechende `xmlns`-Attribute in einem XML-Element. Sie endet, falls das entsprechende Element wieder geschlossen wird. Aus diesem Grunde können die gleich vorgestellten Methoden in den Zuständen `START_ELEMENT` und `END_ELEMENT` aufgerufen werden und liefern Ihnen im ersten Fall beginnende und im zweiten Fall endende Bindungen.

Es handelt sich hierbei um die drei Methoden `getNamespaceCount()`, `getNamespaceURI(int)` und `getNamespacePrefix(int)`. Das Abfrageprinzip ist wie bei den Attributinformationen: Sie haben eine Methode, die Ihnen die Anzahl der beginnenden/endenden Bindungen angibt, und dann für das Präfix und den URI jeweils eine Abfragemethode, die einen Index von 0 bis »Anzahl 1« erwartet.

[zB] Werfen Sie einen Blick auf folgendes Beispiel eines XML-Elements:

```
<prA:someElement xmlns="uri:def" xmlns:prA="uri:a" xmlns:prB=
"uri:b"/>
```

In Tabelle 6.6 sehen Sie die Rückgabewerte einiger Methoden im zugehörigen `START_ELEMENT`- und `END_ELEMENT`-Zustand.

Zustand	START_ELEMENT	END_ELEMENT
`getLocalName()`	`someElement`	`someElement`
`getPrefix()`	`prA`	`prA`
`getNamespaceURI()`	`uri:a`	`uri:a`
`getNamespaceCount()`	`3`	`3`
`getNamespaceURI(0)`	`uri:def`	`uri:def`
`getPrefix(0)`	`null`	`null`
`getNamespaceURI(1)`	`uri:a`	`uri:a`
`getPrefix(1)`	`prA`	`prA`

Tabelle 6.6 Beispiel für Namensraumabfragemethoden

Zustand	START_ELEMENT	END_ELEMENT
getNamespaceURI(2)	uri:b	uri:b
getPrefix(2)	prB	prB

Tabelle 6.6 Beispiel für Namensraumabfragemethoden (Forts.)

Sie sehen hier eine Mischung aus Abfragemethoden, die den Elementnamen betreffen (die oberen drei), und solchen, die Namensraumbindungen betreffen (die unteren sechs). Zunächst fällt dabei auf, dass alle Methoden unabhängig vom Zustand dieselben Werte zurückgeben. Dies ist logisch, da sich zum einen an den Namensinformationen eines öffnenden und des zugehörigen schließenden Elements nichts ändert und zum anderen die von einem öffnenden Element begonnenen Präfixbindungen immer bei dessen schließendem Gegenstück außer Kraft treten. Außerdem sehen Sie, wie die Namensinformationen im Einzelnen aussehen. Da das Element das Präfix `prA` hat, liegt es in dem Namensraum, an den dieser gerade gebunden wird, also `uri:a`. Es fällt auch auf, dass bei den in bzw. außer Kraft tretenden Namensraumbindungen neben `prA` und `prB` auch `null` enthalten ist. Das bedeutet, dass hier der Default-Namensraum geändert wurde.

Abfragemethoden für Processing Instructions

Ist das aktuelle Event vom Typ `PROCESSING_INSTRUCTION`, so können Sie über die Methoden `getPITarget()` und `getPIData()` das Ziel und den Datenteil der Processing Instruction abfragen:

```
<?someTarget data="content"?>
```

Hier liefert die Methode `getPITarget()` das Ergebnis `someTarget` und die Methode `getPIData()` das Ergebnis `data="content"`. In anderen Zuständen sind die beiden Methoden natürlich nicht erlaubt.

Die Bausteintypen ATTRIBUTE und NAMESPACE

Die Bausteintypen `ATTRIBUTE` und `NAMESPACE` gibt es zwar in Form von Konstanten in `XMLStreamConstants`, doch können sie nicht als eigene Events auftreten, da sie immer an ein öffnendes oder schließendes Element gebunden sind.

Zusammenfassung

Sie haben nun alle Methoden des Interfaces `XMLStreamReader` sowie ihre Bedeutung und Funktion kennengelernt. Vielleicht ist Ihnen dabei an der einen oder anderen Stelle die Verwandtschaft der Cursor-API zu SAX ein bisschen aufgefallen. Wie Sie gesehen haben, ist der Umgang mit den verschiedenen Methoden nicht zuletzt durch ihre teilweise Mehrdeutigkeit ein bisschen gewöhnungsbedürftig, doch sollten Sie mit Hilfe von Tabelle 6.4 wenig Probleme damit haben.

6.6.2 Serialisieren mit der Cursor-API über den XMLStreamWriter

In diesem Abschnitt möchten wir Ihnen nun das Gegenstück zum Interface `XMLStreamReader` vorstellen, nämlich `XMLStreamWriter`. Wie Sie aus Abschnitt 6.4.3 schon wissen, repräsentiert dieses Interface in StAX Instanzen, mit denen Sie Dokumente serialisieren können. Ganz dem Streaming-Konzept folgend, bietet es Methoden an, mit denen Sie bestimmte Bausteine eines XML-Dokuments in die Ausgabe einfügen können. Diese Methoden bilden eine Abstraktion der XML-Syntax, was bedeutet, dass Sie sich keine Gedanken über <- oder >-Zeichen oder die Syntax von Attributen oder Namensraumdeklarationen machen müssen. Stattdessen geben Sie dem Serializer Kommandos der Form »schreibe einen Elementbeginn« oder «schreibe eine Processing Instruction«.

Wie Sie gleich sehen werden, haben Sie mit `XMLStreamReader` bereits das komplizierteste Element aus der StAX-API hinter sich gebracht, denn der Aufbau von `XMLStreamWriter` gestaltet sich wesentlich klarer und ist intuitiver zu verstehen. Das liegt daran, dass es hier keine mehrdeutigen Methoden mehr gibt, dafür für jeden Bausteintyp eine `writeXXX()`-Methodengruppe mit einheitlichem Namen (z. B. gibt es drei Überladungen von `writeStartElement()` und zwei von `writeCharacters()`). Wir werden Ihnen im Folgenden nun jede dieser Gruppen sowie die wenigen allgemeinen Methoden des Interfaces vorstellen, Ihnen die Besonderheiten erklären und natürlich ein abschließendes Beispiel geben.

[»]

Hinweis

Zu Beginn gleich noch eine wichtige Information: Wenn Sie mit einem `XMLStreamWriter` ein XML-Dokument serialisieren wollen, werden dabei spezifikationsgemäß kaum Validierungsprüfungen, wie z. B. auf Wohlgeformtheit oder gegen eine Grammatik, durchgeführt. Es stehen Ihnen lediglich Methoden zur Verfügung, um die Dokumentbausteine in die Ausgabe zu schreiben. Ob das Ergebnis danach Sinn ergibt, liegt damit in Ihrem Verantwortungsbereich als Entwickler.

Allgemeine Methoden

getProperty(), close() und flush()

Es gibt gerade einmal drei Methoden in `XMLStreamWriter`, die keine bausteinspezifische Bedeutung haben: `close()`, `getProperty()` und `flush()`. Die ersten beiden kennen Sie bereits aus `XMLStreamReader`. Sie haben hier wie dort die gleiche Bedeutung, nämlich das Freigeben aller mit dem Serializer verbundenen Ressourcen bzw. das Abfragen von herstellerspezifischen Informationen aus der unterliegenden Implementierung. Die Methode `flush()` ist hingegen ein typischer Vertreter von Ausgabestrom-Objekten. Aufgrund besserer Performance werden die Ausgabedaten dort oft zunächst in einem Puffer gespeichert und dieser erst dann in einem Schub auf das Ausgabemedium geschrieben, wenn er voll wird. In manchen Situationen ist es jedoch erwünscht, diesen Schritt schon vorzeitig durchzuführen. Für diesen Zweck existiert `flush()` (was übrigens so viel bedeutet wie »hinunterspülen«).

[«]

Hinweis

Beachten Sie, dass laut Spezifikation die `close()`-Methoden nicht zwangsweise die Streamobjekte schließen müssen, auf denen der `XMLStreamWriter` die Bausteine ausgibt bzw. von denen der `XMLStreamReader` einliest. Die Methoden dienen lediglich dazu, eventuell belegte sonstige Ressourcen der StAX-Objekte freizugeben.

Namensraumverwaltung

Elemente und Attribute mit Namensraum

Wie Sie gleich sehen werden, gibt es für das Erzeugen von Elementen oder Attributen in einem Namensraum Methoden, die neben lokalem Namen und URI auch das Präfix erwarten. Da es allerdings lästig ist, immer das Präfix mit angeben zu müssen, gibt es auch Methoden ohne diesen dritten Parameter. Der `XMLStreamWriter` muss dann allerdings herausfinden, ob ein – und wenn ja, welches – Präfix dem Baustein zugeordnet werden muss.

Interne Namensraumverwaltung

Genau zu diesem Zweck verfügt ein `XMLStreamWriter` über eine interne »Namensraumdatenbank«, in der die Zuordnungen von Präfixen an Namensraum-URIs abgelegt sind. Für das Hinzufügen neuer Präfixbindungen sind dabei Sie zuständig, ihr Außerkrafttreten geschieht aber automatisch, wenn ein entsprechendes `END_ELEMENT` geschrieben wird und damit die Namensraumbindung ungültig wird.

Überraschend ist vielleicht, dass diese interne Verwaltung standardmäßig nicht dafür sorgt, dass in die Ausgabe die entsprechenden `xmlns:xzy`-Attribute für die Präfixbindungen eingefügt werden. Wie Sie später aber noch sehen werden, gibt es hier aber eine optionale Hilfsfunktion.

setNamespaceContext() und getNamespaceContext()

Zur Verwaltung der Präfixbindungen bietet der `XMLStreamWriter` insgesamt fünf Methoden an. Die ersten beiden sind `setNamespaceContext()` und `getNamespaceContext()`, mit denen Sie der Implementierung ein Objekt vom Typ `NamespaceContext` übergeben bzw. abfragen können. Dieser Typ ist uns schon mehrfach begegnet: Er kapselt eine beliebige Zahl von Präfixbindungen in einem einzelnen Informationsobjekt. Die entsprechende Getter-Methode kennen Sie schon von `XMLStreamReader` mit gleicher Funktion. Neu ist allerdings die Setter-Methode: Damit können Sie zu Beginn eines Dokuments (und nur dort!) eine anfängliche Namensraumkonfiguration vorgeben. Andernfalls existieren zunächst keine Bindungen von Beginn an, und Sie müssen diese erst mit den anderen Methoden zur Namensraumverwaltung hinzufügen.

getPrefix(), setPrefix() und setDefaultNamespace()

Das bringt uns direkt zu den restlichen drei Methoden `setPrefix()`, `setDefaultNamespace()` und `getPrefix()`. Davon ist letztere am einfachsten zu erklären: Sie liefert zu einem gegebenen Namensraum-URI das dazugehörende Präfix (oder `null`, falls keine Bindung existiert). Die anderen beiden fügen ab dem nächsten Elementbeginn eine neue Namensraumbindung ein, die automatisch wieder beendet wird, wenn dieses Element geschlossen wird. Sie sollten also immer vor dem Erzeugen des Elements oder Attributs vorher die dafür benötigte Präfixbindung anmelden, da ansonsten eine `XMLStreamException` auftreten kann. Der Unterschied der beiden Methoden besteht darin, dass `setPrefix()`einen gegebenen Namensraum-URI an ein gegebenes Präfix bindet, während `setDefaultNamespace()` den aktuellen Default-Namensraum (also den ohne Präfix) deklariert. Beide Methoden wirken sich direkt auf das `NamespaceContext`-Objekt aus, das mit `getNamespaceContext()` abgefragt werden kann.

Mehr Details zum Umgang mit Namensräumen finden Sie in den nun folgenden Abschnitten.

Generierung von Dokumentbeginn und Dokumentende

writeStartDocument()

Es gibt insgesamt drei Methoden `writeStartDocument()`, um den Dokumentbeginn, also die XML-Deklaration, in die Ausgabe zu schreiben. Die parameterlose Version generiert die Ausgabe für die XML-Version »1.0«, schreibt also folgende Ausgabe:

```
<?xml version="1.0"?>
```

Die zweite Variante macht dasselbe, lässt sich aber die Versionsnummer in Form eines `Strings` als Parameter übergeben (Achtung: Dieser wird nicht geprüft; Sie könnten hier also auch irgendeinen unsinnigen Text übergeben). Die dritte erwartet einen weiteren Parameter für die Zeichencodierung und erzeugt dementsprechend die folgende Ausgabe:

```
<?xml version="[Version]" encoding="[Codierung]"?>
```

writeEnd-Document()

Das Gegenstück zu `writeStartDocument()` bildet die Methode `writeEndDocument()`. Vielleicht wundern Sie sich nun, wozu dies gut sein soll, denn es gibt in XML keine besondere Zeichenfolge, die ein Dokument abschließt, da es mit dem Schließen des Wurzelelements endet. Aus diesem Grunde dient `writeEndDocument()` nur dazu, für alle offenen Elemente in der richtigen Reihenfolge das schließende Element in die Ausgabe zu schreiben (also `</ElementName>`), so dass das Dokument danach wohlgeformt ist. Dabei ist zu beachten, dass der Serializer nicht prüft, ob Sie diesen Schritt vor dem Ende des Serialisierungsvorgangs durchführen. Wenn Sie also mitten im Dokument die Serialisierung beenden, ohne die offenen Elemente zu schließen oder `writeEndDocument()` aufzurufen, passiert rein gar nichts.

Generierung von öffnenden und schließenden Elementen

writeStart-Element()

Zum Schreiben eines öffnenden Elements existieren drei Methoden `writeStartElement()`. Die einfachste davon erwartet lediglich einen `String` mit dem lokalen Namen des zu schreibenden Elements. Der Serializer generiert dann folgende Ausgabe:

```
<elementName
```

Sollten Sie sich nun fragen, wo das abschließende >-Zeichen geblieben ist, bedenken Sie, dass der Serializer an dieser Stelle gar nicht wissen kann, ob er das abschließende Zeichen schon schreiben darf, denn es können selbstverständlich noch Namensraumdeklarationen oder Attribute folgen. Deshalb wird das fehlende Zeichen erst ergänzt, wenn in die Ausgabe etwas anderes als die beiden eben genannten Bausteine geschrieben wird.

Die zweite Variante von `writeStartElement()` erwartet zusätzlich zum lokalen Namen einen zweiten `String` mit einem Namespace-URI für das Element. An dieser Stelle kommt nun die zuvor beschriebene Namensraumverwaltung ins Spiel. Da Namensräume einem Element in XML über ein Präfix zugeordnet werden müssen, benötigt der Serializer Kenntnis über die vorhandenen Präfixbindungen, die Sie mit den oben gezeigten Methoden verwalten können.

Sollten Sie einen noch nicht registrierten Namensraum-URI übergeben, wirft der XMLStreamWriter standardmäßig eine XMLStreamException. Dieses Verhalten können Sie allerdings ändern: Wenn Sie auf der erzeugenden XMLOutputFactory die Property IS_REPAIRING_NAMESPACES setzen (siehe Abschnitt 6.5.2), erzeugt der XMLStreamWriter automatisch ein Präfix. Der dafür generierte Name dient aber nicht wirklich der Lesbarkeit des Dokuments, eignet sich also höchstens dann, wenn das Dokument von einer anderen Software geparst und nicht von Menschen gelesen werden muss.

Als alternative Möglichkeit können Sie die dritte Überladung von writeStartElement() benutzen. Sie erwartet das Präfix als zusätzlichen dritten Parameter. Die Funktionalität ist dabei ähnlich wie in der Variante mit zwei Parametern, jedoch wird hier gleichzeitig mit der Generierung der Ausgabe die entsprechende Präfixbindung im XMLStreamWriter registriert. Dadurch weiß der Serializer also automatisch, welches Präfix er zu dem Namensraum-URI generieren soll – auch in Kindelementen des gerade generierten. Es ist also sozusagen ein impliziter Aufruf von setPrefix() integriert.

[»]

Hinweis

Wenn Sie mit writeStartElement() den Default-Namensraum vorgeben möchten, setzen Sie einfach für das Präfix den leeren String (nicht null) ein, also z. B. mit folgendem Aufruf: writer.writeStartElement("", "elementName", "default:URI");. Dieser schreibt <elementName in die Ausgabe und bindet den Default-Namensraum an den URI default:URI.

Auf den ersten Blick könnte man meinen, dass die beiden folgenden Aufrufe dieselbe Funktionalität haben:

```
// Variante 1:
writer.writeStartElement("prefix", "elementName",
   "some:URI");

// Variante 2:
writer.setPrefix("prefix", "some:URI");
writer.writeStartElement("some:URI", "elementName");
```

Dies ist jedoch nicht der Fall, denn in Variante 1 gilt die Bindung nur innerhalb des eben öffnenden <elementName>-Elements. In Variante 2 jedoch wird setPrefix() noch vor dem Schreiben des neuen Elementbeginns aufgerufen, weshalb die Präfixbindung im Gültigkeitsbereich des darüberliegenden Elements angelegt wird. Wenn Sie also das

<elementName>-Element wieder schließen, ist in Variante 1 die Bindung verfallen, während sie in Variante 2 noch immer gilt. Deshalb empfehlen wir Ihnen Variante 1 als bessere Wahl, da sie weniger Verwirrung stiftet.

[×]

Achtung

Achten Sie bei der Verwendung der `writeStartElement()`-Methoden auf deren inkonsequente Parameterreihenfolge. Denn während die Drei-Parameter-Variante nach dem Präfix zuerst den Elementnamen und dann den URI erwartet, muss bei der Zwei-Parameter-Variante zuerst der URI und dann erst der Name angegeben werden.

writeEndElement()

Relativ unspektakulär ist die Methode zum Schließen eines offenen Elements: `writeEndElement()`. Sie schreibt automatisch mit der richtigen Präfixangabe das entsprechende schließende Element (also zum Beispiel `</elementName>`) in die Ausgabe.

writeEmptyElement()

Schließlich bietet der `XMLStreamWriter` noch eine dritte Methodengruppe zum Schreiben von Elementen in die Ausgabe. Diese ist extra für Elemente ohne Inhalt gedacht (also nur mit Attributen und gegebenenfalls Namensraumdeklarationen). Die Methoden haben den Namen `writeEmptyElement()`, und es gibt sie in den drei selben Varianten wie `writeStartElement()`. Der einzige Unterschied ist natürlich, dass Sie sich damit den Aufruf von `writeEndElement()` sparen:

```
Aufruf: writer.writeEmptyElement("foo");
Ausgabe: <foo/>
```

Generierung von Attributen

writeAttribute()

Zur Generierung von Attributen in der Ausgabe gibt es drei Methoden `writeAttribute()`, deren Varianten vom Prinzip denen von `writeStartElement()` entsprechen: Sie können ein Attribut unter ausschließlicher Angabe des lokalen Namens oder unter zusätzlicher Angabe eines Namespace-URI erstellen, wobei auch hier wieder das Präfix anhand einer dem Serializer bekannten Präfixbindung generiert wird. Ebenso ist es wieder möglich, direkt URI und Präfix mit anzugeben. Alle drei Methoden verfügen außerdem über einen Parameter für den Wert, der dem Attribut zugewiesen werden soll, weshalb es also eine Methode mit zwei, eine mit drei und eine mit vier Parametern gibt (jeweils `String`s).

Jede `writeAttribute()`-Methode darf natürlich nur in bestimmten Zuständen aufgerufen werden, nämlich nach einem Elementbeginn und vor dessen Abschluss durch das >-Zeichen. Das heißt also, dass nach dem Beginn entweder noch nichts oder eine beliebige Anzahl von anderen Attributen oder Namensraumdeklarationen geschrieben werden darf, ansonsten würde eine `IllegalStateException` geworfen.

Die `writeAttribute()`-Methoden sorgen automatisch dafür, dass die vier kritischen Sonderzeichen im Attributwert (<, >, & und ") automatisch durch die entsprechenden Entity-Referenzen (`<`, `>`, `&` und `"`) ersetzt werden. So generiert z. B. folgender Aufruf folgende Ausgabe:

```
Aufruf: writeAttribute("attr", "<Test> & \"Text\"")
Ausgabe: attr="&lt;Test&gt; &amp; &quot;Text&quot;"
```

Generierung von Namensraumdeklarationen

Wir hatten Ihnen ja schon angedeutet, dass das Registrieren einer Präfixbindung oder Namensraumdeklaration mit `setPrefix()` oder `setDefaultNamespace()` noch keine entsprechenden `xmlns:xyz`-Attribute in der Ausgabe einfügt. Um dies manuell erledigen zu können, gibt es die beiden Methoden `writeNamespace()` und `writeDefaultNamespace()`, die aber logischerweise beide nur direkt in einem öffnenden Element aufgerufen werden dürfen.

writeNamespace()

Die erste erwartet Präfix und Namensraum-URI als `Strings` und fügt einem bestehenden öffnenden Element (z. B. `<elementName`) die Zeichenfolge `xmlns:[Präfixname]="[Namensraum-URI]"` hinzu. Dabei findet keinerlei Gegenprüfung zu den im `XMLStreamWriter` verwalteten Präfixbindungen statt. Beide Aufgabenbereiche funktionieren also vollkommen unabhängig voneinander, und Sie müssen sich selbst um deren konsistente Verwendung kümmern. Wenn Sie also über die Methode `setPrefix()` oder die Drei-Parameter-Variante von `writeStartElement()` oder `writeEmptyElement()` eine neue Präfixbindung einführen, sollten Sie immer auch mit `writeNamespace()` die Namensraumdeklaration in das öffnende Element schreiben, um sicherzustellen, dass das Ausgabedokument konsistent ist:

```
// Variante 1
writer.writeStartElement(
   "prefix", "elementName","some:URI");
writer.writeNamespace("prefix", "some:URI");
// Ausgabe: <prefix:elementName xlmns:prefix="some:URI"

// Variante 2
writer.setPrefix("prefix", "some:URI");
```

```
writer.writeStartElement("some:URI", "elementName");
writer.writeNamespace("prefix", "some:URI");
// Ausgabe: <prefix:elementName xmlns:prefix="some:URI"
```

writeDefaultNamespace()

Die Methode `writeDefaultNamespace()` schreibt die Deklaration für den Default-Namespace in die Ausgabe, also die Zeichenkette `xmlns="[Namensraum-URI]"`.

Generierung von Textabschnitten

writeCharacters()

Um in das Dokument Textabschnitte einfügen zu können, gibt es zwei Methoden `writeCharacters()`. Die eine erwartet den einzufügenden Text einfach als `String`. Die andere bildet quasi das Gegenstück zu den Methoden `getTextCharacters()`, `getTextStart()` und `getTextLength()` aus dem Interface `XMLStreamReader`, dient also dem etwas performanteren Arbeiten auf `char`-Array-Ebene. Werfen Sie dazu zunächst einen Blick auf Abbildung 6.5.

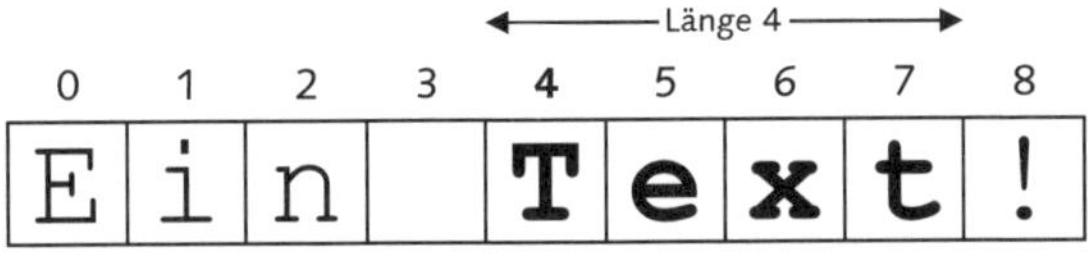

Abbildung 6.5 Prinzip der zweiten Überladung von writeCharacters()

Dort ist ein `char`-Array mit dem Inhalt `Ein Text!` aufgezeichnet. Mit der Überladung von `writeCharacters()` fügen Sie aus diesem nun auf einfache Weise eine beliebige Teilsequenz in die Ausgabe des `XMLStreamWriters` ein, indem Sie den Startindex im Quell-Array und die Textlänge angeben. Für die Teilsequenz `Text` sähe der Aufruf also folgendermaßen aus:

```
writeCharacters([Char-Array], 4, 4);
```

Die `writeCharacters()`-Methoden generieren automatisch für die drei kritischen Sonderzeichen in Textabschnitten (`<`, `>` und `&`) die entsprechenden Entity-Referenzen (`<`, `>` und `&`). So erzeugt beispielsweise folgender Aufruf folgende Ausgabe:

```
Aufruf: writeCharacters("<someElement> & someText");
Ausgabe: &lt;someElement&gt; &amp; someText
```

Generierung von CDATA-Abschnitten

writeCData()

Die Generierung von CDATA-Abschnitten gestaltet sich sehr simpel: Hierfür gibt es einfach eine Methode `writeCData()`, die den Inhalt des Abschnitts als `String` erwartet, diesen in der Ausgabe übernimmt, jedoch die Zeichenfolge <![CDATA[voranstellt und die Zeichenfolge]]> anhängt. Sonderzeichen werden dabei nicht maskiert:

```
Aufruf: writeCData("<someElement> & someText");
Ausgabe: <![CDATA[<someElement> & someText]]>
```

Generierung von Kommentaren

writeComment()

Ähnlich einfach ist auch die Erzeugung von XML-Kommentaren. Dafür gibt es die Methode writeComment(), die dem übergebenen String in der Ausgabe die Zeichenfolge <!-- voranstellt und die Folge --> anhängt:

```
Aufruf: writeComment("Kommentar");
Ausgabe: <!--Kommentar-->
```

Generierung von Entity-Referenzen

writeEntityRef()

Entity-Referenzen werden mit writeEntityRef() erzeugt. Diese Methode stellt dem übergebenen Namen ein &-Zeichen voran und hängt ein ; an.

```
Aufruf: writeEntityRef("reference");
Ausgabe: &reference;
```

Generierung von Processing Instructions

writeProcessingInstruction()

Für die Generierung von Processing Instructions gibt es zwei Methoden writeProcessingInstruction(). Die eine erwartet nur einen Parameter, nämlich die Zielapplikation der Anweisung, die andere zusätzlich einen Datenteil, der getrennt durch ein Leerzeichen einfach an den Zielteil angehängt wird. Beide Methoden stellen der Ausgabe die Zeichenfolge <? voran und hängen hinten die Folge ?> an:

```
Aufruf: writeProcessingInstruction("target");
Ausgabe: <?target?>

Aufruf: writeProcessingInstruction("target", "data");
Ausgabe <?target data?>
```

Generierung von internen DTDs

writeDTD()

Interne DTDs werden mit der Methode writeDTD() erzeugt. Diese erwartet einen String und übernimmt ihn ohne Veränderung in die Ausgabe. Damit unterscheidet sich die Methode in einem Merkmal von writeCharacters(), da dort, wie Sie wissen, bestimmte Sonderzeichen automatisch in entsprechende Entity-Referenzen aufgelöst werden.

Zusammenfassung

Damit haben wir Ihnen nun schon alle Methoden der Interfaces `XMLStreamWriter` vorgestellt. Wie Sie selbst sehen konnten, ist die Funktionalität sehr einfach gehalten und primär darauf ausgelegt, ein Hilfsmittel zur einfacheren Generierung von XML-Dokumenten zu haben. Vergessen Sie deshalb nicht, dass Sie sich (z. B. im Bereich der Namensraumdeklarationen) immer noch um sehr vieles selbst kümmern müssen, vor allem, da das Dokument nicht automatisch auf korrektes Format überprüft wird.

6.7 Die Event-Iterator-API im Detail

Das Iterator-Prinzip

Nachdem Sie die spezifischen Bausteine der Cursor-API kennengelernt haben, stellen wir Ihnen nun die Event-Iterator-API etwas näher vor. Das Grundprinzip haben wir Ihnen ja bereits in Abschnitt 6.3.2 erläutert: die API legt sozusagen eine weitere Abstraktionsschicht über die Cursor-API, indem sie alle Information zu den Bausteinen in spezifische Objekte kapselt. Der Parser arbeitet dann als *Iterator* über diese Bausteinobjekte, liefert also eines nach dem anderen in der Reihenfolge wie im Dokument zurück.

Event-Typen

Damit das Iterator-Prinzip angewendet werden kann, muss für die Elemente, die vom Parser geliefert (und vom Serializer geschluckt) werden, ein eigener Java-Typ eingeführt werden. Bei der Java-Collection-API ist dieser Typ einfach `Object` (bzw. ab Java 5 ein Typparameter), bei der Event-Iterator-API gibt es dafür das schon mehrfach erwähnte Interface `XMLEvent`. Damit Sie nun zwischen den verschiedenen Bausteintypen eines Dokuments unterscheiden können, gibt es für jeden davon ein eigenes Interface, das von `XMLEvent` abgeleitet ist.

Das Package javax.xml.stream.events

Alle diese Interfaces befinden sich zusammen im Package `javax.xml.stream.events`, das einen Teil der Event-Iterator-API darstellt und das wir Ihnen im kommenden Abschnitt zuerst vorstellen werden.

XMLEventFactory und ihre Factory-Methoden

Wenn Sie nun mit einer konkreten Implementierung arbeiten und Instanzen der verschiedenen Bausteine erstellen wollen, benötigen Sie dafür bekanntlich die `XMLEventFactory` (siehe Abschnitt 6.5.3). In diesem Abschnitt stellen wir Ihnen nun auch die bisher noch nicht behandelten bausteinspezifischen Factory-Methoden vor. Einige davon werden Ihnen aber vielleicht etwas unbrauchbar vorkommen, doch dürfen Sie nicht vergessen, dass nicht nur Sie die `XMLEventFactory` zum Serialisieren von Dokumenten einsetzen, sondern natürlich auch der Parser der Event-Iterator-API, um Ihnen die entsprechenden `XMLEvent`-Instanzen zurückgeben zu können. Generell muss natürlich jede Information, die Ihnen ein `XMLEvent` über eine seiner Getter-Methoden zur Verfügung stellen kann, diesem umgekehrt bei der Erzeugung durch mindestens eine Factory-Methode auch mitgegeben werden können. Wie Sie gleich sehen werden, ist dies natürlich auch so umgesetzt.

Die Interfaces XMLEventReader und XMLEventWriter

Nach den Baustein-Interfaces folgen noch die Parser- und Serializer-Interfaces `XMLEventReader` und `XMLEventWriter`, auf die wir in diesem Abschnitt etwas detaillierter eingehen werden.

6.7.1 Die Baustein-Interfaces

Das Interface `XMLEvent` sowie seine bausteinspezifischen Ableitungen befinden sich allesamt in einem eigenen Java-Package: `javax.xml.stream.events`. In Abbildung 6.6 sehen Sie eine Übersicht über die entsprechenden Methoden in Form eines kleinen UML-Diagramms.

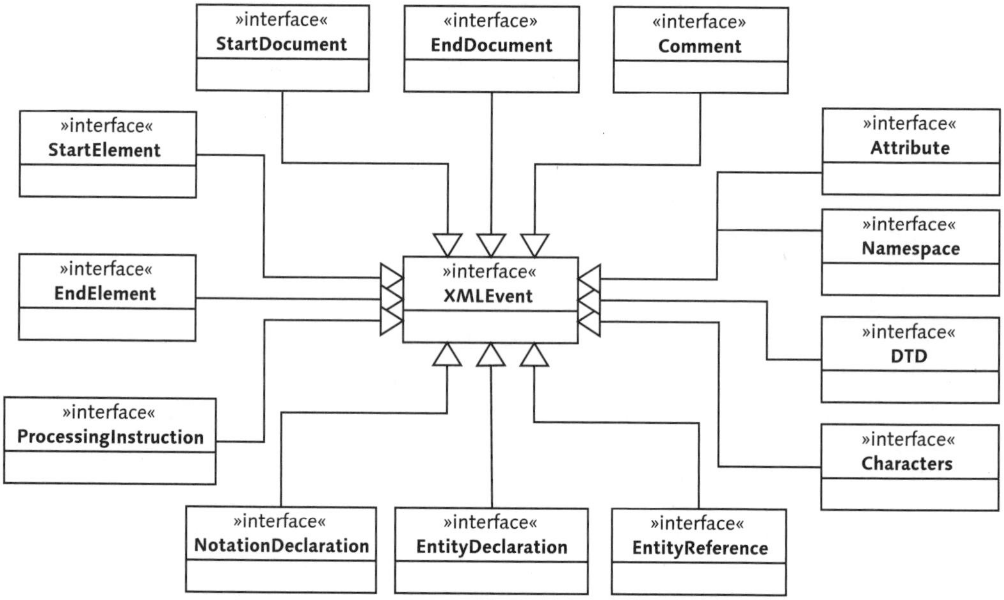

Abbildung 6.6 Das Package javax.xml.stream.events

Wie Sie dort erkennen, sind Ihnen 11 der 13 Baustein-Interfaces bereits aus der Cursor-API bekannt, zwar nicht als Java-Typen, aber als die verschiedenen Konstanten aus dem Interface `XMLStreamConstants`, die Sie mit dem Ergebnis der Methoden `next()` und `getEventType()` des Parsers vergleichen können, um festzustellen, über welchem Baustein sich der Cursor gerade befindet. Es gibt allerdings zwei »Neulinge«, die kein Pendant dort haben, nämlich die beiden Interfaces `EntityDeclaration` und `NotationDeclaration`. Wie Sie noch sehen werden, finden sie Anwendung bei der Arbeit mit DTDs.

Dieser Abschnitt stellt Ihnen nun nach der Reihe alle Interfaces, deren Eigenschaften und die zugehörigen Factory-Methoden aus der `XMLEventFactory` vor.

Die Mutter aller XML-Bausteine: das Interface XMLEvent

Das allen Bausteinen gemeinsame Basis-Interface `XMLEvent` definiert zahlreiche allgemeine Methoden, von denen ein Großteil der Abfrage des Event-Typs dient. Zwar können Sie dies natürlich auch über den `instanceof`-Operator machen, doch ist es bequemer, wenn Sie das Objekt direkt per Methodenaufruf über seinen Typ befragen können. Die erste dieser Methoden ist Ihnen bereits hinreichend bekannt, z. B. aus dem `XMLStreamReader`: `getEventType()`. Sie hat die gleiche Funktion wie ihr Namenskollege, nämlich die Rückgabe eines `int`-Wertes, den Sie mit den Konstanten aus `XMLStreamConstants` vergleichen können, um den Bausteintyp zu erfahren. Alle anderen Typüberprüfungsmethoden geben Ihnen Auskunft, *ob* das `XMLEvent` ein bestimmter Bausteintyp ist. Alle haben den Rückgabetyp `boolean`, und ihre Namen lauten immer `isXXX()`, wobei Sie für `XXX` nur den Namen des entsprechenden Baustein-Interfaces einsetzen müssen (also z. B. `isStartDocument()`, `isCharacters()`, `isProcessingInstruction()`). Es gibt sie für alle Event-Typen außer `EntityDeclaration`, `NotationDeclaration`, `Comment` und `DTD`. Hier ein kurzes Beispiel zum Gebrauch der Methoden:

```
// Gebrauch von getEventType()
XMLEvent event = ...;
switch(event.getEventType())
{
   case XMLStreamConstants.START_ELEMENT:
      // irgendetwas machen
   case XMLStreamConstants.CHARACTERS:
      // irgendetwas anderes machen
}

// Gebrauch von isXXX()
XMLEvent event = ...;
if(event.isStartElement())
{
```

```
    // irgendetwas machen
}
else if(event.isCharacters())
{
    // irgendetwas anderes machen
}
else if(event.isEndElement())
{
    ...
}
```

Die Konvertierungsmethoden asXXX()

Wie auch schon aus dem Einführungsbeispiel bekannt, gibt es außerdem für die drei wichtigsten Bausteintypen `StartElement`, `EndElement` und `Characters` Konvertierungsmethoden; sie wandeln das `XMLEvent` in ein Objekt des gewünschten Bausteintyps um, ohne dass Sie einen Typecast durchführen müssen. Das funktioniert aber natürlich nur, wenn das Objekt tatsächlich den richtigen Typ hat, ansonsten wird eine `ClassCastException` geworfen. Die Namensgebung ist ähnlich wie bei den Typabfragemethoden, nur dass immer ein `as` vorangestellt wird. Der Rückgabetyp ist natürlich der des gewünschten Bausteins:

```
XMLEvent event = ...;
if(event.isStartElement())
{
    StartElement start = event.asStartElement();
    // anstatt: StartElement start =
    //              (StartElement)event;
}
else if(event.isCharacters())
{
    Characters chars = event.asCharacters();
    // anstatt: Characters chars = (Characters)event;
}
```

writeAsEncodedUnicode(), getLocation() und getSchemaType()

Ansonsten gibt es drei weitere Methoden, die im Interface `XMLEvent` definiert sind: `getLocation()`, `writeAsEncodedUnicode()`und `getSchemaType()`. Davon ist die erste – `getLocation()` – allerdings die einzige, die Sie manchmal benötigen könnten, die anderen beiden sind nur in Spezialfällen brauchbar.

`getLocation()` kennen Sie schon vom Interface `XMLStreamReader` (siehe Abschnitt 6.6.1). Sie gibt Ihnen ein Objekt vom Typ `Location` zurück, das Informationen darüber enthält, wo das aktuelle Event im Dokument liegt.

Die zweite Methode, `getSchemaType()`, ist optional, muss also von StAX-Implementierungen nicht unterstützt werden. Wenn dem XML-Dokument ein XML Schema als Grammatik zugrunde liegt, könnten Sie hiermit den internen Schematyp für Elemente oder Attribute in Form eines `QName`-Objekts abfragen.

`writeAsEncodedUnicode()` ist schließlich nur für den internen Gebrauch von Implementierungen gedacht und sollte nicht vom Anwender aufgerufen werden.

Damit haben Sie bereits alle Methoden von `XMLEvent` kennengelernt. Wie Sie nun gleich sehen werden, ist der Aufbau der davon abgeleiteten Interfaces sehr einfach. Es kommen lediglich jeweils ein paar Getter-Methoden hinzu, die für das Event spezifisch sind. Weil es außerdem sehr große Ähnlichkeiten mit der Cursor-API gibt, werden wir Ihnen diese Interfaces nur »im Schnelldurchlauf« vorstellen.

Attribute und das Interface Attribute

Das erste Baustein-Interface, auf das wir einen Blick werfen, heißt `Attribute`. Zu Ihrer wohl großen Überraschung repräsentiert es Attribut-Deklarationen. Ein `Attribute` verfügt über vier Eigenschaften, die über entsprechende Getter-Methoden abgefragt werden können:

- `getName()` liefert ein Objekt vom Typ `QName`, das den qualifizierten Namen des Attributs enthält.
- `getValue()` liefert den Wert des Attributs in Form eines `String`-Objekts.
- `isSpecified()` liefert einen booleschen Wert, der anzeigt, ob das Attribut im Dokument explizit angegeben wurde oder ob es den durch eine Grammatik vorgegebenen Standardwert angenommen hat.
- `getDTDType()` liefert einen `String` mit dem Namen des DTD-Typs für das Attribut. Dies ist ein den meisten Fällen der Wert `CDATA`.

Factory-Methoden

Die `XMLEventFactory` bietet insgesamt drei Factory-Methoden `createAttribute()` an, mit denen Sie `Attribute`-Instanzen erzeugen können:

- Die erste erstellt ein einfaches Attribut ohne Präfix und erwartet zwei `Strings`, einen für den lokalen Namen, den anderen für den Attributwert.
- Die zweite erstellt ein Attribut mit Präfix und erwartet dementsprechend zusätzlich jeweils einen `String` für Präfix und URI.

- Die dritte Variante erwartet Präfix, URI und lokalen Namen in verpackt in einem `QName`-Objekt.

Wie Sie sehen, gibt es interessanterweise gar keine Möglichkeit, den DTD-Typ eines Attributs über die Factory anzugeben. Der Grund dafür ist uns leider nicht bekannt.

Namensraumdeklarationen und das Interface Namespace

Das Interface `Namespace` repräsentiert eine Namensraumdeklaration und verfügt über drei Eigenschaften mit zugehörigen Getter-Methoden:

- `getNamespaceURI()` liefert den Namensraum-URI der Namensraumdeklaration als `String`.
- `getPrefix()` liefert das Präfix der Namensraumdeklaration als `String`.
- `isDefaultNamespaceDeclaration()` gibt in Form eines booleschen Wertes Auskunft darüber, ob es sich bei dieser Namensraumdeklaration um die des Default-Namensraums handelt.

Factory-Methoden

Zur Erzeugung von Namespace-Instanzen gibt es insgesamt zwei Factory-Methoden `createNamespace()` auf der `XMLEventFactory`:

- Die eine erzeugt eine Deklaration des Default-Namensraums und erwartet dementsprechend nur einen `String` mit einem Namensraum-URI.
- Die andere erzeugt eine Präfixdeklaration und erwartet also zusätzlich einen `String` mit dem Präfix.

Textbausteine und das Interface Characters

Für Textbausteine gibt es in StAX das Interface `Characters`. Es stellt vier Eigenschaften mit entsprechenden Getter-Methoden zu Verfügung:

- `getData()` liefert den Inhalt des Text-Bausteins als `String`.
- `isCData()` gibt in Form eines booleschen Wertes Auskunft darüber, ob die Textzeichen von einem CDATA-Abschnitt stammen.
- `isIgnorableWhiteSpace()` zeigt mit einem booleschen Wert an, ob der Textabschnitt laut einer vorliegenden Grammatik ignoriert werden kann.
- `isWhiteSpace()` informiert Sie in Form eines booleschen Wertes darüber, ob der Textabschnitt nur aus Leerräumen besteht. Diese Methode kann `true` zurückgeben, obwohl `isIgnorableWhiteSpace()` `false` zurückgibt, beispielsweise wenn keine Grammatik vorhanden ist.

Factory-Methoden

Zur Erzeugung von `Characters`-Instanzen gibt es insgesamt vier Factory-Methoden in der `XMLEventFactory`, allerdings diesmal mit verschiedenen Namen. Alle erwarten den Inhalt des Textabschnitts als `String`, jedoch werden im Resultat unterschiedliche Werte für die Abfragemethoden `isCData()`, `isWhiteSpace()` und `isIgnorableWhitespace()` der erzeugten Instanzen gesetzt. In Tabelle 6.7 sehen Sie eine kurze Übersicht, welche Methoden es gibt und welche Flags wann gesetzt werden.

Methode	isCData()	isWhiteSpace()	isIgnorable Whitespace()
`create Characters()`	`false`	`false`	`false`
`createSpace()`	`false`	`true`	`false`
`createIgnorable WhiteSpace()`	`false`	`true`	`true`
`createCData()`	`true`	`false`	`false`

Tabelle 6.7 Methoden zum Erzeugen von Textbausteinen

Kommentare und das Interface Comment

getText()

Das Interface `Comment` repräsentiert einen Kommentarbaustein und verfügt über eine Methode `getText()`, die Ihnen dessen Inhalt als `String` zurückgibt.

Factory-Methode

Erzeugt werden `Comment`-Instanzen mit der Methode `createComment()` der `XMLEventFactory`, die den Inhalt des Kommentars als `String` erwartet.

Der Dokumentbeginn und das Interface StartDocument

Das Interface `StartDocument` repräsentiert den Beginn des XML-Dokuments, also den XML-Header:

```
<?xml version="1.0" encoding="UTF-8" standalone="yes"?>
```

Es verfügt über insgesamt sechs Eigenschaften mit entsprechenden Auskunftsmethoden:

- `getCharacterEncodingScheme()` liefert den Wert des `encoding`-Attributs aus der XML-Deklaration des Dokuments in Form eines `Strings` zurück.
- `getVersion()` liefert den Wert des `version`-Attributs aus der XML-Deklaration des Dokuments in Form eines `Strings` zurück.

- `isStandalone()` liefert den Wert des `standalone`-Attributs aus der XML-Deklaration des Dokument in Form eines booleschen Werts zurück.
- `getSystemId()` liefert die System-ID der Dokumentquelle zurück. Ist diese unbekannt, wird ein leerer `String` zurückgegeben.
- `encodingSet()` gibt in Form eines booleschen Wertes Auskunft darüber, ob das `encoding`-Attribut in der XML-Deklaration des Dokuments explizit angegeben oder ob der Standardwert dafür eingesetzt wurde.
- `standaloneSet()` zeigt mit einem booleschen Wert an, ob das `standalone`-Attribut in der XML-Deklaration des Dokuments explizit angegeben oder ob der Standardwert dafür eingesetzt wurde.

Factory-Methoden

Zur Erzeugung von `StartDocument`-Instanzen gibt es insgesamt vier Factory-Methoden `createStartDocument()` in der `XMLEventFactory`:

- Die parameterlose Methode erzeugt den normalen XML-Header mit Version `1.0` und Encoding `UTF-8`.
- Die zweite erwartet das Encoding als `String`.
- Die dritte erwartet zusätzlich die Version als `String`.
- Die vierte erwartet zusätzlich die Standalone-Angabe als booleschen Wert.

Das Dokumentende und das Interface EndDocument

Das Interface `EndDocument` repräsentiert das Ende des Dokuments und stellt keinerlei zusätzliche Informationen zur Verfügung. Dementsprechend gibt es auch nur eine parameterlose Factory-Methode `createEndDocument()` dafür auf der `XMLEventFactory`.

Öffnende Elemente und das Interface StartElement

Für öffnende Elemente gibt es das Interface `StartElement`. Es verfügt über sechs Eigenschaften mit entsprechenden Gettern:

- `getName()` liefert Ihnen die Namensinformationen über das Element in Form eines `QName`-Objekts.
- `getNamespaceContext()` liefert Ihnen ein Objekt vom Typ `NamespaceContext`, mit dem Sie Informationen über die momentan gültigen Namensraum-Präfixbindungen abfragen können.

- getNamespaceURI() erwartet ein Präfix als String-Argument und gibt einen String mit dem momentan daran gebundenen Namensraum-URI zurück.
- getNamepaces() liefert ein Iterator-Objekt zurück, mit dem Sie über alle Namensraumdeklarationen in diesem Element iterieren können. Diese werden durch Namespace-Objekte repräsentiert.
- getAttributes() liefert ein Iterator-Objekt zurück, mit dem Sie über alle Attribute dieses Elements iterieren können. Diese werden durch Attribute-Objekte repräsentiert.
- getAttributeByName() liefert Ihnen ein gezielt gewünschtes Attribut dieses Elements in Form eines Attribute-Objekts. Dazu müssen Sie der Methode ein Argument vom Typ QName übergeben, das das gewünschte Attribut namentlich identifiziert.

Factory-Methoden

Zur Erzeugung StartElement-Instanzen gibt es vier Factory-Methoden createStartElement() auf der XMLEventFactory:

- Die erste erwartet Präfix, Namensraum-URI und Name des Elements jeweils als String.
- Die zweite erwartet zusätzlich zwei Instanzen von Iterator. Die erste davon muss die Attribute für das Element als Attribute-Instanzen liefern, der zweite die Namensraumdeklarationen des Elements als Namespace-Instanzen.
- Die dritte Methode gleicht der zweiten, aber erwartet statt der drei Strings für Präfix, Namensraum-URI und Name des Elements ein Objekt vom Typ QName.
- Die vierte Methode ist ebenfalls eine Abwandlung der zweiten, nur dass sie zusätzlich die gültigen Namensraumdeklarationen in Form eines NamespaceContext-Objekts entgegennimmt. Ein Pendant dazu mit einem QName-Objekt statt der drei Strings gibt es interessanterweise nicht.

Schließende Elemente und das Interface EndElement

Ein schließendes Element wird repräsentiert durch Instanzen des Interface-Typs EndElement. Über entsprechende Getter können Sie dort zwei Eigenschaften abfragen:

- getName() hat dieselbe Funktion wie die gleichnamige Methode von StartElement, nämlich den qualifizierten Namen des gerade geschlossenen Elements zurückzugeben.

- getNamepaces() liefert ähnlich wie die gleichnamige Methode von StartElement einen Iterator mit Namespace-Objekten zurück, nur dass es sich dabei diesmal um diejenigen Namensraumbindungen handelt, die mit dem Schließen des Elements außer Kraft treten.

Factory-Methoden

Die XMLEventFactory bietet drei Factory-Methoden createEndElement() an, mit denen Sie EndElement-Instanzen erzeugen können:

- Die erste erwartet Präfix, Namensraum-URI und Name des Elements jeweils als String.
- Die zweite erwartet zusätzlich ein Objekt vom Typ Iterator, das die mit dem schließenden Element auslaufenden Namensraumbindungen in Form von Namespace-Instanzen liefert.
- Die dritte Methode ist wie die zweite, nur erwartet sie statt der drei Strings für Präfix, Namensraum-URI und Name des Elements ein Objekt vom Typ QName.

Processing Instructions und das Interface ProcessingInstruction

Das Interface ProcessingInstruction repräsentiert logischerweise eine Processing Instruction. Es definiert die folgenden beiden Eigenschaften mit zugehörigen Getter-Methoden:

- getTarget() liefert Ihnen das Ziel der Processing Instruction in Form eines Strings.
- getData() liefert Ihnen den damit verbundenen Datenteil in Form eines Strings. Ist im Dokument kein solcher vorhanden, wird null zurückgeliefert.

Factory-Methode

Für die Erzeugung von ProcessingInstruction-Instanzen stellt die XMLEventFactory eine Methode createProcessingInstruction() zur Verfügung, die den Ziel- und den Datenteil jeweils als String erwartet.

Notation Declarations und das Interface NotationDeclaration

Das Thema »Notation Declarations« ist sehr komplex und baut außerdem auf der veralteten DTD-Technologie auf. Wenn Sie also nicht mit DTDs und *externen ungeparsten Entities* arbeiten, können Sie diesen Abschnitt ohne Bedenken überspringen.

Das Interface NotationDeclaration verfügt über kein Gegenstück aus der Cursor-API. Wie das gleich vorgestellte Interface EntityDeclaration wird es benötigt, um zusätzliche Informationen für *externe ungeparste Entities* bereitzustellen, also Entities, die außerhalb des geparsten XML-

Dokuments *im Binärformat* vorliegen. Über Notationen kann der Parser der Anwendung nähere Informationen über diese Binärdaten (z. B. den MIME-Type) mitteilen. Sie werden folgendermaßen innerhalb einer DTD deklariert:

```
<!NOTATION jpeg SYSTEM "image/jpeg">
<!NOTATION gif  SYSTEM "image/gif">
```

Auf die so definierten Notationen kann dann innerhalb von Entity-Deklarationen (siehe nächster Abschnitt) über das Schlüsselwort `NDATA` verwiesen werden:

```
<!ENTITY  pic1
   SYSTEM "http://someserver.de/pic1.jpg"
   NDATA  jpeg>
<!ENTITY  pic2
   SYSTEM "http://someserver.de/pic2.gif"
   NDATA  gif>
```

Im Dokument kann auf solche Entities allerdings nicht über die normale Vorgehensweise durch die Angabe von `&Name;` verwiesen werden, sondern nur über ein Elementattribut mit dem DTD-Typ `ENTITY`, das Sie nach folgenden Prinzip deklarieren müssen:

```
<!ELEMENT picture EMPTY>
<!ATTLIST picture ref ENTITY #REQUIRED>
```

Im Dokument wird dann als Attributwert der Name der externen ungeparsten Entity angegeben:

```
<location name="Hamburg">
   <text>Die Stadt Hamburg ist...</text>
   <picture ref="pic1"/>
</location>
<location name="Berlin">
   <text>In Berlin haben Sie ...</text>
   <picture ref="pic2"/>
</location>
```

Ein `NotificationDeclaration`-Event wird von StAX nun gemeldet, wenn eine solche Referenz im Dokument vorkommt. Allerdings handelt es sich dabei um ein optionales Feature, das zumindest bei der von uns getesteten Version noch nicht implementiert war. Da Notationen aber immer innerhalb einer DTD deklariert werden müssen, wird uns dieser Event-Typ nochmals im Interface `DTD` begegnen.

Nach aller Vorrede kommen wir nun endlich zu den drei Eigenschaften, die Sie von einer `NotationDeclaration` über Getter-Methoden erfragen können:

- `getName()` gibt einen `String` mit dem Namen der Notation zurück (in unserem Beispiel `gif` oder `jpeg`).
- `getSystemId()` gibt die System-ID, die in der Notationsdeklaration spezifiziert wurde, als `String` zurück oder `null`, wenn keine angegeben wurde.
- `getPublicId()` gibt die Public-ID, die in der Notationsdeklaration spezifiziert wurde, als `String` zurück oder `null`, wenn keine angegeben wurde.

Factory-Methode

Für `NotationDeclaration`-Instanzen gibt es in der `XMLEventFactory` keine Factory-Methode, wahrscheinlich da diese Instanzen normalerweise über das demnächst noch vorgestellte `DTD`-Objekt erhalten werden können.

Entity-Deklarationen und das Interface EntityDeclaration

Eine Entity-Deklaration wird in StAX durch das Interface `EntityDeclaration` repräsentiert. Sie ist immer Teil einer DTD und verknüpft einen Namen innerhalb des Dokuments mit einem der folgenden Dinge:

- einem direkten Ersetzungstext (interne Entity):
  `<!ENTITY text "Ersetzungstext">`
- einem Ersetzungstext, der in einer externen Datei liegt (externe geparste Entity):
  `<!ENTITY textdatei SYSTEM "Ersetzungstext.txt">`
- Binärdaten, die in einer externen Datei liegen und nicht geparst werden können (externe ungeparste Entity):
  `<!ENTITY bindatei SYSTEM "Datein.bin" NDATA notation>`

Da sie nur innerhalb einer DTD vorkommen können, erhalten Sie den Zugriff auf `EntityDeclaration`-Objekte nur über das `DTD`-Event-Objekt. Eine `EntityDeclaration` definiert sechs Eigenschaften über die folgenden Abfragemethoden:

- `getName()` gibt den Namen der deklarierten Entity als `String` zurück (bei unseren Beispiel-Entities also `text`, `textdatei` oder `bindatei`).
- `getReplacementText()` gibt im Falle einer internen Entity den Ersetzungstext dafür als `String` zurück, ansonsten `null`.

- `getSystemId()` gibt die System-ID, die in der Entity-Deklaration spezifiziert wurde, als `String` zurück oder `null`, wenn keine angegeben wurde.
- `getPublicId()` gibt die Public-ID, die in der Entity-Deklaration spezifiziert wurde, als `String` zurück oder `null`, wenn keine angegeben wurde.
- `getNotationName()` gibt im Fall einer externen ungeparsten Entity den Namen der damit verbundenen Notation zurück, ansonsten `null`.
- `getBaseURI()` gibt die URI des Dokuments zurück, in dem die Entity-Deklaration geparst wurde (also im Normalfall die des aktuellen Dokuments). Diese Information wird bei externen geparsten und ungeparsten Entities benötigt, wenn die Anwendung das Zieldokument selbst untersuchen muss und die System-ID nur ein relativer Pfad ist. In diesem Fall kann aus der Base-URI und der System-ID wieder ein absoluter Pfad rekonstruiert werden.

Factory-Methode

Auch für `EntityDeclaration`-Instanzen gibt es in der `XMLEventFactory` keine Factory-Methode, wahrscheinlich da diese Instanzen normalerweise über das demnächst noch vorgestellte `DTD`-Objekt erhalten werden können.

Entity-Referenzen und das Interface EntityReference

Das Interface `EntityReference` repräsentiert eine Entity-Referenz, also ein Konstrukt der Form `&Name;`. Normalerweise löst der Parser dieses auf und meldet für den Entwickler transparent die entsprechenden Events (wie `Characters`, `StartElement`, `EndElement` usw.). Der Parser lässt sich aber auch so konfigurieren, dass er diese Referenzen nicht auflöst (siehe dazu Abschnitt 6.5.1). In diesem Fall meldet er ein Objekt vom Typ `EntityReference`. Dieses stellt zwei Eigenschaften über Getter-Methoden zur Verfügung:

- `getName()` gibt den Namen der Entity als `String` zurück.
- `getDeclaration()` gibt das `EntityDeclaration`-Objekt für die Deklaration der referenzierten Entity zurück.

Factory-Methode

Die `XMLEventFactory` stellt zur Generierung von `EntityReference`-Instanzen eine Factory-Methode `createEntityReference()` zur Verfügung. Sie erwartet den Namen der Entity-Referenz als `String` und als zweiten Parameter die zugehörige `EntityDeclaration`.

Document Type Definitions und das Interface DTD

Das letzte Interface aus dem Package `javax.xml.stream.events` ist `DTD`. Es repräsentiert natürlich eine DTD und stellt vier Eigenschaften über die folgenden Abfragemethoden zur Verfügung:

- `getDocumentTypeDeclaration()` gibt den gesamten Inhalt der DTD (also inklusive Kopf und Rumpf) als einzigen `String` zurück. Dies entspricht dem Ergebnis der Methode `getText()` von `XMLStreamReader`, wenn gerade der Bausteintyp DTD unter dem Cursor liegt.
- `getEntities()` gibt ein Objekt vom Typ `List` zurück, das alle `EntityDeclaration`-Objekte für die Entity-Deklarationen, die innerhalb der DTD spezifiziert sind, enthält.
- `getNotations()` gibt ein Objekt vom Typ `List` zurück, das alle `NotationDeclaration`-Objekte für die Notationsdeklarationen, die innerhalb der DTD spezifiziert sind, enthält.
- `getProcessedDTD()` stellt dem Hersteller einen Weg zur Verfügung, die DTD in Form einer beliebigen Objektstruktur zurückzugeben. Deshalb besitzt sie auch den Rückgabetyp `Object`. Vorschriften, wie diese Struktur auszusehen hat und ob überhaupt eine zurückgegeben werden soll, gibt es nicht, weshalb Sie sich auf die Angaben Ihres Herstellers verlassen müssen.

Factory-Methode

Die `XMLEventFactory` bietet eine Factory-Methode `createDTD()` zur Erzeugung von `DTD`-Instanzen an. Sie erwartet den Inhalt der DTD als `String`, so wie er auch im XML-Dokument steht (also beginnend mit `<!DOCTYPE`). Auffällig ist dabei, dass es keine Möglichkeit gibt, eine Liste von `EntityDeclaration`- oder `NotationDeclaration`-Objekten mit zu übergeben. Die Spezifikation schweigt sich leider aus, welche Möglichkeiten es gibt, solche Instanzen zu generieren. Zumindest der SJSXP von Sun erstellte nämlich keine, auch wenn wir im DTD-Text entsprechende `<!ENTITY>`- und `<!NOTATION>`-Elemente untergebracht hatten.

Zusammenfassung

Damit haben Sie nun alle Typen von `XMLEvents` kennengelernt. Wie Sie gleich sehen werden, ist damit die Behandlung des Parsers und des Serializers nur noch eine relativ kurze Angelegenheit. Sie haben auch erfahren, dass gegenüber der Cursor-API einige Zusatz-Features im Bereich der Entity-Verwaltung hinzugekommen sind. Abgesehen davon kann die Event-Iterator-API jedoch nahezu nichts, was die Cursor-API nicht auch kann. Wie schon gesagt, ist der Hauptunterschied der Programmierkomfort, allerdings verbunden mit kleinen Performance-Einbußen.

6.7.2 Parsen mit der Event-Iterator-API über den XMLEventReader

Wie wir schon angedeutet haben, ist nun die Behandlung von Parser und Serializer der Event-Iterator-API eine kurze Angelegenheit. Prinzipiell verfügt der Parser über eine Lesemethode, die die jeweils nächste Instanz von `XMLEvent` liefert, der Serializer über eine Schreibmethode, die ein gegebenes `XMLEvent` in die Ausgabe übernimmt.

In diesem Abschnitt sehen wir uns nun den Parser, also das Interface `XMLEventReader`, etwas näher an. Sein Aufbau ist schnell erklärt: Es ist abgeleitet von `java.util.Iterator` und erbt von dort die drei Methoden `next()`, `hasNext()` und `remove()`. Letztere wirft jedoch bei jeder StAX-Implementierung eine `UnsupportedOperationException`, da das unterliegende XML-Dokument ja als Eingabestrom vorliegt, aus dem nichts entfernt werden kann. Neu kommen die sechs Methoden `nextEvent()`, `nextTag()`, `peek()`, `getElementText()`, `getProperty()` und `close()` hinzu. Wir werden Ihnen nun zunächst die drei Methoden aus dem `Iterator`-Interface vorstellen, danach die neuen sechs aus `XMLEventReader`.

Prüfen, ob noch Events vorhanden sind, mit hasNext()

Über die Methode `hasNext()` können wir Ihnen wenig Überraschendes oder Unbekanntes berichten. Wie schon im Interface `Iterator` ist es ihre Aufgabe, in Form eines booleschen Wertes Auskunft darüber zu geben, ob noch weitere Elemente in der darunterliegenden Datenstruktur vorhanden sind. Sie hat also die gleiche Funktion wie ihre Namenskollegin aus `XMLStreamReader`.

Das nächste Event abholen mit next()

Die Methode `next()` liefert Ihnen das nächste `XMLEvent`, auf das der Parser im untersuchten Dokument stößt. Zu beachten ist jedoch, dass ihr Rückgabetyp (wie durch das Superinterface `Iterator` vorgegeben) `Object` ist.

Das nächste Event abholen mit nextEvent()

Wenn Sie nicht immer einen Typecast von `Object` auf `XMLEvent` durchführen möchten, ist die Methode `nextEvent()`genau das Richtige für Sie. Sie funktioniert wie `next()`, hat aber den Rückgabetyp `XMLEvent`.

Das nächste Tag-Event abholen mit nextTag()

`nextTag()` bildet das Pendant zur gleichnamigen Methode aus `XMLStreamReader`. Sie liefert das nächste `StartElement` oder `EndElement` des aktuellen Dokuments und ignoriert dabei Leerräume, Kommentare und Processing Instructions. Bei jedem anderen Inhalt wirft sie allerdings eine `XMLStreamException`.

Das zuletzt gemeldete Event abholen mit peek()

Die Methode `peek()` liefert das zuletzt von `nextEvent()` zurückgegebene `XMLEvent`, springt aber keinen Baustein weiter.

Die Methoden getElementText(), getProperty() und close()

Die drei Methoden `getElementText()`, `getProperty()` und `close()` lassen sich sehr schnell in einem Aufwasch abhandeln, da sie alle drei in der genau gleichen Funktion auch im Interface `XMLStreamReader` existieren (für eine detailliertere Beschreibung lesen Sie bitte in Abschnitt 6.6.1 nach).

getElementText() `getElementText()` liefert den Inhalt eines reinen Textelements als `String` und lässt den Parser intern zu dessen Ende springen (der nächste Aufruf von `nextEvent()` liefert also den Baustein hinter dem entsprechenden schließenden Element). Wenn das aktuelle `XMLEvent` etwas anderes wie `StartElement` ist oder das Element noch andere Inhalte als Text besitzt, wirft die Methode eine `XMLStreamException`.

getProperty() Bei `getProperty()` handelt es sich um eine schon aus JAXP bekannte Methode, die anhand von Schlüsselnamen beliebige implementierungsspezifische Objekte zurückgibt. Manche davon werden auf der erzeugenden `XMLInputFactory` gesetzt (siehe Abschnitt 6.5.1).

close() Die Methode `close()` schließt alle mit dem Parser verbundenen Ressourcen und gibt diese frei. Allerdings wird dabei nicht zwangsweise auch der unterliegende Stream geschlossen, aus dem das Dokument geparst wird.

Zusammenfassung

Schon haben Sie das Interface `XMLEventReader` und damit den Parser der Event-Iterator-API kennengelernt. Sie haben gesehen, dass dieser mit wesentlich weniger Methoden auskommt als der `XMLStreamReader`, was natürlich dadurch bedingt ist, dass die Bausteine nun als unterschiedliche Objekte geliefert werden und nicht mehr alle Möglichkeiten auf einmal in einer Klasse untergebracht werden müssen. Als Nächstes stellen wir Ihnen nun den Serializer vor, der ebenfalls mit relativ wenigen Methoden auskommt.

6.7.3 Serialisieren mit der Event-Iterator-API über den XMLEventReader

Das Interface `XMLEventWriter` repräsentiert den Serializer der Event-Iterator-API. Wir können Ihnen diesen relativ rasch vorstellen, da er mit dem der Cursor-API fast identisch ist. Wie Sie gleich sehen werden, besteht der einzige Unterschied darin, dass es nicht mehr für jeden Baustein eigene `writeXXX()`-Methoden gibt, dafür aber eine zum Serialisieren eines gegebenen `XMLEvent`s.

Gemeinsame Methoden mit XMLStreamWriter

Es gibt insgesamt sieben Methoden im Interface `XMLEventWriter`, die mit genau der gleichen Funktion auch im Interface `XMLStreamWriter` existieren. Deshalb werden wir sie nur kurz beschreiben und möchten Sie bitten, für Details Abschnitt 6.6.2 zu konsultieren.

flush() und close()

Die Methoden `flush()` und `close()` gehören zur Standardausrüstung von Ausgabeströmen. Die erste schreibt eventuell gepufferten Inhalt unverzüglich in die Ausgabe, während die zweite alle offenen Ressourcen schließt.

getNamespaceContext() und setNamespaceContext()

Mit den Methoden `getNamespaceContext()` und `setNamespaceContext()` kann das aktuelle `NamespaceContext`-Objekt, das die aktiven Namensraumbindungen repräsentiert, gesetzt bzw. abgefragt werden.

getPrefix(), setPrefix() und setDefaultNamespace()

Die Methoden `getPrefix()` und `setPrefix()` haben eine ähnliche Funktion wie die beiden vorherigen, erlauben es jedoch, einzelne Namensraumbindungen gezielt abzufragen bzw. zu setzen. Eine Sondervariante von `setPrefix()` ist `setDefaultNamespace()`, die den Namensraum-URI für den Default-Namensraum setzt.

XMLEvents in die Ausgabe schreiben mit add()

Sie werden sich vielleicht wundern, aber es verbleiben nur noch zwei Methoden im Interface `XMLEventWriter`, nämlich zwei Varianten von `add()`. Die erste erwartet einen beliebigen Baustein in Form eines `XMLEvent`s und schreibt seinen Inhalt in die Ausgabe. Die zweite erwartet einen `XMLEventReader` und schreibt alle `XMLEvent`s, die dieser noch liefern kann (solange also `hasNext()` noch `true` ergibt), in die Ausgabe.

Besonderheiten bei der Serialisierung mit XMLEventWriter

Wie wir in Abschnitt 6.4.3 schon erwähnt haben, könnte man jeden Aufruf einer Serialisierungsmethode der Cursor-API sehr leicht in einen der Event-Iterator-API umschreiben, indem man einfach zusätzlich eine `XMLEventFactory` erzeugt und dann jeden Aufruf von `writeXXX(args)` sinngemäß ersetzt durch einen von `add(factory.createXXX(args))`. Leider ist es aber nicht ganz so einfach, vor allem, da sich bei der Serialisierung über einen `XMLEventWriter` einige Ungereimtheiten ergeben.

So gibt es z. B. kein Pendant zur parameterlosen Methode `writeEndElement()` aus `XMLStreamWriter`, denn Sie können sich mit einer `XMLEventFactory` zwar ein `EndElement`-Objekt erzeugen lassen, doch müssen Sie dabei immer Präfix, Namensraum-URI und lokalen Namen spezifizieren. Das automatische Schließen des zuletzt noch offenen Elements ist damit nicht mehr so bequem möglich. Die Sun-Implementierung lässt sich jedoch ein beliebiges `EndElement`-Objekt vorsetzen (auch eines mit ganz anderem Präfix, Namensraum-URI oder Namen) und schließt das Element trotzdem richtig.

Eine ähnliche Unstimmigkeit ist auch bei der Namensraumverwaltung zu erkennen. Diese ist zwar wie beim `XMLStreamWriter` als fester Bestandteil integriert, doch kann leider (auch wenn in der Spezifikation anders angegeben) nicht von der damit verknüpften Funktion Gebrauch gemacht werden, dass automatisch das Präfix zu einem gegebenen Namensraum-URI generiert wird. Die einzige Möglichkeit scheint zu sein, die `getPrefix()`-Methode des `XMLEventWriter`s bei der Generierung des `StartElement`-Objekts zu verwenden:

```
String namespaceURI = "some:URI";
XMLEvent e = factory.createStartElement(
   writer.getPrefix(namespaceURI),
   namespaceURI,
   "elementName");
writer.add(e);
```

Zusammenfassung

Sie haben nun den Serializer der Event-Iterator-API in Form des Interfaces `XMLEventWriter` kennengelernt. Da der Umweg über die umständliche Erzeugung der `XMLEvent`-Instanzen den Code nicht unbedingt besser macht, würden wir Ihnen allerdings für die Serialisierung immer die Cursor-API, also den `XMLStreamWriter`, empfehlen. Einzige Ausnahme wäre, wenn Sie bedingt durch die Anwendung sowieso alle Inhalte in Form von `XMLEvent`s erhalten würden.

6.8 Zusammenfassung

Wie Sie gesehen haben, ist den Verantwortlichen der STAX-API eine sehr brauchbare Alternative zur »alten« SAX-API gelungen. Vor allem die Möglichkeit, ein Dokument mit SAX-ähnlicher Performance nach dem Pull-Prinzip zu parsen, könnte in manchen zukünftigen Anwendungen sicherlich vorteilhaft genutzt werden. So baut beispielsweise das gesamte Objektmodell des Web-Service-Frameworks *Axis2* bereits komplett auf StAX auf.

Schade ist allerdings, dass dennoch im Bereich der Event-Iterator-API beim Thema Serialisierung und Entities noch Lücken in Spezifikation und Implementierung bestehen, die allerdings für den Großteil typischer Anwendungen nicht von Bedeutung sein werden. Wir hoffen, dass Sie sich davon nicht einschüchtern lassen und die weitere Entwicklung genauso gespannt verfolgen, wie wir das tun.

In diesem Kapitel lernen Sie eine fortgeschrittene API kennen, die XML-Dokumente auf einer höheren Abstraktionsebene verarbeitet. Es handelt sich dabei um das Konzept des XML-Bindings, das eine einfache Möglichkeit bietet, aus XML-Dokumenten Java-Objekte zu erzeugen, und für das die JAXB-Spezifikation eine standardisierte Architektur beschreibt.

7 JAXB

In Kapitel 2, »XML mit Java – Grundbegriffe«, haben Sie ja bereits sehr ausführlich erfahren, was sich hinter dem Begriff *XML-Binding* verbirgt, nämlich die Verarbeitung von XML-Dokumenten mit speziell auf die Grammatik abgestimmten Objektmodellen. In diesem Kapitel stellen wir Ihnen nun die Technologie *JAXB 2.0* vor, die im Java-Umfeld inzwischen als Standard für XML-Binding gilt und auch in fortgeschritteneren Technologien wie *JAX-WS* (siehe Kapitel 8, »XML-Webservices mit JAX-WS«) Verwendung findet.

7.1 XML-Binding mit JAXB

Als Erstes wollen wir Ihnen noch einmal kurz ins Gedächtnis rufen, was XML-Binding ist und wofür man es einsetzt, und Ihnen danach JAXB grundlegend vorstellen.

7.1.1 XML-Binding – ein Rückblick

Zunächst noch einmal ein kleiner Rückblick auf Abschnitt 2.4.2 XML-Binding erspart Ihnen in zwei Fällen eine Menge Arbeit:

- Sie haben eine bestehende XML-Grammatik und wollen auf einfache Weise Dokumente zu dieser Grammatik in Ihrer Anwendung verarbeiten.
- Sie haben ein bestehendes Objektmodell und möchten daraus auf einfache Weise XML-Daten erzeugen, um sie beispielsweise an eine andere Anwendung weiterzugeben.

Um eines dieser beiden Ziele zu erreichen, müssen Sie bei XML-Binding immer in zwei Schritten vorgehen. Erst müssen Sie mit dem sogenannten *Binding Compiler*

- Klassen aus der bestehenden Grammatik oder
- eine Grammatik aus den bestehenden Klassen

generieren. Dies ist jedoch nur einmal zur Entwicklungszeit notwendig. Danach können Sie nun im zweiten Schritt mit ein paar wenigen Handgriffen zur Programmlaufzeit Daten von der einen Welt in die andere konvertieren. XML-Binding erspart Ihnen also

- das manuelle Erstellen von Modellklassen oder Grammatik und
- das Schreiben der Parse- und Serialisierungslogik.

Wann sollten Sie XML-Binding verwenden?

XML-Binding eignet sich damit für datengetriebene Anwendungen, also solche, bei denen hauptsächlich Daten über XML persistiert oder ausgetauscht werden sollen. Da es sich aber auch hier – wie bei DOM – um einen Objektmodell-Ansatz handelt, wird immer das ganze Dokument in den Speicher gelesen, was Speicher und Performance verbraucht. Für ressourcenschonende Verarbeitung ist immer noch SAX und StAX der Verzug zu geben.

7.1.2 Vorstellung von JAXB

JAXB steht für *Java Architecture for XML Binding*, ist also schon vom Namen her eine XML-Binding-Architektur für Java. Wie wir aber schon angedeutet haben, ist sie nicht die einzige ihrer Art im Java-Umfeld, doch wie schon JAXP zeichnet sie sich dadurch aus, fester Bestandteil des JDK (ab Version 6.0) und damit gängiger Standard zu sein.

Spezifikation und API

Wie auch JAXP oder StAX ist JAXB innerhalb einer Spezifikation definiert, die aus einer Sammlung von Klassen und Interfaces (der API) und dem Spezifikationsdokument besteht. Dieses Dokument ist mit seinen über 300 Seiten (in der Version 2.0) bei JAXB sehr ausführlich gehalten.

XML Schema und beidseitige Binding Compilation

Die Spezifikation schreibt einer Implementierung vor, mindestens mit Grammatiken vom Typ *XML Schema* umgehen zu können und Binding Compilation in beiden Richtungen zu unterstützen, also sowohl das Generieren von Java-Klassen aus einem Schema als auch den umgekehrten Weg. Das Unterstützen anderer Grammatiken wird durch die Spezifikation nicht grundlegend untersagt, weshalb es durchaus Implementierungen geben darf, die beispielsweise *RelaxNG* oder *DTD* als Grammatik unterstützen.

JAXB 2.0

Wir werden in diesem Kapitel auf die aktuelle Version 2.0 der JAXB-Spezifikation eingehen, die allerdings nur mit der Java-Version 5.0 oder höher kompatibel ist, da sie intensiv auf dort neu hinzugekommenen Standards, wie Generics, Annotations und JAXP 1.3, aufsetzt. Eine enge Zusammenarbeit mit StAX ist übrigens auch gegeben. Ab Java-Version 6.0 ist JAXB 2.0 ebenfalls fester Bestandteil des JDK und ab Version 5 auch Teil der Java EE.

[«]

JAXB 2.1

Inzwischen gibt es bereits eine JAXB-Spezifikation in der Version 2.1, die jedoch als kleines »Maintenance Release« beschrieben wird und gegenüber den in diesem Buch erwähnten Features keine Änderungen bringt. Wir werden deswegen weiterhin von JAXB 2.0 sprechen, ohne uns über die Unterversion Gedanken zu machen.

Wenn Sie noch mit älteren Java-Versionen arbeiten, können Sie nur die alte JAXB-Version 1.0 einsetzen, die sich allerdings in einigen Punkten von der aktuellen unterscheidet. In jedem Fall würden wir Ihnen – falls möglich – den Gebrauch von JAXB 2.0 empfehlen, da sich hier einige wesentliche Vereinfachungen ergeben haben.

Eine API, mehrere Implementierungen

Wie eben beschrieben, verfolgt JAXB prinzipiell denselben Ansatz wie die bisher vorgestellten APIs, nämlich, dass einerseits durch eine Sammlung von Interfaces und Klassen ein allgemeiner Programmierrahmen vorgegeben wird, mit dem der Entwickler arbeitet, und dass andererseits dafür theoretisch mehrere Implementierungen existieren können, die beliebig austauschbar sind. Aufgaben wie das Konfigurieren und Erzeugen von Marshallern und Unmarshallern, das Durchführen der entsprechenden Umwandlungsvorgänge oder das Validieren sind dabei durch die API genau geregelt, nicht jedoch die Art und Weise der Realisierung der Binding-Compiler-Komponente. Deshalb wird diese im Regelfall als spezifisches Tool zusammen mit der jeweiligen Implementierung ausgeliefert.

Referenzimplementierung

In diesem Buch arbeiten wir mit der JAXB-Referenzimplementierung von der Firma Sun. Sie wurde entwickelt im Rahmen des Open-Source-Application-Server-Projekts »Glassfish« und lässt funktionstechnisch keine Wünsche offen, weshalb Sie sie guten Gewissens in produktiven Umgebungen einsetzen können. Sie erhalten sie in den folgenden Varianten, die Sie auch alle auf der Buch-CD finden:

- Standalone-Version
- Teil des Java SDK ab Version 6.0

Wir werden nun kurz auf beide Varianten etwas näher eingehen.

Die Standalone-Version von JAXB

[o] Die Standalone-Version von JAXB sollten Sie nutzen, wenn Sie nicht über das Java SDK 6.0 verfügen und nicht mit einem Java-EE-5-kompatiblen Application Server arbeiten. Sie erhalten sie als JAR-Datei auf der Buch-CD oder unter der URL *https://jaxb.dev.java.net*. Ähnlich wie bei StAX müssen Sie diese JAR-Datei mit Java ausführen (über `java -jar <Dateiname>`) und im sich öffnenden Fenster die Lizenzbedingungen akzeptieren, bevor sich das Archiv selbst im aktuellen Ordner entpackt. Wenn Sie dies erledigt haben, finden Sie im erzeugten Verzeichnis die in Tabelle 7.1 aufgeführten Unterordner:

Ordner	Inhalt
bin	Start-Dateien für den Binding Compiler
docs	Dokumentation
lib	Bibliotheken
samples	Beispiele

Tabelle 7.1 Ordner der JAXB-Referenzimplementierung

JAXB im Java SDK

Wenn Sie das Java SDK ab der Version 6.0 nutzen, ist JAXB bereits dort integriert, es gibt also kein eigenes JAXB-Verzeichnis. Stattdessen befinden sich im *bin*-Ordner zwei zusätzliche Startdateien für den Binding Compiler; die zugehörigen Klassen sind direkt in der Laufzeitbibliothek *rt.jar* bzw. in der Erweiterungsbibliothek *tools.jar* untergebracht.

[»] **Hinweis**

Bevor Sie nun mit dem Rest des Kapitels fortfahren, sollten Sie sich auf jeden Fall einige grundlegende Kenntnisse über XML Schema angeeignet haben. Dazu empfehlen wir eine XML-Referenz oder ein Online-Tutorial. Außerdem finden Sie in Abschnitt 1.5, »XML beschränken mit XML Schema«, einen kleinen Crash-Kurs.

7.2 Einführungsbeispiel

JAXB 2.0 ist eine sehr umfangreiche Technologie, bei der Sie an vielen Stellen Feineinstellungen und benutzerdefinierte Anpassungen vornehmen können. Und wie Sie schon in Abschnitt 2.4.2 nachlesen konnten, besteht eine XML-Binding-Umgebung klassischerweise aus mehreren Komponenten, wie den Entwicklungs- und Laufzeitkomponenten, was bei JAXB nicht anders ist. Trotz der Komplexität der Materie fällt jedoch der Einstieg im Regelfall nicht schwer, da viele Dinge intuitiv verständlich sind und Sie mit nur wenig Konfigurationsaufwand bereits produktive Ergebnisse erzielen.

Aus diesem Grund möchten wir Ihnen nun anhand einer kleinen Beispielanwendung einen Crash-Kurs in JAXB 2.0 geben mit einem kurzen Überblick über die wichtigsten Komponenten und Aspekte dieser Technologie. Vielleicht erinnern Sie sich noch an Abschnitt 2.4.2. Dort haben wir Ihnen die Kern-Features von XML-Binding-Frameworks vorgestellt:

- Erstellung von Modellklassen zu einer gegebenen XML-Grammatik mit dem *Binding Compiler*
- Erstellung einer XML-Grammatik zu gegebenen Modellklassen mit dem *Binding Compiler*
- Unmarshalling (Parsen von XML-Dokumenten in das Objektmodell) über die *API*
- Marshalling (Serialisierung des Objektmodells in XML-Dokumente) über die *API*

Außerdem verfügt jedes XML-Binding-Framework über *Abbildungsregeln* zwischen den XML-Inhalten und dem Objektmodell.

Dieser Abschnitt soll Ihnen nun mit einem einfachen Beispiel den *Binding Compiler*, die *Abbildungsregeln* und die *API* von JAXB vorstellen. Konkret werden wir dabei in den folgenden Schritten vorgehen:

- Erzeugen von Java-Klassen aus einem XML Schema mit dem *XJC* Binding Compiler (siehe Abschnitt 7.2.2)
- Kurze Einführung in die Abbildungsregeln zwischen XML Schema und Java anhand der oben generierten Klassen (siehe Abschnitt 7.2.3)
- Vorstellung der wichtigsten API-Komponenten zum Arbeiten mit konkreten XML-Dokumenten (siehe Abschnitt 7.2.4)
- Rückumwandlung der generierten Java-Klassen in ein XML Schema mit dem *SchemaGen* Binding Compiler (siehe Abschnitt 7.2.5)

Nach diesem groben Überblick werden wir dann in den folgenden Abschnitten jeweils detaillierter auf die einzelnen Punkte eingehen. Sie werden aber sehen, wie schnell und einfach sich der Einstieg in JAXB 2.0 gestaltet und dass Sie sich nicht unbedingt mit allen Details vertraut machen müssen, um bereits ordentliche Ergebnisse zu erzielen.

7.2.1 Öffnen des Beispiels

[o] Auf der Buch CD finden Sie bei den Beispielen das Eclipse-Projekt *07 – JAXB*, das alle Beispiele für JAXB enthält. Dieses müssen Sie nur in Ihren Eclipse-Workspace importieren, und schon können Sie loslegen. Wenn Sie das Projekt öffnen, sehen Sie zunächst, dass es (im Gegensatz zu den bisherigen Beispielen) über mehrere Quellordner verfügt. Genau gesagt, gibt es pro JAXB-Beispiel einen Ordner *ex#/src* und eventuell noch einen Ordner *ex#/src-gen* (# ist dabei die Beispielnummer). Für das erste Beispiel dreht sich also alles um die Ordner *ex1/src* und *ex1/src-gen*.

src Im Ordner *ex1/src* finden Sie im Package `de.javaundxml.jaxb.personen` ein Ihnen vielleicht bekanntes XML Schema *personen.xsd* zu unserem schon mehrfach verwendeten Personendaten-Beispiel sowie die Klasse `PersonenApp`, die auch die `main()`-Methode für unser Einführungsbeispiel enthält.

src-gen Der Ordner *ex1/src-gen* enthält die Modellklassen. Sie wurden nicht von uns geschrieben, sondern automatisch mit dem Binding Compiler aus dem Schema generiert. Diesen Schritt werden wir nachher einmal durchspielen.

build.xml, launch und data Außerdem enthält der Ordner *ex1* ein Ant-Script *build.xml* und einen leeren Ordner *data*, in dem später die Arbeitsdateien abgelegt werden. Auf oberster Projektordner-Ebene, also parallel zu den *ex#*-Ordnern, gibt es außerdem einen Ordner *launch* mit fertigen Eclipse Run Configurations für das Projekt.

Falls Sie noch nicht mit dem Java-basierten Build-Tool Ant Kontakt hatten oder einen kleinen Auffrischungskurs dafür benötigen, sollten Sie zuerst einen Blick in Anhang B werfen. Wir setzen Ant in diesem Beispiel speziell dafür ein, die Binding Compiler auszuführen. Deshalb sollten Sie hier über grundlegende Vorkenntnisse verfügen, die Ihnen der Anhang jedoch vermittelt.

7.2.2 Generierung von Modellklassen mit dem XJC-Binding Compiler

In diesem Abschnitt zeigen wir Ihnen nun, wie Sie in JAXB Modellklassen aus einem XML Schema erzeugen. Dies ermöglicht Ihnen eine semantische Sicht auf Ihre Daten frei von jeglichen XML-Bausteinen, wie Elementen oder Attributen. Ohne diese Klassen kann die Anwendung nicht laufen, da `PersonenApp` mit ihnen arbeitet und damit davon abhängt.

Der Binding Compiler zur Klassengenerierung heißt bei der JAXB-Referenzimplementierung *XJC*. Gestartet wird er üblicherweise per Ant-Script. In der Datei *build.xml* im Ordner *ex1* sehen Sie, wie der entsprechende Aufruf aussehen sollte. Speziell das Target `-xjc` ist dafür interessant, das wir in Listing 5.1 auch nochmals abgebildet haben.

```
<target name="-xjc">
   <!-- Task definieren -->
   <taskdef name="xjc"
      classname="com.sun.tools.xjc.XJCTask"
      classpathref="path.lib.jaxb"/>

   <!-- Binding Compiler Schema->Java starten -->
   <xjc destdir="${dir.srcgen}">
      <schema dir="${dir.src}" includes="**/*.xsd"/>
      <produces dir="${dir.srcgen}"/>
   </xjc>
</target>
```

Listing 7.1 Aufruf des XJC-Binding Compilers mit Ant

Task-Definition

Sie sehen zunächst die Definition des Ant-Tasks: Der XJC wird gestartet über die Klasse `com.sun.tools.xjc.XJCTask`, als Klassenpfad verweisen wir auf eine weiter oben definierte Pfad-Referenz `path.lib.jaxb`, die wiederum alle JAR-Dateien aus dem *lib*-Ordner des Projekts enthält. In diesem *lib*-Ordner liegen alle JAR-Dateien der Standalone-JAXB-Referenzimplementierung (siehe Abschnitt 7.1). Mehr müssen Sie später in Ihrer Anwendung nicht tun: Sie müssen lediglich dafür sorgen, dass die eben beschriebenen JAR-Dateien im Klassenpfad des XJC-Tasks enthalten sind und Ant mit der Java-Version 5 oder höher gestartet wird, schon ist der Task lauffähig. Details zur weiteren Konfiguration des XJC finden Sie im Anhang in Abschnitt D.1.

[»]

Hinweis

Sollten Sie Java 6 benutzen, wo die JAXB-Referenzimplementierung bereits enthalten ist, muss zur Ausführung des XJC über Ant dennoch die Datei *jaxb-xjc.jar* im Klassenpfad vorhanden sein, da im JDK die Binding Compiler nicht standardmäßig als Ant-Tasks ausgeliefert werden, nur als Kommandos im *bin*-Ordner des JDK. Die JAXB-Referenzimplementierung liefert in ihrem *bin*-Ordner übrigens auch Kommadozeilen-Varianten der Binding Compiler mit, die analog zu denen des JDK 6 benutzt werden können. Entsprechende Dokumentation finden Sie in den Dateien *doc/xjc.html* und *doc/schemagen.html* der JAXB-Referenzimplementierung.

Aufruf des Tasks

In den Zeilen unter der Task-Definition sehen Sie, wie der XJC schließlich aufgerufen wird. Dabei wird mit dem `destdir`-Attribut festgelegt, in welchen Ordner die generierten Java-Klassen ausgegeben werden. Das innere `<schema>`-Element ist zu nutzen wie ein Ant-übliches `<fileset>`-Element und bestimmt die zu verarbeitende(n) Schemadatei(en). Das `<produces>`-Element ist ebenfalls wie ein `<fileset>`-Element zu verwenden und bestimmt, welche Dateien der XJC generiert. Dies dient ihm dazu, über einen Vergleich der Änderungszeitpunkte der Schema- und ausgegebenen Java-Dateien festzustellen, ob letztere noch aktuell sind und das Schema neu kompiliert werden muss (mehr zu diesem Feature finden Sie ebenfalls im Anhang in Abschnitt D.1).

Ausführung starten

Nachdem Sie nun gesehen haben, wie Sie den XJC als Ant-Task definieren und ausführen, können Sie den Binding Compiler nun einmal testen. Starten Sie hierzu die mitgelieferte Eclipse Run Configuration *Beispiel 1 – Build* (genau gesagt ist dies eine External Tools Configuration, da ja Ant gestartet wird; achten Sie also darauf, das richtige Menü zu verwenden). Dies startet den Binding Compiler zur Generierung der Java-Klassen und danach den Java-Compiler, um die vorhandenen und soeben generierten Klassen zu kompilieren.

Generierte Dateien löschen

Möglicherweise wird bei diesem Schritt aber nicht sehr viel passieren, denn dank des gerade eben erwähnten `<produces>`-Elements im `<xjc>`-Task stellt der Binding Compiler fest, dass er gar nichts tun muss. Wenn Sie jedoch die Quelldateien im Quellordner *ex1/src-gen* löschen, wird der Binding Compiler aktiv und erzeugt die soeben gelöschten Dateien von neuem aus dem XML Schema. Sie sollten aber einen Refresh des Projekts bzw. des *src-gen*-Ordners durchführen, damit Eclipse die generierten Klassen findet und neu einliest.

Das war es auch schon. Nachdem Sie den XJC erfolgreich ausgeführt haben, können Sie in der Praxis nun damit beginnen, Ihre Applikation zu entwerfen (was bei uns mit der Klasse `PersonenApp` schon passiert ist). Eine erneute Codegenerierung würde erst dann notwendig werden, wenn sich Änderungen am XML Schema ergeben.

7.2.3 Die Compiler-Ausgabe und die Abbildungsregeln

Nun ist es aber Zeit, einen Blick auf die Ausgabe des Binding Compilers im Ordner *src-gen* zu werfen. Öffnen Sie dazu diesen Ordner in Eclipse. Sie finden dort das Package `de.javaundxml.jaxb.personen.model` und darin die folgenden fünf generierten Dateien:

- die Klasse `PersonenType`
- die Klasse `PersonType`
- die Klasse `HobbysType`
- die Klasse `ObjectFactory`
- die Datei *package-info.java* mit Metainformationen zum Java-Package

Klassen für komplexe Typen

Werfen Sie nun (falls noch nicht geschehen) einen Blick auf die zugehörige Schemadatei im *src*-Ordner. Sie werden feststellen, dass zu den drei dort definierten komplexen Typen `personenType`, `personType` und `hobbysType` jeweils genau eine Modellklasse erstellt wurde (mit angepassten Namen), in der alle Informationen des komplexen Typs untergebracht werden können – Sie werden gleich sehen, in welcher Form das geschieht.

ObjectFactory

Zusätzlich wurde die Klasse `ObjectFactory` erstellt – dies wird spezifikationsgemäß von jedem JAXB Binding Compiler für jedes generierte Java-Package gemacht. Anhand des Klassennamens dürften Sie allerdings schon erraten, was deren Aufgabe ist, denn es handelt sich hierbei um eine ganz normale Factory-Klasse, die dazu dient, Instanzen der verschiedenen anderen Modellklassen anzulegen.

package-info.java

Die *package-info.java*-Datei ist ein Element, das es ab Java 5.0 gibt und das die alte *package-info.html*-Datei ablöst. Darin können Metainformationen zu dem jeweiligen Java-Package angegeben werden, wie z. B. *Package-Annotations* oder Javadoc-Kommentare. Im Folgenden werden wir nun auf jedes der fünf Elemente kurz etwas detaillierter eingehen.

PersonenType

Zuerst werfen Sie nun bitte einen Blick in die Klasse `PersonenType`. Dort sehen Sie zunächst, dass es nur eine einzige Methode gibt, nämlich getPerson() mit dem Rückgabewert java.util.List<PersonType>. Der Binding Compiler hat also bemerkt, dass im analysierten Schema im komplexen Typ personenType ein Kindelement <person> vorkommen darf, und zwar mehrfach (wegen des Attributs maxOccurs="unbounded" im entsprechenden <xs:element>-Element der XSD-Datei). Deshalb hat er den Namen der Methode auf getPerson() und deren Rückgabetyp auf List<PersonType> gesetzt.

Für diese Liste wurde auch gleich eine Instanzvariable person angelegt, der in der getPerson()-Methode über das Lazy Initialization Pattern[1] beim ersten Zugriff eine ArrayList<PersonType> zugewiesen wird.

Javadoc-Kommentare

Außerdem sind die Klasse selbst und ihre getPerson()-Methode mit sehr ausführlichen Javadoc-Kommentaren ausgestattet worden, in denen Sie beispielsweise eine normierte <xs:complexType>-Definition zu dem zugrundeliegenden Schematyp finden. Diese kann von der Originaldefinition in Ihrer Schemadatei abweichen, sollte aber semantisch identisch sein.

Mapping Annotations

Als letzter und wichtigster Punkt fallen schließlich die Java Annotations auf, mit denen die Klasse und die person-Instanzvariable ausgestattet sind. Hierbei handelt es sich um sogenannte *Mapping Annotations*, die Teil der JAXB-API sind (siehe auch Abschnitt 7.4.9). Da ein XML Schema mehr bzw. detaillierte Informationen über die Grammatik (wie z. B. die Reihenfolge der Elemente oder deren genaue Namen) bereitstellen kann als einfache bean-artige Java-Klassen, müssen letztere mit zusätzlichen Metainformation angereichert werden, damit später ein 1:1-Mapping von Java auf XML möglich ist. So verwendet der Binding Compiler diese Annotations, um aus existierenden Klassen ein XML Schema zu generieren (falls der umgekehrte Weg wie in unserem Beispiel gegangen wird). Sie bilden aber auch die zentralen Informationselemente, die JAXB zur Laufzeit auswertet, um die Abbildung zwischen XML-Dokumenten und Java-Objekten vorzunehmen. Glücklicherweise sind die Annotations einfach und intuitiv zu lesen, so sehen Sie beispielsweise, wie in der Annotation @XmlType der XML-Name des komplexen Typs und die Reihenfolge der Kindelemente festgelegt werden.

HobbysType

Kommen wir nun zur nächsten Modellklasse HobbysType. Sie ist analog aufgebaut zu PersonenType – es gibt dort eine Methode getHobby(), die als Rückgabewert allerdings List<String> hat, denn laut der Schemavor-

1 Lazy Initialization: Ein Objekt wird erst dann angelegt, wenn es das erste Mal benötigt wird; dies spart Speicher, falls nie darauf zugegriffen wird.

lage sind die <hobby>-Kindelemente vom Typ `xs:string`. Ansonsten sind auch hier wieder eine Instanzvariable, ausführliche Javadoc-Kommentare und Annotations ähnlich denen aus `PersonenType` zu finden.

PersonType

Schauen Sie sich nun bitte die Klasse `PersonType` näher an. Sie sehen, dass der XJC zu den drei Elementen, die ein Element vom Typ `personType` enthalten darf – <nachname>, <vorname> und <hobbys> –, jeweils eine Getter- und Setter-Methode und eine Instanzvariable erstellt hat. Die Properties `nachname` und `vorname` haben dabei logischerweise den Typ `String` erhalten, `hobbys` den Typ `HobbysType`.

Zwischenstand

Damit haben Sie nun die drei Modellklassen untersucht, die der Binding Compiler von JAXB aus den komplexen Typen erstellt, die in der Schemadatei definiert sind. Sie sollten anhand dieses praktischen Beispiels ein erstes Gefühl dafür bekommen, welche Komponenten der XJC zu welchen Elementen im XML Schema generiert. So werden beispielsweise komplexe Typen auf Java-Klassen, Kindelemente immer über eine Instanzvariable mit Getter- und Setter-Methode abgebildet und mehrfach erlaubte Elemente durch eine `java.util.List` vom entsprechenden generischen Typ. Die Namen orientieren sich an denen im XML Schema, werden jedoch auf Java-Namenskonventionen angepasst. Probieren Sie gerne auch einmal selbst, zum Beispiel, was passiert, wenn Sie einem der komplexen Typen noch Attribute zuordnen. In Abschnitt 7.3, »Abbildung von XML nach Java«, erfahren Sie dann etwas mehr darüber, wie XML-Schema-Typen standardmäßig auf Java-Typen abgebildet werden.

Zuvor jedoch beschäftigen wir uns nun noch mit den beiden verbleibenden Elementen, die vom XJC erzeugt wurden, nämlich der Klasse `ObjectFactory` und der Datei *package-info.java*.

ObjectFactory

Wir beginnen zunächst mit der letzten Klasse des Packages, der `ObjectFactory`. Wie schon erwähnt, dient sie teilweise dazu, Instanzen der drei eben vorgestellten Modellklassen anzulegen. Sie verfügt selbst über einen Default-Konstruktor, weshalb Sie jederzeit eine Instanz davon anlegen und mit ihr arbeiten können. Zur Erzeugung der Modellklassen-Instanzen existieren die folgenden drei `createXXX()`-Methoden mit entsprechenden Rückgabetypen:

- `createPersonenType()`
- `createPersonType()`
- `createHobbysType()`

Interessant ist nur noch die vierte Methode `createPersonen()`. Sie erwartet als Argument ein Objekt vom Typ `PersonenType` und liefert als

Ergebnis ein Objekt vom Typ `JAXBElement<PersonenType>`. Der Hintergrund ist dabei, dass die drei Modellklassen nur die komplexen Typen aus dem XML Schema repräsentieren, es gibt aber noch kein Pendant zum Wurzelelement `<personen>`. Dem wird mit dieser letzten Methode abgeholfen. Der Typ `JAXBElement` ist ein fester Teil der JAXB-API und dient der Repräsentation von Elementdeklarationen. Er kapselt neben dem Typ des Elements weitere Information, wie z. B. dessen qualifizierten Namen. Diese zusätzlichen Informationen über unser `<personen>`-Element müssen wir allerdings nicht selbst beschaffen, das erledigt die `ObjectFactory` für uns. Alles, was sie benötigt, ist der eigentliche Inhalt des Elements, also eine Instanz von `PersonenType`.

Mehr wollen wir an dieser Stelle noch nicht zur `ObjectFactory` sagen, in Abschnitt 7.3.7 finden Sie allerdings detaillierte Informationen. Außerdem sehen Sie natürlich im nächsten Abschnitt, wie Sie die `ObjectFactory` konkret einsetzen.

package-info.java

Zuletzt sollten Sie nun einen Blick auf die Datei *package-info.java* werfen. Das Erste, was Sie darüber wissen müssen, ist, dass es sich dabei um keine Klasse handelt, auch wenn sie die Endung *.java* besitzt. Stattdessen ist sie eine Container-Datei für package-bezogene Informationen und muss im Übrigen immer genau diesen Namen tragen. Vor Java 5.0 konnte man zu diesem Zweck noch *package-info.html*-Dateien pro Package ablegen, worin dann Javadoc-Kommentare für dieses Package hinterlegt werden konnten. Allerdings gibt es ja ab Java 5.0 nun das oben schon erwähnte neue Sprach-Feature der Annotations, die unter anderem auch auf Package-Ebene definiert werden können. Für diese Zwecke ist jedoch eine einfache HTML-Datei nicht mehr ausreichend, deshalb hat man diese neue Pseudo-Java-Datei eingeführt. Sie enthält nichts weiter als die Package-Deklaration, die aber nun »annotiert« sein kann, was bei normalen Klassen innerhalb des Packages nicht erlaubt ist. Wie JAXB 2.0 diesen Mechanismus konkret nutzt, können Sie in Abschnitt 7.4.9 nachlesen.

7.2.4 Die Anwendung und die JAXB-API

Die Generierung des Quellcodes ist natürlich nur der erste Schritt zur Erstellung einer Anwendung, dafür wird er im Regelfall nicht sehr oft wiederholt werden müssen – es sei denn natürlich, Ihr XML Schema hat sich geändert.

Der nächste Schritt ist nun normalerweise das Schreiben der eigentlichen Anwendung um die Modellklassen herum. In unserem Einführungsbeispiel ist dies allerdings schon geschehen.

Im Ordner *src* des ersten Beispiels finden Sie im Package `de.javaundxml.jaxb.personen` die Klasse `PersonenApp`, die unsere eigentliche Anwendung bildet. Werfen Sie zunächst einen Blick auf die `main()`-Methode in Listing 7.2.

```
Schema schema = createSchema();

JAXBContext context =
   JAXBContext.newInstance(
      PersonenType.class.getPackage().getName());

File dataFile = new File("ex1/data/personen.xml");

marshal(schema, dataFile, context);
unmarshal(schema, dataFile, context);
```

Listing 7.2 Die main()-Methode der PersonenApp-Anwendung

createSchema()

Wie Sie im Listing sehen, dient die Methode quasi nur als Koordinator der Anwendung, die eigentliche Logik versteckt sich in den drei Hilfsmethoden `createSchema()`, `marshal()` und `unmarshal()`. Auf erstere werden wir allerdings nicht weiter eingehen, denn dort wird einfach über JAXP ein `Schema`-Objekt generiert und zurückgegeben (mehr dazu finden Sie in Abschnitt 5.6, »Dokumente validieren«).

JAXBContext

Die zweite Anweisung der Methode ist schon wesentlich interessanter. Hier wird ein Objekt vom Typ `JAXBContext` angelegt. Diese Klasse ist auch gleich die wichtigste von JAXB – sie bildet den zentralen Einstiegspunkt in die gesamte JAXB-API. Ein `JAXBContext` bezieht sich immer auf eine oder mehrere Grammatiken, genauer gesagt auf eine konkrete Menge an Modellklassen, und bietet dann Funktionalitäten wie das Generieren von Marshallern und Unmarshallern für diese. Wie Sie sehen, funktioniert das Anlegen des `JAXBContexts` – ähnlich wie bei JAXP und StAX – über eine von mehreren vorhandenen `newInstance()`-Factory-Methoden. In diesem Beispiel haben wir die Methodenvariante gewählt, der der Name eines Java-Packages in Form eines `Strings` übergeben wird. Dieses Package wird dann auf Modellklassen und die *package-info.java*-Datei untersucht (unter Beachtung der dort definierten Mapping Annotations), und die gefundenen Informationen werden im `JAXBContext` hinterlegt.

[»] **Hinweis**

Vielleicht ist Ihnen die Art und Weise nicht vertraut, wie wir in diesem Beispiel an den Package-Namen für den `JAXBContext` gelangen. Wir besorgen uns einfach über `PersonenType.class` das `Class`-Objekt zum Typ `PersonenType`. Hierin sind nun Metainformationen über die Klasse gespeichert wie beispielsweise auch das Java-Package, zu dem wir mit `getPackage()` ein `Package`-Objekt erhalten. Davon erhalten wir schließlich mit `getName()` den Namen als `String`. Natürlich hätten wir auch einfach den Namen des Packages direkt als `String` angeben können. Die vorgestellte Vorgehensweise hat allerdings den Vorteil, dass der Code auch dann noch funktioniert, wenn Sie mit einem Refactoring-Tool die Java-Packages umbenennen, denn solche Tools erkennen nicht zwangsweise auch Umbenennungen, die in `String`-Literalen notwendig sind.

Dateiobjekt anlegen

Der nächste sehr kurze Schritt in der Anwendung ist das Anlegen eines `File`-Objekts für das folgende Marshalling und Unmarshalling. Hierzu dürfte kein weiterer Erklärungsbedarf bestehen.

marshal()

Der nächste große Schritt in der Anwendung, das Generieren eines Beispiel-Objektmodells und das Marshalling in eine Datei, ist ausgelagert in die Methode `marshal()` – zu sehen in Listing 7.3 Sie erhält das `Schema`-Objekt, die Arbeitsdatei und den `JAXBContext` als Argumente und führt damit die in Listing 7.3 gezeigten Aktionen aus.

```
ObjectFactory factory = new ObjectFactory();

PersonenType personen;
PersonType person;
HobbysType hobbys;

personen = factory.createPersonenType();

// Person 1
person = factory.createPersonType();
person.setNachname("Scholz");
person.setVorname("Michael");

hobbys = factory.createHobbysType();
hobbys.getHobby().add("Java");
hobbys.getHobby().add("XML");
hobbys.getHobby().add("Groovy");
person.setHobbys(hobbys);

personen.getPerson().add(person);
```

```
// Person 2
person = factory.createPersonType();
person.setNachname("Niedermeier");
person.setVorname("Stephan");

hobbys = factory.createHobbysType();
hobbys.getHobby().add("Java");
hobbys.getHobby().add("XML");
hobbys.getHobby().add("Cocoon");
person.setHobbys(hobbys);

personen.getPerson().add(person);

// Person 3
person = factory.createPersonType();
person.setNachname("Skulschus");
person.setVorname("Marco");

personen.getPerson().add(person);

// Personen-Element anlegen
JAXBElement<PersonenType> personenElement =
   factory.createPersonen(personen);

// Marshaller aus dem JAXBContext generieren und Schema
// für Validierung setzen
Marshaller marshaller = context.createMarshaller();
marshaller.setSchema(schema);

// Pretty-Print für die Ausgabe einschalten
marshaller.setProperty(
   Marshaller.JAXB_FORMATTED_OUTPUT, true);

// Marshalling durchführen
marshaller.marshal(
   personenElement, new FileOutputStream(dataFile));
```

Listing 7.3 Die marshal()-Methode der PersonenApp-Anwendung

Die Methode `marshal()` führt im letzten Schritt das Marshalling (also die Serialisierung) durch, baut jedoch zuvor ein beispielhaftes Personen-Objektmodell mit den vom XJC generierten Modellklassen zusammen.

Wie Sie sehen, starten wir mit der Erzeugung einer `ObjectFactory`, die wir dann stetig zur Generierung unserer Modellobjekte benutzen. Als Erstes legen wir ein Objekt `personen` vom Typ `PersonenType` an, das quasi das Wurzelelement des Dokuments repräsentiert. Danach generieren wir hintereinander drei PersonType-Objekte und gehen dabei immer nach folgendem Muster vor:

1. Generieren einer PersonType-Instanz über die ObjectFactory
2. Setzen von Nach- und Vorname über die zugehörigen Setter-Methoden
3. Optional, falls die Person Hobbys hat:
   - Generierung einer HobbysType-Instanz über die ObjectFactory
   - Hinzufügen der einzelnen Hobbys als String zur Hobby-Liste
   - Zuweisen der HobbysType-Instanz an die PersonType-Instanz über die entsprechende Setter-Methode
4. Hinzufügen der fertigen PersonType-Instanz in der Person-Liste des personen-Objekts

Das Resultat ist ein fertig »befülltes« PersonenType-Objekt. Wie aber in Abschnitt 7.2.3 schon beschrieben, muss dieses Objekt vor dem eigentlichen Marshalling noch in ein JAXBElement<PersonenType>-Objekt verpackt werden. Dies geschieht wiederum über die ObjectFactory. Mit diesem neuen Objekt können wir nun das Marshalling durchführen.

Marshaller

Im Listing erkennen Sie, welche Schritte dazu notwendig sind: Zuerst lassen wir uns vom JAXBContext ein Marshaller-Objekt über die Methode createMarshaller() erzeugen. Sie sehen dabei erneut, dass der JAXBContext der Ursprung allen Handelns in JAXB ist und ihm eine ähnliche Bedeutung zukommt wie beispielsweise der DocumentBuilderFactory in JAXP. So ist auch Marshaller, wie beispielsweise schon DocumentBuilder bei JAXP, keine konkrete Klasse, sondern in diesem Fall ein Interface. Der JAXBContext dient uns dabei als Factory. Auf dem erhaltenen Marshaller-Objekt wird nun zunächst das von der createSchema() generierte Schema-Objekt über die Methode setSchema() registriert. Dieses Objekt nutzt der Marshaller dann zur Validierung des Objektmodells gegen die Grammatik während der Serialisierung. Außerdem können nun noch über die Methode setProperty() diverse Einstellungen vorgenommen werden (auch das kennen Sie bereits bestens von JAXP). Wir nutzen diesen Mechanismus hier beispielsweise, um festzulegen, dass das erzeugte XML-Dokument mit Einrückungen und Zeilenumbrüchen schön formatiert wird. Der Name der entsprechenden Property ist dabei als statische Konstante JAXB_FORMATTED_OUTPUT im Marshaller-Interface fest hinterlegt.

Der letzte Schritt ist nun noch das eigentliche Marshalling. Hierzu bietet uns der `Marshaller` mehrere Methoden `marshal()` an. All diese Methoden erwarten als erstes Argument das Modellobjekt, das serialisiert werden soll – in unserem Fall also das oben erzeugte `JAXBElement<PersonenType>`-Objekt. Das zweite Argument bestimmt immer das Ziel der Serialisierung – wir nutzen hier einen `FileOutputStream`, um die Ausgabe in die in der `main()`-Methode definierte Arbeitsdatei umzulenken.

Marshalling durchführen

Sobald Sie die Anwendung dann laufen lassen, wird im *data*-Ordner eine Datei *personen.xml* angelegt und das generierte Objektmodell in XML-Form dort abgelegt. Die Ausgabe sollte aussehen wie in Listing 7.4.

```
<?xml version="1.0" encoding="UTF-8" standalone="yes"?>
<personen
      xmlns="http://javaundxml.de/jaxb/personen/model">
   <person>
      <nachname>Scholz</nachname>
      <vorname>Michael</vorname>
      <hobbys>
         <hobby>Java</hobby>
         <hobby>XML</hobby>
         <hobby>Groovy</hobby>
      </hobbys>
   </person>
   <person>
      <nachname>Niedermeier</nachname>
      <vorname>Stephan</vorname>
      <hobbys>
         <hobby>Java</hobby>
         <hobby>XML</hobby>
         <hobby>Cocoon</hobby>
      </hobbys>
   </person>
    <person>
      <nachname>Skulschus</nachname>
      <vorname>Marco</vorname>
   </person>
</personen>
```

Listing 7.4 Das Ergebnis des Marshalling

Der letzte Schritt, den unsere Beispielanwendung jetzt noch ausführt, ist schließlich das Unmarshalling der soeben generierten Datei zurück in ein Personen-Objektmodell, das dann in einfach lesbarer Form in der Konsole ausgegeben wird. Diese Aufgaben übernimmt die Methode `unmarshal()`, deren Inhalt Sie in Listing 7.5 nachlesen können.

unmarshal()

```
// Unmarshaller aus dem JAXBContext generieren und
// Schema für Validierung setzen
Unmarshaller unmarshaller =
   context.createUnmarshaller();
unmarshaller.setSchema(schema);

// Unmarshalling durchführen
JAXBElement<PersonenType> personenElement =
   (JAXBElement<PersonenType>)
      unmarshaller.unmarshal(dataFile);

// Informationen ausgeben
for(PersonType person :
   personenElement.getValue().getPerson())
{
   System.out.println(
      "Nachname: " + person.getNachname());
   System.out.println(
      "Vorname : " + person.getVorname());

   HobbysType hobbys = person.getHobbys();
   if(hobbys != null)
   {
      System.out.println(
         "Hobbys : " + hobbys.getHobby());
   }

   System.out.println("======================");
}
```

Listing 7.5 Die unmarshal()-Methode der PersonenApp-Anwendung

Unmarshaller

Die erste Aktion in dieser Methode ist natürlich das Generieren des Unmarshallers, in JAXB über ein Interface `Unmarshaller` definiert. Anlog zur Generierung des `Marshaller`-Objekts in der vorherigen Methode erhalten wir eine `Unmarshaller`-Instanz vom `JAXBContext`, und zwar über die Methode `createUnmarshaller()`. Die erste Aktion mit der erhaltenen Instanz ist wieder das Setzen des `Schema`-Objekts. Der `Unmarshaller` nutzt es aber diesmal natürlich, um während des Unmarshalling-Prozesses das Eingabe-XML-Dokument gegen die Grammatik zu validieren.

Unmarshalling

Als nächster Schritt kommt nun schon das Unmarshalling. Es erfolgt über eine der diversen `unmarshal()`-Methoden des `Unmarshaller`-Objekts, die es für verschiedene Eingabeformate gibt, darunter auch für `File`-

Objekte. Hier übergeben wir nun dasselbe Objekt wie schon für das Marshalling, so dass die eben erzeugte Datei gleich wieder geparst wird. Der Rückgabetyp der `unmarshal()`-Methoden ist immer `Object`, da der Compiler ja nicht wissen kann, mit welchem Objektmodell Sie arbeiten. Aus diesem Grunde ist in unserem Beispiel noch ein Typecast des zurückgegebenen Objekts nach `JAXBElement<PersonenType>` notwendig.

Iterieren über PersonType-Objekte

Nächstes Ziel ist es nun, das frisch geparste Objektmodell noch auf der Konsole auszugeben. Wir beginnen dazu mit einer Schleife über alle `PersonType`-Objekte aus der `List<PersonType>` des Wurzelelements. Dazu besorgen wir uns zunächst über `getValue()` das `PersonenType`-Objekt von dem `JAXBElement<PersonenType>`-Objekt – dies ist die Methode, mit der Sie von jedem `JAXBElement` das innere Typobjekt erhalten können. Vom `PersonenType`-Objekt besorgen wir uns dann die `List<PersonType>` mit allen inneren `PersonType`-Objekten über `getPerson()`. Auf diese Weise erhalten wir im Schleifenrumpf ein Objekt nach dem anderen.

Wir schreiben dort dann zunächst eine Ausgabe für den Nach- und den Vornamen in die Konsole. Danach holen wir uns das `HobbysType`-Objekt für die jeweilige Person. Da auf Schemaebene das zugehörige `<hobbys>`-Element im komplexen Typ `personType` nicht zwangsweise vorkommen muss (wegen des Attributs `minOccurs="0"`), ist auf Java-Ebene das `HobbysType`-Objekt möglicherweise `null`. Dies prüfen wir und geben nur dann, wenn wir wirklich ein Objekt erhalten haben, dieses noch auf die Kommandozeile aus. Da es sich dabei um eine `List<String>` handelt, bekommen wir auch gleich eine schöne `String`-Darstellung in der Konsole.

Zuletzt geben wir noch eine Trennzeile aus, um das Ergebnis besser lesbar zu machen. Die Ausgabe des Programms sehen Sie auch in Listing 7.6.

```
Nachname: Scholz
Vorname : Michael
Hobbys : [Java, XML, Groovy]
=====================
Nachname: Niedermeier
Vorname : Stephan
Hobbys : [Java, XML, Cocoon]
=====================
Nachname: Skulschus
Vorname : Marco
=====================
```

Listing 7.6 Die Ausgabe der PersonenApp-Anwendung

Zusammenfassung

Sie haben jetzt bereits alles erfahren, was Sie benötigen, um eine Verarbeitungsanwendung für ein gegebenes XML Schema zu schreiben. Sie wissen, wie Sie über Ant mit dem XJC aus dem Schema Ihre Modellklassen erzeugen, haben den `JAXBContext` kennengelernt und erfahren, wie Sie mit ihm `Marshaller` und `Unmarshaller` generieren. Letztere benutzen Sie schließlich, um ihre XML-Dokumente zu serialisieren und zu parsen.

Was nun noch für den nächsten Abschnitt verbleibt, ist die Generierung eines XML Schemas aus einem schon bestehenden Objektmodell.

7.2.5 Generierung eines Schemas mit dem SchemaGen Binding Compiler

SchemaGen

Wie auch beim O/R-Mapping – der mit dem XML-Binding verwandten Technologie, die die Abbildung von Datenbankmodellen auf Klassen realisiert – kommt auch bei der XML-Verarbeitung der Anwendungsfall vor, dass es zuerst ein Objektmodell in Ihrer Anwendung gibt und erst nachträglich dazu ein XML Schema benötigt wird. Denken Sie zum Beispiel an eine zunächst eigenständige Java-Anwendung, die nun plötzlich mit einer .NET-Anwendung Daten austauschen soll. Hierfür ist die Datenübertragung über XML eine denkbare Vorgehensweise. Falls die Java-Anwendung das führende System ist und für die auszutauschenden Daten ohnehin ein Objektmodell existiert (oder mit wenig Aufwand implementiert werden kann), bietet es sich an, einfach über JAXB ein XML Schema dazu zu generieren und dieses dann den Entwicklern der .NET-Anwendung als Schnittstellenbeschreibung zur Verfügung zu stellen. Alles, was Sie dann tun müssen, ist, die Modellklassen mit den entsprechenden Mapping Annotations anzureichern und den Binding Compiler für die Java-nach-XML-Richtung darauf loszulassen. Bei der JAXB-Referenzimplementierung trägt dieser übrigens den Namen *SchemaGen*.

In unserem Beispiel haben wir ein leichtes Spiel, denn der XJC hat für uns schon ein fertiges Objektmodell inklusive der Mapping Annotations generiert, das wir nun einfach wiederverwenden. Wenn JAXB ordentlich arbeitet, sollte das so generierte XML Schema semantisch exakt dem ursprünglich von uns vorgegebenen entsprechen.

[»]

Hinweis

Für die Laufzeitbibliothek von JAXB, also den `JAXBContext` und die von ihm generierten Hilfsobjekte wie `Marshaller` und `Unmarshaller`, wird das XML Schema übrigens nicht benötigt. Die Modellklassen und die darin enthaltenen Mapping Annotations sind alles, was diese Objekte brauchen.

Sie könnten deshalb also mit JAXB XML-Binding komplett ohne ein XML Schema betreiben. Einen Haken hat die Sache jedoch: Sie können in diesem Fall keine Validierung mehr durchführen. Wie schon gezeigt, brauchen Sie dafür ein JAXP-`Schema`-Objekt, das Sie nur aus einem XML-Schema-Dokument und nicht aus den Modellklassen generieren können.

Wie schon der XJC, so lässt sich auch der SchemaGen auf einfache Weise über Ant starten. Werfen Sie dazu einen Blick auf das Ant-Target `schemagen` in der *build.xml* oder in Listing 7.7.

```
<target name="schemagen">

   <!-- Task definieren -->
   <taskdef
      name="schemagen"
      classname="com.sun.tools.jxc.SchemaGenTask"
      classpathref="path.lib.jaxb"/>

   <!-- Binding Compiler Java->Schema starten -->
   <schemagen srcdir="${dir.srcgen}" destdir="data"
      classpathref="path.lib.jaxb">
      <schema namespace=
         "http://javaundxml.de/jaxb/personen/model"
         file="personen.xsd"/>
   </schemagen>
</target>
```

Listing 7.7 Aufruf des SchemaGen Binding Compilers mit Ant

Task-Definition

Auch hier sehen Sie zunächst, wie der Task definiert wird. Diesmal benutzen wir die Klasse `com.sun.tools.jxc.SchemaGenTask`, verweisen aber wieder auf denselben Klassenpfad wie schon beim XJC.

Aufruf des Tasks

Danach folgt dann der Aufruf des soeben definierten Tasks. Wie Sie sehen, muss zunächst über das `srcdir`-Attribut der Quellordner angegeben werden, in dem sich die Modellklassen befinden, hier also unser *srcgen*-Ordner. Über das Attribut `destdir` wird dann das Verzeichnis festgelegt, in dem die XML-Schema-Datei(en) ausgegeben werden soll(en) – in unserem Fall *data*. Zusätzlich muss der Klassenpfad zur den JAXB-Bibliotheken über das `classpathref`-Attribut spezifiziert sein.

Innerhalb des `<schemagen>`-Elements befindet sich ein Kindelement `<schema>`. Dieses dient dazu, den jeweiligen Schemanamensräumen Dateinamen zuzuordnen. Wie Sie vielleicht wissen, bezieht sich ein XML

Schema ja immer auf genau einen Zielnamensraum (gegebenenfalls den leeren Namensraum), dementsprechend sind auch JAXB-Modellklassen immer einem solchen zugeordnet. Die zugehörige Information ist übrigens in der *package-info.java* des jeweiligen Java-Packages und dort in der Mapping Annotation `@XmlSchema` enthalten. In unserem Beispiel müssen wir deshalb dem Namensraum *http://javaundxml.de/jaxb/personen/model*, auf den sich unser Package `de.javaundxml.jaxb.personen.model` bezieht, noch einen Schemadateinamen zuordnen, hier *personen.xsd*. Zusammen mit dem oben spezifizierten Ausgabeverzeichnis *data* wird also der `<schemagen>`-Task das resultierende XML Schema in *data/personen.xsd* innerhalb des *ex1*-Ordners des Projekts ablegen.

[»]

Zwei Hinweise

Befinden sich im angegebenen Quellordner mehrere JAXB-Modell-Packages, so können Sie über mehrere `<schema>`-Kindelemente allen Namensräumen entsprechende Dateinamen zuordnen.

Sie können die Namensraum-Zuordnung auch weglassen. In diesem Fall wird für jeden unbekannten Namensraum eine Datei *schemaX.xsd* generiert, wobei *X* eine fortlaufende Nummer ist, die bei *1* beginnt.

Ausführung starten

Nachdem Sie jetzt wissen, wie Sie den SchemaGen als Ant-Task definieren und ausführen, wird es nun Zeit, den Generierungsprozess anzustoßen. Starten Sie hierzu die mitgelieferte Eclipse External Tools Configuration *Beispiel 1 – Schema-Generierung*. Diese führt das vorgestellte Ant-Target und damit den `<schemagen>`-Task aus.

Das Ergebnis

Als nächsten Schritt sollten Sie nun einen Refresh des Projekts bzw. des *data*-Ordners durchführen, damit Eclipse das generierte XML Schema finden kann. Wenn Sie die Datei öffnen, werden Sie erfreulicherweise feststellen, dass sie bis auf wenige kleine Ausnahmen dem ursprünglichen Schema entspricht. Unterschiede finden Sie beispielsweise beim benutzten Namensraum-Präfix `tns`, das in der Original-Datei nicht vorhanden war, oder beim `nillable="true"`-Attribut in der Definition des Wurzelelements `<personen>`. Dies sind jedoch Unterschiede, die die Grammatik an sich nicht verändern, nur die Beschreibung weicht etwas ab.

Zusammenfassung

Auf jeden Fall hat dieser kleine Versuch unsere vorherige Behauptung bestätigt, dass die Rückgenerierung des XML Schemas aus den ihrerseits generierten Java-Klassen wieder zum ursprünglichen Ergebnis führt. Sie haben damit außerdem den umgekehrten Weg der Generierung kennengelernt, den Sie ja bekannterweise einschlagen sollten oder müssen, wenn Sie zuerst über fertige Java-Klassen verfügen und dafür dann ein XML Schema benötigen.

[«]

Hinweis

Sollten Sie noch mit Java 1.4 arbeiten und deshalb gezwungenermaßen nur JAXB 1.0 nutzen können, ist es leider nicht möglich, den Generierungsprozess in dieser Richtung durchzuführen, da es diesen erst ab JAXB 2.0 mit Hilfe der Mapping Annotations gibt.

Damit sind Sie nun am Ende unserer Einführung in JAXB angelangt. Je nachdem, was Sie nun noch an speziellen Anpassungen für Ihre Anwendung benötigen, können Sie in den folgenden Abschnitten detailliertere Informationen zu den Abbildungsregeln zwischen Java- und XML-Elementen und der JAXB-API nachlesen. In Anhang D finden Sie außerdem nähere Erläuterungen zur Konfiguration der Binding Compiler.

7.3 Abbildung von XML nach Java

Nachdem Sie einen ersten Überblick über die JAXB-Technologie erhalten haben, werden wir Ihnen nun die Regeln und Mechanismen für die Abbildung etwas näher vorstellen. Den Begriff *Abbildung*, den wir in diesem Buch verwenden, verstehen Sie dabei bitte als Zusammenfassung der Umwandlungsaktionen der Binding Compiler und der JAXB-Laufzeitumgebung. Wenn wir also von »Abbildung von XML nach Java«, sprechen, sind damit der XJC Binding Compiler und die Unmarshaller-Laufzeitkomponente gemeint bzw. die Umwandlungen zwischen der XML- und Java-Welt, die diese beiden vornehmen.

Wir unterscheiden dabei grundsätzlich zwischen den beiden Richtungen der Abbildung, also XML nach Java und Java nach XML. Erstere behandeln wir in diesem Abschnitt, letztere in Abschnitt 7.4, »Abbildung von Java nach XML«. Dabei werden wir allerdings nicht auf die Konfiguration der beiden Binding Compiler eingehen. Werfen Sie stattdessen einen Blick in Anhang D wo wir diese Themen noch einmal etwas detaillierter beleuchten. Außerdem sollte Ihnen das Einführungsbeispiel bereits das Notwendigste vermittelt haben.

7.3.1 Standardregeln, Binding Declarations und Mapping Annotations

Grundsätzlich werden Sie feststellen, dass sich die Abbildung von XML-Elementen auf Java-Elemente wesentlich komplexer gestaltet als umgekehrt. Der Grund hierfür ist, dass Sie in einem XML Schema wesentlich genauere Angaben über die Anordnung der Elemente machen können, als dies in einer Java-Klasse möglich ist. Beispielsweise geben Sie mit einer `<xs:sequence>` genau die Reihenfolge an, in der die Elemente erscheinen müssen, und mit einer `<xs:choice>` schließen Sie Elemente gegenseitig aus. In einer Java-Klasse hingegen ist es unerheblich, in welcher Reihenfolge Sie Instanzvariablen oder Methoden spezifizieren, und gegenseitiges Ausschließen ist ohnehin nicht möglich. Auch gibt es Unterschiede bei Namen und Bezeichnern. Java ist hier wesentlich restriktiver als XML.

Nun aber zu den Grundlagen der Abbildung von XML nach Java. In JAXB lässt sich diese im Wesentlichen in drei große Bereiche unterteilen:

- **Standardregeln** geben vor, wie Java-Bausteine standardmäßig auf XML-Bausteine abgebildet werden und umgekehrt.
- **Binding Declarations** sind Zusatzinformationen für XML-Bausteine, die deren Abbildung auf Java-Bausteine beeinflussen.
- **Mapping Annotations** sind Zusatzinformationen für Java-Bausteine, die deren Abbildung auf XML-Bausteine beeinflussen.

Mapping Annotations sind dabei spezielle Java-Annotations, die in den Modellklassen untergebracht werden können, während Binding Declarations XML-Fragmente sind, die entweder direkt im XML Schema oder in einer separaten Datei spezifiziert werden. Beides können Sie editieren und beeinflussen, während die Standardregeln natürlich unsichtbar im Hintergrund existieren. Detaillierter wollen wir aber an diese Stelle nicht auf die beiden Mechanismen eingehen, mehr darüber erfahren Sie in den Abschnitten 7.3.8 und 7.4.9.

Die Rolle von Mapping Annotations

XML Schema ist mächtiger als Java.

Vielleicht wundern Sie sich jetzt (zu Recht), warum wir Ihnen hier schon etwas von Mapping Annotations erzählen, denn diese sind normalerweise ein Mittel, das für die Abbildung von Java nach XML verwendet wird, also in der umgekehrten Richtung. Tatsächlich ist es aber so, dass der XJC bei der Generierung von Java-Klassen aus einem XML Schema immer entsprechende Mapping Annotations in diese Klassen einbringt.

Das ist notwendig aus den eben zuvor genannten Gründen, dass XML Schema eine ausdrucksstärkere Grammatik besitzt als Java. Deshalb wird ein Ausgleich dieser Lücke benötigt.

Laufzeitverhalten

Dieser Aufwand hat zwei Effekte: Erstens wird bei der Rückumwandlung nach XML Schema eine dem Ausgangsschema sehr ähnliche Datei entstehen (die Mapping Annotations können die Informationslücke nicht ganz schließen). Der zweite Punkt ist im Laufzeitverhalten von JAXB verankert – also der konkreten Programmausführung –, wo nicht mehr zwischen XML Schemas und Java-Klassen, sondern zwischen XML-Dokumenten und Instanzen der Modellklassen konvertiert wird. Denn die JAXB-Laufzeit-Komponenten benutzen für die Abbildung lediglich die Modellklassen und die eventuell darin enthaltenen Mapping Annotations (die nötigen Informationen werden dabei über die Reflection-API ausgelesen). Das XML Schema und die Binding Declarations werden definitiv *nur vom Binding Compiler* benötigt.

JAXB ohne Binding Compiler

Für Sie als Entwickler bringt dies nur Vorteile – so muss beispielsweise das Schema nicht im Klassenpfad Ihres Programms enthalten sein. Auch können Sie in den generierten Modellklassen nachträglich beliebige Logik unterbringen (in Form von neuen Methoden oder der Anpassung der generierten Methoden), was wir Ihnen allerdings erst empfehlen würden, wenn sich das zugrundeliegende XML Schema mit Sicherheit nicht mehr ändern wird. Sie können sogar so weit gehen und JAXB einsetzen, ohne ein einziges Mal zu Beginn einen Binding Compiler aufzurufen. Das Marshalling funktioniert komplett ohne Schema oder Mapping Annotations, und selbst das Unmarshalling funktioniert einwandfrei, solange das Format der XML-Eingabedaten zu dem der Modellklassen passt.

Die Rolle von Binding Declarations

Schließlich gibt es noch die Binding Declarations. Wie schon angedeutet, handelt es sich dabei um spezielle XML-Fragmente, die Sie entweder direkt im XML Schema oder in einer externen Datei unterbringen. Da sie nur das Verhalten des Binding Compilers modifizieren, können Sie komplett auf sie verzichten, solange Ihnen das Standardverhalten genügt.

Bei der Umwandlung von Java nach XML werden übrigens niemals Binding Declarations generiert, sondern nur das XML Schema. Umgekehrt ist das jedoch anders: Bei der Generierung von Java-Code aus einem XML Schema werden immer Mapping Annotations erstellt. Diesen Sachverhalt sehen Sie in Abbildung 7.1 nochmals dargestellt.

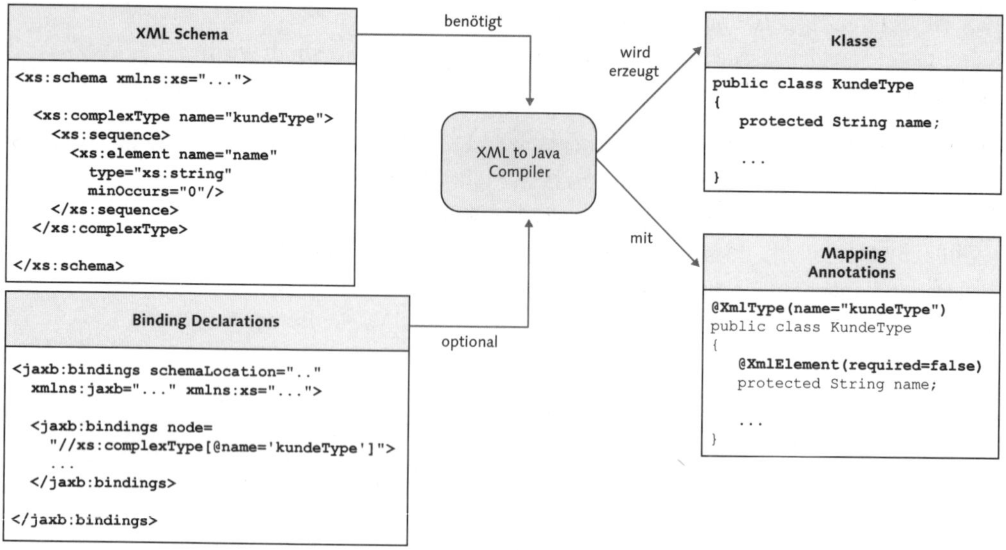

Abbildung 7.1 Konvertierung von XML nach Java

7.3.2 Das Standardverhalten anhand eines Beispiels

Nachdem wir Ihnen einige Grundlagen über die Abbildung zwischen XML und Java in JAXB erläutert haben, wird es nun Zeit, einen tiefer gehenden Blick auf das Standardverhalten dabei zu werfen. In wahrscheinlich 80 % der Fälle werden Sie nämlich auf den Einsatz von Binding Declarations komplett verzichten können – umso wichtiger ist es, dass Sie wissen, wie das Binding standardmäßig aussehen wird.

Da das ganze Thema sehr theoretisch ist und in der JAXB-Spezifikation nach streng formalen Regeln beschrieben ist (die für einen »ganz normalen Softwareentwickler« nicht immer schön zu lesen sind), setzen wir wieder einmal auf die Macht des Beispiels. Genau gesagt nutzen wir diesmal das Beispiel 2 aus dem Eclipse-Projekt, das Sie schon kennen. Statt des Ordners *ex1* müssen Sie also nun ausschließlich mit dem Ordner *ex2* und seinen diversen Unterordnern arbeiten. Wir verwenden dort ein wesentlich umfangreicheres XML Schema als noch beim ersten Beispiel. Es handelt sich dabei um die Datei *bestellungen.xsd* im Package `de.javaundxml.jaxb.bestellungen` des *ex2/src*-Ordners. Anhand dieses Schemas werden wir Ihnen die meisten Abbildungsregeln Schritt für Schritt näherbringen, ein paar wenige werden wir eher theoretisch behandeln.

Auf die genauen Inhalte des Schemas werden wir an dieser Stelle aber nicht näher eingehen, da sie zum Verständnis des Themas nicht von Bedeutung sind.

Eines gleich vorweg: Sie müssen nicht zwangsweise mit dem Eclipse-Projekt arbeiten, um diesen Abschnitt erfolgreich zu verstehen, da wir alle Beschreibungen mit kleinen Beispielcodeausschnitten untermauert haben. Allerdings empfehlen wir Ihnen dennoch die Arbeit mit dem Projekt, da Sie nur dann einen zusammenhängenden Überblick erhalten können.

Sollten Sie sich also entschlossen haben, mit dem Beispiel zu arbeiten, können Sie zunächst noch die Codegenerierung testen. Dies geschieht über die vorgefertigte Eclipse External Tools Configuration *Beispiel 2 – Build*. Der XJC generiert daraufhin einige Klassen im Package `de.javaundxml.jaxb.bestellungen.model` im Ordner *ex2/src-gen* des Beispielprojekts (falls notwendig). Wenn Sie schon neugierig sind, können Sie natürlich sofort einen Blick auf die Klassen und das Schema werfen, ansonsten werden wir Ihnen jetzt nach und nach anhand des Beispiels die wichtigsten Abbildungsregeln vorstellen.

7.3.3 Konvertierung von Namen

Bevor wir mit den eigentlich interessanten Umwandlungsvorschriften beginnen, müssen wir noch kurz auf ein generelles Problem eingehen, das bei der Umwandlung von XML Schema Inhalten nach Java auftreten kann: In Java herrschen wesentlich strengere Namenskonventionen als in XML-Dokumenten. So sind beispielsweise keine Bindestriche in Klassen- oder Methodennamen erlaubt, was hingegen in XML kein Problem darstellt.

Aus diesem Grunde gibt es in der JAXB-Spezifikation ein genaues Regelwerk (Anhang D), nach dem Namen von XML-Elementen, Attributen oder sonstigen XML-Konstrukten in Java-Namen konvertiert werden. Wie stark Sie das betrifft, hängt davon ab, welche Namen Sie in Ihrem XML Schema verwenden. Bei unserem Einführungsbeispiel gab es nahezu kein Problem: Der XJC hat beispielsweise zu den komplexen `personenType`, `personType` und `hobbysType` drei Klassen `PersonenType`, `PersonType` und `HobbysType` erzeugt. Die einzige vorzunehmende Änderung war also die Umwandlung des ersten Buchstabens in einen Großbuchstaben, damit der Klassenname mit einem solchen beginnt.

Natürlich gibt es aber auch komplexere Fälle. Falls Sie hierzu die formalen Regeln nachlesen wollen, möchten wir Sie auf Anhang D der JAXB-Spezifikation verweisen. Ansonsten genügt es meistens, wenn Sie sich einfach »überraschen« lassen, was der Binding Compiler als Ergebnis erzeugt. Im Normalfall ist die Namensumwandlung sehr leicht und intuitiv nachvollziehbar.

7.3.4 Komplexe Typen – ComplexTypes

Wir beginnen zunächst mit den sogenannten komplexen Typen, in XML Schema definiert durch ein `<xs:complexType>`-Element. Wie Sie auch in Abschnitt 1.5.4 nachlesen können, dienen komplexe Typen der Definition von Inhaltsmodellen für XML-Elemente. Genau gesagt können Sie damit festlegen, welche Attribute und Kindelemente ein Element besitzen kann oder muss.

[»]

Hinweis

In einem komplexen Typ wird nicht der Name des entsprechenden Elements festgelegt. Vielmehr können Elemente nur über ein `<xs:element>`-Element definiert und diesem dann ein komplexer Typ über das `type`-Attribute oder ein `<xs:complexType>`-Element zugewiesen werden.

Wir stellen Ihnen nun Schritt für Schritt die Regeln vor, nach denen ein JAXB-Binding-Compiler vorgehen muss, um eine Java-Repräsentation für ein `<xs:complexType>`-Element zu erzeugen. Zu jeder Regel geben wir ihnen dabei, falls möglich, ein kleines Beispiel an die Hand, das unserem Beispiel 2 des Eclipse-Projekts entnommen oder daran angelehnt ist.

Für jeden Typ eine Klasse

Zunächst einmal können Sie als allgemeine Regel festhalten, dass ein komplexer Typ auf eine Java-Klasse abgebildet wird, so wie es auch schon im Einführungsbeispiel der Fall war. Der Name der Klasse und ihr Erstellungsort hängen dabei aber noch von ein paar Kriterien ab, die wir ihnen nun gleich nacheinander vorstellen werden. Zuvor gibt es allerdings noch zu sagen, dass alle diese erstellten Klassen mit zwei Mapping Annotations versehen werden: zum einen `@XmlAccessorType(XmlAccessType.FIELD)`, was bedeutet, dass auf das Inhaltsmodell des Typs über Instanzvariablen zugegriffen wird (mehr dazu später), und `@XmlType (name = "<Name des Typs>")`, was generell aussagt, dass die Java-Klasse einen JAXB-XML-Typen repräsentiert und gleich den Namen des Typs mit angibt.

Globale komplexe Typen

Handelt es sich um einen globalen komplexen Typ (er wurde also definiert auf oberster Ebene im XML Schema), wird die Java-Klasse für den Typ direkt im Ziel-Package generiert. Der Name der Klasse wird über die Umwandlungsregeln aus dem Namen des komplexen Typs abgeleitet.

Diese Regel ist sehr einfach nachzuvollziehen. In unserer *bestellungen.xsd* des Beispiels 2 gibt es z. B. die folgenden fünf globalen komplexen Typen, zu denen der XJC jeweils eine Java-Klasse direkt im Package `de.javaundxml.jaxb.bestellungen.model` (mit Großbuchstaben am Anfang) generiert hat:

- `kundeType`
- `kreditKarteType`
- `bankVerbindungType`
- `bestellPositionType`
- `bestellungType`

Anonyme komplexe Typen in globalen Elementen

Handelt es sich nun jedoch bei dem umzuwandelnden Typ um einen anonymen komplexen Typ, der in einem globalen Element definiert ist, so wird zwar ebenfalls die Java-Klasse direkt im Ziel-Package generiert, der Name der Klasse wird dann allerdings aus dem Namen des umschließenden Elements abgeleitet (der Typ ist anonym und hat deshalb keinen Namen). In unserem Beispiel finden Sie folgende globale Elementdefinition:

```
<xs:element name="bestellungen">
   <xs:complexType>
      <xs:sequence>
         <xs:element name="bestellung"
            type="bestellungType"
            maxOccurs="unbounded"/>
      </xs:sequence>
   </xs:complexType>
</xs:element>
```

Dieses Element enthält einen anonymen komplexen Typ. Der Binding Compiler generiert in diesem Fall eine Klasse `Bestellungen` direkt im Package `de.javaundxml.jaxb.bestellungen.model`.

Anonyme komplexe Typen in lokalen Elementen

Schließlich bleibt noch die Variante, dass der komplexe Typ anonym in einem lokalen Element definiert ist. Hier wird nun keine Klasse mehr direkt im Ziel-Package generiert. Stattdessen wird eine *statische innere Java-Klasse* innerhalb der Klasse des umfassenden komplexen Typs erstellt. Der Name der Klasse wird aber wieder aus dem Namen des umschließenden Elements gewonnen. Allerdings ist die `name`-Eigenschaft der generierten `@XmlType`-Annotation in diesen Fällen immer der leere `String`.

Diesen Fall gibt es zweimal in *bestellungen.xsd*: einmal im komplexen Typ `kreditKarteType` – hier ist für das Kindelement `gueltig` ein anonymer komplexer Typ definiert –, und einmal im komplexen Typ `bestellungType` für das Kindelement `nachnahme`. Sie sehen die entsprechenden Definitionen nochmals in Listing 7.8 verdeutlicht.

```
<xs:complexType name="kreditKarteType">
   <xs:sequence>
      <xs:element name="name" type="xs:string"/>
      <xs:element name="nummer">
         ...
      </xs:element>
      <xs:element name="gueltig">
         <xs:complexType>
            ...
         </xs:complexType>
      </xs:element>
      <xs:element name="pruefzeichen">
      </xs:element>
   </xs:sequence>
</xs:complexType>

<xs:complexType name="bestellungType">
   <xs:sequence>
      <xs:element name="kunde" type="kundeType"/>
      <xs:choice>
         <xs:element name="kreditkarte" type="..."/>
         <xs:element name="bankverbindung" type="..."/>
         <xs:element name="nachnahme">
            <xs:complexType/>
         </xs:element>
      </xs:choice>
      <xs:element name="bestellposition" type="..."
         maxOccurs="unbounded"/>
   </xs:sequence>
   <xs:attribute name="liefernummern">
      ...
   </xs:attribute>
</xs:complexType>
```

Listing 7.8 Anonyme komplexe Typen in lokalen Elementen

In diesen beiden konkreten Fällen generiert der Binding Compiler in der Klasse `KreditKarteType` eine statische innere Klasse `Gueltig` und in der Klasse `BestellungType` eine statische innere Klasse `Nachnahme`.

Diese Schachtelung spiegelt sich außerdem in der `ObjectFactory`-Klasse des jeweiligen Packages wider (siehe dazu Abschnitt 7.3.7), denn dort werden die Namen der `createXXX()`-Methoden durch Aneinanderreihen der Klassennamen erzeugt. In unseren beiden Beispielen sind dies also die folgenden Methoden:

- `createBestellungTypeNachnahme()`
- `createKreditKarteTypeGueltig()`

Attribute

Das Inhaltsmodell

Sie wissen nun, wo zu komplexen Typen entsprechende Java-Klassen generiert werden und woraus sich deren Name ableitet. Nun geht es aber weiter mit dem Inhalt dieser Klassen, der sich natürlich aus dem Inhalt der `<xs:complexType>`-Definition ableitet. Bei diesem Inhalt kann es sich nun um Elemente oder Attribute handeln.

Attribute

Beginnen wir zunächst mit dem einfachen Teil, den Attributen: Für jede `<xs:attribute>`-Definition in einem `<xs:complexType>` wird in der zugehörigen Modellklasse eine *Property* (im Sinne des Java-Beans-Standards) generiert, konkret eine `protected` Instanzvariable mit einer Mapping Annotation `@XmlAttribute` und eine zugehörige Getter- und Setter-Methode. Der Name dieser Property leitet sich natürlich aus dem XML-Namen des Attributs nach den üblichen Regeln ab, der Typ aus dem XML-Typ des Attributs.

[«]

Hinweis

Beachten Sie, dass in einem XML Schema der Typ eines Attributs nur ein SimpleType oder einer der vordefinierten XML-Schema-Typen sein kann. Mehr darüber erfahren Sie im nächsten Abschnitt.

In *bestellungen.xsd* gibt es die folgenden sechs Attributdefinitionen:

- `premium` im komplexen Typ `kundeType`
- `monat` und `jahr` im Element `gueltig` im komplexen Typ `kreditKarteType`
- `menge` und `artikelnummer` im komplexen Typ `bestellPositionType`
- `liefernummern` im komplexen Typ `bestellungType`

[zB] Zur Veranschaulichung werfen wir nun einmal einen Blick in den komplexen Typ kundeType in Listing 7.9.

```
<xs:complexType name="kundeType">
   <xs:sequence>
      <xs:element name="nachname" type="xs:string"/>
      ...
   </xs:sequence>
   <xs:attribute name="premium" type="xs:boolean"/>
</xs:complexType>
```

Listing 7.9 Das Attribut premium im komplexen Typ kundeType

Sie sehen dort die Definition des Attributs premium. In der Klasse KundeType, die für den komplexen Typ kundeType generiert wurde, finden Sie als Repräsentant für dieses Attribut die folgende Instanzvariable:

```
@XmlAttribute
protected Boolean premium;
```

Zusätzlich finden Sie zwei Methoden setPremium() und isPremium(), die auf diese Variable zugreifen. Der Typ der Variablen und entsprechend der Rückgabetyp von isPremium() und der Parametertyp von setPremium() sind dabei boolean, was den XML-Schema-Typ xs:boolean repräsentiert. Dasselbe Prinzip können Sie natürlich auch bei den anderen Attributen verfolgen, wir haben diese jedoch nicht extra abgedruckt.

Elemente

Wie Sie gesehen haben, funktioniert die Abbildung von Attributen in Java-Klassen recht simpel, deshalb machen wir auch gleich mit den zweiten Knotentypen weiter, die ein komplexer Typ beschrieben kann, den Elementen.

Model-Groups

Wie Sie ja vielleicht schon wissen, können Sie in einem XML Schema beliebig komplexe Regeln definieren, welche Kindelemente ein komplexer Typ erlaubt bzw. vorschreibt, sowie die Reihenfolge dieser Kindelemente vorgeben. Das erreichen Sie durch Kombination der drei sogenannten Model-Group-Definitionen <xs:sequence>, <xs:choice>, <xs:all> sowie Setzen der Attribute minOccurs und maxOccurs entweder auf diesen Model-Group-Definitionen oder den darin enthaltenen <xs:element>-Definitionen. Für die Abbildung der verschiedenen Varianten auf Java existiert ein sehr komplexes Regelwerk in der JAXB-Spezifikation. Wir haben in diesem Buch versucht, zumindest die Grundaussagen dieses Regelwerks in vier kürzeren Regeln abzubilden, die wir Ihnen im Folgenden vorstellen werden.

Regel 1: Abbildung von einfachen Model-Groups

Die erste Regel lautet folgendermaßen: Liegt eine `<xs:sequence>`-, `<xs:choice>`- oder `<xs:all>`-Definition vor, deren `maxOccurs`-Attribut nicht oder auf `1` gesetzt ist, legt JAXB für jede darin enthaltene `<xs:element>`-Definition eine Property in der entsprechenden Java-Klasse an, und zwar nach demselben Prinzip wie schon bei den Attributen, nur mit einer Annotation `@XmlElement` (anstatt `@XmlAttribute`).

Unser Eclipse-Projekt ist voll mit Beispielen für diese Abbildung, da alle komplexen Typen, die Kindelemente definieren, eine Model-Group-Definition enthalten, deren `maxOccurs`-Attribut nicht gesetzt ist.

[zB]

Ein typisches Beispiel dafür ist nochmals im komplexen Typ `kundeType` zu finden, wie in Listing 7.10 abgebildet.

```
<xs:complexType name="kundeType">
   <xs:sequence>
      <xs:element name="nachname" type="xs:string"/>
      <xs:element name="vorname" type="xs:string"/>
      <xs:element name="geschlecht"
         type="geschlechtType"/>
      <xs:element name="adresse" type="xs:string"/>
   </xs:sequence>
   <xs:attribute name="premium" type="xs:boolean"/>
</xs:complexType>
```

Listing 7.10 Kindelemente vom komplexen Typ kundeType

Sie sehen dort, dass der komplexe Typ eine Sequenz aus den vier Kindelementen `<nachname>`, `<vorname>`, `<geschlecht>` und `<adresse>` vorgibt. In der zugehörigen Java-Klasse `KundeType` finden Sie entsprechend die folgenden vier Instanzvariablen:

```
@XmlElement(required = true)
protected String nachname;

@XmlElement(required = true)
protected String vorname;

@XmlElement(required = true)
protected GeschlechtType geschlecht;

@XmlElement(required = true)
protected String adresse;
```

@XmlElement

Zusätzlich zu diesen Variablen gibt es zugehörige Getter- und Setter-Methoden, wie Sie es schon von den Attributen her kennen. Allerdings sind die Instanzvariablen nicht mit `@XmlAttribute` annotiert, dafür mit Annotations `@XmlElement`. Bei Letzteren ist außerdem der boolesche Parameter `required` auf `true` gesetzt, was aussagt, dass es sich um ein Pflichtelement handelt. Dieser Wert wäre übrigens dann `false`, wenn die zugehörige `<xs:element>`-Definition mit dem Attribut `minOccurs="0"` versehen wäre. Die Typen der Variablen und Methoden richten sich natürlich wieder nach dem Typ der entsprechenden Elemente.

@XmlType.propOrder

Neben der Bereitstellung dieser Java-Properties wird außerdem deren Reihenfolge im XML-Element in der Klasse hinterlegt. Dies geschieht über die Eigenschaft `propOrder` in der weiter oben schon vorgestellten `@XmlType`-Annotation. Diese Eigenschaft ist ein `String`-Array, in dem die Namen der Elemente in der richtigen Reihenfolge aufgeführt sind. Im Fall der Klasse `KundeType` sieht das aus wie in Listing 7.11 dargestellt.

```
@XmlType(name = "kundeType", propOrder = {
    "nachname",
    "vorname",
    "geschlecht",
    "adresse"
})
public class KundeType {
```

Listing 7.11 @XmlType-Annotation der Klasse KundeType

Regel 2: Abbildung von mehrfachen Elementen

Eine Kleinigkeit haben wir Ihnen bei Regel 1 noch verschwiegen, nämlich, dass diese Abbildung nur dann so statt findet, wenn auch die entsprechende `<xs:element>`-Definition über kein `maxOccurs`-Attribut verfügt oder dieses auf `1` gesetzt ist. Denn andernfalls greift Regel 2. Sie besagt, dass `<xs:element>`-Definitionen mit einem `maxOccurs`-Wert größer als `1` zwar auf eine Java-Property abgebildet werden, der Typ dann jedoch `java.util.List<X>` ist, wobei `X` der zugehörige Java-Typ zu dem Elementtyp ist. Zusätzlich fehlt die Setter-Methode. Diese Regel ist ebenfalls leicht zu verstehen: Da das Element mehrfach vorkommen kann, wird es in Java durch eine Liste repräsentiert. Dieser können Sie dann ganz gewohnt Elemente hinzufügen oder wieder welche daraus entfernen, wie Sie es vom normalen Umgang mit `java.util.List` kennen. Eine Setter-Methode ist deshalb auch nicht mehr notwendig.

[zB] Ein Beispiel hierfür finden Sie u. a. im komplexen Typ `bestellungType`, wie in Listing 7.12 zu sehen.

```
<xs:complexType name="bestellungType">
   <xs:sequence>
      ...
      <xs:element name="bestellposition"
         type="bestellPositionType"
         maxOccurs="unbounded"/>
   </xs:sequence>
   <xs:attribute name="liefernummern">
      ...
   </xs:attribute>
</xs:complexType>
```

Listing 7.12 Das Element <bestellposition> in bestellungType

Die Java-Repräsentation dieser Elementdefinition in der Klasse `BestellungType` sieht folgendermaßen aus:

```
@XmlElement(required = true)
protected List<BestellPositionType> bestellposition;
```

Zusätzlich dazu gibt es noch eine Getter-Methode `getBestellposition()`, die nach dem *Lazy Initialization Pattern*[2] eine `java.util.ArrayList` erzeugt, der Instanzvariablen `bestellposition` zuweist und dann zurückgibt.

Regel 3: Abbildung von mehrfachen Model-Groups

Die nächste und leider relativ komplexe Regel bezieht sich auf Model-Group-Definitionen, also `<xs:sequence>`-, `<xs:choice>`- und `<xs:all>`-Definitionen, deren `maxOccurs`-Attribut auf einen Wert größer als `1` gesetzt ist. In diesem Fall werden keine einzelnen Properties mehr generiert, stattdessen eine einzelne Property vom Typ `java.util.List<X>`. Dies ist eine generische Property, die einfach verschiedene XML-Elemente aufnehmen kann – konkret alle, die innerhalb der entsprechenden Model-Group vorkommen können. Ist eine Model-Group mehrfach vertreten (was ja durch den `maxOccurs`-Wert größer als `1` erst möglich ist), enthält die Liste schlicht ein Element nach dem anderen in genau der Reihenfolge, wie dies auch im XML-Dokument der Fall ist.

[«]

Hinweis

Was genau bei der eben gezeigten Regel als `X` in der `java.util.List<X>` eingesetzt wird, wird wiederum anhand eines komplexen Regelwerks ermittelt, auf das wir hier nicht weiter eingehen. Am häufigsten wird dies jedoch `Object` oder `JAXBElement<? extends Serializable>` sein.

2 Lazy Initialization: Einer Variablen wird erst beim ersten Zugriff ein Objekt zugewiesen.

[zB] Es ist gut möglich, dass diese Regel bereits schon zu komplex ist, um noch verständlich zu sein, deswegen schauen wir uns nun zuerst ein Beispiel an, bevor wir Ihnen die weiteren Regelbestandteile nennen. Da der entsprechende Fall im Beispiel-Eclipse-Projekt nicht vorkommt, nehmen wir diesmal ein reines »Papierbeispiel« zur Hand, das Sie aber natürlich gerne auch in der Praxis testen können. Sie finden das Beispiel in Listing 7.13 (XML-Code) und Listing 7.14 (zugehörige Instanzvariable in der Java-Klasse).

```
<xs:element name="root">
   <xs:complexType>
      <xs:sequence maxOccurs="2">
         <xs:element name="A" type="xs:string"/>
         <xs:element name="B" type="xs:string"/>
         <xs:element name="C" type="xs:int"/>
      </xs:sequence>
   </xs:complexType>
</xs:element>
```

Listing 7.13 Beispiel einer mehrfachen Model-Group

```
@XmlElementRefs({
   @XmlElementRef(name = "C", namespace = "...",
                  type = JAXBElement.class),
   @XmlElementRef(name = "A", namespace = "...",
                  type = JAXBElement.class),
   @XmlElementRef(name = "B", namespace = "...",
                  type = JAXBElement.class)
})
protected
   List<JAXBElement<? extends Serializable>> aAndBAndC;
```

Listing 7.14 Java-Code zu Listing 7.13

Wie Sie in diesen Listings sehen, arbeiten wir mit einem einfachen komplexen Typ, der innerhalb von einer `<xs:sequence>` die drei Elemente `<A>`, `<B>` und `<C>` definiert, wobei die ersten beiden vom Typ `xs:string` sind und der dritte vom Typ `xs:int` ist. Die Sequenz kann allerdings bis zu zweimal auftreten. Wie Regel 3 besagt, taucht für diese Sequenz im Java-Code nur noch eine Property auf mit dem Typ `List<JAXBElement<? extends Serializable>>`. Was wir Ihnen allerdings noch nicht erklärt haben, Sie aber im Beispielcode bereits sehen, sind der Name der Property und die der Instanzvariable zugeordnete `@XmlElementRefs`-Mapping-Annotation.

Sammelnamen für Properties

Der Name der Property ist immer ein Sammelname für die Elemente, die innerhalb der Model-Group auftauchen können. Er wird aus den Namen der maximal ersten drei möglichen Elemente in der Model-Group errechnet, die je nach Art der Model-Group mit den Verbindungswörtern `And` oder `Or` aneinandergereiht werden. In unserem Beispiel handelt es sich ja um eine Sequenz, also greift das Schlüsselwort `And`, und der resultierende Property-Name ist `aAndBAndC`.

Schließlich wurde zu der Property noch eine Ihnen bisher unbekannte Annotation `@XmlElementRefs` generiert. Diese bzw. die darin enthaltenen `@XmlElementRef`-Annotations dienen dazu, zu beschreiben, welche Elemente (mit welchen zugehörigen Java-Typen und Namensräumen) innerhalb der Sammel-Property vorkommen können.

Falls Sie spontan den Wunsch verspüren, die Regelungen für mehrfache Model-Groups im Detail nachzuvollziehen, lesen Sie »einfach« in der JAXB-Spezifikation nach, und beginnen Sie dort bei Abschnitt 6.12.6, »Bind a repeating occurrence model group«.

Regel 4: Schachtelung von Model-Groups

Nun aber endlich zur letzten Regel für die Inhaltsmodelle von Complex-Types. Sie ist wieder etwas einfacher zu verstehen und befasst sich mit der Verschachtelung von Model-Groups. Dieser Fall ist einfach, wenn die innere(n) Model-Group(s) einen `maxOccurs`-Wert von `1` haben oder dieser nicht angegeben ist. Dann wird für alle Elemente, die in der inneren Model-Group vorkommen können, einfach eine Java-Property direkt in der Typ-Klasse angelegt, als wäre dieses Element in der obersten Model-Group definiert.

Bei mehrfachen Model-Groups (`maxOccurs` ist größer 1) kommt wieder Regel 3 zum Tragen: Statt der einzelnen Java-Properties für die Elemente der inneren Model-Group wird wieder eine Sammel-Property angelegt, allerdings nur für diese; das heißt, »Geschwisterelemente«, die in der umfassenden Model-Group definiert sind, erhalten weiterhin eigene Properties. Enthält aber eine mehrfache Model-Group ihrerseits eine innere Model-Group, so wirkt sich das lediglich auf den Namen der Sammel-Property aus, was zu Namen wie `aAndBOrC` führen kann.

[zB]

Diese beiden Fälle lassen sich sehr schön mit unserer Modellklasse `bestellungType` testen, denn diese verfügt über eine `<xs:choice>`-Definition, die innerhalb einer `<xs:sequence>` liegt, nochmals zu sehen in Listing 7.15.

```
<xs:complexType name="bestellungType">
   <xs:sequence>
```

```
        <xs:element name="kunde" type="kundeType"/>
        <xs:choice>
            <xs:element name="kreditkarte"
                type="kreditKarteType"/>
            <xs:element name="bankverbindung"
                type="bankVerbindungType"/>
            <xs:element name="nachnahme">
                <xs:complexType/>
            </xs:element>
        </xs:choice>
        <xs:element name="bestellposition"
            type="bestellPositionType"
            maxOccurs="unbounded"/>
    </xs:sequence>
    <xs:attribute name="liefernummern">
        ...
    </xs:attribute>
</xs:complexType>
```

Listing 7.15 Der komplexe Typ bestellungType

Setzen Sie beispielsweise den maxOccurs-Wert von der Sequenz auf 2 und generieren den Code neu, so wird in der Klasse BestellungType eine Sammel-Property mit dem Namen kundeAndKreditkarteOrBankverbindung für die fünf möglichen Kindelemente angelegt. Der Name ist dabei eine Mischung aus dem And- und Or-Schlüsselwort entsprechend der Schachtelung der Model-Groups.

Wenn Sie jedoch nur die <xs:choice> mit maxOccurs="2" versehen und den Code neu generieren, so bleiben die Properties für kunde und bestellpositionen erhalten, dafür gibt es eine Sammel-Property kreditkarteOrBankverbindungOrNachnahme für alle Elemente aus der Auswahl.

Zusammenfassung Mit diesen vier Regeln kennen Sie nun den Löwenanteil der Abbildung von Model-Groups auf Java-Inhalte. Für weitere Details möchten wir Sie nochmals auf die JAXB-Spezifikation verweisen. Damit sind nun auch die ComplexTypes abgeschlossen. Weiter geht es mit den wesentlich einfacheren SimpleTypes.

7.3.5 Einfache Typen – SimpleTypes

Wie Sie schon gesehen haben, erzeugt der Binding Compiler für jeden komplexen Schematyp in Java eine eigene Klasse. Die Regeln hierfür sind sehr komplex und umfangreich, was logisch ist, da komplexe Typen ja schon ihrem Namen nach beliebig komplexe Strukturen beschreiben können. Sie wissen auch, dass komplexe Typen ausschließlich den Inhalt von XML-Elementen beschreiben können.

Textinhalt

Anders ist dies bei den einfachen Typen oder *SimpleTypes*. Sie werden im XML Schema durch ein `<xs:simpleType>`-Element definiert, und ihr wesentlicher Unterschied zu komplexen Typen ist der, dass in SimpleTypes keine Kindelemente, also kein Inhaltsmodell bzw. keine ModelGroups, definiert werden können, sondern nur verschiedene Formen von reinem Textinhalt. Aus diesem Grunde können SimpleTypes sowohl XML-Attributen als auch XML-Elementen zugeordnet werden. In letzterem Fall bedeutet dies, dass das Element nur Textinhalt haben darf, keine Kindelemente.

Vordefinierte Typen und Klassen

Da es verschiedenste Formen von Textinhalt geben kann, beispielsweise Zahlenwerte, Datumsangaben oder freien Text, bietet XML Schema eine Reihe von vordefinierten einfachen Datentypen. Die Bindung an Java erfolgt dementsprechend über bereits existierende Datentypen, der Binding Compiler muss also zu einem SimpleType keine neue Klasse generieren. Die Zuordnung zwischen vordefiniertem Schematyp und der entsprechenden Klasse ist in der JAXB-Spezifikation in Tabellenform genau aufgeführt. Alternativ werfen Sie aber einfach einen Blick auf Tabelle 7.2.

XML-Schema-Typ	Zugeordneter Java-Typ
`xs:string`	`java.lang.String`
`xs:integer`	`java.math.BigInteger`
`xs:int`	`int`
`xs:long`	`long`
`xs:short`	`short`
`xs:decimal`	`java.math.BigDecimal`
`xs:float`	`float`
`xs:double`	`double`
`xs:boolean`	`boolean`
`xs:byte`	`byte`
`xs:QName`	`javax.xml.namespace.QName`
`xs:dateTime`	`javax.xml.datatype.XMLGregorianCalendar`
`xs:base64Binary`	`byte[]`
`xs:hexBinary`	`byte[]`

Tabelle 7.2 Standard-XML-Schema-Typen und zugeordnete Java-Typen

XML-Schema-Typ	Zugeordneter Java-Typ
xs:unsignedInt	long
xs:unsignedShort	int
xs:unsignedByte	short
xs:time	javax.xml.datatype.XMLGregorianCalendar
xs:date	javax.xml.datatype.XMLGregorianCalendar
xs:g*	javax.xml.datatype.XMLGregorianCalendar
xs:anySimpleType	java.lang.Object (für Elemente) java.lang.String (für Attribute)
xs:duration	javax.xml.datatype.Duration
xs:NOTATION	javax.xml.namespace.QName

Tabelle 7.2 Standard-XML-Schema-Typen und zugeordnete Java-Typen (Forts.)

[zB] In unserem Beispiel finden Sie zahlreiche Typverweise auf vordefinierte Typen, wie beispielsweise im komplexen Typ kundeType, zu sehen in Listing 7.16.

```
<xs:complexType name="kundeType">
  <xs:sequence>
    <xs:element name="nachname" type="xs:string"/>
    <xs:element name="vorname" type="xs:string"/>
    <xs:element name="geschlecht" type="..."/>
    <xs:element name="adresse" type="xs:string"/>
  </xs:sequence>
  <xs:attribute name="premium" type="xs:boolean"/>
</xs:complexType>
```

Listing 7.16 Einfache Typen im komplexen Typ kundeType

Hier sehen Sie, wie aus den Elementen <nachname>, <vorname> und <adresse> auf den einfachen Typ xs:string verwiesen wird. Aber auch ein Attribut ist vertreten, nämlich premium mit dem Verweis auf den Typ xs:boolean. Ein Blick in die zugehörigen Modellklassen und auf die entsprechenden Properties zeigt Ihnen, dass die Binding Compiler genau nach Tabelle 7.2 vorgehen.

Fehlende Typen Wenn Sie sich mit XML Schema auskennen, haben Sie vielleicht bemerkt, dass in Tabelle 7.2 ein paar Typen fehlen, wie xs:NCName und noch einige andere. Für diese Fälle gibt es in JAXB aber trotzdem eine eindeutige Regelung. Und zwar muss bei solchen Typen in der Typhierarchie von XML Schema so weit nach oben gegangen werden, bis eine Zuordnung in der Tabelle gefunden wird. Bei unserem Beispiel `xs:NCName` hieße das also, dass zuerst dessen Obertyp `xs:name` geprüft werden muss. Doch auch hierfür gibt es keine Zuordnung, weshalb wieder eine Ebene höher zum Typ `xs:token` gegangen wird. Die Prozedur setzt sich nun noch über den Typ `xs:normalizedString` fort, bis wir letztendlich auf den Typ `xs:string` treffen, für den es die Zuordnung zu `java.lang.String` gibt. Dem XML-Schema-Typ `xs:NCName` wird also schließlich der Java-Typ `java.lang.String` zugeordnet.

[«]

Hinweis

Für eine Übersicht über die XML-Schema-Typen und die zugehörige Typhierarchie konsultieren Sie bitte eine entsprechende Referenz zu XML oder XML Schema, werfen Sie einen Blick in die JAXB Spezifikation in Abschnitt 6.2, oder besuchen Sie die URL *http://www.w3.org/TR/xmlschema-2/#built-in-datatypes*.

Benutzerdefinierte einfache Typen

Dieselbe Logik des Suchens in der Hierarchie findet übrigens auch Anwendung, wenn Sie per Ableitung von einem anderen SimpleType einen neuen definieren, egal ob von einem vordefinierten oder benutzerdefinierten Typ abgeleitet. Hier wird immer so lange ein Obertyp gesucht, bis eine Zuordnung zu einem Java-Typ gefunden wurde. Dies bedeutet in der Praxis, dass im Regelfall auch bei benutzerdefinierten einfachen Typen keine neue Java-Klasse für diese angelegt werden muss.

[zB]

Zwei Beispiele für diesen Fall finden Sie im komplexen Typ `kreditKarteType`, zu sehen in Listing 7.17.

```
<xs:complexType name="kreditKarteType">
   <xs:sequence>
      <xs:element name="name" type="xs:string"/>
      <xs:element name="nummer">
         <xs:simpleType>
            <xs:restriction base="xs:string">
               <xs:pattern value="..."/>
            </xs:restriction>
         </xs:simpleType>
      </xs:element>
      <xs:element name="gueltig">
         <xs:complexType>
            ...
         </xs:complexType>
      </xs:element>
      <xs:element name="pruefzeichen">
```

```
            <xs:simpleType>
               <xs:restriction base="xs:string">
                  <xs:pattern value="\d{3}"/>
               </xs:restriction>
            </xs:simpleType>
         </xs:element>
      </xs:sequence>
   </xs:complexType>
```

Listing 7.17 Benutzerdefinierte einfache Typen in kreditKarteType

Im Code sehen Sie für die Elemente `<nummer>` und `<pruefzeichen>` zwei `<xs:simpleType>`-Definitionen, die beide von `xs:string` ableiten. In der zugehörigen Java-Klasse `KreditKarteType` sind die zugehörigen Instanzvariablen aber als normale `java.lang.String`s definiert, was wie schon gesagt durch die Typhierarchie begründet ist.

Enumeration-Types

Ein Sonderfall bei der Bindung von einfachen Typen an Java-Typen ergibt sich, wenn Sie in Ihrem XML Schema einen globalen `<xs:simpleType>` definieren, der von `xs:string` oder einem Untertyp ableitet und diesen dabei durch die Angabe einer Aufzählung von erlaubten Werten einschränkt (mit `<xs:restriction>` und `<xs:enumeration>`). Ein Beispiel dafür ist der Typ `geschlechtType` aus *bestellungen.xsd*, zu sehen in Listing 7.18.

```
<xs:simpleType name="geschlechtType">
   <xs:restriction base="xs:NCName">
      <xs:enumeration value="M"/>
      <xs:enumeration value="W"/>
   </xs:restriction>
</xs:simpleType>
```

Listing 7.18 Beispiel eines Aufzählungstyps in XML Schema

Dieses Codefragment definiert einen neuen einfachen Typ, der auf `xs:NCName` (einem Untertyp von `xs:string`) basiert, jedoch nur einen der beiden Werte `M` oder `W` haben kann.

Der Binding Compiler erzeugt in diesen speziellen Fällen eine `enum` für den SimpleType. Die Bestimmung der Namen für die `enum` und deren Instanzen erfolgt dabei wieder über die bekannten Regeln für die Namenskonvertierung. In unserem Beispiel wird der Code aus Listing 7.19 erzeugt.

```
@XmlEnum
public enum GeschlechtType {

   M,
   W;

   public String value() {
      return name();
   }

   public static GeschlechtType fromValue(String v) {
      return valueOf(v);
   }
}
```

Listing 7.19 Generierte enum zu Listing 7.18

Wie Sie im Listing sehen, hat der Binding Compiler in der generierten `enum` noch eine Mapping Annotation `@XmlEnum` untergebracht sowie zwei zusätzliche Methoden `value()` und `fromValue()`, die aber beide ihrerseits nur Standardmethoden von `enum`-Typen aufrufen.

Hinweis [«]

Beachten Sie, dass eine `enum` tatsächlich nur für globale einfache Typen, die vom Typ `xs:string` oder einem Untertyp ableiten, generiert werden. Für anonyme Typen oder solche, die beispielsweise von `xs:int` oder anderen Typen ableiten, wird der normale Java-Typ nach Tabelle 7.2 benutzt.

Listen

In XML Schema haben Sie die Möglichkeit, einen einfachen Typ als Liste zu definieren. Der einzige Unterschied zu einem normalen einfachen Typ besteht dann darin, dass von einem Listentyp mehrere durch Leerzeichen getrennte Werte angegeben werden dürfen. Welchen Typ diese einzelnen Werte haben dürfen, muss in der Definition mit angegeben werden. Ein Beispiel dafür sehen Sie in Listing 7.20, das einen Auszug aus dem komplexen Typ `bestellungType` zeigt.

```
<xs:attribute name="liefernummern">
   <xs:simpleType>
      <xs:list itemType="xs:positiveInteger"/>
   </xs:simpleType>
</xs:attribute>
```

Listing 7.20 Beispiel eines Listentyps

Sie sehen hier, wie innerhalb der `<xs:simpleType>`-Definition ein `<xs:list>`-Element untergebracht ist, dessen `itemType`-Attribut den Typ der einzelnen Listenelemente angibt, in unserem Fall `xs:positiveInteger`. Konkret darf das im Beispiel definierte Attribut `liefernummern` eine Liste aus positiven Ganzzahlen enthalten, die durch Leerzeichen voneinander getrennt sein müssen.

Umso einfacher ist nun die Abbildung dieses Konstrukts auf Java: Statt einer Instanzvariablen `liefernummern` vom Typ `BigInteger` wird in der Klasse `BestellungType` einfach eine Variable vom Typ `List<BigInteger>` angelegt, worin dann die einzelnen Elemente der Liste später abgelegt werden. Nichts Unerwartetes also.

[»]

Hinweis

Wird ein Listentyp einem Element zugewiesen, so wird die entsprechende Instanzvariable außerdem mit der Mapping Annotation `@XmlList` annotiert.

Unions

Unions sind ein Typkonzept, das es in Java nicht gibt, wohl aber in anderen Sprachen, wie C++ und eben auch XML Schema. Eine Union ist quasi ein eigener Typ, dem aber Werte unterschiedlicher Typen zugeordnet werden können. Stellen Sie sich also eine Variable in Java vor, der Sie entweder einen `String` oder einen `Integer`, aber nichts anderes zuweisen können. Dies ist durchaus nützlich, kann aber auch viel Verwirrung stiften.

In XML Schema werden Unions nach folgendem Muster deklariert:

```
<xs:simpleType name="intOrString">
   <xs:union memberTypes="xs:int xs:string"/>
</xs:simpleType>
```

Sie sehen am `memberTypes`-Attribut, welche Typen der Sammeltyp umfassen kann. Außerdem können innerhalb des `<xs:union>`-Elements explizite `<xs:simpleType>`-Definitionen untergebracht werden.

String als Sammeltyp

Da es nun in Java kein Konzept für die Abbildung einer Union gibt, schreibt die JAXB-Spezifikation eine Ausweichlösung vor: Ein Union-Typ wird immer auf `xs:string` abgebildet, außer wenn mindestens einer der möglichen Untertypen ein Listentyp ist. Dann wird auf `List<String>` abgebildet.

7.3.6 Typ-Binding auf einen Blick

Sie kennen nun die Kernaussagen der Standard-Abbildungsregeln von JAXB. Natürlich gibt es dennoch einige Ausnahmeregeln, die in speziellen Fällen zutreffen und die Abbildung etwas anders aussehen lassen. Diese in vollem Maße darzustellen, würde aber den Rahmen dieses Buches sprengen, weshalb wir Sie wieder einmal für die »kleinen netten Details« auf die JAXB-Spezifikation verweisen möchten.

Als kleine Zusammenfassung des Gelernten können Sie nun noch einen kurzen Blick auf Tabelle 7.3 werfen. Dort finden Sie alle vorgestellten Regeln nochmals in Kurzform aufgelistet.

XML-Schema-Typ	Java-Typ
einfache Typen / SimpleTypes	siehe Tabelle 7.2
Aufzählungen vom (Ober-)Typ `xs:string`	`enum`-Typ
Listentypen	`List<Item-Typ>`
Unions	`String` oder `List<String>`
komplexe Typen / ComplexTypes	neue Klasse `<name>Type` mit Properties für Attribute und Kindelemente

Tabelle 7.3 Übersicht Typbindung in JAXB

7.3.7 ObjectFactory

Als Nächstes werfen wir nun einen etwas tieferen Blick auf die Klasse `ObjectFactory`. Wie Sie im Einführungsbeispiel gesehen haben, wird diese automatisch vom XJC für jedes Package generiert. Wie Sie in Abschnitt 7.4.10 auch noch erfahren werden, kann Sie außerdem bei der Abbildung von Java nach XML notwendig sein. Die Existenz der Klasse `ObjectFactory` hat eine gewisse Bedeutung und einen gewissen Hintergrund, deshalb haben wir ihr hier noch einen eigenen Abschnitt gewidmet.

Grundaufgabe

Wie schon erwähnt, dient die Klasse `ObjectFactory` dazu, Instanzen der eben vorgestellten Modellklassen zu erstellen. Dies können Sie zwar genauso gut über deren Konstruktoren machen, doch hat die `ObjectFactory` noch etwas mehr zu bieten.

Erbe von JAXB 1.0

Zunächst einmal haben Sie hier die gesamte Erzeugungslogik für alle Modellklassen des Packages zentral an einer Stelle zusammengefasst, was theoretisch der Übersichtlichkeit Ihres Codes dienlich sein kann. Ein weiterer Aspekt, der die `ObjectFactory` in manchen Situationen sogar unabdingbar macht, kommt allerdings von der Vorgängerversion von JAXB 2.0, nämlich 1.0 – dort erzeugt der Binding Compiler spezifikationsgemäß keine fertigen Java-Klassen zu XML-Schema-Typen, sondern zunächst nur Interfaces. Zwar werden zu diesen Interfaces auch Implementierungsklassen generiert, doch ist deren interner Aufbau nicht in der Spezifikation festgelegt, weshalb er von Implementierung zu Implementierung unterschiedlich sein kann. Sie als Entwickler müssen also gegen Interfaces programmieren statt gegen konkrete Klassen, was natürlich heißt, dass Sie keine Konstruktoren aufrufen können und deshalb wiederum eine Factory-Klasse benötigen, um Instanzen der Modell-Interfaces anzulegen. Auch in JAXB 2.0 können Sie dieses Verhalten immer noch wahlweise einschalten, und spätestens dann brauchen Sie die `ObjectFactory`.

7.3.8 Binding Declarations

Den letzten Bestandteil der Typbindung zwischen XML und Java bilden schließlich die *Binding Declarations*. Sie sind sozusagen das Gegenstück zu den Mapping Annotations auf der XML-Schema-Seite, denn mit ihnen können Sie das Verhalten des XML-nach-Java-Binding-Compilers beeinflussen, um vom Standard abweichende Java-Konstrukte generieren zu lassen. Der größte Unterschied ist dabei allerdings, dass Binding Declarations tatsächlich nur zur Compile-Zeit verarbeitet werden, nicht auch zur Laufzeit wie die Mapping Annotations. Und wie Sie zuvor schon gelesen haben, werden bei der Genierung von XML-Daten aus Modellklassen auch keine Binding Declarations mit erzeugt.

Binding Declarations sind eine Sammlung von XML-Konstrukten, die in einem bestimmten Namensraum liegen müssen. Wie XML Schema oder XSLT bilden sie eine eigene kleine Sprache, die *Binding Language*. In JAXB gibt es prinzipiell zwei Möglichkeiten, sie zu definieren:

- **intern** – in der Schemadatei als Teil der Schemakonstrukte (was dem Ansatz der Annotations nahekommt)
- **extern** – durch eine oder mehrere zusätzlich Dateien, die auf das ursprüngliche Schema verweisen

Prinzipiell bleibt es Ihnen überlassen, welche der beiden Varianten Sie bevorzugen. Sollten Sie nicht selbst für das zugrundeliegende XML Schema zuständig sein (es also von einer anderen Abteilung oder einem Kunden erhalten haben) oder möchten Sie keine Vermischung von JAXB-

und XML-Schema-Konstrukten, so wird aber die externe Variante die zu bevorzugende sein. Interessant dabei ist, dass nur die Art und Weise der Auszeichnung der Schemaelemente sich unterscheidet, nicht aber die Konstrukte, mit denen ausgezeichnet wird. Wenn wir Ihnen nun die beiden Möglichkeiten näher vorstellen, werden Sie schnell erfahren, wie das konkret aussieht.

Schemainterne Binding Declarations

Binding Declarations innerhalb der Schemadatei sind schnell und unkompliziert eingefügt. Zunächst einmal müssen Sie dafür sorgen, dass der Namensraum *http://java.sun.com/xml/ns/jaxb*, in dem sich alle Elemente der Binding Language befinden müssen, an ein beliebiges Präfix gebunden wird (beispielsweise `jaxb`) und außerdem im Wurzelelement der Schemadatei das Attribut `jaxb:version="2.0"` gesetzt ist. Ihr Wurzelelement sollte also in etwa folgendermaßen aussehen:

```
<xs:schema
   xmlns:xs="http://www.w3.org/2001/XMLSchema"
   xmlns:jaxb="http://java.sun.com/xml/ns/jaxb"
   jaxb:version="2.0">
```

Listing 7.21 Wurzelelement eines Schemas mit Binding Declarations

Um nun einzelne Elemente auszuzeichnen, müssen Sie dazu ein `<xs:annotation>`-Element und darin ein `<xs:appinfo>`-Element anlegen. Diese beiden Elemente sind Teil der XML-Schema-Sprache und sind extra dafür gedacht, applikationsspezifische Metainformationen zu hinterlegen. Binding Declarations werden innerhalb des `<xs:appinfo>`-Elements auf die folgende Weise untergebracht:

```
<xs:complexType name="someComplexType">
   <xs:annotation>
      <xs:appinfo>
         <jaxb:class name="SomeComplexClass"/>
      <xs:appinfo>
   <xs:annotation>
</xs:complexType>
```

Listing 7.22 Prinzip der Auszeichnung von Schemaelementen

Hier sehen Sie beispielsweise, wie die Deklaration eines komplexen Typen `someComplexType` mit einem `<jaxb:class>`-Element ausgezeichnet wird. Dies bewirkt übrigens durch die Angabe des Attributs name="SomeComplexClass", dass der Binding Compiler für diesen Typ nicht standardmäßig eine Klasse SomeComplexType generiert, sondern eine Klasse SomeComplexClass.

[»]

Zwei Hinweise

Beachten Sie, dass Sie nicht jedes beliebige Schemaelement mit einem beliebigen Binding-Language-Element auszeichnen können. Hierfür gibt es genaue Regeln in der JAXB-Spezifikation.

Wie Sie vielleicht noch nicht wussten, aber nun gesehen haben, bietet XML Schema – genau wie Java – einen Mechanismus, um Konstrukte zu annotieren. Hierfür wird das <xs:annotation>-Element verwendet, das in unterschiedlichsten Schemakonstrukten untergebracht werden kann. Damit sind Binding Declarations und die später noch vorgestellten Mapping Annotations sehr nahe Verwandte.

Externe Binding Declarations

Externe Binding Declarations werden in mindestens eine eigene Datei ausgelagert. Dort müssen ein Wurzelelement <bindings> im schon bekannten Namensraum mit dem version-Attribut vorhanden sein sowie ein Attribut schemaLocation, das einen URI zu der Schemadatei enthalten muss, auf die die Binding Declarations angewendet werden sollen. Der Einfachheit halber sollten der Schema- und der JAXB-Namensraum jeweils an ein Präfix, beispielsweise xs und jaxb, gebunden werden:

```
<jaxb:bindings version="2.0"
   schemaLocation="schemas/mySchema.xsd"
   xmlns:jaxb="http://java.sun.com/xml/ns/jaxb"
   xmlns:xs="http://www.w3.org/2001/XMLSchema">
```

Listing 7.23 Wurzelelement einer externen Binding-Declaration-Datei

Es ist hier übrigens egal, ob das version-Attribut sich im JAXB-Namensraum oder im leeren Default-Namensraum befindet. Dementsprechend können Sie es auch in der Form jaxb:version="2.0" angeben, wie in einer Schemadatei mit internen Binding Declarations.

Zuordnung zu Schemaelementen mit XPath

Nachdem Sie das Wurzelelement angelegt haben, können Sie darin nun die eigentlichen Binding Declarations vornehmen. Dies kann prinzipiell genauso geschehen wie innerhalb des <xs:appinfo>-Elements bei interner Verwendung der Binding Language. Der Binding Compiler kann aber mit nur diesen Informationen noch nicht wissen, worauf er die Binding Declarations anwenden soll. Deshalb müssen Sie ihm sagen, welche

Declarations zu welchem Schemaelement gehören. Dafür nutzen Sie ein weiteres Element `<jaxb:bindings>`, das über ein Attribut `node` verfügt, das einen XPath-Ausdruck enthält. Dieser Ausdruck spezifiziert dann innerhalb der Schemadatei das Element, auf das die entsprechenden Binding Declarations angewendet werden sollen.

Bevor wir Sie jetzt vollständig verwirren, haben wir hier ein kleines Beispiel zur Erklärung. Sie sehen dort eine beispielhafte externe Datei mit Binding Declarations: **[zB]**

```
<jaxb:bindings version="2.0"
   schemaLocation="schemas/mySchema.xsd"
   xmlns:jaxb="http://java.sun.com/xml/ns/jaxb"
   xmlns:xs="http://www.w3.org/2001/XMLSchema">

   <jaxb:bindings node=
      "//xs:complexType[@name='someComplexType']">
      <jaxb:class name="SomeComplexClass"/>
   </jaxb:bindings>

</jaxb:bindings>
```

Listing 7.24 Beispiel einer Datei mit externen Binding Declarations

Sie erkennen hier ein Wurzelelement, wie eben beschrieben, das sich auf eine Schemadatei *schemas/mySchema.xsd* bezieht. Darin befindet sich eine Binding Declaration `<jaxb:class>`, die Sie nun schon kennen. Sie ist allerdings in ein `<jaxb:bindings>`-Element mit einem `node`-Attribut, das den XPath-Ausdruck `//xs:complexType[@name='someComplexType']` enthält, eingebettet. Dieser selektiert in der Schemadatei alle Elemente `<xs:complexType>`, die über ein Attribut `name` verfügen, das den Wert `someComplexType` besitzt. Sie erinnern sich sicher an das kleine Beispiel aus den schemainternen Binding Declarations – hier hatten wir genau ein solches Element noch mit `<xs:annotation>` ausgezeichnet. Der Clou ist nun, dass es vom Resultat her vollkommen egal ist, ob Sie in ihrer Schemadatei einen komplexen Typ `someComplexType` definiert haben und ihn über interne Binding Declarations auszeichnen oder ob Sie die eben gezeigte Variante wählen und die Auszeichnung über eine externe Datei vornehmen: In beiden Fällen generiert der Binding Compiler zu diesem Typ eine Java-Klasse `SomeComplexClass`.

[»]

Hinweis

Vergessen Sie auf keinen Fall, wenn Sie mit externen Binding Declarations Dateien arbeiten möchten, dass Sie diese dem Binding Compiler natürlich bekanntgeben müssen. Hierzu können Sie beim XJC-Ant-Task entweder das Attribut `binding` oder das Kindelement `<binding>` benutzen, wie noch im Anhang in Abschnitt D.1.4 erklärt wird.

Schachtelung bei externen Binding Declarations

Wenn Sie externe Binding Declarations benutzen, verweisen Sie ja innerhalb der `<jaxb:bindings>`-Elemente mit XPath-Ausdrücken auf Knoten im XML Schema. Für eine vereinfachte Handhabung können Sie nun in diesen Elementen wieder beliebig viele solcher Kindelemente unterbringen. Der Vorteil dabei ist, dass in diesem Fall – wie bei XSLT – der XPath-Kontext erhalten bleibt.

[zB] Sehen Sie sich zur Erklärung einmal folgenden Ausschnitt einer externen Binding-Declaration-Datei an:

```
<jaxb:bindings node="//xs:element[@name='outer']">
   <!-- verschiedene äußere Binding Declarations -->
   <jaxb:bindings
      node=".//xs:element[@name='inner1']">
      <!-- versch. innere Binding Declarations -->
   </jaxb:bindings>
</jaxb:bindings>
```

Listing 7.25 Geschachtelte <jaxb:bindings>-Elemente

Den zugehörigen Ausschnitt der Schemadatei sehen Sie hier:

```
<xs:element name="outer">
   <xs:complexType>
      <xs:sequence>
         <xs:element name="inner1" type="xs:string"/>
         <xs:element name="inner2" type="xs:string"/>
      </xs:sequence>
   </xs:complexType>
</xs:element>
<xs:element name="inner1" type="xs:string"/>
```

Listing 7.26 Schemadatei zu Listing 7.25

Wie Sie sehen, definiert diese Schemadatei zwei Elemente `<inner1>`, eines innerhalb von `<outer>` und eines als Nachbar von `<outer>`. Wenn

Sie nun den Binding Compiler mit diesen beiden Inhalten laufen lassen, so wendet er, wie erwartet, die äußeren Binding Declarations auf die Elementdeklaration von `<outer>` an. Die inneren Declarations wendet er aber nur auf die Elementdeklaration von `<inner1>` innerhalb von `<outer>` an. Das liegt daran, dass im zugehörigen inneren `<jaxb:bindings>`-Element im `node`-Attribut ein relativer XPath-Ausdruck (`.//xs:element[@name='inner1']`) angegeben wurde und somit das betroffene Element ausgehend vom aktuell gültigen XPath-Kontext ermittelt wird, der natürlich in diesem Moment auf `<xs:element name="outer">` zeigt. Die äußere Deklaration von `<inner1>` oder etwa die Deklaration von `<inner2>` werden dadurch also nicht selektiert. Wie schon erwähnt, ist dies dieselbe Arbeitsweise, die Sie auch aus XSLT-Stylesheets gewohnt sind.

Wie Sie sehen konnten, gibt es sehr brauchbare Möglichkeiten, sich dieses Verschachtelungs-Feature zunutze zu machen, und Sie können auf komplizierte oder gar mehrdeutige XPath-Ausdrücke bequem verzichten.

Weitere Quellen

Sie sind nun mit den wichtigsten Grundlagen zu Binding Declarations vertraut. Glücklicherweise gibt es davon nicht so viele wie von den Mapping Annotations, allerdings werden wir auf sie in diesem Buch nicht weiter eingehen. Für detailliertes Wissen können Sie aber auf die JAXB-Spezifikation (Kapitel 7) zurückgreifen. Dort sind alle Elemente der Binding Language aufgeführt und erläutert.

7.4 Abbildung von Java nach XML

Im vorherigen Abschnitt 7.3, »Abbildung von XML nach Java«, haben Sie nun das Wesentliche erfahren, was es über die Generierung von Modellklassen aus XML-Schema-Elementen und die entsprechende Abbildung zur Laufzeit zu wissen gibt. Dieser Abschnitt beschäftigt sich nun mit der umgekehrten Richtung, also der Abbildung von Java-Elementen auf XML. Wie zuvor schon angekündigt, ist dieser Weg aber wesentlich einfacher zu verstehen und umzusetzen.

Mit wenig Aufwand zum Ziel

Zunächst einmal brauchen Sie keinen Gedanken mehr an Binding Declarations verlieren, diese finden bei der Abbildung von Java nach XML nämlich keine Verwendung. Wenn Sie außerdem keine besonderen Ansprüche an das Format haben, in dem JAXB Ihre Modellklassen als

XML ausgibt, und sich zu 100 Prozent mit dem Standardverhalten zufriedengeben, können Sie zusätzlich sogar noch fast komplett auf Mapping Annotations verzichten. Schließlich müssen Sie auch nicht einmal den SchemaGen benutzen, falls Sie gar kein XML Schema benötigen, sondern nur die Laufzeitfunktionalität.

Nur Klassen

Somit genügen Ihnen eigentlich allein schon die Modellklassen, um mit JAXB starten zu können. Sie müssen lediglich die JAXB-Bibliothek in den Klassenpfad einbinden und eine kleine Annotation in der obersten Klasse der Modellklassen-Hierarchie setzen (siehe dazu Abschnitt 7.4.10) – und schon kann es losgehen.

In Abbildung 7.2 stellt nochmals das Verhaltens de SchemaGen Binding Compilers dar: Er erhält als Input Ihre Modellklassen, optional mit von Ihnen hinzugefügten Mapping Annotations, und erzeugt als Ausgabe ein resultierendes XML Schema (ohne Binding Declarations).

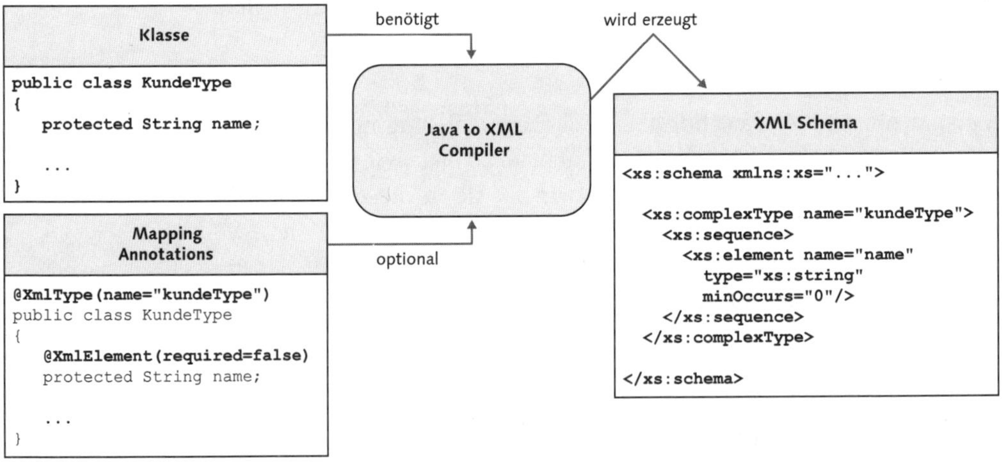

Abbildung 7.2 Konvertierung von Java nach XML

Wie schon in der umgekehrten Richtung gilt: Die Abbildung erfolgt anhand einiger Standardregeln plus benutzerdefinierter Anpassungen, die diesmal aber über Mapping Annotations von Ihnen vorgenommen werden. Auf beides werden wir nun nacheinander eingehen.

7.4.1 Konvertierung von Namen

Zur Konvertierung von Namen sind im Falle »Java nach XML« keine großen Besonderheiten zu beachten, da es prinzipiell keine Java-Namen gibt, die keine gültigen XML-Namen sind. Allerdings, wie Sie später noch sehen werden, werden Anfangsbuchstaben von Property-Namen (von Getter- und Setter-Methoden) nach den üblichen Java-Bean-Regeln kleingeschrieben.

7.4.2 Das Standardverhalten anhand eines Beispiels

Obwohl alles nun etwas einfacher ist, bringen wir Ihnen auch die Abbildung von Java nach XML wieder mit einem Beispiel näher. Sie finden es im schon bekannten Eclipse-Projekt im Unterordner *ex3* und den entsprechenden Source-Ordnern. Für den Fall, dass Sie keinen Computer zur Hand haben, um die Beispiele durchzuarbeiten, haben wir die wichtigsten Codezeilen aber auch wieder mit abgedruckt.

Im Quellordner *ex3/src* finden Sie die beiden Java-Packages `de.javaundxml.jaxb.books` und `de.javaundxml.jaxb.books.model`, von denen ersteres die Starter-Klasse `BooksApp` enthält und letzteres die eigentlichen Modellklassen und eine (noch) leere *package-info.java*-Datei. Die Modellklassen sind einfache Bean-Klassen mit Getter- und Setter-Methoden sowie eine `enum`: [zB]

- Klasse `Books` – repräsentiert eine Bücher-Sammlung:
  - Property `books` vom Typ `List<Book>`
- Klasse `Book` – repräsentiert ein einzelnes Buch:
  - Property `title` vom Typ `String` – der Titel des Buchs
  - Property `year` vom Typ `int` – das Erscheinungsjahr
  - Property `authors` vom Typ `List<Author>` – die Autoren
  - Property `subjects` vom Typ `List<String>` – Themenbereiche
- Klasse `Author` – repräsentiert einen Autor:
  - Property `firstname` vom Typ `String` – der Vorname
  - Property `lastname` vom Typ `String` – der Nachname
  - Property `knowledge` vom Typ `Map<KnowledgeType, Integer>` – eine (frei erfundene) Wissenstabelle des Autors
- Enum `KnowledgeType` – repräsentiert Wissenstypen für die obere Wissenstabelle

Das hieraus resultierende Klassendiagramm (ohne Aufführung der Getter- und Setter-Methoden) sehen Sie in Abbildung 7.3.

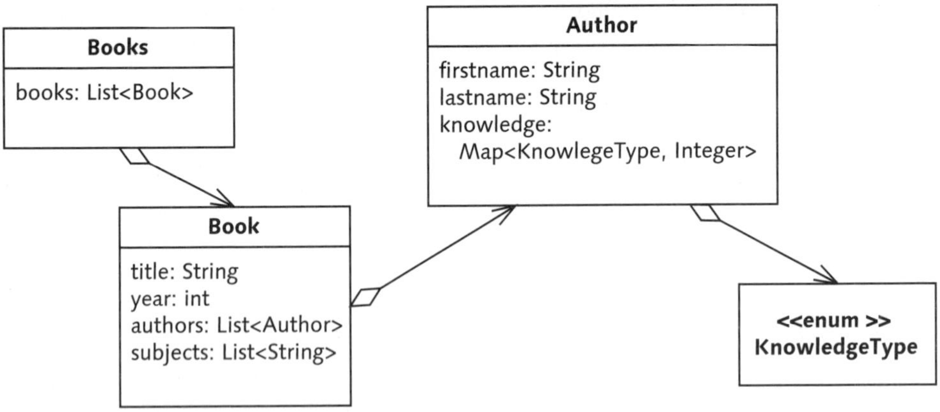

Abbildung 7.3 Klassendiagramm für Beispiel 3

Ähnlich einfach wie das Modell ist auch die `BookApp`-Klasse gestaltet. In Listing 7.27 sehen Sie (in leicht verkürzter Form) deren `main()`-Methode:

```
JAXBContext context =
   JAXBContext.newInstance(Books.class);

Marshaller marshaller = context.createMarshaller();
marshaller.setProperty(
   Marshaller.JAXB_FORMATTED_OUTPUT, true);

marshaller.marshal(buildModel(), System.out);
```

Listing 7.27 Die main()-Methode von BooksApp

Falls Sie das Einführungsbeispiel durchgearbeitet haben, dürfte Ihnen dieser Code keine Rätsel aufgeben. Zunächst wird die Laufzeitumgebung, der `JAXBContext`, initialisiert, indem diesem das `class`-Objekt der obersten Klasse in der Hierarchie des Objektmodells übergeben wird – hier also `Books.class`. Danach wird ein `Marshaller` erzeugt und auf diesem die formatierte Ausgabe konfiguriert. Zuletzt wird über die (nicht weiter gezeigte) Methode `buildModel()`ein Beispiel-Objektbaum (ein `Books`-Objekt mit entsprechenden `Book`- und `Author`-Kindern) erzeugt, der dann vom `Marshaller` in der Konsole ausgegeben wird.

Das Beispiel starten

Wenn Sie möchten, führen Sie das Beispiel nun einmal aus. Wie schon bei den Vorgängerbeispielen gibt es auch hier wieder fertige Eclipse Run Configurations, eine zur Ausführung des SchemaGen über Ant und eine zur Ausführung des Hauptprogramms. Dabei generiert erstere das Schema als *schema1.xsd* im Verzeichnis *ex3/data* des Eclipse-Projekts. Da – wie Sie vielleicht schon aus Abschnitt 7.3.1 wissen – das XML Schema zur Programmlaufzeit nicht benötigt wird, können Sie auch direkt das Hauptprogramm starten, das das Beispielmodell als XML auf die Konsole ausgibt. Wenn Sie neugierig sind, können Sie auch schon einmal prüfen, wie das resultierende XML Schema aussieht.

Wir werden nun Schritt für Schritt einen Blick auf alle relevanten Abbildungsregeln werfen und uns dabei immer wieder auf die Beispiele beziehen.

7.4.3 Klassen

Sonderbehandlung von anderen Java-Elementen

Wir beginnen zunächst mit der grundlegendsten Funktion der Abbildung von Java nach XML, nämlich der für Java-Klassen. Vielleicht fragen Sie sich jetzt, was außer Klassen in JAXB noch auf XML abgebildet werden muss. Und tatsächlich sind Klassen auch der Ausgangspunkt jeder Abbildung in JAXB. Allerdings können in den Klassen natürlich auch beliebig viele Properties enthalten sein, die verschiedenste Datentypen haben können und die teilweise nicht wie normale Klassen abgebildet werden:

- andere Klassen (Teil des Modells; werden normal abgebildet)
- primitive Datentypen (`int`, `boolean`, `char` usw.)
- Standard-Java-Klassen (`String`, `Date`, `BigInteger` usw.)
- Enum-Typen (per Java-Schlüsselwort `enum`)
- Collection-Typen (`Collection`, `Set`, `List`, `Map`)
- Arrays (ein- und mehrdimensional)

Wie Sie noch sehen werden, gibt es in JAXB für alle Einträge dieser Liste bis auf den ersten (andere Klassen) eine Sonderbehandlung, auf die wir auch detailliert in den folgenden Abschnitten eingehen werden.

Abbildung auf einen komplexen Typ mit einer Sequenz an Elementen

Nun aber zunächst zu Klassen. Die Regel für die Abbildung einer Java-Klasse ist denkbar einfach: Für jede Klasse wird im XML Schema ein `<xs:complexType>` generiert, dessen Name sich natürlich von dem der Klasse ableitet. Innerhalb dieses Typs wird eine `<xs:sequence>` angelegt, in der für alle Properties der Klasse entsprechende `<xs:element>`-Definitionen erstellt werden.

[zB]

Zwei gute Beispiele hierfür sind die Klassen `Book` und `Books` aus dem Eclipse-Beispiel 3, deren Quellcode Sie (ohne die Getter und Setter) nochmals in Listing 7.28 sehen. Listing 7.29 zeigt die entsprechenden Ausschnitte aus dem dazu generierten XML Schema.

```
public class Book
{
   protected String title;
   protected int year;
   protected List<Author> authors = ...;
   protected List<String> subjects = ...;
}

public class Books
{
   protected List<Book> books = ...;
}
```

Listing 7.28 Die Klassen Book und Books

```
<xs:complexType name="book">
   <xs:sequence>
      <xs:element name="authors" type="author"
          nillable="true"
          maxOccurs="unbounded" minOccurs="0"/>
      <xs:element name="subjects" type="xs:string"
         nillable="true"
         maxOccurs="unbounded" minOccurs="0"/>
      <xs:element name="title" type="xs:string"
         minOccurs="0"/>
      <xs:element name="year" type="xs:int"/>
   </xs:sequence>
</xs:complexType>

<xs:complexType name="books">
   <xs:sequence>
      <xs:element name="books" type="book"
         nillable="true"
         maxOccurs="unbounded" minOccurs="0"/>
   </xs:sequence>
</xs:complexType>
```

Listing 7.29 Schemafragmente zu den Klassen aus Listing 7.28

Sie sehen dort sehr deutlich, wie zu den Properties die entsprechenden Elementdefinitionen angelegt wurden. Die Typen der Elemente (sprich die Werte für die `type`-Attribute) richten sich dabei natürlich nach dem Java-Typ der jeweiligen Properties. Die Typbindung geschieht dabei rekursiv nach den Regeln, die wir Ihnen in diesem Abschnitt und den Folgeabschnitten beschreiben. So ist der Typ des `<books>`-Elements im komplexen Typ books natürlich book. Der Typ für das Element <year> im komplexen Typ book ist hingegen xs:int, was sich aus dem Java-Typ int ableitet (mehr dazu im nächsten Abschnitt).

Einfluss auf andere Attribute

Außerdem hat der Java-Typ Einfluss auf die anderen Attribute von <xs:element>. So wird bei nicht-primitiven Java-Typen beispielsweise immer das Attribut minOccurs="0" gesetzt, was die Behandlung von null-Werten abdeckt. Ist der Wert der Property zur Laufzeit also null, so wird einfach kein Element dazu im XML-Dokument generiert.

7.4.4 Primitive Typen und Standard-Java-Typen

In Abschnitt 7.3.5 haben wir Ihnen in Tabelle 7.2 bereits aufgezeigt, welchen vordefinierten XML-Schema-Typen welche Java-Typen zugeordnet sind.

In der umgekehrten Richtung ist dies ebenso – es gibt einige bestehende Java-Typen (und die primitiven Typen), denen vordefinierte XML-Schema-Typen zugeordnet sind. Das bedeutet, dass für diese Typen kein eigener <xs:simpleType> oder <xs:complexType> angelegt werden muss. Diese Typen und ihre Zuordnung zu den Schematypen finden Sie in den Tabellen 7.4 und 7.5 sowie in der JAXB-Spezifikation in den Abschnitten 8.5.1 und 8.5.2.

Primitiver Typ	XML-Schema-Typ
boolean	xs:boolean
byte	xs:byte
short	xs:short
int	xs:int
long	xs:long
float	xs:float
double	xs:double

Tabelle 7.4 Schematypen für primitive Java-Typen

Java-Typ	XML-Schema-Typ
java.lang.String	xs:string
java.math.BigInteger	xs:integer
java.math.BigDecimal	xs:decimal

Tabelle 7.5 Schematypen für spezielle Java-Typen

Java-Typ	XML-Schema-Typ
java.util.Calendar	xs:dateTime
java.util.Date	xs:dateTime
javax.xml.namespace.QName	xs:QName
java.net.URI	xs:string
javax.xml.datatype.XMLGregorianCalendar	xs:anySimpleType
javax.xml.datatype.Duration	xs:duration
java.lang.Object	xs:anyType
java.awt.Image	xs:base64Binary
javax.activation.DataHandler	xs:base64Binary
javax.xml.transform.Source	xs:base64Binary
java.util.UUID	xs:string

Tabelle 7.5 Schematypen für spezielle Java-Typen (Forts.)

In unserem Beispiel 3 enthält beispielsweise die Klasse `Book` eine Property `title` vom Typ `String` und eine Property `year` vom Typ `int`. Wenn Sie nun einen Blick in die *schema1.xsd* werfen, werden Sie den komplexen Typ `book` finden, in dem zwei entsprechende `<xs:element>`-Definitionen vorhanden sind:

```
<xs:element name="title" type="xs:string" ... />
<xs:element name="year" type="xs:int"/>
```

Wie Sie sehen, wurden für `title` und `year` keine eigenen Typen angelegt, sondern es wird einfach auf `xs:string` und `xs:int` verwiesen.

7.4.5 Enum-Typen

Seit Java 5 gibt es ja das neue Sprachkonstrukt der *Enumerations*. Speziell für diese gibt es in JAXB eine besondere Abbildung nach XML. Konkret wird die (den Java-Enumerations sehr verwandte) Funktionalität von XML Schema genutzt, Aufzählungen zu definieren. Dabei wird ein `<xs:simpleType>` angelegt, der per `<xs:restriction>` auf einen Basistyp verweist, die erlaubten Werte aber durch Angabe von `<xs:enumeration>`-Kindelementen auf eine fest definierte Wertmenge einschränkt (siehe Listing 7.30).

```
<xs:simpleType name="knowledgeType">
   <xs:restriction base="xs:string">
      <xs:enumeration value="XMLSchema"/>
```

```
      <xs:enumeration value="XML"/>
      <xs:enumeration value="Tomcat"/>
      <xs:enumeration value="JSP"/>
      <xs:enumeration value="Java"/>
      <xs:enumeration value="Groovy"/>
      <xs:enumeration value="DOTNET"/>
      <xs:enumeration value="Cocoon"/>
      <xs:enumeration value="Ant"/>
   </xs:restriction>
</xs:simpleType>
```

Listing 7.30 Ein Aufzählungstyp in XML Schema

Dieses Fragment definiert einen neuen SimpleType `knowledgeType`. Dieser ist prinzipiell ein `xs:string`, es dürfen aber nur die aufgeführten Werte dafür angegeben werden (`XMLSchema`, `XML`, `Tomcat` usw.).

Das in Listing 7.30 gezeigte Fragment ist übrigens das Resultat, das der SchemaGen zu dem `enum`-Typ `KnowledgeType` aus unserem Beispiel erzeugt hat. Sie sehen diesen Typ auch nochmals in Listing 7.31.

```
public enum KnowledgeType
{
   Ant, Cocoon, DOTNET, Groovy, Java, JSP, Tomcat,
   XML, XMLSchema;
}
```

Listing 7.31 Enum-Typ zum XML-Fragment aus Listing 7.30

Somit wissen Sie schon, wie das XML-Mapping in JAXB für `enum`-Typen aussieht. Es wird einfach (unter Verwendung der üblichen Regeln für Namenskonvertierung) ein entsprechender Aufzählungstyp im XML Schema angelegt, der von `xs:string` ableitet und als Werte die Namen der `enum`-Konstanten annehmen kann.

7.4.6 Collection-Typen und eindimensionale Arrays

Von Collection-Typen wird bei JAXB gesprochen, wenn ein Typ von `java.util.Collection` ableitet. Somit ist die Handhabung beispielsweise von `Sets` und `Lists` in JAXB identisch. Keine großen Überraschungen bringt hier die Abbildung nach XML mit sich – zu einem Collection-Typ wird einfach die folgende Definition im XML Schema angelegt:

```
<xs:element name="..." type="[Element-Typ]"
   minOccurs="0" maxOccurs="unbounded"/>
```

Wie Sie sehen, werden einfach die Mengenangaben des Elements so angepasst, dass eine beliebige Anzahl (0 bis unendlich) erlaubt ist. Dieselbe Definition wird auch für eindimensionale Arrays angelegt. Außerdem wird immer (hier nicht abgedruckt) das Attribut `nillable="true"` gesetzt, um XML-Schema-Nullwerte für das Element zuzulassen.

Erwähnenswert ist nun noch die Ermittlung des entsprechenden Elementtyps (gesetzt über das `type`-Attribut). Bei Arrays ist die Sache klar: Hier wird der XML-Typ aus dem Java-Typ des Arrays abgeleitet. Für ein `String[]`-Array wird also ein `<xs:element>` mit `type="xs:string"` angelegt. Bei Collection-Typen kommt es darauf an, welcher Typparameter für diese angegeben ist. Eine Übersicht dazu finden Sie in Tabelle 7.6.

Java-Collection-Typ	Schema-Elementtyp
`Collection`	`xs:anyType`
`Collection<?>`	`xs:anyType`
`Collection<? super [Typ]>`	`xs:anyType`
`Collection<[Typ]>`	XML-Typ zum Java-Typ `[Typ]`
`Collection<? extends [Typ]>`	XML-Typ zum Java-Typ `[Typ]`

Tabelle 7.6 Element-Mapping in Collection-Typen

Auch wenn wir in der Tabelle nur `Collection<Typ>` als Java-Typen angegeben haben, gilt dasselbe natürlich auch für abgeleitete Typen wie `Set<Typ>` oder `List<Typ>`.

[zB] In unserem Beispiel 3 gibt es drei Fälle, in denen mit Collection-Typen gearbeitet wurde. Wenn Sie möchten, werfen Sie abschließend zu diesem Thema noch einen kurzen Blick auf die vom SchemaGen generierten `<xs:element>`-Definitionen dazu:

- Property `authors` in der Klasse `Book` (`List<Author>`)
- Property `subjects` in der Klasse `Book` (`List<String>`)
- Property `books` in der Klasse `Books` (`List<Book>`)

7.4.7 Maps

Maps als Entry-Sets

Neben den normalen Collection-Typen gibt es in Java ja bekannterweise die *Maps*. Mit Hilfe eines kleinen Tricks lassen sich Maps aber als Sets darstellen und damit wieder als Collection-Typ. Der Schlüsselbegriff dafür ist das Interface `Map.Entry<K, V>`, das eine einzelne Key-Value-Assoziation innerhalb einer `Map<K, V>` repräsentiert. Da alle Key-Value-

Paare eindeutig sind, lässt sich eine `Map<K, V>` deshalb als `Set<Entry<K, V>>` darstellen (genau gesagt können Sie auf dieses Entry-Set auch mit der Methode `entrySet()` zugreifen, über die jede `Map` verfügt).

Wenn es nun noch eine Möglichkeit gibt, ein einzelnes `Entry<K, V>` in XML darzustellen, ist es unter Anwendung der Abbildung aus Abschnitt 7.4.6 problemlos möglich, Maps in XML darzustellen. Genau dieser Weg wird in JAXB gegangen. Ist eine Property vom Typ `Map<K, V>`, so wird sie im XML Schema auf ein Konstrukt abgebildet, wie Sie es in Listing 7.32 abgebildet sehen.

```
<xs:element name="[Prop]">
   <xs:complexType>
      <xs:sequence>
         <xs:element name="entry"
            minOccurs="0" maxOccurs="unbounded">
            <xs:complexType>
               <xs:sequence>
                  <xs:element name="key"
                     minOccurs="0" type="[K-Type]"/>
                  <xs:element name="value"
                     minOccurs="0" type="[V-Type]"/>
               </xs:sequence>
            </xs:complexType>
         </xs:element>
      </xs:sequence>
   </xs:complexType>
</xs:element>
```

Listing 7.32 XML-Darstellung von Maps

Wie Sie erkennen, wird innerhalb der `<xs:element>`-Definition für die entsprechende Property ein anonymer komplexer Typ angelegt, der eine beliebige Anzahl an `<entry>`-Elementen vorschreibt, die ihrerseits jeweils ein `<key>`-Element enthalten können sowie ein `<value>`-Element. Die Typen von `<key>` und `<value>` sind dabei nach den üblichen Abbildungsregeln aus den tatsächlichen Typparametern der Map – `K` und `V` – abgeleitet. Bei einer `Map<String, Integer>` werden es also die Typen `xs:string` und `xs:int` sein.

[zB] Wenn Sie beispielsweise eine Property `bestellung` vom Typ `Map<String, Integer>` haben und diese mit den drei Einträgen `"Brot"=1`, `"Käse"=2` und `"Wurst"=3` befüllt ist, wird dazu zur Laufzeit die XML-Ausgabe aus Listing 7.33 erzeugt werden.

```
<bestellung>
   <entry>
      <key>Brot</key>
      <value>1</value>
   </entry>
   <entry>
      <key>Käse</key>
      <value>2</value>
   </entry>
   <entry>
      <key>Wurst</key>
      <value>3</value>
   </entry>
</bestellung>
```

Listing 7.33 Beispiel-XML-Ausgabe für eine Map<String, Integer>

Natürlich arbeitet auch unser Eclipse-Beispiel an einer Stelle mit einer `Map`, und zwar in der Klasse `Author` mit der Property `knowledge`, die den Typ `Map<KnowledgeType, Integer>` hat. Wenn Sie nun einen Blick in das generierte XML Schema werfen, werden Sie sehen, dass die Abbildung genau nach dem eben beschriebenen Prinzip vorgenommen wurde.

7.4.8 Mehrdimensionale Arrays

Eine weitere Sonderbehandlung bei der Abbildung nach XML Schema gibt es für mehrdimensionale Arrays. Diese zeigen wir ihnen gleich anhand eines Beispiels. Wir arbeiten dabei mit einer einfachen Klasse `Arrays`, wie Sie sie in Listing 7.34 sehen. Da diese Klasse nicht in unserem Standardbeispiel enthalten ist, empfehlen wir Ihnen – falls Sie gleich mitmachen möchten –, sie nun noch schnell von Hand zu erstellen, optimalerweise im schon existierenden Package `de.javaundxml.jaxb.books.model`.

```
public class Arrays
{
   public int[] list;
   public int[][] table;
   public int[][][] cube;
}
```

Listing 7.34 Testklasse für mehrdimensionale Arrays

Sie sehen dort, dass wir in der Klasse drei Instanzvariablen abgelegt haben (mit nicht abgedruckten Getter- und Setter-Methoden), je ein ein-, zwei- und dreidimensionales `int`-Array. Darüber lassen wir nun den SchemaGen laufen.

Das Erste, was Sie bei der Ausgabe des Binding Compilers nun feststellen werden, ist, dass plötzlich zwei Schemadateien (*schema1.xsd* und *schema2.xsd*) erzeugt wurden. Davon interessiert uns zunächst die *schema2.xsd*. Die für uns relevanten Inhalte daraus sehen Sie in Listing 7.35.

```
<xs:schema version="1.0"
   xmlns:ns1="http://jaxb.dev.java.net/array"
   xmlns:xs="http://www.w3.org/2001/XMLSchema">

   <xs:import
      namespace="http://jaxb.dev.java.net/array"
      schemaLocation="schema1.xsd"/>

   <xs:complexType name="arrays">
      <xs:sequence>
        <xs:element name="list" type="xs:int"
           nillable="true" maxOccurs="unbounded"
           minOccurs="0"/>
        <xs:element name="table" type="ns1:intArray"
           nillable="true" maxOccurs="unbounded"
           minOccurs="0"/>
        <xs:element name="cube" nillable="true"
           type="ns1:intArrayArray"
           maxOccurs="unbounded" minOccurs="0"/>
      </xs:sequence>
   </xs:complexType>

   ...

</xs:schema>
```

Listing 7.35 Hauptschema zur Klasse aus Listing 7.34

Sie erkennen im Code zunächst, dass im `<xs:schema>`-Element ein neues Namensraumpräfix `ns1` an den URI *http://jaxb.dev.java.net/array* gebunden wird. Für diesen URI wird dann gleich mit dem darauffolgenden `<xs:import>`-Element die erste Schemadatei *schema1.xsd* importiert (diese Funktion wird in Abschnitt: 1.5.8 näher erklärt).

Mehrfach-Elemente von Array-Typen

In der `<xs:compleType>`-Definition für die `Arrays`-Klasse finden Sie nun eine Sequenz mit den drei Elementdefinitionen zu unseren drei Instanzvariablen. Wie nicht anders zu erwarten, wird dabei die `list` als mehrfaches Element mit dem Typ `xs:int` abgebildet. Interessant ist jedoch die Abbildung für `table` und `cube`. Beide sind zwar ebenfalls mehrfache Elemente (`maxOccurs="unbounded"`), doch verweisen sie auf zwei völlig andere Typen, `ns1:intArray` und `ns1:intArrayArray`. Wie Sie sehen, liegen diese Typen in dem oben definierten Namensraum mit dem Präfix `ns1`, wir finden die entsprechenden Typdefinitionen also im anderen Schema *schema1.xsd*. Dessen Inhalte finden Sie in Listing 7.36.

```
<xs:schema version="1.0"
   targetNamespace="http://jaxb.dev.java.net/array"
   xmlns:tns="http://jaxb.dev.java.net/array"
   xmlns:xs="http://www.w3.org/2001/XMLSchema">

   <xs:complexType name="intArray" final="#all">
      <xs:sequence>
         <xs:element name="item" type="xs:int"
            minOccurs="0" maxOccurs="unbounded"
            nillable="true"/>
      </xs:sequence>
   </xs:complexType>

   <xs:complexType name="intArrayArray" final="#all">
      <xs:sequence>
         <xs:element name="item" type="tns:intArray"
            minOccurs="0" maxOccurs="unbounded"
            nillable="true"/>
      </xs:sequence>
   </xs:complexType>
</xs:schema>
```

Listing 7.36 Array-Schema zur Klasse aus Listing 7.34

Rekursive Definition von Array-Typen

Sie sehen im Listing die beiden Typen `intArray` und `intArrayArray` als komplexe Typen definiert. Dabei ist `intArray` genauso aufgebaut, wie der Name es vermuten lässt, nämlich wie die Abbildung eines eindimensionalen `int`-Arrays (mit der Ausnahme des Attributs `final="#all"`, was eine Ableitung von diesem Typ verhindert). Erinnern Sie sich nun an den komplexen Typ, der in *schema2.xsd* für `table` angelegt wurde: Er war abgebildet als Array von `ns1:intArray`-Typen, also als Array von `int`-Arrays. Und nichts anderes ist ja ein `int[][]`. Dasselbe Spiel geht nun rekursiv weiter für höherdimensionale Arrays. So definiert beispielsweise der Typ `intArrayArray` selbst ein Array von `int`-Arrays, also einen `int[][]`. Zusammen mit dem komplexen Typ für `cube`, der ein Array von `ns1:intArrayArray`-Typen beschreibt, ergibt sich also dafür ein `int[][][]`.

Was würde nun also passieren, wenn wir in `Arrays` noch eine Instanzvariable vom Typ `int[][][][]` einführen würden? Ganz einfach:

- In *schema1.xsd* wird ein neuer komplexer Typ `intArrayArrayArray` hinzugefügt.
- Dieser wird als mehrfaches Element mit dem Typ `tns:intArrayArray` definiert.
- In *schema2.xsd* wird ein neues mehrfaches Element hinzugefügt mit dem Typ `ns1:intArrayArrayArray`.

Sie haben nun hoffentlich das Prinzip verstanden: Für mehrdimensionale Arrays wird ein eigenes Schema in dem JAXB-eigenen *targetNamespace* `http://jaxb.dev.java.net/array` angelegt – dies aber übrigens nur für Typen, die in einem dem Schema fremden Namensraum liegen, ansonsten wird direkt das aktuelle Schema benutzt. Darin wird dann rekursiv eine Hierarchie von Array-Typen angelegt, von denen jeder Typ als mehrfaches Element des eine Stufe niedrigeren Array-Typs definiert ist. Im Hauptschema wird schließlich ein mehrfaches Element angelegt, dessen Typ auf den eine Stufe niedrigeren Array-Typ verweist.

7.4.9 Mapping Annotations

Bereits in Abschnitt 7.3.1 haben wir Ihnen berichtet, dass JAXB für die konkrete Umwandlung zwischen XML-Dokumenten und Modellklassen-Instanzen zur Laufzeit nur die Modellklassen selbst und die eventuell darin vorhandenen Mapping Annotations verwendet. In diesem Abschnitt wollen wir nun etwas näher auf diese Konstrukte eingehen.

Annotations sind ein neues Sprachmittel, das mit Java 5 eingeführt wurde und (unserer Meinung nach) eine der größten Bereicherungen der Sprache ist. Wenn Sie noch nicht mit diesem Themenbereich vertraut sind, finden Sie gleich eine kurze Einführung, die aber nicht eine dedizierte Java-Referenz ersetzen kann. Falls Sie schon bestens mit Annotations vertraut sind, dann springen Sie einfach eine Überschrift weiter.

Grundlagen zu Annotations

Metadaten

Annotations sind im Prinzip nichts anderes als spezielle Metadaten, die direkt im Quellcode untergebracht werden, aber den eigentlichen Programmcode nicht beeinflussen. Am besten sind sie vergleichbar mit Javadoc-Tags – diese werden als spezielle Kommentare im Code untergebracht und werden nur vom *javadoc*-Tool ausgewertet. Zur Laufzeit sind sie nicht mehr sichtbar, da der Compiler sie nicht mit in die `class`-Dateien übernimmt.

RetentionPolicy

Annotations werden nun ebenfalls im Quellcode untergebracht, allerdings nicht als Kommentare. Außerdem kann man für sie eine Sichtbarkeits-Reichweite bestimmen, in Java genannt *RetentionPolicy*. Hier gibt es drei Ausprägungen, die in Java in Form einer `enum` `java.lang.annotation.RetentionPolicy` definiert sind und die Sie in Tabelle 7.7 nachlesen können.

RetentionPolicy	Beschreibung
`SOURCE`	nur sichtbar im Quellcode (analog zu Javadoc-Kommentaren)
`CLASS`	sichtbar zusätzlich in den *class*-Dateien
`RUNTIME`	sichtbar zusätzlich zur Laufzeit (können über Reflection abgefragt werden)

Tabelle 7.7 RetentionPolicys für Annotations

Optionaler Zugriff über Reflection

Wie Sie sehen, ist die große Neuerung von Annotations die stark erweiterte Sichtbarkeit: Sie können sogar noch zur Programm-Laufzeit abgefragt werden (über die Reflection-API).

Annotations sind eigene Typen.

Annotations bilden neben Interfaces, Klassen und Enumerations einen eigenen Typ, und Sie als Entwickler können auch eigene erstellen. Ihre größte Anwendung finden sie momentan hauptsächlich aber in Frameworks, Bibliotheken und APIs zur Bereitstellung von Konfigurationsinformationen. Auch JAXB nutzt diesen Mechanismus, in dem es eigene Annotations bereitstellt – die *Mapping Annotations*.

Aussehen von Annotations

Annotations beginnen immer mit einem @-Zeichen, gefolgt von einem Typnamen. Dieser wird wie ein Klassenname gehandhabt, kann also vollqualifiziert (den Package-Namen enthaltend) oder leer angegeben werden, wobei in letzterem Fall natürlich für die entsprechenden Imports gesorgt sein muss. Eine häufig genutzte und in Java mitgelieferte Annotation ist beispielsweise `@java.lang.Override`, die verwendet werden kann, um eine Methode als eine Überschreibungsmethode zu kennzeichnen. Wenn Sie also die `equals()`-Methode in einer Ihrer Klassen überschreiben, können Sie das folgendermaßen machen:

```
@Override
public boolean equals(Object o)
{
    ...
}
```

Ziele von Annotations

Wie Sie sehen, wird die Annotation hier der Methode `equals()` zugeordnet; man sagt, die Methode ist »ausgezeichnet« oder »annotiert«. Konkret können in Java die folgenden Sprachkonstrukte annotiert werden:

- Typen (Klassen, Interfaces, Enums, Annotations)
- Felder (Instanzvariablen, Klassenvariablen, Enum-Konstanten)
- Methoden
- Konstruktoren
- Parameter (Methodenparameter, Konstruktorparameter)
- lokale Variablen
- Packages (über *package-info.java*-Datei)

Pro Annotation-Typ sind dabei die möglichen Ziele konkret festgelegt. So können Sie beispielsweise die `@Override`-Annotation tatsächlich nur auf Methoden anwenden, sonst auf nichts. Der Compiler würde in anderen Fällen einen Fehler werfen.

Annotation-Parameter

Schließlich können manchen Annotations noch benannte Parameter übergeben werden. Das weicht von der normalen Parameterübergabe in Methoden ab, wo Sie einfach Parameterwert nach Parameterwert durch Kommas getrennt angeben. Bei Annotations trennen Sie zwar auch mit Kommas, benutzen aber für die Übergabe die Syntax `<Name>=<Wert>`. Deshalb spielt die Reihenfolge der Parameter keine Rolle, und Sie können sogar welche weglassen.

Als Beispiel sehen Sie sich am besten kurz die Klasse `BestellungType` aus dem Beispiel 2 im Eclipse-Projekt an. Die Klassendefinition ist hier u. a. mit folgender Annotation ausgezeichnet:

```
@XmlType(name = "bestellungType", propOrder = {
    "kunde", "kreditkarte", "bankverbindung",
    "nachnahme", "bestellposition"})
```

Ohne auf die Bedeutung zu achten, sehen Sie hier, dass der Annotation `@XmlType` zwei Parameter `name` und `propOrder` übergeben werden, der erste vom Typ `String`, der zweite vom Typ `String[]`. Beide Parameter sind optional, die pure Angabe von `@XmlType` wäre also ebenfalls erlaubt.

Einwertige Annotations

Zuletzt gibt es noch die einwertigen Annotations. Diese besitzen nur einen Parameter, dessen Name `value` bei der Angabe weggelassen wird (z. B. `@SuppressWarnings("serial")`).

Annotations in JAXB

Wie wir in den vorherigen Abschnitten schon angedeutet haben, nutzt JAXB die Annotation-Technologie sehr intensiv:

- zur Entwicklungszeit bei der Ausführung des Binding Compilers
- zur Laufzeit für die Konfiguration des Laufzeitumgebung (`JAXBContext`)

Annotation-Packages

Zu diesem Zweck liefert die JAXB-API-Bibliothek die zwei Java-Packages `javax.xml.bind.annotation` und `javax.xml.bind.annotation.adapters`. Beide enthalten neben ein paar wenigen anderen Elementen (wie Klassen, Enums, Interfaces) hauptsächlich benutzerdefinierte Annotation-Types. Dies sind die sogenannten *Mapping Annotations*.

Mapping Annotations nur beim Weg von Java nach XML

Im Einführungsbeispiel oder auch in den vorherigen Abschnitten sind Ihnen einige davon bereits begegnet, wie z. B. `@XmlType`, `@XmlElement` oder `@XmlAttribute`. Diese wurden allerdings automatisch vom XJC generiert, weshalb Sie sich normalerweise nicht groß mit Mapping Annotations beschäftigen müssen. Wenn Sie in Ihrem Entwicklungsprojekt hingegen von den Modellklassen kommen und erst ein XML Schema zur Übertragung Ihrer Daten generieren möchten, werden Sie in den meisten Fällen selbst die Mapping Annotations in Ihren Klassen hinzufügen müssen. Die wichtigsten Merkmale, die sich mit Mapping Annotations beeinflussen lassen, sind dabei:

- die Benennung und der Typ (Elemente oder Attribute) der generierten XML-Konstrukte
- deren Reihenfolge
- die Abbildung spezieller Java-Konstrukte auf passende XML-Konstrukte (z. B. Listen, Enums)

Weitere Quellen

Wir werden in diesem Buch nicht näher auf Mapping Annotations eingehen, sondern es bei denen belassen, die Sie bereits kennen. Grundsätzlich gibt aber es sehr viele davon für verschiedenste Zwecke, mit denen Sie bestes Finetuning betrieben können, die aber für Basiszwecke nicht gebraucht werden. Eine komplette Liste mit detaillierten Erläuterungen und Beispielen finden Sie aber in der API-Doc zu JAXB. Öffnen Sie dazu die Datei *docs/api/index.html* in der JAXB-Referenzimplementierung oder direkt online unter *https://jaxb.dev.java.net/nonav/jaxb20-pfd/api/index.html*. Klicken Sie dann im rechten Fensterteil unter JAXB PACKAGES auf eines der beiden zuvor erwähnten Annotation-Packages, um eine Übersicht aller Annotations zu erhalten. Nach dem Klicken auf eine einzelne Annotation erhalten Sie dann eine Detailansicht.

7.4.10 Sonstige Aufgaben

Zum Schluss dieses Abschnitts über die Abbildung von Java nach XML in JAXB müssen Sie noch zwei kleine Dinge wissen, um die Sie sich in jedem Fall selbst kümmern müssen, wenn Sie Ihre bestehenden Java-Klassen schnell und einfach mit JAXB verwenden möchten.

Definition des Wurzelelements

Der erste und einfachere Schritt für Sie besteht darin, JAXB mitzuteilen, welche Ihrer Modellklassen das Wurzelelement des späteren XML-Dokuments darstellen soll.

Da die JAXB-Komponenten (SchemaGen und Laufzeitbibliothek) alle Ihre Modellklassen als komplexe Typen interpretieren, wissen sie nicht automatisch, welcher davon das Wurzelelement verkörpern soll. Der SchemaGen würde also auf oberster Ebene im XML Schema lediglich `<xs:complexType>`- und `<xs:simpleType>`-Definitionen anlegen, aber keine einzige `<xs:element>`-Definition. Und der `JAXBContext` würde zur Laufzeit eine Exception werfen.

@XmlRootElement

Erfreulicherweise ist es sehr einfach, eine Java-Klasse zum Wurzelelementtyp zu machen: Fügen Sie einfach der Klassendefinition der jeweiligen Klasse (vor der `class`-Zeile) die Mapping Annotation `@XmlRootElement` hinzu, und Sie sind bereits fertig.

Wenn Sie im Eclipse-Beispiel einen Blick in die Klasse `Books` werfen, werden Sie dort diese Annotation vorfinden. Wenn Sie möchten, können Sie gerne ausprobieren, was passiert, wenn Sie diese weglassen. Und zwar wird der SchemaGen dem generierten Schema nicht mehr die Definition `<xs:element name="books" type="books"/>` hinzufügen, und das Beispiel wird bei Starten folgende Fehlermeldung werfen:

```
unable to marshal type "de.javaundxml.jaxb.books.model.Books"
as an element because it is missing an @XmlRootElement
annotation]
```

Die ObjectFactory und die Datei jaxb.index

Dieser Abschnitt muss Sie nur interessieren, wenn Sie den `JAXBContext` über den Package-Namen initialisieren statt über das `class`-Literal der Wurzelklasse. Zwar haben Sie die `JAXBContext`-Klasse bis jetzt schon ein- oder zweimal gesehen, doch nehmen wir hier doch etwas aus dem nächsten Abschnitt vorweg. Falls Sie also in diesem Abschnitt Verständnisprobleme haben, können Sie sich in Abschnitt 7.5.2 kurz einarbeiten.

Arbeiten mit dem class-Literal

Wenn Sie also einen `JAXBContext` über `newInstance()` anlegen und dabei das `class`-Literal der Wurzelklasse (in unserem Beispiel `Books.class`) als Argument angeben, ist dieser imstande, über Reflection die gesamte Hierarchie Ihres Objektmodells zu analysieren, und Sie brauchen sich um nichts weiter zu kümmern. Diese Vorgehensweise nutzt auch die Klasse `BooksApp` in unserem Eclipse-Beispiel 3.

Arbeiten mit dem Package-Namen

Wenn Sie jedoch die Variante von `JAXBContext.newInstance()` verwenden, die nur den Namen des Java-Packages als `String`-Argument entgegennimmt, verhält sich JAXB komplett anders. Wenn Sie möchten, können Sie es selbst ausprobieren und in der Klass `BooksApp` die auskommentierte Zeile einkommentieren, dafür die darüberliegende auskommentieren:

```
// JAXBContext context =
//     JAXBContext.newInstance(Books.class);
JAXBContext context = JAXBContext.newInstance(
      Books.class.getPackage().getName());
```

Sie werden sofort feststellen, dass das Beispiel nicht mehr lauffähig ist und Ihnen die folgende Fehlermeldung liefert:

```
"de.javaundxml.jaxb.books.model" doesnt contain ObjectFactory
.class or jaxb.index
```

jaxb.index

Diese Meldung sagt Ihnen schon relativ genau, was dem `JAXBContext` noch fehlt, um das Package richtig scannen zu können: entweder eine Datei *jaxb.index* im Package-Verzeichnis oder eine Klasse `ObjectFactory`. Dabei ist erstere Variante die einfachere. Die Datei *jaxb.index* muss lediglich die nicht-qualifizierten Namen der zu scannenden Modellklassen Zeile für Zeile enthalten. In unserem Beispiel wäre also folgender Inhalt korrekt:

```
Author
Book
Books
KnowledgeType
```

Sie können nun gerne selbst eine solche Datei im Package `de.javaundxml.jaxb.books.model` anlegen (oder die dort schon vorhandene Datei *jabx.index.off* einfach umbenennen) und das Beispiel von neuem starten. Der `JAXBContext` wird nun keine Fehlermeldung mehr werfen und das Beispiel sich so verhalten, als ob Sie über das `Books.class`-Literal gearbeitet hätten.

ObjectFactory

Die zweite Alternative ist das manuelle Anlegen der `ObjectFactory`-Klasse. Diese haben Sie schon in Abschnitt 7.2.3 kurz kennengelernt oder können in Abschnitt 7.3.7 mehr darüber erfahren. Diese Klasse wird normalerweise automatisch vom XJC-Binding Compiler erstellt und dient als zentrale Factory für Ihre Modellklassen. Wenn Sie also komplett von dieser Richtung her kommend nach XML abbilden wollen und keine solche Factory-Klasse benötigen, würden wir Ihnen deshalb die Lösung mit der *jaxb.index*-Datei als die wesentlich einfachere und unkompliziertere empfehlen. Wenn Sie dennoch manuell eine `ObjectFactory` anlegen möchten, müssen Sie diese nach dem in Listing 7.37 für das `Books`-Beispiel dargestellten Prinzip aufbauen.

```
package de.javaundxml.jaxb.books.model;

import javax.xml.bind.JAXBElement;
import javax.xml.bind.annotation.XmlElementDecl;
import javax.xml.bind.annotation.XmlRegistry;

@XmlRegistry
public class ObjectFactory
{
   @XmlElementDecl(name="books")
   public JAXBElement<Books> createBooks(Books value)
   {
      return new JAXBElement<Books>
         (null, Books.class, null, value);
   }
}
```

Listing 7.37 ObjectFactory für das Beispiel-Package

Sobald Sie diese Klasse dem Package `de.javaundxml.jaxb.books.model` hinzufügen, ist das Beispiel ebenfalls wieder lauffähig. Wie Sie darin sehen, wird allerdings nur die Factory-Methode für die Erzeugung des Wurzelelements benötigt, den Rest findet der `JAXBContext` schon wieder allein heraus. Konkret stellt JAXB die folgenden Anforderungen an die `ObjectFactory`-Klasse:

- liegt im selben Package wie die Modellklassen und trägt exakt den Namen `ObjectFactory`
- ist mit der Mapping Annotation `@XmlRegistry` annotiert
- enthält eine Methode, die folgende Kriterien erfüllt:
  - besitzt den Rückgabetyp `JAXBElement<RootType>`
  - hat einen Parameter vom Typ `RootType`
  - ist annotiert mit `@XmlElementDecl(name="RootName")`

Setzen Sie in der oberen Liste nun noch für die Platzhalter `RootType` den Klassennamen der Wurzel-Modellklasse ein (diejenige, die mit `@XmlRootElement` annotiert ist, in unserem Beispiel also `Books`) und für `RootName` den Namen des Wurzelelements (hier also `books`). Natürlich sollte die entsprechende Methode außerdem die entsprechende `JAXBElement`-Instanz zurückgeben, wozu der Code aus Listing 7.37 vollkommen ausreicht.

Wie Sie gesehen haben, ist die Arbeit mit der `ObjectFactory` zwar auch keine große Herausforderung, doch ist die Variante mit der *jaxb.index* in jedem Fall nachvollziehbarer und einfacher. Sie hat allerdings einen großen Nachteil: Wenn neue Klassen in Ihrem Package hinzukommen, müssen Sie diese auch in der *jaxb.index* nachtragen, während sich in der `ObjectFactory` nur etwas ändern muss, wenn eine neues Wurzelelement hinzukommt.

7.5 Die JAXB-API

In den beiden vorherigen Abschnitten haben wir Ihnen nun die wichtigsten Abbildungsregeln zwischen Java und XML erklärt. Dies betraf sowohl die Arbeitsweise und generierte Ausgabe der beiden Binding Compiler als auch das Verhalten zur Programmlaufzeit.

Dieser Abschnitt behandelt nun noch den verbleibenden Teil von JAXB, der Ihnen die notwendigen Werkzeuge für das *Marshalling*, *Unmarshalling* und andere Laufzeitaufgaben zur Verfügung stellt: die *JAXB-API*.

API

Wie schon bei JAXP und StAX handelt es sich dabei um eine Sammlung von Interfaces und Klassen, die einen bestimmten Programmierrahmen vorgeben. Zu den abstrakten Elementen werden durch einen oder mehrere Software-Hersteller konkrete Implementierungen bereitgestellt. Durch die Arbeit mit Factory-Methoden ist für Sie aber erneut kein Unterschied spürbar, und Sie haben einen einfachen Einstieg über wenige zentrale Klassen.

Aufsetzen des Klassenpfads

Um die JAXB-API mit der Referenzimplementierung nutzen zu können, benötigen Sie entweder das JDK 6.0 oder für das JDK 5.0 die Standalone-Version (siehe Abschnitt 7.1, »XML-Binding mit JAXB«). Letztere müssen Sie dabei natürlich extra in Ihren Klassenpfad einbinden.

In beiden Fällen werden natürlich außerdem die von Ihnen erstellten oder vom XJC generierten Modellklassen benötigt, das XML Schema brauchen Sie nur zur optionalen Validierung. Sobald diese Voraussetzungen getroffen sind, können Sie schon beginnen, Programmcode zu schreiben.

Im Folgenden stellen wir Ihnen nun Schritt für Schritt die wichtigsten Elemente der JAXB-API vor und zeigen Ihnen, wie Sie damit Ihre Dokumente und Objektstrukturen nutzen können.

7.5.1 Package-Überblick

Wenn Sie einen Blick in die API-Doc zu JAXB 2.0 in der Datei *docs/api/index.html* der JAXB-Referenzimplementierung werfen, stellen Sie fest, dass es dort insgesamt sechs Java-Packages gibt:

- `javax.xml.bind`
- `javax.xml.bind.annotation`
- `javax.xml.bind.annotation.adapters`
- `javax.xml.bind.attachment`
- `javax.xml.bind.helpers`
- `javax.xml.bind.util`

JAXB-Packages

Davon ist das erste, `javax.xml.bind`, das für uns interessanteste, da sich hier die wichtigsten Klassen und Interfaces für das tägliche Arbeiten mit JAXB befinden. Die nächsten beiden enthalten alle verfügbaren Mapping-Annotation-Typen. `javax.xml.bind.attachment` beinhaltet Klassen für die Attachment-Erweiterungen von JAXB, auf die wir in diesem Buch allerdings nicht eingehen werden. `javax.xml.bind.helpers` ist ausschließlich für Anbieter von eigenen JAXB-Implementierungen gedacht und interessiert uns damit nicht. Last but not least enthält `javax.xml.bind.util` ein paar wenige, aber durchaus nützliche Hilfsklassen für uns Entwickler.

Wir werden uns in diesem Abschnitt also auf die beiden Packages `javax.xml.bind` und `javax.xml.bind.util` konzentrieren und Ihnen die für Sie wichtigen Elemente daraus im Zusammenhang näher erklären.

API-Doc als Referenz

Generell gilt: die API-Doc zu JAXB 2.0 ist sehr ausführlich, enthält teilweise kleine Beispiele sowie nützliche Verweise auf die JAXB- oder andere Spezifikationen. Sollten also nach dem Lesen dieses Buchs oder währenddessen noch Fragen offen sein, wäre hier ein guter Einstiegspunkt.

7.5.2 Der Ausgangspunkt: JAXBContext

Wie Sie vielleicht schon im Einführungsabschnitt 7.2 gelesen haben, gibt es eine zentrale Klasse, die den Einstiegspunkt in alle JAXB-Aufgaben zur Programmlaufzeit bildet: `JAXBContext`.

Abstrakte Factory

In gewohnter Weise handelt es sich bei dieser Klasse wieder um eine abstrakte Factory, um die konkrete JAXB-Implementierung austauschbar zu machen. In Abbildung 7.4 sehen Sie dies nochmals veranschaulicht. Der `JAXBContext` dient primär als Factory für die vier folgenden anderen JAXB-Typen, auf die wir später noch genauer eingehen werden:

- `Marshaller` (zuständig für das Marshalling)
- `Unmarshaller` (zuständig für das Unmarshalling)
- `Binder` (Synchronisation eines JAXB-Objektmodells mit einem DOM-Objektmodell)
- `JAXBIntrospector` (Hilfsklasse zur Untersuchung von Modellobjekten)

Wie Sie vielleicht schon erwartet haben, erhalten Sie eine konkrete `JAXBContext`-Instanz über einer der fünf dort definierten statischen Methoden `newInstance()`. Diese lassen sich nochmals in zwei Gruppen unterscheiden:

- Instantiierung über `Class`-Objekte
- Instantiierung über Package-Namen

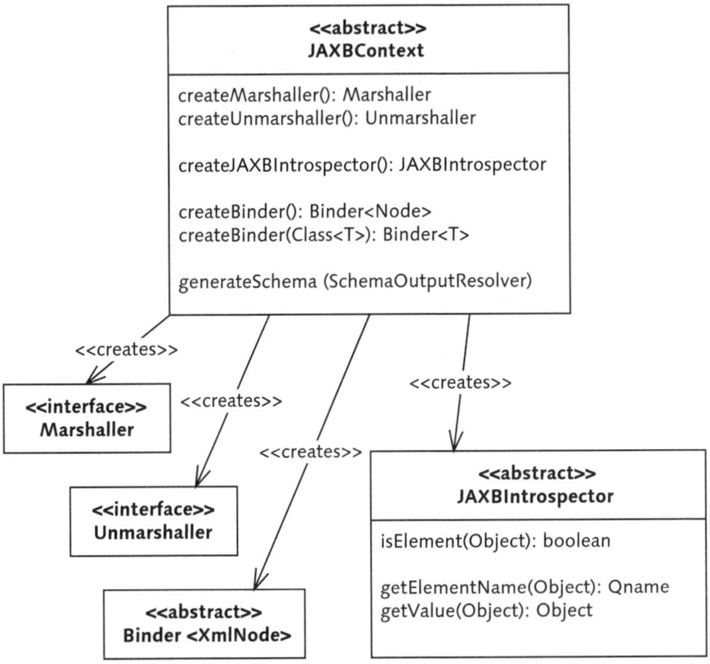

Abbildung 7.4 Kern-Typen der JAXB-API

Instantiierung über Class-Objekte

Der ersten Variante übergeben Sie einfach eine oder mehrere `Class`-Objekte. Diese werden dann dem `JAXBContext` als bekannte Modellklassen hinzugefügt. Ebenso werden (rekursiv) über Reflection alle von diesen Klassen statisch erreichbaren[3] anderen Klassen hinzugefügt. Auf diese Weise müssen Sie nur die oberste(n) Klasse(n) in der Hierarchie Ihrer Modellklassen angeben, und JAXB findet alle darunterliegenden automatisch. Während dieser Prozedur werden übrigens auch die Mapping Annotations und relevanten *package-info.java*-Dateien mit eingelesen. Entsprechender Quellcode könnte dann so aussehen:

```
JAXBContext ctx = JAXBContext.newInstance
   (PersonenType.class);
```

Oder für mehrere Klassen:

```
JAXBContext ctx = JAXBContext.newInstance
     (PersonenType.class, Bestellungen.class);
```

Herstellerspezifische Properties

Zusätzlich zu der `newInstance(Class...)`-Methode gibt es außerdem eine Variante `newInstance(Class[], Map<String, ?>)`, der zusätzlich zu den Klassen eine `Map` mit Properties übergeben werden kann. Die Ein-

3 Statisch erreichbar: Die Klassen sind im Quellcode der Ursprungsklasse referenziert.

träge darin werden zur konkreten JAXB-Implementierung weitergereicht – es handelt sich dabei also wieder um einen Mechanismus, um herstellerspezifische Konfigurationseinstellungen vorzunehmen.

Instantiierung über Package-Namen

Die zweite Gruppe an `newInstance()`-Methoden erwartet als Parameter einen `String` von doppelpunktgetrennten Package-Namen. Dem `JAXBContext` werden dann alle Klassen aus diesen Packages hinzugefügt und dabei natürlich eventuell vorhandene *package-info.java*-Dateien mit gescannt. Bei dieser Variante muss allerdings jedes gescannte Package eine passende `ObjectFactory`-Klasse oder eine Datei *jaxb.index* mit der Liste der zu scannenden Modellklassen enthalten (mehr dazu finden Sie in Abschnitt 7.4.10). Entsprechender Quellcode könnte dann so aussehen:

```
JAXBContext ctx = JAXBContext.newInstance
   ("de.javaundxml.jaxb.personen.model");
```

Oder für mehrere Packages:

```
JAXBContext ctx = JAXBContext.newInstance
     ("my.pack.a:my.pack.b");
```

Da bei der Angabe der Package-Namen keine konkreten `Class`-Objekte übergeben werden, müssen die Klassen gegebenenfalls noch vom `JAXBContext` geladen werden. Dazu benutzt er standardmäßig den sogenannten Kontext-`ClassLoader`. Alternativ geben Sie über die `newInstance(String, ClassLoader)`-Methode einen eigenen `ClassLoader` an. Schließlich können Sie natürlich auch bei der Package-Variante wieder eine `Map` mit Properties übergeben. Dafür existiert schließlich die dritte Methodenüberladung `newInstance(String, ClassLoader, Map<String, ?>)`.

[»]

Hinweis

Die JAXB-Referenzimplementierung von Sun definiert keine spezifischen Properties für den `JAXBContext`. Sie können also immer die `newInstance()`-Variante ohne den entsprechenden `Map`-Parameter benutzen.

Auffinden der Implementierung

Nun sollten Sie nur noch wissen, nach welchem Muster der `JAXBContext` die tatsächliche Implementierung ausfindig macht, um gegebenenfalls eine eigene einbinden zu können. Logischerweise funktioniert das ähnlich wie bei den verwandten Factories aus JAXP und StAX, allerdings auch etwas anders.

Konkret wird zunächst die unten aufgeführte Liste von Möglichkeiten Schritt für Schritt abgearbeitet, um einen Klassennamen zu ermitteln:

1. Es werden alle Packages, an die der `JAXBContext` gebunden wird, nach einer Property-Datei *jaxb.properties* durchsucht. In der ersten gefundenen Datei wird der Klassenname aus der Property `javax.xml.bind.context.factory` ausgelesen. Existiert die Property nicht, wird sofort eine `JAXBException` geworfen. Dieses Verfahren stammt noch von JAXB 1.0 und sollte nicht mehr benutzt werden.
2. Der Klassenname wird aus der System Property `javax.xml.bind.JAXBContext` ausgelesen.
3. Im Klassenpfad wird nach der Datei *META-INF/services/javax.xml.bind.JAXBContext* gesucht und der Klassenname der ersten Zeile entnommen.
4. Es wird der folgende Klassenname als Default-Wert verwendet: `com.sun.xml.internal.bind.v2.ContextFactory`.

Der nun gefundene Klassenname ist allerdings noch nicht der der konkreten `JAXBContext`-Implementierung. Stattdessen wird dort über Reflection nach einer statischen Methode `createContext()` (die bestimmte Parameter haben muss) gesucht und diese aufgerufen. Das Resultat wird dann als Implementierung verwendet. Bei JAXB wird also über die üblichen Mechanismen also zunächst eine Factory gefunden, nicht wie in JAXP oder StAX gleich die konkrete Klasse.

7.5.3 Unmarshalling

Nachdem Sie nun wissen, wie Sie die Laufzeitumgebung für JAXB, also den `JAXBContext`, richtig initialisieren, können Sie beginnen, mit Dokumenten und Modellobjekten zu arbeiten. Wie Sie schon in unserem Einführungsbeispiel erfahren haben, besteht die wesentliche Aufgabe der Laufzeitumgebung aus dem Parsen und Serialisieren von Dokumenten, in der XML-Binding-Sprache genannt *Unmarshalling* und *Marshalling*. In diesem Abschnitt werden wir uns zunächst mit Ersterem beschäftigen, im nächsten Abschnitt gehen wird dann auf das Marshalling ein.

Die zentrale Schnittstelle für das Unmarshalling bildet in JAXB das Interface `Unmarshaller`. Wie Sie schon wissen, können Sie nicht direkt eine Instanz davon anlegen, sondern erhalten diese vom `JAXBContext` über den Aufruf von `createUnmarshaller()`. Im Folgenden beschreiben wir Ihnen nun, welche Aufgaben Sie mit einer solchen Instanz erledigen können.

Durchführung des Unmarshallings mit den unmarshal()-Methoden

Der wichtigste Bestandteil einer `Unmarshaller`-Instanz sind natürlich ihre `unmarshal()`-Methoden zur Umwandlung von XML-Eingabedaten in Instanzen der Modellklassen. Von diesen gibt es zahlreiche Überladungen für verschiedene Dokumentquellen, wobei bei den meisten davon der Rückgabetyp mit `Object` offengehalten ist (auf Ausnahmen gehen wir gleich ein), da nicht klar ist, was Sie dem `Unmarshaller` als Eingabe vorsetzen. In den meisten Fällen wird es sich um Instanzen Ihrer Modellklassen handeln. Wenn aber Ihr Wurzelelement auf einen Typ verweist, anstatt ihn direkt innerhalb der `<xs:element>`-Definition mit `<xs:simpleType>` oder `<xs:complexType>` anzugeben, ist das Resultat in eine `JAXBElement`-Instanz verpackt. Schließlich sind beispielsweise für vordefinierte Schematypen auch einfache Java-Klassen denkbar (wie `List` oder `String`). Dies hat zur Folge, dass Sie auf jeden Fall einen Typecast in den konkreten Zieltyp machen müssen. In Beispiel 1 unseres Eclipse-Projekts sieht dies folgendermaßen aus:

```
JAXBElement<PersonenType> personenElement =
   (JAXBElement<PersonenType>)unmarshaller.unmarshal(
      new File("data/personen.xml"));
```

Überladungen von unmarshal()

Wie eben erwähnt, gibt es mehrere Überladungen von `unmarshal()` für verschiedene Eingabeformate von XML-Dokumenten. Werfen Sie hierzu einen Blick in Tabelle 7.8. Dort sehen Sie den Typ des jeweiligen Eingabeparameters und eine kurze Beschreibung des zugehörigen Eingabeformats:

Typ des Eingabeparameters	Beschreibung
`java.io.File`	XML-Datei
`java.io.InputStream`	Byte-Stream mit XML-Daten
`java.io.Reader`	Char-Stream mit XML-Daten
`java.net.URL`	Netzwerkressource
`org.xml.sax.InputSource`	SAX-API-Eingabeformat
`javax.xml.transform.Source`	TrAX-kompatible Eingabequelle
`org.w3c.dom.Node`	DOM-Struktur
`javax.xml.stream.XMLStreamReader`	StAX Cursor API Parser
`javax.xml.stream.XMLEventReader`	StAX Event Iterator API Parser

Tabelle 7.8 Varianten der unmarshal()-Methode

Tritt während des Parsens ein Fehler auf, so werfen alle Methoden eine JAXBException bzw. (je nach Fehlertyp) eine davon abgeleitete UnmarshalException.

Unmarshalling von Teilbäumen

Es gibt ein paar Gemeinsamkeiten bei den bisher beschriebenen unmarshal()-Methoden: Alle haben den Rückgabetyp Object und erwarten genau einen Eingabeparameter von einem der Typen aus Tabelle 7.8. Mit diesen Methoden ist es allerdings nur möglich, vollständige XML-Dokumente zu parsen, deren Wurzelelement an eine @XmlRootElement-annotierte Klasse gebunden sind. JAXB bietet aber auch einen Mechanismus an, um XML-Teilbäume, also unvollständige Dokumente, in eine Objektstruktur zu überführen. Zu diesem Zwecke kommen die restlichen unmarshal()-Methoden zum Einsatz. Sie haben alle eine Methodensignatur der Form JAXBElement<T> unmarshal([Quelle], Class<T>), wobei als mögliche Quelle nur noch die unteren vier Typen aus Tabelle 7.8 möglich sind. Das Class-Objekt, das mit erwartet wird, muss dabei zu der Modellklasse passen, die dem obersten Typen des zu parsenden XML-Fragments entspricht. Zur Veranschaulichung werfen Sie bitte einen Blick auf Listing 7.38.

```
final String personFragment =
   "<person xmlns='...'>" +
      "<nachname>Scholz</nachname>" +
      "<vorname>Michael</vorname>" +
   "</person>";
final Source input = new StreamSource(
   new StringReader(personFragment));

JAXBElement<PersonType> person = unmarshaller.
   unmarshal(input, PersonType.class);

System.out.println(person.getValue().getNachname());
System.out.println(person.getValue().getVorname());
```

Listing 7.38 Unmarshalling von Teilbäumen

Dort sehen Sie, wie ein <person>-Element als String vorbereitet wird. In unseren bisherigen Beispielen mussten eines oder mehrere dieser Elemente aber noch in ein <personen>-Element verpackt werden, das dann das Wurzelelement war. Dementsprechend können Sie den String auch nicht mit den herkömmlichen unmarshal()-Methoden parsen, da <person> nicht das Wurzelelement ist. Stattdessen müssen Sie, wie hier gezeigt, der unmarshal()-Methode zusätzlich zur Quelle den passenden Java-Typ zum <person>-Element, nämlich PersonType.class, übergeben. Nun kann der `Unmarshaller` das Fragment zuordnen und gibt schließlich ein `JAXBElement<PersonType>` zurück, von dem Sie über `getValue()` das entsprechende `PersonType`-Objekt erhalten.

Validierung

Validierung über JAXP-Schema

Ähnlich wie in JAXP in der `SAXParserFactory` und der `DocumentBuilderFactory`, ist es bei einem JAXB-`Unmarshaller` ebenso möglich, Validierung für zu parsende XML-Dokumente einzuschalten, indem Sie über die Methode `setSchema()` ein JAXP-`Schema`-Objekt hinterlegen (das entsprechend mit `getSchema()` auch wieder abgegriffen werden kann). Zwar gibt es auch hier zusätzlich zwei Methoden `getValidating()` und `setValidating()`, doch stammen diese noch aus JAXB 1.0 und sind inzwischen »deprecated«. Validierung wird also lediglich durch Setzen eines Schemaobjekts über `setSchema()` eingeschaltet bzw. durch Setzen von `null` ausgeschaltet.

ValidationEvent-Handler

Wenn die Validierung nun eingeschaltet ist, können während des Unmarshallings Fehler oder Warnungen auftreten. Um diese abzufangen, kann über die Methode `setEventHandler()` ein Objekt vom Typ `ValidationEventHandler` im `Unmarshaller` registriert werden, vergleichbar mit dem `ErrorHandler` der SAX-API. Entsprechend kann dieses Objekt über `getEventHandler()` wieder abgefragt werden. Da Validierung in JAXB unter anderem auch während des Marshallings möglich ist, gehen wir auf dieses Thema in Abschnitt 7.5.6 gesondert nochmals etwas genauer ein.

[»]

Hinweis

Auch der `ValidationEventHandler` kennt die drei Fehlerstufen `WARNING`, `ERROR` und `FATAL_ERROR`. Wenn Sie selbst keinen solchen Handler setzen, werden standardmäßig die letzten beiden Fehlertypen nicht abgefangen. Die `unmarshal()`-Methoden werfen dann eine `UnmarshalException`.

Properties

Auch für JAXB-`Unmarshaller` gibt es den altbekannten Mechanismus zum Setzen und Abfragen von implementierungsspezifischen Einstellungen – hier realisiert über zwei Methoden `getProperty()` und `setProperty()`. Die JAXB-Spezifikation schreibt momentan für `Unmarshaller` keine obligatorischen Properties vor, und auch die Referenzimplementierung bietet hier im Moment keine an. Wird eine Property nicht erkannt oder treten sonstige Fehler auf, so werfen diese Methoden eine `PropertyException`.

SAX-Integration über UnmarshallerHandler

JAXB bietet für den `Unmarshaller` einen Mechanismus zur Integration mit SAX an. Konkret existiert dafür eine Methode `getUnmarshallerHandler()`, die ein Objekt des Interface-Typs `UnmarshallerHandler` zurückliefert. Dieses ist wiederum abgeleitet von `org.xml.sax.ContentHandler`, dient also dazu, SAX-Events von einem SAX-Parser zu empfangen. Auf diese Weise können Sie nach eigenen Wünschen einen SAX-Parser mit der SAX-API generieren und diesem als `ContentHandler` einen `UnmarshallerHandler` für Ihren `Unmarshaller` übergeben:

```
// Unmarshaller und zugeh. Handler erstellen
JAXBContext ctx = ...;
Unmarshaller unmarshaller = ctx.createUnmarshaller();
UnmarshallerHandler handler =
   unmarshaller.getUnmarshallerHandler();

// SAX-Parser erstellen und Handler setzen
XMLReader xmlReader = ...;
xmlReader.setContentHandler(handler);
```

Listing 7.39 Gebrauch eines UnmarshallerHandlers

Wenn Sie nun den Parse-Vorgang mit `xmlReader.parse(...);` laufen lassen, gelangen die SAX-Events aus dem Quelldokument über den Parser zum `UnmarshallerHandler` und von diesem direkt zum `Unmarshaller`, der daraus nun die übliche Objektstruktur erzeugt.

Das fertige Ergebnis, also die Objektrepräsentation des entsprechenden Wurzelelements, müssen Sie sich nun nur noch aus dem `UnmarshallerHandler` abholen. Hierfür wurde dem Interface noch eine Methode `getResult()` hinzugefügt mit dem Rückgabetyp `Object`:

```
MyType m = (MyType)handler.getResult();
```

Hinweis [«]

Beachten Sie, dass Sie für mehrere Parse-Vorgänge nicht einfach mehrmals die `getUnmarshallerHandler()`-Methode ein und desselben `Unmarshaller`-Objekts aufrufen, sondern stattdessen mehrere `Unmarshaller` generieren und von jedem die `getUnmarshallerHandler()`-Methode aufrufen sollten.

Event-Callbacks

Wenn Sie in Ihrer Applikation über den Verlauf des Unmarshallings informiert werden möchten, haben Sie die Möglichkeit, einen Event-Callback-Listener auf dem `Unmarshaller` zu registrieren. Dieser wird dann vor und nach dem Beginn des Unmarshallings jedes einzelnen Modellobjekts über einen Callback-Methoden-Aufruf informiert.

Konkret existiert für diesen Zweck eine innere abstrakte Klasse `Listener` im `Unmarshaller`-Interface, die zwei Methoden `afterUnmarshal()` und `beforeUnmarshal()` vorgibt. Beide haben als Parameter das gerade zu erstellende Modellobjekt und das Vaterobjekt im Objektbaum.

Um diesen Mechanismus zu nutzen, müssen Sie also eine eigene von `Listener` abgeleitete Klasse schreiben, dort `afterUnmarshal()` und/oder `beforeUnmarshal()` mit der gewünschten Callback-Logik implementieren und eine Instanz davon über die Methode `setListener()` auf dem `Unmarshaller` registrieren. Zum Testen bietet es sich an, einen `Listener` zu schreiben, der nur das aktuelle und das Vaterobjekt auf der Konsole ausgibt, wie in Listing 7.40 gezeigt.

```
unmarshaller.setListener(new Listener()
{
   public void afterUnmarshal (Object target,
      Object parent)
      {
         System.out.printf(
            "After! Tgt: %1$s / Pnt: %2$s%n",
            target, parent);
      }

      public void beforeUnmarshal(Object target,
         Object parent)
         {
            System.out.printf(
               "Before! Tgt: %1$s / Pnt: %2$s%n",
                target, parent);
         }
   });
```

Listing 7.40 Beispielhafter Unmarshaller.Listener

[»]

Hinweis

Wie Sie vielleicht bemerkt haben, ist es nur möglich, maximal einen Listener auf einem Unmarshaller zu registrieren. Mit `setListener(null)` entfernen Sie diesen wieder, und mit `getListener()` fragen Sie den bestehen ab.

Weitere Funktionen

Bevor wir die Behandlung des `Unmarshaller`s nun abschließen, möchten wir noch zwei letzte Funktionen davon erwähnen, ohne jedoch im Detail darauf einzugehen.

Eigene XmlAdapter registrieren

Zunächst einmal ist es möglich, über eine der beiden `setAdapter()`-Methoden von `Unmarshaller` dort eine oder mehrere Instanzen der Klasse `XmlAdapter` aus dem JAXB-Package `javax.xml.bind.annotation.adapters` zu registrieren. `XmlAdapter` sind ein fortgeschrittener Mechanismus in JAXB, um das Binding von bestimmten XML-Fragmenten mit eigener Logik zu überschreiben. Normalerweise werden `XmlAdapter` über die Mapping Annotation `@XmlJavaTypeAdapter` in den Modellklassen registriert und dann über einen Default-Konstruktor von der JAXB-Implementierung instantiiert. Wenn Sie sich jedoch selbst um die Erzeugung dieser Adapter kümmern möchten, können Sie die Default-Instanzen über `setAdapter()` austauschen. Natürlich können Sie die registrierten Adapter auch über `getAdapter()` abfragen. Details über diesen Mechanismus finden Sie übrigens in der API-Doc der Klasse `XmlAdapter`, also im Ordner *docs/api* der JAXB-Referenzimplementierung.

Unmarshalling von Attachments

Schließlich ist es ab JAXB 2.0 möglich, binäre Nutzdaten (auch genannt *Attachments*), die in das XML-Dokument eingebettet sind, in spezifische Objekte zu unmarshallen und zu marshallen. Für das Unmarshalling gibt es dementsprechend die Klasse `AttachmentUnmarshaller` aus dem JAXB-Package `javax.xml.bind.attachment`. Wie schon `Unmarshaller.Listener` ist auch diese abstrakt, Sie können also eigene Ableitungen davon schreiben und diese schließlich über die Methode `setAttachmentUnmarshaller()` auf dem `Unmarshaller` registrieren (bzw. mit `getAttachmentUnmarshaller()` abfragen). Mehr zum diesem Mechanismus finden Sie in der API-Doc von `AttachmentUnmarshaller`.

7.5.4 Marshalling

Nach dem Unmarshalling von XML-Dokumenten kommen wir nun zum direkten Gegenstück, dem Marshalling – in JAXB vertreten durch das Interface `Marshaller`. Glücklicherweise hat dieses einige Gemeinsamkeiten mit `Unmarshaller`, was seine Behandlung um einiges abkürzt. Wie zuvor gehen wir nun Schritt für Schritt auf die einzelnen Aspekte näher ein.

Durchführung des Marshallings über die marshal()-Methoden

Analog zu den `unmarshal()`-Methoden im `Unmarshaller` bietet auch der `Marshaller` eine Vielzahl von `marshal()`-Methoden für verschiedene

Ausgabeziele. Alle davon erwarten zwei Parameter: das zu serialisierende Modellobjekt und ein weiteres Objekt, das das Ausgabeziel repräsentiert. Eine Übersicht über diese Ausgabeobjekte finden Sie in Tabelle 7.9.

Typ des Ausgabeparameters	Beschreibung
`java.io.OutputStream`	beliebiger Byte-Stream
`java.io.Writer`	beliebiger Character-Stream
`org.xml.sax.ContentHandler`	SAX-Content-Handler
`javax.xml.transform.Result`	TrAX-kompatibles Ausgabeobjekt
`org.w3c.dom.Node`	DOM-Knoten
`javax.xml.stream.XMLEventWriter`	StAX Event Iterator API Serializer
`javax.xml.stream.XMLStreamWriter`	StAX Cursor API Serializer

Tabelle 7.9 Varianten der marshal()-Methode

Wie Sie sehen, sind hier die Pendants einiger Vertreter aus den `unmarshal()`-Methoden wieder mit von der Partie (mit Ausnahme von `File` und `URL`). Beachten Sie im Falle von SAX, dass Sie hier einen `ContentHandler`, also einen Empfänger von SAX-Events, als Parameter angeben müssen, im Falle von DOM einfach ein `Node`-Objekt, innerhalb dessen der XML-Baum aufgebaut werden soll.

Marshalling von Teilbäumen

Ein wichtiger Punkt ist allerdings beim Marshalling in JAXB 2.0 zu beachten: Spezifikationsgemäß können nur Objekte vom Typ `JAXBElement` serialisiert werden oder solche, deren Klasse mit `@XmlRootElement` annotiert sind. Das heißt also konkret, wenn Sie Teilbäume Ihres Objektmodells serialisieren möchten, müssen Sie das oberste Objekt davon von Hand in ein `JAXBElement` »verpacken«, wie in Listing 7.41 für das »Personen«-Beispiel gezeigt.

```
PersonType person = factory.createPersonType();
// ... set properties on the object

final JAXBElement<PersonType> personElement =
   new JAXBElement<PersonType>(
      new QName("person"),
      PersonType.class,
      person);

marshaller.marshal(personElement, System.out);
```

Listing 7.41 Marshalling von Unterbäumen des Objektmodells

Wie Sie im Code sehen, steckt prinzipiell nicht viel dahinter, eine `JAXBElement`-Instanz anzulegen. Der Konstruktor erwartet lediglich das `Class`-Objekt für das Modellobjekt, das Modellobjekt selbst und natürlich noch den Elementnamen als `QName`-Objekt.

[«]

Hinweis

Beim Marshalling von Teilbäumen sollte der `Marshaller` ein etwas anderes Verhalten anwenden als bei ganzen Dokumenten. So sollte beispielsweise nicht die XML-Deklaration mit in die Ausgabe geschrieben und sollten beim Marshalling in einen SAX-`ContentHandler` nicht die `startDocument()` und `endDocument()`-Events gesendet werden. Um dies zu erreichen, gibt es in JAXB den *Fragmentmodus*. Wie Sie diesen einschalten, erfahren Sie im übernächsten Abschnitt, »Properties«.

Validierung

Die Validierung bei einem `Marshaller` funktioniert nach exakt dem gleichen Prinzip wie beim `Unmarshaller`: Sie können über `setSchema()` ein `Schema`-Objekt für die Validierung setzen und mit `setEventHandler()` einen `ValidationEventHandler` registrieren (siehe dazu Abschnitt 7.5.6). Nur wird eben beim Marshalling das generierte XML-Dokument validiert, während beim Unmarshalling das zu parsende validiert wird.

Properties

Auch Marshaller bietet einen Mechanismus für das Setzen spezifischer Properties über die Methode `setProperty()` (Abfrage erneut über `getProperty()`). Die JAXB-Spezifikation selbst schreibt fünf Properties vor, die jede Implementierung unterstützen muss. Ihre Namen sind in Form von Konstanten im `Marshaller`-Interface untergebracht, weshalb Sie sie sehr bequem im Quellcode angeben können:

```
marshaller.setProperty(
   Marshaller.JAXB_FORMATTED_OUTPUT, true);
```

Tabelle 7.10 gibt Ihnen hierzu eine kurze Übersicht über die JAXB-Standard-Properties für das Marshalling, die Typen der Parameter und die jeweilige Bedeutung.

Konstantenname	Typ	Bedeutung
`JAXB_ENCODING`	`String`	Wert des `encoding`-Attributs in der XML-Deklaration

Tabelle 7.10 JAXB-Standard-Properties für Marshaller

Konstantenname	Typ	Bedeutung
JAXB_FORMATTED_ OUTPUT	Boolean	Zum Ein- und Ausschalten der formatierten Ausgabe mit Linebreaks und Einrückung
JAXB_NO_NAMESPACE_ SCHEMA_LOCATION	String	Wert des noNamespaceSchemaLocation-Attributs im Wurzelelement (Angabe des Fundorts der Schemadatei)
JAXB_SCHEMA_ LOCATION	String	Wert des schemaLocation-Attributs für Dokumente mit Namensraum
JAXB_FRAGMENT	Boolean	zum Setzen des Fragmentmodus für das Marshalling von Teilbäumen

Tabelle 7.10 JAXB-Standard-Properties für Marshaller (Forts.)

DOM-Ansicht auf das Objektmodell

Das Marshaller-Interface verfügt über eine optionale Methode getNode(Object), sie muss also nicht zwangsweise von einer konkreten JAXB-Implementierung unterstützt werden. Ihre Funktion ist es, Ihnen ein DOM-Node-Objekt zu einem übergebenen gebundenen Elementobjekt zurückzuliefern. Vielleicht fragen Sie sich jetzt zu Recht, wo hier der Unterschied zur marshal()-Methode für DOMgc liegt. Tatsächlich ist dieser aber sehr gravierend, denn getNode() liefert Ihnen nur eine DOM-Sichtweise auf das gebundene Elementobjekt, was konkret bedeutet, dass Änderungen an einem der beiden Objektmodelle auch sofort im anderen sichtbar sind, ohne dass Sie sich darum kümmern müssen. Im Gegensatz zu marshal() wird also keine umgewandelte Kopie der gebundenen Objekte erzeugt, sondern nur so etwas wie ein Adapter darübergelegt.

Unterstützt eine Implementierung diese Methode nicht, so muss sie beim Aufruf dieser Methode eine UnsupportedOperationException werfen. Leider ist das Feature nicht in der Referenzimplementierung verfügbar, so dass Sie es nicht selbst ausprobieren können.

[»]

Hinweis

Die Methode getNode() stammt noch aus JAXB 1.0 und war auch dort schon optional. In JAXB 2.0 wurde als Alternative dazu das neue Konzept der Binder-Klasse eingeführt, das wir in Abschnitt 7.5.5 genauer beschreiben und das auch von der Referenzimplementierung unterstützt wird.

Event-Callbacks

Auch das Prinzip der Event-Callbacks kennen Sie schon vom Unmarshalling. Analog dazu existiert in JAXB im Interface Marshaller eine innere

Klasse `Listener`, die über die beiden Methoden `beforeMarshal()` und `afterMarshal()` verfügt. Als Parameter wird dabei das Modellobjekt übergeben, das gleich serialisiert wird bzw. gerade serialisiert wurde. Mit den Methoden `setListener()` und `getListener()` des `Marshaller`-Interfaces ist es dann möglich, einen eigenen `Listener` zu registrieren (erneut maximal einen) oder den registrierten abzufragen.

Weitere Funktionen

Eigene XmlAdapter registrieren

Auch der letzte Abschnitt über das Marshalling lässt sich wieder extrem abkürzen, da man ihn komplett analog zum Unmarshalling betrachten kann. So ist es auch auf einem `Marshaller` möglich, über `setAdapter()` und `getAdapter()` eine `XmlAdapter`-Instanz zu setzen bzw. abzufragen. Der Adapter wird dabei nun natürlich in der umgekehrten Richtung genutzt.

Marshalling von Attachments

Für die Behandlung von Attachments gibt es im Package `javax.xml.bind.attachment` eine Klasse `AttachmentMarshaller` als Gegenstück zum `AttachmentUnmarshaller`. Eine Instanz von Ersterem kann auf einem `Marshaller` über `setAttachmentMarshaller()` und `getAttachmentMarshaller()` gesetzt bzw. abgefragt werden.

7.5.5 Binden an ein XML-Objektmodell mit dem Binder

Das wohl komplexeste (und leider auch noch unstabilste) Feature von JAXB 2.0 wird durch das `Binder`-Objekt repräsentiert, das Sie sich vom `JAXBContext` über `createBinder()` besorgen können.

XML-Infoset-Modelle

Dieses Objekt dient zunächst dazu, Marshalling/Unmarshalling nach/von einem sogenannten *XML-Infoset-Modell* in ein JAXB-Objektmodell vorzunehmen. Ein typisches Beispiel für ein XML-Infoset-Modell ist DOM, wie wir es Ihnen in Kapitel 3, »DOM«, vorgestellt haben, also ein Objektmodell, das Inhalte eines XML-Dokuments in Rohform repräsentiert (Element, Attribute, Namensräume etc.). Natürlich gibt es in der Java-Welt auch Alternativen zum klassischen DOM, doch muss laut Spezifikation eine JAXB-Implementierung nur mindestens das »Original« unterstützen, weitere sind optional.

Synchronisierung zwischen Objektmodellen

Zu Recht können Sie jetzt fragen, welche Vorteile ein Binder also konkret haben soll, denn Marshalling und Unmarshalling nach und von DOM können auch über die normalen `Marshaller`- und `Unmarshaller`-Instanzen abgewickelt werden. Der wesentliche Unterschied dabei ist aber der folgende: Beim Marshalling oder Unmarshalling mit einem `Binder` merkt sich dieser intern, welche JAXB-Objekte zu welchen XML-Infoset-Objekten gehören. Diese Informationen kann er später benutzen, um Synchronisierungsvorgänge zwischen diesen beiden Repräsentationen des XML-Dokuments vorzunehmen. Sie können also eines der beiden Objektmodelle verändern und diese Änderungen über den `Binder` dann auf Kommando automatisch auf das andere übertragen.

Das Beispiel

Um Ihnen die Funktionsweise einer `Binder`-Instanz etwas näher zu bringen, haben wir in unserem Eclipse-Projekt im Ordner *ex4/src* eine gesonderte Beispielklasse `PersonenAppBinding` erstellt. Sie benutzt allerdings die generierten Modellklassen aus *ex1/src-gen*, die also zur Ausführung des Beispiels auch vorhanden sein müssen. Das Beispiel ist nicht mehr trivial, sondern schon relativ komplex, da es aus mehreren Untermethoden besteht, die teilweise wiederverwendet werden. Um den konkreten Ablauf des Programms nachzuvollziehen, werfen Sie einen Blick auf Abbildung 7.5.

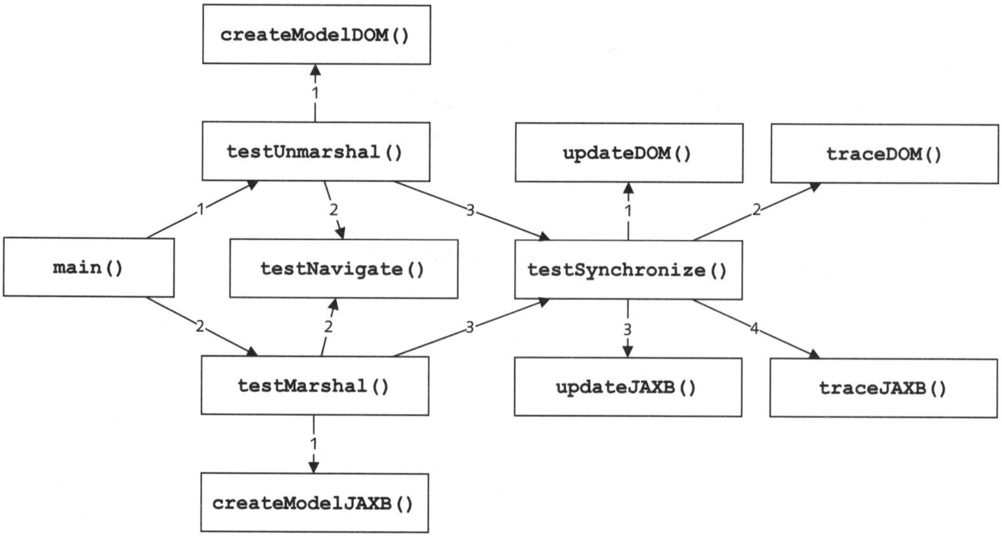

Abbildung 7.5 Ablauf des Beispielprogramms PersonenAppBinding

Ein Kästchen hier steht immer für eine Methode, ein Pfeil von einer Methode zu einer anderen bedeutet einen Methodenaufruf. Die Ziffern geben dabei die Reihenfolge der Unteraufrufe an. Es geht los links mit der `main()`-Methode. Wie Sie sehen, ruf diese ihrerseits `testUnmarshal()` und dann `testMarshal()` auf. Beide erzeugen zunächst eine `Binder`-Instanz (nicht abgebildet) und dann ein Objektmodell, wobei erstere natürlich zuerst ein DOM-Modell generiert (über createModelDOM()) und letztere ein JAXB-Modell (über createModelJAXB()). Danach erfolgt über den Binder das Unmarshalling bzw. Marshalling, also die Umwandlung vom einen in das jeweils andere Objektmodell (nicht abgebildet). Mit diesen beiden Objektmodellen rufen nun beide Methoden zuerst testNavigate() auf, was das Navigieren zwischen den Objektmodellen testet. Danach wird jeweils testSynchronize() aufgerufen. Diese Methode führt nacheinander die folgenden Schritte aus:

1. Ändern des JAXB-Modells und Synchronisierung nach DOM über updateDOM()
2. Ausgabe des DOM-Modells über traceDOM() (nur bei JDK 6 mit »Pretty-Print«)
3. Ändern des DOM-Modells und Synchronisierung nach JAXB über updateJAXB()
4. Ausgabe des JAXB-Modells über traceJAXB()

Zwar verfügt PersonenAppBinding über weitere Hilfsmethoden, doch sind diese zum Verständnis des Ablaufs nicht von Bedeutung. Gerne können Sie den Code natürlich trotzdem zu Ende durchanalysieren. Anhand dieses Beispiels werden wir Ihnen nun in aller Kürze die wichtigsten Aufgaben eines Binders genauer vorstellen.

Erzeugen einer Binder-Instanz

Der erste Schritt ist noch der mit Abstand einfachste: die Generierung der Binder-Instanz. Dies funktioniert über eine der beiden createBinder(-Methoden des JAXBContext.

createBinder(Class<T>)

Die erste Methode erwartet dabei ungewöhnlicherweise einen Parameter vom Typ Class<T>, also ein Klassenobjekt. Dies hat den Zweck, das XML-Infoset-Modell, also die DOM-Implementierung, zu bestimmen, mit der der Binder arbeiten soll. Im Falle vom Standard-DOM übergeben Sie hier das org.w3c.dom.Node-Interface, im Falle beispielsweise von Dom4J wäre das org.dom4j.Node-Interface die passende Wahl. Beachten Sie dabei aber, dass eine JAXB-Implementierung zwangsweise nur Standard-DOM unterstützen muss. Übergeben Sie hier ein unbekanntes Class-Objekt, so wird eine UnsupportedOperationException geworfen.

Parametrisierung von Binder

Entsprechend dem konkret überreichten Class<T>-Objekt ist der Rückgabewert von createBinder() dann Binder<T> – die Binder-Klasse ist also über den Knotentyp parametrisiert. Das wirkt sich auf einige Methoden aus, die Binder bereitstellt und die sie gleich noch kennenlernen werden.

[»]

Hinweis

In der Binder-Klasse selbst heißt der Typparameter nicht T, sondern XmlNode. T kommt in diesem Zusammenhang nur in der JAXBContext.createBinder()-Methode zum Einsatz. Im weiteren Verlauf dieses Abschnitts nennen wir den Typparameter deshalb auch XmlNode.

createBinder()

Die Erklärung der zweiten createBinder()-Methode ist nun trivial. Sie verfügt über keinen Parameter und macht auch nichts weiter, als createBinder(org.w3c.dom.Node.class) aufzurufen. Die Methode erzeugt also einen Binder für Standard-DOM. In unserem Beispiel wird createBinder() übrigens zweimal aufgerufen, und zwar jeweils zu Beginn in den Methoden testMarshal() und testUnmarshal().

Marshalling und Unmarshalling

Nachdem Sie nun erfolgreich eine Binder-Instanz erhalten haben, ist die typische nächste Aufgabe die Generierung des gebundenen Objektmodells aus dem vorhandenen Ursprungsmodell. Je nach Art dieses Ursprungsmodells (JAXB oder XML-Infoset) wird dieser Vorgang natürlich ebenso Marshalling bzw. Unmarshalling genannt.

Marshalling

Für das Marshalling stellt der Binder eine Methode marshal(Object, XmlNode) zur Verfügung. Sie ist sozusagen das Pendant zu Marshaller.marshal(Object, org.w3c.dom.Node), erhält also als ersten Parameter das umzuwandelnde JAXB-Modellobjekt und als zweiten Parameter ein Knotenobjekt des Ziel-XML-Infoset-Modells, in dem die generierten XML-Fragmente eingehängt werden sollen (in den meisten Fällen also ein Document oder ein vergleichbares Objekt).

[zB]

Unser Beispiel führt die Verwendung von Binder.marshal() in der Methode testMarshal() vor:

```
final Document personenDocument =
   documentBuilder.newDocument();
binder.marshal(personenJAXBElement, personenDocument);
```

Sie sehen hier, dass zunächst über einen DocumentBuilder eine neue org.w3c.dom.Document-Instanz generiert wird, also das Vaterdokument, in dem danach die serialisierten XML-Fragmente eingehängt werden. Schließlich wird marshal() aufgerufen und dabei ein (zuvor über `createModelJAXB()` generiertes) `JAXBElement<Personen>` und das eben erstellte `Document` übergeben.

Für das Unmarshalling existieren zwei Methoden `unmarshal(XmlNode)` und `unmarshal(XmlNode, Class<T>)`, die den gleichnamigen Methoden des `Unmarshaller`-Typs nachempfunden sind. Erstere erwartet als Parameter lediglich ein Knotenobjekt des jeweiligen XML-Infoset-Modells und gibt das resultierende JAXB-Modellobjekt in Form einer `Object`-Instanz zurück. Die zweite Methode erwartet zusätzlich einen Parameter vom Typ `Class<T>` und gibt dementsprechend ein `JAXBElement<T>` zurück. Damit ersparen Sie sich also den Typecast der ersten Methode. **Unmarshalling**

Im Beispiel kommt die zweite der `unmarshal()`-Methoden zum Einsatz, und zwar in der Methode `testUnmarshal()`: **[zB]**

```
final JAXBElement<PersonenType> personenJAXBElement =
   binder.unmarshal(
      personenDocument, PersonenType.class);
```

Sie sehen hier, dass der `unmarshal()`-Methode ein (zuvor über `createModelDOM()` generiertes) `org.w3c.dom.Document` mit einer darin enthaltenen `<personen>`-Struktur übergeben wird sowie das `class`-Literal des Ziel-JAXB-Typs, also `PersonenType.class`. Das Resultat ist dann direkt ein `JAXBElement<PersonenType>`.

Navigation zwischen den Objektmodellen

Nach dem Marshalling oder Unmarshalling verfügen Sie nun über zwei Objektmodell-Instanzen, einmal das dedizierte JAXB-Objektmodell und einmal ein XML-Infoset-Modell.

Das erste Feature, das Ihnen der `Binder` nun bietet, ist, sich zu einem Knotenobjekt des einen Modells das zugehörige Knotenobjekt des anderen Modells geben zu lassen. Hierfür verfügt der Binder über die zwei Methoden `getXMLNode(Object)` und `getJAXBNode(XmlNode)`. Erstere gibt zu einem JAXB-Modellobjekt das zugehörige `XmlNode`-Objekt zurück, letztere zu einem XML-Infoset-Objekt das zugehörige JAXB-`Object`. **getXMLNode() und getJAXB-Node()**

In unserem Beispiel testen wir diese beiden Methoden innerhalb der `testNavigate()`-Methode, die Sie in nochmals in Listing 7.42 in vereinfachter Form sehen.

```
final PersonType personObject0 =
   personenJAXBElement.getValue().getPerson().get(0);
```

```
final Element personElement0 =
   (Element)binder.getXMLNode(personObject0);

System.out.println(personElement0.getNodeName());
System.out.println(
   getElement(personElement0, 1).getTextContent());

final Element personElement1 =
   getElement(personenDocument, 1);
final PersonType personObject1 =
   (PersonType) binder.getJAXBNode(personElement1);

System.out.println(personObject1.getVorname());
```

Listing 7.42 Die Methode testNavigate() des Binding-Beispiels

Diese Methode besorgt sich zunächst vom JAXB-Modell das erste `PersonType`-Objekt. Danach folgt ein Aufruf von `Binder.getXMLNode()`, um das zugehörige `org.w3c.dom.Element`-Objekt für das `<person>`-Element zu erhalten. Hiervon werden dann der Elementname und der Textinhalt des zweiten Kindelements (des `<vorname>`-Elements) ausgegeben (wobei die nicht weiter erklärte Hilfsmethode `getElement()` zum Einsatz kommt).

Danach wird der umgekehrte Weg gegangen: Zunächst wird das `org.w3c.dom.Element` für das zweite `<person>`-Element (erneut über die Hilfsmethode `getElement()`) besorgt. Dann wird über `Binder.getJAXBNode()` das zugehörige `PersonType`-Objekt aufgefunden, dessen Vorname schließlich auf der Konsole ausgegeben wird. Insgesamt sollte die Methode also die folgende Ausgabe erzeugen:

```
person
Michael
Stephan
```

[»]

Hinweis

Sollten Sie zufällig mit der JAXB-Implementierung »EclipseLink« arbeiten, müssen wir Ihnen leider mitteilen, dass die Navigationsmethoden hier fehlerhaft sind. Bei unseren Tests wurde immer `null` zurückgegeben.

Synchronisation

Im Normalfall werden Sie natürlich nicht nur zwischen den Objektmodellen navigieren wollen. Der wesentlich häufigere Anwendungsfall ist, Änderungen an einer der beiden Modellinstanzen vorzunehmen. Die andere bleibt davon natürlich zunächst unbetroffen. Ist es aber in Ihrer Anwendung notwendig, diese Änderungen auch auf das bisher unmodifizierte Modell zu übertragen, kann der `Binder` schließlich seiner Hauptaufgabe nachkommen: der automatischen Synchronisation zwischen den Objektmodellen.

Für diese Zwecke bietet der `Binder` eine Methode `updateJAXB(XmlNode)` für die Synchronisation von XML nach JAXB und die beiden Methoden `updateXML(Object)` und `updateXML(Object, XmlNode)` für die Synchronisation von JAXB nach XML an.

updateJAXB()

Die Methode `updateJAXB()` erhält dabei ein XML-Knotenobjekt als Argument und kümmert sich dann darum, das zugehörige JAXB-Modellobjekt (und alle Unterobjekte) auf den aktuellen Stand zu bringen. Als Ergebnis wird das aktualisierte JAXB-Modellobjekt zurückgegeben.

updateXML(Object)

Das genaue Gegenstück zu `updateJAXB()` bildet die Methode `updateXML(Object)`. Sie erhält als Parameter ein JAXB-Modellobjekt und kümmert sich dann um die Aktualisierung des zugehörigen XML-Knotenobjekts (und dessen Unterknoten). Als Ergebnis wird der aktualisierte `XmlNode` zurückgegeben.

updateXML (Object, XmlNode)

Schließlich gibt es noch die Methode `updateXML(Object, XmlNode)`, der zusätzlich zum JAXB-Modellobjekt ein XML-Knotenobjekt übergeben werden muss. Diese Variante der Methode ist nämlich imstande, beliebige (auch ungebundene) XML-Fragmente an eine übergebene JAXB-Objektstruktur anzugleichen, wobei »Fremdkörper« wie unbekannte Elemente oder Attribute nach Möglichkeit erhalten werden. Hierbei handelt es sich um die mit Abstand komplexeste Funktionalität, die JAXB zu bieten hat, deshalb raten wir Ihnen vor deren Gebrauch zu intensiven Tests. Als Ergebnis liefert die Methode das resultierende `XmlNode`-Objekt zurück, das sich in Sonderfällen von dem unterscheiden kann, das Sie als Argument übergeben haben. Mehr dazu lesen Sie am besten direkt in der API-Doc zu `Binder.updateXML(Object, XmlNode)`.

Achtung [×]

Kommen wir nun von der rosaroten Theorie zur düsteren Praxis. Hierbei müssen wir Ihnen nämlich sofort eine schlechte Nachricht überbringen: Laut JAXB-Spezifikation sind Sie bei der Arbeit mit einem `Binder` nicht gezwungen, immer die Wurzelobjekte der Objektbäume zu binden oder zu synchronisieren, sondern können auch mit Teilbäumen und Unterknoten arbeiten.

Bei unseren Praxistests mit der JAXB-Referenzimplementierung (in Version 2.0 und 2.1) und der darauf aufsetzenden Alternative EclipseLink haben wir jedoch leider andere Erfahrungen gemacht. Das folgende und auf der CD enthaltene Beispiel ist zwar so konstruiert, dass alle Aufrufe funktionieren, bei Abweichungen davon bekamen wir jedoch schnell Probleme. Unterm Strich erscheint uns die `Binder`-Funktionalität deshalb im Moment noch eher schlecht als recht umgesetzt zu sein. Wir raten Ihnen deshalb, falls Sie dieses Feature benötigen: Nutzen Sie nach Möglichkeit immer die neuesten Bibliotheks-Versionen, und testen Sie intensiv vor dem produktiven Gebrauch.

[zB] Wie bei der Vorstellung des Beispiels zum `Binder` schon gezeigt, wird die Synchronisierung in der Methode `testSynchronize()` getestet, die aber mit Untermethoden arbeitet. Die entsprechenden Aufrufe der `Binder.updateXXX()`-Methoden liegen deshalb in den beiden Methoden `updateJAXB()` und `updateDOM()` des Beispiels. Deren Inhalt sehen Sie (leicht gekürzt) in Listing 7.43.

```
// updateJAXB()
final Element nachnameElement =
   getElement(personenDocument, 0, 0);

nachnameElement.setTextContent("König");
binder.updateJAXB(personenDocument);

// updateDOM()
final PersonType person =
   personenJAXBElement.getValue().getPerson().get(0);

person.setVorname("Dierk");
binder.updateXML(person);
```

Listing 7.43 Die Synchronisations-Methoden des Binding-Beispiels

updateJAXB()

Im Listing erkennen Sie, dass sich die Methode `updateJAXB()` zunächst über die Hilfsmethode `getElement()` das erste Kindelement des ersten Kindelements der Wurzeln holt, konkret also das `<nachname>`-Element des ersten `<person>`-Elements. Dessen Textinhalt wird dann abgeändert. In der fett markierten Zeile danach erfolgt schließlich die Synchronisation auf das JAXB-Modell über `binder.updateJAXB()`. Bei der Ausführung des Beispiels wird das JAXB-Modell danach noch auf die Konsole ausgegeben. Dort sehen Sie, dass der Nachname tatsächlich aktualisiert wurde.

Hinweis [«]

Laut den Beschreibungen in der JAXB-Spezifikation müsste die Synchronisation auch für Teilbäume funktionieren. Statt `binder.updateJAXB(personenDocument)` hätte man also auch schreiben können `binder.updateJAXB(nachnameElement)` und damit also nur das `<nachname>`-Element (und abwärts) synchronisiert. In unseren Tests quittierte die JAXB-Referenzimplementierung das aber mit einer `UnmarshalException`, in der beschrieben wird, dass ausschließlich `<personen>`-Elemente übergeben werden dürfen. EclipseLink warf zwar keinen Fehler, übernahm aber auch die Änderungen nicht. Wurde hier allerdings das DOM-Objektmodell zuvor über `Binder.marshal()` erzeugt, so wurde sogar bei jedem Aufruf von `Binder.updateJAXB()` eine `NullPointerException` geworfen.

Die Testmethode `updateDOM()` holt sich schließlich das erste `PersonType`-Objekt des JAXB-Modells. Dann ändert es dort den Vornamen und synchronisiert über den fett gedruckten Aufruf diese Änderungen zurück in das DOM-Modell. Auch hier erfolgt danach bei der Ausführung des Beispiels wieder eine Testausgabe des DOM-Modells, in der das Ergebnis überprüft werden kann.

Hinweis [«]

Wie Ihnen vielleicht aufgefallen ist, übergeben wir diesmal nicht das Wurzelobjekt des JAXB-Modells, sondern nur das `PersonType`-Objekt. Wenn Sie stattdessen das `JAXBElement<PersonenType>`-Objekt übergeben, also das Wurzelobjekt, so wirft Ihnen die JAXB-Referenzimplementierung eine `IllegalArgumentException`. EclipseLink verhält sich wie zuvor: Es wirft keinen Fehler, übernimmt aber die Änderungen nicht. Beim vorherigen Einsatz von `Binder.marshal()` fliegt wieder grundsätzlich eine `NullPointerException`.

Validierung

Die Validierung wird beim `Binder` analog zum `Marshaller` und `Unmarshaller` gehandhabt: Über zwei Methoden `setSchema()` und `getSchema()` für das Setzen bzw. Abfragen des `Schema`-Objekts und über zwei Methoden `setEventHandler()` und `getEventHandler()` für das Setzen bzw. Abfragen des `ValidationEventHandler`-Objekts.

Validierung wird dabei bei allen `marshal()`-, `unmarshal()`- und `updateXXX()`-Methoden angewandt. Mehr zur Validierung erfahren Sie außerdem in Abschnitt 7.5.6.

Properties

Auch der Property-Mechanismus gestaltet sich beim `Binder` genau wie beim `Marshaller` und `Unmarshaller`, nämlich über die Methoden `setProperty()` und `getProperty()`. Die JAXB-Spezifikation und auch die Referenzimplementierung definieren allerdings keine Properties für den `Binder`.

Zusammenfassung

Sie haben nun das Wichtigste über den `Binder`-Mechanismus erfahren. Wie Sie allerdings gesehen haben, ist er relativ komplex und noch dazu schlecht ausimplementiert. Unterm Strich würden wir Ihnen also (zum Zeitpunkt der Erstellung dieses Buches) dazu raten, das Feature höchstens für experimentelle Zwecke einzusetzen. Falls ein produktiver Einsatz dennoch nötig ist, sollten Sie natürlich intensiv testen. Wir hoffen natürlich, dass die verfügbaren Implementierungen in naher Zukunft hier noch kräftig an Stabilität und Kompatibilität zulegen werden. Halten Sie deshalb am besten immer Ausschau nach neueren Versionen.

7.5.6 Validierung

Validierung in JAXB 1.0

Die Validierung hat sich in JAXB 2.0 signifikant gegenüber JAXB 1.0 geändert. Der Grund: JAXB 1.0 setzt noch auf dem JDK 1.4 und damit auf JAXP 1.2 auf, wo es noch keine Validierungs-API, also kein `Schema`-Objekt, gibt. In JAXB 1.0 wurde Validierung in zwei Varianten realisiert:

- Setzen von `setValidating(true)` auf dem `Unmarshaller`
- explizites Erzeugen einer `Validator`-Instanz über die Methode `createValidator()` von `JAXBContext`

Die erste Variante erlaubte dabei Validierung während des Unmarshallings. Die zweite erlaubt explizites Validieren zu einem beliebigen Zeitpunkt. Hierzu gibt es das Interface `Validator`, zu dem der `JAXBContext` eine Instanz generieren kann. Dort existieren dann die bekannten Methoden `setEventHandler()` und `getEventHandler()` sowie zwei Methoden `validate()` und `validateRoot()`, denen ein JAXB-Modellobjekt oder ein JAXB-Modell-Wurzelobjekt übergeben werden kann. Passen die Objekte nicht zur Struktur, so werfen sie eine `ValidationException`.

Wir erzählen Ihnen das allerdings nicht, weil Sie diese alten Mechanismen irgendwann verwenden müssen, sondern nur, weil sie in JAXB 2.0 noch vorhanden, aber als »deprecated« eingestuft sind. Das gilt für das

Interface `Validator`, die Methoden `setValidating()` und `getValidating()` von `Unmarshaller` und die Methode `createValidator()` von `JAXBContext`. Sollten Sie also einmal über diese Konstrukte stolpern, ignorieren Sie sie einfach.

Validierung mit JAXB 2.0

In JAXB 2.0 ist Ihnen das Thema Validierung schon an drei Stellen begegnet, nämlich beim `Unmarshaller`, `Marshaller` und `Binder`. Alle drei verfügen über die folgenden Methoden:

- `setSchema()`
- `getSchema()`
- `setEventHandler()`
- `getEventHandler()`

Mit den ersten beiden setzen Sie im jeweiligen Objekt eine JAXP-`Schema`-Instanz (bzw. fragen diese ab), welche während der Durchführung der jeweiligen Aufgaben (Unmarshalling, Marshalling, Synchronisierung) zur Validierung angewandt wird. Die anderen beiden Methoden setzen beim jeweiligen Objekt eine Instanz vom Interface-Typ `ValidationEventHandler` (bzw. liefern diese zurück), den wir nun näher betrachten werden.

Das Interface ValidationEventHandler

Wie bereits angedeutet, handelt es sich bei diesem Interface um so etwas Ähnliches wie das Interface `ErrorHandler`, das Sie aus der SAX-API kennen. Sie können es implementieren und eine Instanz davon bei der jeweiligen »Arbeiterklasse« (also beim Parser im Falle von SAX und beim `Unmarshaller`, `Marshaller` oder `Binder` bei JAXB) registrieren.

Behandlunglogik in Callback-Methoden

Sinn und Zweck des Ganzen ist es, das standardmäßige Fehlerbehandlungsverhalten zu beeinflussen. Die Arbeiterklasse ruft nämlich, wenn sie auf einen Fehler stößt, eine bestimmte Callback-Methode im registrierten Handler auf, wo Sie Ihre benutzerdefinierte Fehlerbehandlung untergebracht haben. Dort können Sie über bestimmte Verhaltensmuster, z. B. das Zurückgeben eines bestimmten Wertes oder das Werfen oder Nicht-Werfen einer Exception, die weitere Vorgehensweise der Arbeiterklasse bestimmen, können Logging-Meldungen erzeugen oder den Fehler vielleicht beheben.

Im Interface `ErrorHandler` aus SAX gibt es bekanntlich die drei Methoden `warning()`, `error()` und `fatal()`. Alle erhalten die auslösende `SAXParseException` als Argument und können selbst auch eine

SAXException werfen (die dann weiter zur Client-Anwendung durchgereicht wird). Einen Rückgabewert gibt es nicht.

Schauen Sie sich nun zum Vergleich das Interface ValidationEventHandler in Listing 7.44 an. Wie Sie sehen, gibt es hier nur eine Methode handleEvent(). Statt einer Exception erhält sie ein Objekt vom Typ ValidationEvent (das wir Ihnen gleich näher vorstellen werden). Der Rückgabewert ist boolean, und eine Exception darf nicht geworfen werden.

```
public interface ValidationEventHandler
{
   public boolean handleEvent(ValidationEvent event);
}
```

Listing 7.44 Das Interface ValidationEventHandler

Vorgang abbrechen

Mit der Wahl des Rückgabewerts bestimmen Sie zunächst, ob die jeweilige Arbeiterklasse mit ihrer Tätigkeit fortfahren soll (true) oder nicht (false). Zusätzlich können Sie eine java.lang.RuntimeException oder einen Untertyp davon innerhalb von handleEvent() werfen (hierfür benötigen Sie keine throws-Klausel), in diesem Fall muss der JAXB-Anbieter aber so fortfahren, als wäre false zurückgegeben worden. Interessant ist nun noch das Interface ValidationEvent, dass Sie jedoch erst im nächsten Abschnitt näher kennenlernen werden.

Wenn Sie keinen eigenen ValidationEventHandler verwenden, also die Methode setEventHandler() nicht vor dem Beginn der jeweiligen Aktion aufrufen, wird ein Standard-Handler dafür eingesetzt, und zwar ein Objekt der Klasse DefaultValidationEventHandler aus dem JAXB-eigenen Package javax.xml.bind.helpers. Dieser behandelt keinerlei Fehler, sondern gibt nur eine Meldung aus und bricht den jeweiligen Vorgang dann ab.

Wenn der Vorgang abgebrochen wird, also handleEvent() false zurückgibt oder eine RuntimeException wirft, wirft die aufgerufene Methode der Arbeiterklasse (also z. B. Unmarshaller.unmarshal() oder Binder.updateJAXB()) eine ValidationException (die ihrerseits von JAXBException abgeleitet ist).

[zB] Zur Veranschaulichung haben wir Ihnen in Listing 7.45 einen Beispiel-ValidationEventHandler abgedruckt, der bei jedem Fehler einen sehr sinnvollen Text auf System.err ausgibt und die weitere Verarbeitung dann abbricht, indem er false zurückgibt.

```
public class MyHandler
   implements ValidationEventHandler
{
   public boolean handleEvent(ValidationEvent event)
   {
      System.err.println("Böser Fehler!!");
      return false;
   }
}
```

Listing 7.45 Einfaches Beispiel einer handleEvent()-Methode

Das Interface ValidationEvent

Es geht nun weiter mit dem Interface `ValidationEvent`. Es taucht nur an einer Stelle in der JAXB-API auf: in der eben vorgestellten `handleEvent()`-Methode. Prinzipiell steckt nicht viel dahinter, denn es handelt sich dabei nur um einen Wrapper um ein paar Informationen, die den aufgetretenen Fehler betreffen.

Zunächst können Sie eine Fehlermeldung in Form eines `String`s über die Methode `getMessage()` abfragen. Außerdem gibt die Methode `getSeverity()`in Form einer `int`-Zahl Auskunft über den Schweregrad des Fehlers. Für die drei möglichen Zahlenwerte existieren in `ValidationEvent` die drei Konstanten `WARNING`, `ERROR` und `FATAL_ERROR`. Sollte eine andere Exception für den Fehler verantwortlich sein, können Sie sie mit `getLinkedException()` abrufen. Zuletzt können Sie noch Informationen über die Stelle erfragen, an der der Fehler genau aufgetreten ist. Hierzu gibt es die Methode `getLocator()`. Sie liefert ein Objekt vom Typ `ValidationEventLocator` zurück, das wir Ihnen im nächsten Abschnitt vorstellen.

Zusätzlich zu `ValidationEvent` gibt es drei weitere Interfaces `NotIdentifiableEvent`, `ParseConversionEvent` und `PrintConversionEvent`, die aber alle von ersterem abgeleitet sind und keine weiteren Veränderungen vornehmen. Sie dienen lediglich einer feineren Unterscheidung verschiedener Fehlergründe. Wenn Sie möchten, prüfen Sie also mit dem `instanceof`-Operator nach, um welche Fehlerursache es sich genau handelt.

Das Interface ValidationEventLocator

Das letzte Interface in Zusammenhang mit der Fehlerbehandlung ist `ValidationEventLocator`, das in ähnlicher Form auch in SAX oder StAX wiederzufinden ist. Wie gesagt, speichert es Informationen über die

Stelle, an der ein Fehler aufgetreten ist. Da ein `ValidationEventHandler` aber sowohl in einem `Unmarshaller` und `Marshaller` als auch in einem `Binder` vorkommen kann, gibt es verschiedenste Formate, in denen das XML-Dokument vorliegen kann, für die es alle in `ValidationEventLocator` Auskunftsmethoden gibt. Natürlich werden aber davon zur Laufzeit je nach Quellformat nicht alle einen sinnvollen Wert haben.

Für die aktuelle Position in einer Datei oder einem ähnlichen Format gibt es die Methoden `getColumnNumber()` und `getLineNumber()` für die Zeilen- und Spaltennummer im Dokument. `getOffset()` liefert den Byte-Offset in einem Stream; `getURL()` gibt, falls vorhanden, die URL des Dokuments zurück, `getNode()`den zugehörigen DOM-Knoten, falls das Dokument ein DOM-Dokument ist; und zuletzt liefert `getObject()` die zugehörige Objektrepräsentation, falls das Dokument als Objektstruktur vorhanden ist.

Zusammenfassung

Damit ist nun das Thema Validierung abgeschlossen. Das Prinzip ist auch hier dasselbe wie bei JAXP oder StAX, nur dass die zugehörigen Abstraktionsobjekte etwas anders strukturiert sind, was mit Sicherheit hin und wieder zu kleinen Verwechslungsproblemen führt. Im Regelfall werden Sie aber ohnehin keine großen Fehlerbehebungsmaßnahmen in Ihrer Anwendung unterbringen müssen.

7.5.7 Exception-Klassen

JAXB bietet ungewöhnlich viele Exception-Klassen, die Sie aber zum größten Teil schon kennen. Deswegen fassen wir sie hier auch nur nochmals kurz zusammen. Als Basis für die meisten dient natürlich `JAXBException`. Davon abgeleitet gibt es für Unmarshalling, Marshalling und Validierung die Klassen `UnmarshalException`, `MarshalException` und `ValidationException`. Gleiches gilt für die `PropertyException` zum Umgang mit Properties.

Die letzte verbleibende Fehlerklasse `TypeContraintException` kommt nur in sehr speziellen Szenarien zum Einsatz, weshalb wir auf sie nicht weiter eingehen werden.

7.5.8 Nützliche Hilfsklassen

Abschließend zum Thema JAXB möchten wir Ihnen hier nun noch in aller Kürze drei nützliche Hilfsklassen zur Arbeit mit JAXB vorstellen. Sie befinden sich alle im Package `javax.xml.bind.util`.

JAXBSource

Diese Klasse ist sehr nützlich im Zusammenhang mit der TrAX- oder kompatiblen APIs. Sie ist abgeleitet von `javax.xml.transform.sax.SAXSource` und kann somit auch an denselben Stellen wie diese verwendet werden. Allerdings dient als Quelle dabei natürlich keine `InputSource`, sondern eine vorhandene JAXB-Objektstruktur. Dementsprechend gibt es in `JAXBSource` die folgenden beiden Konstruktoren:

```
public JAXBSource(JAXBContext context, Object content);

public JAXBSource(Marshaller msh, Object content);
```

Wie Sie sehen, haben Sie die Wahl, ob Sie zusätzlich zur Objektstruktur einen `Marshaller` oder einen `JAXBContext` übergeben wollen. Eine JAXB-gekoppelte Transformation mit TrAX sähe dann aus wie in Listing 7.46: **[zB]**

```
// Objektstruktur erzeugen (z.B. mit ObjectFactory)
Object rootElement = ...

// JAXBContext und JAXBSource erzeugen
JAXBContext ctx = JAXBContext.newInstance(...);
Source src = new JAXBSource(ctx, rootElement);

// Ziel anlegen
Result rslt = new StreamResult(...);

// Transformer anlegen und transformieren
Transformer trans = ...;
trans.transform(src, rslt);
```

Listing 7.46 XSLT-Transformation mit JAXBSource

In diesem Fall holt sich also der Transformer die SAX-Events direkt aus der gebundenen und im Speicher liegenden Objektstruktur. Die Umwandlung in SAX-Events übernimmt dabei `JAXBSource`.

JAXBResult

Was in der einen Richtung geht, geht auch in der anderen. `JAXBResult` ist eine Ableitung von `SAXResult` und empfängt somit das Transformationsergebnis in Form von SAX-Events. Allerdings werden diese nicht in einen beliebigen `ContentHandler` geschrieben, sondern natürlich sofort in eine JAXB-Objektstruktur konvertiert. Dementsprechend sehen die Konstruktoren von `JAXBResult` folgendermaßen aus:

```
public JAXBResult(JAXBContext context);

public JAXBResult(Unmarshaller unmarshaller);
```

[zB] Wie Sie sehen, haben Sie die Wahl, ob Sie als SAX-Event-Empfänger einen `JAXBContext` oder gleich einen `Unmarshaller` angeben möchten. Natürlich fehlt jetzt noch eine Methode, um auf die erzeugte Objektstruktur zuzugreifen. Genau diesen Zweck erfüllt `getResult()`, die Ihnen ein entsprechendes `Object` zurückgibt. Eine JAXB-gekoppelte Transformation mit TrAX sähe dann aus wie in Listing 7.47.

```
// Quelle anlegen
Source src = new StreamSource(...);

// JAXBContext und JAXBResult anlegen
JAXBContext ctx = JAXBContext.newInstance(...);
JAXBResult rslt = new JAXBResult(ctx);

// Transformer anlegen und transformieren
Transformer trans = ...;
trans.transform(src, rslt);

// Fertige Objektstruktur abholen
Object rootElement = rslt.getResult();
```

Listing 7.47 XSLT-Transformation mit JAXBResult

In diesem Fall liefert also der `Transformer` das transformierte Dokument in Form von SAX-Events direkt an einen in `JAXBResult` verpackten `ContentHandler`, der daraus eine Objektstruktur generiert.

ValidationEventCollector

Das letzte Element der JAXB-API, das wir Ihnen vorstellen möchten, ist die Klasse `ValidationEventCollector`. Hierbei handelt es sich um einen speziellen `ValidationEventHandler`, der die aufgetretenen Fehler nicht meldet, sondern sammelt. Deshalb verfügt er neben der pflichtmäßigen `handleEvent()`-Methode über drei weitere zum Abfragen von Informationen über die gesammelten Events.

`hasEvents()` gibt dabei Auskunft darüber, ob überhaupt `ValidationEvents` gesammelt wurden. `reset()` verwirft alle gesammelten Events, und `getEvents()` liefert ein Array mit allen `ValidationEvent`-Objekten, die es seit dem letzten `reset()` gesammelt hat.

7.6 Zusammenfassung

Damit sind wir nun am Ende des Kapitels über XML-Binding insbesondere mit JAXB angelangt. Wie Sie gesehen haben, steht Ihnen damit ein sehr nützliches und mächtiges Werkzeug zur Verfügung, das Ihnen die Arbeit mit XML-Dokumenten auf einem etwas höheren und abstrakteren Niveau erlaubt, aber zugegebenermaßen doch einiges an Wissen und Verständnis erfordert.

Dennoch ist JAXB natürlich nicht das Ende der Fahnenstange. Wie schon zu Beginn des Kapitels angedeutet, existieren zahlreiche weitere Frameworks, die mit XML-Binding arbeiten. Manche davon gehen noch einen Schritt weiter und beschränken sich nicht nur auf Datenbindung zwischen XML und Java-Objekten, sondern nehmen das damit sehr verwandte Thema O/R-Mapping, also das Binden von relationalen Datenbankinhalten an Java-Klassen, mit auf. Beispiele für solche anderen Bibliotheken oder Frameworks wären:

- Apache XMLBeans (*http://xmlbeans.apache.org*)
- The Castor Project (*http://www.castor.org*)
- Jakarta Commons Betwixt (*http://jakarta.apache.org/commons/betwixt*)
- EclipseLink (*http://www.eclipse.org/eclipselink*)

Wie Sie schon sehen, haben Sie hier eine reiche Auswahl. Alle Tools befinden sich in verschiedenen Entwicklungsständen und haben verschiedene Funktionsumfänge. Da aber, wie schon gesagt, JAXB durch seine Einbettung in Java 6 und Java EE mitgelieferter Standard ist, würden wir Ihnen (mit unserer natürlich subjektiven Meinung) empfehlen, nur dann auf andere Lösungen auszuweichen, wenn es die technischen Anforderungen Ihrer Anwendung unbedingt notwendig machen.

Webservices sind eine moderne Technologie zur Erstellung verteilter Anwendungen (und mehr), die stetig an Bedeutung gewinnt. JAX-WS ist eine Standard-API, um diese Technologie in Java zu nutzen.

8 XML-Webservices mit JAX-WS

Nachdem wir uns inzwischen ausführlich mit verschiedenen Werkzeugen zur direkten Verarbeitung von XML-Daten beschäftigt haben, werfen wir nun einen Blick auf *JAX-WS* (*J*ava *A*PI for *X*ML *W*eb *S*ervices), eine API aus dem Sortiment der Standard-Java-Technologien, die sich der bisher vorgestellten APIs nur bedient, um neue Features bereitzustellen, selbst aber keine eigentliche Funktionalität zur XML-Verarbeitung bietet.

Mit »neuen Features« meinen wir hier konkret: *Webservices*, eine moderne plattform- und sprachenunabhängige Technologie zur Erstellung verteilter Software-Anwendungen.

Was ist ein Webservice?

Wie Sie gleich sehen werden, ist ein Webservice so etwas wie ein kleines Programm, das über das Netzwerk aufgerufen werden kann. Ein Beispiel wäre ein frei im Internet verfügbarer Webservice, dem man eine deutsche Postleitzahl übermittelt und der im Gegenzug die aktuelle Temperatur an diesem Ort in °C zurückliefert.

Webservices und XML

Webservices bauen u. a. stark auf XML auf, jedoch kommen Sie als Entwickler kaum mehr mit den elementaren Bestandteilen eines XML-Dokuments oder so etwas wie Parsern oder Serializern in Berührung. Da die klassische XML-Verarbeitung hier also nicht im Mittelpunkt steht, wollen wir Ihnen in diesem Kapitel auch lediglich einen kurzen Einblick in die Welt der Webservices und JAX-WS geben – mit ein paar Beispielen und nur dem Nötigsten an Theorie. Zur Vertiefung empfehlen wir Ihnen entsprechende Fachliteratur.

Inhalt des Kapitels

Im Folgenden stellen wir Ihnen nun zunächst die wichtigsten Grundlagen von Webservices und JAX-WS vor und zeigen Ihnen dann die zwei gängigen Wege, wie Sie mit JAX-WS Webservices erstellen. Danach werden Sie sehen, wie Sie Webservices mit JAX-WS aufrufen, bevor wir das

Kapitel schließlich mit einem Ausblick auf fortgeschrittenere Themen abrunden.

8.1 Webservices – eine Einführung

Bevor Sie nun die Ärmel hochkrempeln und Ihren ersten Webservice schreiben können, müssen Sie sich leider noch ein bisschen durch die grundlegendste Theorie arbeiten. Wir versuchen dabei, es beim »kleinen Einmaleins« zu belassen und Ihnen nur die wichtigste Begriffe und Grundlagen sowie deren Zusammenhänge vorzustellen.

8.1.1 Was sind eigentlich Webservices?

Zuerst wollen wir natürlich einmal die wichtigste Frage von allen klären: Was sind Webservices? Tatsächlich zählt der Begriff »Webservice« zu denjenigen, die sich vieler verschiedener Erklärungen erfreuen, was die Sache nicht immer einfacher macht.

Dienste

Wörtlich übersetzen könnte man »Webservice« mit »Netzdienst«, was zunächst einmal wenig Aufschluss über die Bedeutung gibt. Gemeint ist damit, dass Sie bestimmte Teilfunktionen Ihrer Anwendung nach außen über das Netzwerk verfügbar machen, so dass andere Anwendungen oder Module darauf zugreifen können. Da jede solche Teilfunktion meist ein in sich abgeschlossenes Aufgabengebiet abdeckt, nennt man sie auch »Dienst« oder »Service«. Ist dieser Dienst außerdem per Netzwerk ansprechbar, haben wir schließlich einen »Webservice«.

[zB]

Als Software-Entwickler können Sie sich darunter vielleicht noch etwas wenig vorstellen, deshalb fangen wir gleich mit einem Beispiel an. Stellen Sie sich vor, wir haben diese wunderbare Klasse geschrieben, die die vier Grundrechenarten beherrscht:

```
public class CoolMath
{
   public int add(int a, int b) { return a + b; }
   public int subtract(int a, int b) { return a - b; }
   public int multiply(int a, int b) { return a * b; }
   public int divide(int a, int b) { return a / b; }
}
```

Listing 8.1 Ein einfache Service-Klasse

Die Logik verfügbar machen

Nehmen wir weiter an, wir wollen diese neue Funktionalität auch anderen Entwicklern zur Verfügung stellen. Dazu haben wir nun verschiedenste Möglichkeiten: Wir könnten den Code als Open Source ins Netz stellen oder nur eine JAR-Datei mit der Klasse frei zum Download anbieten. Dies funktioniert aber auch nur dann wunderbar, wenn unsere Klasse nicht auf Datenbanken oder andere Datenquellen im Hintergrund zugreifen muss. Wenn uns jetzt auch noch Erweiterungen zu dieser Klasse einfallen und wir eine Version 2, 3, 4 usw. herausbringen wollen, kommt das Problem des Deployments hinzu, also des Ausrollens unserer neuen Versionen in allen schon bestehenden Anwendungen.

Duplikate vs. Service

In diesen beiden Fällen (Zugriff auf interne Datenquellen oder Weiterentwicklung der Klasse) müssen wir uns also etwas anderes einfallen lassen. Die rettende Idee: Wir geben keine Kopien unserer Klasse(n) heraus, sondern basteln uns eine kleine Server-Anwendung, in der unsere Klasse läuft, und stellen alle ihre Methoden nach außen zur Verfügung (auf welche Weise auch immer). Damit wird unsere Klasse zum »Webservice«.

Einfache Definition von Webservices

Für uns Java-Entwickler ist ein *Webservice* also nichts weiter als eine oder mehrere Klassen, deren Methoden von außen (über das Netzwerk) durch andere Anwendungen aufgerufen werden können.

Die oben gestellte Frage, wie wir nun die Klasse(n) so in eine Server-Anwendung verpacken können, dass sie von anderen aufgerufen werden kann, beantwortet uns natürlich JAX-WS, doch mehr dazu später.

Services und SOA

Ein heutzutage gerne verfolgtes Software-Architektur-Prinzip ist die *Service-oriented Architecture (SOA)*. Im Mittelpunkt stehen hier aber zunächst nicht Webservices, sondern nur *Services*. Ein Service ist dabei ein Teil einer Anwendung, der bestimmte Funktionen bereitstellt, damit diese von anderer Stelle aufgerufen werden können. Allerdings wird dabei nicht über die Übertragungsform (wie z. B. Netzwerk) gesprochen. Ein Webservice ist damit zwar ein Service im Sinne von SOA, es könnte aber auch andere Services geben, die beispielsweise nur innerhalb der virtuellen Maschine aufrufbar sind. Der Service-Gedanke ist also weiter und allgemeiner gefasst.

8.1.2 Webservices vs. andere Technologien

Ähnliche Technologien

Einige von Ihnen werden jetzt vielleicht aufhorchen und sagen: »Das kommt mir doch bekannt vor!« Tatsächlich ist nämlich der Gedanke, Methoden über die Ferne aufzurufen, überhaupt nichts Neues. So gibt es z. B. in Java die *RMI*-Technologie (»Remote Method Invocation«, zu Deutsch: »entfernter Methodenaufruf«), mit der ein Java-Programm Methoden aus einem anderen aufruft. Über verschiedene Plattformen hinweg kann nahezu dasselbe auch mit *CORBA* (»Common Object Request Broker Architecture«) erreicht werden. Und Microsoft hat mit DCOM (»Distributed Component Object Model«) natürlich auch ein eigenes Pferd im Rennen.

Was ist aber nun das Neue an Webservices?

Interoperabilität

Zunächst einmal haben Webservices zum Ziel, nicht nur plattformunabhängig, sondern auch sprachenunabhängig zu sein. So sollte also ein Webservice, der mit Java erstellt wurde, theoretisch auch von einem . NET-Client oder aus anderen Sprachen, die Webservices unterstützen, aufgerufen werden können, was in der Praxis unter Beachtung einiger Regeln auch problemlos möglich ist. Diese Leistungsmerkmale fasst man unter dem Begriff *Interoperabilität* zusammen.

Protokollvielfalt

Weiteres Design-Ziel von Webservices ist, über verschiedene *Übertragungsprotokolle* aufrufbar zu sein. Im modernen Internetzeitalter ist *HTTP* natürlich hier meistens die bevorzugte Wahl, aber auch andere Protokolle sind denkbar – und auch möglich (Beispiele: SMTP, JMS). Dies ist aber mehr ein theoretischer Vorteil, denn in der Praxis deckt HTTP doch einen Großteil der Anwendungsfälle ab. Über diesen Weg – die Nutzung standardisierter Übertragungsprotokolle – wird übrigens auch die Unterstützung von Webservices in verschiedensten Sprachen erleichtert.

8.1.3 SOAP und die Rolle von XML

So weit, so gut. Sie wissen jetzt, was Webservices sind und warum sie eine tolle Idee sind. Bisher ist aber noch nicht klar, was das Ganze nun mit XML zu tun hat.

Datenformate und Datentypen

Wenn Sie Daten zwischen verschiedenen Plattformen und Programmiersprachen austauschen wollen, haben Sie fast immer ein großes Problem: *unterschiedliche Datenformate*. Es geht schon los beim elementaren Typ `String`. In Java wird er intern durch ein `char`-Array verwaltet, wobei ein `char` ein Unicode-Zeichen ist. Es gibt aber auch Sprachen, die beispielsweise gar keine Strings kennen oder andere Zeichensätze dafür verwenden. Hinzu kommen natürlich die verschiedenen Zahlenformate, Datumsformate usw., und spätestens bei zusammengesetzten Typen oder eigenen Klassen ist es um die Austauschbarkeit von Daten meistens geschehen.

XML Schema als Datenformat-Beschreibung

Hier kommt nun das erste Mal XML ins Spiel, genau gesagt *XML Schema* (Abschnitt 1.5, »XML beschränken mit XML Schema«). Dieser Grammatikstandard wird bei Webservices benutzt, um die Datentypen (also Parametertypen und Rückgabetypen) der aufrufbaren Methoden zu beschreiben. Jede Webservice-Bibliothek – egal für welche Programmiersprache – muss also mit XML Schema umgehen können.

Das Nachrichtenprotokoll SOAP

Die Datentypen zu *beschreiben* ist natürlich eine Sache, das *tatsächlich benutzte Format* für den Datenaustausch ist natürlich die andere. Schließlich müssen die Daten ja in irgendeiner Form zwischen den beiden Anwendungen hin und her geschickt werden. Bei Webservices wird dieses Format durch das benutzte *Nachrichtenprotokoll* bestimmt (nicht zu verwechseln mit *Übertragungsprotokoll* – siehe auch unterer Kasten). Hier sind natürlich mehrere denkbar, de facto hat sich aber das Protokoll *SOAP* durchgesetzt.

SOAP und XML

Und jetzt kommt zum zweiten Mal XML ins Spiel. Denn bei SOAP werden Daten immer im XML-Format ausgetauscht. Wenn Sie also über einen SOAP-basierten Webservice eine Methode in einem anderen Programm aufrufen, werden die Parameter und der Rückgabewert immer als XML-Fragmente verschickt. Eine entsprechende Webservice-Implementierung muss also nicht nur XML Schema beherrschen, sondern auch XML-Dokumente parsen und serialisieren können. Das trifft sich natürlich prima, denn die Daten werden ja ohnehin schon mit XML Schema beschrieben.

SOAP und XML-RPC [«]

SOAP basiert übrigens auf dem etwas älteren Standard XML-RPC. Wenn Ihnen dieser Begriff einmal begegnet, können Sie ihn als leichtgewichtigere, aber auch weniger mächtige Alternative zu SOAP verstehen.

Nachrichtenprotokoll und Übertragungsprotokoll [«]

Wie gerade eben schon angedeutet, muss man bei Webservices zwischen dem Nachrichtenprotokoll (wie SOAP) und dem Übertragungsprotokoll (wie HTTP) unterscheiden. Ersteres kümmert sich um die Formatierung und Kodierung der Nutzdaten.

Letzteres kümmert sich darum, wie diese Nutzdaten zum Ziel transportiert werden. Beide sind bei Webservices theoretisch austauschbar. SOAP spezifiziert aber zunächst nur die Zusammenarbeit mit HTTP(S).

8.1.4 Webservices und XML-Binding

Jetzt überlegen wir einmal: Um Daten zu verschicken, brauchen wir XML-Dokumente; um die Daten zu beschreiben, brauchen wir XML Schema. Wenn wir nun konkret einen Webservice aufrufen, müssen wir (oder SOAP) uns deshalb um die Konvertierung der Daten zwischen Java-Welt und XML-Welt anhand des Schemas kümmern. Kommt Ihnen das nicht irgendwie bekannt vor? Die Überschrift dieses Abschnitts liefert Ihnen das Stichwort *XML-Binding* (siehe Abschnitt 2.4.2).

Tatsächlich ist XML-Binding genau die Technologie, die uns optimal bei (SOAP-basierten) Webservices unterstützt:

- Wenn wir einen Webservice bereitstellen wollen, erstellt uns der Binding Compiler zu unseren Parameter- und Rückgabetypen ein XML Schema.
- Wenn wir einen Webservice aufrufen wollen, erstellt uns der Binding Compiler zu dessen XML Schema entsprechende Java-Typen.
- Wenn wir Daten zwischen den beiden Welten konvertieren müssen, nutzen wir die Marshalling- und Unmarshalling-Funktionen der Binding-API.

Aus diesem Grunde verwendet JAX-WS intern auch JAXB für diese Aufgaben (siehe Kapitel 7, »JAXB«).

8.1.5 Webservices beschreiben mit WSDL

In Abschnitt 8.1.3 haben wir ja schon berichtet, dass XML Schema dazu benutzt wird, die Datentypen von Parametern und Rückgabewerten von Webservices zu beschreiben. Sie brauchen aber noch viel mehr weitere Informationen über einen Webservice, bevor Sie ihn aufrufen können:

- Welche »Methoden« bietet der Webservice an? (Man nennt sie auch *Operationen*.)
- Was sind die Parameter und Rückgabewerte der Operationen? (Beide nennt man auch *Messages*.) Wie heißen sie und welchen Typ haben sie?

- Welche Protokolle unterstützt der Webservice?
- Wie/wo kann ich den Webservice erreichen?

Beschreiben von Webservices

Tatsächlich brauchen Sie als Client-Entwickler all diese Informationen, um erfolgreich einen Webservice aufrufen zu können. Wenn Sie also einen Webservice erstellen – beispielsweise aus unserer oben gezeigten `CoolMath`-Klasse –, müssen Sie jedem, der diesen nutzen will, all diese Informationen mitteilen. Das können Sie nun auf jede erdenkliche Weise machen, z. B. mündlich per Telefon, aber auch als elektronisches Dokument per Mail oder auf Ihrer Webseite.

WSDL

Um nun einer potentiellen Vielzahl an proprietären, missverständlichen oder unvollständigen Formaten aus dem Weg zu gehen, hat man zur Beschreibung von Webservices eine eigene formale Sprache entwickelt, die *Web Service Description Language* – kurz *WSDL*. Mit ihr bringen Sie alle oben aufgezählten Informationen inklusive der eventuell notwendigen XML Schemas in einem einzigen XML-Dokument (mit entsprechender Syntax) unter. Jeder, der einen Webservice aufrufen will, braucht also nur dieses Dokument und kann sich damit einen Client erstellen.

8.1.6 Aufbau eines WSDL-Dokuments

Erst einmal das Wichtigste im Voraus: Wie auch gleich in Abschnitt 8.1.7 beschrieben, können Sie mit JAX-WS Webservices schreiben und aufrufen, ohne eine einzige Zeile WSDL-Code zu schreiben. Dennoch ist ein gewisses Grundverständnis über den Aufbau von WSDL-Dateien nicht nur hilfreich, sondern auch sehr empfehlenswert – nicht zuletzt, da wir im weiteren Verlauf des Buches auch immer wieder Teile dieses Wissens voraussetzen. Wir ersparen Ihnen hier deshalb zu detaillierte Ausführungen, sondern vermitteln nur die wichtigsten Grundlagen.

Struktur

Wie gerade erwähnt, sind WSDL-Dokumente auch wieder XML-Dokumente, die aber einem bestimmten Format folgen. Sie haben immer ein Wurzelelement `<definitions>` im Namensraum *http://schemas.xmlsoap.org/wsdl/*. Darin muss über ein `targetNamespace`-Attribut immer ein *Zielnamensraum* angegeben werden, so wie es auch bei XML Schemas der Fall ist. Innerhalb des Elements können oder müssen dann die in Listing 8.2 gezeigten Kindelemente untergebracht werden (die jeweils mögliche Anzahl haben wir rechts mit angegeben). Die Elemente sagen Ihnen im Moment natürlich noch herzlich wenig, denn wir werden sie erst nach und nach genauer vorstellen. Um den Zusammenhang später noch einmal nachvollziehen zu können, schadet ein erneuter Blick auf Listing 8.2 aber natürlich nicht.

```
<definitions
   xmlns="http://schemas.xmlsoap.org/wsdl/"
   targetNamespace="my:service">

   <import>...</import>           (0 - *)
   <types>...</types>             (0 - 1)
   <message>...</message>         (0 - *)
   <portType>                     (0 - *)
      <operation>...</operation>  (0 - *)
   </portType>
   <binding>...</binding>         (0 - *)
   <service>                      (0 - *)
      <port>...</port>            (0 - *)
   </service>

</definitions>
```

Listing 8.2 Aufbauprinzip eines WSDL-Dokuments

Inhalte importieren, Datentypen

Die ersten möglichen Kindelemente von `<definitions>` sind die `<import>`-Elemente, mit denen Sie Inhalte aus anderen WSDL-Dokumenten und XML Schemas importieren. Danach folgt ein optionales Element `<types>`, in dem beliebig viele XML-Schema-Dokumente für die Beschreibung der auszutauschenden Datentypen untergebracht sein können:

```
<types xmlns:xs="http://www.w3.org/2001/XMLSchema">
   <xs:schema>...</xs:schema>
   <xs:schema>...</xs:schema>
</types>
```

Sind mehrere Schemas eingebunden, empfiehlt es sich dabei, die Präfixdeklaration für den Schemanamensraum im `<types>`- oder `<definitions>`-Element unterzubringen.

Nachrichten

Wie oben schon kurz erwähnt, spricht man bei Webservices nicht von Parametern und Rückgabewerten. Stattdessen werden zum und vom Service Nachrichten geschickt oder *Messages*. Jede Message kann aus mehreren benannten Teilen oder *Parts* bestehen. Und jeder Part verweist entweder auf eine Elementdeklaration in einem oben eingebundenen XML Schema oder auf einen beliebigen XML-Schema-Typ (wobei schemaeigene Typen wie `xs:int` oder `xs:string` ebenso möglich sind wie selbsterstellte). In einem WSDL-Dokument können nun beliebig viele Messages über `<message>`-Elemente untergebracht werden.

[zB]

Hier sehen Sie ein Beispiel, wie der `<message>`-Abschnitt eines WSDL-Dokuments aussehen könnte:

```
<message name="addRequest">
   <part name="a" type="xs:int"/>
   <part name="b" type="xs:int"/>
</message>
<message name="addResult">
   <part name="result" type="xs:int"/>
</message>
<message name="someOther">
   <part name="arg1" element="my:element"/>
</message>
```

Die ersten beiden Nachrichten könnten Aufruf- und Rückgabeparameter für die `add()`-Methode unserer `CoolMath`-Klasse sein. Sie verweisen per `type`-Attribut auf den schemainternen Typ `xs:int`. Der Nachrichtenteil `arg1` in der Nachricht `someOther` verweist hingegen per `element`-Attribut auf eine Elementdeklaration `<my:element>`, die dann in einem der im `<types>`-Element eingebundenen XML Schemas vorhanden sein muss.

Operationen und Nachrichtentypen

Wenn alle benötigten Nachrichten über `<message>`-Elemente definiert sind, können daraus Operationen zusammengestellt werden, also Methoden. Operationen unterscheiden zwischen drei Arten von Nachrichten:

- Eingabenachrichten oder *Input-Messages* – sie werden an den Webservice geschickt und sind mit den Argumenten einer Java-Methode vergleichbar.
- Ausgabenachrichten oder *Output-Messages* – sie werden vom Webservice geschickt und sind mit dem Rückgabewert einer Java-Methode vergleichbar.
- Fehlernachrichten oder *Fault-Messages* – sie werden vom Webservice im Fehlerfall geschickt und sind mit den Exceptions, die eine Java-Methode werfen kann, vergleichbar.

Operationstypen

Eine normale Operation verfügt üblicherweise über eine Input-Message, eine Output-Message und beliebig viele (auch gar keine) Fault-Messages. Man nennt sie dann auch *Request-Response-Operation*. Es gibt aber ebenso andere Typen, beispielsweise die *One-Way-Operation*: Sie hat lediglich eine Input-Message, ist also vergleichbar mit einer `void`-

Methode in Java. Eine Java-Methode ohne Parameter, aber mit einem Rückgabewert entspricht der *Notification-Operation*: Sie hat keine Input-Message, sondern nur eine Output-Message.

Operationen definieren

Operationen werden in WSDL durch `<operation>`-Elemente definiert. Darin können Sie dann über Kindelemente `<input>`, `<output>` und `<fault>` die Nachrichten und deren Typ angeben:

```
<operation name="add">
   <input message="tns:addRequest"/>
   <output message="tns:addResponse"/>
</operation>
```

Sie sehen hier, dass in den Kindelementen von `<operation>` jeweils über ein Attribut `message` auf eine namentlich benannte Nachricht verwiesen wird. Es muss also unter den `<message>`-Elemente immer eines mit einem passenden `name`-Attribut geben. Wir haben hier beispielsweise unsere `add()`-Methode aus `CoolMath` als Webservice-Operation definiert.

Verweise über qualifizierte Namen

Wie Sie allerdings sehen, muss im `message`-Attribut ein qualifizierter Name angegeben werden, wie z. B. **`tns:`**`add`. Das dort enthaltene Präfix – bei uns `tns` – muss dabei per Präfixdeklaration an einen Namensraum gebunden sein, der wiederum das Ziel-WSDL-Dokument bestimmt, in dem die Message definiert ist. In fast 100 % der Fälle wird dies das eigene WSDL-Dokument sein, aber Sie können ja auch über `<import>`-Elemente andere WSDL-Dokumente einbinden. Das `targetNamespace`-Attribut eines WSDL-Dokuments ist dabei der Schlüssel, der das Dokument eindeutig bestimmt. Wenn Sie also, wie üblich, auf eine Message im eigenen WSDL-Dokument referenzieren wollen, müssen Sie noch ein Präfix definieren, das auf denselben Wert wie das `targetNamespace`-Attribut verweist, und dieses dann bei Verweisen verwenden. Bei uns verweist also das `tns`-Präfix auf den Namensraum `my:service`.

Port-Typen

Wie Ihnen sicher aufgefallen ist, sind in unserem oben abgedruckten WSDL-Dokument-Skelett die `<operation>`-Elemente nicht auf oberster Ebene untergebracht (sondern als Kindelement eines `<portType>`-Elements). Das ist auch sinnvoll, denn in Java kann eine Methode ja auch nicht allein existieren, sondern muss immer in einer Klasse oder einem Interface untergebracht sein. Ebenso bei WSDL: Hier können nur Interfaces definiert werden, die ihrerseits beliebig viele Methoden enthalten können. Allerdings heißen sie hier nicht Interfaces, sondern Port-Typen bzw. *Port Types* (dies gilt für den älteren, aber immer noch häufiger verwendeten WSDL-Standard 1.1; ab WSDL 2.0, heißen Interfaces auch wirklich *Interfaces*).

Port-Typen definieren

Port Types werden im WSDL-Dokument über `<portType>`-Elemente definiert. Jeder muss über ein `name`-Attribut einen eindeutigen Namen bekommen und kann beliebig viele `<operation>`-Elemente enthalten:

```
<portType name="coolMath">
   <operation name="add">...</operation>
   <operation name="subtract">...</operation>
   <operation name="multiply">...</operation>
   <operation name="divide">...</operation>
</portType>
```

Port-Typen an ein Nachrichten-protokoll binden

Nachdem nun der (oder die) Port-Typ(en) für unsere(n) Webservice(s) definiert wurden, müssen wir diese(n) mit einem Nachrichtenprotokoll verbinden. Wie Sie ja wissen, können Webservices über verschiedene Protokolle erreichbar sein, SOAP ist nur eines davon. Die Verbindung eines Port-Typs mit einem Protokoll wird in WSDL *Binding* genannt, denn der Port-Typ wird an ein Protokoll gebunden. Ein Binding referenziert immer einen Port-Typ, und für einen Port-Typ können mehrere Bindings existieren.

Bindings definieren

In WSDL werden Bindings über `<binding>`-Elemente definiert. Dort muss erneut über ein `name`-Attribut ein eindeutiger Name und außerdem über ein `type`-Attribute der voll qualifizierte Name eines Port-Typs (siehe oben) angegeben werden. Innerhalb des `<binding>`-Elements wird dann quasi der Port-Typ nochmals hingeschrieben, die einzelnen (Kind)-Elemente – `<binding>`, `<operation>`, `<input>`, `<output>` und `<fault>` – können aber protokoll-spezifische Unterelemente haben, in denen die Details der Protokoll-Bindung angegeben werden können.

[zB]

Unten finden Sie ein Beispiel für ein SOAP-Binding. Dazu werden einige spezielle Elemente mit dem Präfix `soap` verwendet, das an den Namensraum *http://schemas.xmlsoap.org/wsdl/soap/* gebunden sein muss.

```
<binding name="coolMathBinding" type="tns:coolMath">
   <soap:binding style="document"
      transport="http://schemas.xmlsoap.org/soap/http"/>
   <operation name="add">
      <soap:operation soapAction="..."/>
      <input><soap:body use="literal"/></input>
      <output><soap:body use="literal"/></output>
   </operation>
   <operation name="subtract>...</operation>
   ...
</binding>
```

Aufbau eines <binding>-Elements

Sie sehen zunächst, dass im `<binding>`-Element nicht der ganze Port-Typ abgeschrieben werden muss, denn für die einzelnen Nachrichten einer Operation genügt es, nur die `<input>`-, `<output>`- und `<fault>`-Elemente anzugeben – ohne `message`-Attribute. Außerdem erkennen Sie, dass aber alle Elemente mit irgendwelchen `<soap:xzy>`-Elementen angereichert wurden. Deren Bedeutung ist protokollspezifisch und muss natürlich von der benutzten Webservice-Bibliothek erkannt werden. Zumindest für SOAP ist dies aber nahezu überall der Fall – natürlich auch bei JAX-WS. Für andere Protokolle werden hier andere Elemente (aus anderen Namensräumen) zu finden sein.

Festlegen des Übertragungsprotokolls

Im Element `<soap:binding>` sehen Sie außerdem, wie das Übertragungsprotokoll spezifiziert wird, nämlich über das `transport`-Attribut des Elements. Im Beispiel ist hier der Wert `http://schemas.xmlsoap.org/soap/http` angegeben. Im SOAP-Standard steht dieser für das HTTP-Protokoll. Das Binding legt also im Regelfall beide Protokolle fest – Nachrichtenprotokoll und Übertragungsprotokoll.

Jetzt ist es fast geschafft. Wir haben nun:

- das/die XML Schema(s) mit unseren Datenstrukturen eingebunden
- mit diesen Strukturen Nachrichten gebaut
- aus den Nachrichten Operationen erstellt
- eine oder mehrere Operationen zu Port-Typen zusammengefasst
- unsere(n) Port-Typ(en) an konkrete Protokolle gebunden

Ports als Implementierungen eines Port-Typs

Die Information, die uns nun noch fehlt, ist die Adresse im Netzwerk, unter der unser Webservice erreichbar ist. Dafür müssen wir einen *Port* definieren. Ein Port ist quasi eine Implementierung eines Port-Typs, muss also eindeutig auf einen solchen verweisen. Allerdings wird nicht direkt der Port-Typ referenziert, sondern ein Binding dafür, womit also auch gleich das Nachrichtenprotokoll festgelegt ist.

Ports definieren

Ein Port wird definiert über ein Element `<port>` und bekommt über ein `name`-Attribut einen eindeutigen Namen. Über ein weiteres Attribut `binding` wird dann per voll qualifiziertem Namen auf ein Binding verwiesen. Innerhalb des Elements kann dann wieder protokollspezifischer Inhalt angegeben werden, wie unten wieder am Beispiel SOAP zu sehen.

```
<port name="coolMathPort" binding="tns:coolMathBinding">
   <soap:address
      location="http://localhost/services/coolMath"/>
</port>
```

Hier erkennen Sie, dass mit einem <soap:address>-Element noch die URL, also die Netzwerkadresse des Webservices, angegeben wird. Da im Binding als Übertragungsprotokoll HTTP festgelegt wurde, handelt es sich dabei natürlich um eine HTTP-Adresse.

Es ist natürlich auch erlaubt, mehrere Ports für dasselbe Binding anzulegen, beispielsweise wenn der Webservice auf mehreren Servern läuft, also an mehreren Orten verfügbar ist. Ebenso können aber einfach auch mehrere Bindings für denselben Port-Typ verfügbar sein.

Bündeln von Ports zu Services

Wie in unserem weiter oben gezeigten WSDL-Dokument-Skelett (Listing 8.2) zu sehen, kann ein Port aber nicht allein existieren. Stattdessen müssen immer einer oder mehrere davon zu einer Gruppe zusammengefasst werden. Das Resultat ist schließlich ein *Service*. Er wird durch ein <service>-Element definiert, hat wieder ein eindeutiges name-Attribut und kann beliebige viele <port>-Elemente enthalten:

```
<service name="coolMathService">
   <port name="coolMathPort">...</port>
   <port name="coolMathPortBackup">...</port>
</service>
```

Ein Service – als Menge von Ports – kann also über mehrere Protokolle an verschiedenen Orten angesprochen werden und theoretisch sogar mehrere Interfaces (Port-Typen) implementieren. Ein WSDL-Dokument kann zwar mehrere Services definieren, in der Praxis findet man aber eher einen Service pro WSDL-Dokument vor.

Zusammenfassung

Mit der Beschreibung von WSDL-Dateien haben Sie nun den trockensten Stoff hinter sich gebracht. Den konnten wir Ihnen leider nicht ersparen, da wir im weiteren Verlauf doch das eine oder andere Mal mit den verschiedenen Begriffen in Berührung kommen werden. Außerdem spiegelt die Struktur eines WSDL-Dokuments auch die Offenheit der Webservice-Technologie wider – mit der Möglichkeit, verschiedene Protokolle zu verwenden, und der Nutzung standardisierter Technologien wie XML Schema für die Datenbeschreibung.

Aus diesem Grunde spielt WSDL auch in den oben bereits erwähnten SOA-Architekturen eine wichtige Rolle, denn durch ihre Flexibilität eignet die Sprache sich auch, Services im allgemeinen SOA-Sinne zu beschreiben – auch solche, die gar nicht über SOAP oder HTTP oder nicht einmal über das Netzwerk aufgerufen werden.

Zum Abschluss noch eine Kurzfassung der WSDL-Inhalte und ihrer Zusammenhänge, perfekt geeignet für Spickzettel:

- Message = n × Schematyp (n = 0 ..)
- Operation = n × Message (n = 1 ..)
- Port-Typ = n × Operation (n = 0 ..)
- Binding = Port-Typ + Protokolle
- Port = Binding + Ort
- Service = n × Port (n = 0 ..)

Ein Beispiel für ein vollständiges WSDL-Dokument finden Sie übrigens in Listing 8.11.

8.1.7 Contract-First oder Code-First?

Die Überschrift dieses Abschnitts lässt vermuten, dass wir hier irgendeine Frage beantworten wollen. Leider können wir das nicht, da es praktisch keine Antwort gibt, sondern wahrscheinlich Hunderte (geben Sie die Stichwörter nur einmal in Ihrer bevorzugten Suchmaschine ein). Stattdessen wollen wir Ihnen nur kurz erzählen, wofür die beiden Begriffe im Bereich Webservices stehen und welchen Unterschied sie für Sie als Entwickler bedeuten.

Grundsätzlich stehen beide Begriffe für Herangehensweisen, wie man Webservices erstellen sollte. Wer einen Webservice nur aufrufen möchte, dem stellt sich diese Frage nicht.

Contract-First

Beginnen wir mit *Contract-First* – zu Deutsch: »Vertrag zuerst«. Die »Vertragspartner« bei diesem Ansatz sind der *Webservice-Provider*, also derjenige, der einen Webservice zur Verfügung stellen möchte (wir), und der *Webservice-Consumer*, also derjenige, der ihn nutzen möchte (eine andere Abteilung oder ein Kunde). Und bevor wir ein Geschäft machen, müssen natürlich die Formalitäten geklärt sein. In unserem Fall heißt das: Ws muss klar sein, was der Webservice kann, welche Daten er erwartet oder schickt, wo er liegt usw. Kurz gesagt: Es muss ein WSDL-Dokument geben – sozusagen der »technische Vertrag« unseres Webservices.

Sobald das WSDL-Dokument vorliegt, können beide Seiten – Provider und Consumer – mit der Implementierung beginnen. Solange sich dabei dann jeder an den Vertrag hält, kann am Schluss nichts schiefgehen, und der Webservice sollte problemlos aufrufbar sein.

Contract-First bedeutet also nichts weiter, als bei der Entwicklung eines Webservices mit dem WSDL-Dokument zu beginnen. Fast alle üblichen Bibliotheken – so auch JAX-WS – erlauben es Ihnen dann, aus diesem Dokument schon einmal ein Codeskelett zu generieren, also eine Implementierungsklasse für den Webservice ohne die Logik, aber mit den Methodenköpfen und eventuell benötigten XML-Binding-Klassen für die auszutauschenden Daten. Sie müssen dann »nur« noch die Geschäftslogik ergänzen.

Code-First

Wie Sie aber in Abschnitt 8.1.6 sehen konnten, ist das Schreiben von WSDL-Dokumenten keine schöne Sache. Allerlei Zusammenhänge müssen beachtet und für ein paar einfache Java-Methoden umständlich XML Schemas, Messages, Port-Typen usw. zusammengebastelt werden. Warum nicht erst die Implementierung schreiben, diese verfeinern, und schließlich das WSDL-Dokument automatisch erzeugen lassen?

Genau das ist *Code-First*. Hier beginnen Sie direkt mit der (oder den) (Java-)Klasse(n) und lassen sich am Schluss automatisch ein WSDL-Dokument erzeugen (auch das kann JAX-WS, wie auch die meisten anderen Bibliotheken). Dieser Ansatz eignet sich daher hervorragend für Einsteiger. Nachteil: Nur der Provider kann mit der Arbeit beginnen, der Consumer muss warten. Bei komplexeren Datenstrukturen ist manchmal außerdem ein dazu passendes XML Schema schneller geschrieben als ein Objektmodell in Java.

Fazit

Wie Sie sehen, kommt es bei der Wahl der Strategie stark auf den konkreten Anwendungsfall an. Ihre ersten Gehversuche werden Ihnen sicherlich mit Code-First leichter fallen, da Sie in Ihrer gewohnten Programmierumgebung arbeiten können. Contract-First ist hingegen bei der direkten Zusammenarbeit mit einem Service Consumer (also einer anderen Abteilung, Firma etc.) zu empfehlen. Manchmal wird auch argumentiert, Contract-First sei der sauberere Ansatz, da man sich vorher Gedanken über die Schnittstelle unabhängig von der Programmierumgebung machen muss. Wie gesagt, es bleibt eine Frage des Anwendungsfalls und der »Philosophie«.

8.1.8 Kompatibilität von Webservices

Theorie und Praxis

Abschließend zu unserem Crash-Kurs zum Thema Webservices möchten wir noch kurz auf ein typisches »Theorie und Praxis«-Problem eingehen. Zwar wissen Sie jetzt (mehr oder weniger), wie Sie ein WSDL-Dokument zu schreiben hätten, ob der dazu implementierte Webservice aber von jedem Webservice-Client aufgerufen werden kann, steht auf einem ganz anderen Blatt Papier.

SOAP und HTTP als Quasi-Standard

Ganz kritisch wird es beispielsweise schon, wenn Sie nicht SOAP als Protokoll verwenden oder innerhalb von SOAP nicht HTTP als Transportprotokoll. Viele Bibliotheken werden dann vermutlich Ihr Format nicht mehr unterstützen, dafür wahrscheinlich andere eigene Formate.

SOAP-Encoding-Varianten

Doch selbst wenn Service und Client beide SOAP mit HTTP verwenden, kann es immer noch zu Kompatibilitätsproblemen kommen. Das Problem ist nämlich, dass innerhalb von SOAP nochmals verschiedene Möglichkeiten existieren, wie Ihre Daten zusammen mit den nötigen Metainformationen in ein XML-Dokument (das ja letztendlich über die Leitung geschickt wird) verpackt werden. Man spricht hier auch von den unterschiedlichen *SOAP-Encoding-Styles*. Manche Hersteller sind hier relativ restriktiv, was in der Praxis zu weitere Inkompatibilitäten führt. Einen kompakten Überblick über die verschiedenen SOAP-Encodings finden Sie unter:

http://www.ibm.com/developerworks/webservices/library/ws-whichwsdl/

WS-I Basic Profiles

Allerdings gibt es eine Organisation, die in dieses Chaos etwas mehr Ordnung zu bringen versucht: die *Web Services Interoperability Organization* oder *WS-I.*[1] Sie definiert eine Reihe von sogenannten Profilen – Dokumente, in denen Regeln festgelegt sind, deren Einhaltung Webservices mit einer großen Menge an Herstellern kompatibel machen.

Was heißt das für Sie als Einsteiger?

JAX-WS baut bewusst auf dem *WS-I Basic Profile 1.1*[2] auf, erstellt also nur Webservices, die mit diesem Profil kompatibel sind und damit beispielsweise auch von Microsoft .NET Anwendungen angesprochen werden können.

Für Sie bedeutet das in erster Linie, dass Sie beim Contract-First-Ansatz, beim Schreiben des WSDL-Dokuments, die entsprechenden Regeln einhalten müssen. Sonst kann es sein, dass JAX-WS das Dokument nicht annimmt.

1 *http://www.ws-i.org*

2 *http://www.ws-i.org/Profiles/BasicProfile-1.1.html*

Beim Code-First-Ansatz erstellt JAX-WS automatisch das WSDL-Dokument für Sie, was Sie also nicht weiter betrifft. Ihr Webservice ist dann automatisch konform mit dem WS-I Basic Profile 1.1.

8.1.9 Zusammenfassung

Wir hoffen, Sie mit diesem sehr komprimierten und kompakten Wissen hinreichend auf die mehr als gewaltige Welt der Webservices vorbereitet zu haben. Ihr Glück ist, dass Sie mit JAX-WS und dem Code-First-Ansatz – auch ohne zu viel theoretisches Wissen – schnell und einfach maximal kompatible Webservices schreiben können. Darin, wie das nun funktioniert, wird Ihnen der Rest des Kapitels eine praktische Einführung geben.

8.2 JAX-WS besorgen und installieren

Das gleich vorgestellte Beispiel-Eclipse-Projekt auf der Buch-CD enthält bereits alle Bibliotheken zum Betrieb von JAX-WS. Wenn Sie jedoch eine Anwendung von neuem aufsetzen, müssen Sie natürlich wissen, ob, wie und wo Sie JAX-WS besorgen und installieren müssen.

JAX-WS als Teil des JDK 6

Wie JAXP und JAXB ist auch JAX-WS seit der Version 6 fester Bestandteil von Java. Wenn Sie also JAX-WS nutzen möchten und bereits Java 6 haben, müssen Sie nichts installieren oder herunterladen.

JAX-WS 2.0 und JAX-WS 2.1 im JDK 6

Allerdings gibt es von JAX-WS zwei Versionen, nämlich 2.0 und die etwas optimierte und performantere 2.1. Erstere ist bis inklusive »Update 3« im JDK 6 enthalten (zusammen mit JAXB 2.0), letztere ab inklusive dem »Update 4« (zusammen mit JAXB 2.1). Wenn Sie trotzdem die neueste Version in einem älteren JDK nutzen wollen, müssen Sie also wieder einmal den *Java Endorsed Standards Override Mechanism*[3] verwenden.

Standalone-Version von JAX-WS

JAX-WS mit dem JDK 5 betreiben

Zusätzlich können Sie JAX-WS auch mit dem JDK 1.5 verwenden, ältere Versionen werden nicht unterstützt. Da hier aber keine Java-Integration vorhanden ist, müssen Sie die Standalone-Referenzimplementierung herunterladen und die Bibliotheken in Ihren Klassenpfad einbinden.

3 *http://java.sun.com/javase/6/docs/technotes/guides/standards*

Die Standalone-Version von JAX-WS – genau gesagt die Referenzimplementierung – erhalten Sie auf der Seite *https://jax-ws.dev.java.net*. Wie schon bei JAXP besteht sie aus einer JAR-Datei, die Sie über den Befehl `java -jar <Dateiname>` entpacken. Als Ergebnis erhalten Sie einen Ordner *jaxws-ri* mit altbekanntem Inhalt – siehe Tabelle 8.1.

Ordner	Inhalt
bin	Startdateien für Code-Generierungs-Tools
docs	Dokumentation
lib	Bibliotheken
samples	Beispiele

Tabelle 8.1 Inhalt der JAX-WS-Referenzimplementierung

Die im Ordner *lib* enthaltenen JAR-Dateien müssen Sie in Ihren Klassenpfad einbinden, um JAX-WS mit dem JDK 5 oder eine aktuellere Version im JDK 6 zu betreiben. Darüber hinaus befinden sich in den Ordnern *docs* und *samples* nützliche Dokumentation und Beispiele.

8.3 Code-First – Webservices aus Java-Klassen generieren

Nachdem Sie nun eine grundlegende Einführung in das Thema erhalten haben, wird es Zeit, Ihren ersten Webservice mit JAX-WS zu implementieren. In Abschnitt 8.1.7 haben Sie bereits erfahren, dass es dafür zwei grundlegend verschiedene Ansätze gibt.

Dieser Abschnitt beschäftigt sich nun mit dem Code-First-Ansatz, bei dem man zunächst mit der Erstellung der (Java-)Klassen beginnt und erst am Schluss daraus einen Webservice macht. Der Einstieg wird Ihnen also sehr leicht fallen. Vergessen Sie aber nicht, dass bei diesem Ansatz das WSDL-Dokument – und damit die Beschreibung Ihres Webservices – erst zu einem späteren Zeitpunkt für die Service Consumer verfügbar sind.

Wie zu Beginn des Kapitels schon angedeutet, wollen wir in diesem Buch bezüglich JAX-WS nicht zu tief ins Detail gehen. Deshalb zeigen wir Ihnen nur anhand zweier Beispiel-Services exemplarisch, welche Schritte jeweils nötig sind, um zum Ziel zu kommen.

8.3.1 Das Beispiel

CoolMath Personen

Einen der soeben erwähnten Beispiel-Services kennen Sie schon aus Abschnitt 8.1, »Webservices«, nämlich unseren `CoolMath`-Service, der die vier Grundrechenarten beherrscht. Der zweite Service beschäftigt sich natürlich wieder mit unseren Personendaten, wie Sie sie schon aus den vorherigen Kapiteln kennen. Wir wollen dabei eine kleine Personendatenbank implementieren, in der Personendaten abgelegt, abgefragt und gelöscht werden können – alles per Webservice.

[O]

Beide Services sind bereits fertig implementiert auf der Buch-CD vorhanden und sollen Ihnen als kleine Vorlage für die Erstellung eigener Services dienen. Sie finden sie im Eclipse-Projekt *08 – JAX-WS*, das neben den Service-Klassen auch gleich die nötige Infrastruktur (Ant-Scripts, Konfigurationsdateien etc.) enthält, die zusätzlich zum Quellcode benötigt wird. Importieren Sie es am besten gleich in Ihren Eclipse-Workspace.

Aufbau des Projekts

Wenn Sie einen ersten Blick auf das Eclipse-Projekt werfen, sehen Sie, dass es von der Grundidee her ähnlich aufgebaut ist wie das für JAXB: Sie finden darin die Ordnerstruktur aus Tabelle 8.2.

Ordner	Inhalt
common	gemeinsamer Quellcode
service-codefirst	Quellcode, Ant-Scripts und sonstige Dateien für das Code-First-Beispiel (dieses Unterkapitel)
service-contractfirst	Quellcode, Ant-Scripts und sonstige Dateien für das Contract-First-Beispiel (siehe Abschnitt 8.4)
client	Quellcode, Ant-Scripts und sonstige Dateien für das Client-Beispiel (siehe Abschnitt 8.5)
lib	JAX-WS-Bibliotheken und Abhängigkeiten
lib-ext	externe Bibliotheken für Testklassen (werden nicht für JAX-WS selbst benötigt)
launch	Eclipse Run Configurations

Tabelle 8.2 Ordner des JAX-WS Beispielprojekts

Unterordner

In diesem Abschnitt ist für uns also hauptsächlich der Ordner *service-codefirst* von Bedeutung. Darin finden Sie weitere Unterordner- und Dateien, auf die wir im Folgenden schrittweise näher eingehen.

Run Configurations

Außerdem sind ein paar vorgefertigte Run Configurations eingerichtet (für Ant und Java), die alle mit dem Namen *Beispiel 1* beginnen. Diese werden Sie später benötigen. Nachdem Sie sich mit dem Beispiel vertraut gemacht haben, können wir loslegen und Ihnen die typische Vorgehensweise zur Service-Generierung mit Code-First vorstellen.

8.3.2 Die Vorgehensweise

Wenn Sie mit JAX-WS Webservices nach dem Code-First-Prinzip erstellen möchten, müssen Sie einer bestimmten Vorgehensweise folgen, die wir in diesem Abschnitt kurz erläutern; auf die einzelnen Schritte gehen wir dann in den nächsten Abschnitten näher ein.

Die Service-Klasse schreiben

Trivial, aber trotzdem erwähnenswert: Zuerst muss natürlich einmal die Service-Klasse implementiert werden (oder mehrere, falls Sie gleich mehrere Webservices bereitstellen wollen). Hinzu kommen außerdem alle Klassen, die entweder als Parameter oder als Rückgabewerte in einer der Methoden des Webservice vorkommen, sowie (rekursiv) alle anderen Klassen, von denen diese Klassen abhängen. Wie das konkret auszusehen hat, können Sie gleich in Abschnitt 8.3.3 nachlesen.

Hilfsklassen generieren

Damit JAX-WS Ihre Service-Klasse(n) nun als Webservice bereitstellen kann, benötigt es noch einige zusätzliche Hilfsklassen. Konkret handelt es sich dabei um JAXB-Binding-Klassen für die XML-Darstellung der Messages, die von und an Operationen gesendet werden.

Glücklicherweise müssen Sie diese Klassen jedoch nicht selbst schreiben, sondern können sie automatisch generieren lassen. Wie das geht, zeigt Ihnen Abschnitt 8.3.4.

Testbetrieb

Nach den ersten beiden Schritten sind Sie bereits mit der Entwicklung des Webservice am Ende angekommen. Nun geht es darum, den Webservice wirklich »laufen zu lassen«. Dafür bringt JAX-WS einen kleinen HTTP-Server mit, in dem Sie mit minimalem Aufwand einen Webservice (mit SOAP/HTTP Binding) betreiben können. Diese Lösung ist aber eher für den Testbetrieb geeignet als für den produktiven Einsatz. Die zugehörigen Handgriffe zeigen wir Ihnen in Abschnitt 8.3.5.

Deployment in einem Application Server

In ganz wenigen Ausnahmefällen mag die eben erwähnte Lösung mit dem Mini-HTTP-Server sogar für den Produktivbetrieb ausreichend sein. Spätestens jedoch, wenn Sie mehrere Services in derselben virtuellen Maschine laufen lassen wollen, kann sie Ihnen nicht mehr helfen. In normalen produktiven Umgebungen werden an Webservices ganz andere Anforderungen gestellt, wie beispielsweise:

- mehrere Services in derselben JVM
- flexibles Deployment
- Zugriff auf andere Ressourcen, wie Datenbanken oder Messaging-Systeme

Aus diesem Grunde bietet es sich an, den Webservice in einem Application Server (wie Apache Tomcat, Glassfish, JBoss) zu betreiben – oder besser gesagt: zu deployen. Speziell für HTTP-Bindings liefert JAX-WS hier ein eigenes Servlet mit, so dass Sie beliebig viele Webservices ganz einfach in einer Java-EE-Webapplikation unterbringen können. Wie Sie diese Applikation zusammenstellen müssen, zeigt Ihnen schließlich Abschnitt 8.3.6.

8.3.3 Die Service-Klasse schreiben

Dieser Abschnitt zeigt Ihnen nun, wie Klassen zu schreiben sind, die über JAX-WS als Webservices veröffentlicht werden sollen. Wir stellen dabei unsere beiden oben genannten Beispiel-Services vor und zeigen Ihnen, worauf wir bei deren Erstellung geachtet haben.

CoolMathService

In Listing 8.1 hatten wir Ihnen ja schon unsere erste Service-Klasse vorgestellt, die `CoolMath`-Klasse. Ob Sie es glauben oder nicht – an dieser Klasse müssen wir nur noch eine einzige kleine Änderung vornehmen (siehe Listing 8.3), und schon ist sie ein JAX-WS-Webservice.

```
@WebService
public class CoolMathService
{
   public int add(int a, int b) { return a + b; }
   public int subtract(int a, int b) { return a - b; }
   public int multiply(int a, int b) { return a * b; }
   public int divide(int a, int b) { return a / b; }
}
```

Listing 8.3 Ein einfacher JAX-WS-Webservice

@WebService

Wie Sie sehen, haben wir nur eine Annotation `@WebService` (aus dem Package `javax.jws`) hinzugefügt (und den Klassennamen in `CoolMathService` geändert, was allerdings nicht notwendig ist). Mehr braucht JAX-WS nicht.

Veröffentlichen als Webservice

Um eine Java-Klasse zu einem Webservice zu machen, muss sie lediglich mit der Annotation `@javax.jws.WebService` versehen werden.

Automatische Service-Generierung

Wenn Sie die Klasse so lassen, konstruiert JAX-WS Ihnen später in folgender Weise einen Webservice und ein dazu passendes WSDL-Dokument daraus:

1. Es wird ein Port-Typ für die Klasse angelegt.
   - Sein Name wird aus dem Klassennamen abgeleitet (hier `CoolMathService`).
2. Alle `public`-Methoden aus der Klasse werden zu Operationen des Port-Typs.
   - Die Operationsnamen werden aus den Methodennamen abgeleitet (hier: `add`, `subtract`, `multiply`, `divide`).
3. Für alle Operationen werden Input- und Ouput-Message(s) angelegt:
   - eine Input-Message mit dem Namen der Operation (z. B. `add`)
   - eine Output-Message mit dem Namen der Operation plus dem String `Response` (z. B. `addResponse`)
   - Beide haben nur einen Part mit Namen `parameters` und verweisen auf ein Schemaelement, das den Namen der Message bekommt.
4. Für alle Exceptions, die von Operationsmethoden geworfen werden können (außer `RemoteException` und Untertypen von `RuntimeException`), werden Fault-Messages angelegt.
   - Der Name wird aus dem der Exception-Klasse abgeleitet.
   - Alle haben nur einen Part mit Namen `fault`, der auf ein Schemaelement mit dem Namen der Exception verweist.
   - Auf die Fault-Message(s) wird in den Operationen gemäß der von den Methoden geworfenen Exception(s) verwiesen.
5. Entsprechende Typ-Deklarationen für die Messages werden in einem XML Schema untergebracht:
   - Es gibt ein Element für jede Message.

- Für Input-Messages besteht das Element aus einer (gegebenenfalls leeren) Sequenz von Unterelementen für jeden Methodenparameter.
- Für Output-Messages besteht das Element aus genau einem Unterelement `<return>` oder einer leeren Sequenz bei `void`-Methoden.
- Für Fault-Messages wird über JAXB ein ComplexType für die zugehörige Exception-Klasse generiert und auf diesen im Element verwiesen (mehr dazu später).

6. Ein Binding für den Port-Typ wird angelegt.
   - Als Protokolle werden SOAP und HTTP verwendet.
   - Der Name entspricht dem der Klasse plus dem String `PortBinding` (hier `CoolMathServicePortBinding`).
7. Ein Service wird angelegt mit einem Port für das eben erstellte Binding.
   - Der Name des Services ist der der Klasse plus dem String `Service` (hier `CoolMathServiceService`).
   - Die Port-Adresse ist allerdings noch offen und wird erst zur Laufzeit gefüllt.
   - Der Name des Ports entspricht dem der Service-Klasse plus dem String `Port` (hier `CoolMathServicePort`).

Den Quellcode der Klasse und natürlich das dazu generierte WSDL-Dokument finden Sie auf der Buch-CD im JAX-WS-Projekt. Wie Sie wissen, liegen die Dateien für den Code-First-Ansatz im Unterordner *service-codefirst*. Darin liegt nun ein Unterordner *src*, der im Projekt auch als Quellordner registriert ist. Dort wiederum finden Sie unsere Klasse im Package `de.javaundxml.jaxws.service.codefirst.math`. [O]

Das WSDL-Dokument hingegen finden Sie im Unterordner *wsdl*. Der Name der Datei lautet *CoolMathServiceService.wsdl*. Das generierte Schema mit den Datentypen ist allerdings in eine eigene Datei *CoolMathServiceService_schema1.xsd* ausgelagert. Für den Fall, dass Sie die CD nicht zur Hand haben, finden Sie das WSDL-Dokument für unseren `CoolMathService` aber auch in Listing 8.4, allerdings mit direkt eingebundenem statt importiertem XML Schema und gekürzt um alle Operationen bis auf `add`. Auch wenn die Datei etwas groß und unübersichtlich ist, sollten Sie dort jedoch die eben erwähnten Schritte zur Erzeugung eines Webservices aus einer Klasse nachvollziehen können.

```
<definitions name="CoolMathServiceService"
   targetNamespace="..."
   xmlns="http://schemas.xmlsoap.org/wsdl/"
   xmlns:tns="..."
   xmlns:xs="http://www.w3.org/2001/XMLSchema"
   xmlns:soap="http://schemas.xmlsoap.org/wsdl/soap/">
   <types>
      <xs:schema version="1.0" targetNamespace="...">
         <xs:element name="add" type="tns:add"/>
         <xs:element name="addResponse"
            type="tns:addResponse"/>
         <xs:complexType name="add">
            <xs:sequence>
               <xs:element name="arg0" type="xs:int"/>
               <xs:element name="arg1" type="xs:int"/>
            </xs:sequence>
         </xs:complexType>
         <xs:complexType name="addResponse">
            <xs:sequence>
               <xs:element name="return" type="xs:int"/>
            </xs:sequence>
         </xs:complexType>
      </xs:schema>
   </types>
   <message name="add">
      <part name="parameters" element="tns:add"/>
   </message>
   <message name="addResponse">
      <part name="parameters" element="tns:addResponse"/>
   </message>
   <portType name="CoolMathService">
      <operation name="add">
         <input message="tns:add"/>
         <output message="tns:addResponse"/>
      </operation>
   </portType>
   <binding name="CoolMathServicePortBinding"
      type="tns:CoolMathService">
      <soap:binding style="document"
         transport="http://schemas.xmlsoap.org/soap/http"/>
      <operation name="add">
         <soap:operation soapAction=""/>
         <input>
            <soap:body use="literal"/>
         </input>
```

```
            <output>
               <soap:body use="literal"/>
            </output>
         </operation>
      </binding>
      <service name="CoolMathServiceService">
         <port name="CoolMathServicePort"
            binding="tns:CoolMathServicePortBinding">
            <soap:address location="..."/>
         </port>
      </service>
   </definitions>
```

Listing 8.4 Generiertes WSDL-Dokument für den CoolMathService

Sie sollten jetzt bereits einen ersten Eindruck haben, wie einfach Webservices mit JAX-WS und dem Code-First-Ansatz geschrieben werden können und wie viel Arbeit Ihnen tatsächlich abgenommen wird.

PersonenService

Wie schon angekündigt, enthält unser Eclipse-Projekt einen zweiten Service, der eine kleine Personendatenbank darstellt – den `PersonenService`. An seinem Beispiel möchten wir Ihnen ein paar schon weiter fortgeschrittene Möglichkeiten der Webservice-Erstellung mit JAX-WS zeigen.

Arbeit mit einem Service-Interface

Zu Beginn sollten Sie im Ordner *serivce-codfirst/src* einen Blick in das Package `de.javaundxml.jaxws.service.codefirst.personen` werfen. Dort finden Sie ein Interface `PersonenService` und eine Implementierungsklasse `PersonenServiceImpl`. Unser Service liegt diesmal also nicht nur als Klasse vor, sondern es gibt auch ein Interface dafür. Den Unterschied zwischen beiden Varianten werden Sie demnächst sehen. Zuerst werfen wir einen Blick auf das Service-Interface `PersonenService`. Sie finden es in Listing 8.5 abgedruckt.

```
@WebService
public interface PersonenService
{
   @WebMethod(operationName="add")
   void addPerson(@WebParam(name = "person") Person person)
      throws PersonenServiceException;

   @WebMethod(operationName="getAll")
   @WebResult(name="personen")
```

```
    Collection<Person> getPersonen();

    @WebMethod(operationName="get")
    @WebResult(name="person")
    Person getPerson(@WebParam(name = "id") int id)
        throws PersonenServiceException;

    @WebMethod(operationName="remove")
    @WebResult(name="removed")
    boolean removePerson(@WebParam(name = "id") int id);
}
```

Listing 8.5 Das Service-Interface für den PersonenService

Wie Sie sehen, ist auch das Service-Interface mit einer Annotation `@WebService` versehen, genau wie unsere `CoolMathService`-Klasse. Allerdings erkennen Sie im weiteren Quellcode, dass wir diesmal auch andere Annotations verwendet haben (alle übrigens aus dem Package `javax.jws`).

@WebMethod

Die erste ist `@WebMethod`, mit denen die Methoden eines Webservice annotiert werden. Damit beeinflussen Sie, wie JAX-WS eine Java-Methode auf eine Webservice-Operation abbildet. Konkret ist damit der Name der Operation gemeint, den Sie über das Attribut `operationName` der `@WebMethod`-Annotation einstellen können. Normalerweise leitet er sich aus dem Namen der Methode ab. Außerdem gibt es ein Attribut `exclude`, mit dem Sie eine Methode explizit von der Veröffentlichung als Operation ausschließen, wenn Sie dessen Wert auf `true` setzen. Wie schon kurz erwähnt, werden nämlich normalerweise alle `public`-Methoden einer Klasse oder eines Interfaces mit einer `@WebService`-Annotation veröffentlicht.

@WebParam

Die nächste Annotation ist `@WebParam`. Dabei handelt es sich um eine Parameter-Annotation, sie kann also nur auf die Parameter einer Methode angewandt werden (ungewöhnlich, doch möglich). Sie nehmen damit auf die Generierung der Input-Message für die entsprechende Operation Einfluss. Konkret geht es dabei um Name und Namensraum des Elements, das den Parameter auf XML-Ebene repräsentiert. Normalerweise wird dieser Name aus dem des Parameters abgeleitet, der Namensraum ist defaultmäßig der leere. Beides können Sie nun über die Attribute `name` und `targetNamespace` der Annotation beeinflussen.

[«]

Hinweis

Bei unseren Projekten nutzte JAX-WS zur Benennung der Parameter immer die Namen aus dem Java-Byte-Code (also `arg0`, `arg1` usw.), wie Sie im WSDL-Dokument für den `CoolMathService` in Listing 8.4 vielleicht schon bemerkt haben. Wenn Sie dies nicht wünschen, sollten Sie die Methodenparameter mit entsprechenden `@WebParam`-Annotations versehen und das `name`-Attribut setzen.

@WebResult

Was `@WebParam` für die Input-Message ist, ist `@WebResult` für Output-Messages. Diese Annotation müssen Sie allerdings wieder auf Methoden-Ebene unterbringen. Über ihre `name`- und `targetNamespace`-Attribute können Sie dann dieselben Anpassungen vornehmen wie mit `@WebParam`. Wie oben erwähnt, wird ja standardmäßig im Element für die Output-Message ein Unterelement `<return>` im leeren Namensraum angelegt. Dieses können Sie mit `@WebResult` modifizieren.

PersonenService-Exception und @WebFault

Nachdem nun Input- und Output-Message namentlich angepasst wurden, bleibt noch die Fault-Message. Wie Sie sehen, werfen die Methoden `addPerson()` und `getPerson()` des `PersonenService` eine `PersonenServiceException`. Da die Klasse kein (Unter-)Typ von `java.rmi.RemoteException` oder `java.lang.RuntimeException` ist, generiert JAX-WS dafür eine Fault-Message. Für diese können Sie nun den Namen des Message-Elements ändern. Dazu müssen Sie die Exception-Klasse editieren. Wenn Sie sich den Quellcode von `PersonenServiceException` ansehen, finden Sie dort eine Annotation `@WebFault` (diesmal aber aus dem Package `javax.xml.ws`), die Ihnen erneut über zwei Attribute `name` und `targetNamespace` die entsprechenden Einstellungen erlaubt.

Um zu sehen, welche konkreten Auswirkungen die von uns benutzten Annotations im WSDL-Dokument haben, empfehlen wir Ihnen, jetzt einen Blick auf die beiden Dateien *PersonenSVC.wsdl* und *PersonenSVC_schema1.xsd* im Ordner *service-codefirst/wsdl* des Eclipse-Projekt zu werfen. Für die Methode `getPerson()` finden Sie aber auch in Listing 8.6 ein paar ausgewählte (und vereinfachte) Fragmente:

```
<definitions>
   <types>
      <xs:schema>
         <xs:element name="exception"
            type="tns:PersonenServiceException"/>
         <xs:element name="get" type="tns:get"/>
         <xs:element name="getResponse"
            type="tns:getResponse"/>
```

```
        <xs:complexType name="get">
           <xs:sequence>
              <xs:element name="id" type="xs:int"/>
           </xs:sequence>
        </xs:complexType>
        <xs:complexType name="getResponse">
           <xs:sequence>
              <xs:element name="person" type="tns:person"
                 minOccurs="0"/>
           </xs:sequence>
        </xs:complexType>
     </xs:schema>
  </types>
  <message name="PersonenServiceException">
     <part name="fault" element="tns:exception"/>
  </message>
  <message name="get">
     <part name="parameters" element="tns:get"/>
  </message>
  <message name="getResponse">
     <part name="parameters" element="tns:getResponse"/>
  </message>
  <portType name="PersonenService">
     <operation name="get">
        <input message="tns:get"/>
        <output message="tns:getResponse"/>
        <fault message="tns:PersonenServiceException"
           name="PersonenServiceException"/>
   </operation>
  </portType>
  ...
</definitions>
```

Listing 8.6 Fragmente aus dem WSDL-Dokument für den PersonenService

Zusammengefasst lassen sich in diesem WSDL-Dokument die folgenden durch unsere Annotations hervorgerufenen Änderungen beobachten:

- Die Operation für `getPerson()` heißt nicht `getPerson`, sondern `get`.
- Dementsprechend haben sich auch die Namen der Messages, Message-Schemaelemente und Schematypen geändert.
- Das Kindelement im Schematyp `get` für die Input-Message heißt nicht `<arg0>`, sondern `<id>`.

- Das Kindelement im Schematyp getResponse für die Output-Message heißt nicht <return>, sondern <person>.
- Das Schemaelement für die PersonenServiceException heißt nicht <PersonenServiceException>, sondern <exception>.

Wie Sie also sehen, können Sie mit diversen Annotations in Ihrer Service-Klasse oder Ihrem Service-Interface viel Einfluss auf den tatsächlich generierten Webservice und sein WSDL-Dokument nehmen.

Modellklassen

Person und Hobbys

Während unser CoolMathService denkbar einfach aufgebaut ist und nur mit Parametern und Rückgabewerten vom Typ int arbeitet, sieht dies beim PersonenService schon ganz anders aus – hier arbeiten wir mit Collections und vor allem zwei eigenen Modellklassen Person und Hobbys, die alle für uns wichtigen Informationen über eine Person (ID, Vorname, Nachname, Hobbys) kapseln können.

JAXB

Dieser Aspekt macht nun natürlich die Abbildung des Webservices auf WSDL- und XML-Daten erheblich komplexer. Für int gibt es ja schon den fertigen Schematyp xs:int, bei eigenen Modellklassen muss aber nun JAXB ran, um diese in XML-Strukturen aufzulösen.

Wiederholung: Abbildung von Java nach XML

In Abschnitt 7.4, »Abbildung von Java nach XML«, haben wir Ihnen gezeigt, wie JAXB standardmäßig Java-Klassen auf XML-Strukturen abbildet, hier aber als kleine Wiederholung noch einmal die wesentlichsten Punkte:

- Primitive Java-Typen, deren Wrapper-Typen und Strings werden auf vordefinierte Schematypen abgebildet.
- Durch Getter- und Setter repräsentierte Bean-Properties einer Klasse werden auf Kindelemente abgebildet.
- Collections und Arrays werden mit maxOccurs="unbounded" auf Elemente oder Sequenzen abgebildet.
- Maps werden als Collections von Entrys (mit Key und Value) dargestellt.

Genau auf diese Weise erfolgt also auch die Abbildung unserer Modellklassen auf das XML Schema im WSDL-Dokument bzw. auf die über die Leitung geschickten XML-Daten. Das bedeutet aber für Sie, dass Sie ihre Modellklassen beim Erstellen von Webservices so schreiben müssen, dass JAXB auch alles, was an Daten benötigt wird, finden und interpretieren kann.

Regeln für Modellklassen

- Ihre Modellklassen müssen den Java-Bean-Konventionen folgen. Das heißt: Properties müssen per `getXXX()`- und `setXXX()`-Methoden abgebildet werden.
- Für Collections und Maps sollten keine eigenen Implementierungen verwendet werden, sondern diejenigen aus `java.util`.
- Anpassungen *können* mit den JAXB-Mapping-Annotations erfolgen. In einigen Fällen *müssen* sie aber verwendet werden – beispielsweise, wenn für eine Property nur ein Getter vorhanden ist.
- Sollen Modellklassen Logik enthalten, kann diese nicht im WSDL-Dokument abgebildet werden und wird deshalb auch auf Client-Seite nicht verfügbar sein.

Wenn Sie nun einen Blick auf die beiden Klassen `Person` und `Hobbys` werfen – zu finden im Ordner *service-codefirst/src* im Package `de.javaundxml.jaxws.service.codefirst.personen.model` –, werden Sie sehen, dass wir diese Regeln auch eingehalten haben:

- Alle Properties in `Person` haben Getter und Setter.
- Die `Id`-Property soll nicht als Element, sondern als Attribut nach XML abgebildet werden, deshalb haben wir hier die JAXB-Mapping-Annotation `@XmlAttribute` eingefügt.
- Die `toString()`-Methode in `Person` enthält eigene Logik. Diese kann nur auf Server-Seite genutzt werden. Sie wird nicht nach XML abgebildet, da sie kein Getter oder Setter ist.
- Für die Liste von `Hobbys` in der Klasse `Hobbys` benutzen wir `java.util.List`.
- Da in `Hobbys` nur ein Getter für die Liste vorhanden ist, haben wir ihn mit der Mapping Annotation `@XmlElement` versehen, damit er trotzdem nach XML abgebildet wird.

Wie Sie sehen, ist es nicht schwierig, die wenigen Regeln für Modellklassen einzuhalten. Die meisten Entwicklungsumgebungen unterstützen Sie ja ohnehin, den Bean-Konventionen zu folgen. Ansonsten ist es nur hier und da einmal notwendig, die Klassen mit Mapping Annotations anzureichern.

PersonenServiceImpl

Prinzipiell hat die Aufspaltung eines Webservices in Interface und Klasse, so wie wir es beim `PersonenService` gemacht haben, zwei Vorteile:

- Sie können zunächst nur die Schnittstelle spezifizieren, ohne dass Implementierungsdetails bekannt sein müssen (derselbe Grundgedanke wie beim Contract-First-Ansatz, nur bezogen auf die reine Java-Entwicklung).
- Die meisten JAX-WS-Annotations können im Interface untergebracht und in der Klasse weggelassen werden. Dadurch sind Logik und Metainformationen besser voneinander getrennt.

Deshalb werfen wir nun noch einen Blick auf unsere Service-Implementierung, die Klasse `PersonenServiceImpl`. Ihre interne Logik ist weitgehend uninteressant für uns – es werden lediglich die `Person`-Objekte in einer internen `Map` verwaltet. Wie auch gerade beschrieben, haben wir in den Methodenköpfen die diversen Annotations weggelassen, da sie bereits im Interface angegeben sind. Wichtig ist jedoch der Kopf der Klasse:

```
@WebService(
   serviceName="PersonenSVC",
   portName="PortLocalhost",
   endpointInterface="de.javaundxml.jaxws.service.codefirst.
      personen.PersonenService")
public class PersonenServiceImpl implements PersonenService
```

@WebService und das Attribut endpointInterface

Wie Sie sehen, implementiert unsere Klasse natürlich unser Service-Interface. Zusätzlich muss bei JAX-WS im Aufspaltungsfall in der Klasse aber die `@WebService`-Annotation vorhanden sein. Darin muss (zusätzlich zur `implements`-Anweisung) nochmals der voll qualifizierte Name des Service-Interfaces über ein Attribut `endpointInterface` spezifiziert werden.

Die Attribute serviceName und portName

Zusätzlich haben wir zu Demonstrationszwecken zwei weitere Attribute `serviceName` und `portName` mit angegeben. Diese können Sie auch verwenden, wenn kein Interface vorliegt und der Service nur aus einer Klasse besteht – allerdings müssen sie in beiden Fällen in der Klasse gesetzt sein, niemals im Interface. Wie ihr Name schon sagt, können Sie damit eigene Namen für den Service und den darin generierten Port vorgeben.

Aus diesem Grunde heißt die WSDL-Datei für den `PersonenService` auch nicht *PersonenServiceSerice.wsdl* (wie es bei der Ableitung des Service-Namens aus dem Klassennamen der Fall gewesen wäre), sondern *PersonenSVC.wsdl* – gemäß dem Wert `PersonenSVC` des `serviceName`-

Attributs. Auch im WSDL-Dokument ist der Name natürlich im `<service>`-Element wiederzufinden.

Gleiches gilt für das darin enthaltene `<port>`-Element sowie das `<binding>`-Element, auf das im Port verwiesen wird – diese heißen nicht `PersonenServicePort` und `PersonenServicePortBinding`, sondern `PortLocalhost` und `PortLocalhostBinding`.

Damit wissen Sie nun schon das Wichtigste über die Aufspaltung eines Webservices in Interface und Implementierungsklasse. Die wichtigsten Punkte sind im folgenden Kasten nochmals zusammengefasst.

Interfaces als Webservices

Webservices können auch zu einem Interface erstellt und die Implementierung kann in eine Klasse ausgelagert werden. Hierbei sind folgende Regeln zu beachten:

- Interface und Klasse müssen mit `@WebService` annotiert werden.
- In der Klasse muss das Interface über das Attribut `endpointInterface` der `@WebService`-Annotation angegeben werden.
- Zusätzliche Annotations, wie `@WebMethod`, `@WebParam` und `@WebResult`, können im Interface angegeben und in der Klasse weggelassen werden.
- Bestimmte Attribute von `@WebService`, wie `serviceName` und `portName`, sind nur in der Klasse möglich.

Änderung des Zielnamensraums

Als kleine Ergänzung zum bisher Gezeigten möchten wir nun noch kurz darauf eingehen, wie Sie den Zielnamensraum Ihres Webservices bestimmen (also den Wert des `targetNamespace`-Attributs im WSDL-Dokument). Für diese Zwecke gibt es in der `@WebService`-Annotation ein weiteres Attribut `targetNamespace`, über das Sie einfach und bequem den Zielnamensraum angeben können:

```
@WebService(targetNamespace="http://javaundxml.de/CoolMath")
public class CoolMathService
```

Sonderfall: Aufspaltung in Interface und Klasse

Was im Fall einer Webservice-Klasse trivial erscheint, kann aber im Fall der Aufspaltung in Interface und Klasse unerwartete Effekte herbeiführen. Wenn Sie nämlich in nur einem der beiden `@WebService`-Annotations das Attribut angeben (oder verschiedene Werten in beiden), werden plötzlich zwei WSDL-Dokumente mit unterschiedlichen Zielnamensräumen erzeugt: eines mit dem Schema, den Messages und dem Port-Typ und ein zweites mit Binding, Port und Service.

Der Hintergrund ist, dass JAX-WS im Aufspaltungsfall aus dem Java-Interface den Port-Typ (mit Messages und Schemaelementen) erzeugt und aus der Implementierung dann Binding, Port und Service. Dies stimmt auch mit dem Grundgedanken von WSDL überein, denn hier ist ein Port ja nichts weiter als eine Implementierung eines Port-Typs (gebunden an ein Protokoll über das Binding). Da ein WSDL-Dokument aber nur genau einen Zielnamensraum hat, gibt es bei verschiedenen Zielnamensräumen für Port-Typ und Port zwei WSDL-Dokumente, wobei das mit dem Port über ein `<import>`-Element das mit dem Port-Typ importiert.

Interface und Implementierung in WSDL

[«]

Hinweis

Wenn Sie kein `targetNamespace`-Attribut in der `@WebService`-Annotation angeben, konstruiert JAX-WS automatisch einen Zielnamensraum aus dem Package-Namen. Deshalb haben Sie normalerweise auch dann zwei unterschiedliche Ziel-Namensräume, wenn Sie in nur einer Annotation das Attribut füllen – außer natürlich, Sie wählen manuell denselben Namensraum, wie ihn auch JAX-WS erzeugen würde.

8.3.4 Hilfsklassen generieren

Wie in Abschnitt 8.3.2 schon angedeutet, ist nach der Entwicklung der Klassen und gegebenenfalls Interfaces nun noch ein weiterer Schritt notwendig, bevor der Webservice gestartet werden kann, nämlich das Generieren einiger interner Hilfsklassen.

SOAP-Messages

In Abschnitt 8.3.3 haben wir Ihnen bereits beschrieben, dass für jede Message, die vom oder an den Webservice geschickt werden kann, ein eigenes Element im Schema angelegt wird. Wenn nun der Service schließlich über SOAP aufgerufen wird, werden die zu übermittelnden Daten dabei natürlich in entsprechende XML-Fragmente konvertiert. Listing 8.7 zeigt ein Beispiel, wie dies für die `add`-Operation des `CoolMathService` aussehen könnte:

```
<!-- Input-Message AN den Webservice -->
<S:Envelope
   xmlns:S="http://schemas.xmlsoap.org/soap/envelope/">
   <S:Body>
      <tns:add xmlns:tns="...">
         <arg0>42</arg0>
         <arg1>23</arg1>
      </tns:add>
   </S:Body>
```

```
</S:Envelope>

<!-- Ouput-Message VOM Webservice -->
<S:Envelope
   xmlns:S="http://schemas.xmlsoap.org/soap/envelope/">
   <S:Body>
      <tns:addResponse xmlns:tns="...">
         <return>65</return>
      </tns:addResponse>
   </S:Body>
</S:Envelope>
```

Listing 8.7 Beispiel einer SOAP-Input- und Output-Message

Nutzdaten in SOAP-Messages

Die dort fett gedruckten Bereiche sind die Nutzdaten, die in den SOAP-Nachrichten übertragen werden. Sie finden dort das `<add>`-Element für die Input-Message und das `<addResponse>`-Element für die Output-Message der `add`-Operation. Beide sind im XML Schema unseres `CoolMathService` enthalten und werden direkt von den gleichnamigen Messages im WSDL-Dokument referenziert. Passend zu diesen im Schema definierten Elementen sehen also auch die übertragenen Daten aus – allerdings verpackt in SOAP-spezifische Vaterelemente.

Fehlende JAXB-Modellklassen

Um diese Nutzdaten nun zu parsen oder zu serialisieren, bedient sich JAX-WS bekanntlich bei JAXB. Allerdings haben wir beim Schreiben des `CoolMathService`s keine Modellklassen für die diversen Messages (wie eben `<add>` oder `<addResponse>`) mit erstellt. Außerdem müssen für alle Exceptions, die unser(e) Webservice(s) werfen können, ebenfalls Modellklassen erstellt werden, um auch erstere als Fault-Messages über die Leitung transportieren zu können.

Codegenerierung über Tools

All diese fehlenden Klassen können aber von JAX-WS über mitgelieferte Tools automatisch generiert werden – Sie müssen diese nur noch entsprechend aufrufen. Das Prinzip funktioniert ähnlich wie beim SchemaGen von JAXB: Es werden die von uns geschriebenen Service- und Modellklassen inklusive deren Annotations eingelesen, und daraus wird neuer Code generiert – nur diesmal statt XML Schema(s) eben Java-Code.

WsGen

Das Tool, das in JAX-WS diese Aufgabe übernimmt, heißt *WsGen*. Es generiert zu einer Service-Implementierung (egal ob für ein Service-Interface oder eine direkte Service-Klasse) die eben beschriebenen zusätzlich benötigten Artefakte.

Generierung von Hilfsklassen

Die Hilfsklassen für eine Service-Implementierung werden bei JAX-WS mit dem Tool WsGen automatisch generiert. Dieses Generieren muss allerdings manuell einmalig nach Erstellung/Änderung des Services vom Entwickler angestoßen werden.

Verfügbarkeit von WsGen

Wie schon bei JAXB die Binding Compiler liegt auch WsGen in Java 6 (oder höher) und in der JAX-WS-Referenzimplementierung jeweils als Kommandozeilentool vor und in Letzterer außerdem als Ant-Task, dem wir auch hier wieder den Vorzug geben würden. Obwohl JAX-WS also Teil von Java 6 ist, müssen Sie trotzdem die Referenzimplementierung einbinden, um WsGen als Ant-Task starten zu können.

[o]

In unserem Eclipse-Projekt auf der Buch-CD können Sie WsGen über die External Tools Configuration *Beispiel 1 – Service-Code-First – Build* starten. Dahinter steckt das Ant-Script *build.xml* im Ordner *service-codefirst*. In Blick dort hinein zeigt Ihnen, wie WsGen aufgerufen wird (siehe Listing 8.8).

```
<taskdef name="wsgen" classname="com.sun.tools.ws.ant.WsGen"
   classpathref="path.jaxws" />

<wsgen
   sei="de.javaundxml. ... .math.CoolMathService"
   classpath="${dir.classes}"
   destdir="${dir.classes}"
   sourcedestdir="${dir.srcgen}"
   resourcedestdir="${dir.wsdl}"
   genwsdl="true"/>
```

Listing 8.8 Beispielaufruf von WsGen

Task-Definition

In den ersten beiden Zeilen wird zunächst der Task definiert. Neben dem korrekten Klassennamen `com.sun.tools.ws.ant.WsGen` ist dabei wichtig, dass die JAX-WS-Bibliotheken im Klassenpfad verfügbar sein müssen – so wie bei uns über einen zuvor definierten Pfad `path.jaxws`.

Aufruf von WsGen

Der zweite Ausschnitt (der in Wirklichkeit in einem eigenen Target liegt) zeigt dann den eigentlichen Aufruf von WsGen über `<wsgen>`. Wichtigstes Attribut dieses Tasks ist `sei`, das den voll qualifizierten Klassennamen der Service-Implementierung entgegennimmt (»sei« = »**S**ervice **E**ndpoint **I**mplementation«). WsGen generiert zu dieser nun den Quellcode für die fehlenden Klassen und legt diesen in dem Ordner ab, der im Attribut `sourcedestdir` angegeben ist (bei uns der Ordner *service-codefirst/src-gen*). Außerdem wird dieser Quellcode auch gleich kompiliert, und die resultierenden *.class*-Dateien werden im Ordner entsprechend dem `destdir`-Attribut abgelegt (bei uns *classes*). Über das `classpath`-Attribut kann der Klassenpfad angegeben werden, in dem die einzulesende Service-Implementierung in kompilierter Form zu finden ist – gegebenenfalls müssen Sie also Ihren Service erst noch kompilieren. Zuletzt gibt es noch zwei zusammenhängende Attribute `genwsdl` und `resourcedestdir`. Mit ersterem bestimmen Sie, ob zu der angegebenen Service-Implementierung die passende(n) WSDL-Datei(en) mit generiert werden sollen. Falls ja, werden diese im unter `resourcedestdir` angegebenen Ordner abgelegt (bei uns *service-codefirst/wsdl*).

[»]

Drei Hinweise

Das Eclipse-Projekt enthält von Haus aus alle generierten Dateien, also diejenigen in den Unterordnern *src-gen* und *wsdl* von *service-codefirst*. Ein Blick in das Ant-Script zeigt Ihnen aber, dass wir zumindest den *src-gen*-Ordner vor dem Aufruf von `<wsgen>` leeren. Die Dateien werden also immer neu dort generiert.

Das generierte WSDL-Dokument enthält in seinem Port noch eine Dummy-Adresse, kann also in dieser Form nicht dem Service-Consumer übergeben werden. Das »echte« WSDL-Dokument generiert JAX-WS automatisch zur Laufzeit, wenn der Webservice gestartet wird. Sollten Sie die Port-Adresse allerdings schon wissen, können Sie sie manuell korrigieren und das WSDL-Dokument dann bereits vorab dem Consumer zur Verfügung stellen.

Eine genauere Dokumentation zum `<wsgen>`-Task und seinem Gegenstück auf der Kommandozeile finden Sie im *docs*-Ordner der JAX-WS-Referenzimplementierung.

Der Inhalt von src-gen

Wenn Sie neugierig sind, werfen Sie nun einmal einen Blick in den *service-codefirst/src-gen*-Ordner in unserem Projekt und sehen sich die generierten Klassen näher an. WsGen erzeugt immer ein Unterpackage `jaxws` zu dem der Service-Implementierung. Wie zu erwarten, finden Sie dort nun JAXB-Modellklassen zu den Input-, Output- und Fault-Messages der Webservices.

Apt

Was ist Apt?

Außer WsGen gibt es noch eine zweite Möglichkeit, die benötigten Hilfsklassen zu generieren: das *Annotation Processing Tool*, kurz *Apt*. Apt wurde zusammen mit den Annotations in Java 5 eingeführt und kann aus den in Klassen gefundenen Annotations beliebigen Code (auch Nicht-

Java) erzeugen. Apt lässt sich dabei dynamisch um eigene Funktionalität erweitern, es müssen nur entsprechende Metainformationen und Implementierungsklassen im Klassenpfad vorhanden sein.

Im Falle von JAX-WS wurde die Funktionalität von WsGen auch als solche Apt-Erweiterung implementiert und ist in den JAX-WS-Bibliotheken mitgeliefert. Auch ein eigener `<apt>`-Ant-Task wird zur Verfügung gestellt, der aber bei den neuesten Ant-Versionen nicht mehr gebraucht wird, da Ant dort schon selbst einen `<apt>`-Task mitbringt. WsGen als Apt-Erweiterung

Alternative zu WsGen

Die Hilfsklassen für Webservices können bei JAX-WS alternativ zu WsGen auch über das Apt generiert werden. Dabei müssen aber ebenfalls die JAX-WS-Bibliotheken im Klassenpfad vorhanden sein.

Die Codegenerierung über Apt aufzurufen, hat einen Vor- und einen Nachteil:

- Vorteil: Apt kann eine Menge von Quelldateien gleichzeitig verarbeiten, also Hilfsklassen für mehrere Services in einem Aufruf generieren.
- Nachteil: Die WSDL-Dateien können damit nicht generiert werden.

Sie können also selbst entscheiden, welche Funktion Ihnen wichtiger ist.

Unsere *build.xml* auf der Buch-CD enthält übrigens auch den passenden `<apt>`-Aufruf für unsere beiden Services – und zwar direkt über den `<wsgen>`-Aufrufen in auskommentierter Form. Sie können Ihn jederzeit einkommentieren und testen, sollten dann aber die `<wsgen>`-Aufrufe im Gegenzug auskommentieren. [O]

Weitere Dokumentation zum Gebrauch von Apt in JAX-WS finden Sie wieder im *docs*-Ordner der Referenzimplementierung.

8.3.5 Testbetrieb

Nach aller Vorarbeit sind wir nun endlich so weit, unsere Webservices tatsächlich laufen zu lassen. Zur Erinnerung: Ein Webservice ist ein Stück Anwendungslogik, die über das Netzwerk anderen Programmen zur Verfügung gestellt wird. Wenn wir also gleich unsere Services laufen lassen, wird zunächst einmal nichts passieren, denn beide werden zunächst nur einen TCP/IP-Socket öffnen und auf diesem lauschen. Erst durch eine passende SOAP-Nachricht an diesen Socket wird der Webservice aufge- Laufzeitverhalten von Webservices weckt, führt seine Logik aus und gibt das Ergebnis in Form einer SOAP-Antwort über die Socket-Verbindung zurück.

Sollte Ihnen das gerade zu technisch gewesen sein, genügt es, zu wissen, dass ein laufender Webservice nichts von selbst tut, sondern in Wartestellung liegt, bis ihn jemand über das Netzwerk aufruft.

Die Beispiele starten

[o] Die Webservices aus unserem Beispiel können über zwei Eclipse Run Configurations gestartet werden:

- *Beispiel 1 – Service-Code-First – Start CoolMathService*
- *Beispiel 1 – Service-Code-First – Start PersonenService*

Status-Fenster

Wenn Sie die Beispiele starten, wird jeweils ein kleines Swing-Fenster aufgehen, das Sie darüber informiert, dass der Service nun läuft. Außerdem können Sie ihn dort auch über einen Button beenden. Diese GUI-Funktionalität stammt allerdings nicht von JAX-WS, sondern wurde von uns programmiert (siehe unten).

Die Beispielklassen

Hinter beiden Run Configurations steckt jeweils eine eigene Klasse, die sich im selben Package befindet wie der jeweilige Webservice, nämlich `CoolMathServiceStart` und `PersonenServiceStart`. Der Inhalt deren `main()`-Methoden ist dabei recht überschaubar:

```
// main() von CoolMathServiceStart
final CoolMathService coolMathService =
   new CoolMathService();
new ServiceRunner(coolMathService)
   .run("http://localhost:8080/service-codefirst/CoolMath");

// main() von PersonenServiceStart
final PersonenService personenService =
   new PersonenServiceImpl();
new ServiceRunner(personenService)
   .run("http://localhost:8081/service-codefirst/Personen");
```

Service-Klasse instantiieren

Wie Sie sehen, erzeugen beide Methoden zunächst eine Instanz der Service-Implementierung, wobei beim `PersonenService` die Implementierung ja in eine eigene Klasse `PersonenServiceImpl` ausgelagert ist.

ServiceRunner

Diese Instanz wird dann in beiden Fällen einer Klasse `ServiceRunner` überreicht und deren `run()`-Methode mit einer URL als Argument aufgerufen. Der `ServiceRunner` ist eine von uns geschriebene Hilfsklasse, die die übergebene Service-Implementierung mit JAX-WS-Mitteln unter der übergebenen URL startet und gleichzeitig das Swing-Fenster erzeugt. Sie finden ihn im Package `de.javaundxml.jaxws.common` im Quellordner *common/src* des Beispielprojekts.

Wir ersparen Ihnen einen Blick in diese Klasse, sondern zeigen Ihnen stattdessen ihre auf JAX-WS bezogenen Codefragmente. Es geht los im Konstruktor:

```
public ServiceRunner(Object service)
{
   _service = service;
   _endpoint = Endpoint.create(service);
}
```

Endpoint-Instanz anlegen

Interessant davon ist die zweite (fett gedruckte) Zeile. In ihr rufen wir eine statische Methode `create()` der Klasse `javax.xml.ws.Endpoint` auf und übergeben dabei unsere Service-Implementierung. Als Ergebnis erhalten wir eine Instanz von `Endpoint`, die wir in einer Instanzvariablen ablegen. Der nächste interessante Codeausschnitt liegt nun in der `run()`-Methode:

```
public void run(String location)
{
   _endpoint.publish(location);
   buildServiceWindow().setVisible(true);
}
```

Endpoint veröffentlichen

Der dort hervorgehobene Code ruft nun die `publish()`-Methode des `Endpoint`-Objekts auf und übergibt dabei die Ziel-URL. Und das war es! Der Webservice läuft bereits! Sie müssen lediglich darauf achten, dass die URL eine gültige HTTP-Adresse ist, die außerdem zu Ihrem Rechner passt. Andere Protokolle oder die Angabe eines falschen Rechnernamens resultieren in einer Exception.

Drei Schritte, einen Webservice mit JAX-WS zu starten

- Service-Instanz anlegen – z. B.
  `PersonenService p = new PersonenServiceImpl();`
- Endpoint-Instanz für die Service-Instanz anlegen – z. B.
  `Endpoint e = Endpoint.create(p);`
- Endpoint im Netzwerk veröffentlichen bzw. starten – z. B.
  `e.publish("http://services:8080/MyService");`

Ähnlich einfach funktioniert auch das Stoppen eines laufenden Webservices. Der Code dafür ist im `ServiceRunner` in der internen `ActionListener`-Klasse zu finden, die hinter dem Stopp-Button registriert wird:

```
_endpoint.stop();
```

Mehr Details zum eben vorgestellten Endpoint-Mechanismus von JAX-WS finden Sie wie gewöhnlich in der Dokumentation der Referenzimplementierung im Ordner *docs*.

Abrufen der WSDL-Dokumente

WSDL-Dokumente über HTTP

Sobald die Services laufen, können Sie übrigens auch die »echten« WSDL-Dokumente dafür abrufen. JAX-WS generiert sie zur Laufzeit beim Veröffentlichen der Endpoints und stellt sie dann über HTTP zur Verfügung. Die URL hat dabei die Form `[Port-URL] + "?wsdl"`. Für unseren `CoolMathService` wäre es also:

```
http://localhost:8080/service-codefirst/CoolMath?wsdl
```

Sie können diese URL ganz gewöhnlich in Ihrem Webbrowser eingeben und erhalten als Seite das WSDL-Dokument. Gibt es für einen Service mehrere WSDL-Dokumente, so haben alle weiteren (bis auf das »Wurzel-WSDL-Dokument«) eine URL der Form `[Port-URL] + "?wsdl=x"`, wobei `x` eine fortlaufende Nummer ist. Außerdem sind die XML Schemas für die WSDL-Dokumente nie direkt dort eingebunden, sondern werden immer über Imports referenziert. Sie haben alle eine eigene URL der Form `[Port-URL] + "?xsd=y"`.

Ausliefern an Service Consumer

Somit können Sie nun dem oder den Service Consumer(n) das oder die WSDL-Dokument(e) zur Verfügung stellen. Solange die Services laufen, können sie sogar direkt über HTTP abgerufen werden (was die meisten Webservice-Client-Bibliotheken unterstützen). Benötigt ein Consumer unbedingt echte Dateien, ist leider ein bisschen Handarbeit notwendig: Entweder extrahieren Sie die WSDL-Dokumente und Schemas direkt aus den HTTP-Versionen, oder Sie benutzen die von `<wsgen>` erzeugten und füllen manuell die Port-Adressen aus.

Test-Clients

Nun, da endlich unsere beiden Services laufen, können Sie von beliebigen Webservice-Clients aufgerufen werden. Wie Sie solch einen Client mit JAX-WS erstellen, wird aber erst in Abschnitt 8.5, »Webservice-Clients erstellen«, näher beschrieben.

Um Ihnen trotzdem zu beweisen, dass unsere Webservices tatsächlich funktionieren, haben wir in den folgenden beiden Packages im *service-codefirst/src*-Ordner dennoch zwei Client-Klassen untergebracht:

- `de.javaundxml.jaxws.service.codefirst.math.client`
- `de.javaundxml.jaxws.service.codefirst.personen.client`

Low-Level-Clients

Beide Client-Klassen arbeiten allerdings »low-level« und sind keine echten Webservice-Clients. »Low-level« heißt dabei, dass sie sich selbst um das Zusammenbauen der SOAP-Nachricht und deren Verpacken in HTTP-Nachrichten kümmern, ohne dazu JAX-WS-Funktionalität zu nutzen. Dies funktioniert einwandfrei, da JAX-WS ja standardmäßig ein SOAP/HTTP-Binding für veröffentlichte Webservices einrichtet. Allerdings ist es unkomfortabel, da Sie sich um die eher technischen Protokolle kümmern müssen. Wenn Sie JAX-WS für die Client-Generierung nutzen, bekommen Sie davon fast nichts mehr mit (siehe aber dazu später).

Eine kleine Hilfe: Commons HttpClient

Da wir uns aber dennoch nicht komplett um den korrekten Aufbau sowie das Versenden und Empfangen von HTTP-Nachrichten kümmern wollen, nutzen wir dafür die freie HTTP-Bibliothek *Apache Commons HttpClient*, die Sie zusammen mit ihren Abhängigkeiten im *lib-ext*-Ordner des Projekts finden.

SOAP-Nachrichten

Die SOAP-Nachrichten – genau gesagt die Input-Messages – für die Webservices haben wir aber selbst vorbereitet. Sie finden sie in Form von XML-Dateien in Unterordnern von *service-codefirst/messages*. Der obere Teil im weiter oben abgedruckten Listing 8.7 zeigt ein Beispiel für eine SOAP-Input-Message für die `add`-Operation des `CoolMathService`s, wie Sie sie auch in der Datei *service-codefirst/messages/CoolMathService/add.xml* im Projekt finden.

Funktionsweise der Clients

Unsere Test-Clients müssen also für einen Aufruf einer der Webservice-Operationen nur eine solche Datei laden, mit der HttpClient-Bibliothek eine HTTP-Request-Nachricht drumherum erstellen und diese an die URL des entsprechenden Webservices schicken. In der HTTP-Response kommt (wenn alles glattläuft) eine SOAP-Nachricht mit dem Ergebnis zurück, die unsere Clients dann noch auf der Konsole ausgeben.

Die Clients starten

Den Quellcode der Clients werden wir Ihnen allerdings nicht weiter vorstellen, da er gut kommentiert und nahezu selbsterklärend ist. Interessant für Sie ist vielleicht, dass beide auf zwei ebenfalls von uns geschriebene Hilfsklassen `de.javaundxml.jaxws.common.SOAPCaller` und `de.javaundxml.jaxws.common.SimpleXMLSerializer` aus dem Quellordner *common/src* zurückgreifen. Zum Starten verwenden Sie am besten die jeweilige Eclipse Run Configuration:

- *Beispiel 1 – Service-Code-First – Start CoolMathServiceClient*
- *Beispiel 1 – Service-Code-First – Start PersonenServiceClient*

Beide Clients schicken dann nacheinander eine Reihe von SOAP-Nachrichten an ihren jeweiligen Webservice, die bestimmten Operations-Aufrufen entsprechen. Die Antworten werden dann ohne weitere Verarbeitung auf der Konsole ausgegeben (wobei dieser nur bei Java 6 schön formatiert wird).

8.3.6 Deployment in einem Application Server

Wie bereits in Abschnitt 8.3.2 beschrieben, ist es nur in wenigen Fällen praktikabel, die eben vorgestellte Lösung auch im Produktivbereich einzusetzen, da beispielsweise nur ein Service pro TCP-Port damit betrieben werden kann. Dies ist auch der Grund, weswegen unser `CoolMathService` auf Port 8080 läuft, `PersonenService` jedoch auf Port 8081. Sobald Sie mehrere Services in einer JVM betreiben, diese auf bestimmte Ressourcen oder Dienste zugreifen müssen, andere Protokolle als HTTP (z. B. HTTPS) genutzt werden sollen oder ein flexibleres Management der Anwendung gewünscht ist, empfiehlt es sich, JAX-WS in einem Application Server zu betreiben. Diese Alternative stellen wir Ihnen nun in diesem Abschnitt vor.

Überblick

JAX-WS-Servlet

Um in einem Application Server laufen zu können, liefert JAX-WS ein eigenes Servlet mit. Darüber kann dann eine beliebige Anzahl Webservices in einer Java-EE-Web-Applikation untergebracht werden, die Sie in jedem Java-EE-Servlet-Container (z. B. Tomcat, Jetty oder alle gängigen Java EE Application Server) deployen können.

Allerdings werden wir in diesem Buch nicht näher auf Java EE, Servlets, Web-Applikation und Servlet Container eingehen. Zur Vertiefung möchten wir Sie deshalb bitten, auf entsprechende Fachliteratur zurückzugreifen.

WAR-Dateien

Eine Java-EE-Web-Applikation besteht aus einer speziellen JAR-Datei mit der Endung *.war* und wird deshalb auch *WAR-Datei* (Web Application Archive) genannt. Innerhalb dieser muss ein Unterordner *WEB-INF* existieren, der in Form der Datei *web.xml* den Deployment Descriptor enthalten muss. Außerdem kann es zwei Unterordner *lib* und *classes* geben, wobei ersterer JAR-Dateien und letzterer *.class*-Dateien enthalten kann, die für die Ausführung der Web-Applikation benötigt werden.

WAR-Inhalt bei JAX-WS

Angewandt auf JAX-WS heißt das also, dass der *lib*-Ordner der WAR-Datei die JAX-WS-Bibliotheken (aus dem *lib*-Ordner der JAX-WS-Referenzimplementierung) enthalten sollte und der *classes*-Ordner Ihre Service-Klassen und -Interfaces sowie alle sonst noch benötigten Klassen (wie Modellklassen und die zuvor generierten Hilfsklassen). Außerdem sollten die in Listing 8.9 gezeigten Einträge in der *web.xml* hinzugefügt werden.

```
<web-app>
   <listener>
      <listener-class>
            com.sun.xml.ws.transport.http.servlet.↵
               WSServletContextListener
      </listener-class>
   </listener>

   ...

   <servlet>
      <servlet-name>JAXWSServlet</servlet-name>
         <servlet-class>
            com.sun.xml.ws.transport.http.servlet.WSServlet
         </servlet-class>
         <load-on-startup>1</load-on-startup>
   </servlet>

   ...

   <servlet-mapping>
      <servlet-name>JAXWSServlet</servlet-name>
      <url-pattern>/*</url-pattern>
   </servlet-mapping>
</web-app>
```

Listing 8.9 Java EE Web Deployment Descriptor für JAX-WS

Inhalt der web.xml

Wie Sie dort sehen, muss in der Applikation die Klasse `com.sun.xml.ws.transport.http.servlet.WSServletContextListener` als `ServletContextListener` registriert werden, bei den Servlets das zuvor schon mehrfach erwähnte JAX-WS-Servlet `com.sun.xml.ws.transport.http.servlet.WSServlet`. Schließlich fehlt noch ein Servlet-Mapping. Hier sollten Sie darauf achten, möglichst ein offenes URL-Muster anzugeben (wie `/services/*` oder auch wie oben `/*`), falls Sie mehrere Webservices parallel betreiben wollen.

JAX-WS Deployment Descriptor

Dann sind wir auch schon fast fertig. Um jetzt festzulegen, welche Webservices überhaupt vorhanden sind und unter welcher konkreten URL die einzelnen erreichbar sein sollen, müssen Sie noch einen JAX-WS-spezifischen Deployment Descriptor *sun-jaxws.xml* parallel zur *web.xml* in der WAR-Datei ablegen. Listing 8.10 zeigt ein Beispiel, wie dieser für unsere beiden Beispiel-Services aussehen könnte.

```
<endpoints version="2.0"
   xmlns="http://java.sun.com/xml/ns/jax-ws/ri/runtime">

   <endpoint name="CoolMathEndpoint"
      implementation="de...math.CoolMathService"
      url-pattern="/CoolMath"/>

   <endpoint name="PersonenEndpoint"
      implementation="de...personen.PersonenServiceImpl"
      url-pattern="/Personen"/>

</endpoints>
```

Listing 8.10 Beispiel eines JAX-WS Deployment Descriptors

Aufbau der sun-jaxws.xml

Wie Sie sehen, ist die *sun-jaxws.xml* sehr einfach aufgebaut: Es gibt ein Wurzelelement <endpoints>, das im Namensraum *http://java.sun.com/xml/ns/jax-ws/ri/runtime* liegen muss. Darin können dann über beliebig viele Kindelemente <endpoint> beliebig viele Webservices registriert werden. Neben dem Attribut `name`, unter dem ein eindeutiger Name für den Endpoint angegeben werden muss, sind für uns die Attribute `implementation` und `url-pattern` die beiden wichtigsten. In ersterem muss der voll qualifizierte Klassename der Service-Implementierungsklasse angegeben werden. Letzteres nimmt ein konkretes URL-Muster entgegen, das aber zu dem im Servlet-Mapping in der `web.xml` passen sollte.

URL-Pattern

Wenn Sie also im Servlet-Mapping das Muster `/services/*` angeben, können die Endpoint-URLs beispielsweise `/services/CoolMath` oder `/services/Personen` lauten. In unserem Beispiel haben wir aber in der `web.xml` nur `/*` angegeben und deshalb bei den Endpoints nur `/CoolMath` und `/Personen`.

Das Beispielprojekt

Im Eclipse-Projekt auf der Buch-CD können Sie mit einem Klick eine fertige WAR-Datei mit unseren beiden Services erstellen. Verwenden Sie dafür einfach die mitgelieferte External Tools Configuration *Beispiel 1 – Service-Code-First – WebApp*. Sie startet das Target `war` in der *build.xml* im *service-codefirst*-Ordner. Dieses kompiliert das Projekt, lässt die JAX-WS-Codegenerierung laufen und verpackt dann alle nötigen Inhalte über den `<war>`-Ant-Task in der Datei *service-codefirst/build/service-codefirst.war*: [o]

- Service-Klassen, Modellklassen, generierte Klassen im *WEB-INF/classes*-Ordner der WAR-Datei
- die JAX-WS-Bibliotheken im *WEB-INF/lib*-Ordner der WAR-Datei
- die *web.xml* und *sun-jaxws.xml* aus dem Projekt-Ordner *service-codefirst/webapp* im *WEB-INF*-Ordner der WAR-Datei

Wie Sie sehen, haben wir die Deployment Descriptors schon vorgefertigt und im Projekt mit abgelegt. Die generierte WAR-Datei können Sie nun im Application Server oder Servlet Container Ihrer Wahl deployen. Die Services (bzw. deren jeweiliger Port) sind dann unter den folgenden URLs erreichbar:

- *<Server-Adresse>/service-codefirst/CoolMath*
- *<Server-Adresse>/service-codefirst/Personen*

Abrufen der WSDL-Dokumente

Wenn Sie Webservices mit JAX-WS in einem Application Server deployen, können Sie auf dieselbe Weise deren WSDL-Dokument(e) und XSD(s) abrufen wie bei der `Endpoint`-Lösung aus Abschnitt 8.3.5 – nämlich über eine URL der Form `[Port-URL] + "?wsdl"` für das Wurzel-WSDL bzw. die darin referenzierten URLs für Kind-WSDL-Dokumente und XSDs.

8.3.7 Die Ansätze kombinieren: Contract-First mit Code-First-Mitteln

Vielleicht haben Sie es durch die eine oder andere Andeutung im bisherigen Teil des Kapitels schon selbst herausgefunden – auch wenn Sie mit Java starten, können Sie trotzdem einen »Quasi-Contract-First-Ansatz« verfolgen.

Rückblick: Vorteile von Contract-First

Frühe Verfügbarkeit des WSDL-Dokuments und der Zwang, sich zuerst über die Schnittstelle Gedanken zu machen – das sind die Hauptvorteile des Contract-First-Ansatzes, wie wir es Ihnen in Abschnitt 8.1.7 schon beschrieben haben. Ideal wäre es nun, wenn wir diese Vorteile auch in unserem Code-First-Ansatz unterbringen könnten. Und mit ein paar kleinen Abänderungen unserer bisherigen Vorgehensweise ist dies sogar möglich.

Interface-First

Der Ansatzpunkt unserer Mischlösung sind Java-Interfaces. Sie dienen bekanntlich dazu, eine Schnittstelle zu beschreiben – allerdings speziell für Java-Klassen und nicht für Webservices, so wie WSDL das kann. Wenn wir darüber aber einmal hinwegsehen, könnten wir doch die Schnittstelle für unseren Webservice genauso gut als Java-Interface entwerfen. Die meisten Informationen, die ein WSDL-Dokument enthält (wie z. B. Operations- und Message-Namen, Typinformationen) können wir dabei mit Hilfe der passenden JAX-WS-Annotations auch im Java-Interface unterbringen.

Schnittstelle zuerst

Damit hätten wir schon einmal einen Vorteil von Contract-First übernommen: Wir machen uns zuerst Gedanken über die Schnittstelle. Einziger Unterschied: Wir benutzen eine andere Sprache als WSDL dafür.

Port-Typ fertig

Sind das Service-Interface und die entsprechenden Annotations darin fertig, haben wir quasi den Port-Typ im WSDL-Dokument (mit Messages und Schema[s]) schon vollständig definiert. Jetzt müssen wir noch Binding, Port und Service spezifizieren.

Skelett der Service-Implementierung erzeugen

Dafür brauchen wir aber noch eine Implementierungsklasse zu unserem Service-Interface. Diese kann aber jede normale Entwicklungsumgebung (wie auch Eclipse) automatisch mit leeren Rümpfen erzeugen. In der Klasse bringen wir dann noch die passende `@WebService`-Annotation unter (wie in Abschnitt 8.3.3 beschrieben; `endpointInterface`-Attribut nicht vergessen!) und gegebenenfalls weitere Annotations (in diesem Buch nicht näher beschrieben), mit denen wir Einfluss auf Binding, Port und Service nehmen können. Die Methodenrümpfe der Klasse – also die Implementierung selbst – können wir für den Moment noch leer lassen. Das Resultat: ein »Skelett« der Service-Implementierung, das aber schon Informationen wie Binding, Port- und Service-Namen enthält.

Codegenerierung starten, um WSDL zu erhalten

Damit ist also fast jede Information für unser WSDL-Dokument mit Java-Mitteln spezifiziert (als Binding wird SOAP/HTTP verwendet, wenn wir keine besonderen Annotations in der Implementierungsklasse unterbringen). Jetzt können wir die Codegenerierung starten (siehe Abschnitt 8.3. 4). Wir nutzen dafür `<wsgen>` und setzen das Attribut `genwsdl` auf `true`, dann erhalten wir neben den Hilfsklassen auch das Vorab-WSDL-Dokument, in dem nur noch die Port-Location fehlt.

WSDL-Dokument ausrollen, danach Implementierung vollenden

Mit diesem WSDL-Dokument können die Service-Consumer aber bereits mit der Client-Implementierung beginnen, denn sie haben alles Wichtige schon zur Verfügung (vorrangig: Typinformationen, Message- und Port-Typ-Definitionen). Und Sie können sich jetzt – parallel zum Service-Consumer – voll und ganz auf die Implementierung konzentrieren.

Zusammengefasst ergibt sich damit die folgende neue Vorgehensweise:

Vorgehensweise bei Interface-First

- Schnittstelle als Java-Interface mit Annotations entwerfen
- »Skelett« einer Implementierungsklasse mit entsprechenden Annotations schreiben
- WSDL-Dokument generieren und an den Service-Consumer ausrollen
- das Skelett zu einer vollständigen Implementierung entwickeln

Problemfall Modellklassen

Jetzt kommt allerdings noch das große Aber: Wenn Sie bei diesem Ansatz mit eigenen Modelltypen arbeiten möchten (wie unser `PersonenService` mit `Person` und `Hobbys`), können Sie keine Interfaces dafür schreiben, sondern sollten gleich Klassen erstellen. Wenn Sie nämlich nur Interfaces erzeugen, funktioniert zwar die Codegenerierung von JAX-WS, doch kann JAXB zur Laufzeit eben nur mit Klassen umgehen. Da hilft es auch nicht, diese nachträglich zu den Interfaces zu erstellen.

Zwar gibt es Lösungsansätze, auch diese Problem zu umgehen, allerdings ist keiner davon im Moment elegant genug, als dass Sie nicht auch gleich die Modellklassen selbst schreiben könnten. In vielen Fällen ist deren Erstellung nämlich fast trivial. Außerdem können Sie auch hier die Rümpfe leer lassen und müssen nur die Köpfe und die eventuell benötigten Annotations erstellen.

8.3.8 Zusammenfassung

Wir haben nun den ersten großen Ansatz, Webservices mit Java zu schreiben, abgeschlossen. Wie Sie gesehen haben, müssen Sie dabei Ihr gewohntes Umfeld als Software-Entwickler kaum verlassen: Sie konzentrieren sich fast ausschließlich auf die Geschäftslogik – also die eigentliche Implementierung, reichern diese nur hier und da über Annotations mit Metainformationen an und lassen sich den Rest einfach von den bei JAX-WS mit gelieferten Tools generieren. Das geht schnell, bietet maximale Kompatibilität und erfordert wenig Wissen über die technologischen Hintergründe (wie z. B. WSDL).

Vorwiegend zum Testen bietet JAX-WS mit dem `Endpoint`-Mechanismus einen einfach Weg, Webservices zu starten. Das WSDL-Dokument ist ab diesem Zeitpunkt verfügbar (inklusive korrekter Port-Adresse(n)) und kann den Service Consumern zur Verfügung gestellt werden.

Für den produktiven Einsatz lassen sich JAX-WS-basierte Webservices aber auch in einem Application Server betreiben. Hierzu wird ein eigenes Servlet zur Verfügung gestellt, das sich über eine einfache XML-Datei konfigurieren lässt.

Schließlich haben wir Ihnen mit »Interface-First« eine Kombination aus Code-First und Contract-First vorgestellt, bei der das WSDL-Dokument sehr früh für den Service Consumer bereitsteht aber trotzdem noch automatisch generiert wird. Wie Sie aber wissen, geht es auch anders – wenn nämlich zuerst manuell das WSDL-Dokument und dann erst der Service geschrieben wird. Dies beleuchten wir im nun folgenden Abschnitt.

8.4 Contract-First – Das WSDL-Dokument als Ausgangspunkt

Gerade in größeren Projekten, in denen noch Lasten- und Pflichtenhefte und gegebenenfalls IT-Spezifikationen erstellt werden, bevor die Programmiersprache gewählt und die erste Zeile Code geschrieben wird, ist es entweder sinnvoll oder gar die einzige Möglichkeit, das Interface für einen Webservice in einer gemeinsamen unabhängigen Sprache wie WSDL zu verfassen. Spätestens dann kommen Sie mit Code-First-Mitteln nicht mehr weiter – das WSDL-Dokument wird es zuerst geben. Das heißt *Contract-First.*

In diesem Abschnitt zeigen wir Ihnen nun, wie Sie JAX-WS bei diesem Ansatz unterstützt und welche Handgriffe Sie in welcher Reihe anwenden müssen, um schnell zu einem funktionierenden Webservice zu kommen. Glücklicherweise geht die Unterstützung so weit, dass Sie – wie schon bei Code-First – sich fast ausschließlich auf die Implementierung konzentrieren müssen, der Rest wird Ihnen wieder abgenommen.

Wie schon in Abschnitt 8.3, »Code-First – Webservices aus Java-Klassen generieren«, stellen wir Ihnen die entsprechende Vorgehensweise auch diesmal anhand unserer beiden Beispiel-Services und des vorgefertigten Eclipse-Projekts vor.

8.4.1 Das Beispiel

[O] In Abschnitt 8.3.1 haben wir Ihnen bereits unser Eclipse-Projekt von der Buch-CD und seine interne Struktur vorgestellt.

Unterordner service-contractfirst

Dort haben Sie bereits gesehen, dass sich alle relevanten Dateien für den Contract-First-Ansatz im Unterordner *service-contractfirst* des Projekts befinden. Darin finden Sie dieselben Unterordner und Dateien wie in *service-codefirst*, jedoch mit anderen (teilweise ähnlichen) Inhalten. Im Detail gehen wir darauf wieder in den folgenden Abschnitten ein.

CoolMathService und PersonenService

Im Moment ist nur wichtig zu wissen, dass wir auch für den Contract-First-Weg unsere beiden Beispiel-Services `CoolMathService` und `PersonenService` in vorgefertigter und bereits lauffähiger Form dort untergebracht haben, so dass Sie diese nur noch starten müssen. Natürlich werden wir Ihnen die Implementierungen aber wieder im Detail in den kommenden Abschnitten vorstellen.

Run Configurations

Bei den Run Configurations finden Sie ebenfalls nahezu dieselben wie für das erste Beispiel, wobei: diesmal beginnen aber alle logischerweise mit *Beispiel 2*.

Das war auch schon alles, was Sie im Moment über unser Beispiel wissen sollten. In den folgenden Abschnitten werden wir schrittweise die einzelnen Elemente des Beispiels näher betrachten. Weiter geht es aber erst einmal mit dem typischen Kochrezept zur Erstellung von Webservices mit JAX-WS nach dem Contract-First-Prinzip.

8.4.2 Die Vorgehensweise

Wenn Sie mit JAX-WS Webservices nach dem Contract-First-Prinzip erstellen, müssen Sie auch wieder einer typischen Vorgehensweise folgen. Sie werden dabei ein paar Bekannte aus Abschnitt 8.3.2 vorfinden, teilweise in leicht abgewandelter Form. Das meiste sollte Ihnen aber inzwischen geläufig sein und keine Verständnisprobleme mehr hervorrufen.

Das WSDL-Dokument erstellen

Ohne große Überraschung ist der erste Schritt bei Contract-First natürlich der »Contract«, also das WSDL-Dokument. Dies ist entweder von Projektbeginn an vorgegeben – beispielsweise durch den Systemarchitekten oder ein Pflichtenheft –, oder Sie müssen es selbst erstellen – beispielsweise in Zusammenarbeit mit einem Kunden oder der Fachabteilung.

Allerdings müssen Sie hierbei unbedingt beachten, dass JAX-WS nicht jedes beliebige WSDL-Dokument verarbeiten kann – wie bereits in Abschnitt 8.1.8 beschrieben –, da es auf bestimmten Kompatibilitätsstandards aufsetzt. Worauf Sie hierbei konkret achten müssen, zeigen wir Ihnen in Abschnitt 8.4.3.

Service-Interface und Binding-Klassen generieren

JAXB-Binding-Klassen

Wie schon bei Code-First besteht der zweite Schritt bei Contract-First auch aus automatischer Codegenerierung mit speziellen JAX-WS-Tools. Dabei werden ebenso entsprechende Hilfsklassen für den internen Gebrauch von JAX-WS erstellt, allerdings auch JAXB-Binding-Klassen (oder Modellklassen) zu allen Schema(s), die im Quell-WSDL-Dokument vorhanden sind.

Service-Interfaces

Außerdem werden zu allen im WSDL-Dokument spezifizierten Port-Typen (auch wenn dies meist nur einer ist) Service-Interfaces generiert. Mit einem solchen Interface haben wir schon in Abschnitt 8.3, »Code-First – Webservices aus Java-Klassen generieren«, gearbeitet, und zwar beim `PersonenService`, während der `CoolMathService` nur aus einer Service-Implementierung bestand. Bei Contract-First müssen Sie aber jeden Service über ein Service-Interface implementieren. Wie Sie die Codegenerierung starten und wie die generierten Artefakte aussehen, zeigen wir Ihnen in Abschnitt 8.4.4

Service-Interface implementieren

Zwar wurde im vorherigen Schritt aus dem WSDL-Dokument schon Java-Code generiert, dieser enthält aber natürlich noch keine Anwendungslogik. Diese müssen Sie natürlich noch selbst hinzufügen.

Dazu müssen Sie nun eine Implementierungsklasse für das eben generierte Service-Interface schreiben, so wie beim `PersonenService` im Code-First-Beispiel ohnehin schon gemacht. In dieser Klasse bringen Sie dann die ganze Service-Logik unter – und schon ist Ihr Contract-First-Webservice fertig. Was Sie bei der Implementierung des Service-Interfaces beachten müssen, beschreiben wir näher in Abschnitt 8.4.5.

Testbetrieb

Nach den ersten drei Schritten sind wird nun praktisch an demselben Punkt angelangt wie bei Code-First nach den ersten beiden Schritten. Konkret haben wir nun die folgenden Artefakte:

- ein WSDL-Dokument (gegebenenfalls mit noch fehlender Port-Adresse), das den Service beschreibt (von Ihnen geschrieben)
- ein Service-Interface (von JAX-WS aus dem Port-Typ im WSDL-Dokument generiert)
- eine Service-Implementierung zum Service-Interface (von Ihnen geschrieben)
- Modellklassen für die Messages (von JAX-WS mit JAXB aus den Schemas im WSDL-Dokument generiert)
- Hilfsklassen für JAX-WS (von JAX-WS aus den Message-Definitionen im WSDL-Dokument generiert)

Alles Weitere funktioniert nun fast analog zum Code-First-Ansatz, allerdings nur *fast*. Auf jeden Fall können wir nun unseren Service bereits in gewohnter Weise über den Endpoint-Mechanismus im Testbetrieb starten. Wie Sie das machen und wo der Unterschied zu Code-First besteht, zeigt Ihnen Abschnitt 8.4.6.

Deployment in einem Application Server

Auch das Deployment in einem Application Server funktioniert bei Contract-First ähnlich wie bei Code-First, mit ähnlich minimalen Abweichungen wie schon beim Testbetrieb. Die entsprechenden Handgriffe stellt Ihnen Abschnitt 8.4.7 näher vor.

8.4.3 Das WSDL-Dokument erstellen

In Abschnitt 8.1.6 haben Sie ja bereits eine kleine Einführung erhalten, wie ein WSDL-Dokument aufgebaut sein muss, und in Abschnitt 8.1.8 haben wir Ihnen auch schon angekündigt, dass JAX-WS aus Kompatibilitätsgründen nicht alle beliebigen WSDL-Dokumente unterstützt. Da es den Rahmen dieses Buches sprengen würde, Sie in alle notwendigen Details über WSDL einzuführen, werden wir uns in diesem Abschnitt darauf beschränken, Ihnen als Beispiel die beiden WSDL-Dokumente zu unseren beiden Test-Services vorzustellen und Ihnen ein paar allgemeines Tipps zu geben, wie WSDL-Dokumente – und damit auch die zugehörigen Services – aussehen sollten, damit sie maximal (und mit JAX-WS) kompatibel sind.

CoolMathService

[o] Wir beginnen mit dem `CoolMathService`, der bekanntlich die vier Grundrechenarten als Webservice implementiert. Für ihn haben wir ein entsprechendes WSDL-Dokument vorbereitet. Sie finden es in unserem Beispielprojekt auf der Buch-CD im Ordner *service-contractfirst/wsdl* mit den Namen *CoolMathService.wsdl*. Außerdem haben wir es zur Veranschaulichung auch in Listing 8.11 abgedruckt.

```
<definitions name="CoolMathService"
   xmlns="http://schemas.xmlsoap.org/wsdl/"
   targetNamespace="..."
   xmlns:tns="..."
   xmlns:xs="http://www.w3.org/2001/XMLSchema"
   xmlns:soap="http://schemas.xmlsoap.org/wsdl/soap/">

   <types>
      <xs:schema version="1.0" targetNamespace="...">
         <xs:complexType name="abType">
            <xs:sequence>
               <xs:element name="a" type="xs:int" />
                <xs:element name="b" type="xs:int" />
            </xs:sequence>
         </xs:complexType>

         <xs:complexType name="cType">
            <xs:sequence>
               <xs:element name="c" type="xs:int" />
            </xs:sequence>
         </xs:complexType>

         <xs:element name="add" type="tns:abType"/>
         <xs:element name="addResponse" type="tns:cType" />

         <xs:element name="subtract" type="tns:abType" />
         <xs:element name="subtractResponse"
            type="tns:cType" />

         <xs:element name="multiply" type="tns:abType" />
         <xs:element name="multiplyResponse"
            type="tns:cType" />

         <xs:element name="divide" type="tns:abType" />
         <xs:element name="divideResponse"
            type="tns:cType" />
```

```
    </xs:schema>
</types>

<message name="add">
    <part name="parameters" element="tns:add" />
</message>

<message name="addResponse">
    <part name="parameters" element="tns:addResponse" />
</message>

<message name="subtract">
    <part name="parameters" element="tns:subtract" />
</message>

<message name="subtractResponse">
    <part name="parameters"
        element="tns:subtractResponse" />
</message>

<message name="multiply">
    <part name="parameters" element="tns:multiply" />
</message>

<message name="multiplyResponse">
    <part name="parameters"
        element="tns:multiplyResponse" />
</message>

<message name="divide">
    <part name="parameters" element="tns:divide" />
</message>

<message name="divideResponse">
    <part name="parameters"
        element="tns:divideResponse" />
</message>

<portType name="CoolMathServiceType">
    <operation name="add">
        <input message="tns:add" />
        <output message="tns:addResponse" />
    </operation>
    <operation name="subtract">
        <input message="tns:subtract" />
```

```
      <output message="tns:subtractResponse" />
    </operation>
    <operation name="multiply">
      <input message="tns:multiply" />
      <output message="tns:multiplyResponse" />
    </operation>
    <operation name="divide">
      <input message="tns:divide" />
      <output message="tns:divideResponse" />
    </operation>
  </portType>

  <binding name="CoolMathServiceBindingSOAP"
    type="tns:CoolMathServiceType">
    <soap:binding style="document"
      transport="http://schemas.xmlsoap.org/soap/http"/>
    <operation name="add">
      <soap:operation soapAction="" />
      <input>
        <soap:body use="literal" />
      </input>
      <output>
        <soap:body use="literal" />
      </output>
    </operation>
    <operation name="subtract">
      <soap:operation soapAction="" />
      <input>
        <soap:body use="literal" />
      </input>
      <output>
        <soap:body use="literal" />
      </output>
    </operation>
    <operation name="multiply">
      <soap:operation soapAction="" />
      <input>
        <soap:body use="literal" />
      </input>
      <output>
        <soap:body use="literal" />
      </output>
    </operation>
    <operation name="divide">
```

```
            <soap:operation soapAction="" />
            <input>
               <soap:body use="literal" />
            </input>
            <output>
               <soap:body use="literal" />
            </output>
         </operation>
      </binding>

      <service name="CoolMathService">
         <port name="CoolMathServicePort"
            binding="tns:CoolMathServiceBindingSOAP">
            <soap:address location="..." />
         </port>
      </service>
   </definitions>
```

Listing 8.11 WSDL-Dokument für den CoolMathService

Wie Sie sehen, hat ein WSDL-Dokument für einen einfachen Webservice bereits eine beachtliche Größe.

<types>-Definition

Im Listing geht es in der `<types>`-Sektion los mit einem `<xs:schema>`, in dem wir zunächst zwei komplexe Typen `abType` (für die zwei Eingabeparameter `a` und `b` jeder der vier Grundrechenarten) und `cType` (für den Rückgabeparameter `c`) definieren. Danach werden für alle vier Operationen (`add`, `subtract`, `multiply` und `divide`) zwei Elemente angelegt:

- Ein Element für die Input-Message; es hat den Namen der jeweiligen Operation (z. B. `add`) und verweist auf den Typ `abType`.
- Ein Element für die Output-Message; es hat als Namen den der Operation plus `Response` (z. B. `addResponse`) und verweist auf den Typ `cType`.

<message>-Definitionen

Danach werden die `<message>`s für die vier Input- und vier Output-Messages unserer Operationen definiert. Jede `<message>` hat dabei genau einen `<part>` mit dem Namen `parameters`, der auf das entsprechende Element im Schema verweist. Die Namen der Messages entsprechen denen der Elemente, auf die sie verweisen (also dem Operationsnamen bei Input-Messages und `xyzResponse` bei Output-Messages).

<portType>-Definition

Danach folgt der `<portType>`, in dem wir unsere vier Operationen anlegen und ihnen ihre jeweiligen Messages zuteilen.

<binding>-Definition

Weiter geht es mit einem `<binding>`, das auf den gerade erstellten `<portType>` verweist. Darin legen wir über folgendes Element die Verwendung von SOAP und HTTP als Nachrichten- und Übertragungsprotokoll fest:

```
<soap:binding style="document"
   transport="http://schemas.xmlsoap.org/soap/http"/>
```

Dabei ist zu beachten, dass das `soap`-Prefix an den Namensraum *http://schemas.xmlsoap.org/wsdl/soap/* gebunden sein muss.

SOAP-Binding-Style »document«

Die Angabe von `style="document"` beeinflusst die Art und Weise, wie die zu übertragenden Daten innerhalb der SOAP-Nachrichten abgelegt werden. Wenn das Attribute `style` auf den Wert `document` gesetzt ist, dürfen in den `<message>`s des vom Binding referenzierten `<portType>`s alle `<part>`s nur auf Schemaelemente verweisen, nicht auf Schematypen. Wie in Abschnitt 8.1.6 schon angedeutet, ist beides möglich. Listing 8.12 zeigt nochmals die konkreten Unterschiede.

```
<types>
   <xs:schema>
      <xs:complexType name="abType">...</xs:complexType>

      <xs:element name="add" type="tns:abType"/>
    </xs:schema>
</types>

<!-- Verweis auf ein Element: -->
<message name="add">
   <part name="parameters" element="tns:add"/>
</message>

<!-- Verweis auf einen Typ: -->
<message name="add">
   <part name="parameters" type="tns:abType"/>
</message>
```

Listing 8.12 Part-Verweise auf Elemente oder Typen

SOAP-Binding-Style »rpc«

Wenn Sie die zweite Variante – mit Typ-Verweisen – verwenden möchten, muss das `style`-Attribut im `<soap:binding>`-Element den Wert `rpc` haben. Dann sind aber auch keinerlei Elementverweise mehr erlaubt. Sie können also nicht mischen.

Wo ist nun der Unterschied? Beide Male wird ja letztendlich der komplexe Typ `abType` verwendet, einmal über ein `<add>`-Element, einmal direkt. Der Unterschied liegt im Aussehen der SOAP-Nachricht. Werfen Sie dazu einen Blick auf Listing 8.13.

```
<!-- SOAP-Nachricht für "document"-Style -->
<S:Envelope xmlns:S="...">
   <S:Body>
      <tns:add xmlns:tns="...">
         <a>42</a>
         <b>23</b>
      </tns:add>
   </S:Body>
</S:Envelope>

<!-- SOAP-Nachricht für "rpc"-Style -->
<S:Envelope xmlns:S="...">
   <S:Body>
      <tns:add xmlns:tns="">
         <parameters>
            <a>42</a>
            <b>23</b>
         </parameters>
      </tns:add>
   </S:Body>
</S:Envelope>
```

Listing 8.13 SOAP-Nachrichten für Document- und RPC-Style

SOAP-Messages beim Document-Style

Beim Document-Style enthält das `<S:Body>`-Element einfach für jeden Part der Input-Message ein Kindelement, wie es im Schema definiert ist. Da wir nur einen Part `parameters` in unserer `add`-Message haben und dieser auf eine Elementdefinition `add` im Schema verweist, haben wir hier also ein Kindelement `<add>` in `<S:Body>`. `<add>` liegt dabei im Target-Namespace, der im Schema angegeben wurde (hier nur durch `"..."` symbolisiert).

SOAP-Messages beim RPC-Style

Anders ist es beim RPC-Style. Hier verweisen die Parts ja nur auf Schematypen. Bei uns gibt es nur einen Part `parameters`, der auf den komplexen Typ `abType` verweist. Ein Schematyp gibt aber nur vor, wie der *Inhalt* eines Elements ist, und nicht den *Namen* des Elements selbst. Deshalb müssen künstliche Wrapper-Elemente erzeugt werden. Bei RPC wird dabei standardmäßig ein äußeres Element mit dem Namen der Message im *leeren Namensraum* angelegt – bei uns also wieder `<add>`, aber eben im leeren Namensraum. Darin ist dann für jeden Part ein Element mit dem Part-Namen untergebracht – bei uns also `<parameters>`. Der Inhalt dieser Elemente folgt schließlich den Schematypen, auf die in den Part-Definitionen verwiesen ist.

»document« hat die Nase vorn.

Unsere Empfehlung für den SOAP-Binding-Style ist klar `document`. Erstens ist dieser gerade dabei, sich vermehrt durchzusetzen, und wird von einigen Implementierungen besser unterstützt als `rpc`. Zweitens hat er den Vorteil, dass die Kindelemente aus dem `<S:Body>`-Element direkt gegen das Schema aus dem WSDL-Dokument validiert werden können, was bei `rpc` nicht geht, da hier künstliche Elemente erschaffen werden.

<soap:operation>

Nach diesem Ausflug zu den SOAP-Binding-Styles kommen wir nun zurück zu unserem `<binding>` im `CoolMathService`. Wie Sie sehen, haben alle `<operation>`-Elemente das folgende Kindelement:

```
<soap:operation soapAction="" />
```

<soap:body>

Hiermit können SOAP-spezifische Zusatzoptionen zu den einzelnen Operationen angegeben werden – das ist hier allerdings nicht der Fall. Deshalb muss dieses Element zwar nicht angegeben werden, allerdings schadet es auch nicht und erhöht die Kompatibilität mit anderen Webservice-Bibliotheken. Zuletzt sind in den `<input>`- und `<output>`-Elemente noch jeweils folgende Kindelemente enthalten:

```
<soap:body use="literal" />
```

Das use-Attribut

Mit diesem Element werden nun message-spezifische SOAP-Informationen angegeben. Wichtig ist für uns aber nur das `use`-Attribut, dessen Wert – wie schon oben das `style`-Attribut – Einfluss nimmt auf den Aufbau der SOAP-Nachrichten. Das WS-I Basic Profile 1.1 und damit auch JAX-WS erlauben hier aber nur den Wert `literal`. Die Alternative – der Wert `encoded` – würde bewirken, dass zusätzlich zu den Daten Typinformationen in die SOAP-Nachrichten eingebunden würden.

Wie Sie sehen, steckt eine Menge Komplexität in der Definition eines Bindings. Dies rührt vor allem daher, dass dort Informationen des Port-Typs mit denen des Nachrichtenprotokolls gemischt werden. Hinzu kommt, dass das Protokoll SOAP erstens die verschiedenen Binding-Styles kennt (`document`/`rpc` und `literal`/`encoded`) und zweitens einige weitere Einstellungen erlaubt, auf die wir hier gar nicht eingegangen sind. In den meisten Fällen sollten Sie jedoch mit den von uns gezeigten Vorkehrungen auskommen.

<service>-Definition

Zuletzt wird es wieder etwas einfacher: Wir definieren schließlich den `<service>`. Er enthält einen `<port>` zu unserem `<binding>` und gibt über das `<soap:address>`-Element und dessen `location`-Attribut die URL an, über die der Webservice erreichbar sein soll.

Steht diese URL noch nicht fest, können Sie hier derweil auch einen Dummy-Wert angeben – die spätere Codegenerierung funktioniert trotzdem, da sie primär den `<portType>` benötigt.

PersonenService

[●] Die WSDL-Datei zu unserem zweiten Service finden Sie im Verzeichnis *service-contractfirst/wsdl* unseres Projekts unter dem Namen *PersonenService.wsdl*. Aufgrund ihres Umfangs haben wir sie zwar nicht abgedruckt, allerdings enthält sie aber auch nicht viel, was Sie inzwischen nicht schon kennen. Wir gehen deshalb an dieser Stelle nur kurz auf Gemeinsamkeiten und Unterschiede zum `CoolMathService` ein und möchten Sie bitten, die Datei bei Bedarf auf der Buch-CD anzusehen.

Unser `PersonenService` aus dem Contract-First-Beispiel ähnelt stark dem aus dem Code-First-Beispiel. Wir haben vier Operationen `add`, `remove`, `get` und `getAll`, wobei `add` und `get` jeweils eine Fault-Message erzeugen können.

Ein Schemaelement pro Message

Da wir auch beim `PersonenService` den Document-Style benutzen, haben wir für jede Message genau ein Element im Schema definiert und uns bei der Namensgebung der Messages in schon bekannter Weise an den Operationsnamen orientiert. Für leere Messages, die keine Daten enthalten, haben wir entsprechend auch leere Elemente erzeugt.

Jede Message hat nur einen Part.

Jede `<message>` hat auch diesmal wieder nur einen `<part>`. Dies ist eine Forderung des WS-I Basic Profile 1.1 und erhöht die Kompatibilität mit anderen Webservice-Bibliotheken.

Fault-Messages im Port-Typ

Im `<portType>` müssen diesmal teilweise auch `<fault>`-Elemente in den `<operation>`s untergebracht werden. Jedes dieser Elemente muss dabei ein Attribut `name` erhalten, dessen Wert innerhalb der `<operation>` eindeutig ist. Der folgende Codeausschnitt zeigt dies am Beispiel der `get`-Operation:

```
<operation name="get">
   <input message="tns:get" />
   <output message="tns:getResponse" />
   <fault name="PersonenServiceException"
      message="tns:PersonenServiceException" />
</operation>
```

Fault-Messages im Binding

Ebenso muss auch im <binding> eine entsprechende Angabe erfolgen. Der untere Ausschnitt zeigt dies auch hier wieder für die get-Operation:

```
<operation name="get">
   <soap:operation soapAction="" />
   <input>
      <soap:body use="literal" />
   </input>
   <output>
      <soap:body use="literal" />
   </output>
   <fault name="PersonenServiceException">
      <soap:fault name="PersonenServiceException"
         use="literal" />
   </fault>
</operation>
```

Im Service erwarten uns schließlich keine Neuerungen – es gibt wieder genau einen Port, der auf das eine Binding verweist und eine Dummy-Adresse als URL dafür angibt.

Regeln zur Erstellung von passenden WSDL-Dokumenten

Wir haben Ihnen nun (teilweise sehr detailliert) beschrieben, wie wir die WSDL-Dokumente für unsere beiden Services aufgebaut haben. Einiges davon wurde natürlich in Abschnitt 8.1.6 schon grundlegend erklärt, anhand der Beispiele sollten Sie aber ein besseres Gefühl dafür bekommen haben.

Beim Erstellen der beiden WSDL-Dokumente haben wir bereits einige Regeln beachtet, damit diese dem WS-I Basic Profile 1.1 entsprechen (siehe auch Abschnitt 8.1.8) und damit auch von JAX-WS zur Generierung von Services genutzt werden können. An einigen Stellen haben wir bereits auf diese Regeln hingewiesen, an manchen noch nicht.

Deshalb geben wir Ihnen im Folgenden noch eine kleine Zusammenstellung der wichtigsten Regeln, auf die Sie beim Erstellen von WSDL-Dokumenten achten sollten.

- **Regel 1: Als Binding-Style »Document/Literal« verwenden**
  Wie oben gezeigt, können Sie im <soap:binding>-Element das style-Attribut setzen sowie in den <soap:body>- und <soap:fault>-Elementen das Attribut use, um die Art und Weise zu beeinflussen, wie die SOAP-Nachrichten aufgebaut werden. Früher wurde hier oft die Kombination rpc/encoded verwendet, moderne Webservices benutzen

aber immer häufiger `document/literal`. Außerdem erlaubt WS-I Basic Profile 1.1 ohnehin keine `encoded`-Kombination.

- **Regel 2: Aus Message-Parts nur auf Schemaelemente verweisen**
  Diese Regel müssen Sie automatisch beachten, wenn Sie Regel 1 befolgen. Beim Style `document` müssen Sie in den `<part>`-Elementen immer über das `element`-Attribut auf ein im Schema definiertes Element verweisen: `<part name="parameters" element="tns:myParam"/>`.
- **Regel 3: Nur ein Message-Part pro Message**
  Wenn Sie den Document-Style zusammen mit mehreren Message-Parts nutzen, enthält das `<S:Body>`-Element in der entsprechenden SOAP-Nachricht mehr als ein Kindelement (eines pro Message-Part). Dies kann zu Problemen führen. Verwenden Sie stattdessen immer nur einen Part pro Message. Für logische Unterteilungen innerhalb der Nachrichten (z. B. in mehrere Parameter) können Sie ja immer noch in der Elementdefinition im Schema sorgen.
- **Regel 4: Eindeutige Operationsnamen**
  Geben Sie jeder Operation einen eindeutigen Namen. WSDL würde es auch erlauben, Operationen mit dem gleichen Namen zu definieren, wenn diese mit verschiedenen Messages arbeiten. WS-I Basic Profile 1.1 untersagt dies jedoch.
- **Regel 5: Eindeutige Input-Message-Elemente pro Operation**
  Verweisen Sie nicht auf ein und dasselbe Element innerhalb der Input-Message von mehreren Operationen. So stellen Sie sicher, dass eine Implementierung allein schon durch den Namen des Elements in der SOAP-Nachricht feststellen kann, welche Operation aufgerufen werden soll. Diese Forderung impliziert automatisch, dass auch eine einzelne Input-Message nicht in verschiedenen Operationen genutzt werden kann. Beides heißt im Umkehrschluss: Erzeugen Sie für jede Operation eigene Input-Messages, und erstellen Sie für jede Input-Message ein eigenes Element im Schema. Außerdem empfiehlt es sich, diese Praxis auch bei Output-Messages anzuwenden.
- **Regel 6: Nicht-leerer Target-Namespace für WSDL-Dokument und Schemas**
  Geben Sie dem WSDL-Dokument und allen darin definierten oder referenzierten Schemas immer einen nicht-leeren Zielnamensraum über entsprechende `targetNamespace`-Attribute.
- **Regel 7: Nur ein Binding pro Port-Typ**
  Diese Regel sollte relativ klar sein: Erstellen Sie maximal ein `<binding>`-Element für ein `<portType>`-Element.

- **Regel 8: Verwenden Sie SOAP/HTTP im Binding**
  Auch diese Regel ist relativ klar. Nutzen Sie keine anderen Protokolle als SOAP über HTTP. Denn diese beiden werden im Normalfall auch von jeder anderen Webservice-Bibliothek unterstützt.

Wenn Sie sich an diese Regeln halten, können Sie im Normalfall mit JAX-WS einen Webservice zu Ihrem WSDL-Dokument erstellen. Betrachten Sie diese Checkliste allerdings nicht als vollständig, denn sie gibt nur die wichtigsten Anhaltspunkte wieder, die in den meisten Fällen ausreichen sollten.

Die detaillierte Auflistung aller Regeln für das WS-I Basic Profile 1.1 ist beispielsweise viel umfangreicher und beschäftigt sich mit wesentlich mehr Themen. Sie finden sie unter *http://www.ws-i.org/Profiles/BasicProfile-1.1.html*.

8.4.4 Service-Interface und Binding-Klassen generieren

Nach dem Schreiben des WSDL-Dokuments ist schon einmal der größte Teil der Arbeit geschafft. Der nächste Schritt ist nun, die passenden Artefakte dafür in der Java-Welt zu generieren. Dies müssen Sie nicht selbst machen, sondern können es wieder von Hilfsprogrammen erledigen lassen.

Beim Contract-First-Ansatz unterscheiden sich aber natürlich die Ein- und Ausgaben des Generierungstools zu Code-First. Eine kleine Gegenüberstellung haben wir Ihnen in Tabelle 8.3 zusammengefasst.

Ansatz	Eingabe	Ausgabe
Code-First	Service-Klasse (Service-Interface) Modellklassen	Hilfsklassen WSDL-Dokument
Contract-First	WSDL-Dokument	Hilfsklassen Sevice-Interface Modellklassen

Tabelle 8.3 Ein- und Ausgabe der Generierungstools

Wie Sie sehen, lassen wir uns diesmal alle möglichen Klassen und ein Interface nur aus dem WSDL-Dokument generieren.

Modell- und Hilfsklassen

Zunächst einmal handelt es sich dabei um JAXB-Modellklassen. Diese werden über einen internen Aufruf des XJC (siehe Abschnitt 7.2.2) aus dem oder den Schema(s) im WSDL-Dokument generiert. Beim Code-First-Ansatz haben wir diese Klassen allerdings unterschieden in Hilfsklassen und Modellklassen. Diese Unterscheidung kommt aber nur daher, dass einige der JAXB-Modellklassen direkt als Parameter oder Rückgabetypen im Service-Interface oder in der Service-Implementierung vorkommen können (die »echten« Modellklassen), während andere nur dem Aufbau der SOAP-Messages dienen (die Hilfsklassen) und im Service gar nicht benutzt werden. Bei Contract-First spielt dieser Unterschied keine Rolle: Das Generierungstool muss lediglich zu jedem Schemakonstrukt ein Java-Konstrukt erstellen.

Service-Interface

Zusätzlich werden nun zwei Dinge generiert: ein Service-Interface und eine Service-Client-Klasse. Letztere können wir für den Moment ignorieren, wir werden sie erst in Abschnitt 8.5, »Webservice-Clients erstellen«, benötigen. Was uns viel mehr interessiert, ist das Service-Interface. Dabei handelt es sich um ein Java-Interface, das den Port-Typ im WSDL-Dokument widerspiegelt und all dessen Operationen als Java-Methoden enthält – mit Signaturen passend zu den Input-, Output- und Fault-Messages der jeweiligen Operationen. Zusätzlich sind dort schon die passenden Annotations vorhanden, so wie wir sie in Abschnitt 8.3.3 noch selbst erstellt haben.

WsImport

Was beim Code-First-Ansatz die Tools WsGen bzw. Apt für uns erledigt haben, macht bei Contract-First das Tool *WsImport*.

Generierung von Java-Artefakten

Die Modellklassen und das Service-Interface zu einem WSDL-Dokument werden bei JAX-WS mit dem Tool *WsImport* automatisch generiert. Dieses Generieren muss allerdings manuell einmalig nach Erstellung/Änderung des WSDL-Dokuments vom Entwickler angestoßen werden.

Wie schon Apt und WsGen liegt auch WsImport in Java 6 (oder höher) und in der JAX-WS-Referenzimplementierung jeweils als Kommandozeilentool vor und in Letzterer als Ant-Task. Auch hier würden wir dem Task wieder den Vorzug geben.

In unserem Eclipse-Projekt auf der Buch-CD können Sie WsImport über die External Tools Configuration *Beispiel 2 – Service-Contract-First –* [o]

Build starten. Dahinter steckt das Ant-Script *build.xml* im Ordner *servicecontractfirst*. Darin sehen Sie, wie Sie WsImport über Ant aufrufen können. Außerdem finden Sie einen entsprechenden Codeauszug in Listing 8.14.

```
<taskdef name="wsimport" classpathref="path.jaxws"
   classname="com.sun.tools.ws.ant.WsImport" />

<wsimport
   wsdl="${dir.wsdl}/CoolMathService.wsdl"
   sourcedestdir="${dir.srcgen}"
   destdir="${dir.classes}"/>
```

Listing 8.14 Beispielaufruf von WsImport

Task-Definition
Task-Aufruf

Auch diesmal muss zuerst einmal der Task definiert werden, so wie im Listing mit `<taskdef>` geschehen. Als Klasse müssen Sie dabei `com.sun.tools.ws.ant.WsImport` verwenden und die JAX-WS-Bibliotheken in den Klassenpfad einbinden. Der Aufruf von `<wsimport>` startet dann die Codegenerierung. Der Task benötigt nur drei Parameter bzw. Attribute.

Unter `wsdl` müssen Sie den Ort der WSDL-Datei angeben. Dies kann in Pfad im lokalen Datei-System, aber auch eine URL sein, falls das WSDL-Dokument nur über das Netzwerk zugreifbar ist.

Mit `sourcedestdir` legen Sie fest, in welchem Verzeichnis die generierten Java-Dateien abgelegt werden sollen. Darin werden dann aus dem Target-Namespace des WSDL-Dokuments und der Schemas automatisch Packages generiert. Alternativ geben Sie das Package über ein zusätzliches Attribut `package` von `<wsimport>` manuell an.

Mit `destdir` bestimmen Sie schließlich das Verzeichnis, in dem Ihre kompilierten Klassen abgelegt werden sollen. WsImport arbeitet hier genau wie Apt und WsGen und erzeugt nicht nur Quelltext, sondern kompiliert ihn auch noch gleich.

CoolMathService

In unserem Beispiel werden alle Artefakte im Quellordner *service-contractfirst/src-gen* generiert. Starten Sie die Generierung wahlweise über die oben genannte External Tools Configuration, das Beispiel enthält aber von Haus aus schon alle erzeugten Klassen. Für den `CoolMathService` liegen diese alle in folgendem Package:

```
de.javaundxml.jaxws.service.contractfirst.math
```

JAXB-Klassen

Darin finden Sie mit den Modellklassen `AbType` und `CType`, der dazu passenden `ObjectFactory` und der Package-Metainformations-Datei *package-info.java* zunächst einmal die von JAXB per Binding Compiler generierten Artefakte. Ein Blick in die `ObjectFactory` zeigt dabei, dass alle von uns im Schema definierten Elemente davon über entsprechende `createXXX()`-Methoden als `JAXBElement`-Instanzen erzeugt werden können.

Service-Interface

Übrig bleibt dann noch die Klasse `CoolMathService`, die aber die oben erwähnte Client-Implementierung ist die wir deshalb im Moment ignorieren. Interessant ist hingegen das Interface `CoolMathServiceType` – das eigentliche Service-Interface zum Port-Typ unseres WSDL-Dokuments. Seinen Inhalt haben wir in gekürzter Form und exemplarisch beschränkt auf die `add()`-Methode in Listing 8.15 abgedruckt.

```
@WebService(name="CoolMathServiceType",
   targetNamespace="...")
@XmlSeeAlso({ObjectFactory.class})
public interface CoolMathServiceType
{
   @WebMethod
   @WebResult(name="c", targetNamespace="")
   @RequestWrapper(localName="add", targetNamespace="...",
      className="de....codefirst.math.AbType")
   @ResponseWrapper(localName="addResponse",
      targetNamespace="...",
      className="de.....contractfirst.math.CType")
   public int add(
      @WebParam(name="a", targetNamespace="") int a,
      @WebParam(name="b", targetNamespace="") int b);
}
```

Listing 8.15 Auszug aus dem Service-Interface für den CoolMathService

Inhalt des Service-Interfaces

Wie Sie im Listing sehen, werden Sie zunächst einmal von einer Hülle und Fülle an Annotations erschlagen. Einige davon kennen Sie bereits aus Abschnitt 8.3.3 wie `@WebService`, `@WebMethod`, `@WebParam` und `@WebResult`. WsImport setzt sie alle gewissenhaft und befüllt ihre Werte so, dass ein 1:1-Bezug zum Original-WSDL-Dokument besteht. Neu für Sie sind die drei Annotations `@XmlSeeAlso`, `@RequestWrapper` und `@ResponseWrapper`.

@XmlSeeAlso

Erstere davon stammt aus der JAXB-API (aus dem Package `javax.xml.bind.annotation`) und teilt JAX-WS mit, welche `ObjectFactory` zum Erzeugen von Objekten verwendet werden soll.

@Request-Wrapper und @Response-Wrapper

Die beiden letzten sind JAX-WS-Annotations (aus dem Package `javax.xml.ws`) und dienen dazu, für die Input- und Output-Message die intern zu verwendende JAXB-Modellklasse anzugeben – bei uns `AbType` für die Input-Message und `CType` für die Output-Message.

Das war es auch schon, was zum `CoolMathService` bis hierhin zu sagen ist. Die drei anderen Methoden sehen nahezu identisch aus (bis auf die Namen), da alle dieselben Ein- und Ausgabetypen haben.

PersonenService

JAXB-Modellklassen

Die Artefakte für den `PersonenService` werden alle in das Package `de.javaundxml.jaxws.service.contractfirst.personen` generiert. Darin finden Sie diesmal für alle zehn Elemente, die im Schema unseres WSDL-Dokuments definiert sind, entsprechende JAXB-Modellklassen:

- `Person`
- `Exception`
- `Add` und `AddResponse`
- `Get` und `GetResponse`
- `GetAll` und `GetAllResponse`
- `Remove` und `RemoveResponse`

Zusätzlich gibt es natürlich wieder eine dazu passende `ObjectFactory` und *package-info.java*.

PersonenService-Exception

Für die Fault-Message `PersonenServiceException` wurde außerdem eine gleichnamige, von `java.lang.Exception` abgeleitete und entsprechend mit `@WebFault` annotierte Klasse erstellt, die ein Objekt vom Modellklassen-Typ `Exception` enthalten kann. Wir finden sie im Service-Interface wieder.

Service-Interface

Übrig bleiben nun noch die Service-Client-Klasse `PersonenService`, die wir wieder ignorieren, und das Service-Interface `PersonenServiceType`. Da es nach demselben Muster aufgebaut ist wie unser `CoolMathServiceType`, haben wir es allerdings nicht extra abgedruckt, sondern möchten Sie bitten, einen Blick in die Buch-CD zu werfen. Auf zwei Dinge möchten wir jedoch etwas detaillierter eingehen.

Besonderheit der remove()-Methode

Als Erstes sollten Sie einen Blick auf die Signatur der `remove()`-Methode des `PersonenServiceType`s werfen:

```
public void remove(
   @WebParam(name="id", targetNamespace="...")
```

```
int id,

@WebParam(name="removed", targetNamespace="...",
   mode=WebParam.Mode.OUT)
Holder<Boolean> removed,

@WebParam(name="person", targetNamespace="...",
   mode=WebParam.Mode.OUT)
Holder<Person> person);
```

Ausgabeparameter

Wie Sie sehen, verfügt die Methode über drei Parameter, obwohl die Input-Message der `remove`-Operation nur einen Parameter `id` vorsieht. Allerdings verrät uns der Wert `WebParam.Mode.OUT` des `mode`-Attributs der `@WebParam`-Annotation der letzten beiden Methodenparameter, dass es sich bei diesen um Ausgabeparameter handelt. Das kommt daher, dass in der Output-Message für die `remove`-Operation im WSDL-Dokument zwei Kindelemente `<removed>` und `<person>` angegeben sind, die Message also quasi aus zwei Parametern besteht. Da in Java eine Methode aber immer höchstens ein Objekt zurückgeben kann, muss JAX-WS in solchen Fällen eine Ausweichlösung anwenden:

- Die Java-Methode wird eine `void`-Methode.
- Hinter den Eingabeparametern werden noch Ausgabeparameter eingefügt, je einer für jedes Kindelement der Output-Message (bei uns `removed` und `person`).
- Diese Parameter haben alle den Typ `javax.xml.ws.Holder<T>`, wobei für `T` der Java-Typ für das Kindelement benutzt wird (bei uns `Boolean` und `Person`).
- Die Klasse `javax.xml.ws.Holder<T>` ist nichts weiter als eine generische Wrapper-Klasse mit einer `public`-Member-Variable `value` vom Typ `T`, in der ein Objekt vom Typ `T` abgelegt und herausgeholt werden kann.

javax.xml.ws. Holder<T>

Die Verwendung der `Holder`-Klasse ist ein einfacher Workaround, um doch mehrere Werte auf einmal zurückgeben zu können. Anstatt in der Implementierung mit einer `return`-Anweisung zu arbeiten, machen Sie einfach eine Zuweisung an die `value`-Member der verschiedenen `Holder`. Ein Beispiel dafür finden Sie im nächsten Abschnitt.

Fault-Messages und Wrapper-Exceptions

Schließlich gibt es einen zweiten Punkt, auf den wir Sie aufmerksam machen möchten: Die beiden Operationen `add` und `get` unseres Services referenzieren ja bekanntlich unsere Fault-Message `PersonenServiceException`. Dementsprechend finden Sie auch in der `add()`- und get()-Methode von PersonenServiceType die Anweisung throws PersonenServiceException. Das erklärt auch, warum die zuvor vorgestellte Klasse PersonenServiceException generiert wurde: In Java werden Fault-Messages auf Exceptions abgebildet und über throws-Anweisungen den entsprechenden Webmethoden hinzugefügt. Diese Fehlerklassen müssen aber alle Informationen tragen können, die auch im WSDL-Dokument zum Fault-Message-Element hinterlegt sind. Der einfachste Weg ist also, eine Wrapper-Fehlerklasse zu schreiben, die einerseits von java.lang.Exception erbt und andererseits die entsprechende JAXB-Modellklasse für die Fault-Message als Member-Variable enthält.

8.4.5 Service-Interface implementieren

Wie in Abschnitt 8.4.2 schon angekündigt, dürfen Sie im letzten Schritt zur Erstellung eines Webservices mit Contract-First nun endlich Java-Code schreiben. Konkret müssen Sie die hinter dem Service steckende Logik implementieren.

Nachdem wir aber im vorherigen Schritt schon alle Modell- und gegebenenfalls Exception-Klassen sowie das Service-Interface generiert haben, ist Ihnen das meiste aber ohnehin schon vorgegeben bzw. abgenommen. Sie müssen jetzt nur noch eine Klasse schreiben, die das Service-Interface implementiert, und dort eine passende @WebService-Annotation unterbringen. Der Kopf einer Service-Klasse sollte dabei immer folgendem Muster folgen:

```
@WebService(endpointInterface="xyz.Service"
   targetNamespace="[NS des Interfaces]")
public class ServiceImpl implements xyz.Service
{
   // Implementierung aller Service-Methoden
}
```

Inhalt der @WebService-Annotation

Beachten Sie, dass es nicht genügt, nur das Service-Interface per implements-Angabe zu implementieren, sondern es muss auch dessen voll qualifizierter Name im endpointInterface-Attribut der @WebService-Annotation angegeben werden. Außerdem sollten Sie das targetNamespace-Attribut auf denselben Wert setzen, wie er im Service-Interface angegeben ist.

Wie beim PersonenService aus dem Code-First-Ansatz müssen Sie bei der Implementierung der Methoden allerdings keine weiteren Annotationen mehr setzen, da diese bereits im Interface vorliegen.

In unserem Beispiel-Eclipse-Projekt finden Sie die Service-Implementierungen im Quellordner *service-contractfirst/src* in denselben Packages wie die generierten Service-Interfaces. Auf Details zu ihrem Inhalt gehen wir allerdings nicht ein, denn sie gleichen denen aus dem Code-First-Beispiel.

Umgang mit Holder-Parametern

Einen Punkt möchten wir aber dennoch kurz näher erläutern. Im vorherigen Abschnitt haben wir Ihnen die Klasse `javax.xml.ws.Holder<T>` vorgestellt, die von JAX-WS verwendet wird, um mehr als einen Output-Parameter zur Verfügung stellen zu können. Zur Veranschaulichung möchten wir Ihnen dazu Listing 8.16 den Inhalt der `remove()`-Methode der `PersonenServiceImpl`-Klasse kurz vorstellen.

```
public void remove(int id, Holder<Boolean> removedHolder,
   Holder<Person> personHolder)
{
   final Person person = _personen.remove(id);

   System.out.println("Removed: " + toString(person));

   personHolder.value = person;
   removedHolder.value = (person != null);
}
```

Listing 8.16 Umgang mit Holder-Parametern

Interessant sind für uns dort die letzten beiden Zeilen: Hier legen wir unsere beiden Ergebniswerte – das `Person`-Objekt und einen booleschen Wert, der aussagt, ob eine Entfernung überhaupt vorgenommen wurde – in den beiden entsprechenden `Holder`-Objekten ab. Dies geschieht einfach per Zuweisung an deren `value`-Member.

Das WSDL-Dokument einbinden

Eine Besonderheit gibt es noch zu erwähnen: Wenn Sie in der Service-Implementierung in der `@WebService`-Annotation keine weiteren Angaben machen als `endpointInterface` und `targetNamespace`, werden Sie beim Betrieb des Services vielleicht eine Überraschung erleben – beim Abrufen des WSDL-Dokuments über HTTP (über `[Port-URL]?wsdl`) werden Sie feststellen, dass JAX-WS nicht das von Ihnen ursprünglich erstellte WSDL-Dokument anzeigt, sondern das intern automatisch generierte, wie Sie es vom Code-First-Ansatz schon kennen.

Wenn Sie stattdessen Ihr Original-WSDL-Dokument verwenden möchten, sind noch ein paar Handgriffe nötig, die wir Ihnen exemplarisch in die Implementierungsklasse des PersonenServices – PersonenServiceImpl – eingebaut haben. Sie sehen die entsprechenden Änderungen auch in Listing 8.17. Dort haben wir Ihnen drei Attribute der @WebService-Annotation fett markiert.

```
@WebService(targetNamespace="...", endpointInterface="...",
   serviceName="PersonenService",
   portName="PersonenServicePort",
   wsdlLocation="wsdl/PersonenService.wsdl")
public class PersonenServiceImpl
   implements PersonenServiceType
```

Listing 8.17 Einbinden des WSDL-Dokuments in die Service-Implementierung

wsdlLocation

Das wichtigste davon ist wsdlLocation. Darin müssen Sie einen relativen Pfad zu Ihrem WSDL-Dokument angeben. Wie dieser relative Pfad interpretiert wird und wo Sie dementsprechend Ihre WSDL-Datei platzieren müssen, ist allerdings zwischen Endpoint-Mechanismus und Betrieb im Application Server unterschiedlich. Deshalb gehen wir erst in den folgenden Abschnitten näher auf das jeweilige Szenario ein.

portName und serviceName

Wenn Sie ein eigenes WSDL-Dokument nutzen, sollten Sie außerdem die schon bekannten Attribute portName und serviceName in der Annotation auf die entsprechenden Werte aus dem WSDL-Dokument setzen. Das heißt, diese Werte sollten den name-Attributen des <port>- bzw. <service>-Elements aus dem Ausgangs-WSDL-Dokument entsprechen. Wenn Sie diese Angaben weglassen, nimmt JAX-WS hierfür interne Default-Werte an, die sich wahrscheinlich nicht mit denen aus Ihrem WSDL-Dokument decken. Als Folge wird eine Exception beim Starten des Services geworfen.

Überschreiben der location in <soap:address>

In beiden Varianten – Endpoint-Mechanismus und Application-Server-Betrieb – sorgt JAX-WS übrigens automatisch dafür, dass das location-Attribut des <soap:address>-Elements im <port> auf den passenden Wert für Ihre Anwendung gesetzt wird. Es ist also egal, wie dieser Wert im Original in Ihrer WSDL-Datei aussieht – er wird in jedem Fall zur Laufzeit überschrieben.

8.4.6 Testbetrieb

Beim Contract-First-Ansatz funktioniert das Starten eines Webservices im Testbetrieb genauso wie beim Code-First-Ansatz (siehe Abschnitt 8.3.5).

In unserem Beispielprojekt auf der Buch-CD finden Sie im Quellordner *service-contractfirst/src* parallel zu den Service-Klassen dementsprechend auch wieder zwei Starter-Klassen `CoolMathServiceStart` und `PersonenServiceStart`. Sie unterscheiden sich kaum von denen aus dem Code-First-Beispiel, nur der TCP-Port ist geändert (damit alle vier Services ohne Port-Konflikte gleichzeitig laufen können).

[⊙] **Starter-Klassen**

Außerdem gibt es auch wieder vier Run Configurations – zwei, um die Services zu starten, und zwei, um die Test-Clients zu starten, allerdings beginnen deren Namen diesmal mit *Beispiel 2 – Service-Contract-First*. Die Test-Clients nutzen auch wieder vorgefertigte SOAP-Message-Dokumente, die jetzt im Ordner *service-contractfirst/messages* des Projekts liegen, denen aus Beispiel 1 aber stark ähneln. Sie können die Services damit schon nach Belieben starten und testen.

Launch Configurations und vorgefertigte SOAP-Messages

Das WSDL-Dokument einbinden

Es gibt allerdings einen kleinen, aber feinen Unterschied, den Sie beim Betrieb von Services bei Contract-First beachten müssen. Wie im vorigen Abschnitt angekündigt, ist es hier sinnvoll, das ursprüngliche WSDL-Dokument in die Anwendung einzubetten, anstatt automatisch von JAX-WS eines zur Laufzeit aus Service-Interface, Service-Implementierung und Modellklassen generieren zu lassen. In der Klasse `CoolMathServiceImpl` haben wir zum Vergleich das ursprüngliche WSDL-Dokument nicht angegeben, jedoch in der Klasse `PersonenServiceImpl` – dort haben wir das Attribut `wsdlLocation` der `@WebService`-Annotation gesetzt, und zwar auf den relativen Pfad `wsdl/PersonenService.wsdl`.

Einbinden des externen WSDL-Dokuments

Beim `Endpoint`-Mechanismus wird zur Laufzeit nach diesem Pfad im Klassenpfad der Anwendung gesucht, also in allen JAR-Dateien und sonstigen Ordnern, in denen *.class*-Dateien liegen. Deshalb müssen wir dafür sorgen, dass die Datei *PersonenService.wsdl* irgendwo im Klassenpfad in einem Unterordner *wsdl* vorhanden ist, bevor wir den `PersonenService` starten.

wsdlLocation beim Endpoint-Mechanismus

Wir erledigen das mit Ant beim Aufruf der Codegenerierung: In deren Zuge kopieren wir einfach beide WSDL-Dokumente aus dem *service-contractfirst/wsdl*-Ordner in den *classes*-Ordner des Projekts, den Eclipse beim Ausführen ja in den Klassenpfad einbindet. Deshalb müssen Sie einmal die Codegenerierung laufen lassen (External Tools Configuration *Beispiel 2 – Service-Contract-First – Build*), bevor Sie den `PersonenService` im Testbetrieb starten, sonst wird eine Exception fliegen.

Das WSDL-Dokument in den Klassenpfad einbinden

WSDL-Dokumente prüfen

Wenn Sie möchten, rufen Sie einmal die WSDL-Dokumente der beiden Services über HTTP – in gewohnter Weise über die URL *[Port-URL]?wsdl*. Sie werden sehen, dass der `CoolMathService` Ihnen wieder das altbekannte automatisch generierte WSDL-Dokument liefert, während der `PersonenService` das von Ihnen bereitgestellte (mit angepasster `<soap:address>`) zurückgibt.

8.4.7 Deployment in einem Application Server

Auch beim Betrieb in einem Application Server ändert sich gegenüber Code-First nur etwas, wenn Sie Ihr eigenes WSDL-Dokument einbinden möchten. Ansonsten gilt alles, was wir Ihnen in Abschnitt 8.3.6 schon beschrieben haben.

Bedeutung von wsdlLocation

Das Wichtigste, was Sie beim Einbinden eines WSDL-Dokuments beachten müssen, ist, dass der Umgang mit dem `wsdlLocation`-Attribut hier etwas anders ist. Zum einen wird der relative Pfad nicht mehr innerhalb des Klassenpfads aufgelöst, sondern innerhalb des Inhalts der WAR-Datei, in der Sie Ihren Webservice verpacken müssen. Zweitens dürfen Sie aber nur relative Pfade angeben, die mit dem Pfad *WEB-INF/wsdl* beginnen. Zusammen heißt das also, dass Sie alle Ihre eigenen WSDL-Dokumente in einem Unterordner *wsdl* des *WEB-INF*-Ordners Ihrer WAR-Datei unterbringen müssen und nicht irgendwo im Klassenpfad. Innerhalb dieses Ordners können Sie aber beliebige Unterordner anlegen und damit besser strukturieren, falls gewünscht.

wsdlLocation in der sun-jaxws.xml überschreiben

Die Doppeldeutigkeit des `wsdlLocation`-Attributs hat einen großen Nachteil, und zwar dann, wenn Sie Ihren Service in beiden Modi betreiben wollen, beispielsweise im `Endpoint`-Modus zum Testen und später in einer WAR-Datei in der Produktivumgebung. In solchen Fällen haben Sie aber die Möglichkeit, den Wert des Attributs in der *sun-jaxws.xml* zu überschreiben, wie in Listing 8.18 gezeigt.

```
<endpoint name="PersonenEndpoint"
   implementation="de.javaundxml.....PersonenServiceImpl"
   url-pattern="/Personen"
   wsdl="WEB-INF/wsdl/PersonenService.wsdl"/>
```

Listing 8.18 WSDL-Dokument-Pfad in der sun-jaxws.xml angeben

Wie Sie sehen, können Sie im `<endpoint>`-Element für Ihren Service ein Attribut `wsdl` und darin eine eigene URL angeben – speziell für den Betrieb im Application Server. Da die *sun-jaxws.xml* im `Endpoint`-Modus nicht benutzt wird, können Sie im `wsdlLocation`-Attribut der

`@WebService`-Annotation dann eine andere URL angeben, die nur im Testbetrieb gültig ist. Ihr Service wird dann trotzdem in beiden Umgebungen laufen.

Das Beispiel

Auch unser Contract-First-Beispiel lässt sich natürlich wieder bequem als Web-Applikation verpacken. Benutzen Sie dazu einfach die External Tools Configuration *Beispiel 2 – Service-Contract-First – WebApp*. Diese startet Ant und erzeugt schließlich eine Datei *service-contractfirst.war* im Unterordner *service-contractfirst/build* des Projekts. Dabei werden beide WSDL-Dokumente gleich richtig mit verpackt, und in der *sun-jaxws.xml* haben wir für den `PersonenService` die passende URL angegeben. Der `CoolMathService` arbeitet – wie schon im Testbetrieb-Beispiel – ohne extra eingebundenes WSDL-Dokument, auch wenn wir es trotzdem mit in die WAR-Datei kopieren. Zuletzt müssen Sie die WAR-Datei nun noch in gewohnter Weise in Ihrem Application Server deployen.

8.4.8 Zusammenfassung

Wir haben Ihnen nun die wichtigsten Aspekte des Contract-First-Ansatzes in JAX-WS vorgestellt. Auch hierbei werden Sie wieder tatkräftig von den automatischen Generierungs-Tools bei der Entwicklung unterstützt und müssen sich nur um wenig mehr als das Wesentliche – das WSDL-Dokument und die Implementierungslogik – selbst kümmern.

Modellklassen werden dank JAXB-Integration direkt aus den Schema(s) im WSDL-Dokument erzeugt. Wenn Sie WSDL und XML Schema beherrschen, können Sie über diesen Weg sogar viel Zeit sparen, da sie nicht selbst die ganzen Modellklassen schreiben müssen.

Genau wie die Modellklassen wird auch das Service-Interface automatisch generiert – und zwar aus dem Port-Typ. Mit jeder üblichen Java-Entwicklungsumgebung können Sie daraus dann bequem ein Skelett einer Implementierungsklasse generieren, in dem Sie nur noch die vorgefertigten Methodenrümpfe mit Ihrer Logik befüllen müssen.

Etwas Mehraufwand bringt die Einbindung der eigenen WSDL-Datei beim `Endpoint`-Mechanismus oder dem Betrieb im Application Server mit sich – hier hätte man vielleicht den WsImport etwas schlauer gestalten können, so dass dieser beispielsweise per Zusatzoption das WSDL-Dokument gleich mit im Quellordner parallel zum Service-Interface ablegt. Allerdings stellt auch die momentane Lösung kein Problem mehr dar, wenn man sich erst einmal daran gewöhnt hat und weiß, wo man eingreifen muss. Ansonsten unterscheidet sich der Betrieb eines Contract-First-Webservice aber kaum von dem eines Code-First-Webservice.

8.5 Webservice-Clients erstellen

In den vorherigen beiden Abschnitten haben wir uns damit beschäftigt, wie Sie mit JAX-WS Webservices erstellen und veröffentlichen. Allerdings können Sie JAX-WS genauso gut dazu verwenden, andere Webservices aufzurufen.

8.5.1 Verwandtschaft zwischen Server- und Client-Betrieb

Gemeinsamkeiten zwischen Service-Aufruf und -Bereitstellung

Tatsächlich besteht technologisch gar kein so großer Unterschied zwischen der Bereitstellung und dem Aufruf von Webservices: In beiden Fällen steckt der größte Aufwand darin, die über die Leitung gehenden SOAP-Nachrichten in Java-Klassen abzubilden und umgekehrt. Wir brauchen also in beiden Fällen Modellklassen und müssen Marshalling und Unmarshalling betreiben – gesprochen im XML-Binding-Jargon. Alles – dank JAXB – kein Problem.

Unterschiede in der Verarbeitungsrichtung

Der einzige Unterschied besteht darin, für welche Nachrichten Marshalling und für welche Unmarshalling betrieben werden muss. Eine Übersicht gibt Ihnen Tabelle 8.4.

Szenario	Notwendige Aktion für		
	Input-Message	Output-Message	Fault-Message
Bereitstellung (Server-Betrieb)	Unmarshalling	Marshalling	Marshalling
Aufruf (Client-Betrieb)	Marshalling	Unmarshalling	Unmarshalling

Tabelle 8.4 Übersicht Marshalling und Unmarshalling bei Webservices

Wie Sie sehen, sind praktisch nur die Verarbeitungsrichtungen umgekehrt, ansonsten können Sie weitestgehend die gleichen Ansätze nutzen. Aufgrund dieser vielen Gemeinsamkeiten werden Ihnen in JAX-WS auch sehr viele »alte Bekannte« aus den vorherigen beiden Abschnitten begegnen. Konkret handelt es sich dabei um:

- Das Tool *WsImport* – es wird auch beim Client genutzt, um die nötigen Hilfsklassen aus dem gegebenen WSDL-Dokument zu generieren.

- Das Service-Interface – es wird von WsImport generiert und dient auf Client-Seite dem Aufruf des Services.
- Die Modellklassen – sie werden ebenso von WsImport generiert und werden in manchen Fällen benötigt, um die Input-Message für den Service-Aufruf vorzubereiten und die Output-Message oder Fault-Message aus der Service-Antwort zu verarbeiten.

In den folgenden Abschnitt zeigen wir Ihnen nun, an welcher Stelle Sie mit welchen Konstrukten arbeiten müssen.

8.5.2 Die Vorgehensweise

Auch im Client-Betrieb ergibt sich wieder eine typische Vorgehensweise, andere Webservices aus Ihrer Applikation heraus aufzurufen. Diesmal besteht diese allerdings gerade einmal aus zwei Schritten.

Service-Interface, Binding-Klassen und Client generieren

Der erste Schritt zum Erstellen eines Webservice-Clients mit JAX-WS deckt sich genau mit dem zweiten Schritt aus dem Contract-First-Ansatz – nämlich die Generierung diverser Hilfsklassen aus dem WSDL-Dokument. Die verschiedenen Details hierzu finden Sie in Abschnitt 8.5.3.

Die Aufruf- und Verarbeitungslogik implementieren

Nach der Codegenerierung aus dem ersten Schritt können Sie schon beginnen, den client-spezifischen Code zu schreiben. Dieser besteht im Regelfall aus den folgenden vier Schritten:

1. Service-Proxy besorgen (was das ist, sehen Sie später)
2. Eingabedaten in Modellklassen verpacken
3. Service aufrufen
4. Ergebnisdaten aus den Modellklassen abrufen

Auf die Details zu diesen vier Schritten gehen wir in Abschnitt 8.5.4 näher ein.

8.5.3 Service-Interface, Binding-Klassen und Client generieren

Wie gerade erwähnt, ähnelt dieser erste Schritt sehr stark dem aus Abschnitt 8.4.4. Hier nochmals ein kurzer Rückblick:

- Wir rufen das JAX-WS-Tool *WsImport* über Ant auf.
- Als Eingabe übergeben wir das WSDL-Dokument.
- Als Ausgabe erhalten wir ein Service-Interface, JAXB-Modellklassen für alle Nachrichten und Schemainhalte sowie eine Service-Client-Klasse, die wir aber bisher ignoriert haben.

Genau dasselbe machen wir auch im Client-Betrieb – mit zwei Unterschieden. Erstens haben wir das WSDL-Dokument diesmal nicht selbst erstellt, sondern haben es uns vom Service-Provider besorgt oder zukommen lassen. Zweitens – Sie werden es sich denken – ignorieren wir diesmal keineswegs die generierte Service-Client-Klasse. Im Gegenteil: Sie wird zu einem unserer wichtigsten Werkzeuge, um den Webservice aufzurufen. Mehr dazu jedoch in Abschnitt 8.5.4.

[»]

Hinweis

Auf der Client-Seite gelten bezüglich der Kompatibilität dieselben Einschränkungen wie im Contract-First-Ansatz. Sie können also nicht Clients zu beliebigen WSDL-Dateien generieren, sondern es müssen bestimmte Voraussetzungen erfüllt sein.

Wenn das WSDL-Dokument den in Abschnitt 8.4.3 vorgestellten Regeln folgt, dürften keine Probleme auftreten. JAX-WS kommt sogar mit Abweichungen bei einigen dieser Regeln klar. Im Endeffekt müssen Sie aber einfach selbst ausprobieren, ob das jeweilige WSDL-Dokument angenommen wird oder nicht.

[»]

Hinweis

Falls Sie Einfluss auf den Service-Provider haben, sollten Sie mit ihm vereinbaren, dass er seinen Service konform mit dem WS-I Basic Profile 1.1 erstellt. Dann können Sie diesen auch sicher mit JAX-WS aufrufen.

Das Beispiel

Im unserem Beispielprojekt auf der Buch-CD sind alle Dateien für den Client-Betrieb in einem Ordner *client* und dessen Unterordnern enthalten. Die Namen der Run Configurations beginnen alle mit *Beispiel 3*. Die Datei *client/build.xml* zeigt Ihnen, wie wir die Codegenerierung anstoßen. Die entsprechenden Codeausschnitte demonstriert Ihnen auch Listing 8.19.

```
<property name="url.wsdl.coolmath"
   value="http://localhost:8082/service-contractfirst/↵
      CoolMath?wsdl"/>
```

```
<property name="url.wsdl.personen"
   value="http://localhost:8083/service-contractfirst/↵
      Personen?wsdl"/>

<wsimport destdir="${dir.classes}"
   sourcedestdir="${dir.srcgen}"
   package="de.javaundxml.jaxws.client.math.jaxws"
   wsdl="${url.wsdl.coolmath}"/>

<wsimport destdir="${dir.classes}"
   sourcedestdir="${dir.srcgen}"
   package="de.javaundxml.jaxws.client.personen.jaxws"
   wsdl="${url.wsdl.personen}"/>
```

Listing 8.19 Codegenerierung für den Client

Wie Sie sehen, definieren wir zunächst zwei Ant-Properties mit den URLs der WSDL-Dokumente unserer beiden Beispiel-Services. Wir haben dabei diejenigen aus dem Contract-First-Beispiel gewählt, wenn diese im `Endpoint`-Modus laufen.

<wsimport> aufrufen mit dem »Online-WSDL-Dokument«

Danach folgt der Aufruf von `<wsimport>`. Hierbei übergeben wir die jeweilige WSDL-Dokument-URL im `wsdl`-Attribut. Da diese beiden URLs jedoch nur zur Service-Laufzeit gültig sind, müssen die beiden Services tatsächlich gestartet sein, damit die Codegenerierung für den Client laufen kann (beachten Sie dies, falls Sie die Codegenerierung starten). Natürlich könnten Sie aber stattdessen die WSDL-Dokumente auch in lokalen Dateien ablegen und deren Pfade dem `<wsimport>` übergeben. Diese Vorgehensweise hat allerdings den Nachteil, dass sie jedes Mal wiederholt werden muss, falls sich der aufgerufene Webservice einmal ändert. Verweisen wir hingegen direkt auf die »Onlineversion« des WSDL-Dokuments, können wir sicher sein, bei jedem Codegenerierungs-Lauf immer die aktuellste Version zu nutzen.

Das package-Attribut

Außerdem sehen Sie im Listing, dass wir ein weiteres Attribut `package` benutzen. Damit legen wir explizit das Java-Package fest, in dem der Code generiert werden soll. Ansonsten würde JAX-WS es bekanntlich aus dem Target-Namespace von WSDL-Dokument und Schema(s) ableiten.

Die anderen beiden Parameter von `<wsimport>` – `sourcedestdir` und `destdir` – kennen Sie schon. Sie geben damit die Zielordner für generierten Quellcode und generierte Klassendateien an. Wie Sie im Build-Script sehen, lassen wir den Quellcode in den Ordner *client/src-gen* generieren. Wenn Sie möchten, können Sie gerne einen Blick darauf werfen, die

Ergebnisse entsprechen aber – wie schon erwähnt – denen vom Contract-First-Ansatz und wurden schon ausreichend beschrieben.

Run Configuration

Die Codegenerierung für den Client wird übrigens über die External Tools Configuration *Beispiel 3 – Client – Build* gestartet.

8.5.4 Die Aufruf- und Verarbeitungslogik implementieren

Nach der Codegenerierung im ersten Schritt können Sie nun bereits mit dem eigentlichen Client-Code beginnen. Sie werden dabei überrascht sein, wie einfach sich Webservices mit JAX-WS aufrufen lassen. Die zentralen Elemente für diese Lösung sind das von WsImport generierte Service-Interface und die generierte Service-Client-Klasse.

Grundlagen

Rolle des Service-Interfaces

Beim Contract-First-Ansatz haben wir das Service-Interface dazu benutzt, die Service-Logik zu implementieren, indem wir einfach eine Klasse geschrieben haben, die dieses Interface implementiert. Im Client-Betrieb ist es quasi genau umgekehrt: Hier implementieren wir das Interface nicht, sondern benutzen Instanzen davon, um den Webservice aufzurufen. Wir lassen uns dazu von JAX-WS ein spezielles Objekt erzeugen, das unser Service-Interface implementiert. Auf diesem Objekt rufen wir dann ganz normal die entsprechenden Methoden auf. Im Hintergrund wird dabei aber in Wirklichkeit der Webservice aufgerufen (der sich irgendwo im Netzwerk befinden kann). All dies wird jedoch vor uns verborgen – wir sehen tatsächlich nur unser Service-Objekt und bekommen gar nicht mit, dass die eigentliche Logik irgendwo im Netzwerk bereitgestellt wird.

Service-Proxy

Es bleibt nur die Frage, woher wir diese besondere Instanz des Service-Interfaces bekommen. Die Antwort liegt auf der Hand: über die automatisch generierte Service-Client-Klasse, die wir bislang noch ignoriert haben. Sie dient uns nämlich als Factory für die Service-Interface-Instanzen. Diese von der Factory erzeugten Objekte nennt man übrigens auch *Service-Proxy*.

Das Proxy-Entwurfsmuster

Der Begriff *Proxy* lässt sich aus dem Englischen mit *Vertreter* übersetzen und ist Namensgeber für ein weiteres bekanntes Design Pattern[4]. Ein Proxy ist demnach ein Objekt, das als Stellvertreter für ein anderes Objekt oder sogar eine Vielzahl von anderen Objekten stehen kann. Dabei ist nicht gesagt, wo sich diese Objekte befinden. Sie müssen nicht

4 *http://de.wikipedia.org/wiki/Stellvertreter_(Entwurfsmuster)*

in derselben virtuellen Maschine liegen, auch nicht auf demselben Rechner, und es müssen nicht einmal Java-Objekte sein. Wir als Entwickler bekommen davon allerdings nichts mit und sehen nur den Stellvertreter. Er ist für uns ein Objekt wie jedes andere, das ein Java-Interface implementiert.

Service-Proxy bei JAX-WS

Wie schon erwähnt, ist bei JAX-WS ein Service-Proxy ein Proxy-Objekt, das vordergründig das Service-Interface implementiert und im Hintergrund den eigentlichen Webservice aufruft. Abbildung 8.1 verdeutlicht dies nochmals.

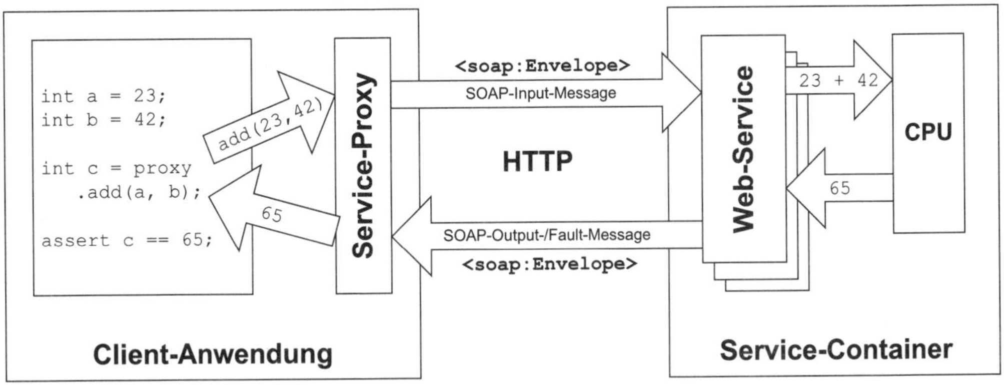

Abbildung 8.1 Funktion eines Service-Proxys

Sie sehen dort auf der linken Seite Ihre Client-Anwendung mit einem Beispiel-Client-Code. Dort wird an einer Stelle die `add()`-Methode des Service-Proxys aufgerufen. Die eigentliche Logik – das Addieren der beiden Zahlen – ist jedoch nicht in Ihrer Anwendung untergebracht, sondern wird irgendwo im Netzwerk als Webservice bereitgestellt. Unser Proxy erzeugt deshalb im Hintergrund eine SOAP-Nachricht (also ein XML-Dokument), in der er unsere Eingabeparameter 23 und 42 unterbringt. Diese Nachricht schickt er an die URL, die im Port des ursprünglich eingelesenen WSDL-Dokuments angegeben ist. Der dort erreichbare Webservice parst die Nachricht und führt die Addition mit Hilfe seiner lokalen CPU durch. Das Ergebnis – die 65 – verpackt er wiederum in eine SOAP-Nachricht und schickt diese zurück an unseren Service-Proxy. Dieser parst die Nachricht, holt sich das Ergebnis und liefert es schließlich an unsere Anwendung zurück. Von all dem haben wir jedoch nichts mitbekommen – wir haben einfach einer Methode zwei Zahlen übergeben und eine andere zurückbekommen.

[»]

Service-Proxys und WSDL-Ports

Ein Service-Proxy bei JAX-WS repräsentiert einen einzelnen Port eines Webservices: Er implementiert ein Java-Interface, das bei WSDL dem Port-Typ entspricht. Er nutzt SOAP/HTTP als Protokolle, was im WSDL-Dokument im Binding spezifiziert wird. Und er ist mit einer konkreten URL verknüpft, bei WSDL Teil des Ports.

Service-Proxy besorgen

In Abschnitt 8.5.2 haben wir Ihnen bereits erzählt, dass sich der Client-Code im Wesentlichen in vier Schritte unterteilen wird. Der erste davon ist, sich ein für den Service passendes Service-Proxy-Objekt zu besorgen. Die von WsImport erzeugte Client-Klasse dient uns dabei als Factory:

```
// Service-Client instanziieren (entspricht dem Webservice)
final CoolMathServiceService coolMathService =
   new CoolMathServiceService();

// Service-Proxy generieren (entspricht einem Port)
final CoolMathService coolMathPort =
   coolMathService.getCoolMathServicePort();
```

Service-Client-Klasse

Wie Sie sehen, lässt sich die Service-Client-Klasse bequem über den Default-Kontruktor generieren. Eine solche Klasse wird für jedes `<service>`-Element im geparsten WSDL-Dokument generiert, wobei in der Praxis selten mehr als ein `<service>`-Element vorkommen wird. Enthält ein WSDL-Dokument aber mehrere solcher Elemente, werden auch mehrere Client-Klassen erzeugt. Der Klassenname wird dabei aus dem Service-Namen abgeleitet.

Factory-Methoden und Service-Proxy

In jeder Client-Klasse existiert dann für jedes `<port>`-Kindelement des entsprechenden `<service>`-Elements eine Factory-Methode `getXXX()`, wobei `XXX` für den Namen des Ports steht. In der Praxis wird auch hier aber meistens nur einer existieren. Der Rückgabetyp der Factory-Methoden ist immer ein Service-Interface, und zwar das zu dem über den jeweiligen Port referenzierten Port-Typen. Das tatsächlich zurückgegebene Objekt ist ein entsprechender Service-Proxy.

Grundaufbau der Service-Client-Klasse

Die Service-Client-Klasse ist immer von der Klasse `javax.xml.ws.Service` abgeleitet, einer Basis-Klasse aus der JAX-WS-API, die alle nötigen Funktionalitäten implementiert. Außerdem wird die Client-Klasse über eine Annotation `@javax.xml.ws.WebServiceClient` mit Metainformationen ausgestattet und ihre Factory-Methoden über eine Annotation

@javax.xml.ws.WebEndpoint. Am besten werfen Sie selbst einen Blick darauf, das meiste ist selbsterklärend.

Service aufrufen

Eingabedaten verpacken

Nachdem wir uns nun einen Service-Proxy zu einem Port eines Webservices besorgt haben, können wir endlich den eigentlichen Aufruf vornehmen. Je nachdem, wie unser Service beschaffen ist, kann es dafür aber notwendig sein, unsere Eingabedaten in die entsprechenden JAXB-Modellklassen zu verpacken.

[zB]

Beim CoolMathServiceClient stellt sich dieses Problem nicht, da alle unsere vier Service-Methoden nur int-Werte als Parameter erwarten. Im PersonenServiceClient haben wir aber beispielsweise eine Hilfsmethode createPersonen() implementiert, die ein Array von Person-Objekten vorbereitet, für dessen Elemente wir dann nach und nach die add()-Methode aufrufen.

Service aufrufen

Sind die Eingabedaten fertig aufbereitet, können wir schließlich den Service aufrufen. Das ist jedoch trivial, denn dazu müssen wir nur die entsprechende Service-Methode auf unserem Service-Proxy aufrufen. Der Rest wird automatisch für uns erledigt. Im Quellcode ist kein Unterschied zu einem normalen Objekt zu erkennen:

```
System.out.println(coolMathPort.add(42, 23));
System.out.println(coolMathPort.subtract(42, 23));
System.out.println(coolMathPort.multiply(42, 23));
System.out.println(coolMathPort.divide(42, 23));
```

Dieser Code zeigt, wie es aussehen könnte, mit JAX-WS den CoolMathService aufzurufen. Wie Sie sehen, ist der Code vollkommen unscheinbar. Wenn Sie nicht wüssten, dass es sich bei coolMathPort um ein Service-Proxy-Objekt handelt, wüssten Sie nicht, dass hier im Hintergrund vier Webservice-Aufrufe stecken.

Ausgabedaten auspacken

Wenn der Rückgabetyp des Service-Aufrufs ein Modellklassen-Objekt ist, kann es nun noch nötig sein, die Daten von dort entsprechend zu extrahieren. Wie das Verpacken der Eingabedaten in Modellobjekte ist aber auch dieser Schritt natürlich spezifisch für Ihr jeweiliges Datenmodell. Allerdings ist es selbstverständlich auch denkbar, dass Ihre Anwendung einfach mit den Ausgabeobjekten direkt weiterarbeitet, ohne dass diese ausgepackt werden müssen.

Fehlerbehandlung

WebService-Exception

Treten beim Aufruf eines Webservices Fehler auf, so werfen die Service-Methoden eine `javax.xml.ws.WebServiceException`. Dabei handelt es sich um eine *unchecked* Exception, also eine, die von `RuntimeException` abgeleitet ist und keine `throws`-Anweisung in den Methoden erfordert, wo sie geworfen wird. Das heißt für uns, dass wir keine `try-catch`-Blöcke um die Aufrufe von Webservice-Operationen bauen *müssen*. Wir sollten uns aber durchaus bewusst sein, dass die `WebServiceException` fliegen *kann*. Wenn Sie nämlich an keiner Stelle abgefangen wird, stürzt Ihre Client-Anwendung ab.

Business Errors

Wirft eine Service-Methode eine `WebServiceException`, heißt das normalerweise, dass ein *technischer* Fehler (oder *Technical Error*) beim Aufruf des Webservices aufgetreten ist, beispielsweise weil dieser nicht erreichbar war. Dem gegenüber stehen die *checked* Exceptions, die von einer Service-Methode geworfen werden können und dementsprechend über eine `throws`-Anweisung deklariert sind, so dass wir uns mit `try-catch`-Blöcken um ihre Behandlung kümmern müssen. Diese Exceptions stehen – wie Sie schon wissen – für Fault-Messages, die der Service schicken kann. Solche Fehler sind nicht technisch bedingt, sondern werden bewusst innerhalb der Geschäftslogik des Services erzeugt, beispielsweise weil der Client ungültige Eingabedaten geschickt hat. Man nennt sie deshalb auch *Business Errors*.

Technical Errors

Technical Errors werden in JAX-WS auf die Klasse `WebServiceException` abgebildet. Da sie unerwartet sind, handelt es sich dabei um unchecked Exceptions, die nicht unbedingt vom Client abgefangen werden müssen.

Business Errors

Business Errors werden in JAX-WS auf service-spezifische Exception-Klassen abgebildet. Da sie Teil der Geschäftslogik und somit nicht unerwartet sind, handelt es sich dabei um checked Exceptions, die vom Client abgefangen werden müssen.

Das Beispiel

In unserem Beispielprojekt finden Sie im Quellordner *client/src* zwei Packages, die zwei Klassen `CoolMathServiceClient` und `PersonenServiceClient` enthalten. Darin haben wir den Client-Code für unsere beiden Services untergebracht. Sie sehen dort exemplarisch, wie Aufrufe von Webservices mit JAX-WS aussehen können. Allerdings kümmern wir uns dort nur um Business Errors und ignorieren mögliche WebServiceExceptions.

Ein Blick in die main()-Methoden der Klassen zeigt, dass wir auch dort im ersten Schritt die Service-Client-Klasse instantiieren und uns dann über eine Factory-Methode einen Service-Proxy besorgen, der das jeweilige Service-Interface implementiert.

Danach folgt weiterer Code, in dem wir die diversen Operationen der beiden Webservices aufrufen. Speziell im PersonenServiceClient müssen wir dazu die Eingabedaten in Modellobjekte verpacken – über die Methode createPersonen() – und die Ausgabedaten wieder von dort auspacken – über die Methoden personToString() und printException().

Wenn Sie sich den Client-Code im Detail ansehen wollen, möchten wir Sie bitten, dies im Beispielprojekt zu tun. Der größte Teil davon ist unspektakulär, deswegen haben wir ihn hier nicht abgedruckt.

Holder auf der Client-Seite

In Abschnitt 8.4.5 haben wir Ihnen bereits die JAX-WS-Hilfsklasse javax.xml.ws.Holder<T> vorgestellt, die von JAX-WS verwendet wird, um mehrere Ausgabeparameter für eine Operation in Java abzubilden. Wir haben Ihnen den Umgang damit anhand der Implementierung der remove()-Methode des PersonenServiceImpl gezeigt.

Genau wie auf der Server-Seite arbeiten wir natürlich auch auf der Client-Seite mit Holder-Objekten. Wir möchten Ihnen dazu als Beispiel den Codeausschnitt aus dem PersonenServiceClient zeigen, in dem wir die gerade erwähnte remove()-Methode aufrufen. Werfen Sie dazu einen Blick auf Listing 8.20.

```
Holder<Boolean> removedHolder = new Holder<Boolean>();
Holder<Person> personHolder = new Holder<Person>();

personenPort.remove(2, removedHolder, personHolder);
System.out.println(removedHolder.value);
if(removedHolder.value)
{
   System.out.println(personToString(personHolder.value));
}

personenPort.remove(4, removedHolder, personHolder);
```

```
System.out.println(removedHolder.value);
if(removedHolder.value)
{
   System.out.println(personToString(personHolder.value));
}
```

Listing 8.20 Aufruf einer Operation mit Holder-Objekten

Holder-Objekte vorbereiten

Im Listing sehen Sie, dass Sie im Client-Code zunächst alle `Holder`-Objekte vorbereiten müssen, die für den Aufruf der Service-Operation benötigt werden. Dies geschieht ganz einfach über den Default-Konstruktor, Sie müssen nur auf die richtige Typisierung achten (hier mit `Boolean` und `Person`).

Aufruf und Ergebnisabfrage

Danach folgt der eigentliche Aufruf. Dazu müssen Sie der Methode nicht nur die Eingabedaten, sondern auch die `Holder`-Objekte übergeben. Nach dem Aufruf können Sie dann die Ergebnisse einfach über deren `value`-Member abfragen. Wie Sie außerdem sehen, sind `Holder`-Objekte wiederverwendbar: Nach dem ersten Aufruf von `remove()` übergeben wir dieselben Objekte auch dem zweiten.

8.5.5 Zusammenfassung

Sie haben nun gesehen, wie Sie mit JAX-WS Webservice-Clients erstellen. Ist die Grundvoraussetzung erfüllt, dass das WSDL-Dokument mit JAX-WS kompatibel ist, ist der Rest sehr einfach: Sie lassen einmal pro Service die Codegenerierung mit WsImport laufen und haben dann schon alle Hilfs- und Modellklassen, um den Service mit Java-Mitteln und ohne Kenntnis von technischen Details aufrufen zu können. Dann müssen Sie nur noch den spezifischen Client-Code schreiben, wobei der Webservice (Port) in Form eines Service-Proxys als normales Objekt repräsentiert wird. Die ganze Handhabung der SOAP-Nachrichten und deren Versand und Empfang über HTTP wird Ihnen abgenommen.

8.6 Ausblick

Sie haben nun das Wichtigste erfahren über die Java API for XML Webservices. Wir haben Ihnen die zwei grundsätzlichen Möglichkeiten vorgestellt, wie Sie damit Webservices in Java schreiben und bereitstellen. Außerdem haben Sie gesehen, wie Sie schnell und einfach Clients für andere Webservices erstellen.

Dank der konsequenten Nutzung von Annotations, JAXB und Codegenerierung ist aus JAX-WS eine rundum durchdachte, einfach zu benutzende und mächtige API geworden, die den Vergleich mit anderen Webservices-Technologien nicht scheuen muss.

Trotz allem, was Sie im Laufe dieses Kapitels bereits von JAX-WS kennengelernt haben, bleibt es aber bei unserer zu Beginn des Kapitels getroffenen Aussage: Wir haben bis jetzt lediglich ein bisschen an der Oberfläche gekratzt. Sie haben es vielleicht hier und da gemerkt: Wir sind an manchen Stellen nicht auf die Hintergründe eingegangen, haben manche Informationen weggelassen und Ihnen vieles noch nicht gezeigt.

Glücklicherweise gilt aber auch bei JAX-WS wieder die 20/80-Regel: Mit 20 % der Features können wahrscheinlich 80 % der Anwendungsfälle abgedeckt werden. Es ist also nicht so, dass Sie nach dem Durcharbeiten dieses Kapitels JAX-WS noch gar nicht produktiv nutzen können, doch werden in der Praxis sicher Fragen und Probleme auftauchen, die wir in diesem Buch nicht beantworten. Deshalb möchten wir Ihnen zum Schluss, ohne dabei auf nähere Details einzugehen, zumindest noch einen kleinen Ausblick darauf geben, was Sie mit JAX-WS noch alles machen können.

8.6.1 JAX-WS-Dokumentation

Die JAX-WS-Referenzimplementierung gibt Ihnen zwei Dinge an die Hand, mit denen Sie mehr über die weiteren Features lernen können: die Dokumentation und die Beispiele.

Erstere liegen bekanntlich im *docs*-Ordner der Distribution. Darin finden Sie eine Datei *UsersGuide.html*. Diese ist sozusagen die Anleitung zu JAX-WS. Sie finden dort unter dem Punkt »3. Programming Model« beispielsweise eine kurze Zusammenfassung über das, was wir Ihnen in den letzten drei Unterkapiteln erzählt haben: das Schreiben von Services mit Code-First und Contract-First sowie die Client-Erstellung. Unter Punkt »2.0 Features« finden Sie des Weiteren einen kurzen Überblick über Technologien, die JAX-WS verwendet, unterstützt und zur Verfügung stellt.

Außerdem sehen Sie im oberen Teil der Seite ein kleines Menü, mit dem Sie durch die gesamte JAX-WS-Dokumentation navigieren können. Dort sollte der Reiter USER'S GUIDE und in der blauen Leiste darunter der Eintrag OVERVIEW fett gedruckt sein. In eben dieser blauen Leiste können Sie nun die verschiedenen fortgeschrittenen Features von JAX-WS (bzw.

der Referenzimplementierung) durchschalten. Hinter jedem Link ist eine HTML-Seite mit grundlegenden Informationen zur jeweiligen Technologie hinterlegt. Einen kleinen Überblick, was sich hinter welcher Technologie verbirgt, gibt Ihnen Tabelle 8.5.

Technologie	Beschreibung
Provider	Über die Provider-API von JAX-WS programmieren Sie Webservices auf der Nachrichtenebene, hantieren also direkt mit den XML-Nachrichten. Hier haben Sie maximale Flexibilität, aber auch minimalen Programmierkomfort.
AsyncProvider	Hierbei handelt es sich um eine JAX-WS-Erweiterung aus der Referenzimplementierung, mit der Provider-Webservices mit Multithreading-Mechanismen erstellt werden können. Dies dient der besseren Skalierung, lohnt sich also, wenn Ihr Service sehr oft von verschiedenen Clients gleichzeitig aufgerufen wird.
Dispatch	Die Dispatch-API ist auf der Client-Seite das, was die Provider-API auf der Server-Seite ist: Sie bietet Möglichkeiten, Webservices direkt auf der XML-Nachrichten-Ebene aufzurufen.
Asynchronous Client	Webservice-Aufrufe können mit JAX-WS auch asynchron erfolgen. Das heißt, dass der aufrufende Thread sich nicht mit der Verarbeitung des Ergebnisses befasst, sondern dies einem gesonderten Thread überlässt. So muss der Haupt-Thread nicht warten, sondern kann sofort andere Aufgaben erledigen. Diese Aufrufe funktionieren mit der klassischen Client-API (wie im Buch vorgestellt) und der Dispatch-API.
Handler	Handler sind Klassen, die in den regulären Aufruf von Webservices auf Client- und Server-Seite per Konfiguration »eingeklinkt« werden können. Sie können auf diese Weise immer wiederkehrende Aufgaben (wie Logging, Security usw.) aus der eigentlichen Client- oder Service-Implementierung auslagern und wiederverwenden. Client und Service bleiben dadurch sauberer, da sie nur mehr die reine Geschäftslogik enthalten müssen.
MTOM and Swaref	Diese beiden Technologien beschäftigen sich mit der Übertragung von Binärdaten an und von Webservices und mit allem, was dazu nötig ist.
SOAP 1.2	Standardmäßig nutzt JAX-WS die Version 1.1 des SOAP-Protokolls. Optional kann aber auch SOAP 1.2 genutzt werden (mit ein paar Anpassungen).

Tabelle 8.5 Fortgeschrittene JAX-WS-Technologien

Technologie	Beschreibung
WSDL Customization	Vielleicht erinnern Sie sich an die *Binding Declarations* von JAXB. Mit ihnen übergeben Sie dem XJC direkt im Schema oder einer eigenen Datei verschiedene Konfigurationsparameter, die die Codegenerierung beeinflussen. Selbiges gibt es auch in JAX-WS für den WsImport. Diese Technologie wird gerne in den JAX-WS-Beispielen verwendet, ist also auf jeden Fall einen Blick wert.
Annotations	Dieser Abschnitt der Dokumentation enthält einen nützlichen Überblick über alle Annotations, die Sie bei JAX-WS verwenden können/müssen.
WS-Addressing	Beim Aufruf eines Webservices müssen diverse Informationen bekannt sein: URL, Name des Services, Name der Operation, Messages usw. Wo und wie diese untergebracht sind, ist aber spezifisch für das Nachrichten- und Übertragungsprotokoll (z. B. SOAP/HTTP). WS-Addressing ist eine optional nutzbare Zusatztechnologie, die diese Informationen protokollunabhängig spezifiziert.
Stateful Web Service	Dieses Feature der Referenzimplementierung erlaubt es, zwischen mehreren Aufrufen eines Webservices einen serverseitigen Zustand zu verwalten – quasi wie eine HTTP-Session.
Catalog	Catalog-Dateien sind uns schon einmal bei JAXP begegnet. Damit verwalten Sie externe XML-Ressourcen (wie WSDL-Dokumente oder Schemas) transparent lokal. Anstatt über das Netz ein WSDL-Dokument zu laden, würde JAX-WS also automatisch die lokale Datei verwenden, auch wenn die URL ins Netz zeigt.
Interoperability	Last but not least finden Sie unter diesem Punkt der Dokumentation eine knappe Übersicht, mit welchen Technologien JAX-WS arbeitet bzw. mit welchen es kompatibel ist.

Tabelle 8.5 Fortgeschrittene JAX-WS-Technologien (Forts.)

Wie Sie sehen, gibt es noch ein Hülle und Fülle an Erweiterungen und zusätzlichen Features für JAX-WS, teilweise im Standard hinterlegt, teilweise nur durch die Referenzimplementierung bereitgestellt.

8.6.2 JAX-WS-Beispiele

Interessant sind natürlich auch die Beispiele, die bei der Referenzimplementierung mitgeliefert werden. Sie finden sie dort im Unterordner *samples*. Die darin enthaltenen Projekte sind klein und übersichtlich gehalten und beziehen sich alle auf einen Teilaspekt von JAX-WS. Auch wird oftmals im Dokumentationsteil auf manche davon verwiesen.

8.6.3 Alternative Implementierungen: Apache Axis2 und Apache CXF

Wie beispielsweise für JAXP oder JAXB gibt es natürlich auch Alternativen zu JAX-WS, also andere Implementierungen, die es Ihnen erlauben, Webservices mit Java bereitzustellen. Auf zwei der momentan gängigsten Vertreter davon aus der Open-Source-Welt – Apache Axis2 und Apache CXF – wollen wir zum Schluss noch eingehen.

Apache Axis2

Vor ein paar Jahren: die Vorherrschaft von Axis

Wenn Sie vor ein paar Jahren Webservice mit Java betreiben wollten, gab es nur eine wirklich anerkannte Alternative: das Projekt *Axis* von der Apache Foundation. Zu diesen Zeiten existierte anfangs noch kein wirklich brauchbarer Standard in Java für Webservices. Zwar gab es irgendwann JAX-RPC – der direkte Vorgänger von JAX-WS –, jedoch war dieser auf den SOAP-Vorgänger XML-RPC konzentriert und bei weitem nicht so komfortabel.

Das Axis-Projekt hingegen stellte ein sehr komfortables Framework dar, das bereits mit SOAP umgehen konnte und schon über Codegenerierung den Vorteil erbrachte, dass die Entwickler sich hauptsächlich nur auf die Geschäftslogik konzentrieren mussten.

Alles mach neu: Axis2

Nach einigen Jahren Axis-Erfolgsgeschichte wurde schließlich eine komplett neue Implementierung erstellt: *Axis2*. Das Projekt wurde völlig von vorn begonnen, jedoch basierend auf den Erkenntnissen von und Erfahrungen mit Axis. Dabei wurden diverse Schwächen behoben, und eine sehr flexible neue Basisarchitektur wurde entwickelt. Das Ergebnis ist ein würdiger Nachfolger von Axis, der mit hoher Flexibilität, Konfigurierbarkeit, Erweiterbarkeit und Feature-Reichtum glänzt und in jedem Fall einen näheren Blick wert ist.

Schwächen bei der JAX-WS-Unterstützung

Allerdings ist Axis2 nicht von Haus aus als JAX-WS-Implementierung konzipiert – JAX-WS-Unterstützung wurde erst nachträglich (und wird teilweise noch) eingebaut. Diese Tatsache muss nicht unbedingt stören, allerdings ist JAX-WS der offizielle Standard für Webservice-Implementierungen in Java. Somit ist nicht zwangsweise Austauschbarkeit gewährleistet, wenn Sie einmal mit Axis2 zu implementieren begonnen haben. Die Website von Axis2 ist *http://ws.apache.org/axis2/*. Dort finden Sie die aktuellen Versionen sowie zahlreiche Dokumentationen und Anleitungen.

Apache CXF

Eine bei weitem nicht so lange Erfolgsgeschichte kann das Projekt *Apache CXF* vorweisen. Der »Newcomer« in der Welt der Java-Webservices ist allerdings keinesfalls zu unterschätzen: CXF ist aus zwei ernstzunehmenden Frameworks hervorgegangen, *Celtix* und *XFire*.

JAX-WS-Unterstützung und Protokollvielfalt

Zu den Stärken von Apache CXF zählt die enge Integration mit JAX-WS, wo Axis2 noch etwas hinterherhinkt. Außerdem kann es gegenüber der Referenzimplementierung mit einer höheren Zahl an unterstützten Übertragungsprotokollen punkten – beispielsweise *JMS*. Außerdem unterstützt es *RESTful Services* (auf die wir allerdings nicht weiter eingehen werden). Apache CXF ist über seine Website *http://cxf.apache.org/* zugänglich.

Gegenüberstellung

Apache CXF ist damit stark in der Welt der Service-oriented Architectures (SOAs) und Enterprise Services Buses (ESBs) beheimatet, wo ein Service noch allgemeiner aufgefasst wird als bei den klassischen Webservices, die meistens über SOAP/HTTP implementiert sind. Axis2 ist dagegen eher ein Vertreter der klassischen Welt und kann hier mit seinem Feature-Reichtum punkten.

8.6.4 Zusammenfassung

Wie Sie gesehen haben, gibt es noch eine Hülle und Fülle an Dingen über Webservices (und Java) zu entdecken. Dies hat wie immer Vor- und Nachteile: Zum einen können Sie fast sicher sein, dass gerade Ihr Problem schon an irgendeiner Stelle in irgendeiner Bibliothek gelöst wurde oder eine gute Hilfestellung besteht. Allerdings müssen Sie schon Glück haben, diese Stelle zu finden. Lassen Sie sich aber nicht entmutigen. Fangen Sie langsam an, und arbeiten Sie sich schrittweise vorwärts. JAX-WS und seine Referenzimplementierung sind dafür einfach perfekt.

In diesem Kapitel erhalten Sie einen Überblick über die wichtigsten Grundbegriffe des XML-Publishings, sowie eine grundlegende Einführung in das XML-Publishing-Framework Apache Cocoon.

9 Publishing mit Java und XML

Hand aufs Herz, was würden Sie antworten, wenn Sie jemand danach fragen würde, was denn eigentlich unter dem Begriff *XML-Publishing* zu verstehen ist? Sie würden vielleicht antworten, dass es sich hierbei um die Veröffentlichung von Inhalten mit Hilfe von XML handelt. Und das ist grundsätzlich auch korrekt. Doch welche konkrete Rolle spielt eigentlich XML in einem solchen Publishing-Prozess, und wie ist das generelle Vorgehen dabei? Wie viele Dinge in der Welt von XML, so wird auch der Begriff »XML-Publishing« häufig als Oberbegriff für ein breites Anwendungsgebiet verwendet, wobei allerdings die konkrete Bedeutung eine eher untergeordnete Rolle spielt.

In diesem Kapitel möchten wir Ihnen einen Einblick in das Publishing mit XML geben und dabei im Speziellen auf Java als zugrundeliegende Programmiersprache aufbauen.

9.1 Grundbegriffe

Bevor wir uns damit beschäftigen, wie ein XML-Publishing-Prozess aussehen könnte, sollen zunächst der Begriff »XML-Publishing« sowie seine Bestandteile etwas näher erläutert werden, um Ihnen ein konkreteres Verständnis dieser relativ unpräzisen Thematik zu vermitteln.

Content Repository

Ausgangspunkt eines XML-Publishing-Prozesses ist stets eine Datenbasis, die in einem XML-Format vorliegt. Diese Datenbasis wird *Content Repository* genannt und zeichnet sich vor allem dadurch aus, dass sie vollkommen medienneutral ist. Es muss also an dieser Stelle noch nicht explizit definiert sein, wie die Inhalte für ein bestimmtes Medium, wie z. B. das Web, oder als Print-Format aufbereitet werden müssen. Die konkrete

XML-Struktur des Content Repositorys ist in der Regel in DTD oder XML Schema festgelegt.

Content Syndication Der einfachste Fall für ein Content Repository besteht darin, dass alle Daten direkt in einem einzigen XML-Dokument vorliegen. Dies ist aber nicht unbedingt die Regel. Häufig müssen Inhalte zunächst von verschiedenen Datenquellen – wie z. B. XML-Dokumenten über das Web oder aus Datenbanken – zusammengefasst werden. Eine solche Zusammenfassung wird *Content Syndication* genannt.

Transformation Nachdem die Inhalte des Content Repositorys beschafft wurden, können sie über einen oder mehrere Schritte hinweg mit Hilfe von XML-Werkzeugen – wie z. B. XSLT – in beliebige andere (XML-)Formate transformiert werden.

Multichannel Publishing Am Ende der Transformationen steht letztendlich die Erzeugung des Zielformats, also eines Formats, das speziell für ein bestimmtes Medium vorgesehen ist, beispielsweise ein PDF-, ein HTML- oder ein SVG-Dokument. Hierbei handelt es sich um den Publishing-Prozess im eigentlichen Sinne. Aufgrund der vielfältigen »Kanäle«, die möglich sind, um ein Zielformat zu erzeugen, wird dieser Teil des XML-Publishings *Multichannel Publishing* genannt.

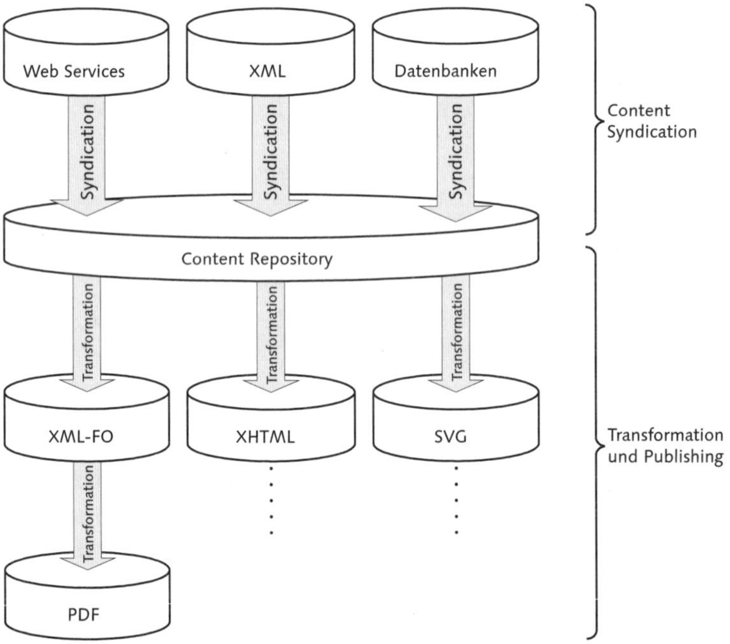

Abbildung 9.1 Beispiel für einen XML-Publishing-Prozess

In Abbildung 9.1 sehen Sie ein Beispiel für den grundsätzlichen Aufbau eines XML-Publishing-Prozesses. Im Abschnitt »Content Syndication« werden die Daten aus den verschiedenen Datenquellen »Web Services«, »XML« und »Datenbanken« in einem Content Repository zusammengefasst. Aus dem Content Repository können sich anschließend beliebige Transformationsdienste bedienen, indem sie seinen XML-Inhalt auslesen und entsprechend konvertieren.

9.2 XML-Publishing-Frameworks

Genau wie für viele Bereiche der Programmierung gibt es natürlich auch für das XML-Publishing bereits mehr oder weniger gute Frameworks, die den hier vorgestellten Publishing-Prozess teilweise oder gar vollständig unterstützen.

Eventuell stellen Sie sich an diesem Punkt die Frage, weshalb der Einsatz eines solchen XML-Publishing-Frameworks überhaupt sinnvoll ist, da die genannten Schritte wie z. B. *Content Syndication* oder *Transformation* grundsätzlich ja auch mit den bereits vorgestellten Bibliotheken wie beispielsweise Xalan in Verbindung mit eigenen Erweiterungen durchgeführt werden könnten. Ein XML-Publishing-Framework enthält jedoch wesentlich mehr: Es unterstützt sie dabei, Daten von verschiedenen Datenquellen zu aggregieren, diese Daten auf verschiedene Arten zu transformieren (nicht nur mit XSLT) und wiederum auf verschiedene Arten auszugeben. Durch den Einsatz von fertigen Komponenten, z. B. für das Auslesen von Daten oder das Erzeugen von Zieldokumenten (z. B. PDF, JPG), stellen XML-Publishing-Frameworks darüber hinaus eine deutliche Erleichterung gegenüber einer Eigenimplementierung dar und kombinieren häufig die verschiedensten Techniken miteinander. Sie ermöglichen ein wesentlich einfacheres, komfortableres und damit effektiveres Arbeiten. Bevor Sie also einen der oben genannten Punkte – wie z. B. *Content Syndication* oder *Multichannel Publishing* – selbst implementieren, wägen Sie vorher bitte genau ab, ob sich die Einarbeitung in ein XML-Publishing-Framework nicht doch lohnen würde. Denn oftmals ist zwar der Einstieg etwas aufwendig, danach ist aber häufig eine erhebliche Steigerung der Entwicklungsgeschwindigkeit sowie der Qualität der Lösung das Resultat.

Bei der Auswahl eines entsprechenden Frameworks gilt es zunächst zu ermitteln, in welcher Umgebung das System zum Einsatz kommen soll. So werden beispielsweise an ein Framework, das in einem Webumfeld zum Einsatz kommt und dessen Inhalte direkt aufbereitet werden müssen, andere Anforderungen gestellt, als wenn es direkt auf dem lokalen Rechner verwendet wird und eine Aufbereitung beispielsweise im Voraus erfolgen kann. Nachfolgend eine kleine Übersicht über kommerzielle und frei verfügbare Frameworks ohne Anspruch auf Vollständigkeit.

- **Anastasia**
  http://www.sd-editions.com/anastasia
- **Apache Cocoon**
  http://cocoon.apache.org
- **Presenting XML**
  http://presentingxml.sourceforge.net
- **Resin**
  http://www.caucho.com
- **Snaml**
  http://www.neatware.com/snaml
- **X4Dialog**
  http://www.x4dialog.de

Die Liste solcher Frameworks für den Bereich XML-Publishing ließe sich noch beliebig erweitern. Allerdings gibt es neben dem Einsatzzweck ein weiteres wichtiges Kriterium, das bei der Auswahl eines geeigneten Frameworks in Betracht gezogen werden sollte: die Ausgereiftheit und Verbreitung der Software. Ein kostenloses Open-Source-Framework, das diese Voraussetzungen erfüllt und zu den bekanntesten und am weitesten verbreiteten XML-Publishing-Frameworks gehört, ist *Cocoon* von der Apache Software Foundation. Aus diesem Grund und wegen der Tatsache, dass Cocoon in Java geschrieben ist, möchten wir Ihnen dieses Framework in den folgenden Abschnitten etwas ausführlicher vorstellen, wenngleich aufgrund des enormen Leistungsumfangs, den dieses Framework bietet, nur eine Betrachtung der – für das XML-Publishing – wichtigsten Punkte in Frage kommt.

9.3 Apache Cocoon

Die erste Version von Cocoon erschien 1998 und wurde von Stefano Mazzocchi entwickelt. Dabei handelte es sich zunächst noch lediglich um ein relativ einfaches Servlet, das eine Trennung von Layout und Inhalt erlaubte, indem es serverseitig eine XSL-Transformation durchführte und das Ergebnis anschließend an den Client übermittelte. Diese erste und die darauffolgenden Versionen von Cocoon hatten jedoch einen entscheidenden Nachteil: Die Verarbeitung der XML-Dokumente geschah auf Basis von DOM, was in einer Webumgebung nicht unbedingt von Vorteil ist, zumal zunächst eine vollständige Abbildung jedes XML-Dokuments im Speicher erzeugt werden musste, bevor es an den Client ausgeliefert werden konnte. Auch die Geschwindigkeit von Cocoon ließ bei der Verwendung von DOM bei größeren Dokumenten noch zu wünschen übrig.

Cocoon 2

Einen Ausweg aus diesem Dilemma bot die neue Generation von Cocoon ab der Version 2.0. Nach langen zwei Jahren Entwicklungszeit wurde diese Version von Cocoon im Jahre 2001 veröffentlicht und vollzog neben erhöhter Skalierbarkeit, Modularität und Stabilität auch den Umstieg von DOM zu SAX und einer Art Streaming-Architektur, womit eine deutliche Steigerung der Performance einherging. Die zusätzliche Einführung eines ausgefeilten Caching-Mechanismus tat ihr Übriges, um Cocoon endgültig auch für den massiven Einsatz im Webumfeld zu positionieren. Dadurch wurde Cocoon 2 von einem reinen XML-Publishing-Framework zu einem umfangreichen Web-Framework, das einen enormen Leistungsumfang bietet. Hierzu zählen unter anderem folgende Features:

- XML-Pipelining
- umfangreiches Form- und Binding-Framework (CocoonForms)
- fertige Schnittstellen zu anderen Datenquellen (Content Syndication)
- komponentenorientierte Architektur
- Unterstützung von Multichannel Publishing
- basiert auf J2EE
- große Anzahl an verfügbaren, austauschbaren Komponenten
- Unterstützung des Model-2-Patterns
- Internationalisierung

Cocoon 2.2

Seit Mai 2008 ist die neueste Variante von Apache Cocoon in der Version 2.2 erhältlich. Diese Version weist eine Reihe grundlegender Änderungen im Vergleich zu seinen Vorgängerversionen auf. Hierzu zählt beispielsweise, dass der Kern von Cocoon statt auf Apache Avalon nun vollständig auf dem Springframework (*http://www.springframework.org*) basiert.

Cocoon-Block Darüber hinaus wurde das Konzept der sogenannten *Cocoon-Blocks* (*COB*) eingeführt bzw. erweitert. Ein Cocoon-Block ist ein Modul innerhalb einer Cocoon-Applikation. Eine solche Cocoon-Applikation besteht aus einem oder mehreren Cocoon-Blocks, die unabhängig voneinander gepackt und lose gekoppelt werden können. Ähnlich dem Prinzip, wie es bei OSGi (*http://osgi.org*) verwendet wird. So ist es beispielsweise möglich, die CSS-Stylesheets in einem eigenen Cocoon-Block und die Applikation selbst in einem anderen Cocoon-Block zu platzieren und beide bei entsprechendem Bedarf zu kombinieren.

Maven 2 Zusätzlich setzt Cocoon 2.2 nun verstärkt auf das Build-System Apache Maven 2 (*http://maven.apache.org*), um beispielsweise einen Cocoon-Block zu erstellen und zu deployen.

[»] **Hinweis**

Wenn Sie bereits Wissen in den Bereichen Spring-Framework, Maven und eventuell auch OSGi mitbringen, werden Sie die folgenden Abschnitte höchstwahrscheinlich relativ leicht verstehen. Falls nicht, empfehlen wir Ihnen, sich zumindest ein erstes Basiswissen in diesen Bereichen anzueignen, da diese Techniken auch in der übrigen Welt von Java immer wichtiger werden.

9.3.1 Grundsätzliches zu Cocoon

Bevor wir Ihnen die konkrete Verwendung von Cocoon erklären, ist es wichtig, zunächst dessen grundsätzliche Funktionsweise zu verstehen. Cocoon kann als ein Webserver betrachtet werden, der auf eine eingehende Anfrage wartet, ein entsprechendes Antwortdokument lädt oder dynamisch erzeugt und anschließend an den Client ausliefert.

XML-Pipeline Die Erzeugung eines Antwortdokuments kann dabei auf unterschiedlichste Weise erfolgen. So könnte beispielsweise der Inhalt einer statischen Datei, etwa eines HTML-Dokuments oder einer Bilddatei, gelesen und direkt ohne weitere Verarbeitung an den Client versendet werden. Dies stellt den einfachsten Fall für einen Cocoon-Aufruf dar und unterscheidet Cocoon tatsächlich im Grunde nicht von einem regulären Webserver. Der weitaus aufwendigere Fall ist jedoch, wenn durch einen Cocoon-Aufruf das Zieldokument dynamisch, also zur Laufzeit, erzeugt werden muss. Cocoon verwendet hierfür eine spezielle Technik, die *XML-Pipeline* oder einfach nur *Pipeline* genannt wird und in gewisser Weise das Kernkonzept von Cocoon darstellt. Anders als bei der Verwendung von beispielsweise JSP oder PHP, womit ebenfalls dynamisch generierte Dokumente erzeugt werden können, bietet Cocoon durch seine

Pipeline-Technik die Möglichkeit, ein und dasselbe Ausgangsdokument in mehreren Schritten zu verarbeiten, indem hintereinandergereihte Transformationsanweisungen darauf angewendet werden und am Ende beispielsweise jeweils ein anderes Zielformat wie HTML, PDF oder SVG erzeugt wird. Der größte Vorteil dieses Vorgehens besteht darin, dass dasselbe Content Repository in die verschiedensten Strukturen transformiert werden kann, ohne einen größeren programmiertechnischen Aufwand betreiben zu müssen. In der Regel ist hierfür lediglich die Erstellung eines entsprechenden XSLT-Stylesheets oder das Einbinden einer anderen Komponente notwendig, die die gewünschte Transformation durchführt.

Pipeline-Komponente Sitemap

Das Einbinden einer solchen Transformation erfolgt dabei durch das deklarative Registrieren einer sogenannten *Pipeline-Komponente* in der zentralen Konfigurationsdatei einer Cocoon-Applikation, der *Sitemap*. Innerhalb einer solchen Sitemap können diese Komponenten ähnlich wie Bausteine miteinander kombiniert – also in einer Pipeline zusammengefasst – und beliebig oft wiederverwendet werden.

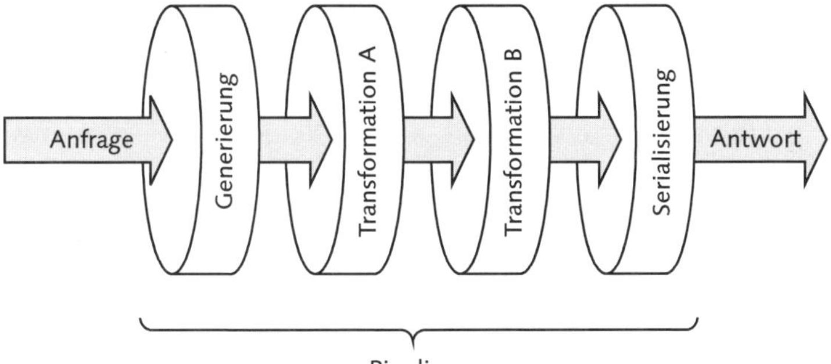

Abbildung 9.2 Eine XML-Pipeline in Cocoon

SAX-Event

Ein weiterer wichtiger Aspekt, der für ein XML-Publishing-Framework zwar selbstverständlich erscheint, aber für das Grundverständnis einer XML-Pipeline in Cocoon unbedingt verstanden sein soll, ist die Tatsache, dass jede darin enthaltene Transformation und somit die gesamte Erzeugung eines Zieldokuments unter Verwendung von XML erfolgt. Konkret heißt dies, um auf eine einheitliche Art und Weise Dokumente bearbeiten zu können, wird auf ein einheitliches Vorgehen innerhalb einer Pipeline unter Verwendung von XML gesetzt. Somit wird es notwendig, alle Daten, die innerhalb der Pipeline bearbeitet werden sollen, zunächst in ein wohlgeformtes XML-Format zu konvertieren, um dieses anschließend in Form von *SAX-Events* durch die XML-Pipeline zu schicken.

Generator

Ein *Generator* steht stets an erster Stelle innerhalb einer Pipeline, erzeugt aus beliebigen Eingabedaten ein XML-Format und liefert dieses XML-Dokument anschließend an die nachfolgende Komponente weiter. Es existieren beispielsweise Generatoren, um Informationen über eine Verzeichnisstruktur auszulesen und anschließend in ein XML-Format zu überführen oder einfach nur, um eine statische XML-Datei zu laden und deren Inhalt an die nächste Komponente in der Pipeline weiterzugeben.

Transformer

Die nächste Komponente innerhalb einer solchen Pipeline ist oftmals ein *Transformer*. Ein solcher Transformer nimmt ein XML-Format von einer vorangegangen Komponente – die in der Regel ein Generator, aber auch ein anderer Transformer sein kann – entgegen und ändert es anhand definierter Regeln ab, um die daraus neu entstandene XML-Struktur wiederum an die nächste Komponente in der Pipeline weiterzureichen. Je nachdem, um welchen Transformer es sich handelt, existieren die verschiedensten Transformationsregeln. Die gängigste Art und Weise, eine solche Transformation durchzuführen, besteht allerdings in der Verwendung des *XSLT-Transformers*. Dieser Komponente kann ein XSLT-Stylesheet zugewiesen werden, das sie anschließend auf die vorliegende XML-Struktur anwendet.

Serializer

Die stets letzte Komponente innerhalb einer XML-Pipeline stellt ein *Serializer* dar. Ein Serializer nimmt eine XML-Struktur von einer vorangegangenen Pipeline-Komponente entgegen und erzeugt das Zielformat der Pipeline. Der Serializer muss dabei als Zielformat nicht zwangsläufig ein XML-Dokument, wie z. B. XHTML oder SVG, erzeugen, sondern kann die anliegende XML-Struktur auch in ein anderes Format konvertieren, beispielsweise PDF oder JPG. Er stellt in der Regel das Ende der XML-Verarbeitung und somit der Pipeline innerhalb von Cocoon dar.

9.3.2 Maven 2

Bevor wir in diesem Kapitel fortfahren und Ihnen anhand eines Beispiels zeigen, wie Sie Ihre eigene Cocoon-Applikation erstellen, sollten Sie zuvor sicherstellen, dass Sie Apache Maven 2 installiert und korrekt konfiguriert haben. Wenn dies bei Ihnen bereits geschehen sein sollte, so können Sie diesen Abschnitt überspringen.

Ab Version 2.2 besitzt Cocoon eine Reihe von Tools, mit denen sich die Installation und das Deployment von Cocoon-Applikationen deutlich vereinfachen lassen. Die meisten dieser Tools basieren auf dem Build-System Apache Maven 2. Aus diesem Grund ist es zunächst notwendig, eine aktuelle Version von Apache Maven 2 zu installieren. Dies erfolgt in drei einfachen Schritten:

1. Download der aktuellen Maven Version (2.x) von der Website *http://maven.apache.org/download.html* oder der Buch-CD. [o]
2. Entpacken des Archivs in ein Verzeichnis Ihrer Wahl, z. B. *maven-2*. Dieses Verzeichnis wird zukünftig `$MVN_HOME` genannt.
3. Setzen der Path-Umgebungsvariablen auf `$MVN_HOME/bin`, wobei Sie `$MVN_HOME` durch den vollständigen Pfad zu Ihrem Maven-Verzeichnis ersetzen müssen.

Installation testen

Nachdem Sie die genannten drei Schritte zur Installation von Maven durchgeführt haben, können Sie dessen korrekte Funktionsweise testen, indem Sie Ihre Konsole oder Eingabeaufforderung öffnen und folgenden Befehl eingeben:

```
mvn -version
```

Sie sollten anschließend eine Auflistung ähnlich der folgenden erhalten:

```
Maven version: 2.2.0
Java version: 1.6.0_14
OS name: "windows vista" version: "6.0" arch: "x86"
```

Falls Sie eine solche oder eine ähnliche Auflistung erhalten, ist Maven erfolgreich installiert, und Sie können Ihre erste Cocoon-Applikation erstellen. Andernfalls überprüfen Sie bitte die Einstellung Ihrer Path-Variable und deren Pfadangaben.

9.3.3 Cocoon-Block erstellen

[zB]

Vor der Version 2.2 von Apache Cocoon war es noch notwendig, Cocoon zunächst zu kompilieren und zu installieren, bevor damit gearbeitet werden konnte. Dies ist nun nicht mehr notwendig. Dank der Verwendung von Maven reichen ein paar wenige Befehle, um die Grundstruktur für eine Cocoon-Applikation zu erhalten und alle hierfür notwendigen Bibliotheken und Ressourcen automatisch herunterzuladen.

[«]

Hinweis

Bitte beachten Sie, dass Sie eine bestehende Verbindung zum Internet benötigen, um die folgenden Schritte durchzuführen.

Erstellen Sie zunächst ein Verzeichnis mit dem Namen *my-cocoon-app*. Dieses stellt das Wurzelverzeichnis Ihrer Cocoon-Applikation dar. Starten Sie anschließend Ihre Konsole oder Eingabeaufforderung, und wechseln Sie in dieses Verzeichnis. Nun verwenden wir Maven, um einen Cocoon-Block in diesem Verzeichnis zu erstellen. Geben Sie hierfür folgenden Befehl ein:

```
mvn archetype:generate -DarchetypeCatalog=http://cocoon.apache.org
```

Anschließend werden Sie nacheinander nach verschiedenen Werten gefragt, die für die Cocoon-Applikation notwendig sind. Beantworten Sie bitte die erste Frage mit der Eingabe der Zahl `2`. Damit wird die Basisstruktur inklusive einiger Beispieldateien für einen Cocoon-Block automatisch erzeugt.

```
Choose archetype:
1: remote -> cocoon-22-archetype-block-plain (...)
2: remote -> cocoon-22-archetype-block (...)
3: remote -> cocoon-22-archetype-webapp (...)
Choose a number: (1/2/3): 2
```

Listing 9.1 Auswahl des Archetypes

Die anschließenden Fragen beziehen sich auf die Bezeichnung und Version Ihrer Beispielapplikation. Beantworten Sie diese bitte wie nachfolgend dargestellt:

```
Define value for groupId: : de.javaundxml
Define value for artifactId: : block-example
Define value for version:  1.0-SNAPSHOT : : 1.0.0
Define value for package: : de.javaundxml.cocoon
```

Listing 9.2 Eingabe der Informationen für den Cocoon-Block

[»]

Hinweis

Falls Begriffe wie `archetype`, `groupId` oder `artifactId` neu für Sie sind, empfehlen wir Ihnen, einen Blick auf die Maven-Website zu werfen: *http://maven.apache.org*. Dort werden diese Konzepte ausführlich erklärt.

Nachdem Sie alle Fragen zum Cocoon-Block beantwortet haben, werden Sie zuletzt noch gefragt, ob Sie diese Angaben nun übernehmen möchten. Bestätigen Sie dies durch die Eingabe von `Y`.

Verzeichnisstruktur

Am Ende sollten Sie innerhalb von *my-cocoon-app* ein Unterverzeichnis *block-example* vorfinden. Hierbei handelt es sich um den erstellten Cocoon-Block. Darin sollten Sie nun eine Verzeichnisstruktur sehen wie nachfolgend gezeigt.

block-example
  +- *src*
    +- *main*
      +- *resources*
        +- *COB-INF*
          +- *sitemap.xmap*
        +- *META-INF*
  +- *pom.xml*
  +- *rcl.properties*

Hierbei handelt es sich um eine Verzeichnisstruktur, wie sie durch Maven als Standard vorgegeben ist. Lediglich die Ordner *COB-INF* und *META-INF* sind Erweiterungen, die von Cocoon benötigt werden und zusätzlich eingefügt wurden. Nachfolgend die Beschreibung der einzelnen Verzeichnisse und der wichtigsten Dateien.

- *src/main/java*
  In diesem Verzeichnis werden alle Java-Klassen im jeweiligen Package abgelegt. Maven sorgt dafür, dass diese automatisch kompiliert und deployed werden.
- *src/main/resources*
  In diesem Verzeichnis werden alle »Nicht-Java-Ressourcen« abgelegt, die aber über den Java-Classpath erreichbar sein sollen (z. B. Properties-Dateien).
- *src/main/resources/COB-INF*
  Das »COB« in *COB-INF* steht für »Cocoon Block« und deutet an, dass sich in diesem Verzeichnis alle Ressourcen des Blocks mit Ausnahme der Java-Klassen befinden. Hierzu gehören beispielsweise XML-Dokumente, Templates, Bilder und Scripts. Die Unterordner *demo*, *flow* und *resource* sind optional und wurden nur im Rahmen des Beispiels automatisch angelegt.
- *src/main/resources/COB-INF/sitemap.xmap*
  Die Datei *sitemap.xmap* ist eine sehr wichtige Konfigurationsdatei des Moduls. In ihr werden unter anderem die bereits besprochenen XML-Pipelines definiert. Näheres hierzu später in Abschnitt 9.3.7.
- *src/main/resources/META-INF*
  In diesem Verzeichnis befinden sich hauptsächlich Konfigurationsdateien, die für die Verknüpfung mit anderen Blocks notwendig sind. Auf diese Dateien soll an dieser Stelle nicht näher eingegangen werden.

- *pom.xml*
  Dies ist die Konfigurationsdatei für Maven. Für Projekte mit nur einem Block sind darin in der Regel keine Änderungen erforderlich.
- *rcl.properties*
  Cocoon ist in der Lage, Java-Dateien, die verändert wurden, automatisch neu zu kompilieren und im laufenden Betrieb des Servlet-Containers zu ersetzen bzw. einzubinden. Hierfür muss ein Ort angegeben werden, an dem sich die Java-Klassen befinden, die zu diesem Zweck überwacht werden sollen. Diese Einstellung erfolgt in der Datei *rcl.properties*. Änderungen an dieser Datei sind nur selten notwendig.

9.3.4 Cocoon-Block starten

Der erstellte Cocoon-Block `block-example` enthält bereits einige lauffähige Beispieldaten. Aus diesem Grund kann die Applikation nun gestartet werden, indem Sie in Ihrer Konsole bzw. Eingabeaufforderung in das Verzeichnis *block-example* wechseln und folgenden Befehl ausführen:

```
mvn jetty:run
```

Damit wird das Jetty-Plug-in von Maven aufgerufen, das wiederum den Servlet-Container Jetty (*http://www.mortbay.org/jetty*) startet und die Beispielapplikation darin installiert. Nachdem Jetty vollständig gestartet ist, können Sie anschließend die Anwendung mit Ihrem Webbrowser testen, indem Sie folgende URL aufrufen:

http://localhost:8888/block-example

Zugegebenermaßen, das Beispiel ist ziemlich spartanisch, da es nur eine einfache Willkommensseite darstellt. Allerdings ist damit sichergestellt, dass Ihre erste Beispielapplikation korrekt erstellt wurde und lauffähig ist. In den folgenden Abschnitten wird uns diese Applikation als Basis für weitere Beispiele dienen.

9.3.5 Cocoon-Block in Eclipse importieren

Um nun mit diesem Cocoon-Block-Beispiel zu arbeiten, ist es sinnvoll, dieses zunächst in eine geeignete Entwicklungsumgebung zu importieren. Hierfür stellt Maven wieder einige Befehle zur Verfügung, um automatisch beispielsweise ein Eclipse-Projekt zu erstellen. Rufen Sie hierfür bitte folgenden Befehl innerhalb von *block-example* auf:

```
mvn eclipse:eclipse
```

Hiermit werden alle notwendigen Dateien für Eclipse erzeugt. Für andere Entwicklungsumgebungen – wie z. B. IntelliJ IDEA – existieren häufig ähnliche Maven-Befehle (Plug-ins). Bitte sehen Sie diesbezüglich auf der Maven-Website nach[1].

Starten Sie anschließend Ihre Eclipse IDE, und importieren Sie das Projekt, indem Sie FILE • IMPORT... • GENERAL • EXISTING PROJECTS INTO WORKSPACE aufrufen, anschließend das Verzeichnis *block-example* auswählen und dann auf FINISH klicken. Daraufhin sollte ein neues Eclipse-Projekt mit dem Namen *block-example* erscheinen.

M2_REPO Variable setzen

Als letzten Schritt müssen Sie noch die Classpath-Variable `M2_REPO` in Eclipse setzen. Diese Variable zeigt in das Maven Repository, in dem Maven alle Bibliotheken verwaltet. Öffnen Sie hierfür bitte den PREFERENCES-Dialog von Eclipse mit WINDOW • PREFERENCES, und navigieren Sie zur CLASSPATH VARIABLES-Seite: JAVA • BUILD PATH • CLASSPATH VARIABLES. Fügen Sie dort bitte eine neue Classpath-Variable mit dem Namen `M2_REPO` hinzu. Die Variable muss auf das Verzeichnis zeigen, in welchem sich Ihr Maven Repository befindet. Standardmäßig ist das *$USER_HOME/.m2/repository*, wobei Sie *$USER_HOME* durch den Pfad zu Ihrem Home-Verzeichnis ersetzen müssen.

9.3.6 Cocoon-Block deployen

Um einen Cocoon-Block in einem anderen Servlet-Container als dem integrierten Jetty-Server in Verbindung mit Maven zu betreiben, müssen Sie die folgenden Schritte durchführen, um damit eine WAR-Datei zu erstellen, die Sie weitergeben können. WAR-Dateien sind uns schon kurz in Kapitel 8, »XML-Webservices mit JAX-WS« begegnet. Dabei handelt es sich um ein offizielles Format, um Java-Webapplikationen zu packen und weiterzugeben.

Erstellen

Öffnen Sie hierfür Ihre Konsole bzw. Eingabeaufforderung, und wechseln Sie in das Verzeichnis *my-cocoon-app*. Geben Sie dort folgenden Befehl ein:

```
mvn archetype:generate -DarchetypeCatalog=http://cocoon.apache.org
```

Geben Sie anschließend die Zahl `3` ein, um das Grundgerüst für eine Cocoon-Webapplikation zu erstellen. Beantworten Sie die erscheinenden Fragen nacheinander folgendermaßen:

---

1 *http://maven.apache.org/plugins/index.html*

```
Define value for groupId: : de.javaundxml
Define value for artifactId: : webapp
Define value for version:  1.0-SNAPSHOT: : 1.0.0
Define value for package: : de.javaundxml.cocoon.webapp
```

Bestätigen Sie am Ende durch Eingabe von `Y`. Anschließend wird ein Verzeichnis *webapp* innerhalb von *my-cocoon-app* erstellt. Öffnen Sie die Datei *webapp/pom.xml,* und fügen Sie innerhalb von `<dependencies/>` folgenden Eintrag hinzu:

```
<dependency>
   <groupId>de.javaundxml</groupId>
   <artifactId>block-example</artifactId>
   <version>1.0.0</version>
</dependency>
```

Listing 9.3 Cocoon-Block in Webapplikation »registrieren«

Installieren Damit wird der Cocoon-Block `block-example` sozusagen in der Haupt-Applikation »registriert«. Wechseln Sie nun noch in das Verzeichnis *block-example*, und führen Sie folgenden Befehl aus:

```
mvn install
```

Packen Damit wird der Cocoon-Block im Maven Repository installiert. Anschließend können Sie die WAR-Datei erzeugen, indem Sie zurück in das Verzeichnis *webapp* wechseln und den folgenden Befehl ausführen:

```
mvn package
```

Die fertige WAR-Datei wird anschließend im Verzeichnis *target* abgelegt. Sie können diese Webapplikation auch direkt starten, indem Sie folgenden Befehl eingeben:

```
mvn package jetty:run
```

9.3.7 Die Sitemap

Nachdem Sie nun wissen, wie Sie die Grundstruktur einer Cocoon-Applikation bzw. eines Cocoon-Blocks erstellen, betrachten wir nun die für den regulären Cocoon-Betrieb wichtigste Konfigurationsdatei genauer. Sie befindet sich standardmäßig im Verzeichnis *src/main/resources/COB-INF* des Cocoon-Blocks und hat den Namen *sitemap.xmap*. Im Wesentlichen erfüllt sie zwei konkrete Aufgaben: Zum einen werden darin alle Sitemap-Komponenten, die verwendet werden, unter einem symbolischen Namen registriert. Zum anderen werden hier alle XML-Pipelines definiert, indem die hierfür benötigten Komponenten miteinander kombiniert und mit einem bestimmten URI-Muster verknüpft werden. Der Aufruf eines solchen URIs führt letztendlich dazu, dass die entsprechende Pipeline ausgeführt wird. Neben diesen zwei wesentlichen Punkten bietet die Sitemap weitere Möglichkeiten, wie z. B. das Integrieren von Fallunterscheidungen.

Struktur der Sitemap

Der Aufbau einer Sitemap unterteilt sich stets in sechs Hauptbereiche. In In Listing 9.4 ist die prinzipielle Grundstruktur einer Sitemap mit den wichtigsten Elementen dargestellt.

```
<map:sitemap
   xmlns:xsi="http://www.w3.org/2001/XMLSchema-instance"
   xsi:schemaLocation="http://apache.org/cocoon/sitemap/1.0"
   http://cocoon.apache.org/schema/sitemap/
     cocoon-sitemap-1.0.xsd"
   xmlns:map="http://apache.org/cocoon/sitemap/1.0">

   <map:components/>
   <map:views/>
   <map:resources/>
   <map:action-sets/>
   <map:flow/>
   <map:pipelines>
      <map:pipeline>
         <map:match/>
         ...
      </map:pipeline>
      ...
   </map:pipelines>
</map:sitemap>
```

Listing 9.4 Die Struktur der Sitemap

Namensraum und Wurzelelement

Alle Elemente einer Sitemap müssen stets an den folgenden Namensraum gebunden sein:

http:// apache.org/cocoon/sitemap/1.0

Standardmäßig wird dieser Namensraum durch das Präfix `map` gebunden. Das Wurzelelement ist `<map:sitemap/>`.

Komponenten

Im Bereich `<map:components/>` werden alle Komponenten registriert, die später innerhalb der Sitemap verwendet werden sollen. Diese Komponenten haben vor allem die Aufgabe, XML-Strukturen zu erzeugen, zu lesen, zu transformieren und in bestimmten Formaten auszugeben. Ferner werden hier Komponenten registriert, die die Abarbeitung der einzelnen Pipelines beeinflussen können und eventuell Business-Logik integrieren.

Gruppierungen Die Elemente `<map:views/>`, `<map:resources/>` und `<map:action-set/>` gruppieren registrierte Komponenten auf verschiedene Weisen und stellen Funktionalitäten zur Verfügung, die aus einer Pipeline heraus verwendet werden können.

Flowscripts Innerhalb von `<map:flow/>` werden alle benötigten *Flowscripts* registriert, die später gestartet werden können. Diese Scripts sind Teil eines speziellen Mechanismus, der eine komfortablere Webprogrammierung erlaubt. Mehr hierzu erfahren Sie auf folgender Website: *http://cocoon.apache.org/2.1/userdocs/flow/index.html*

Pipelines Der letzte Bereich ist zugleich der wichtigste. Innerhalb von `<map:pipelines/>` können beliebige viele Elemente `<map:pipeline/>` definiert werden. Jedes Element `<map:pipeline/>` wird dazu verwendet, eine Pipeline entsprechend zu konfigurieren (z. B. Caching). Innerhalb von `<map:pipeline/>` wiederum können beliebig viele Elemente `<map:match/>` platziert werden, die sogenannte *Match-Regeln* definieren, anhand derer eine bestimmte XML-Pipeline ausgewählt und anschließend ausgeführt wird.

9.3.8 Die Pipeline

In einer Pipeline werden in der Regel verschiedene Sitemap-Komponenten hintereinandergereiht, die alle die Aufgabe besitzen, ein XML-Dokument auf verschiedene Arten zu verarbeiten und anschließend in einem bestimmten Format auszugeben sowie auf Benutzereingaben entsprechend zu reagieren. Die einzelnen Sitemap-Komponenten können dabei – bis auf einige Ausnahmen – in beliebiger Reihenfolge angeordnet und durch einfache Definitionen ausgetauscht werden. Sie stellen somit eine Art »Baukastensystem« dar, das zudem beliebig durch bereits vorhandene oder eigene Komponenten erweitert werden kann.

Das Prinzip der Pipelines ist relativ neu und wurde erst in Cocoon 2 eingeführt. Vorher war es notwendig, in jedem XML-Dokument, das verarbeitet werden sollte, eine spezielle Processing Instruction anzugeben. Diese bestimmte, was mit dem Dokument zu geschehen hatte. Eine solche Angabe erfolgt nun innerhalb einer Pipeline. Der entscheidende Vorteil der Pipeline gegenüber anderen Mechanismen der Verarbeitung von XML-Dokumenten ist die Tatsache, dass die Definition, welche Schritte ein XML-Dokument zu durchlaufen hat, völlig unabhängig von den Dokumenten selbst und den verarbeitenden Komponenten angegeben werden kann. Nur durch ein solches Prinzip ist es möglich, flexibel, zentral und getrennt von Datenhaltung und Applikationslogik XML-Dokumente zu verarbeiten.

Der Prozess, den eine Pipeline durchläuft, kann im Grunde in fünf wichtige Abschnitte eingeteilt werden: Pipeline-Prozess

1. **Matching**
   Eingehende Anfragen werden hier einer bestimmten Pipeline zur Verarbeitung zugeteilt. Auf einen solchen Bereich innerhalb der Sitemap werden wir in Zukunft immer mit dem Begriff *Match-Bereich* verweisen.
2. **Erzeugung des SAX-Streams (Generierung)**
   Nachdem eine eingehende Anfrage einer Pipeline zugeteilt wurde, erfolgt in ihr zuerst eine Erzeugung eines SAX-Streams aus einer angegebenen Datenquelle. Eine solche Datenquelle kann eine beliebige Struktur sein, die durch eine zugehörige Komponente eingelesen wird. Die bekanntesten Vertreter für solche Datenquellen sind einfache XML-Dateien.
3. **Umwandlung durch SAX-Events (Transformation)**
   In diesem optionalen Bereich wird die Struktur eines XML-Dokuments anhand der auftretenden SAX-Events in eine andere Struktur transformiert. Oft wird dieser Schritt durch ein XSLT-Stylesheet durchgeführt.
4. **Ausführung von Logik**
   Dieser Abschnitt ist ebenfalls optional und kann sowohl vor einer Transformation als auch dazwischen und danach erfolgen. Verschiedene Komponenten stellen innerhalb einer Pipeline Mechanismen zur Verfügung, um Verzweigungen zu realisieren oder komplexe Logik-Abläufe auszuführen.
5. **Ausgabe (Serialisierung)**
   Dieser Schritt erfolgt stets zum Schluss einer Pipeline. Dabei wird das bis zu diesem Punkt verarbeitete XML-Dokument entweder direkt ausgegeben oder zuerst in ein bestimmtes Format verwandelt und dann ausgegeben. Ein solches Format kann z. B. PDF, PostScript, XLS oder JPG sein.

Hello World

Damit Sie einen ersten kleinen Einblick in die Vorgehensweise erhalten, wie Sitemap-Komponenten verwendet werden, möchten wir Ihnen an dieser Stelle ein einfaches Hello-World-Beispiel zeigen. Dabei wird ein [zB]

XML-Dokument durch einen Generator eingelesen und durch einen Serializer wieder ausgegeben.

[»]

Hinweis

Die Voraussetzung, um dieses Beispiel zu erstellen, ist, dass Sie bereits einen Cocoon-Block mit dem Namen `block-example` angelegt haben, wie in Abschnitt 9.3.3 beschrieben.

Erzeugen Sie zunächst innerhalb von *block-example/src/main/resources/COB-INF* eine Datei *hello.xml*, und fügen Sie ihr folgende Zeilen hinzu:

```
<?xml version="1.0" encoding="ISO-8859-1"?>
<document>
   <text>Hello World!</text>
</document>
```

Listing 9.5 Die Datei hello.xml

Öffnen Sie anschließend die Datei *sitemap.xmap*, und fügen Sie direkt unter `<map:pipeline>` folgenden Eintrag hinzu:

```
<map:match pattern="hello">
   <map:generate type="file" src="hello.xml"/>
   <map:serialize type="xml"/>
</map:match>
```

Listing 9.6 Eine einfache Pipeline

Nachdem Sie beide Dateien gespeichert und Ihren Servlet-Container z. B. mit dem Befehl `mvn jetty:run` gestartet haben, können Sie das Ergebnis betrachten, indem Sie Ihren Webbrowser laden und folgenden URI eingeben:

http://localhost:8888/block-example/hello

Anschließend sollten Sie den Inhalt von *hello.xml* im Browser angezeigt bekommen. Herzlichen Glückwunsch zu Ihrer ersten Cocoon-Ausgabe!

9.3.9 Registrieren einer Sitemap-Komponente

Jede Sitemap-Komponente, die Sie in einer Pipeline verwenden möchten, wie z. B. ein Generator, ein Transformer oder ein Serializer, muss zuvor in der Sitemap innerhalb des Elements `<map:components/>` registriert werden. Dabei ist jede Komponente einem bestimmten Komponententyp zugeordnet, für den jeweils ein eigenes Element für die Registrierung existiert.

Typelement

Die verfügbaren *Typelemente* zeigt Listing 9.7. Die Reihenfolge der Elemente ist nicht relevant, sollte aber aus Gründen der Übersichtlichkeit in dieser Form eingehalten werden.

```
<map:components>
   <map:generators/>
   <map:transformers/>
   <map:serializers/>
   <map:matchers/>
   <map:selectors/>
   <map:actions/>
   <map:readers/>
</map:components>
```

Listing 9.7 Die verschiedenen Typelemente

Komponentenelement

Innerhalb eines Typelements können beliebig viele Komponenten durch jeweils ein *Komponentenelement* registriert werden. Das Komponentenelement ist dabei stets der englische Singular des Typelements (z.B. `<map:generators/>` und `<map:generator/>`). In Listing 9.8 sehen Sie anhand eines `ResourceReaders`, wie eine solche Registrierung grundsätzlich für Reader aussieht.

```
...
<map:readers default="resource">
   <map:reader name="resource"
      src="org.apache.cocoon.reading.ResourceReader"/>
   ...
</map:readers>
...
```

Listing 9.8 Registrieren einer Komponente

Default-Komponente

Jedes Typelement besitzt zusätzlich das Attribut `default`, das diejenige *Default-Komponente* bestimmt, die verwendet werden soll, wenn innerhalb der XML-Pipeline nicht explizit der Name der Komponente durch das Attribut `type` referenziert wurde, wie Sie im folgenden Abschnitt 9.3.10 noch sehen werden.

name
src

Das Attribut `name` weist der Komponente einen Namen zu, der innerhalb des Komponententyps eindeutig sein muss. Durch das Attribut `src` wird der voll klassifizierte Pfad zur Java-Klasse angegeben, die die Komponente implementiert.

9.3.10 Verwenden einer Sitemap-Komponente

Pipeline-Element

Nachdem Sie eine Komponente registriert haben, können Sie sie innerhalb einer Pipeline verwenden. Die Verwendung einer Komponente wird dabei immer durch ein bestimmtes Element innerhalb der Pipeline gekennzeichnet, das *Pipeline-Element*. Ähnlich wie beim Registrieren der Komponenten weiter oben ist der Name des Pipeline-Elements einfach das englische Verb des Komponentenelements (z. B. `<map:generator/>` und `<map:generate/>`). Um beispielsweise die in Listing 9.8 registrierte Reader-Komponente `resource` innerhalb einer Pipeline zu verwenden, wäre folgender Eintrag in der Sitemap innerhalb des Elements `<map:pipeline/>` notwendig:

```
...
<map:match pattern="image.jpg">
   <map:read type="resource" src="pics/image.jpg"/>
</map:match>
...
```

Listing 9.9 Verwenden einer Komponente

type

Innerhalb von `<map:read/>` gibt das Attribut `type` an, welche Komponente aus der Komponentenliste `<map:readers/>` verwendet werden soll. Wird dieses Attribut nicht angegeben, so wird automatisch die Default-Komponente verwendet, die für diesen Komponententyp angegeben wurde.

src

Das Attribut `src` kann – genau wie viele weitere Attribute – nur in bestimmten Pipeline-Elementen angegeben werden. Der Wert dieses Attributs zeigt auf eine Ressource (z. B. lokale Datei), die für die Komponente geladen werden soll. Falls eine relative Pfadangabe erfolgt, so wird diese stets relativ zur aktuellen Sitemap interpretiert. Welche Attribute darüber hinaus die einzelnen Komponenten erlauben bzw. erwarten, können Sie in der jeweiligen Dokumentation nachschlagen.[2]

In Tabelle 9.1 sind noch einmal die einzelnen Elemente, wie Typ-, Komponenten- und zugehöriges Pipeline-Element, zusammengefasst.

Typ-Element	Komponenten-Element	Pipeline-Element
`<map:generators/>`	`<map:generator/>`	`<map:generate/>`
`<map:transformers/>`	`<map:transformer/>`	`<map:transform/>`

Tabelle 9.1 Die Typ-, Komponenten- und Pipeline-Elemente

2 *http://cocoon.apache.org/2.1/userdocs/index.html*

Typ-Element	Komponenten-Element	Pipeline-Element
<map:serializers/>	<map:serializer/>	<map:serialize/>
<map:matchers/>	<map:matcher/>	<map:match/>
<map:selectors/>	<map:selector/>	<map:select/>
<map:actions/>	<map:action/>	<map:act/>
<map:readers/>	<map:reader/>	<map:read/>

Tabelle 9.1 Die Typ-, Komponenten- und Pipeline-Elemente (Forts.)

9.3.11 Sitemap-Komponente: Matcher

Ein *Matcher* wird verwendet, um eine bestimmte Pipeline zu selektieren, die anschließend ausgeführt werden soll. Eine solche Selektierung erfolgt beispielsweise anhand der aufgerufenen URI oder des Inhalts einer Session. Im Folgenden werden wir als Schwerpunkt die erste Variante – konkret den *Wildcard URI Matcher* – näher betrachten, da dies mit großem Abstand die am häufigsten verwendete ist. In Listing 9.10 sehen Sie bereits ein Beispiel für die Verwendung eines solchen Matchers in einer Sitemap, das Ihnen bereits bekannt vorkommen sollte:

```
<map:match pattern="index.html">
   <!-- Pipeline hier -->
</map:match>
```

Listing 9.10 Beispiel für die Verwendung eines Matchers

Wie bereits in der Einführung beschrieben, arbeitet Cocoon mit dem Request-Response-Zyklus. Genau wie ein Webserver wartet auch Cocoon auf eine Anfrage, erzeugt daraufhin ein entsprechendes Dokument und liefert dieses Dokument an den Aufrufer aus.

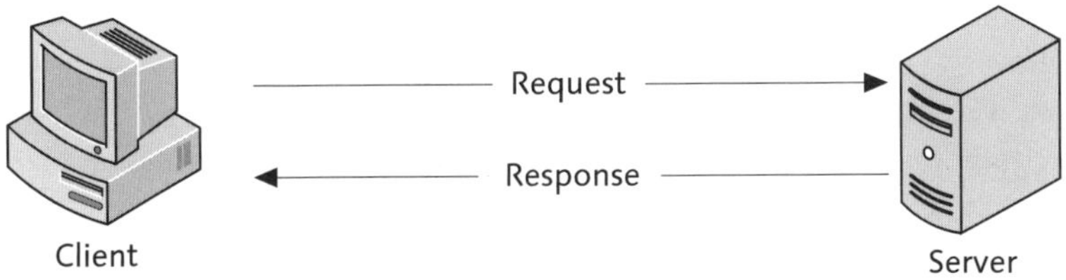

Abbildung 9.3 Der Request-Response-Zyklus

Pipeline-Pfad

Welches Dokument Cocoon erzeugt, hängt von verschiedenen Faktoren ab. Einer der wichtigsten Faktoren ist der *Pipeline-Pfad* innerhalb einer URI. Dabei handelt es sich um den hinteren Teil der URI ohne den Namen der Cocoon-Applikation und des Servers. Abbildung 9.4 verdeutlicht dies. Hier wird davon ausgegangen, dass Ihre Webapplikation unter dem Port `8888` sowie unter dem Namen `cocoon` erreichbar ist.

Abbildung 9.4 Der Pipeline-Pfad

Der Pipeline-Pfad ist derjenige Teil einer URI, der in die Pipeline gelangt. Hier kommt nun der *Wildcard URI Matcher* ins Spiel. Dieser ist die erste Komponente, die den Pipeline-Pfad entgegennimmt und überprüft. Dabei vergleicht der Matcher den Pipeline-Pfad mit einem Muster, das durch das Attribut `pattern` angegeben wurde. Passt dieses Muster auf den Pipeline-Pfad, so wird der Rumpf des Elements `<map:match/>` ausgeführt. Andernfalls werden die nachfolgenden Elemente `<map:match/>` innerhalb von `<map:pipeline/>` nacheinander überprüft. Wird auch hier keine Übereinstimmung gefunden, so werden alle Elemente `<map:match/>` des nachfolgenden Elements `<map:pipeline/>` überprüft. Dies geschieht so lange, bis entweder ein passender Match-Bereich gefunden wurde oder alle Elemente überprüft wurden und kein weiteres mehr vorhanden ist. In diesem Fall erzeugt Cocoon eine Fehlermeldung, die darauf hinweist, dass für den Aufruf keine passende Pipeline gefunden werden konnte.

[»]

Hinweis

Die Elemente `<map:match/>` werden von oben nach unten in der Reihenfolge abgearbeitet, in der sie innerhalb der Pipeline definiert wurden. Dabei wird der Rumpf des ersten Elements ausgeführt, dessen Pattern-Angabe auf den Pipeline-Pfad passt. Alle nachfolgenden Elemente werden ignoriert, auch wenn deren Pattern auf die Anfrage passen würde.

Virtuelle Pfadangabe

[zB]

Denken Sie daran, dass eine im Pipeline-Pfad angegebene Ressource nicht unbedingt real existieren muss. Es handelt sich hier vielmehr um eine virtuelle Pfadangabe. Nehmen wir das Beispiel aus Abbildung 9.4. Dieser Pfad zeigt auf eine Ressource mit dem Namen *index.html*. Die Datei *index.html* kann zwar in Cocoon als physikalische Datei vorhanden sein, muss sie jedoch nicht. Es kann genauso gut sein, dass diese Datei dynamisch erzeugt und ausgeliefert wird. Zudem ist nicht festgelegt, welches Format die auszuliefernde Datei besitzt. In diesem Beispiel liegt es zwar nahe, ein HTML-Dokument zu erzeugen, aber genauso gut könnte es sich um ein PDF-Dokument oder eine Bilddatei handeln. Merken Sie sich also unbedingt, dass es Ihnen erlaubt ist, einen beliebigen Pipeline-Pfad zu bestimmen, der ein beliebiges Format ausliefert, je nachdem, wie Ihre Pipeline aufgebaut ist. Im folgenden Beispiel wird Cocoon durch die URI

http://localhost:8888/cocoon/slideshow/start.html

aufgerufen. Falls der WildCard URI Matcher verwendet wird, muss folgender Pipeline-Pfad überprüft werden:

```
slideshow/start.html
```

Die Registrierung dieses Matchers und seine Verwendung für dieses Beispiel sehen Sie in Listing 9.11:

```
...
<map:components>
   ...
   <map:matchers default="wildcard">
      <!-- Matcher Registrieren -->
      <map:matcher name="wildcard"
         src="org.apache.cocoon.matching.WildCardURIMatcher"/>
   </map:matchers>
   ...
</map:components>
...
<map:pipeline>
   <!-- Matcher verwenden -->
   <map:match pattern="slideshow/start.html">
      <!-- Pipeline hier -->
   </map:match>

   <!-- Weitere Matcher hier -->

</map:pipeline>
...
```

Listing 9.11 Der Einsatz des WildCard URI Matchers

Der Pipeline-Pfad `slideshow/start.html` passt exakt auf das Pattern, das im Element `<map:match/>` angegeben wurde. Aus diesem Grund würden alle Instruktionen innerhalb dieses Match-Bereichs ausgeführt. Ein Aufruf mit der URI

http://localhost:8888/cocoon/slideshow

hingegen würde zu einer Fehlermeldung von Cocoon führen, da kein passender Match-Bereich für den Pipeline-Pfad `slideshow` gefunden werden kann.

Wildcards Neben der expliziten Angabe des Pipeline-Pfads können Sie innerhalb des Attributs `pattern` im Element `<map:match/>` auch sogenannte *Wildcards* verwenden, falls der Wildcard URI Matcher zum Einsatz kommt. Dies ist dann nützlich, wenn Sie mehrere gleichartige URIs durch denselben Match-Bereich einer Pipeline ausführen möchten. Möchten Sie zum Beispiel, dass alle Aufrufe der Form

`slideshow/{irgendwas}.html`

durch denselben Match-Bereich verarbeitet werden, so müssen Sie den Eintrag in der Pipeline folgendermaßen abändern:

```
...
<map:match pattern="slideshow/*.html">
   <!-- Pipeline -->
</map:match>
...
```

Listing 9.12 Verwendung von Wildcards im Pattern-Attribut

Asterisk Der Stern * wird *Asterisk* genannt und steht im Pattern für eine beliebige URI-konforme Zeichenkette mit Ausnahme des Slashs `/`. Das Element `<map:match/>` aus Listing 9.12 wird also auf alle Pipeline-Pfade reagieren, die mit *slideshow/* beginnen, dazwischen einen beliebigen Namen enthalten und mit *.html* enden. Ein Aufruf von

http://localhost:8888/cocoon/slideshow/xyz.html

würde auf denselben Match-Bereich passen wie

http://localhost:8888/cocoon/slideshow/foo.html

Dagegen würde der URI

http://localhost:8888/cocoon/slideshow/bar.gif

von diesem Match-Bereich nicht akzeptiert, da die Endung *.html* und nicht *.gif* lauten muss.

Kombination Zusätzlich kann der Asterisk mit beliebigen Konstanten und weiteren Asterisken kombiniert werden. Dadurch können komplexe Namensmuster konstruiert werden. Ein Beispiel:

```
...
<map:match pattern="slideshow/show_*_*.html">
   <!-- Instruktionen -->
</map:match>
...
```

Listing 9.13 Verwendung mehrerer Wildcards

Wildcard für beliebige Pfadtiefe

Da der Asterisk für eine beliebige URI-konforme Zeichenkette – mit Ausnahme des Schrägstrichs / – stehen kann, ist er nicht in der Lage, ganze Verzeichnisebenen variablen Umfangs zu repräsentieren. Um eine solche Struktur abzubilden, müssen Sie den doppelten Asterisk ** verwenden. Dieser steht für eine beliebige URI-konforme Pfadangabe inklusive beliebig vieler Schrägstriche. Ein Beispiel:

```
...
<map:match pattern="slideshow/**.html">
   <!-- Instruktionen -->
</map:match>
...
```

Listing 9.14 Beliebige Pfadangabe

Durch das in Listing 9.14 dargestellte Pattern werden alle Aufrufe für gültig erklärt, bei denen auf `slideshow/` eine Pfadstruktur folgt, die beliebig komplex sein darf und am Ende mit `.html` abschließt. Der Pipeline-Pfad

slideshow/holiday/summer03/start.html

träfe zum Beispiel genauso auf dieses Pattern zu wie

slideshow/start.html

Natürlich können sie beide Asterisk-Arten auch beliebig miteinander kombinieren.

Pipeline-Key Sitemap-Variable

Ein weiterer äußerst wichtiger Punkt bei der Verwendung von Wildcards ist der Einsatz von *Pipeline-Keys*. Dabei handelt es sich um vorbelegte *Sitemap-Variablen*, die an beliebigen Positionen innerhalb eines Match-Bereichs verwendet werden können und denjenigen Abschnitt eines Pipeline-Pfads repräsentieren, der mit einem Wildcard-Zeichen gekennzeichnet wurde. Ein Beispiel:

```
...
<map:match pattern="slideshow/*.html">
   <map:generate type="file" src="documents/{1}.xml"/>
```

```
    ...
</map:match>
...
```

Listing 9.15 Verwendung eines Pipeline-Keys

Jedes verwendete Wildcard-Zeichen innerhalb des angegebenen Patterns wird automatisch von links nach rechts mit der Zahl 1 beginnend durchnummeriert. Derjenige Abschnitt aus dem Pipeline-Pfad, der für das Wildcard-Zeichen steht, wird der entsprechenden Zahl zugeordnet und kann anschließend im Match-Bereich durch das Konstrukt `{Zahl}` wieder ausgelesen werden.

In Listing 9.15 beispielsweise ist im Pattern-Attribut lediglich ein einziger Asterisk angegeben. Diesem ordnet der WildCard URI Matcher Zahl 1 zu. Innerhalb des Match-Bereichs verwenden wir anschließend die Variable `{1}`, um ein Dokument aus dem Verzeichnis *documents* zu laden. Ein Aufruf durch den Pipeline-Pfad `slideshow/index.html` hätte demnach zur Folge, dass aus dem Verzeichnis *documents* ein Dokument *index.xml* geladen wird.

```
...
<map:match pattern="slideshow/**/*.html">
   <map:generate type="file" src="{1}/{2}.xml"/>
   ...
</map:match>
...
```

Listing 9.16 Verwendung mehrerer Pipeline-Keys

Mehrere Pipeline-Keys

In diesem Listing ist ein Pattern angegeben, das mehrere Wildcard-Zeichen besitzt. Ein Aufruf von *slideshow/data/myfile.html* würde hier den Generator dazu veranlassen, die Datei *data/myfile.xml* zu laden.

{0}

Eine besondere Stellung innerhalb eines Match-Bereichs besitzt der Pipeline-Key `{0}`. Er steht für den gesamten Pipeline-Pfad, egal ob Wildcard-Zeichen verwendet wurden oder nicht.

9.3.12 Sitemap-Komponente: Generator

Ein *Generator* ist dafür gedacht, beliebige strukturierte Daten in einen SAX-Stream zu wandeln. Dieser SAX-Stream wird anschließend an die nachfolgende Komponente weitergereicht. Zu diesen Daten können zum Beispiel XML-Dateien von der Festplatte, über HTTP oder aus einer Datenbank gehören. Es kann sich hierbei aber auch um einen Generator handeln, der Daten aus einem anderen Format als XML in einen SAX-

Stream und somit in eine XML-Struktur wandelt. Ein gutes Beispiel ist hier der `DirectoryGenerator`. Dieser liest die Struktur eines Dateisystems und wandelt sie in XML.

Da alle anderen Pipeline-Komponenten nur SAX-Events als Eingabe verarbeiten können, muss der Generator immer die erste Komponente innerhalb einer Pipeline sein. Abbildung 9.5 verdeutlicht diesen Zusammenhang.

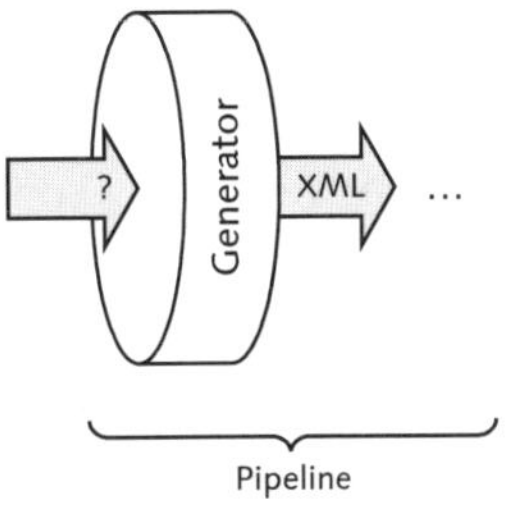

Abbildung 9.5 Ein Generator ist stets die erste Komponente einer Pipeline.

Registrieren

Alle Generatoren, die Sie verwenden möchten, müssen zuvor innerhalb von `<map:generators/>` durch ein Element `<map:generator/>` registriert werden. Listing 9.17 zeigt, wie eine solche Registrierung aussehen könnte.

```
...
<map:components>
   <map:generators default="file">
      <map:generator name="file"
         src="org.apache.cocoon.generation.FileGenerator"/>
   </map:generators>
   ...
</map:components>
...
```

Listing 9.17 Registrieren des Generators

Verwenden

Nachdem ein Generator in der Sitemap registriert wurde, kann er innerhalb einer Pipeline verwendet werden, indem das Element `<map:generate/>` angegeben wird:

```
...
<map:pipeline>
   <map:match pattern="index.xml">
      <map:generate type="file" src="index.xml"/>
      <map:serialize type="xml"/>
   </map:match>
```

```
</map:pipeline>
...
```

Listing 9.18 Verwendung des Generators in einer Pipeline

Eine vollständige Übersicht über alle offiziell verfügbaren Generatoren können Sie auf der entsprechenden Website von Cocoon einsehen:

http://cocoon.apache.org/2.2/1347_1_1.html

9.3.13 Sitemap-Komponente: Transformer

Ein *Transformer* ist eine Sitemap-Komponente, die SAX-Events entweder von einem vorangestellten Generator oder einem weiteren Transformer entgegennimmt. Dabei führen Transformer in der Regel bestimmte Aktionen aus und/oder transformieren anhand ihrer Aufgaben die erhaltenen SAX-Events in andere SAX-Events bzw. leiten sie unverändert an eine folgende Komponente weiter. Eine solche nachfolgende Komponente kann wiederum ein Transformer oder aber ein Serializer sein.

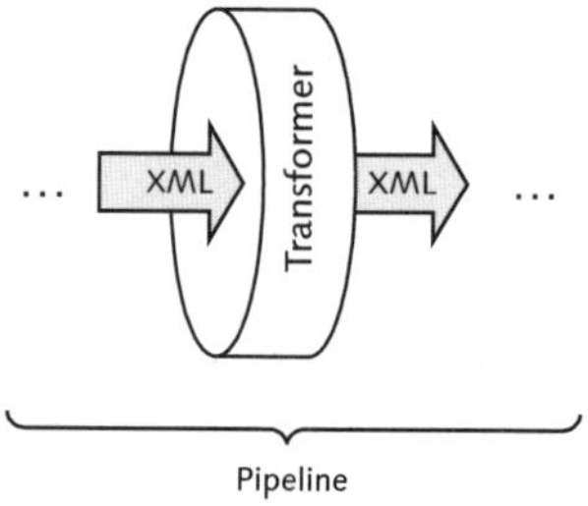

Abbildung 9.6 Transformer erwarten und erzeugen XML.

[»]

Hinweis

Transformer sind optionale Komponenten. Das heißt, sie müssen nicht zwingend innerhalb einer Pipeline vorhanden sein.

Registrieren

Alle Transformer, die Sie verwenden möchten, müssen zuvor innerhalb von `<map:transformers/>` durch ein Element `<map:transformer/>` registriert werden. Listing 9.19 zeigt ein Beispiel, wie eine solche Registrierung aussehen könnte.

```
...
<map:components>
   <map:transformers default="xslt">
      <map:transformer name="xslt"
```

```
        src="org.apache.cocoon.transformation.⤶
TraxTransformer"/>
   </map:transformers>
   ...
   </map:components>
...
```

Listing 9.19 Registrieren eines Transformers

Verwenden

Nachdem ein Transformer in der Sitemap registriert wurde, kann er innerhalb einer Pipeline beliebig oft verwendet werden, indem das Element `<map:transform/>` angegeben wird.

```
...
<map:pipeline>
   <map:match pattern="index.html">
      <map:generate type="file" src="index.xml"/>
      <map:transform type="xslt" src="index2html.xsl"/>
      <map:serialize type="xhtml"/>
   </map:match>
</map:pipeline>
...
```

Listing 9.20 Verwendung eines Transformers in einer Pipeline

Eine vollständige Übersicht über alle offiziell verfügbaren Transformer können Sie auf der entsprechenden Website von Cocoon einsehen:

http://cocoon.apache.org/2.2/1347_1_1.html

Eingebettete Anweisungen

Das XML-Dokument, das durch das Ausführen eines Transformers entsteht, muss nicht zwangsläufig für die endgültige Ausgabe geeignet sein. Einige Transformer stellen Anweisungen für eine nachfolgende Komponente – in der Regel einen weiteren Transformer – zur Verfügung.

Stellen Sie sich als Beispiel ein XML-Dokument vor – wie in Listing 9.21 gezeigt –, das in mehreren Sprachen ausgeliefert werden soll:

[zB]

```
<?xml version="1.0" encoding="UTF-8"?>
<product xmlns:i18n="http://apache.org/cocoon/i18n/2.1">
   <id>123</id>
   <name>MegaProdukt</name>
   <desc><i18n:text>description</i18n:text></desc>
</product>
```

Listing 9.21 Ein Template für eine Produktbeschreibung

Das hier abgebildete XML-Dokument ist ein Template, das durch den I18nTransformer interpretiert werden muss. Dieser Transformer würde alle Elemente der Form <i18n:text/> durch den Text ersetzen, der zur angegebenen Sprache gehört. In diesem Beispiel ist dies die Beschreibung eines Produkts, die in verschiedenen Sprachen erfolgen kann.

Dieses XML-Dokument könnte nach der Transformation durch den I18n-Transformer an der markierten Position anschließend deutschsprachigen Text enthalten. Listing 9.22 zeigt, wie das transformierte XML-Dokument anschließend aussehen könnte.

```
<?xml version="1.0" encoding="UTF-8"?>
<product xmlns:i18n="http://apache.org/cocoon/i18n/2.1">
   <id>123</id>
   <name>MegaProdukt</name>
   <desc>Ein tolles Produkt.</desc>
</product>
```

Listing 9.22 Das Ergebnis-XML-Dokument

Somit wurde in diesem Beispiel also durch das Element <i18n:text/> eine Anweisung in das zu verarbeitende Dokument eingebettet, die ein nachfolgender Transformer interpretiert und weiterverarbeitet. Diese Anweisung kann sowohl direkt vom Entwickler als auch von einer vorangehenden Komponente automatisch eingefügt werden. Auf diese Weise ist es möglich, eine Kette von Transformern hintereinanderzureihen, wobei der Vorgänger immer eine Anweisung für den Nachfolger erzeugt.

9.3.14 Sitemap-Komponente: Serializer

Nachdem durch einen Generator ein SAX-Stream erzeugt und eventuell durch einen oder mehrere Transformer transformiert wurde, erfolgt am Ende einer solchen Pipeline immer die Ausgabe durch einen *Serializer*. Dabei werden die auftretenden SAX-Events in das jeweilige Zielformat gewandelt, das nicht zwangsläufig ein XML-Dokument sein muss. Denken Sie hierbei zum Beispiel an die Ausgabe als PDF-Dokument oder als Bilddatei.

Registrieren

Alle Serializer, die Sie verwenden möchten, müssen zuvor innerhalb von <map:serializers/> durch ein Element <map:seralizer/> registriert werden. Listing 9.23 zeigt ein Beispiel, wie eine solche Registrierung aussehen könnte.

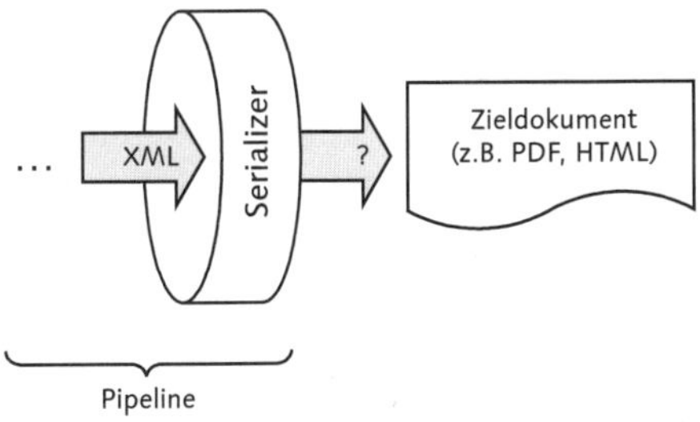

Abbildung 9.7 Ein Serializer ist stets die letzte Pipeline-Komponente.

```
...
<map:components>
   <map:serializers default="xml">
      <map:serializer name="xml"
         src="org.apache.cocoon.serializing.XMLSerializer"/>
   </map:serializers>
   ...
   </map:components>
...
```

Listing 9.23 Registrieren eines Serializers

Verwenden

Nachdem ein Serializer in der Sitemap registriert wurde, können Sie ihn innerhalb einer Pipeline verwenden, indem Sie das Element `<map:serialize/>` angeben.

```
...
<map:pipeline>
   <map:match pattern="index.xml">
      <map:generate type="file" src="index.xml"/>
      <map:serialize type="xml"/>
   </map:match>
</map:pipeline>
...
```

Listing 9.24 Verwendung eines Serializers in der Pipeline

Eine vollständige Übersicht über alle offiziell verfügbaren Serializer finden Sie auf der entsprechenden Website von Cocoon:

http://cocoon.apache.org/2.2/1347_1_1.html

9.3.15 Sitemap-Komponente: Reader

Bis jetzt wurden Pipelines immer dafür eingesetzt, ein XML-Dokument einzulesen, es zu transformieren und in einem bestimmten Format wieder auszugeben. In manchen Fällen ist dies jedoch nicht gewollt. Hier möchte man vielmehr eine Ressource eins zu eins an den Client versenden, ohne irgendwelche Transformationen daran vorzunehmen. Diese Aufgabe übernimmt ein *Reader*. Er kombiniert – bildlich gesprochen – einen Generator und Serializer in einem Element, wobei kein SAX-Stream erzeugt, sondern die Ressource »direkt« versendet wird. Ein Reader kann verschiedene Typen von Ressourcen ausliefern. Neben XML kann er auch Bilder oder andere binäre Daten lesen und »versenden«.

Ein typisches Beispiel für den Einsatz eines Readers ist die Auslieferung von Bildern oder multimedialen Daten, wie Filme oder Musik, an den Client. Diese Dateien möchte man in den meisten Fällen unverändert lesen und direkt an den Client versenden.

```
...
<map:components>
   ...
   <map:readers default="resource">
      <!-- Registrieren des Readers -->
      <map:reader name="resource"
         src="org.apache.cocoon.reading.ResourceReader"/>
   </map:readers>
</map:components>
...
<map:pipelines>
   <map:match pattern="*.gif">
      <!-- Verwenden des Readers -->
      <map:read type="resource" mime-type="image/gif"
         src="pics/{1}.gif"/>
   </map:match>
</map:pipelines>
...
```

Listing 9.25 Versenden eines GIF-Bildes durch einen Reader

Registrieren und Verwenden

Dieses Listing zeigt ein Beispiel für die Verwendung eines Readers, das auf alle Aufrufe der Form `*.gif` reagiert, aus dem Verzeichnis *pics* eine entsprechende Bilddatei lädt und an den Client zurücksendet. Beachten Sie dabei, dass Sie immer das Attribut `mime-type` angeben sollten, um dem Client den Mime-Type der Ressource mitzuteilen. Bestimmen Sie keinen Mime-Type, so wird versucht, ihn automatisch zu ermitteln.

Eine vollständige Übersicht über alle offiziell verfügbaren Reader können Sie auf der entsprechenden Website von Cocoon einsehen:

http://cocoon.apache.org/2.2/1347_1_1.html

9.3.16 Ein kleines Beispiel

Nachdem Sie nun die wichtigsten Aspekte des XML-Publishings mit Apache Cocoon kennengelernt haben, sollten Sie nun eine breite Wissensbasis über die grundlegende Art und Weise besitzen, wie Sie Cocoon für Ihren XML-Publishing-Prozess einsetzen könnten. Um Ihnen einen zusammenhängenden Überblick darüber zu geben, wie die einzelnen Teile von Cocoon ineinandergreifen, wollen wir an dieser Stelle Schritt für Schritt ein kleines Beispiel erarbeiten, in dem die wichtigsten Punkte zur Anwendung kommen. Dabei soll ein einzelnes XML-Dokument (das Content Repository) sowohl in ein HTML-Dokument als auch in ein PDF-Dokument gewandelt werden (Multichannel Publishing).

Hinweis [o]

Da alle notwendigen Daten für dieses Beispiel automatisch aus dem Internet geladen werden und auch die Eclipse-Umgebung automatisch aufgebaut wird, finden Sie zu diesem Beispiel lediglich die Listings auf der Buch-CD im Verzeichnis *listings* vor.

Erstellen Sie zunächst einen neuen Cocoon-Block wie in Abschnitt 9.3.3 gezeigt, und verwenden Sie hierfür die folgenden Einstellungen:

```
Define value for groupId: : de.javaundxml
Define value for artifactId: : publishing-example
Define value for version:  1.0-SNAPSHOT : : 1.0.0
Define value for package: : de.javaundxml.cocoon
```

Listing 9.26 Die Archetype-Einstellungen für dieses Beispiel

Hinweis [«]

Auf das Verzeichnis *publishing-example/src/main/resources/COB-INF* wird in diesem Beispiel aus Gründen der Einfachheit und Übersichtlichkeit lediglich mit *COB-INF* verwiesen.

Unnötige Daten löschen

Wechseln Sie anschließend in das Verzeichnis *COB-INF*, und löschen Sie dessen Inhalt vollständig, da es sich hierbei nur um Beispieldaten handelt, die an dieser Stelle nicht benötigt werden.

news.xml

Erzeugen Sie anschließend innerhalb von *COB-INF* eine neue Datei *news.xml* mit folgendem Inhalt:

```
<?xml version="1.0" encoding="ISO-8859-1"?>
<news>
   <article>
```

```
        <header>Neuwahlen in Japan</header>
        <body>
            In Japan finden vorgezogene Unterhauswahlen
            statt; Beobachter rechnen mit der Bestätigung der
            Koalition aus Komeito und den Liberaldemokraten
            (LDP) von Ministerpräsident Junichiro Koizumi.
        </body>
    </article>
    <article>
        <header>Starke Sonneneruption</header>
        <body>
            Die US-amerikanische Wetter- und Ozeanbehörde (NOAA)
            meldet, dass gestern um 19:40 MESZ eine extrem
            starke Sonneneruption stattgefunden hat. Mit einer
            Stärke von mindestens X17 ist es die fünftstärkste,
            die je gemessen wurde.
        </body>
    </article>
</news>
```

Listing 9.27 Die Datei news.xml

news.xml

Die Datei *news.xml* soll als einfaches Content Repository dienen und mit Hilfe von zwei verschiedenen XSLT-Stylesheets jeweils in ein HTML-Dokument und in ein XSL-FO-Dokument transformiert werden. Sehen Sie sich zunächst das XSLT-Stylesheet an, das das Content Repository in ein einfaches HTML-Dokument transformieren soll:

```
<?xml version="1.0"?>
<xsl:stylesheet version="1.0"
    xmlns:xsl="http://www.w3.org/1999/XSL/Transform">

<xsl:template match="/">
<html>
    <head><title>News</title></head>
<body>
    <xsl:apply-templates/>
</body>
</html>
</xsl:template>

<xsl:template match="article">
<h2>
    <xsl:value-of select="./header"/>
</h2>
```

```
<p>
   <xsl:value-of select="./body"/>
</p>
</xsl:template>
</xsl:stylesheet>
```

Listing 9.28 Das Stylesheet news2html.xsl

news2html.xsl

Erzeugen Sie eine Datei *news2html.xsl* innerhalb von *COB-INF*, und fügen Sie ihr den Inhalt aus Listing 9.28 hinzu. Dieses Stylesheet transformiert den Inhalt der Datei *news.xml* in ein einfaches HTML-Dokument. Als nächsten Schritt müssen Sie noch eine Sitemap erstellen, in der eine entsprechende Pipeline definiert ist, die die Transformation bei Aufruf eines bestimmten URI durchführt. Legen Sie aus diesem Grund die Datei *sitemap.xmap* innerhalb von *COB-INF* an, und fügen Sie ihr folgende Zeilen hinzu:

```
<?xml version="1.0" encoding="UTF-8"?>
<map:sitemap xmlns:xsi="http://www.w3.org/2001/
XMLSchema-instance"
xsi:schemaLocation="http://apache.org/cocoon/sitemap/
1.0 http://cocoon.apache.org/schema/sitemap/
cocoon-sitemap-1.0.xsd"
xmlns:map="http://apache.org/cocoon/sitemap/1.0">

<map:pipelines>
<map:pipeline id="demo">

   <map:match pattern="news.html">
      <map:generate type="file" src="news.xml"/>
      <map:transform type="xslt" src="news2html.xsl"/>
      <map:serialize type="html"/>
   </map:match>

</map:pipeline>
</map:pipelines>

</map:sitemap>
```

Listing 9.29 Die Sitemap

Sitemap

Aus dieser Sitemap ist ersichtlich, dass bei einem Aufruf des Pipeline-Pfads `news.html` zunächst die Datei *news.xml* durch einen File-Generator eingelesen wird, anschließend durch einen XSL-Transformer und das Stylesheet *news2html.xsl* in ein HTML-Dokument transformiert und am Ende durch den HTML-Serializer an den Client gesendet wird.

Default-Komponenten Eventuell werden Sie sich an dieser Stelle die Frage stellen, wo die einzelnen Komponenten registriert sind, da der entsprechende Bereich `<map:components/>` in dieser Datei fehlt. Hier wird auf die Default-Komponenten zurückgegriffen, die in Cocoon standardmäßig vorhanden sind. Sie können diese Default-Komponenten in der Datei *cocoon-core-sitemapcomponents.xconf* einsehen, die sich im Verzeichnis *META-INF/cocoon/avalon* der JAR-Datei *cocoon-core-2.2.jar* befindet. Die JAR-Datei selbst wiederum liegt – nach der erstmaligen Ausführung der Cocoon-Applikation – in Ihrem Maven Repository im Verzeichnis *org/apache/cocoon/cocoon-core/2.2.0*.

Erster Test Nachdem Sie die Pipeline erstellt haben, können Sie bereits testen, ob das Publishing erfolgreich durchgeführt wird, indem Sie innerhalb des Cocoon-Block-Verzeichnisses *publishing-example* mit dem Befehl

```
mvn jetty:run
```

den Servlet-Container starten und anschließend in Ihrem Webbrowser folgende URL aufrufen:

http://localhost:8888/publishing-example/news.html

Als Ergebnis sollten Sie in etwa folgende Ausgabe im Quelltext Ihres Webbrowsers vorfinden:

```
<!DOCTYPE HTML PUBLIC "-//W3C//DTD HTML 4.01
   Transitional//EN" "http://www.w3.org/TR/html4/loose.dtd">
<html>
<head>
<META http-equiv="Content-Type"
   content="text/html; charset=ISO-8859-1">
<title>News</title>
</head>
<body>
<h2>Neuwahlen in Japan</h2>
<p>
   In Japan finden vorgezogene Unterhauswahlen
   statt; Beobachter rechnen mit der Best&auml;tigung der
   Koalition aus Komeito und den Liberaldemokraten (LDP) von
   Ministerpr&auml;sident Junichiro Koizumi.
</p>
<h2>Starke Sonneneruption</h2>
<p>
   Die US-amerikanische Wetter- und Ozeanbeh&ouml;rde (NOAA)
   meldet, dass gestern um 19:40 MESZ eine extrem
   starke Sonneneruption stattgefunden hat. Mit einer
```

```
    St&auml;rke von mindestens X17 ist es die
    f&uuml;nftst&auml;rkste, die je gemessen wurde.
</p>
</body>
</html>
```

Listing 9.30 Ergebnis der Transformation nach HTML

HTML-Channel

Der HTML-Channel für den Publishing-Prozess ist somit abgeschlossen. Nun zeigt sich, wie einfach weitere Kanäle in Cocoon eingebunden werden können und somit Multichannel Publishing vollständig unterstützt wird. Erstellen Sie hierzu eine weitere Stylesheet-Datei mit dem Namen *news2fo.xsl* innerhalb von *COB-INF*, und fügen Sie ihr folgende Zeilen hinzu:

```
<?xml version="1.0" encoding="ISO-8859-1"?>
<xsl:stylesheet version="1.0"
   xmlns:xsl="http://www.w3.org/1999/XSL/Transform"
   xmlns:fo="http://www.w3.org/1999/XSL/Format">

   <xsl:template match="/">
   <fo:root
      xmlns:fo="http://www.w3.org/1999/XSL/Format">
      <fo:layout-master-set>
         <fo:simple-page-master
            master-name="ErsteSeite" margin-top="1cm"
            margin-bottom="2cm" margin-left="2.5cm"
            margin-right="2.5cm" page-width="21cm"
            page-height="29.7cm">

            <fo:region-before extent="3cm"/>
            <fo:region-after extent="1.5cm"/>
            <fo:region-end extent="0.5cm"/>
            <fo:region-body margin-top="3cm"
               margin-bottom="1.5cm"/>
         </fo:simple-page-master>
      </fo:layout-master-set>
      <fo:page-sequence master-reference="ErsteSeite">
         <fo:flow flow-name="xsl-region-body">
            <xsl:apply-templates/>
         </fo:flow>
      </fo:page-sequence>
   </fo:root>
</xsl:template>
```

```
<xsl:template match="header">
   <fo:block font-size="14pt" font-weight="bold">
      <xsl:value-of select="."/>
   </fo:block>
</xsl:template>

<xsl:template match="body">
   <fo:block padding-bottom="1cm">
      <xsl:value-of select="."/>
   </fo:block>
</xsl:template>
</xsl:stylesheet>
```

Listing 9.31 Das Stylesheet news2fo.xsl

news2fo.xsl

In diesem Listing sehen Sie ein Stylesheet, das eine Transformation des Content Repositorys in ein XSL-FO-Dokument durchführt. Ein solches XSL-FO-Dokument dient anschließend als Grundlage für die Erzeugung eines PDF-Dokuments. Die Erzeugung des eigentlichen PDF-Dokuments wird in Cocoon durch den FOPSerializer durchgeführt. Fügen Sie hierzu der Sitemap folgenden Eintrag hinzu:

```
<map:match pattern="news.pdf">
   <map:generate type="file" src="news.xml"/>
   <map:transform type="xslt" src="news2fo.xsl"/>
   <map:serialize type="fo2pdf"/>
</map:match>
```

Listing 9.32 Pipeline zum Erzeugen eines PDF-Dokuments

In dieser Pipeline wird bei einem Aufruf des Pipeline-Pfads `news.pdf` zunächst ebenfalls das XML-Dokument *news.xml* eingelesen, im Anschluss jedoch durch das Stylesheet *news2fo.xsl* in ein XSL-FO-Dokument transformiert, das durch den FOPSerializer in ein PDF-Dokument konvertiert und ausgegeben wird.

FOP-Modul hinzufügen

Da in dieser Pipeline zum Erzeugen des PDF-Dokuments der `FOPSerializer` benötigt wird, dieser aber nicht Bestandteil von »Cocoon-Core« ist, müssen Sie das FOP-Modul manuell hinzufügen. Öffnen Sie hierzu die Datei *publishing-example/pom.xml*, und fügen Sie innerhalb von `<dependencies/>` folgenden Eintrag ein:

```
<dependency>
   <groupId>org.apache.cocoon</groupId>
   <artifactId>cocoon-fop-impl</artifactId>
```

```
  <version>1.0.0</version>
</dependency>
```

Listing 9.33 Einfügen einer Dependency

Starten Sie anschließend den Servlet-Container Jetty neu. Dadurch werden alle notwendigen Bibliotheken und Ressourcen für das FOP-Modul heruntergeladen und installiert. Durch den Aufruf der URL

http://localhost:8888/publishing-example/news.pdf

in Ihrem Webbrowser erhalten Sie dann das Ergebnis der Transformation angezeigt, das in etwa folgendes Aussehen besitzen sollte:

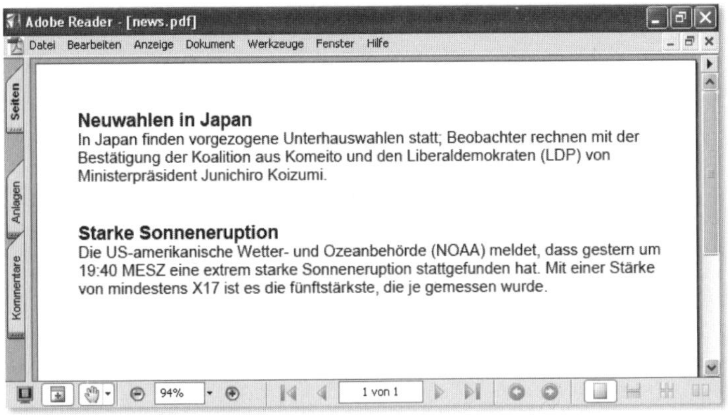

Abbildung 9.8 Das Ergebnis der PDF-Generierung

9.3.17 Zusammenfassung

In diesem Kapitel haben Sie nun einen relativ ausführlichen Einblick in das XML-Publishing-Framework Cocoon der Apache Software Foundation erhalten. Trotzdem konnten hier nur die wichtigsten Punkte behandelt werden, da ansonsten der Rahmen dieses Kapitels bei weitem gesprengt würde. Beispielsweise wurden die Punkte »Einbindung von Logik«, »Internationalisierung« und die Behandlung von (Web-)Formularen durch das Forms-Framework *CocoonForms* ausgelassen, da sie nicht unmittelbar im Zusammenhang mit dem eigentlichen XML-Publishing stehen. Falls Sie nun Interesse an Cocoon gefunden haben und mehr dazu oder zu den hier genannten Punkten erfahren möchten, sollten Sie unbedingt einen Blick auf folgende Websites werfen:

- *http://cocoon.apache.org*
- *http://wiki.apache.org/cocoon*

Anhang

Eclipse ist eine der zwei großen frei verfügbaren IDEs zur Entwicklung von Java-Anwendungen. Dieser Anhang soll ein paar Grundlagen dazu vermitteln.

A Eclipse-Grundlagen

Fast alle praktischen Beispiele aus den anderen Kapiteln, die Sie auf der Buch-CD finden, wurden mit der frei verfügbaren Java-Entwicklungsumgebung *Eclipse*[1] erstellt.

Eclipse ist inzwischen ein riesiges, aber modular aufgebautes Projekt, das die klassische Java-IDE nur noch als einen Teilaspekt enthält. Inzwischen gibt es nämlich auch schon Varianten für andere Programmiersprachen wie C/C++, PHP oder Ruby. Außerdem werden über weitere Zusatzmodule Features angeboten, wie modellgetriebene Entwicklung, Reporting, Profiling und viele mehr.

So viel man über Eclipse auch schreiben könnte, so hat dieser Anhang ausschließlich ein Ziel – Ihnen Eclipse so weit vorzustellen, dass Sie die Beispiele auf der Buch-CD ansehen, starten und modifizieren können.

A.1 Eclipse installieren

Packages

Falls Sie die jeweils aktuellste Version von Eclipse nutzen möchten, können Sie diese auf der Website *http://www.eclipse.org/downloads* herunterladen. Eclipse ist dort in verschiedenen Varianten – auch genannt *Packages* – verfügbar. Diese unterscheiden sich im Funktionsumfang oder in den bereits installierten Erweiterungen. Eclipse ist komplett modular aufgebaut, schon beginnend bei den Basis-GUI-Funktionalitäten. Was an Features fehlt, können Sie online einfach nachinstallieren. Für unsere Zwecke – also XML-Verarbeitung mit Java – ist das Package »Eclipse IDE for Java Developers« absolut ausreichend.

1 *http://www.eclipse.org*

[◉]

Hinweis

Auf der Buch-CD finden Sie unter *Software/Eclipse* die 32-Bit-Versionen für Windows und Linux des Packages »Eclipse IDE for Java Developers«.

Entpacken

Nachdem Sie die für Ihr System passende Eclipse-Version von der Website oder der Buch-CD heruntergeladen haben, müssen Sie nur noch die entsprechende ZIP-Datei in ein beliebiges Verzeichnis auf Ihrer Festplatte entpacken – und schon haben Sie Eclipse fertig installiert. Es ist keine weitere Einrichtung des Systems notwendig, allerdings muss Java auf dem System installiert sein.

A.2 Erste Gehversuche

Nach der erfolgreichen Installation von Eclipse beginnen wir nun unsere ersten Gehversuche damit. Zunächst einmal wollen wir Eclipse starten.

A.2.1 Eclipse starten

Finden der Java-Installation

Im Hauptverzeichnis Ihrer Eclipse-Installation sollte (systemabhängig) eine ausführbare Datei *eclipse* zu finden sein – bei Windows-Systemen also beispielsweise *eclipse.exe*. Führen Sie diese aus, und Eclipse sollte starten – vorausgesetzt, es findet eine Java-Version. Eclipse ist hier relativ eigenständig und findet Java beispielsweise über die `PATH`- oder `JAVA_HOME`-Umgebungsvariable vollkommen selbständig.

Manuelle Angabe der Java-Installation

Sollte Java nicht gefunden werden, können Sie Eclipse auch abhelfen, indem Sie einen Kommandozeilen Parameter `-vm` gefolgt von dem Pfad zum *bin*-Verzeichnis Ihrer Java-Installation angeben:

```
eclipse.exe -vm "D:\Programme\Java\jre-1.5.0_15\bin"
```

Dieser Befehl startet Eclipse unter Windows und lässt es im Verzeichnis *D:\Programme\Java\jre-1.5.0_15\bin* nach der JVM suchen.

Eclipse unter Windows mit 64-Bit-JVM

Eclipse lässt sich unter 64-Bit-Windows-Systemen leider nicht mit einer 64-Bit-JVM betreiben. Hier müssen Sie zum Starten eine 32-Bit-JVM nachinstallieren. Allerdings können Sie dann aus Eclipse heraus problemlos Java-Programme unter einer 64-Bit-JVM starten.

A.2.2 Einen Workspace anlegen

Wenn Sie Eclipse erfolgreich gestartet haben, sehen Sie zunächst einen Startbildschirm mit dem Eclipse-Logo. Danach sollte ein neues Fenster auftauchen, das in etwa wie in Abbildung A.1 aussehen sollte. Eclipse fordert Sie hier auf, ein Workspace-Verzeichnis auszuwählen.

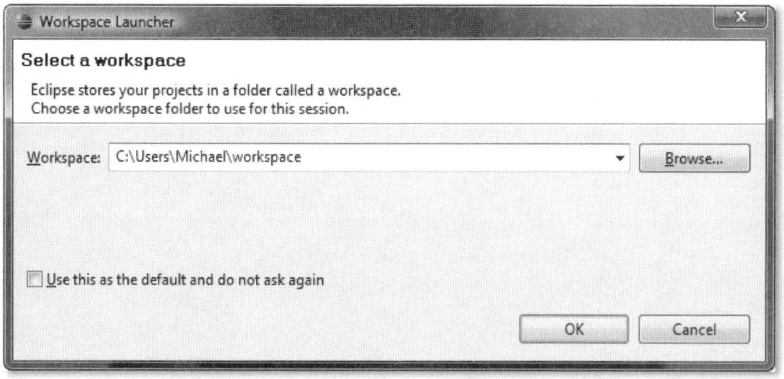

Abbildung A.1 Workspace-Auswahldialog von Eclipse

Der Workspace ist in Eclipse ein Verzeichnis, in dem Ihre sämtlichen Daten gespeichert werden – Projekte, Einstellungen, GUI-Anpassungen, registrierte JVMs, Bibliotheksverweise und viele mehr. Wie der englische Name schon sagt: Es ist quasi Ihr »Arbeitsbereich«.

Sie können durchaus mehrere solcher Workspaces auf Ihrem Rechner pflegen – beispielsweise wenn Sie in verschiedenen Software-Projekten involviert sind. Wir empfehlen Ihnen, einen eigenen Workspace für die Beispiele dieses Buches anzulegen. Wählen Sie im gezeigten Dialog ein beliebiges Verzeichnis aus. Sollte dieses nicht existieren, legt Eclipse es automatisch für Sie an. Klicken Sie auf OK, wenn Sie so weit sind.

Start-Bildschirm

Eclipse legt nun einige Metadaten in dem ausgewählten Verzeichnis ab und präsentiert Ihnen dann einen Willkommensbildschirm. Je nachdem, welches Eclipse-Package Sie heruntergeladen haben, wird dieser unterschiedlich aussehen. Sie finden dort diverse Buttons, mit denen Sie nützliche Informationen, Dokumentation oder Tutorials erreichen. Sie schließen das Fenster, indem Sie auf das kleine X im WELCOME-Reiter klicken.

A.2.3 Die Oberfläche: Menüs, Symbolleisten, Views und Perspectives

Nachdem Sie die Willkommensseite geschlossen haben, sehen Sie den eigentlichen Arbeitsbereich von Eclipse, der wiederum bei den verschiedenen Eclipse-Packages verschieden aufgebaut ist. Generell arbeitet die Oberfläche aber mit ein paar zentralen Konzepten: *Menüs*, *Symbolleisten*, *Views* (Ansichten) und *Perspectives* (Perspektiven). Um diese besser zu verstehen, werfen Sie zunächst einen Blick auf Abbildung A.2, wo Sie die Oberfläche für das Standard-Java-Package von Eclipse sehen.

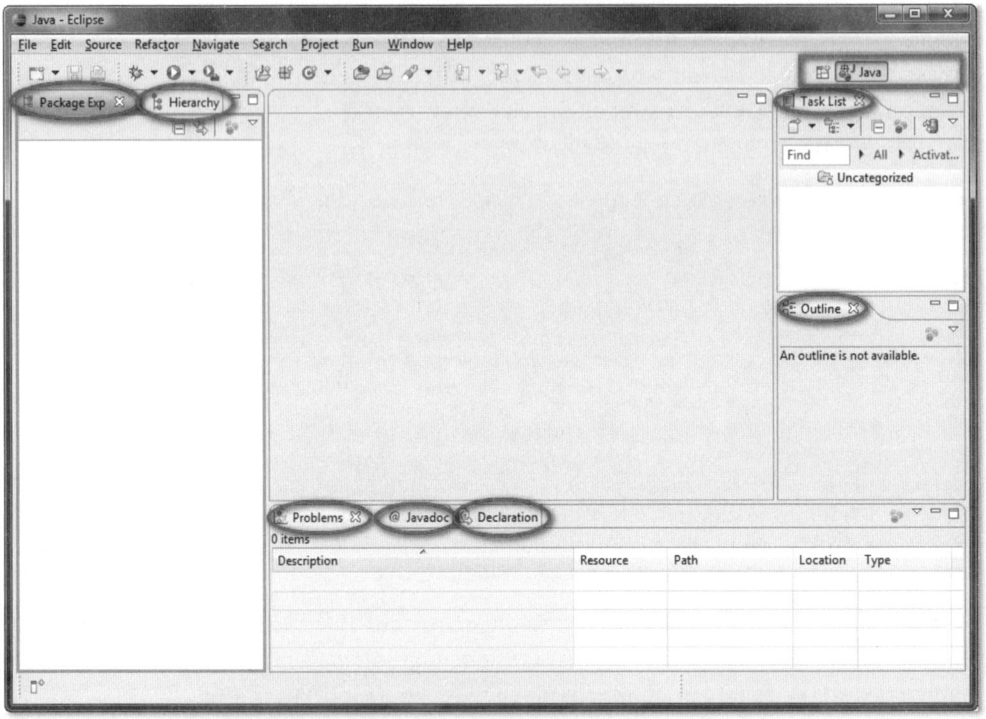

Abbildung A.2 GUI-Konzepte von Eclipse

Wie Sie sehen, haben wir in der Abbildung einige Elemente der Oberfläche durch Kreise oder ein Rechteck hervorgehoben – mehr dazu gleich.

Menüs und Symbolleisten

Sie sehen aber zunächst auch, dass das Fenster oben eine *Menüleiste* enthält, über die Sie die diversen Funktionen der IDE aufrufen. Darunter folgen ein paar *Symbolleisten*, die Shortcuts zu den wichtigsten Menüeinträgen enthalten. Per Drag & Drop können Sie diese beliebig umordnen.

Views

Im ganzen Fenster verteilt finden Sie diverse Boxen, die am oberen Rand jeweils einen oder mehrere Reiter haben (die wir mit Kreisen markiert haben). Mit diesen Reitern schalten Sie zwischen verschiedenen Ansichten in den Boxen hin und her. Eine solche Ansicht, also der Inhalt einer Box sowie der zugehörige Reiter, heißt in Eclipse *View*. Jede View visualisiert dabei einen bestimmten Aspekt Ihres Workspaces. Die View OUT-

LINE zeigt zum Beispiel eine schematische Ansicht einer geöffneten Datei an. Bei Java-Klassen wären dies deren Methoden und Felder, bei einem Ant-Script wären es die Targets und Properties. Andere Views zeigen beispielsweise Probleme und Fehlermeldungen an oder die Konsole eines laufenden Programms.

Views anordnen

Views können per Drag & Drop beliebig innerhalb der GUI verschoben und neu angeordnet oder gruppiert werden. Es ist möglich, mehrere Views zu einer Box zusammenzufassen und über die Reiter zwischen ihnen zu wechseln. Genauso können Sie eine View aber auch so platzieren, dass sie eine eigene neue Box bekommt.

Perspectives

Alle drei bisher erwähnten Konzepte – Menüs, Symbolleisten, Views und deren jeweilige Inhalte – bilden nun in Summe unser viertes GUI-Konzept: die Perspektiven oder *Perspectives*. Eine Perspective definiert, welche Menüs und welche Einträge darin sichtbar sind. Das Gleiche gilt für Symbolleisten und deren Anordnung sowie für die Views und deren Anordnung in der GUI.

[«]

Hinweis

Wenn Sie per Drag & Drop Symbolleisten oder Views anders anordnen, werden diese Änderungen automatisch in der Perspektive gespeichert und sind beim nächsten Start von Eclipse wieder verfügbar.

Perspektivenleiste

Eclipse erlaubt es, mehrere Perspektiven zu verwalten und bequem zwischen ihnen hin- und herzuschalten. Dies erfolgt über den letzten Bereich der GUI – rechts neben den Symbolleisten –, die Perspektivenleiste (von uns mit einem Rechteck eingefasst). Dort sollten Sie mindestens einen aktivierten Button sehen, der Ihnen sagt, welche Perspektive momentan aktiv ist. Je nachdem, welches Eclipse-Package Sie installiert haben, kann diese unterschiedlich sein. Abbildung A.2 zeigt bekanntlich einen Screenshot einer Standard-Java-Installation. Dort ist die Perspektive JAVA ausgewählt, bei der Java-EE-Installation wäre es die Perspektive JAVA EE, die andere Menüs, Leisten und Views enthält.

Funktionen der Perspektivenleiste

Die Perspektivenleiste bietet Ihnen diverse Möglichkeiten. So können Sie mit einem Rechtsklick auf den Perspektiven-Button Perspektiven schließen oder auf den Ursprungszustand zurücksetzen, aber auch die Einstellungen dafür ändern. Außerdem können Sie zu anderen Perspektiven umschalten. Hierfür gibt es zwei Möglichkeiten: Entweder öffnen Sie eine neue Perspektive über den linken Button der Leiste (siehe Abbildung A.3). Sie erhalten dabei eine Auswahl an Standard-Perspektiven oder zeigen über den Eintrag OTHERS... eine Liste mit allen verfügbaren Perspektiven an. Sobald Sie eine zusätzliche Perspektive geöffnet haben, ist diese als zusätzlicher Button in der Leiste verfügbar (siehe Abbildung A.4), so dass Sie als zweite Möglichkeit schnell und einfach (ohne die Auswahlliste) jederzeit wieder dorthin umschalten können.

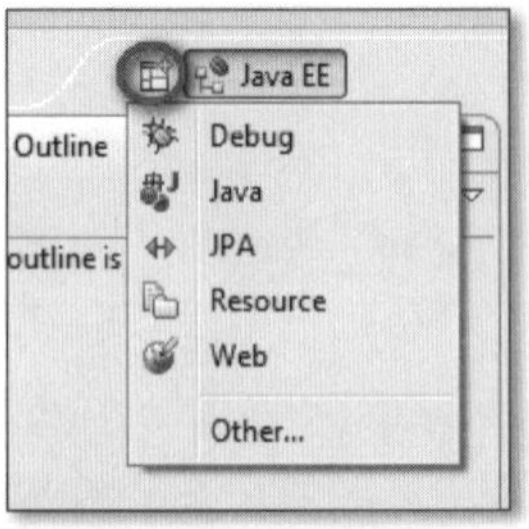

Abbildung A.3 Neue Perspektive öffnen

Abbildung A.4 Schnelles Umschalten zwischen Perspektiven

A.3 Java-Installationen einbinden

Wie zuvor erwähnt, brauchen Sie zum Starten von Eclipse eine Java-Installation. Wenn Sie nun aus Eclipse heraus Java-Programme starten möchten, wird standardmäßig auch diese Installation verwendet. Allerdings können Sie Ihren Workspace beliebig umkonfigurieren und zusätzliche oder andere Java-Installationen dort einbinden und zwischen ihnen hin- und herschalten. Dies ist vor allem dann interessant, wenn Sie Ihre Anwendungen mit verschiedenen Java-Versionen testen wollen.

Hinweis

Einige der Beispiele auf der Buch-CD verhalten sich möglicherweise unterschiedlich bei verschiedenen Java-Versionen. Wir empfehlen Ihnen, parallel ein JDK 1.5.0 und ein JDK 1.6.0 auf Ihrem Rechner zu installieren und beide mit der folgenden Anleitung im Workspace zu registrieren.

A.3.1 Öffnen des Konfigurationsdialogs

Zunächst sollten Sie den Konfigurationsdialog von Eclipse öffnen. Wählen Sie dazu in der Menüleiste den Eintrag WINDOW • PREFERENCES. Der

Konfigurationsdialog von Eclipse ist als Baum angeordnet. Links im Fenster wählen Sie den entsprechenden Baumknoten, rechts sehen Sie dann die dafür verfügbaren Einstellungen. Navigieren Sie jetzt bitte zum Baum-Knoten JAVA • INSTALLED JREs. Der Dialog sollte nun in etwa aussehen wie in Abbildung A.5.

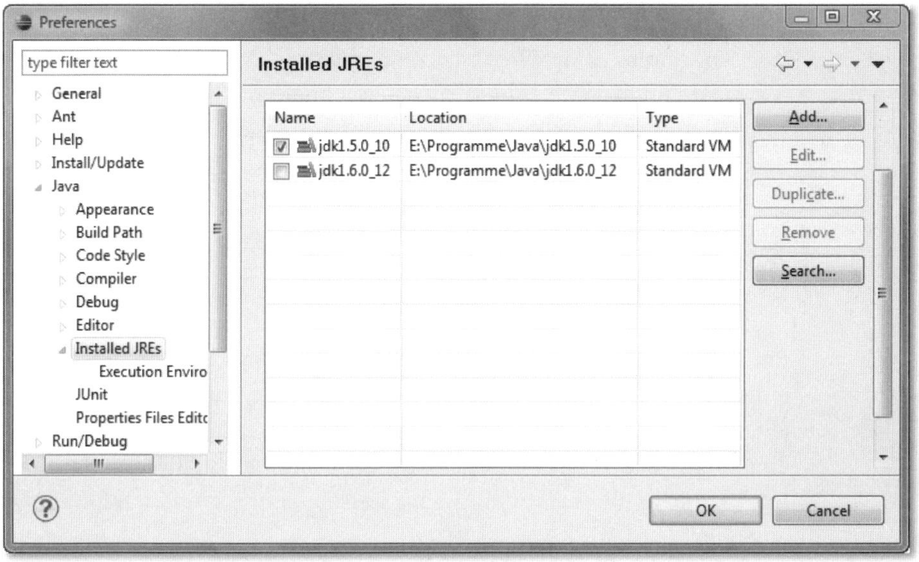

Abbildung A.5 Konfigurationsdialog für Java-Installationen

Im rechten Teil des Dialogs sehen Sie eine Liste mit den verfügbaren Java-Installationen. Die per Checkbox markierte ist dabei die Default-Einstellung. Diese können Sie schnell und einfach ändern, indem Sie eine andere Checkbox auswählen. Über den Button ADD... fügen Sie der Liste weitere Installationen hinzu oder löschen eine ausgewählte über REMOVE.

A.3.2 Neue Installation hinzufügen

Wenn Sie eine neue Java-Installation hinzufügen möchten, klicken Sie zunächst den Button ADD... im obigen Dialog. Es erscheint ein kleiner Wizard, auf dessen erster Seite Sie zunächst STANDARD VM auswählen und mit NEXT > fortfahren. Auf der nächsten Seite klicken Sie auf den Button DIRECTORY..., wählen dann den Pfad zur gewünschten Java-Installation aus und klicken OK.

Eclipse untersucht nun, ob der ausgewählte Pfad eine Java-Installation enthält, und füllt im Erfolgsfall gleich das Feld JRE NAME aus, das einen eindeutigen Namen für die Java-Installation enthalten muss. Hier können Sie natürlich nach Belieben von Hand nachbessern. Zum Schluss sollten Sie den Wizard mit FINISH beenden.

A.4 Projekte

Projekte

Wie Sie wissen, ist der Workspace der zentrale Container, der die diversen Einstellungen von Eclipse speichert. Innerhalb des Workspaces können Sie nun eine beliebige Anzahl an *Projekten* anlegen. Ein Projekt in der Eclipse-Terminologie ist eine abgeschlossene Komponente eines Software-Systems, das eine bestimmte Aufgabe bewältigt. Solche Komponenten können einfache Java-Anwendungen sein, aber auch Module einer Java-EE-Applikation, Webapplikationen oder sogar Erweiterungen von Eclipse selbst (sogenannte *Plug-ins*).

Ein Projekt ist immer Teil des Workspaces. Physikalisch kann es aber in einem Unterordner des Workspace-Ordners oder auch an einer anderen externen Stelle liegen. Außerdem hat es – je nach Aufgabenbereich – einen Typ. Die Beispiele auf der Buch-CD sind ausschließlich *Java-Projekte*, weshalb wir in diesem Anhang ausschließlich auf diesen Projekttyp eingehen werden.

A.4.1 Importieren von Projekten

Die Beispielprojekte auf der Buch-CD liegen dort im Ordner *Beispiele* als ZIP-Dateien (eine pro Kapitel). Um mit ihnen arbeiten zu können, müssen Sie sie aber zuerst in Ihren Workspace importieren. Bevor Sie nun fortfahren, stellen Sie am besten Ihren Workspace auf die Perspektive JAVA, wie in Abschnitt A.2.3 gezeigt.

Dazu wählen Sie bitte in der Menüleiste den Eintrag FILE • IMPORT.... Daraufhin erscheint ein Dialog, in dem Sie auswählen müssen, was Sie importieren möchten. Hier klicken Sie auf den Eintrag GENERAL • EXISTING PROJECTS INTO WORKSPACE und dann auf NEXT >. Der nun folgende Bildschirm sollte in etwa aussehen wie in Abbildung A.6.

Wie Sie sehen, haben wir in diesem Dialog bereits eine ZIP-Datei für den Import ausgewählt. Sie erreichen dasselbe, indem Sie zunächst auf den Radio Button SELECT ARCHIVE FILE klicken und dann über den Button BROWSE... die entsprechende Archivdatei auf der Buch-CD auswählen. Danach sollte der Dialog aussehen wie in Abbildung A.6. Klicken Sie nun auf FINISH, um den Vorgang abzuschließen.

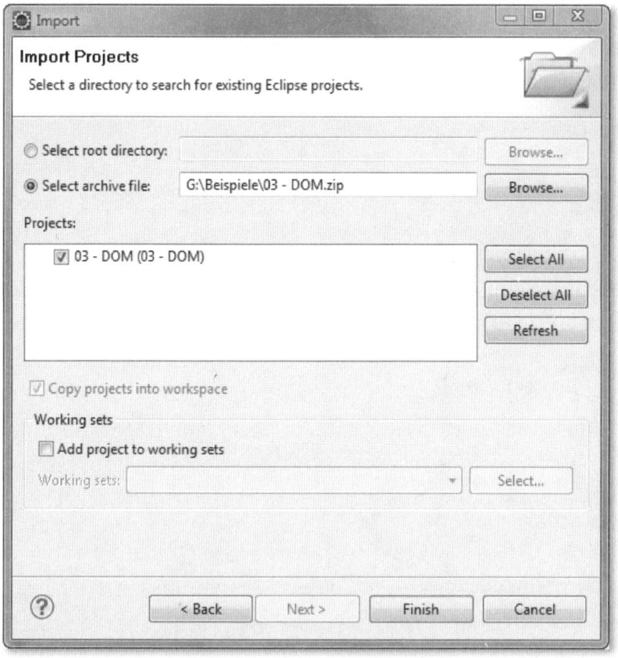

Abbildung A.6 Import-Dialog für Projekte

Wenn Sie möchten, werfen Sie nun einen Blick in Ihr Workspace-Verzeichnis im Dateisystem. Dort werden Sie feststellen, dass Eclipse einen Unterordner mit dem Namen des Projekts angelegt und dort die Inhalte aus der Archivdatei gespeichert hat.

A.4.2 Aufbau von Java-Projekten

Nachdem Sie ein Projekt in den Workspace importiert haben, finden Sie dazu einen Eintrag in der View PACKAGE EXPLORER. Diese View ist baumartig aufgebaut: für jedes Projekt gibt es einen Knoten auf oberster Ebene. Diesen können Sie aufklappen und sehen dann die Unterknoten eines Projekts, die Sie teilweise wiederum aufklappen können. Abbildung A.7 zeigt beispielsweise die wichtigsten Knoten aus dem Projekt *06 – StAX*.

Quellordner und normale Ordner

Als obersten Knoten innerhalb des Projekts finden Sie einen Eintrag SRC. Dieser entspricht dem Unterordner *src* des Projekts im Dateisystem, wurde von Eclipse aber als Ordner für Java-Quellcode erkannt (ein Quellordner oder *Source-Folder*). Die weiteren Unterordner des Projekts werden ebenfalls angezeigt, und zwar ganz unten in dem von uns gezeichneten Kasten »Sonstige Dateien«. Ein Eclipse-Java-Projekt kann beliebig viele Unterordner enthalten, von denen beliebig viele als Quellordner konfiguriert sein können (dies dient der logischen Trennung von Quellcode – beispielsweise von regulären Klassen und Testklassen).

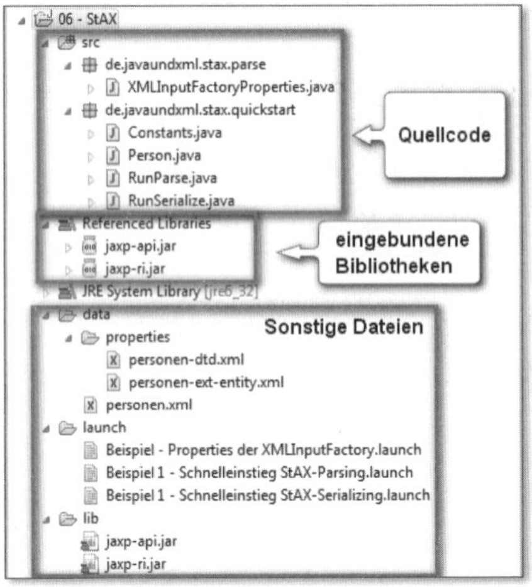

Abbildung A.7 Aufbau eine Eclipse-Java-Projekts

Packages und Quelldateien Im Quellordner finden Sie nun für jedes Java-Package einen eigenen Unterknoten und in den Packages für jede (Java-)Datei einen Unterknoten. Java-Dateien werden dabei durch ein spezielles Symbol mit dem Buchstaben J gekennzeichnet.

Bibliotheksverweise Unterhalb der Quellordner sehen Sie in manchen Projekten einen Eintrag REFERENCED LIBRARIES. Dieser ist dann sichtbar, wenn das Projekt zusätzlich zur Java Laufzeitbibliothek andere Bibliotheken (wie JAR-Dateien) benötigt. In Abbildung A.7 sind beispielsweise zwei JAR-Dateien *jaxp-api.jar* und *jaxp-ri.jar* eingebunden. Diese Dateien können, müssen aber nicht im Projekt-Verzeichnis enthalten sein. Der REFERENCED LIBRARIES-Knoten ist also ein virtueller Knoten.

Java-Laufzeitbibliothek Danach folgt ein weiterer virtueller Knoten mit der verwendeten Java-Laufzeitbibliothek. Hier wird normalerweise auf eine der in Abschnitt A.3, »Java-Installationen einbinden«, eingerichteten Java-Installationen verwiesen. Wenn Sie den Knoten aufklappen, sehen Sie sogar die einzelnen JAR-Dateien, aus denen sich die Laufzeitbibliothek zusammensetzt.

[»]

Hinweis

Es ist sogar möglich, in JAR-Dateien hineinzunavigieren, indem Sie den Knoten einfach aufklappen. Sie finden dann alle Packages, Klassen und Ressourcen, die in der Datei enthalten sind.

Weitere Projektinhalte

Zuletzt folgen – wie schon kurz erwähnt – Knoten für die restlichen Ordner des Projekts. Unterordner und die Dateien darin werden ganz gewöhnlich als Kindknoten angezeigt.

Spezielle Dateisymbole und Editoren

Manche Dateien werden von Eclipse allerdings mit speziellen Symbolen versehen – wie bei Java-Dateien in Quellordnern. Dies ist zum Beispiel bei XML- oder XSD-Dateien der Fall. Das bedeutet im Regelfall, dass Eclipse über einen speziellen Editor für diese Dateien verfügt. So können XML-Dateien beispielsweise grafisch oder mit farblicher Hervorhebung von Elementen, Attributen und Text editiert werden – nicht wie gewöhnliche Textdateien.

Besonderheiten bei eingebundenen Bibliotheken

Eine Besonderheit fällt Ihnen vielleicht noch in Abbildung A.7 im Unterordner *lib* des Projekts auf. Hier finden Sie die zwei selben Einträge *jaxp-api.jar* und *jaxp-ri.jar* wie schon im Knoten REFERENCED LIBRARIES. Auch sie haben ein spezielles Symbol. Der Hintergrund ist, dass diese beiden JAR-Dateien tatsächlich im *lib*-Ordner des Projekts liegen, gleichzeitig aber in das Projekt als Bibliotheken eingebunden sind. Sie tauchen deshalb zweimal auf (sind aber natürlich nur einmal vorhanden). Diese Vorgehensweise ist von Vorteil, da das Projekt dann alle seine Bibliotheken selbst mitbringt und deshalb auf jedem anderen Rechner laufen sollte. In großen Software-Entwicklungs-Projekten arbeitet man hingegen anders: Hier werden normalerweise große Repositorys mit allen möglichen Bibliotheksdateien angelegt und aus den Eclipse-Projekten dann extern darauf verwiesen.

Hinweis [«]

In älteren Eclipse-Versionen wurden die eingebunden Bibliotheksdateien aus dem Projektordner nur unter REFERENCED LIBRARIES eingeblendet und im Dateiordner ausgeblendet. Seit der neuesten Version 3.5 hat man sich aber für die Lösung des Einblendens mit einem speziellen Symbol entschieden.

A.4.3 Dateien editieren

Wie im vorigen Abschnitt schon kurz angedeutet, können Sie die Dateien eines Projekts (zumindest die meisten davon) mit Eclipse auch editieren.

Eclipse mit seiner modularen Architektur stellt hierbei für verschiedene Dateitypen verschiedene Editoren zur Verfügung. So gibt es beispielsweise einen simplen Text-Editor, mit dem einfach Textdateien im Notepad-Stil editiert werden können. Bei XML-, XSD- und anderen Dateien mit XML-Hintergrund gibt es bereits das Syntax-Highlighting (also die farblich unterschiedliche Darstellung verschiedener Bausteine) sowie grafische Editiermöglichkeiten. Aber es geht noch weiter: Für Ant- oder Java-Dateien existieren noch viel fortschrittlichere Editoren, die Sie beim Entwickeln mehr als tatkräftig unterstützen.

Den Editor für eine Datei öffnen Sie im Normalfall einfach über einen Doppelklick darauf. Er wird in der Mitte des Fensters (dem großen, bisher leeren Bereich) angezeigt. Abbildung A.8 zeigt beispielsweise den Java-Editor.

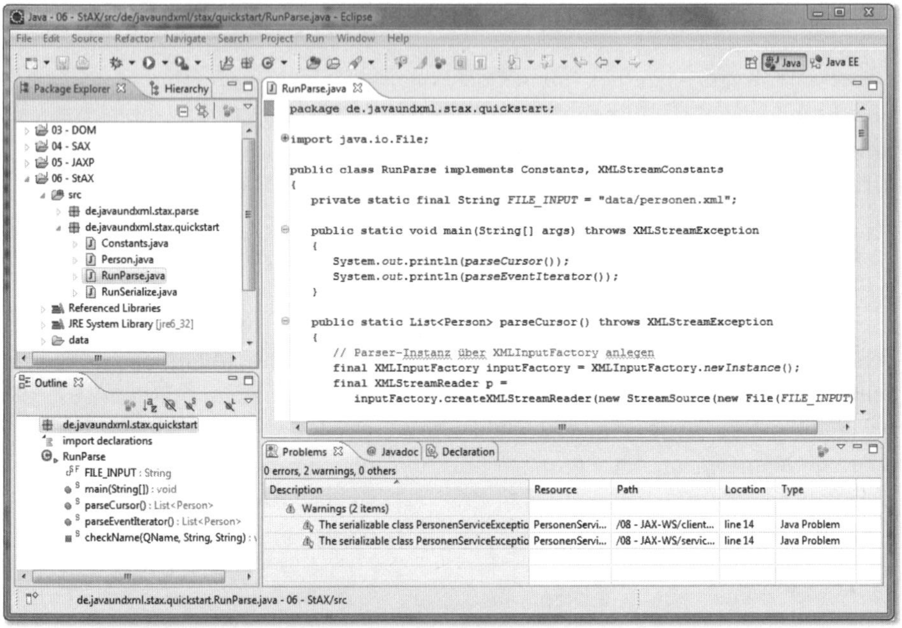

Abbildung A.8 Der Java-Editor von Eclipse

Mit den Editoren können Sie nun die verschiedensten Änderungen an den Dateien vornehmen und werden von Eclipse dabei unterstützt. So werden Sie beispielsweise in der Editor-View selbst oder der View PROBLEMS auf Probleme wie falsche Syntax oder fehlende Java-Imports hingewiesen. Sind Sie mit den Änderungen fertig, können Sie diese über das Menü mit FILE • SAVE oder über den zugehörigen Button (links oben in der Symbolleiste) speichern.

Verknüpfung von Views

Wie gerade am Beispiel der PROBLEMS-View beschrieben, sind viele Views bei Eclipse im Hintergrund miteinander verknüpft. So zeigt beispielsweise die View OUTLINE die logische Struktur einer Java-Datei an, falls diese im Editor geöffnet ist. Selbiges gilt für Ant-Dateien und XML-Dateien.

A.4.4 Projekte öffnen und schließen

Projekte eines Workspaces können geschlossen werden, beispielsweise weil sie für einige Zeit nicht benötigt werden. Geschlossene Projekte werden behandelt, als wären Sie nicht im Workspace vorhanden. Andere Projekte, die davon abhängen, erzeugen also Fehler, aber beispielsweise sind in der PROBLEMS-View keine Meldungen des Projekts sichtbar, genauso wenig wie dessen Shared Run Configurations (siehe Abschnitt A.5.3).

Projekte können über die Views PACKAGE EXPLORER und PROJECT EXPLORER geöffnet und geschlossen werden. Dies geschieht entweder über das Kontextmenü, das Sie mit einem Rechtsklick auf dem Projekt-Knoten öffnen, und dort mit dem Befehl CLOSE PROJECT bzw. OPEN PROJECT. Oder Sie nutzen die beiden gleichnamigen Befehle im Menü PROJECT der Menüleiste.

A.5 Programme starten

Das Letzte, was Sie jetzt noch über unsere Eclipse-Beispiele wissen müssen, ist, wie Sie sie starten. Eclipse bietet Ihnen hier verschiedene Möglichkeiten.

A.5.1 Starten über den Package Explorer

Start über die Tastatur

In Java können bekanntlich nur Klassen ausgeführt werden, die eine `main()`-Methode haben. Diese starten Sie in Eclipse ganz einfach über die PACKAGE EXPLORER-View. Wählen Sie dazu einfach die Klasse mit der `main()`-Methode im PACKAGE EXPLORER aus, und drücken Sie `Strg`+`F11` auf Ihrer Tastatur. Schon sollte das Programm starten.

Start über Menüleiste, Symbolleiste oder Kontextmenü

Natürlich können Sie das Programm auch mit der Maus starten. Hierfür gibt es drei Möglichkeiten.

- Die erste Möglichkeit führt über die Menüleiste. Wählen Sie hier RUN • RUN.
- Alternativ verwenden Sie das Kontextmenü. Sie erreichen es über einen Rechtsklick auf der Klasse. Wählen Sie dort den Befehl RUN AS • JAVA APPLICATION.
- Zuletzt können Sie noch über die Symbolleiste arbeiten. Klicken Sie dafür auf das kleine Dreieck rechts neben dem RUN-Symbol (siehe Abbildung 10.9), und wählen Sie im sich öffnenden Menü den Befehl RUN AS • JAVA APPLICATION.

Abbildung A.9 Das Run-Symbol in der Symbolleiste

A.5.2 Start über den Editor oder die Outline-View

Zwei weitere Möglichkeiten, eine Klasse zu starten, bieten der Java-Editor und die OUTLINE-View. In beiden starten Sie die dort geöffnete Klasse über die vier eben genannten Möglichkeiten, also `Strg`+`F11`, RUN • RUN in der Menüleiste und RUN AS • JAVA APPLICATION im Kontextmenü und über das RUN-Symbol der Symbolleiste.

A.5.3 Run Configurations

Die wohl wichtigste Möglichkeit, Anwendungen in Eclipse zu starten, sind die *Launch Configurations* oder auch *Run Configurations*, wie sie in neueren Eclipse Versionen genannt werden – zu Deutsch am besten mit *Startkonfigurationen* übersetzt.

Was sind Run Configurations?

Run Configurations sind Konfigurationsdateien in Ihrem Workspace, die diverse Informationen zum Start einer Anwendung speichern. Dazu zählen im Normalfall ein eindeutiger Name, das Projekt, der Klassenpfad und natürlich die zu startende Klasse. Anwendungen werden in Eclipse immer über Run Configurations gestartet, auch wenn Sie eine der zuvor vorgestellten Varianten genutzt haben. In diesen Fällen wird nämlich immer zuerst automatisch eine Run Configuration angelegt und in Wirklichkeit diese gestartet.

Run Configurations anzeigen

Eclipse kann Ihnen einen Dialog mit allen Run Configurations anzeigen. Sie erreichen ihn über zwei Wege:

- Über das Dreieck neben dem RUN-Symbol in der Symbolleiste (siehe Abbildung A.9) – wählen Sie dort den Befehl RUN CONFIGURATIONS...
- Über die Menüleiste – wählen Sie dort den Befehl RUN • RUN CONFIGURATIONS...

In beiden Fällen sollten Eclipse Ihnen einen Dialog anzeigen, der ähnlich wie in Abbildung A.10 aussieht.

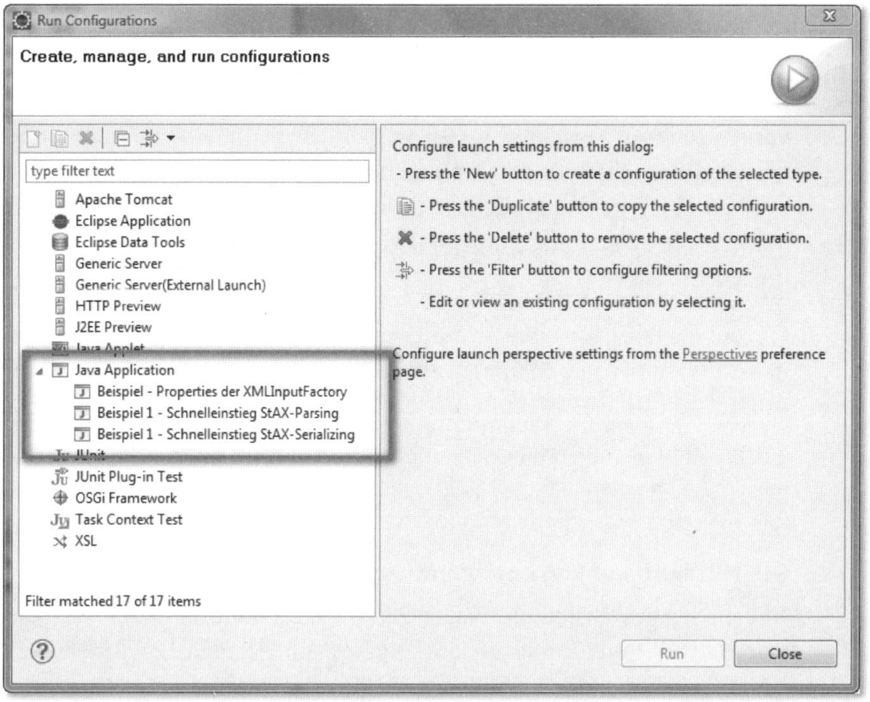

Abbildung A.10 Der »Run Configurations«-Dialog von Windows

Auch dieser Dialog ist wieder links als Baumstruktur mit einem Detailbereich rechts angeordnet. Links sehen Sie auf oberster Ebene die verschiedenen Typen von Run Configurations, die Eclipse verwalten kann. In unserem Fall arbeiten wir ausschließlich mit dem Typ JAVA APPLICATION. Wenn Sie diesen Knoten aufklappen, sehen Sie alle verfügbaren Java Run Configurations (wie in Abbildung A.10 durch einen Kasten eingerahmt). Um nun eine davon zu starten, wählen Sie einfach den entsprechenden Knoten aus und klicken auf den Button RUN im rechten unteren Teil des Dialogs.

Shared Run Configurations

Gerade haben wir Ihnen erzählt, dass Run Configurations im aktuellen Workspace gespeichert werden. Das ist in vielen Fällen richtig, es gibt jedoch noch die Möglichkeit, sogenannte *Shared Run Configurations* anzulegen.

Was sind Shared Run Configurations?

Bei Shared Run Configurations liegen die Dateien nicht im Workspace, sondern im Ordner eines Projekts. Dies hat den Vorteil, dass bei Weitergabe des Projekts (wie mit unseren Beispielen der Fall) alle zugehörigen

Run Configurations automatisch verfügbar sind, auch wenn die Projekte in einen anderen Workspace importiert werden.

.launch-Dateien Eine Shared Run Configuration liegt als Datei mit der Endung *.launch* vor. In unseren Projekten haben wir sie jeweils in einem Unterordner *launch* der Beispielprojekte untergebracht. Beim Öffnen oder Importieren eines Projekts scannt Eclipse dessen Inhalt, findet und erkennt automatisch alle Run Configurations darin und bindet diese ein, als lägen Sie im Workspace vor.

Sichtbarkeit von Shared Run Configurations

In Eclipse sind nur die Shared Run Configurations von offenen Projekten des Workspaces sichtbar. Wenn Sie also mehrere Beispielprojekte importiert haben und Ihnen die Run Configurations zu viel werden, schließen Sie einfach die momentan nicht benötigten Projekte.

Schnellzugriff auf Run Configurations

Neben dem vorgestellten Dialog zur Anzeige, Konfiguration und zum Starten von Run Configurations gibt es ein Schnellzugriffsmenü. Sie haben es schon einmal gesehen, falls Sie (wie in Abbildung A.9 gezeigt) auf das Dreieck neben dem RUN-Symbol in der Symbolleiste geklickt haben. Dort sollten alle Run Configurations aus unseren Beispielprojekten eingeblendet sein, so dass Sie sie direkt und schnell anwählen können (siehe Abbildung A.11).

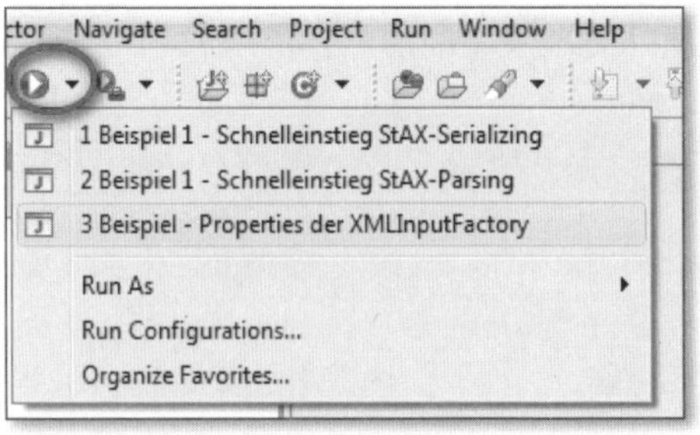

Abbildung A.11 Schnellzugriffsmenü für Run Configurations

Sind die Einträge dort nicht vorhanden (oder fehlen welche), können Sie aber auch den Eintrag ORGANIZE FAVORITES... auswählen und in dem folgenden Dialog von Hand konfigurieren, welche Einträge im Schnellzugriffsmenü sichtbar sein sollen.

A.5.4 Ant-Scripts starten

In ein paar Beispielprojekten nutzen wir nicht nur Java-Programme, sondern auch Ant-Scripts (siehe Anhang B). Diese liegen nicht als Java-Klassen, sondern als spezielle XML-Dateien (meist mit dem Namen *build.xml*) vor. Auch können sie nicht über normale Run Configurations gestartet werden.

Stattdessen bietet Eclipse einen ganz ähnlichen Mechanismus an, die *External Tools Configurations*. Diese werden fast genauso gehandhabt wie die Run Configurations. Sie finden Einträge dazu im Kontextmenü, im RUN-Menü und auch in der Symbolleiste. Dort gibt es rechts neben dem RUN-Symbol ein ganz ähnlich aussehendes. Über das kleine Dreieck daneben haben Sie schließlich Zugriff auf die von uns vorgefertigten External Tools Configurations (siehe Abbildung A.12).

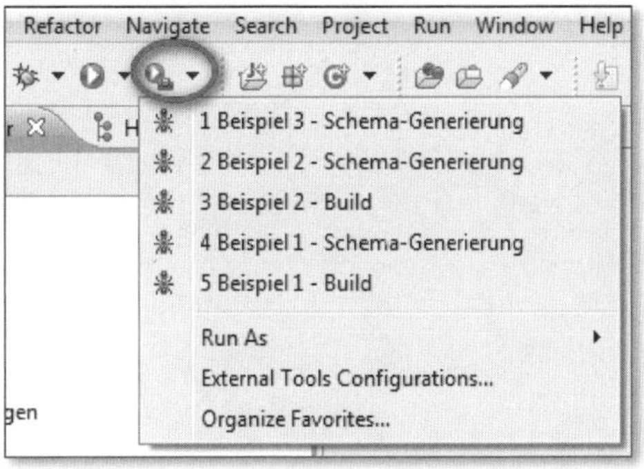

Abbildung A.12 Schnellzugriffsmenü für External Tools Configurations

In diesem Anhang erfahren Sie etwas über das »Arbeitstier« aus der Apache-Software-Familie – Ant –, mit dem Sie häufig anfallende Aufgaben rund um die Software-Entwicklung erledigen können, primär das Build-Management.

B Apache Ant

In den Kapiteln 7, »JAXB«, und 8, »XML-Webservices mit JAX-WS«, dieses Buchs arbeiten wir intensiv mit dem Build-Tool *Apache Ant*. Wir verwenden es dort primär, um die Code-Generierungswerkzeuge der beiden Technologien auf komfortable Weise auszuführen.

Typische Ant-Funktionen

Tatsächlich kann Ant (engl. »Ameise«) noch wesentlich mehr. Sei es Javadoc-Generierung, das Starten diverser Java-Compiler, Kopieren, Verschieben, Löschen von Dateien, Erstellen von ZIP- oder JAR-Archiven, Kommunizieren mit einem CVS- oder Subversion-Server, nichts Derartiges bereitet Ant Probleme.

Vorteile von Ant

Darüber hinaus hat Ant weitere Vorteile. Zum einen ist es komplett in Java geschrieben und damit plattformunabhängig. Außerdem ist sein interner Aufbau so gestaltet, dass es relativ leicht mit eigener Funktionalität erweitert werden kann und es deswegen nicht nur zahlreiche nützliche Erweiterungen dafür gibt, sondern viele Hersteller diverse Tools aus ihren Software-Produkten auch als Ant-Version zur Verfügung stellen. Ein Beispiel dafür haben Sie in Kapitel 7, »JAXB«, und Kapitel 8, »JAX-WS«, mit den von JAXB und JAX-WS genutzten Generierungs-Tools schon kennengelernt, weitere wären etwa XDoclet-Prozessoren, XSLT-Prozessoren, Test-Frameworks, Code-Analyse-Tools. Ein weiterer großer Vorteil von Ant ist, dass es durch seine allgemeine Akzeptanz fester Bestandteil vieler Entwicklungsumgebungen ist (z. B. Eclipse oder NetBeans), die beispielsweise über integrierte Ant-Script-Editoren verfügen oder die direkte Ausführung von Scripts erlauben, ohne dass zuvor eine Installation von Ant notwendig ist.

Ant-Scripts

Das Verhalten von Ant wird über kleine Script-Dateien gesteuert, in denen die vorgegebenen Aktionen und Abhängigkeiten definiert sind. Wenn Sie schon einmal mit *makefiles* in der UNIX-Welt zu tun hatten, wissen Sie in etwa, worum es dabei geht. Der große Unterschied zum UNIX-Build-Tool *make* ist jedoch, dass die Ant-Scripts keine gewöhnlichen Textdateien sind, sondern XML-Dateien (was denn auch sonst).

Wir werden Sie nun in diesem Abschnitt schrittweise an Apache Ant heranführen. Zunächst erläutern wir Ihnen, woher Sie Ant bekommen und wie Sie es auf Ihrem System installieren. Danach zeigen wir Ihnen die Grundlagen zur Erstellung von Ant-Scripts und einige Beispiele, die Standardaufgaben erledigen. Zuletzt erfahren Sie, wie Sie Ant-Erweiterungen einsetzen.

B.1 Ant besorgen und installieren

In diesem Abschnitt erfahren Sie nun alles darüber, wie Sie eine lauffähige Ant-Installation auf Ihrem Rechner aufsetzen.

B.1.1 Ant in der IDE

Die neuesten Versionen von Eclipse oder NetBeans haben immer eine Ant-Installation integriert. Da die meisten Beispiele zu diesem Buch (inklusive deren für diesen Anhang) als Eclipse-Projekte vorliegen, werden Sie ohnehin mit dieser IDE arbeiten (siehe dazu auch Anhang A). Im Normalfall müssen Sie Ant also nicht extra installieren.

B.1.2 Ant separat installieren

Besorgen einer Distribution

Wenn Sie nicht mit einer IDE arbeiten oder eine separate Testinstallation erstellen möchten, müssen Sie sich zunächst eine entsprechende Distribution besorgen. Auf der Buch-CD finden Sie die Version 1.7.1 als ZIP-Datei. Alternativ besuchen Sie die Homepage von Ant, *http://ant.apache.org*, und laden sich dort die neueste Version herunter (wir empfehlen Ihnen für den Anfang eine binäre Distribution).

In jedem Fall sollten Sie sich nun im Besitz einer Archivdatei mit einer (halbwegs aktuellen) Ant-Distribution befinden. Eine kleine Installationsanleitung gibt es auch auf der Ant-Website unter der URL *http://ant.apache.org/manual/install.html*, Sie können aber auch einfach hier weiterlesen, falls Sie eine kurze deutsche Einführung bevorzugen.

Installation

Zunächst einmal müssen Sie das Archiv in ein Verzeichnis entpacken, wo Sie die Installation haben möchten. Danach sollten Sie unabhängig vom Betriebssystem die folgenden drei Schritte durchführen:

- eine Umgebungsvariable `ANT_HOME` erstellen, die auf das Verzeichnis mit der Ant-Installation verweist
- den Ordner `ANT_HOME/bin` Ihrem Ausführungspfad hinzufügen (im Normalfall müssen Sie dazu die Umgebungsvariable `PATH` erweitern)
- die Umgebungsvariable `JAVA_HOME` auf das Hauptverzeichnis Ihrer Java-Installation setzen, falls nicht schon geschehen

Wie Sie Umgebungsvariablen (englisch: Environment Variables) bei Ihrem Betriebssystem setzen, kann unterschiedlich aussehen. Oftmals gibt es dabei eine Unterscheidung zwischen Benutzervariablen (diese gelten nur für Ihren Benutzernamen) und Systemvariablen (diese gelten für alle Benutzer des Systems). Um letztere zu ändern, brauchen Sie zwar Administratorrechte, doch genügt für die Ausführung von Ant natürlich auch die Benutzervariante. Der einzige Vorteil oder Nachteil dabei ist nur, dass andere Benutzer, die sich an dem System anmelden, dann nicht von der Änderung betroffen sind.

B.2 Erstellen und Ausführen von Ant-Scripts

Ein Ant-Script ist eine spezielle XML-Datei mit Anweisungen, die Ant sagt, was es während der Ausführung genau machen soll. In der Sprache von Ant wird sie auch *Projektdatei* oder *Build-Datei* genannt.

Standardmäßig erwartet Ant diese Datei unter dem Namen *build.xml* im aktuellen Ausführungspfad. Wenn Sie also auf der Kommandozeile in einem Verzeichnis */foo/bar* den Befehl `ant` eingeben, wird nach der Datei */foo/bar/build.xml* gesucht. Sie können jedoch über den Kommandozeilenparameter `-f` auch einen alternativen Namen spezifizieren. Wenn Sie also eine Build-Datei *mybuild.xml* benutzen wollen, starten Sie `ant` mit dem Befehl `ant -f mybuild.xml`. Mit Eclipse wählen Sie einfach eine Ant-Datei innerhalb Ihres Projekts aus und klicken Run As • Ant Build im Kontextmenü.

B.2.1 Ein erstes Beispiel

Bevor Sie weiterlesen, sollten Sie das Eclipse-Projekt *B – Apache Ant* von der Buch-CD in Ihren Eclipse-Workspace importieren. Lesen Sie dazu gegebenenfalls in Anhang A nach. [o]

Das Projekt enthält in einem Ordner *launch* die vorbereiteten External Tools Configurations zum Starten aller Beispiele. Die Beispiele selbst befinden sich im Ordner *scripts* bzw. in dessen Unterordnern.

Hello World Nun wollen Sie aber sicher wissen, wie das XML-Format aussieht, das Ant verstehen und interpretieren kann. Werfen Sie dazu einen Blick auf die folgenden Codezeilen:

```
<?xml version="1.0"?>
<project default="main">
   <target name="main">
      <echo message="Hello World!"/>
   </target>
</project>
```

Listing B.1 Minimales Ant-Script

Hierbei handelt es sich um ein sehr kleines Ant-Script mit sehr einfacher Funktionalität. Sie finden es im Eclipse-Projekt im Ordner *scripts/1* mit dem Namen *build.xml*. Starten Sie es nun über die External Tools Configuration *Beispiel 1 – Erstes Ant-Script*, und Sie werden folgende Ausgabe in der CONSOLE-View von Eclipse erhalten:

```
Buildfile: build.xml

main:
     [echo] Hello World!

BUILD SUCCESSFUL
Total time: 0 seconds
```

[»] **Hinweis**

Wenn Sie nicht mit Eclipse arbeiten, müssen Sie nach der in Abschnitt B.1.2, »Ant separat installieren«, gezeigten Installation von Ant das Beispielarchiv manuell auf Ihrer Festplatte entpacken. Wechseln Sie dann auf der Kommandozeile in das Unterverzeichnis *scripts/1*, und rufen Sie dort den Befehl `ant` auf.

Bevor wir jedoch diese Ausgabe analysieren, erklären wir Ihnen zunächst ein paar Grundlagen zu Ihrem ersten Ant-Script. Wie Sie gesehen haben, enthält eine *build.xml* ein Wurzelelement `<project>`. Dieses kann wiederum beliebig viele `<target>`-Elemente enthalten. Ein *Target* ist sozusagen eine Hauptaufgabe eines Ant-Scripts. Jedes davon benötigt einen innerhalb der Datei eindeutigen Namen, der über das `name`-Attribut angegeben werden kann. Sie können bei der Ausführung von Ant selbst wählen, welche Hauptaufgabe erledigt werden soll, indem Sie den Namen als Parameter übergeben. Der Befehl `ant mytarget` führt also in der im aktuellen Verzeichnis vorhandenen *build.xml* das Target mit dem `name`-Attribut `mytarget` aus (in Eclipse gibt es dazu extra ein Menü, wo Sie das Target wählen können). Sie können aber auch ein Default-Target bestimmen, indem Sie dessen Namen im optionalen `default`-Attribut des `<project>`-Elements angeben. Aus diesem Grunde wird bei unserem ersten Beispiel das Target `main` ausgeführt, auch wenn Sie nicht `ant main`, sondern nur `ant` zum Starten verwenden.

Innerhalb eines Targets können Sie nun Teilaufgaben unterbringen, in der Ant-Sprache auch *Tasks* genannt. Hierbei handelt es sich um die eigentlich ausgeführten Aktionen. Sie werden allerdings nicht mit einem Element `<task>` angegeben, sondern je nach Aufgabe mit verschiedensten XML-Elementen. Das Element `<echo>`, das in unserem Beispiel vorkommt, dient beispielsweise dazu, eine Textmeldung auf dem Bildschirm auszugeben.

Die zuvor dargestellte Konsolenausgabe von ist nun folgendermaßen zu verstehen:

- Die erste Zeile gibt den Namen der Build-Datei an.
- Danach folgt für jedes ausgeführte Target eine Überschrift mit dessen Namen, gefolgt von einem Doppelpunkt.
- Innerhalb eines Targets ist in eingerückter Form die Ausgabe der dort enthaltenen Tasks zu sehen (dies können beliebige Meldungen sein), wobei der Task-Name in eckigen Klammern vorangestellt ist.
- Nach dem Durchlauf folgt eine Statusmeldung, die besagt, ob er erfolgreich war oder ob Fehler aufgetreten sind.
- Zuletzt folgt eine Angabe der Gesamtlaufzeit des Durchlaufs.

Wenn Sie möchten, experimentieren Sie noch ein wenig mit dem Beispiel. Fügen Sie beispielsweise ein zweites Target hinzu, und rufen Sie es über das Kontextmenü von Eclipse auf (Rechtsklick, Menüpunkt Run As • Ant Build...), oder fügen Sie noch andere `<echo>`-Elemente hinzu, und beobachten Sie die erzeugte Ausgabe.

B.2.2 Weitere Ant-Tasks

Schauen Sie sich nun das zweite Beispiel eines Ant-Scripts im Ordner *scripts/2* an:

```
<?xml version="1.0"?>
<project default="main">
   <target name="main">
      <!-- Leeres classes-Verzeichnis anlegen -->
      <delete dir="classes"/>
      <mkdir dir="classes"/>

      <!-- Klassen kompilieren -->
      <javac srcdir="src" destdir="classes"/>

      <!-- Leeres lib-Verzeichnis anlegen -->
      <delete dir="lib"/>
      <mkdir dir="lib"/>

      <!-- JAR-Datei erstellen -->
      <jar destfile="lib/fooBar.jar"
         basedir="classes"/>
   </target>
</project>
```

Listing B.2 Weitere Ant-Tasks

Hier sehen Sie einige neue Tasks. Ihre Namen sind zwar relativ eindeutig, doch haben wir Ihnen hier auch nochmals ihre Bedeutung aufgelistet:

- `<delete>`: Löschen von Dateien und Verzeichnissen
- `<mkdir>`: Anlegen von Verzeichnissen
- `<javac>`: Starten des Java-Compilers
- `<jar>`: Erstellen eines JAR-Archivs

Führen Sie nun einmal das Ant-Script über die External Tools Configuration *Beispiel 2 – Weitere Ant-Tasks* aus. Sie werden nach dem Ant-Durchlauf neben dem Unterordner *src* von *scripts/2* noch einen Ordner *classes* vorfinden, in dem zu den Java-Dateien, die in *src* enthalten sind, entsprechende Class-Dateien liegen. Außerdem ist ein Ordner *lib* hinzugekommen, der eine JAR-Datei mit den Binärdateien enthält. Auf dieses Verhalten können Sie auch sehr leicht aus der Build-Datei schließen. Wie Sie sehen, ist sie sehr einfach zu lesen, da die Namensgebung von Tasks und deren Attributen sehr aussagekräftig ist.

Leider können wir Ihnen hier nicht alle standardmäßigen Ant-Tasks vorstellen. Eine vollständige Liste und sehr gute Dokumentation erhalten Sie allerdings auf der Ant-Homepage *http://ant.apache.org* unter dem Punkt MANUAL und dort unter ANT TASKS. Wir haben Ihnen aber trotzdem in

Tabelle B.1 einen kleinen Überblick über die wichtigsten Tasks zusammengestellt

Ant-Task(s)	Funktion
`<copy>`	Dateien und Ordner kopieren
`<delete>`	Dateien und Ordner löschen
`<move>`	Dateien und Ordner verschieben
`<mkdir>`	Verzeichnisse anlegen
`<zip>`, `<jar>`, `<tar>`	Anlegen von Dateiarchiven
`<gzip>`, `<bzip2>`	Packen von einzelnen Dateien
`<unzip>`, `<unjar>`, `<untar>`	Extrahieren von Dateiarchiven
`<gunzip>`, `<bunzip2>`	Entpacken von einzelnen Packdateien
`<checksum>`	Anlegen und Prüfen von Checksummen für Dateien
`<java>`	Ausführen einer Java-Anwendung
`<exec>`	Ausführen einer beliebigen externen Anwendung
`<javac>`	Ausführen des Java-Compilers
`<javadoc>`	Erstellen von Java-Docs für Klassen
`<import>`	Targets eines anderen Ant-Scripts importieren
`<ant>`	Ausführen externer Ant-Scripts
`<antcall>`	Ausführen eines anderen Targets

Tabelle B.1 Überblick über die wichtigsten Ant-Tasks

B.2.3 Target-Abhängigkeiten

Ist eine sehr komplexe Aufgabe zu erledigen, wie z. B. das Erstellen eines neuen Releases eines umfangreichen Software-Produkts, ist es sinnvoll, nicht alles in ein Target zu packen, sondern aufzuspalten und zu modularisieren, sprich mehrere Targets für kleinere Teilaufgaben anzulegen. In solchen Fällen müssen Sie allerdings dafür sorgen, dass diese auch in der richtigen Reihenfolge aufgerufen werden. Zwar wäre das durch den Gebrauch von `<antcall>` kein Problem, doch spätestens bei komplexeren und mehrfach verzweigten Abhängigkeiten stoßen Sie hier sehr schnell an Ihre Grenzen.

Aus diesem Grunde existiert in Ant ein sehr einfacher, aber wirkungsvoller Mechanismus zum Formulieren von Abhängigkeiten zwischen Targets. Konkret können Sie jedem `<target>`-Element ein Attribut `depends` hinzufügen, in dem Sie eine kommagetrennte Liste von Namen anderer Targets angeben, von denen dieses abhängig ist. Beim Durchlauf sorgt Ant dann automatisch dafür, dass vor dem eigentlich auszuführenden Target alle anderen ausgeführt werden, von denen es abhängt. Dies geschieht zudem rekursiv, was bedeutet, dass auch die Abhängigkeiten der anderen Targets geprüft und berücksichtigt werden.

Werfen Sie zur Veranschaulichung einen Blick auf das Ant-Beispiel Nummer 3:

```
<?xml version="1.0"?>
<project default="main">
   <target name="main" depends="initClasses,initLib">
      <javac srcdir="src" destdir="classes"/>
      <jar destfile="lib/fooBar.jar"
         basedir="classes"/>
   </target>

   <target name="initClasses">
      <delete dir="classes"/>
      <mkdir dir="classes"/>
   </target>

   <target name="initLib">
      <delete dir="lib"/>
      <mkdir dir="lib"/>
   </target>
</project>
```

Listing B.3 Ant-Script mit Abhängigkeiten

Diese Datei macht prinzipiell genau dasselbe wie die aus Beispiel zwei. Allerdings wurden die Aufgaben des (Neu-)Anlegens der Ordner *classes* und *lib* jeweils in eigene Targets ausgelagert. Das `main`-Target wurde zusätzlich in Abhängigkeit von beiden gesetzt.

Wenn Sie das Beispiel ausprobieren, werden Sie sehen, dass es genauso arbeitet. Wenn Sie wollen, fügen Sie auch einmal dem `initClasses`-Target eine Abhängigkeit vom `initLib`-Target hinzu. Ant wird daraufhin die Reihenfolge der Ausführung ändern und erst `initLib`, dann erst `initClasses` und zuletzt `main` aufrufen.

B.2.4 Dateimengen

Die meisten Ant-Tasks beschäftigen sich in irgendeiner Weise mit der Verarbeitung einer oder mehrerer Dateien. Damit deren Pfadangabe nicht von Task zu Task verschieden ist, existieren hierfür in Ant einige Standards.

Angabe einzelner Dateien

Der wichtigste davon ist das Element `<fileset>`. Es entspricht selbst keinem Task, sondern ist so etwas wie ein Typ. In Ant gibt es zwar noch mehrere solche Typen, doch würde deren Erklärung an dieser Stelle etwas zu weit führen. Wenn Sie dennoch mehr darüber erfahren möchten, empfehlen wir Ihnen die Onlinehilfe oder eine Ant-Referenz. Das `<fileset>`-Element jedenfalls spannt einen Typ auf, der für eine Menge einer oder mehrerer Dateien steht, und wird in Ant wohl mit am häufigsten gebraucht. Die einfachste Form eines `<fileset>`-Elements ist dessen Angabe mit einem einzigen Attribut `file`:

```
<fileset file="foo/bar/index.html"/>
```

Hiermit wird eine einzige Datei mit dem relativen Pfadnamen *foo/bar/index.html* spezifiziert.

[«]

Hinweis

In Ant können Sie sowohl mit absoluten als auch mit relativen Pfaden arbeiten. In letzterem Fall wird der Pfad immer ausgehend von dem Ordner interpretiert, in dem sich die ausgeführte Build-Datei befindet.

Angabe von Verzeichnissen

Als Alternative zum `file`-Attribut können Sie aber auch Verzeichnisse über das `dir`-Attribut angeben:

```
<fileset dir="foo/bar"/>
```

Hiermit werden alle Dateien im Verzeichnis *foo/bar* relativ zum Ausführungspfad sowie rekursiv in allen Unterverzeichnissen spezifiziert.

Einschränkung durch Musterangabe

Häufig sind dabei dann aber mehr Dateien betroffen, als man möchte. Deshalb können Sie die Auswahl weiter einschränken:

```
<fileset dir="foo/bar" includes="**/*.java"/>
```

Diese Angabe selektiert nur diejenigen Dateien, die die Endung *.java* besitzen. Der Platzhalter `**` steht dabei für eine beliebige (auch leere) Verzeichnisangabe (egal welche Verzeichnistiefe). Wenn Sie nun zusätzlich weitere Dateien in die Auswahl einschließen möchten, machen Sie entweder im `includes`-Attribut mehrere Angaben, die durch Leerzeichen oder Kommas getrennt sind, oder Sie bringen statt des `includes`-

Attributs ein oder mehrere `<include>`-Kindelemente im `<fileset>`-Element unter:

```
<fileset dir="foo/bar">
   <include name="**/*.java"/>
   <include name="**/*.properties"/>
</fileset>
```

Einschränkung durch Ausschluss

Sie können bei der Einschränkung einer Dateiliste aber auch bestimmte Teile ausschließen. Dies funktioniert analog zum Gebrauch von `includes` und `<include>` mit dem Attribut `excludes` oder dem Kindelement `<exclude>`. Bei gleichzeitiger Verwendung beider Mechanismen wird die Auswahl zunächst durch den `include`-Teil verkleinert und darauf dann der `exclude`-Teil angewandt:

```
<fileset dir="foo/bar">
   <include name="**/*.java"/>
   <include name="**/*.properties"/>
   <exclude name="foo/bar/*.properties"/>
</fileset>
```

Hiermit werden alle *java*-Dateien und *properties*-Dateien selektiert außer den *properties*-Dateien im Verzeichnis *foo/bar*.

Verwendung von <fileset>

Nun wissen Sie zwar, wie Sie mit `<fileset>`-Elementen umgehen, jedoch noch nicht, wo und wie man sie verwendet. Wie schon angedeutet, findet sich dieser Mechanismus in vielen Ant-Tasks wieder. Die Details seiner Nutzung sind für jeden einzelnen Task in der Onlinehilfe beschrieben. Generell gibt es aber nur zwei Nutzungsvarianten.

Bei der ersten werden einfach ein oder mehrere `<fileset>`-Elemente als Kindelemente des Tasks untergebracht, beispielsweise beim `<copy>`-Task:

```
<copy todir="zielverzeichnis">
   <filset dir="quellverzeichnis"
      includes="**/*.jar"/>
   <filset dir="nocheinquellverzeichnis"/>
</copy>
```

Dieser Befehl kopiert alle JAR-Dateien aus dem Verzeichnis `quellverzeichnis` und alle Dateien aus dem Verzeichnis `nocheinquellverzeichnis` in das Verzeichnis `zielverzeichnis`.

Die zweite Variante der `<fileset>`-Nutzung ist etwas gewöhnungsbedürftiger. Hierbei ist nämlich der Task selbst wie ein `<fileset>`-Element zu gebrauchen, das heißt, es sind dieselben Kindelemente und Attribute erlaubt wie bei einem <fileset>-Element. Leider gibt es dabei bei vielen Tasks wieder Sonderreglungen, so dass Sie um einen Blick in die Onlinehilfe kaum herumkommen werden. Nach dem eben genannten Prinzip funktioniert beispielsweise der <javac>-Task:

```
<javac srcdir="src" destdir="classes">
   <include="**/*.java"/>
   <exclude="foo/bar/*.java"/>
</javac>
```

Dieser Befehl kompiliert alle *java*-Dateien im Verzeichnis *src* in das Verzeichnis *classes*, nicht jedoch die *java*-Dateien im Verzeichnis *src/foo/bar*. Wie Sie sehen, wird <javac> dabei wie ein <fileset>-Element gehandhabt, jedoch mit der Ausnahme, dass das `dir`-Attribut hier `srcdir` heißt.

Natürlich haben wir auch für das Thema Dateisammlungen ein kleines Beispiel im Eclipse-Projekt untergebracht. Es handelt sich dabei um Beispiel 4. Es gleicht prinzipiell Beispiel 3, jedoch existieren im *src*-Verzeichnis nun zusätzlich zu den *java*-Dateien zwei *properties*-Dateien. Somit darf dem Java-Compiler nicht mehr einfach jede Datei aus dem Quellenverzeichnis übergeben werden, sondern nur noch die *java*-Dateien. Als zusätzliche Funktionalität ist hinzugekommen, dass alle nicht zu kompilierenden Dateien, also alle Nicht-Java-Dateien, aus dem Quellenverzeichnis einfach in das Binärverzeichnis kopiert werden sollen. Es muss also mit `includes`- und `excludes`-Angaben gearbeitet werden. Das Ergebnis sehen Sie in der *build.xml* im Verzeichnis von Beispiel 4. **[zB]**

Damit haben Sie nun einen kleinen Überblick über den Gebrauch von Dateisammlungen erhalten. Tatsächlich können Sie in Ant noch mit einigen weiteren Kriterien zur Dateiauswahl arbeiten, deren Erläuterung würde aber den Rahmen dieses Buches sprengen. Eine genaue Beschreibung von <fileset> und allen Ant-Typen finden Sie jedoch in der Onlinehilfe auf der Ant-Website unter MANUAL und dort unter CONCEPTS AND TYPES.

B.2.5 Properties

Das letzte wichtige Teilgebiet der Ausführung von Ant-Scripts, das wir Ihnen vorstellen möchten, ist die Arbeit mit Properties. Wie auch bei der Ausführung normaler Java-Programme sind sie ein Mechanismus zur Spezifizierung von Name-Wert-Zuweisungen, die (meist) zur Entwicklungszeit gesetzt und zur Laufzeit abgefragt werden. Sie können damit also Ihr Ant-Script sehr bequem parametrisieren. Dieses Feature wird beispielsweise für Pfadangaben verwendet, um ein und dasselbe Script zum Erstellen mehrerer Software-Pakete mit gleicher Pfadstruktur einsetzen zu können.

Innerhalb eines Ant-Scripts werden Properties über die Syntax `${name}` angegeben, und Ant setzt bei der Ausführung dafür automatisch den zugeordneten Wert ein. Ein parametrisierter `<copy>`-Task könnte also folgendermaßen aussehen:

```
<copy todir="${dest.dir}/backup">
   <fileset dir="${src.dir}"/>
</copy>
```

Hier sind sowohl Quellverzeichnis als auch Zielverzeichnis als Parameter angegeben. Wie Sie sehen, ist es zusätzlich möglich, Property-Angaben beliebig mit statischen zu mischen, wie beim `todir`-Attribut der Fall. Zur Angabe von Properties gibt es nun zahlreiche Möglichkeiten, von denen wir Ihnen die wichtigsten hier vorstellen werden:

- Angabe einzelner Properties als Kommandozeilen-Parameter
- Angabe einer Property-Datei auf der Kommandozeile
- Angabe einzelner Properties in der Build-Datei
- Laden von Property-Dateien in der Build-Datei
- Nutzung von Umgebungsvariablen des Betriebssystems
- Nutzung von vordefinierten Properties

Angabe einzelner Properties als Kommandozeilen-Parameter

Sie können beim Aufruf von `ant` beliebig viele Property-Werte als Kommandozeilen-Parameter angeben. Dabei benötigen Sie einen Parameter pro Property, der die Form `-D<Name>=<Wert>` besitzen muss. Wenn Sie also z. B. eine Property `src.dir` mit dem Wert `/foo/bar/src` angeben möchten, müssen Sie Ant folgendermaßen aufrufen:

```
ant -Dsrc.dir=/foo/bar/src
```

[»] **Hinweis**

In Eclipse können Properties in der External Tools Configuration konfiguriert werden.

Sie können diesen Mechanismus sehr schnell selbst ausprobieren. Wir empfehlen Ihnen hierfür, folgendes Ant-Script zu schreiben:

```
<?xml version="1.0" encoding="ISO-8859-1"?>
<project default="main">
   <target name="main">
      <echo message="Name - ${Name}"/>
   </target>
</project>
```

Wie Sie sehen, wird hier der `<echo>`-Task verwendet, mit dem Sie einfache Textausgaben vornehmen. Für die Bezeichnung `Name` sollten Sie an beiden Stellen den Namen der Property einfügen, die Sie ausgeben möchten. Danach starten Sie das Script mit `ant -DName=Wert` (oder nehmen in Eclipse die entsprechende Einstellung vor) und sehen, was Ant ausgibt. Ebenso gut können Sie auch mehrere `<echo>`-Zeilen für mehrere Properties einfügen und auf der Kommandozeile dann mehrere `-D`-Angaben machen.

Angabe einer Property-Datei auf der Kommandozeile

Viel bequemer als die einzelne Angabe mehrerer Properties auf der Kommandozeile ist, diese in eine eigene *properties*-Datei zu packen. Diese kennen Sie schon von Java. Sie sind einfache Textdateien, in denen für jede Property eine Zeile nach dem Muster `Name=Wert` enthalten ist. Kommentarzeilen sind ebenfalls möglich durch ein Voranstellen eines #-Zeichens.

Solche eine *properties*-Datei geben Sie auf der Kommandozeile mit dem Parameter `-propertyfile <Dateiname>` an (in Eclipse ebenfalls wieder in der External Tools Configuration). Wenn Sie also eine solche Datei mit dem Namen *build.properties* im selben Verzeichnis wie die *build.xml* angelegt haben, würde der Ant-Aufruf folgendermaßen lauten:

```
ant -propertyfile build.properties
```

Wenn Sie möchten, testen Sie auch dieses Beispiel mit dem oben benutzten Script, spezifizieren Sie also in einer eigenen *properties*-Datei mehrere Properties und lassen diese über `<echo>`-Tasks im Ant-Script ausgeben.

Angabe einzelner Properties in der Build-Datei

Alternativ zur Kommandozeile können Sie auch im Ant-Script selbst Properties spezifizieren. Hierzu steht Ihnen der `<property>`-Task zur Verfügung, den Sie innerhalb und außerhalb eines `<target>`-Elements verwenden können (Letzteres ist eher der Fall). Der Zugriff auf die Property-Werte erfolgt aber weiterhin in gewohnter Weise. Für das Angeben von einzelnen Properties hat das `<property>`-Element folgende Syntax:

```
<property name="Name" value="Wert"/>
```

oder

```
<property name="Name" location="Pfad"/>
```

Beide Varianten weisen der Property `Name` einen Wert zu. Bei der unteren wird dieser Wert jedoch wie eine Pfadangabe interpretiert, was bedeutet, dass bei der Angabe von relativen Pfaden diese in absolute konvertiert werden.

[»]

Hinweis

Wenn Sie ein und dieselbe Property auf der Kommandozeile und im Ant-Script angeben, hat erstere den Vorrang.

Angabe einer Property-Datei in der Build-Datei

Wie auf der Kommandozeile ist es auch innerhalb des Ant-Scripts möglich, mehrere Properties aus einer *properties*-Datei zu laden. Dies geschieht ebenfalls mit dem `<property>`-Element, nur mit veränderter Syntax:

```
<property file="Dateiname"/>
```

oder

```
<property url="URL"/>
```

Wie Sie sehen, gibt es auch hier wieder zwei Möglichkeiten. Sie spezifizieren die *properties*-Datei entweder als lokalen Dateinamen oder als URL. In letzterem Fall kümmert sich Ant automatisch darum, gegebenenfalls eine Verbindung zur genannten URL aufzubauen und deren Inhalt zu laden.

Nutzung von Umgebungsvariablen des Betriebssystems

Ant bietet eine bequeme Möglichkeit, die Umgebungsvariablen des Betriebssystems, auf dem es läuft, in Form von Properties zur Verfügung zu stellen. Auch hierfür kann das `<property>`-Element verwendet werden:

```
<property environment="Präfix"/>
```

Dieser Aufruf erlaubt es, innerhalb des Ant-Scripts auf Umgebungsvariablen des Betriebssystems in der Form `Präfix.Name` zuzugreifen. Wenn Sie also den Aufruf `<property environment="env"/>` in Ihre Build-Datei eingefügt haben, so greifen Sie beispielsweise auf die Umgebungsvariable `ANT_HOME` mit dem Ausdruck `${env.ANT_HOME}` zu.

Nutzung von vordefinierten Properties

Zuletzt sind in Ant noch einige Properties fest vordefiniert, also in jedem Ant-Script jederzeit abrufbar. Hierbei handelt es sich zunächst um alle Properties, die innerhalb eines Java-Programms über `System.getProperties()` zugreifbar sind. Berühmte Vertreter aus diesem Bereich sind `user.home`, `user.dir`, `java.home`, `java.version`, `os.name`, `os.version` oder `line.separator`. Zusätzlich kommen einige wenige Properties hinzu, die von Ant selbst stammen (siehe Tabelle B.2).

Property	Bedeutung
`basedir`	Basisverzeichnis des Projekts (im Regelfall dort, wo die Build-Datei liegt)
`ant.file`	Pfad der aktuell ausgeführten Build-Datei
`ant.version`	Version der ausführenden Ant-Installation
`ant.project.name`	Name des ausgeführten Projekts (über `name`-Attribut in `<project>` einstellbar)
`ant.java.version`	Version der VM, in der Ant ausgeführt wird

Tabelle B.2 Ant-eigene Properties

Ein kleines Beispiel

Abschließend zum Thema Properties befindet sich natürlich ein Beispiel dazu im Eclipse-Projekt. Es handelt sich um Beispiel 5. Wenn Sie hierzu die *build.xml* öffnen, sehen Sie, dass sie nur aus einem Target besteht, vor dem jedoch einige `<property>`-Elemente untergebracht sind: **[zB]**

```
<property name="config.file"
 location="build.properties"/>

<property file="${config.file}"/>

<property file="${config.file.local}"/>

<property environment="env"/>
```

Das erste Element legt über das `location`-Attribut den Ort einer Konfigurationsdatei fest. Diese Datei wird dann im zweiten Element als *properties*-Datei geladen. Das dritte Element lädt eine weitere Konfigurationsdatei, und das vierte importiert die Umgebungsvariablen des Betriebssystems auf das Präfix `env`.

Vielleicht ist Ihnen aufgefallen, dass der Name der zweiten Konfigurationsdatei nirgendwo definiert ist. Wie Sie in der Datei *build.properties* sehen werden, wird dieser Schritt nämlich dort vorgenommen. Wir möchten Ihnen damit nur demonstrieren, welche Möglichkeiten es hier in Ant gibt, denn Sie können sich die Namen der zu ladenden *properties*-Dateien durchaus auch dynamisch, also zur Laufzeit, beschaffen.

Das Target des Ant-Scripts gibt nun die Werte einiger Properties über `<echo>`-Tasks aus. Wir haben dabei Beispiele aus den meisten der oben vorgestellten Kategorien verwendet. Am besten nehmen Sie zum besseren Verständnis die drei Dateien *build.xml*, *build.properties* und *local.build.properties* einmal etwas genauer unter die Lupe

Sie können gerne einmal ein wenig mit dem Beispiel experimentieren, indem Sie beispielsweise einige Property-Werte von der Kommandozeile her überladen. Auch können Sie einmal testweise das oberste `<property>`-Element auskommentieren und das Script dafür mit dem Befehl `ant -propertyfile build.properties` starten. Es sollte Ihnen dabei auffallen, dass die Ausgabe der Variablen `${config.file}` zwar leer ist, aber alle anderen Werte natürlich verfügbar sind, da Sie die *build.properties* ja von Hand geladen haben.

B.3 Externe Tasks einbinden

Der klassische Weg, Ant zu erweitern, ist das Einbinden von eigenen (oder externen) Tasks – zusätzlich zu den schon von Ant vorgegebenen. Um einen neuen Task in Ant zu definieren, muss das `<taskdef>`-Element verwendet werden. Wie schon das `<property>`- und auch andere Elemente kann es innerhalb eines `<target>`-Elements enthalten sein oder direkt im `<project>`-Element. In letzterem Fall ist die Task-Definition in der gesamten Build-Datei gültig.

Das `<taskdef>`-Element muss mit den beiden Attributen `name` und `classname` ausgestattet werden. Ersteres bestimmt dabei den Namen des Elements, unter dem der neue Task aufrufbar sein soll. Wenn Sie also beispielsweise `name="myTask"` angeben, kann der Task im Ant-Script mit dem Element `<myTask>` aufgerufen werden. Im `classname`-Attribut muss der vollständige Name einer Klasse angegeben werden, die von der Klasse `org.apache.tools.ant.Task` abgeleitet ist, der Basisklasse für alle Ant-Tasks. Diesen Namen erfahren Sie vom Hersteller des zusätzlichen

Tasks oder wissen ihn natürlich, falls Sie selbst einen eigenen Task implementiert haben.

Damit sind bereits alle Schritte getan, um einen neuen Task zu definieren. Die folgende XML-Datei ist also prinzipiell ein gültiges Ant-Script:

```
<?xml version="1.0"?>
<project default="main">
   <taskdef name="doSomething"
      classname="foo.bar.DoSomethingTask"/>

   <target name="main">
      <doSomething/>
   </target>
</project>
```

Das <classpath>-Element

Damit der neue Task funktioniert, ist es aber noch notwendig, Ant mitzuteilen, wo es die von Ihnen angegebene `Task`-Implementierungsklasse sowie alle weiteren davon benötigten Klassen und Interfaces finden kann. Hierzu müssen Sie den Klassenpfad von Ant entsprechend erweitern.

Prinzipiell gibt es verschiedene Möglichkeiten, den Klassenpfad von Ant zu erweitern, bei `<taskdef>`-Elementen ist der am häufigsten gewählte Weg jedoch das dortige Unterbringen eines Kindelements `<classpath>`. Damit erweitern Sie speziell für diesen einen Task den Klassenpfad von Ant, während andere Lösungen diesen für ganz Ant erweitern würden.

Das `<classpath>`-Element kann entweder mit einem `location`-Attribut oder einem `path`-Attribut versehen werden. Mit ersterem geben Sie eine einzelne JAR-Datei oder einen einzelnen Klassenpfad an. Mit letzterem spezifizieren Sie eine Liste von mehreren JAR-Dateien oder Klassenpfaden, die durch Strichpunkte oder Doppelpunkte voneinander getrennt sind.

Alternativ zu diesen Attributen können Sie auch beliebig viele Kindelemente `<pathelement>` in `<classpath>` unterbringen, von denen jedes seinerseits mit einem `location`- oder `path`-Attribut ausgestattet sein kann. Zuletzt können Sie auch beliebig viele `<fileset>`-Elemente dort unterbringen sowie die damit nah verwandten `<dirset>`- und `<filelist>`-Elemente (über deren Gebrauch lesen Sie bitte in der Onlinehilfe oder einer Ant-Referenz nach).

Mit <fileset> binden Sie beispielsweise relativ bequem ganze Verzeichnisse mit JAR-Dateien ein, so wie dies schon über die Kommandozeilenoption -lib möglich ist:

```
<taskdef name="myTask"
   classname="foo.bar.MyTask">
   <classpath>
      <fileset dir="${ant.lib.ext}"
         includes="**/*.jar"/>
   </classpath>
</taskdef>
```

B.3.1 Ein kleines Beispiel

Werfen Sie nun einen Blick auf das Beispiel 6 im Eclipse-Projekt, und sehen Sie sich die enthaltenen Dateien etwas näher an. Neben der *build.xml* wird Ihnen ein Unterverzeichnis *lib* auffallen, in dem sich ein paar JAR-Dateien befinden. Davon enthält die Datei *xpathtask.jar* eine Klasse uk.co.cocking.anttasks.XPathTask, die einen Ant-Task realisiert, der auf eine gegebene XML-Datei einen gegebenen XPath-Ausdruck anwendet und das Ergebnis in einer Ant-Property mit gegebenem Namen ablegt.

Ein Blick in die *build.xml* verrät Ihnen, dass der Name der zu lesenden XML-Datei über die Property document angegeben werden kann und standardmäßig das Ant-Script selbst ist. Der anzuwendende XPath-Ausdruck wird über die Property xpath spezifiziert und ist standardmäßig //taskdef/@classname, zeigt also auf den Namen der Task-Klasse. Bei Ausführung wertet die Build-Datei nun den Ausdruck aus und gibt drei <echo>-Meldungen ab mit dem Dateinamen, dem XPath-Ausdruck und dem Ergebnis.

Führen Sie das Script nun einmal mit der External Tools Configuration *Beispiel 6 – Erweiterungen einbinden* aus. Das Beispiel sollte Ihnen als Ergebnis des XPath-Ausdrucks den Wert uk.co.cocking.anttasks.XPathTask zurückliefern. Beachten Sie, dass Sie auch jederzeit andere Werte für den XPath-Ausdruck oder den Dateinamen angeben können, indem Sie die entsprechenden Ant-Properties file oder expression (die oben in der Datei definiert sind) abändern.

B.4 Zusammenfassung

Sie haben nun die wichtigsten Grundlagen zur Verwendung von Apache Ant kennengelernt. Wie Sie gesehen haben, handelt es sich dabei um ein sehr flexibles Build-Tool, das durch den Einsatz von XML mit gut lesbaren Script-Dateien arbeitet. Die einfachen Erweiterungsmöglichkeiten machen es sehr mächtig und vielseitig einsetzbar, die Integration in zahlreiche Entwicklungsumgebungen oder die alternativ sehr einfache Installation ermöglichen schnelle Erfolge.

In jedem Fall lohnt sich ein Blick in die Rubrik External Tools and Tasks auf der Ant-Website, wo für zahlreiche Zwecke schon fertige benutzerdefinierte Tasks zu finden. Außerdem bieten auch viele Herstellern anderer Java-Tools und -Bibliotheken oftmals Ant-Varianten ihrer Produkte an

In diesem Anhang erhalten Sie eine Übersicht über die wichtigsten Standard-Properties und -Features von SAX.

C Properties und Features von SAX

In Kapitel 4, »SAX«, haben Sie gesehen, dass in der SAX-API einige Properties und Features für jede Implementierung vorgeschrieben sind. Dieser Anhang geht kurz auf die wichtigsten davon ein. Auf der folgenden Website können Sie außerdem eine vollständige Liste einsehen: *http://www.saxproject.org/apidoc/org/xml/sax/package-summary.html#package_description*

C.1 Wichtige Standard-Properties

Die Basis-URL für die Namen aller Standard-Properties lautet

`http://xml.org/sax/properties`

- `http://xml.org/sax/properties/declaration-handler`
  Hiermit übergeben Sie der Parser-Implementierung einen `DeclHandler` (siehe Abschnitt 4.3.3).
- `http://xml.org/sax/properties/lexical-handler`
  Hiermit übergeben Sie der Parser-Implementierung einen `LexicalHandler` (siehe Abschnitt 4.3.2).
- `http://xml.org/sax/properties/document-xml-version`
  Dies ist eine Read-only-Property, was bedeutet, Sie können sie nur mit der `getProperty()`-Methode der entsprechenden SAX-Parser-Implementierung abfragen. Das Ergebnis ist ein `String`, der Ihnen die verwendete XML-Version des geparsten XML-Dokuments angibt. Beachten Sie dabei, dass der Aufruf erst dann ein sinnvolles Ergebnis liefern kann, wenn der Parser bereits den Kopf des Dokuments gelesen hat. Dies bedeutet konkret, dass `ContentHandler.startDocument()` bereits aufgerufen wurde.
- `http://xml.org/sax/properties/dom-node`
  Einige Parser realisieren ihre DOM-Implementierung mit Hilfe von SAX. Das heißt, es wird über ganz normale SAX-Events ein DOM-

kompatibler Baum im Speicher aufgebaut und als Parse-Ergebnis zurückgegeben. Ein solcher Parser kann über diese Read-only-Property den aktuellen DOM-Knoten (vom Typ `org.w3c.dom.Node`) zur Verfügung stellen, den er im Moment parst.

C.2 Wichtige Standard-Features

Die Basis-URL für die Namen aller Standard-Features lautet:

`http://xml.org/sax/features`

- `http://xml.org/sax/features/validation`
  Mit diesem Feature aktivieren oder deaktivieren Sie die Validierung gegen eine vom XML-Dokument referenzierte Grammatik (meist DTD). Falls Sie mit SAX über JAXP arbeiten, hat das Feature dieselbe Wirkung, wie der Aufruf von `setValidating()` auf der `SAXParserFactory` (siehe dazu auch Abschnitt 5.3.2).
- `http://xml.org/sax/features/namespaces`
  Mit diesem Feature aktivieren oder deaktivieren Sie das Verarbeiten von Namensraum-Informationen in den XML-Dokumenten. Falls Sie mit SAX über JAXP arbeiten, hat das Feature dieselbe Wirkung wie der Aufruf von `setNamespaceAware()` auf der `SAXParserFactory` (siehe dazu ebenfalls Abschnitt 5.3.2).
- `http://xml.org/sax/features/namespace-prefixes`
  Dieses Feature hat gleich zwei Auswirkungen: Zum einen, ob XML-Attribute zur Namensraum-Deklaration (also solche, die mit `xmlns:` beginnen) dem Parser als normale Attribute gemeldet werden sollen, zum anderen, ob bei ausgeschalteter Namensraum-Auswertung für Elemente mit einem Präfix (also z. B. `<my:element/>`) dieses im SAX-Event Teil des qualifizierten Elementnamens sein soll.

[»]

Hinweis

Tatsächlich besteht ein einges Zusammenspiel zwischen diesem Feature und dem vorherigen zur Namensraum-Behandlung. Eine detaillierte Erklärung finden Sie allerdings unter *http://www.saxproject.org/namespaces.html*. Auch können Sie zum Testen das in Abschnitt 5.3.1 vorgestellte Beispiel öffnen und in der Klasse `RunSAX` die `FILE_NAME`-Konstante einmal auf `data/personenPF.xml` ändern (ein XML-Dokument mit einer Namensraum-Bindung) und dann mit den Werten von `NAMESPACE_AWARE` und `NAMESPACE_PREFIXES` experimentieren. Dann sehen Sie das konkrete Verhalten der JAXP-Referenzimplementierung.

- `http://xml.org/sax/features/is-standalone`
  Hierbei handelt es sich um ein Read-only-Feature, Sie können den Wert also nur mit `getFeature()` abfragen. Der Wert gibt an, ob das Attribut `standalone` im Kopf des geparsten XML-Dokuments gesetzt ist. Beachten Sie dabei, dass der Aufruf erst dann ein sinnvolles Ergebnis liefern kann, wenn der Parser bereits den Kopf des Dokuments gelesen hat. Dies bedeutet konkret, dass `ContentHandler.startDocument()` bereits aufgerufen wurde.

Dieser Anhang beschäftigt sich in Kurzform mit den Binding Compilern von JAXB – dem XJC und dem SchemaGen.

D JAXB-Binding Compiler

D.1 Der XJC Binding Compiler

In Abschnitt 7.2.2 hatten Sie ja bereits Gelegenheit, den **X**ML-**J**ava-**C**ompiler der JAXB-Referenzimplementierung kennenzulernen, genauer gesagt den zugehörigen Ant-Task. Sie haben bereits gesehen, wie Sie den Task definieren und ausführen, haben aber lediglich mit dem Attribut `target` und den Kindelementen `<schema>` und `<produces>` gearbeitet. Doch natürlich gibt es noch weitere Einstellmöglichkeiten für den XJC (wenn auch nicht viele). Dieser Abschnitt behandelt diese nun weitestgehend. Nähere Informationen finden Sie außerdem in der Datei *doc/xjcTask.html* der JAXB-Referenzimplementierung.

Hinweis [«]

Wie Sie vielleicht zuvor schon gelesen haben, gibt es eine alternative Möglichkeit zum Start des XJC, nämlich über die Kommandozeile. Wenn Sie das JDK 6 oder höher nutzen, wo die JAXB-Referenzimplementierung bereits enthalten ist, liegt dort im *bin*-Ordner abhängig vom Betriebssystem eine ausführbare Datei *xjc.???*, die den XJC startet. Ebenso enthält die JAXB-Referenzimplementierung in ihrem *bin*-Ordner die Dateien *xjc.bat* und *xjc.sh* für die verschiedenen Betriebssysteme. Dennoch ist die Ausführung als Ant-Task unserer Meinung nach die zu bevorzugende Variante, da sich Ihnen hier eine wesentlich bequemere Konfigurationsschnittstelle bietet, die auf die bekannten Mechanismen von Ant, wie `<fileset>`s, zurückgreift, und in produktiven Umgebungen ohnehin ein Build-Tool wie Ant oder Maven im Einsatz sein sollte. Aus diesem Grunde konzentrieren wir uns in diesem Buch voll auf den Ant-Task, Sie finden allerdings eine ausführliche Dokumentation zu den Kommandozeilen-Tools in der Datei *doc/xjc.html* in der JAXB-Referenzimplementierung.

Attribute und Kindelemente

Es gibt generell zwei Möglichkeiten, dem XJC-Task Einstellungen mitzugeben. Dies sind zum einen Attribute für das <xjc>-Element, zum anderen Kindelemente davon:

```
<xjc schema="..." destdir="..." package="..."
     binding="...">
   <produces>
      ...
   </produces>
</xjc>
```

Listing D.1 Erweiterte Konfiguration des XJC

Hier sehen Sie kurz die beiden Möglichkeiten angedeutet. Der schematisch gezeigte Task-Aufruf in Listing D.1 verfügt beispielsweise über vier Attribute `schema`, `destdir`, `package` und `binding` sowie ein Kindelement `<produces>`.

Wir stellen Ihnen nun die einzelnen Einstellungen vor. Beachten Sie dabei, dass sich manche davon entweder durch ein Attribut oder ein Kindelement angeben lassen, andere nur durch jeweils eine der beiden Möglichkeiten.

Das schema-Attribut und das <schema>-Kindelement

Das Kindelement `<schema>` kennen Sie ja bereits, Sie geben damit die Schemadateien, die kompiliert werden sollen, als Ant-`<fileset>` an. Alternativ dazu können Sie aber auch ein Attribut `schema` im `<xjc>`-Element angeben. Dies ist für den Fall gedacht, dass nur explizit eine einzelne Schemadatei verarbeitet werden soll, die dann direkt über ihren absoluten oder relativen Pfad im Attribut angegeben werden muss:

```
<!-- Schema-Attribut -->
<xjc package="..." target="..." schema="xyz"/>

<!-- Schema-Element -->
<xjc package="..." target="...">
   <schema file="xyz"/>
</xjc>

<!-- mehrere Schemadateien auf einmal kompilieren -->
<xjc package="..." target="...">
   <schema dir="project1/schemas" includes="*.xsd"/>
</xjc>
```

Listing D.2 Das schema-Attribut und das <schema>-Element

Das package-Attribut

Das `package`-Attribut ist Ihnen noch neu. Sie bestimmen damit, in welchem Package die generierten Klassen liegen sollen. Optional kann es auch weggelassen werden. In diesem Fall wird der Package-Name der Klassen aus dem Target-Namespace des Schemas abgeleitet, wie es auch beim Einführungsbeispiel der Fall war. Alternativ spezifizieren Sie ihn aber auch über Binding Declarations (siehe Abschnitt 7.3.8).

```
<xjc package="de.javaundxml.jaxb.personen.model"
   schema="personen.xsd" />
```

Dieser Code generiert die Modellklassen für das Schema *personen.xsd* explizit im Java-Package `de.javaundxml.jaxb.personen.model`, egal, welcher Target-Namespace in dieser Schemadatei eingestellt ist.

[«]

Hinweis

Die Regeln für die Ableitung des Java-Packages aus dem Target-Namespace sind im Detail in der JAXB-Dokumentation in Anhang D.5.1 nachzulesen. Schnell gesagt wird jedoch aus einer URL im Format *http://a.b.c/d/e/f* ein Java-Package `c.b.a.d.e.f` generiert.

Das destdir-Attribut

Das Pflicht-Attribut `destdir`-Attribut kennen Sie schon. Sie müssen damit den Zielordner bestimmen, in dem die generierten Klassen abgelegt werden sollen. Natürlich handelt es sich dabei aber nur um das Basisverzeichnis, in dem natürlich Unterordner für das jeweilige Java-Package angelegt werden.

```
<xjc destdir="src-gen" schema="personen.xsd" />
```

Dieser Aufruf generiert die Modellklassen im Basisverzeichnis *src-gen*. Zeigt das Schema *personen.xsd* auf einen Target-Namespace, so werden hierfür noch die Unterordner für das entsprechende Java-Package angelegt. Ist der Target-Namespace also beispielsweise *http://javaundxml.de/jaxb/personen/model*, so werden die Modellklassen im Ordner *src-gen/de/javaundxml/jaxb/personen/model* generiert.

Das binding-Attribut und das <binding>-Kindelement

Mit dem Attribut `binding` übergeben Sie dem Binding Compiler eine Datei mit externen Binding Declarations (siehe Abschnitt 7.3.8), die die Art und Weise verändern, in der der XJC normalerweise Klassen generiert. Optional verwenden Sie stattdessen ein Kindelement `<binding>`, das, wie schon das <schema>-Element, im Stile von <fileset> dazu benutzt werden kann, auch mehrere Dateien zu spezifizieren.

```
<xjc schema="personen.xsd" binding="personen.jxb" />

<xjc schema="personen.xsd">
   <binding dir="conf/bindings" includes="*.jxb" />
</xjc>
```

Im Beispiel sehen Sie beide Möglichkeiten angedeutet. Das obere verwendet explizit die Datei *personen.jxb* zum Auffinden von Binding Declarations, während das untere alle Dateien mit der Endung *.jxb* im Verzeichnis *conf/bindings* verwendet.

Das readonly-Attribut

Wenn Sie das Attribut `readonly` angeben und ihm den Wert `true` zuweisen, werden die Klassen und Interfaces im schreibgeschützten Zustand erzeugt, so dass Sie sie nicht verändern können. Dies ist in manchen Situationen durchaus gewünscht, wenn Sie beispielsweise verhindern wollen, dass Ihr generierter Code aus Versehen nachträglich editiert wird.

Das header-Attribut

Diesem Attribut kann ein boolescher Wert zugewiesen werden (standardmäßig ist er `false`). Ist es auf `true` gesetzt, wird bei der Generierung der Java-Klassen oben eine Kommentarzeile eingefügt, die Versionsinformationen über den benutzten Binding Compiler enthält.

Das catalog-Attribut und das <xmlcatalog>-Kindelement

Mit dem `catalog`-Attribut geben Sie den Pfad zu einer sogenannten *Katalogdatei* an.

Katalogdatei

Eine Katalogdatei stellt im Prinzip eine Mapping-Datei dar, die zu bestimmten System-IDs oder Public-IDs, die bekanntlich in XML-Dokumenten als Zielangabe von Ressourcen verwendet werden, konkrete lokal vorliegende Zieldokumente zuteilt. Dies hat einige Vorteile; so können beispielsweise Onlineressourcen damit auf lokale Ressourcen umgelenkt werden, weshalb Sie Ihre Anwendung also durchaus einmal von unterwegs testen können, ohne extra online gehen zu müssen. Stellen Sie sich vor, in Ihrem XML-Dokument wird per System-ID auf irgendeine URL im Internet verwiesen. Wenn Sie nun keine Internetverbindung haben, die Datei aber lokal vorliegt, könnten Sie natürlich die ID auf den lokalen Pfad abändern. Wenn Sie aber die Rückänderung vergessen und das Dokument dann Ihrem Kollegen zur Weiterbearbeitung ausliefern, so bekommt dieser eventuell einen Fehler, da die lokale Ressource nicht oder unter einem anderen Pfad vorhanden ist. Wenn jedoch beide eine Katalogdatei anlegen und dort ihren individuellen lokalen Pfad für die Internet-URL eintragen, können beide problemlos offline arbeiten und die Dateien austauschen, sofern der Parser Katalogdateien unterstützt.

Ebenso nützlich ist das Prinzip natürlich auch bei Public-IDs, da hier keine richtigen Bestimmungen existieren, welcher Parser welche Public-ID-Ressourcen implizit kennen muss. Nun jedoch zurück zu JAXB. Wie Sie jetzt wissen, geben Sie mit dem `catalog`-Attribut den Pfad zu einer Katalogdatei an, die der Compiler zur Auflösung von Ressourcen verwenden soll. Unterstützt werden dabei die Katalogvarianten TR9401, XCatalog und OASIS XML Catalog, auf die hier jedoch nicht näher eingegangen wird.

Das <xmlcatalog>-Kindelement

Alternativ zum `catalog`-Attribut kann über ein `<xmlcatalog>`-Kindelement auch der fest in Ant eingebaute XML-Katalogmechanismus zur Spezifizierung von Katalogen verwendet werden. Dieser erlaubt beispielsweise eine einfache manuelle Definition von Katalogeinträgen, ganz ohne dass Sie auch nur einen der eben genannten Standards kennen müssen. Eine sehr ausführliche Dokumentation dazu finden Sie auf der Ant-Website unter:
http://ant.apache.org/manual/CoreTypes/xmlcatalog.html

Das <arg>-Kindelement

Sie können innerhalb des XJC-Tasks mehrere `<arg>`-Kindelemente unterbringen. Diese dienen dazu, spezielle Konfigurationsparameter zu übergeben, die nicht durch ein Attribut oder ein anderes Kindelement spezifiziert werden können.

Vielleicht mag Ihnen diese Handhabung auf den ersten Blick etwas seltsam vorkommen und Sie werden sich fragen, warum man nicht einfach für diese spezielleren Features eigene Attribute oder Kindelemente eingeführt hat. Das Ganze hat den Hintergrund, dass der XJC-Compiler der Referenzimplementierung ursprünglich nicht als Ant-Task vorliegt, sondern als Programm, das von der Kommandozeile aus gestartet und über Kommandozeilenparameter konfiguriert werden kann. Der Ant-Task ist quasi nur ein Aufsatz darauf, in den man aber nicht für jeden möglichen Parameter ein eigenes Attribut oder Kindelement aufgenommen hat.

Deshalb können diese fehlenden Parameter über `<arg>`-Elemente im Kommandozeilenstil übermittelt werden.

Die Syntax des `<arg>`-Elements lautet:

```
<arg value="Kommandozeilenparameter"/>
```

Ein XJC-Task, bei dem z. B. die Parameter `-nv` und `-dtd` gesetzt werden sollen, sähe also folgendermaßen aus:

```
<xjc package="..." target="..." schema="...">
   <arg value="-nv"/>
   <arg value="-dtd"/>
</xjc>
```

Wie Sie vielleicht zuvor schon gelesen haben, finden Sie eine detaillierte Beschreibung der XJC-Kommandozeilen-Variante im Dokument *docs/xjc.html* in der JAXB-Referenzimplementierung.

Die Kindelemente <produces> und <depends>

Normalerweise erzeugt der Binding Compiler bei jedem Lauf die Java-Klassen von neuem, auch wenn dies gar nicht notwendig ist, weil sich die Schemadatei inzwischen nicht geändert hat. Ein typisches Feature von Ant-Tasks (z. B. dem Java-Compiler-Task `<javac>`) ist jedoch, dass sie intelligent sind und bestimmte Aktionen, die die Performance drücken, nur dann durchführen, wenn es notwendig ist (z. B. kompilieren sie die Klassen nur neu kompilieren, wenn die Quellcodedateien neuer sind als die Klassendateien). Um diese Intelligenz (genannt *Up-to-date-Check*) auch dem XJC-Task beizubringen, gibt es die beiden Kindelemente `<produces>` (das Sie schon aus dem Einführungsbeispiel kennen) und `<depends>`.

<produces> Mit einem oder mehreren `<produces>`-Elementen können Sie dem XJC-Task mitteilen, welche Dateien er erzeugt. Dies könnte er zwar selbst herausfinden, müsste dazu aber jedes Mal die Schemadatei(en) analysieren (warum, erfahren Sie später), was die Performance erneut stark drücken würde. Wenn ihm jedoch die erzeugten Dateien explizit mitgeteilt werden, kann er ohne eine Analyse der Schemadatei(en) herausfinden, ob diese neuer ist (sind) als die erzeugten Quellcode-Dateien, und abhängig davon den Kompiliervorgang durchführen oder nicht.

[zB] Wie bekannt, arbeitet das JAXB-Einführungsbeispiel bereits mit dem `<produces>`-Element. Sie können dort auf einfache Weise testen, wie der XJC ohne dessen Angabe arbeiten würde. Kommentieren Sie dazu einfach das entsprechende Element in der Datei *ex1/build.xml* aus, und starten Sie den Build-Vorgang von neuem.

Die Bedeutung des `<depends>`-Elements ist in diesem Zusammenhang relativ schnell erklärt. Es wird genauso benutzt wie das `<produces>`-Element (kann also mehrfach vorkommen und funktioniert wie ein `<fileset>`-Element), dient aber dazu, die Dateien anzugeben, die zur Erzeugung der Ausgabe benötigt werden. Dies ist (sind) in erster Line natürlich die Schema- und Binding-Datei(en), die mit dem `schema`-Attribut, dem `<schema>`-Kindelement, dem `binding`-Attribut und dem `<binding>`-Kindelement angegeben werden. Sie können aber zusätzlich weitere Dateien spezifizieren, indem Sie ein oder mehrere `<depends>`-Elemente angeben. **<depends>**

Hinweis [«]

Die Schemadateien, die über das `schema`-Attribut, das `<schema>`-Element, das `binding`-Attribut oder das `<binding>`-Element angegeben sind, müssen nicht nochmals mit einem `<depends>`-Element spezifiziert werden. Der Compiler untersucht diese automatisch.

Die Originalbeschreibung dieser Funktionalität finden Sie übrigens in der Datei *docs/xjcTask.html* in der JAXB-Referenzimplementierung unter der Überschrift »Up-to-date Check«.

Das removeOldOutput-Attribut

Als weitere Konfigurationsmöglichkeit des XJC möchten wir Ihnen nun das `removeOldOutput`-Attribut vorstellen. Überlegen Sie sich dazu zunächst folgenden Fall: Aufgrund häufig wechselnder Schnittstellenspezifikationen ändert sich die zugrundeliegende Schemadatei einige Male und führt dabei ganz andere Namen für die definierten Typen und/oder Elemente ein. Sie haben aber zwischendurch natürlich immer wieder Klassen daraus generiert. Das Resultat ist, dass in Ihrem Package nun einige »Zombie«-Dateien herumspuken, die nicht mehr gebraucht werden, da die Namen nun ganz anders lauten.

Speziell für diesen Fall existiert das `removeOldOutput`-Attribut des XJC-Tasks. Es funktioniert allerdings nur in Zusammenhang mit einem oder mehreren `<produces>`-Elementen. Wenn Sie es angeben und auf `yes` setzen, löscht der Binding Compiler vor seiner Ausführung alle Dateien, die durch die `<produces>`-Elemente spezifiziert sind. Wenn dazu auch die alten Zombie-Dateien zählen, dann werden diese also automatisch mitentfernt.

[x] **Achtung**

Nehmen Sie sich vor dieser Funktionalität in Acht. Wenn Sie bei der Angabe der `<produces>`-Elemente nicht sehr sorgsam sind und beispielsweise etwas angeben wie `<produces dir="Verzeichnis" includes="**/*.*"/>`, dann kann es passieren, dass auch Dateien gelöscht werden, die Sie selbst geschrieben haben, die jedoch im selben (Unter-)Verzeichnis wie die vom Compiler erzeugten liegen. Setzen Sie das Feature also mit Bedacht ein, und achten Sie darauf, dass Sie Ihre Dateien entweder in einem anderen Verzeichnis ablegen oder sie z. B. explizit mit dem `excludes`-Attribut ausschließen.

[zB] Falls Sie diese Funktionalität einmal testen möchten, nutzen Sie am besten wieder das JAXB-Einführungsbeispiel. Bauen Sie dort das `removeOldOutput`-Attribut in den `<xjc>`-Task ein, und ändern Sie dann im XML Schema den Namen eines oder mehrerer komplexer Typen. Der Binding Compiler muss dann beim nächsten Build andere Klassen generieren und sollte bei auf `yes` gesetztem Attribut die veralteten auch entfernen. Fehlt das Attribut oder steht es auf `no`, sollten die veralteten Dateien nutzlos im *src-gen*-Ordner zurückbleiben. Beachten Sie bei der Änderung der Namen auch, dass die `PersonenApp.java` dann höchstwahrscheinlich nicht mehr kompilierbar ist und der Build-Vorgang deshalb einen Fehler melden wird.

Das source-Attribut

Das letzte Attribut, das wir Ihnen vorstellen möchten, ist das `source`-Attribut. Es ähnelt dem gleichnamigen Attribut des `<javac>`-Ant-Tasks, denn es dient dazu, den XJC auf Wunsch im JAXB-1.0-Modus laufen zu lassen. Die generierten Ausgabedateien entsprechen dann nicht mehr dem JAXB-2.0-Standard, dafür dem veralteten JAXB-1.0-Standard. Hierfür müssen Sie den Wert `1.0` für das Attribut angeben, der Default-Wert ist natürlich `2.0`.

Sie haben nun die wichtigsten Konfigurationsmöglichkeiten des Binding Compilers kennengelernt. Wie Sie sehen, steckt hinter dessen Ausführung und Konfiguration kein großer Aufwand, so dass er sich leicht auch in bestehende Projekte integrieren lassen sollte.

D.2 Der SchemaGen Binding Compiler

Falls Sie bereits Abschnitt 7.2.5 gelesen haben, wissen Sie schon, worum es sich beim SchemaGen Binding Compiler handelt, nämlich um die Komponente der JAXB-Referenzimplementierung, die aus bestehenden Modellklassen XML Schemas generiert. Wie schon beim XJC haben wir dabei mit dem zugehörigen Ant-Task gearbeitet. Sie haben bereits gesehen, wie Sie den Task definieren und ausführen, haben aber lediglich mit den Attributen `srcdir`, `destdir`, `classpathref` und dem Kindelement `<schema>` gearbeitet. Doch selbstverständlich verfügt auch der `<schemagen>`-Task über ein paar weitere Einstellmöglichkeiten, die dieser Abschnitt nun behandelt. Zusätzlich finden Sie in der Datei *docs/schemagenTask.html* in der JAXB-Referenzimplementierung eine ausführliche Referenz.

[«]

Hinweis

Wie schon beim XJC konzentrieren wir uns in diesem Buch ausschließlich auf den `<schemagen>`-Ant-Task und nicht auf die optional verfügbaren Kommandozeilen-Tools. Zu diesen finden Sie allerdings eine ausführliche Dokumentation in der Datei *doc/schemagen.html* in der JAXB-Referenzimplementierung.

Attribute und Kindelemente

Wie schon der `<xjc>`-Task, so nutzt auch der `<schemagen>`-Task Attribute oder Kindelemente zur Konfiguration:

```
<schemagen destdir="..." classpathref="...">
   <src dir="..." />
   <include name="**/model/*.java" />
   <schema namespace="" file="..." />
</schemagen>
```

Listing D.3 Erweiterte Konfiguration des SchemaGen

Hier sehen Sie kurz die beiden Möglichkeiten angedeutet. Der angedeutete Task-Aufruf in Listing D.3 verfügt beispielsweise über zwei Attribute `destdir` und `classpathref` sowie drei Kindelemente `<src>`, `<include>` und `<schema>`.

Im weiteren Verlauf dieses Abschnitts stellen wir Ihnen nun die wichtigsten Einstellungsmöglichkeiten vor. Auch hier lassen sich dabei einige entweder durch ein Attribut oder ein Kindelement angeben, andere nur durch jeweils eine der beiden Möglichkeiten.

Anlehnung and <javac>

Bevor wir mit den einzelnen Parametern starten, noch ein allgemeiner Kommentar zur Funktionsweise des `<schemagen>`-Tasks: Wie Sie auch in der Dokumentation der Referenzimplementierung nachlesen können, ist der Task in seinen Einstellungsmöglichkeiten stark an den `<javac>`-Task von Ant angelehnt, indem er die meisten Attribute und Kindelemente davon sowie zusätzlich ein paar eigene weitere erlaubt. Dies braucht Sie zwar nicht unbedingt zu kümmern, da wir Ihnen ohnehin die wichtigsten Elemente vorstellen, doch erfahren Sie auf Wunsch unter der URL *http://ant.apache.org/manual/CoreTasks/javac.html* mehr über den `<javac>`-Task.

Das srcdir-Attribut und das <src>-Kindelement

Beginnen wir zunächst mit den wichtigsten Parametern des `<schemagen>`-Tasks, nämlich dem `srcdir`-Attribut und dem entsprechenden Kindelement `<src>`. Beide dienen dazu, dem SchemaGen den oder die Ordner mitzuteilen, in denen sich die Modellklassen befinden, zu denen XML Schemas generiert werden sollen. Dabei bietet sich das `srcdir`-Attribut an, wenn Sie nur ein einzelnes Verzeichnis angeben möchten. Bei mehreren Quellverzeichnissen empfehlen wir Ihnen hingegen die Verwendung von mehreren `<src>`-Kindelementen. Beide Elemente sind dabei zu handhaben wie Ant-Pfadstrukturen[1].

```
<schemagen srcdir="src" />

<schemagen>
   <src path="src" />
   <src path="test" />
</schemagen>
```

Der obere Aufruf spezifiziert nur den Ordner *src* als Quellordner, während der untere Aufruf die beiden Ordner *src* und *test* spezifiziert.

Die Attribute includes und excludes und die Kindelemente <include>, <exclude> und <patternset>

Die Attribute `includes` und `excludes` sowie die Kindelemente `<include>`, `<exclude>` und `<patternset>` dienen dazu, die zu verarbeitenden Dateien in den Quellordnern, die über das `srcdir`-Attribut oder `<src>`-Kindelemente angegeben wurden, über Musterangaben einzu-

1 Mehr Informationen dazu unter *http://ant.apache.org/manual/using.html#path*

schränken. Es handelt sich dabei um denselben Mechanismus, wie er in Ant-`<fileset>`-Elementen zum Zuge kommt. Werfen Sie dazu einen Blick auf die folgenden Beispielaufrufe:

```
<!-- Beispiel 1 -->
<schemagen srcdir="src"
   excludes="**/*Test.java,**/*Info.java" />

<!-- Beispiel 2 -->
<schemagen srcdir="src">
   <exclude name="**/*Test.java" />
   <exclude name="**/*Info.java" />
</schemagen>

<!-- Beispiel 3 -->
<schemagen srcdir="src" includes="**/model/*.java" />

<!-- Beispiel 4 -->
<schemagen srcdir="src">
   <include name="**/mode/*.java" />
</schemagen>

<!-- Beispiel 5 -->
<schemagen srcdir="src">
   <patternset refid="patterns.schemagen" />
</schemagen>
```

In den Beispielen 1 und 2 verarbeitet der SchemaGen alle Dateien im Ordner *src* außer denen, deren Dateiname mit *Test.java* oder *Info.java* endet. Sie haben dabei die Wahlmöglichkeit, ob Sie die beiden Muster zusammen innerhalb des `excludes`-Attributs angeben möchten (getrennt durch Kommas) oder innerhalb von zwei separaten `<exclude>`-Elementen (und dort einzeln über das `name`-Attribut).

Auch die Beispiele 3 und 4 spezifizieren dieselbe Dateimenge. Hier verarbeitet der SchemaGen allerdings nur diejenigen Dateien im Ordner *src*, die sich auf beliebiger unterer Ebene in einem Ordner *model* befinden und die Endung *.java* besitzen. Auch hier könnten Sie dabei im Attribut `includes` mehrere durch Kommas getrennte Muster angeben. Beispiel 5 nutzt schließlich das `<patternset>`-Element, um auf eine an anderer Stelle spezifizierte Musterbeschreibung zu referenzieren.

Mehr Informationen zur Nutzung der eben beschriebenen Attribute und Elemente finden Sie außerdem in Abschnitt 1.2.4.

Das destdir-Attribut

Da wir das destdir-Attribut schon in unserem Einführungsbeispiel verwendet haben, kennen Sie es vielleicht schon. Mit ihm spezifizieren Sie einen Ordner, in dem die generierte(n) Schemadatei(en) abgelegt werden sollen. Wie üblich bei Ant sind absolute und relative Pfadangaben möglich. Lassen Sie das Attribut weg, werden die Dateien im Basisverzeichnis des momentan laufenden Builds abgelegt, also im Regelfall parallel zum Build-Script.

Das <schema>-Kindelement

Auch das <schema>-Kindelement ist bereits im JAXB-Einführungsbeispiel zum Zuge gekommen und in Abschnitt 7.3.5 schon im Wesentlichen erklärt worden. Es verfügt über die beiden Pflichtattribute namespace und file und erlaubt die explizite Zuordnung eines Quell-Namensraums zu einem Schemadateinamen.

```
<schemagen srcdir="src">
   <schema namespace=
      "http://javaundxml.de/jaxb/personen/model"
      file="personen.xsd"/>
</schemagen>
```

Der gezeigte Codeausschnitt generiert für alle Modellklassen im Namensraum *http://javaundxml.de/jaxb/personen/model* eine XML-Schema-Datei *personen.xsd* im jeweiligen Zielverzeichnis. Der Namensraum der Modellklassen wird dabei in der *package-info.java* des jeweiligen Java-Packages festgelegt.

Für alle Klassen in einem nicht über ein <schema>-Element angegebenen Namensraum generiert der SchemaGen außerdem Schemadateien mit Namen *schema1.xsd*, *schema2.xsd* usw.

Die Attribute classpath und classpathref und das Kindelement <classpath>

Wenn die zu analysierenden Java-Klassen von externen Klassen oder Bibliotheken abhängen, muss der Klassenpfad des SchemaGen bei dessen Ausführung entsprechend erweitert werden. Dies geschieht über die Attribute classpath, classpathref oder das Kindelement <classpath>. Alle drei sind dabei wieder zu handhaben wie Ant-Pfadstrukturen: Das Attribut classpath erlaubt die direkte Angabe von einem oder mehreren Verzeichnissen mit Klassen oder Bibliotheken, das Attribut classpathref dient der Referenzierung einer woanders definierten Pfadvariable, während das <classpath>-Kindelement beide Möglichkeiten in einer etwas schöneren Schreibweise erlaubt.

```
<schemagen srcdir="src" classpath="lib" />

<path id="path.libs" path="lib" />
<schemagen srcdir="src" classpathref="path.libs" />

<schemagen srcdir="src">
   <classpath refid="path.libs" />
   <classpath>
      <pathelement path="lib" />
   </classpath>
</schemagen>
```

Der Beispielcode zeigt alle drei Möglichkeiten. Der erste Aufruf gibt den *lib*-Ordner als Quelle für weitere Bibliotheken direkt an, während der zweite die zuvor definierte Pfadvariable *path.libs* referenziert. Der dritte Aufruf nimmt zwar am meisten Platz ein, ist dafür aber am besten zu lesen. Wie Sie sehen, können Sie auch in einem <classpath>-Element über das `refid`-Attribut wieder auf eine bestehende Pfadvariable referenzieren oder direkt eines oder mehrere Verzeichnisse mit <pathelement>-Kindelementen angeben.

Damit sind wir auch schon am Ende der Beschreibung des SchemaGen-Ant-Tasks angelangt. Wie Sie sehen, ist auch hier die Handhabung relativ einfach gehalten, vor allem durch die Wiederverwendung von gewohnten Ant-Mechanismen.

In diesem Anhang erhalten Sie eine Übersicht über wichtige von uns verwendete Quellen sowie weiterführende Links.

E Wichtige Quellen

Ant

- *http://ant.apache.org*
  Die offizielle Website des Build-Tools Ant. Hier erhalten Sie wichtige Informationen rund um Ant und können das Programm herunterladen.

Cocoon

- *http://cocoon.apache.org*
  Die offizielle Website des Cocoon-Projekts. Hier finden Sie einige der wichtigsten Informationen rund um Cocoon. Außerdem können Sie über diese Website die aktuelle und auch ältere Cocoon-Versionen downloaden.
- *http://wiki.apache.org/cocoon*
  Bei dieser Website handelt es sich um eine Wiki-Page. Das heißt, jeder darf diese Seite aktiv mitgestalten. Sie enthält in der Regel sehr aktuelle Informationen und wird von den Cocoonern dazu benützt, Informationen und Anleitungen zeitnah zu veröffentlichen. Diese Website sollte zu den ersten Anlaufstellen gehören, wenn Sie weiterführende Fragen zu Cocoon haben.
- *http://www.cocoonforum.de*
  Bei dieser Website handelt es sich um ein deutschsprachiges Forum rund um das Thema Cocoon und alles, was dazugehört.
- *http://cocoontutorial.logabit.com/*
  Ein deutschsprachiges Cocoon-Tutorial, das eine grundlegende Einführung in Cocoon bietet.

DOM

- *http://www.w3.org/DOM*
  Die offizielle Website des W3C zum Standard DOM. Hier erhalten Sie

eine ausführliche Beschreibung der einzelnen Levels, Module und Interfaces von DOM.

- *http://www.w3schools.com/dom*
  eine kleine Einführung in DOM der bekannten Tutorial-Website W3Schools
- *http://java.sun.com/javase/6/docs/api/org/w3c/dom/package-summary.html*
  die API-Doc zu DOM im JDK 6
- *http://www.w3.org/TR/2004/REC-DOM-Level-3-Core-20040407/java-binding.html*
  die offizielle Dokumentation zum DOM-Java-Binding des W3C

DOM-Varianten

- *http://www.dom4j.org*
  Website von Dom4J
- *http://www.xom.nu*
  Website von XOM
- *http://www.jdom.org*
  Website von JDOM

Java

- *http://www.java.com/de/*
  Hier können Sie Java herunterladen und installieren.
- *http://java.sun.com*
  Die offizielle Java-Entwickler-Seite. Dort finden Sie Dokumentation, Spezifikationen, Tutorials und natürlich die verschiedenen Java-Editionen (SE, EE, ME).

JAXB

- *http://jcp.org/en/jsr/summary?id=222*
  Website der JAXB-Spezifikation
- *https://jaxb.dev.java.net/*
  Website der JAXB-Referenzimplementierung

JAXP

- *http://jcp.org/en/jsr/detail?id=206*
  Website der JAXP-Spezifikation

- *https://jaxp.dev.java.net/*
  Website der JAXP-Referenzimplementierung

JAX-WS

- *http://jcp.org/en/jsr/summary?id=224*
  Website der JAX-WS-Spezifikation
- *https://jax-ws.dev.java.net/*
  Website der JAX-WS-Referenzimplementierung
- *http://cxf.apache.org/*
  Website von Apache CXF, einer weiteren JAX-WS-Implementierung

SAX

- *http://www.saxproject.org*
  die offizielle Website von SAX
- *http://java.sun.com/javase/6/docs/api/org/xml/sax/package-summary.html*
  die API-Doc zu DOM im JDK 6

StAX

- *http://jcp.org/en/jsr/detail?id=173*
  Website der StAX-Spezifikation
- *https://sjsxp.dev.java.net/*
  Website des SJSXP – der StAX-Implementierung von Sun
- *http://stax.codehaus.org/*
  Website der StAX-Referenzimplementierung

Tomcat

- *http://tomcat.apache.org*
  Die offizielle Website des Tomcat-Projekts. Hier finden Sie zahlreiche Informationen rund um den Servlet-Container Tomcat. Neben dem Download aktueller Tomcat-Versionen erhalten Sie hier auch ältere Versionen des Servlet-Containers.

Webservices

- *http://www.w3.org/TR/soap/*
  Website der SOAP-Spezifikation
- *http://www.w3schools.com/soap/default.asp*
  ein SOAP-Tutorial

- *http://www.w3.org/TR/wsdl*
  Website der WSDL-Spezifikation
- *http://www.w3schools.com/WSDL/default.asp*
  ein WSDL-Tutorial
- *http://www.ws-i.org/*
  Website der Web Services Interoperability Organization
- *http://ws.apache.org/axis2/*
  Website von Apache Axis2
- *http://cxf.apache.org/*
  Website von Apache CXF

XML

- *http://www.w3.org/XML*
  Die offizielle Website des W3-Konsortiums zu XML. Sie sollte zu den ersten Anlaufstellen für das Nachschlagen von bestimmten Themen rund um XML gehören.
- *http://www.w3schools.com*
  Diese Website enthält zahlreiche vortreffliche Tutorials zu den Themen XML, XSL, XSL-FO, XPath und viele mehr.
- *http://xml.apache.org*
  Die offizielle Website des Apache XML Projects. Auf dieser Website finden Sie viele Programme für die Verarbeitung von XML. Unter anderem werden hier auch der XML-Parser Xerces und der XSLT-Prozessor Xalan zum Download angeboten.

XML Schema

- *http://www.w3.org/XML/Schema*
  die offizielle Website des W3C zu XML Schema
- *http://www.w3schools.com/schema/default.asp*
  Ein Online-Tutorial für XML Schema. Besonders zu empfehlen für Fortgeschrittene ist die dortige Referenz.

XPath

- *http://www.w3.org/TR/xpath*
  die offizielle Website des W3C zu XPath
- *http://www.w3schools.com/xpath*
  ein Online-Tutorial für XPath mit Funktionsreferenz

- *http://www.zvon.org/xxl/XPathTutorial/General/examples.html*
  ein weiteres Online-Tutorial für XPath

XPath-Implementierungen

- *http://www.jaxen.org*
  Website der XPath-Engine Jaxen
- *http://commons.apache.org/jxpath/*
  Website der XPath-Engine JXPath

XSLT

- *http://www.w3.org/TR/xslt*
  die offizielle Website des W3C zu XSLT
- *http://www.zvon.org/index.php?nav_id=references&mime=html*
  Auf dieser Website finden Sie zahlreiche Referenzen und Tutorials zu den verschiedensten Themen. Vor allem die Referenzen zu XSLT, XSL-FO und regulären Ausdrücken sollten Sie unbedingt in Ihre Bookmarks aufnehmen.

XSLT-Prozessoren

- *http://saxon.sourceforge.net*
  Die offizielle Website des XSLT-Prozessors Saxon. Hier erhalten Sie umfangreiche Informationen zu Saxon und können das Programm herunterladen.
- *http://xml.apache.org/xalan-j/*
  Die offizielle Website des XSLT-Prozessors Xalan der Apache Software Foundation. Hier erhalten Sie umfangreiche Informationen zu Xalan und können das Programm herunterladen.

Dieser Anhang gibt Ihnen einen kleinen Überblick über die beigelegte Buch-CD.

F Buch-CD

Auf der Buch-CD finden Sie die folgenden vier Verzeichnisse:

- **Beispiele**
  Hier finden Sie alle Beispiele zum Buch in Form von ZIP-Dateien. Dabei handelt es sich hauptsächlich um Eclipse-Projekte. Die Beispiele und ihre Verwendung sind in den jeweiligen Kapiteln genauer beschrieben.
- **Dokumentation**
  In diesem Ordner befinden sich die Spezifikationen und API-Docs zu den diversen im Buch vorgestellten APIs und Technologien.
- **Listings**
  Dieser Ordner enthält die wichtigsten Listings aus dem Buch in Form von Textdateien. Die Dateien sind dabei nach folgendem Prinzip benannt:

  Listing-<Kapitel-Nr>-<Listing-Nr>.txt
- **Software**
  Auf der Buch-CD haben wir für Sie im Ordner *Software* alle Distributionen von Bibliotheken, Frameworks und sonstiger Software hinterlegt, die entweder im Buch direkt vorgestellt oder indirekt benötigt werden. Hier finden Sie unter anderem Eclipse, Ant, Maven sowie die diversen Implementierungen zu den vorgestellten APIs.

Index

A

B

C

D

E

Q

R

S

T

U

V

W

X

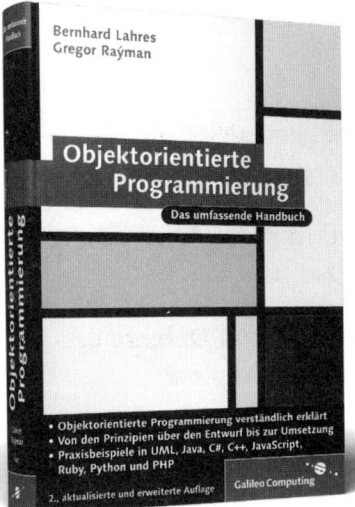

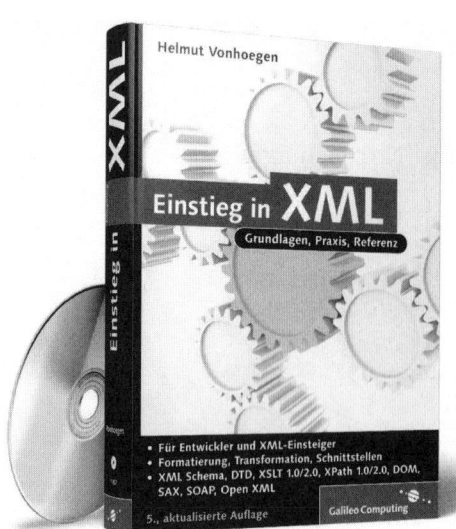

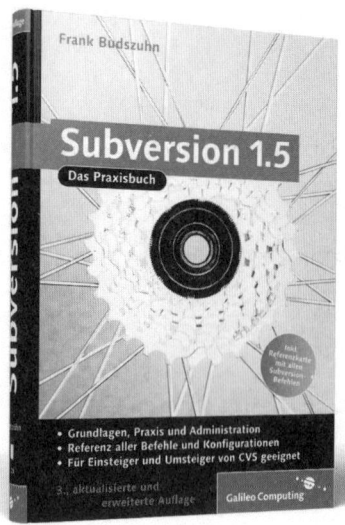

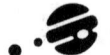

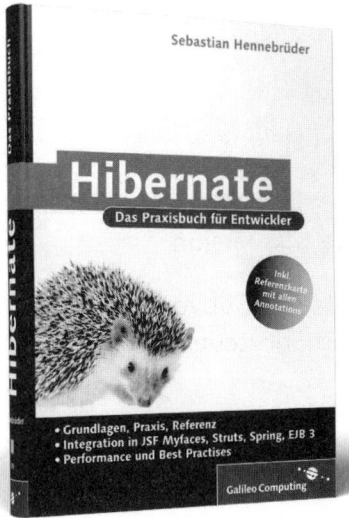